Karl Dirk Kammeyer
Volker Kühn

MATLAB in der
Nachrichtentechnik

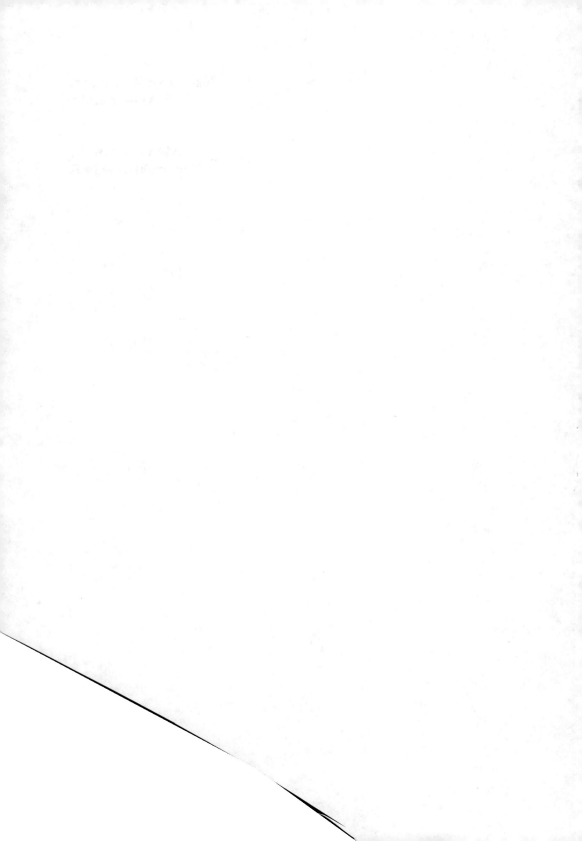

MATLAB
in der
Nachrichentechnik

Von Univ.-Professor Dr.-Ing. Karl Dirk Kammeyer
und Dr.-Ing. Volker Kühn

Universität Bremen

Mit 300 Bildern, oftmals mit Teilbildern
und 40 Tabellen

J. Schlembach Fachverlag

Die Deutsche Bibliothek - CIP - Einheitsaufnahme

Ein Titeldatensatz für diese Publikation ist bei
Der Deutschen Bibliothek erhältlich.

ISBN 3-935340-05-2

© 2001 J. Schlembach Fachverlag Weil der Stadt

Druck und Bindung: Präzis-Druck GmbH, Karlsruhe
Printed in Germany

Vorwort

Die digitale Kommunikationstechnik hat sich in den letzten Jahren zur Schlüsseltechnologie für die moderne Informationsgesellschaft entwickelt. Internet und Mobilfunktechnik haben unsere Lebensgewohnheiten tiefgreifend verändert. Die Entwicklung wird sich in Zukunft mit unverminderter Geschwindigkeit fortsetzen; neue Systeme werden enstehen, die eine heute noch nicht absehbare Vielfalt von Multimedia-Dienste bereitstellen werden. Angesichts der begrenzten Übertragungsressourcen verlangt die Umsetzung dieser Ideen den Einsatz immer komplizierterer und aufwendigerer Übertragungstechniken. Für die Entwicklungsingenieure und auch bereits für Studierende der Informationstechnik liegen hierin ganz neue Herausforderungen. Zur Lösung der Probleme muß heute ein ungleich größerer Bereich von theoretischen Grundlagen beherrscht werden als es noch vor wenigen Jahren der Fall war. Die Hochschulen haben dieser Entwicklung in besonderem Maße Rechnung zu tragen; bei der Vermittlung des umfangreichen und immer anspruchsvoller werdenden Stoffes müssen neue Wege einer effizienten Wissensvermittlung gesucht werden. Mit dem vorliegenden Lehrbuch soll hierzu ein Beitrag geleistet werden.

Das Buch richtet sich an Studierende der Informationstechnik im Hauptstudium, aber auch an Entwicklungsingenieure in der Industrie, die ihre Kenntnisse im Selbststudium erweitern wollen. Dabei wird ein neues didaktisches Konzept verfolgt, das man mit dem Motto „Learning by doing" umschreiben könnte. Ausschlaggebend war die Überzeugung, daß die Erarbeitung von kompliziertem Lehrstoff durch eigenes Experimentieren für den Lernerfolg ungleich nachhaltiger wirkt als das Nachvollziehen eines vorgelegten Textes. Eine hervorragende Basis zur Umsetzung eines solchen Konzeptes bietet das Programm MATLAB, das inzwischen weltweit eine gemeinsame Basis für die Ingenieurwissenschaft darstellt und den problemlosen Austausch von Programmen und Lösungen erlaubt. Es existiert bereits eine Anzahl von Lehrbüchern, in denen der zuvor dargelegte Stoff durch MATLAB-Übungsaufgaben veranschaulicht wird – die Konzeption des vorliegenden Buches unterscheidet sich davon jedoch grundsätzlich, indem die Übungsaufgaben selber als Träger wesentlicher Teile des Lehrstoffs aufgefaßt werden. Hier sollen durch eigenständiges, kreatives Experimentieren über den zuvor dargestellten Stoff hinaus neue Erkenntnisse gewonnen werden.

Jeder Abschnitt beginnt mit einer komprimierten Darstellung des Lehrinhaltes, wobei eine Konzentration auf die wesentlichen Sachverhalte und Ergebnisse erfolgt und längliche Herleitungen weitestgehend übergangen werden. Wird hierüber hinaus eine weitere Vertiefung angestrebt, so sind zusätzliche Lehrbücher heranzuziehen; in dem Zusammenhang wird ausdrücklich auf [Kam96] hingewiesen, da dieses Buch bezüglich der Stoffauswahl und Nomenklatur am besten mit der hier vorliegenden Darstellung korrespondiert. Allerdings wird in [Kam96] der gesamte Bereich der Kanalcodierung ausgeklammert, weswegen dem Thema hier in den Kapiteln 8 und 9 etwas mehr Raum gegeben wird – zur weitergehenden Beschäftigung wird z.B. [Bos98, Fri96] empfohlen.

Im Anschluß an die Präsentation des grundlegenden Stoffes werden dann Aufgabenstellungen formuliert, deren ausführlich kommentierte Lösungen sich anschließen. Die zugehörigen m-Files befinden sich auf der mitgelieferten CD. Diese enthält darüber hinaus auch eine umfangreiche Bibliothek nachrichtentechnischer Grundroutinen, die zum einen zur Lösung der vorliegenden Übungen herangezogen werden können, zum anderen aber auch ganz allgemein für hiervon unabhängige Aufgabenstellungen zur Verfügung stehen.

Dem Leser wird empfohlen, die Lösung der Aufgaben zunächst selber zu versuchen. Wenn dies nicht in allen Fällen auf Anhieb gelingt, so sollte man sich hiervon nicht entmutigen lassen, sondern sich schrittweise Hilfen aus dem Lösungteil bzw. von den zugehörigen Programmen holen. Es liegt auch ein erheblicher Lerneffekt darin, die Lösungsroutinen – vielleicht unter veränderten Parametern – einfach durchzuspielen und mit ihnen zu experimentieren. Selbst wenn auf die MATLAB-Experimente ganz verzichtet wird, kann der Leser immer noch vom sorgfältigen Studium der kommentierten Lösungen profitieren.

Das vorliegende Lehrbuch deckt wesentliche Teile der modernen Nachrichtenübertragungstechnik sowie Kanalcodierung ab. Es ist in vier große Teile gegliedert. Der erste Teil gibt eine Einführung in die Systemtheorie, die eine fundamentale Grundlage für die Nachrichtentechnik darstellt. Obwohl vorausgesetzt wird, daß der Leser mit dieser Materie in den Grundzügen vertraut ist, wird das Studium dieses Abschnittes empfohlen, um sich mit den hier verwendeten Definitionen und Schreibweisen vertraut zu machen und anhand der Aufgaben Routine im Umgang mit MATLAB zu gewinnen. Der zweite Teil befaßt sich mit der analogen Modulation. Kritiker könnten einwenden, daß die analoge Technik angesichts der Entwicklung der modernen Kommunikationstechnik überholt ist. Dem ist entgegenzuhalten, daß diese Verfahren heute immerhin noch in weiten Bereichen angewendet werden, man denke z.B. an den Hörrundfunk und das Fernsehen. Wichtiger für dieses Lehrbuch ist noch das Argument, daß diese klassischen Modulationsverfahren die Basis für das Verständnis der neuen digitalen Methoden bilden, so daß hierauf nicht verzichtet werden sollte. Den Schwerpunkt des Buches bildet der dritte Teil, der den digitalen Übertragungsverfahren gewidmet ist. Hier werden die digitalen Modulationsverfahren, Entzerrungsprobleme und schließlich eine Übersicht über die wichtigsten heute verwendeten Kanalcodierungsverfahren präsentiert. Im vierten und letzten Teil werden moderne Konzepte zur Mobilfunkübertragung vorgestellt. Dazu werden zunächst verkettete Codiersysteme einschließlich der berühmten Turbo-Codes betrachtet. Als effizientes Übertragungsverfahren hat sich inzwischen das bekannte Mehrträgerverfahren „OFDM" durchgesetzt, z.B. für den digitalen Hörrundfunk und das terrestrische Digitalfernsehen sowie für künftige drahtlose Zugangsnetze innerhalb von Gebäuden wie z.B. HIPERLAN. Das Verfahren wird hier ebenso behandelt wie das Codemultiplex-Zugriffsverfahren „CDMA", das die Grundlage für das zukünftige UMTS-Mobilfunksystem darstellt.

Hinweis: Auf eine Einführung in das Programm MATLAB wird in diesem Buch verzichtet. Für den Einstieg wird der Befehl <u>demo</u> unter MATLAB selbst empfohlen, das eine hervorragende Einführung bietet. Im weiteren wird auf die Lehrbücher [BMO+94, Dob01, KK98, Pro00, Sch99, Bod98] hingewiesen, die anhand einfacher Aufgabenstellungen mit MATLAB vertraut machen. Außerdem werden die *Communications Toolbox* und die *Signal Processing Toolbox* von MATLAB verwendet.

Aktuelle Korrekturen und Hinweise zum vorliegenden Buch findet man auf der INTERNET-Seite des Arbeitsbereichs Nachrichtentechnik unter der Adresse *http://www.ant.uni-bremen.de/* und den Rubriken *Research/Publications*, *Textbooks*. Die Autoren sind besonders dankbar für Kritik, Hinweise auf Fehler und sonstige (auch positive) Anmerkungen zu diesem Buch. Sie können unter der e-mail-Adresse *matbuch@ant.uni-bremen.de* übermittelt werden.

Zum Schluß bleibt der Dank an eine große Zahl von Personen, die durch ihre Mitwirkung entscheidenden Anteil an der Fertigstellung dieses Buches haben. Der endgültige Umbruch und Einbindung der Bilder lag in den Händen von J. Brüggemann und T. Schnakenberg; ein großer Teil der CORELDRAW-Bilder wurde von K. Knoche hergestellt. Herr J. Rinas hat die Gestaltung der CD mit den MATLAB-Routinen durchgeführt und weiterhin die m-File-Bibliothek zur geschlossenen Berechnung von Fehlerwahrscheinlichkeiten beigesteuert. Die beiden großen Programme zur GSM- und HIPERLAN-Simulation wurden von T. Petermann und H. Schmidt entwickelt; letzterer hat auch einen Großteil der OFDM-Programme eingebracht. Sämtliche Mitarbeiter des Arbeitsbereichs Nachrichtentechnik haben sich intensiv mit dem Austesten der MATLAB-Programme und dem Korrekturlesen des Textes beschäftigt; Frau Karla Kammeyer gebührt Dank für das Aufspüren vieler verborgen gebliebener Tippfehler.

Schließlich danken die Autoren ihren Familien für das Verständnis, das ihnen während dieser arbeitsreichen Zeit entgegengebracht wurde. Besonderer Dank geht zum Schluß an unseren langjährigen Partner Herrn Dr. J. Schlembach für die hervorragende Zusammenarbeit.

Bremen, im September 2001   Karl-Dirk Kammeyer
                                                        Volker Kühn

Inhaltsverzeichnis

II   Analoge Modulation   97

3   Darstellung analoger Modulationsverfahren   99

4   Einflüsse von Übertragungskanälen   135

IV   Konzepte zur Mobilfunkübertragung   413

9   Verkettete Codes   415

10 Das Mehrträgerverfahren OFDM   485

Teil I

Signale und Übertragungssysteme

Kapitel 1

Systemtheoretische Grundlagen

1.1 Begriffe und Beziehungen aus der Systemtheorie

Die Systemtheorie stellt eine der fundamentalen Grundlagen für die Nachrichtentechnik dar. Es wird vorausgesetzt, daß der Leser mit der Materie in den wichtigsten Grundzügen vertraut ist. Dennoch soll in diesem Abschnitt ein kurzer Überblick gegeben werden, um Definitionen und Schreibweisen festzulegen und einige elementare Zusammenhänge in Erinnerung zu rufen. Ferner soll anhand dieser Einführung exemplarisch der Umgang mit MATLAB erlernt werden.

1.1.1 Deterministische Signale

Signale lassen sich unter verschiedenen Gesichtspunkten klassifizieren. So sind zunächst *zeitkontinuierliche* Signale $x_c(t)$ und *zeitdiskrete* Signale $x_d(k)$ zu unterscheiden, wobei letztere in der Regel aus der Abtastung kontinuierlicher Signale hervorgegangen sind.

$$x_d(k) = x_c(t)|_{t=kT_A} \quad \text{mit} \quad k = \cdots, -2, -1, 0, 1, 2, \cdots \qquad (1.1.1)$$

Die Abtastung muß gemäß dem *Abtasttheorem* vorgenommen werden, d.h. es muß bei einem auf die Grenzfrequenz f_g bandbegrenzten Signal $x_c(t)$ für die Abtastfrequenz die Bedingung

$$f_A = 1/T_A > 2 f_g \qquad (1.1.2)$$

eingehalten werden[1]. Zeitdiskrete Signale spielen im Zeitalter der modernen digitalen Kommunikationstechnik inzwischen die entscheidende Rolle; in den Teilen III und IV dieses Buches werden digitale Übertragungsverfahren im Mittelpunkt stehen.

Zeitsignale werden mittels der *Fouriertransformation* in den Spektralbereich überführt. Tabelle 1.1.1 gibt die Fourier- sowie die inverse Fouriertransformation für kontinuierliche und diskrete Signale[2] an.

Tabelle 1.1.1: Fouriertransformation kontinuierlicher und diskreter Signale

$\mathcal{F}\{x_c(t)\} =$	$\mathcal{F}^{-1}\{X_c(j\omega)\} =$	kontinuierlich
$X_c(j\omega) = \int\limits_{-\infty}^{\infty} x_c(t)\, e^{-j\omega t} dt$	$x_c(t) = \frac{1}{2\pi} \int\limits_{-\infty}^{\infty} X_c(j\omega)\, e^{j\omega t} d\omega$	
DTFT$\{x_d(k)\} =$	IDTFT$\{X_d(e^{j\Omega}) =$	zeitdiskret
$X_d(e^{j\Omega}) = \sum\limits_{k=-\infty}^{\infty} x_d(k)\, e^{-j\Omega k}$	$x_d(k) = \frac{1}{2\pi} \int\limits_{-\infty}^{\infty} X_d(e^{j\Omega})\, e^{j\Omega k} d\Omega$	norm. Freq. $\Omega = \omega \cdot T_A$

Im folgenden werden Zeitsignale als *dimensionslos* angenommen[3]; daraus ergibt sich für die Fouriertransformierte kontinuierlicher Signale die Dimension *1/Frequenz = Zeit*, während die DTFT dimensionslos bleibt. Die Fouriertransformation erfordert bei einer Lösung mit Hilfe des Rechners eine numerische Berechnung des Integrals. In den Aufgabenteilen wird hierzu die Routine **f_trafo** benutzt, die eine einfache Rechteckapproximation des Integrals vorsieht, also

$$X_c(j\omega) \approx \sum_{k=-\infty}^{\infty} x_c(k\,\Delta t)\, e^{-j\omega k\,\Delta t} \Delta t \qquad (1.1.3)$$

Sieht man von dem Normierungsfaktor Δt ab und setzt man für $\omega\,\Delta t$ die normierte Frequenz Ω ein, so ist diese Approximation der Fouriertransformation formal identisch mit der DTFT – da im Falle diskreter Signale für die dimensionslose Zeit $\Delta t = \Delta k = 1$ gesetzt wird, kann die Routine **f_trafo** unverändert für beide Transformationen genutzt werden.

Tabelle 1.1.2 gibt einige Eigenschaften der Fouriertransformation wieder, die sinngemäß ebenso für die DTFT gelten[4]. Ferner zeigt Tabelle 1.1.3 einige für die Nachrichtenübertragung wichtige Fourier-Korrespondenzen.

---

[1]Für Bandpaßsignale kommt i.a. ein verallgemeinertes Abtasttheorem zur Anwendung, auf das an dieser Stelle nicht näher eingegangen wird [KK98].

[2]Die Fouriertransformation zeitdiskreter Signale wird als *zeitdiskrete Fouriertransformation* (engl. *Discrete-Time Fourier Transform, DTFT)* bezeichnet.

[3]Ausnahme ist z.B. die später behandelte *Impulsantwort* kontinuierlicher Systeme.

[4]Hier werden *komplexe Zeitsignale* mit einbezogen, deren systemtheoretische Interpretation als Tiefpaßdarstellung reeller Bandpaßsignale in Abschnitt 1.3 erfolgt.

Tabelle 1.1.2: Eigenschaften der Fouriertransformation

$x(t)$	$X(j\omega) = \mathcal{F}\{x(t)\}$	Anmerkung
$x(t) \in \mathbb{R}$	$X(j\omega) = X^*(-j\omega)$	konj. gerades Spektrum[5]
$x(t) = x^*(-t)$	$X(j\omega) \in \mathbb{R}$	reelles Spektrum
$x(t) = -x^*(-t)$	$j \cdot X(j\omega) \in \mathbb{R}$	imaginäres Spektrum
$x(t - t_0)$	$e^{-j\omega t_0} X(j\omega)$	Zeitverzögerung
$x(t)\, e^{j\omega_0 t}$	$X(j(\omega - \omega_0))$	Modulationssatz
$\int\limits_{-\infty}^{\infty} x_1(\tau) x_2(t - \tau)\,d\tau$	$X_1(j\omega) \cdot X_2(j\omega)$	Faltungssatz
$r_{xx}^E(\tau) = \int\limits_{-\infty}^{\infty} x^*(t) x(t + \tau)\,dt$	$|X(j\omega)|^2$	Energie-AKF

Tabelle 1.1.3: Korrespondenzen der Fouriertransformation

$x(t)$	$X(j\omega)$	Anmerkungen
$\delta_0(t)$	1	Dirac-Impuls
$\cos(\omega_0 t)$	$\pi[\delta_0(\omega - \omega_0) + \delta_0(\omega + \omega_0)]$	reelle Spektrallinien
$\sin(\omega_0 t)$	$\frac{\pi}{j}[\delta_0(\omega - \omega_0) - \delta_0(\omega + \omega_0)]$	imaginäre Spektrallinien
$e^{j\omega_0 t}$	$2\pi\,\delta_0(\omega - \omega_0)$	einseitige Spektrallinie
$e^{-\alpha|t|}$	$\frac{2\alpha}{\omega^2 + \alpha^2}$	zweiseitiger Expon.-Impuls
$e^{-(\alpha t)^2}$	$\frac{\sqrt{\pi}}{\alpha} e^{-(\omega/2\alpha)^2}$	Gaußimpuls
$\mathrm{rect}(t/T_0)$	$T_0 \cdot \mathrm{si}(\omega T_0/2)$	Rechteckimpuls[6]
$\mathrm{tri}(t/T_0)$	$T_0 \cdot \mathrm{si}^2(\omega T_0/2)$	Dreieckimpuls[6]
$\frac{\omega_g}{\pi} \mathrm{si}(\omega_g t)$	$\mathrm{rect}(\omega/(2\omega_g))$	idealer Tiefpaß[6]

Eine oft verwendete Beziehung ist das *Parsevalsche Theorem*, das die Energie-Berechnungsformeln im Zeit- und im Frequenzbereich verknüpft:

$$\int\limits_{-\infty}^{\infty} |x(t)|^2\,dt = \frac{1}{2\pi} \int\limits_{-\infty}^{\infty} |X(j\omega)|^2\,d\omega. \tag{1.1.4}$$

---

[5] d.h. gerader Realteil und ungerader Imaginärteil

[6] Definitionen: $\mathrm{rect}(x) = \begin{cases} 1, & |x| < 1/2 \\ 1/2, & |x| = 1/2 \\ 0 & \text{sonst} \end{cases}$; $\mathrm{tri}(x) = \begin{cases} 1 - |x|, & |x| \leq 1 \\ 0 & \text{sonst} \end{cases}$; $\mathrm{si}(x) = \frac{\sin(x)}{x}$

Der in Tabelle 1.1.2 wiedergegebene Faltungssatz bildet die Grundlage der systemtheoretischen Behandlung linearer zeitinvarianter Systeme, sogenannter *LTI*-Systeme (**Linear Time Invariant**). Setzt man für $x_2(t) = x(t)$ das Eingangssignal und für $x_1(t) = h(t)$ die *Impulsantwort* eines LTI-Systems, so berechnet man mit

$$y(t) = \int\limits_{-\infty}^{\infty} h(\tau)x(t-\tau)d\tau =: h(t) * x(t) \quad \circ\!\!-\!\!\bullet \quad Y(j\omega) = X(j\omega) \cdot H(j\omega) \quad (1.1.5)$$

das System-Ausgangssignal. Die Fouriertransformation ergibt die Multiplikation des Spektrums des Eingangssignals mit der Übertragungsfunktion (Frequenzgang) $H(j\omega)$ des Systems.

Der Frequenzgang wird in der Regel getrennt nach Betrag und Phase angegeben:

$$H(j\omega) = |H(j\omega)| \cdot e^{j\varphi(\omega)}; \quad \varphi(\omega) = \arg\{H(j\omega)\}. \quad (1.1.6)$$

Als Maß für Phasenverzerrungen wird in der Nachrichtentechnik die *Gruppenlaufzeit* benutzt, die als negative Ableitung der Phase nach der Frequenz definiert ist.

$$\tau_g(\omega) = -\partial\varphi(\omega)/\partial\omega \quad \text{(siehe MATLAB-Routine \texttt{gruplauf})} \quad (1.1.7)$$

Zur numerischen Ausführung der kontinuierlichen Faltung ist wie bereits bei der Fouriertransformation das Integral zu approximieren; wählt man die Rechteck-Approximation, dann ergibt sich

$$y_c(k\,\Delta t) \approx \Delta t \sum_{\ell=-\infty}^{\infty} h_c(\ell\,\Delta t)\, x_c(k\,\Delta t - \ell\,\Delta t). \quad (1.1.8)$$

Diese Näherungsformel ist, abgesehen vom Skalierungsfaktor Δt, identisch mit der *diskreten Faltung* zweier zeitdiskreter Signale:

$$y_d(k) = \sum_{\ell=-\infty}^{\infty} h_d(\ell)\, x_d(k-\ell). \quad (1.1.9)$$

Man erkennt aus (1.1.5), daß die Impulsantwort eines kontinuierlichen Systems $h_c(t)$ die Dimension *1/Zeit* haben muß, wenn $x(t)$ und $y(t)$ dimensionslose Signale sein sollen, während die zeitdiskrete Impulsantwort gemäß (1.1.9) dimensionslos ist. Der Vergleich von (1.1.5) und (1.1.9) führt zu dem Zusammenhang

$$h_c(k\,\Delta t) = \frac{1}{\Delta t}\, h_d(k). \quad (1.1.10)$$

Die beiden Beziehungen (1.1.8) und (1.1.9) werden durch die Routine **faltung** realisiert; die Besonderheit besteht darin, daß mit diesem Programm (im Gegensatz zum MATLAB-Standard-Befehl **conv**) auch nichtkausale Signale verarbeitet werden können, indem die den Signalen zugeordneten Zeitvektoren mit übergeben werden.

1.1.2 Stochastische Signale

Ein zweites aus der Sicht der Nachrichtentechnik sehr wichtiges Klassifikationsmerkmal besteht in der Unterscheidung zwischen *deterministischen* und *stochastischen* Signalen. Die in Tabelle 1.1.3 aufgeführten Signale sind allesamt deterministisch, da sie durch geschlossene mathematische Ausdrücke dargestellt werden. Demgegenüber weisen stochastische Signale Zufallscharakter auf – sie sind nur durch bestimmte Wahrscheinlichkeitsausdrücke und Erwartungswerte zu beschreiben. Man hat zwischen sogenannten *Musterfunktionen*, also konkreten Meßergebnissen von stochastischen Signalen, und dem abstrakten *Prozeß*, d.h. der Gesamtheit aller möglichen Musterfunktionen, zu unterscheiden. Musterfunktionen werden wie auch deterministische Zeitsignale durch Kleinbuchstaben beschrieben, während *Prozesse* zur Unterscheidung mit *Großbuchstaben* gekennzeichnet werden (siehe z.B. [KK98]). In Tabelle 1.1.4 werden die wichtigsten Kenngrößen zur Beschreibung von Zufallsprozessen zusammengestellt; sinngemäß gelten diese Zusammenhänge ebenso für zeitdiskrete Prozesse. Betrachtet werden zwei stationäre, nicht notwendig reelle[7] Prozesse $X(t)$ und $Y(t)$. Erwartungswerte werden durch das Symbol $\mathrm{E}\{\cdot\}$ beschrieben. In der Praxis (so auch in den Simulationsexperimenten in diesem Buch) werden Erwartungswerte durch zeitliche Mittelung über N Abtastproben *einer* gemessenen Musterfunktion geschätzt, wobei *ergodische Prozesse* vorauszusetzen sind (das Symbol $\hat{\mathrm{E}}\{\cdot\}$ deutet die Schätzung an).

$$\hat{\mathrm{E}}\{f(X)\} = \frac{1}{N} \sum_{k=0}^{N-1} f(x(t_k)) \qquad (1.1.11)$$

Im unteren Abschnitt der Tabelle 1.1.4 werden vier wichtige Formeln wiedergegeben, die den Einfluß eines linearen Systems auf ein Rauschsignal beschreiben. Es zeigt sich z.B. anhand der Eigenschaft Nr.12, daß am Ausgang eines Filters eine Bewertung der Eingangs-Rauschleistungsdichte mit dem Betragsquadrat des Filterfrequenzgangs erfolgt: Das Rauschen wird *gefärbt*.

In diesem Zusammenhang ist der Begriff **weißes Rauschen** von besonderem Interesse. Damit wird ein Rauschprozeß bezeichnet, dessen spektrale Leistungsdichte über der Frequenz konstant ist[8]:

$$S_{XX}(j\omega) = \frac{N_0}{2} \quad \bullet\!\!-\!\!\circ \quad r_{XX}(\tau) = \frac{N_0}{2}\delta_0(\tau); \qquad (1.1.12)$$

die Fourier-Rücktransformation ergibt einen Dirac-Impuls für die Autokorrelationsfunktion. Da der Wert $r_{XX}(0)$ die Leistung des Prozesses beschreibt, ist die

---

[7]Eine ausführliche systemtheoretische Interpretation komplexer Prozesse wird in Abschnitt 1.3 gegeben.

[8]Die Festlegung des zweiseitigen Leistungsdichtespektrums mit $N_0/2$ ist in der nachrichtentechnischen Literatur allgemein üblich.

Tabelle 1.1.4: Erwartungswerte, Korrelationsfunktionen

1.	$m_X = \mathrm{E}\{X(t)\}$	Mittelwert
2.	$\sigma_X^2 = \mathrm{E}\{|X(t) - m_X|^2\}$	Varianz
3.	$r_{XX}(\tau) = \mathrm{E}\{X^*(t)\,X(t+\tau)\}$	Autokorrelationsfunktion (AKF)
4.	$S_{XX}(j\omega) = \mathcal{F}\{r_{XX}(\tau)\}$	Spektrale Leistungsdichte (LDS)
5.	$r_{XY}(\tau) = \mathrm{E}\{X^*(t)\,Y(t+\tau)\}$	Kreuzkorrelationsfunktion (KKF)
6.	$S_{XY}(j\omega) = \mathcal{F}\{r_{XY}(\tau)\}$	Kreuzleistungsdichte (KLD)
	Eigenschaften:	
7.	$r_{XX}(-\tau) = r_{XX}^*(\tau)$	konjugiert gerade
8.	$r_{XX}(0) = \frac{1}{2\pi} \int\limits_{-\infty}^{\infty} S_{XX}\,j\omega)\,d\omega \in \mathbb{R}$	Leistung
9.	$r_{XX}(0) > |r_{XX}(\tau)|,\ \tau \neq 0$	
10.	$r_{XY}(-\tau) = r_{YX}^*(\tau)$	
	Einfluß eines linearen Systems:	$Y(t) = X(t) * h(t)$
11.	$r_{YY}(\tau) = r_{XX}(\tau) * r_{hh}^E(\tau)$	Energie-AKF $r_{hh}^E(\tau)$ s. Tab. 1.1.2
12.	$S_{YY}(j\omega) = S_{XX}(j\omega) \cdot |H(j\omega)|^2$	
13.	$r_{XY}(\tau) = r_{XX}(\tau) * h(\tau)$	$r_{XX}(\tau) = \delta_0(\tau) \ \rightarrow \ r_{XY}(\tau) = h(\tau)$
14.	$S_{XY}(j\omega) = S_{XX}(j\omega) \cdot H(j\omega)$	$\rightarrow$ Systemidentifikation

Leistung eines weißen Rauschsignals also unbegrenzt. Somit ist ein kontinuierlicher weißer Prozeß in der Praxis nicht darstellbar: Praktische Bedeutung bekommt ein solcher Prozeß eigentlich erst in Verbindung mit einer Filterung, die bei endlicher Energie-AKF der Filter-Impulsantwort eine Begrenzung der Rauschleistung herbeiführt. Am Ausgang eines Filters ergibt sich bei Erregung mit einem (fiktiven) weißen Rauschsignal ein Leistungsdichtespektrum, das proportional zum Betragsquadrat des Filterfrequenzgangs ist; die Gesamtleistung berechnet sich aus

$$\mathrm{E}\{|Y(t)|^2\} = \frac{N_0}{2} \cdot \frac{1}{2\pi} \int\limits_{-\infty}^{\infty} |H(j\omega)|^2 d\omega. \tag{1.1.13}$$

Stellt das Filter z.B. einen *idealen Tiefpaß* der Grenzfrequenz f_g dar, so ergibt sich für die Leistung des bandbegrenzten Rauschens an seinem Ausgang

$$\mathrm{E}\{|Y(t)|^2\} = N_0\, f_g. \tag{1.1.14}$$

Wie erläutert ist weißes Rauschen in zeitkontinuierlicher Form nicht darstellbar. Keine Probleme bereitet demgegenüber die Erzeugung von *zeitdiskretem weißen Rauschen*, das für die Simulation von Nachrichtenübertragungssystemen und somit auch für zahlreiche in diesem Buch behandelte Aufgaben von sehr großer Bedeutung ist. Man kann sich ein solches Signal aus einem durch einen idealen Tiefpaß der Grenzfrequenz $f_g = f_A/2$ bandbegrenzten kontinuierlichen weißen Rauschprozeß gebildet denken. Nach der Abtastung mit f_A erhält man einen zeitdiskreten Prozeß $X_d(k)$ mit der (dimensionslosen) spektralen Leistungsdichte

$$S_{X_d X_d}(e^{j\Omega}) = \frac{N_0}{2} \cdot f_A. \tag{1.1.15}$$

Die Gesamtleistung ergibt sich aus der Integration über $-\pi \leq \Omega \leq \pi$; bei einem mittelwertfreien Prozeß ist sie gleich der Varianz:

$$E\{|X_d(t)|^2\} = \sigma_{X_d}^2 = \frac{1}{2\pi} \int_{-\pi}^{\pi} \frac{N_0}{2} \cdot f_A \, d\Omega = \frac{N_0}{2} \cdot f_A. \tag{1.1.16}$$

1.1.3 Übungen

Aufgabe 1.1.1

Einseitige und zweiseitige reelle Exponentialimpulse
(Lösung Seite 13)

a) Berechnen Sie die Fouriertransformierte eines einseitigen, kausalen, reellen Exponentialimpulses.

$$x_{ex+}(t) = \begin{cases} e^{-\alpha t} & \text{für } t > 0 \\ \frac{1}{2} & \text{für } t = 0 \\ 0 & \text{sonst} \end{cases}$$

Leiten Sie weiterhin einen allgemeinen Ausdruck für $\mathcal{F}\{x(-t)\}$ her und bestätigen Sie mit Hilfe dieses Ergebnisses und der oben berechneten Fouriertransformierten von $x_{ex+}(t)$ die in Tabelle 1.1.3 angegebene Fouriertransformierte eines zweiseitigen, reellen Exponentialimpulses.

b) Erzeugen Sie unter MATLAB einen einseitigen reellen Exponentialimpuls mit $\alpha = 5$/ms im Zeitintervall $-2\,\text{ms} \leq t \leq 2\,\text{ms}$. Die Stützwerte sind im zeitlichen Abstand von $\Delta t = 20\mu s$ (entsprechend einer Abtastfrequenz von $f_A = 50\,\text{kHz}$) zu berechnen. Berechnen Sie das Spektrum dieses Impulses $X_{ex+}(j\omega)$ mit Hilfe der Routine **f_trafo** und stellen Sie den Betrag (in dB,

Normierung auf den Maximalwert) graphisch dar. Tragen Sie Abtastwerte des unter a) theoretisch berechneten Betragsspektrums ein und erklären Sie die Abweichungen.

c) Erzeugen Sie einen zweiseitigen *unsymmetrischen* Exponentialimpuls

$$x_{\alpha/\beta}(t) = \begin{cases} e^{-\alpha t} & \text{für } t \geq 0 \\ e^{+\beta t} & \text{für } t \leq 0 \end{cases}$$

mit $\alpha = 5/\,\text{ms}$ und $\beta = 8/\,\text{ms}$ und stellen Sie ihn im Zeitintervall $-2\,\text{ms} \leq t \leq 2\,\text{ms}$ dar. Berechnen Sie das Betragsspektrum dieses Impulses und stellen Sie das eines symmetrischen zweiseitigen Exponentialimpulses (mit $\alpha = \beta = 5/\,\text{ms}$) gegenüber (auf Maximalwert normierte Darstellungen in dB).

d) Führen Sie mittels der Routine i_f_trafo die inverse Fouriertransformation des *Realteils* von $X_{\alpha/\beta}(j\omega)$ mit $\alpha = 5/\,\text{ms}$, $\beta = 8/\,\text{ms}$ durch. Wie läßt sich das hierbei gewonnene Zeitsignal aus $x_{\alpha/\beta}(t)$ direkt gewinnen?

e) Erzeugen Sie einen zweifachen Exponentialimpuls der Form

$$y(t) = x_{ex+}(t) + x_{ex+}(t - \tau), \quad \tau = 200\,\mu\text{s}$$

im Zeitintervall $0 \leq t \leq 1.5\,\text{ms}$. Beziehen Sie das Spektrum auf den Wert an der Stelle $\omega = 0$. Tragen Sie das um 6 dB angehobene Betragsspektrum des einmaligen einseitigen Exponentialimpulses mit ein. Erläutern Sie das Ergebnis.

| Aufgabe 1.1.2 | **Filterung eines Rechteckimpulses durch einen Gauß-Tiefpaß** (Lösung Seite 16) |

a) Ein Tiefpaß mit einer gaußförmigen Übertragungsfunktion wird durch die Impulsantwort

$$h_{gauss}(t) = \frac{\alpha}{\sqrt{\pi}}\, e^{-(\alpha t)^2}$$

beschrieben. Leiten Sie zunächst den analytischen Zusammenhang zwischen der Konstanten α und der 3dB-Grenzfrequenz des Gauß-Tiefpasses her.

b) Durch Gauß-Tiefpässe bandbegrenzte Rechteck-Impulse bilden die Grundlage des in Kapitel 6 behandelten bekannten *GMSK*-Modulationsverfahrens. Filtern Sie den Rechteck-Impuls $\text{rect}(t/T)$ mit $T = 1\,\text{ms}$ mit Gauß-Tiefpässen verschiedener 3dB-Bandbreiten: (<u>Hinweis:</u> Benutzen Sie die Routine faltung.) $f_{3dB}\,T = 0.3,\ 0.5,\ 1.0,\ 2.0,\ 4.0$ und 20 und stellen Sie die so erzeugten Impulse im Zeitintervall $-2\,\text{ms} \leq t \leq 2\,\text{ms}$ in einem Diagramm gegenüber.

c) Berechnen Sie die Spektren der unter b) erzeugten Impulse und stellen Sie sie graphisch dar.

Aufgabe 1.1.3	**Approximation eines idealen Tiefpasses durch ein nichtrekursives digitales Filter** (Lösung Seite 16)

a) Geben Sie die Impulsantwort $h_{\mathrm{TP}}(k)$ eines zeitdiskreten idealen Tiefpasses der Grenzfrequenz Ω_g an. Stellen Sie sie für den Fall $\Omega_g = \pi/3$ mittels der Graphik-Routine <u>stem</u> im Zeitausschnitt $-16 \leq k \leq 16$ dar.

b) Zur Approximation durch ein nichtrekursives Filter (*FIR-, Finite Impulse Response-Filter*) der Ordnung n wird eine Zeitbegrenzung auf das Intervall $-n/2 \leq k \leq n/2$ vorgenommen, wobei n als gerade angenommen wird. Bestimmen Sie mittels <u>f_trafo</u> die Frequenzgänge der mit $n = 32$ und $n = 256$ approximierten idealen Tiefpässe und stellen Sie sie in einem Diagramm gegenüber. Schildern Sie die prinzipiellen Eigenschaften dieser Approximationen.

c) Zur Verbesserung der Approximationsgüte wird statt eines einfachen Abbruchs der idealen Impulsantwort eine Fensterung mittels geeigneter Fensterfunktionen durchgeführt. Eine der bekanntesten Fensterfunktionen ist das *Hammingfenster* (gerades n):

$$w_{\mathrm{Hamming}}(k) = \begin{cases} \frac{1}{2}\left[1 + \cos(2\pi\,k/n)\right] & \text{für } |k| \leq \frac{n}{2}; \\ 0 & \text{sonst} \end{cases}$$

hiermit ergibt sich die approximierte zeitbegrenzte Impulsantwort

$$h_{\mathrm{Hamming}}(k) = h_{\mathrm{TP}}(k) \cdot w_{\mathrm{Hamming}}(k).$$

Führen Sie für $n = 32$ und $n = 256$ Hamming-Fensterentwürfe durch und stellen Sie die zugehörigen Frequenzgänge graphisch dar. Vergleichen Sie die Eigenschaften mit den durch einfache Zeitbegrenzung erzielten Ergebnissen.

d) Die Impulsantwort eines idealen Tiefpasses ist $\sin(x)/x$-förmig; sie weist also *äquidistante Nulldurchgänge* an den Stellen[9] $t_\nu = \nu/(2f_g)$, $\nu = \pm 1, \pm 2, \cdots$ auf. An dieser Eigenschaft ändert sich auch durch Multiplikation mit einer Fensterfunktion nichts. Man bezeichnet Impulse mit dieser Eigenschaft als *Nyquistimpulse*; es wird sich erweisen, daß diese Impulse für die digitale Signalübertragung eine zentrale Rolle spielen. Das Spektrum solcher

---

[9] Im zeitdiskreten Falle ergeben sich für die Zeitindizes $k_\nu = \nu\,\pi/\Omega_g$ Nulldurchgänge, falls π/Ω_g ganzzahlig ist.

Nyquistimpulse besitzt (im Falle der Bandbegrenzung auf $|f| \leq 2f_g$) eine bezüglich f_g *punktsymmetrische Flanke* – eine sogenannte *Nyquistflanke*. Zur Demonstration der Nyquistflanke ist für den Hamming-Entwurf mit $n = 32$ die Differenz zwischen der idealen Tiefpaß-Übertragungsfunktion und dem Frequenzgang des approximierten Tiefpasses $\Delta H(e^{j\Omega})$ darzustellen. Anhand der Symmetrieeigenschaften von $\Delta H(e^{j\Omega})$ ist die Nyquistflanke zu erläutern.

e) Das bekannte „Remez"-Verfahren (MATLAB-Routine **remez**) führt eine gleichmäßige (*Tschebyscheff-*) Approximation im Durchlaß- und Sperrband durch. Führen Sie für $n = 32$ einen Remez-Entwurf durch, wobei Sie die Durchlaß- und Sperrgrenzen mit $\Omega_D = 0.22\pi$ und $\Omega_S = 0.44\pi$ festlegen. Vergleichen Sie den erzielten Frequenzgang mit dem eines Hamming-Fensterentwurfs.

Aufgabe 1.1.4 **Erzeugung von gefärbtem Rauschen**
(Lösung Seite 19)

a) Erzeugen Sie ein zeitdiskretes Rauschsignal mit quadratisch von der Frequenz abhängigem Leistungsdichtespektrum. Entwerfen Sie hierzu mittels **remez** einen digitalen Differenzierer der Ordnung $N_D = 33$. Erzeugen Sie dann mit Hilfe der Routine **randn** ein weißes gaußverteiltes Rauschsignal (Leistung eins, Länge z.B. 4096), das als Eingangssignal für den Differenzierer verwendet wird. Der Differenzierer ist vorher so zu normieren, daß die Leistung des Rauschsignals an seinem Ausgang eins beträgt. Um ein stationäres Rauschsignal zu erhalten, sind Ein-und Ausschwinganteile zu unterdrücken.

b) Bestimmen Sie mit Hilfe der Routine **akf** eine Schätzung der Autokorrelationsfolge $\hat{r}(\kappa)$ (Begrenzung auf $|\kappa| \leq N_D$) und stellen Sie die theoretisch berechnete AKF in einem Diagramm gegenüber.

c) Bestimmen Sie aus $\hat{r}(\kappa)$ eine Schätzung der spektralen Leistungsdichte und vergleichen Sie sie mit dem theoretisch berechneten Leistungsdichtespektrum.

Aufgabe 1.1.5 **Systemidentifikation durch Kreuzkorrelation**
(Lösung Seite 21)

a) Erzeugen Sie mittels **randn** eine zufällige Impulsantwort $h(k)$ eines linearen Systems; die Länge von $h(k)$ sei $N_{syst} + 1 = 11$, ihre Energie ist auf eins zu normieren.

Erzeugen Sie nun ein weißes gaußverteiltes Rauschsignal $x(k)$, das als Eingangssignal für das entworfene System gilt. Legen Sie die Länge von $x(k)$ mit $4096+N_{syst}$ fest. Erregen Sie das entworfene System mit $x(k)$. Entfernen Sie dann von $x(k)$ und vom Ausgangssignal $y(k)$ Ein- und Ausschwinganteile.

b) Bestimmen Sie mittels **kkf** die Kreuzkorrelierte von $x(k)$ und $y(k)$ im Zeitintervall $|\kappa| \leq 10$ und überprüfen Sie die Eigenschaft 13 in Tabelle 1.1.4 auf Seite 8, indem Sie die Impulsantwort gegenüberstellen.

c) Ermitteln Sie aus der unter Aufgabenteil a) geschätzten Kreuzkorrelationsfolge die Übertragungsfunktion $H(e^{j\Omega})$ des Systems. Stellen Sie ihren Betrag graphisch dar und vergleichen Sie diese Schätzung mit dem wahren Betragsfrequenzgang. Tragen Sie weiterhin eine aus der *Auto*korrelationsfolge $\hat{r}_{YY}(\kappa)$ abgeleitete Betragsübertragungsfunktion des Systems ein. Berechnen Sie aus der KKF-Schätzung von $H(e^{j\Omega})$ die Gruppenlaufzeit des Systems $\tau_g(\Omega)$ – hierzu steht Ihnen die Routine **gruplauf** zur Verfügung – und vergleichen Sie das Ergebnis mit der wahren Gruppenlaufzeit.

d) Abschließend wird eine Systemidentifikation unter additivem Rauscheinfluß untersucht. Hierzu ist ein weißes gaußverteiltes Rauschsignal zu erzeugen und dem System-Ausgangssignal zu überlagern; dabei soll ein Signal-Störabstand von 6 dB realisiert werden. Führen Sie erneut eine Systemschätzung mit Hilfe der Kreuzkorrelierten durch und stellen Sie den daraus gewonnenen Betragsfrequenzgang sowie den theoretischen Verlauf dar. Ermitteln Sie wie unter Aufgabenteil c) eine Schätzung des Betragsfrequenzgangs aus der *Auto*korrelationsfolge am Systemausgang und stellen Sie diese gegenüber. Interpretieren Sie die Ergebnisse.

Lösung Aufgabe 1.1.1

Aufgabenteil a)
Die Fouriertransformierte des einseitigen, kausalen, reellen Exponentialimpulses lautet für $\alpha > 0$

$$\mathcal{F}\{x_{ex+}(t)\} = \int\limits_0^\infty \mathrm{e}^{-\alpha t} \cdot \mathrm{e}^{-j\omega t} dt = \int\limits_0^\infty \mathrm{e}^{-(\alpha+j\omega)t} dt = \frac{1}{\alpha + j\omega}. \qquad (1.1.17)$$

Zur Herleitung einer allgemeinen Beziehung für $\mathcal{F}\{x(-t)\}$ schreibt man

$$\mathcal{F}\{x(-t)\} = \int\limits_{-\infty}^\infty x(-t) \cdot \overline{\mathrm{e}}^{j\omega t} dt = \int\limits_{+\infty}^{-\infty} x(t') \cdot \overline{\mathrm{e}}^{j\omega(-t')}(-dt')$$

$$= \int_{-\infty}^{+\infty} x(t') \cdot e^{j(-\omega)t'} \, dt' = X(-j\omega). \qquad (1.1.18)$$

Die symmetrische zweiseitige Exponentialfunktion läßt sich durch eine kausale und eine antikausale Exponentialfunktion ausdrücken.

$$x_{ex\pm}(t) = e^{-\alpha|t|} = x_{ex+}(t) + x_{ex+}(-t)$$

Wegen der Linearitätseigenschaft können auch die zugehörigen Fouriertransformierten überlagert werden

$$X_{ex\pm}(j\omega) = X_{ex+}(j\omega) + X_{ex+}(-j\omega) = \frac{1}{\alpha + j\omega} + \frac{1}{\alpha - j\omega} = \frac{2\alpha}{\alpha^2 + \omega^2}, \qquad (1.1.19)$$

womit die in Tabelle 1.1.3 angegebene Korrespondenz bestätigt ist.

Aufgabenteil b)
Der Impuls $x_{ex+}(t)$ ist in **Bild 1.1.1a** dargestellt, der Betrag des mittels `f_trafo` errechneten Spektrums in **Bild 1.1.1b**. Die leichten Abweichungen gegenüber dem nach (1.1.17) exakt berechneten Spektrum erklären sich mit der Verletzung des Abtasttheorems: Trotz der hohen gewählten Abtastfrequenz von $f_A = 50\,\text{kHz}$ ist das Spektrum bei $f_A/2$ noch nicht hinreichend gut abgeklungen.

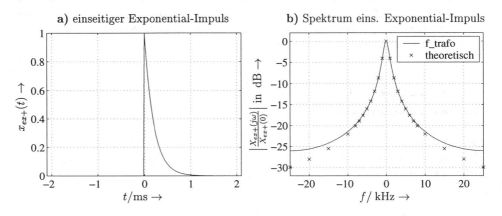

Bild 1.1.1: Einseitiger Exponentialimpuls mit Spektrum

Aufgabenteil c)
Bild 1.1.2a zeigt den unsymmetrischen zweiseitigen Exponentialimpuls ($\alpha = 5/\text{ms}$, $\beta = 8/\text{ms}$); gegenübergestellt (gestrichelt eingetragen) ist der symmetrische Impuls mit $\alpha = \beta = 5/\text{ms}$. Die beiden zugehörigen Spektren zeigt **Bild**

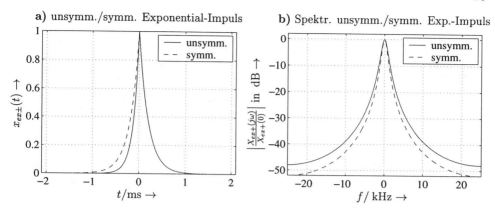

Bild 1.1.2: Symmetrischer und unsymmetrischer Exponentialimpuls mit Spektren

1.1.2b. Wegen der steilen linksseitigen Flanke des unsymmetrischen Impulses ist dessen Spektrum geringfügig breitbandiger.

Aufgabenteil d)
Die inverse Fouriertransformierte des *Realteils* des von $X_{\alpha/\beta}\,(j\omega)$ zeigt **Bild 1.1.3**. Dieser Impuls stellt den *geraden Anteil* des unsymmetrischen Impulses $x_{\alpha/\beta}(t)$ dar, denn es gilt allgemein

$$\mathcal{F}^{-1}\{\mathrm{Re}\{X(j\omega)\}\} = \frac{1}{2}[x(t) + x^*(-t)]. \tag{1.1.20}$$

Der nach dieser Beziehung berechnete Impuls ist in Bild 1.1.3 eingetragen ($\times$); zum Vergleich ist der unsymmetrische Impuls $x_{ex\pm}(t)$ gegenübergestellt (gestrichelt).

Aufgabenteil e)
Bild 1.1.4a zeigt den Zeitverlauf von zwei im zeitlichen Abstand von $\tau = 200\,\mu$s überlagerten Exponentialimpulsen. Das in **Bild 1.1.4b** wiedergegebene, mit **f_trafo** bestimmte Spektrum läßt sich wie folgt geschlossen berechnen:

$$
\begin{aligned}
\mathcal{F}\{x_{ex+}(t) + x_{ex+}(t - \tau)\} &= X_{ex+}(j\omega) + \mathrm{e}^{-j\omega\tau} \cdot X_{ex+}(j\omega) \\
&= X_{ex+}(j\omega)[1 + \mathrm{e}^{-j\omega\tau}] = X_{ex+}(j\omega) \cdot 2\cos(\omega\tau)\,\mathrm{e}^{-j\omega\tau/2}.
\end{aligned}
$$

Zur Veranschaulichung ist in Bild 1.1.4b das unter b) bestimmte Spektrum $2\,|X_{ex+}(j\omega)|$ mit eingetragen, das gemäß dem rechnerischen Ergebnis die Hüllkurve darstellt.

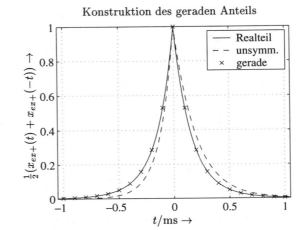

Bild 1.1.3: Rücktransformation des Realteils des Spektrums des unsymmetrischen Exponentialimpulses, Konstruktion des geraden Anteils des
Impulses

Lösung Aufgabe 1.1.2

Aufgabenteil a)
Für den Gaußimpuls gilt gemäß Tabelle 1.1.3 die Fourier-Korrespondenz

$$\frac{\alpha}{\sqrt{\pi}}\, e^{-(\alpha t)^2} \quad \circ\!\!-\!\!\bullet \quad e^{-(\omega/(2\alpha))^2}.$$

Die 3dB-Grenzfrequenz berechnet sich aus

$$e^{-(2\pi f_{3dB}/(2\alpha))^2} = \frac{1}{\sqrt{2}} \Rightarrow 2\pi f_{3dB}/(2\alpha) = \sqrt{ln(\sqrt{2})}$$

$$\alpha = \frac{\pi}{\sqrt{ln(\sqrt{2})}} \cdot f_{3dB}. \tag{1.1.21}$$

Aufgabenteile b) und c)
In **Bild 1.1.5a** sind die Zeitverläufe von gaußgefilterten Rechteckimpulsen ($T = 1$ ms) für die Parameter $f_{3dB}T = 0.3, 0.5, 1.0, 2.0, 4.0$ und 20.0 wiedergegeben;
die zugehörigen Spektren zeigt **Bild 1.1.5a**.

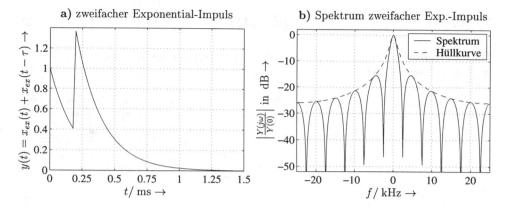

Bild 1.1.4: Zweifacher Exponentialimpuls mit Spektrum

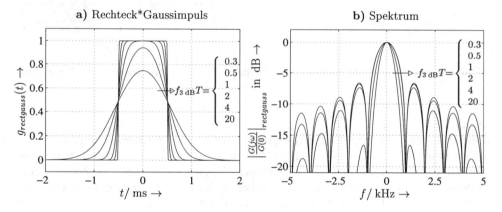

Bild 1.1.5: Gaußfilterung eines Rechteckimpulses

Lösung Aufgabe 1.1.3

Aufgabenteil a)

Die Impulsantwort eines zeitdiskreten idealen Tiefpasses der Grenzfrequenz Ω_g ergibt sich aus der inversen zeitdiskreten Fouriertransformation (IDTFT) der idealen Tiefpaß-Übertragungsfunktion:

$$h_{\text{TP}}(k) = \frac{1}{2\pi} \int_{-\Omega_g}^{\Omega_g} 1 \cdot e^{j\Omega k}\, d\Omega = \frac{1}{j2\pi k}\left[e^{j\Omega_g k} - e^{-j\Omega_g k}\right]$$

$$= \frac{1}{j2\pi k} 2j \sin(\Omega_g k) = \frac{\Omega_g}{\pi} \frac{\sin(\Omega_g k)}{\Omega_g k}. \qquad (1.1.22)$$

Diese Impulsantwort ist für $\Omega_g = \pi/3$ in **Bild 1.1.6a** im Zeitausschnitt $-16 \leq k \leq 16$ wiedergegeben.

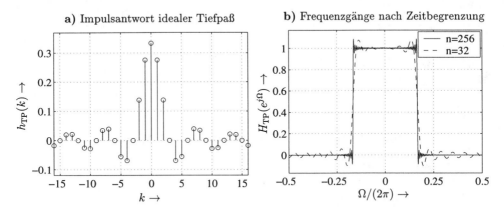

Bild 1.1.6: Approximation des idealen Tiefpasses durch Zeitbegrenzung der Impulsantwort

Aufgabenteil b)

Zur Approximation durch nichtrekursive Filter werden Zeitbegrenzungen der Impulsantwort auf das Intervall $-n/2 \leq k \leq n/2$ vorgenommen. **Bild 1.1.6b** zeigt die sich für $n = 32$ und $n = 256$ ergebenden Frequenzgänge. Man beobachtet zwei prinzipielle Auswirkungen der Zeitbegrenzung: Zum einen wird mit geringerer Filterordnung n die Filterflanke flacher, zum anderen ergeben sich im Durchlaß- und Sperrbereich Oszillationen. Die Maximalwerte der Oszillationen sind nahezu unabhängig von n (*Gibbs'sches Phänomen*), es ist lediglich festzustellen, daß sie sich mit steigendem n zur Filterflanke hin konzentrieren.

Aufgabenteil c)

Zur Minderung des Gibbs'schen Phänomens wird statt eines Abbruchs der idealen Impulsantwort eine Bewertung mit einer Hamming-Fensterfunktion vorgenommen. Die damit erzielten Frequenzgänge sind in **Bild 1.1.7a** für $n = 32$ und $n = 256$ dargestellt. Man sieht, daß die Oszillationen im Durchlaß- und Sperrbereich erheblich reduziert werden; dies geschieht allerdings auf Kosten der Flankensteilheit, die gegenüber Bild 1.1.6b deutlich verringert wird.

Aufgabenteil d)

Bild 1.1.7b veranschaulicht die *erste Nyquist-Bedingung*: Zeitimpulse, die ausgehend von einem Hauptimpuls äquidistante Nulldurchgänge im Abstand T auf-

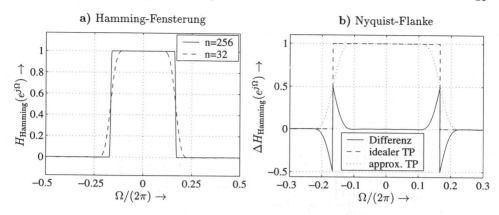

Bild 1.1.7: Tiefpaß-Approximation durch Hamming-Fensterung

weisen – dies gilt für alle Tiefpässe, die aus der Fensterbewertung der $\sin(x)/x$-Impulsantwort hervorgegangen sind – besitzen im Spektralbereich eine bezüglich der Frequenz $1/2T$ *punktsymmetrische* Flanke. Dies ist auch dadurch zu beschreiben, daß man der Übertragungsfunktion des idealen Tiefpasses eine bezüglich $1/2T$ ungerade Spektralfunktion überlagert, wie es in Bild 1.1.7b gezeigt wird.

Aufgabenteil e)
Abschließend zeigt **Bild 1.1.8** den Frequenzgang eines Filters der Ordnung $n = 32$, das mit Hilfe des Programms <u>remez</u> entworfen wurde. Zur besseren Verdeutlichung der Sperrdämpfung erfolgt eine Darstellung im logarithmischen Maßstab: Man erkennt die gleichmäßige Approximation, die zu einer besseren Ausnutzung des Toleranzschemas führt, als dies bei den Fenster-Entwürfen der Fall ist – zum Vergleich ist der Entwurf mittels Hammingfenster gegenübergestellt.

Es ist hervorzuheben, daß Remez-Entwürfe im allgemeinen *nicht auf Nyquistfilter führen*, da sich bei der Tschebyscheff-Approximation in der Regel keine äquidistanten Nullstellen in der Impulsantwort ergeben wie bei den Fenster-Entwürfen.

Lösung Aufgabe 1.1.4

Aufgabenteil a)
Das Remez-Programm liefert (für ungerade Ordnung n [KK98]) eine Approximation des Differenzierer-Frequenzgangs $H_D(e^{j\Omega}) = \Omega/\pi$ für $|\Omega| \leq \pi$.
Bei Erregung mit einem Rauschsignal der Leistung $\sigma_X^2 = 1$ erhält man für das Ausgangssignal äquivalent zu (1.1.13) die Leistung

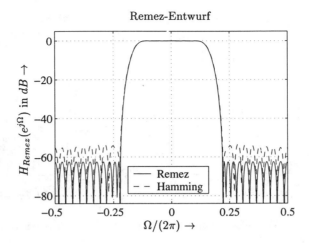

Bild 1.1.8: Remez-Entwurf eines Tiefpasses

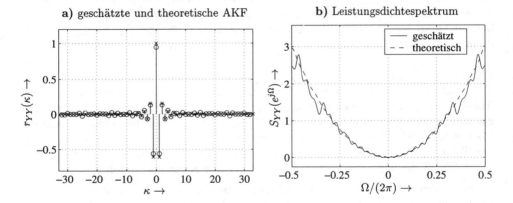

Bild 1.1.9: Rauschen mit quadratischem LDS

$$\sigma_Y^2 = \frac{1}{2\pi} \int\limits_{-\pi}^{\pi} \left| H_D(e^{j\Omega}) \right|^2 d\Omega = \frac{1}{2\pi} \int\limits_{-\pi}^{\pi} \left(\frac{\Omega}{\pi} \right)^2 d\Omega = \frac{2}{2\pi^3} \frac{\pi^3}{3} = \frac{1}{3}.$$

Zur Normierung der Ausgangsleistung auf eins ist die Impulsantwort des Differenzierers mit $\sqrt{3}$ zu multiplizieren.

Aufgabenteil b)
Bild 1.1.9a zeigt die anhand einer Musterfunktion der Länge 4096 geschätzte Autokorrelationsfolge des differenzierten Rauschprozesses $Y(k)$. Gemäß der Ei-

genschaft 11 in Tabelle 1.1.4 auf Seite 8 läßt sich die Autokorrelationsfolge auch rechnerisch aus der Energie-AKF der Differenzierer-Impulsantwort $r^E_{h_D h_D}(\kappa) = h_D(\kappa) * h_D(-\kappa)$ ermitteln. Diese theoretischen Werte sind mit $\times$ gekennzeichnet gegenübergestellt.

Aufgabenteil c)

Theoretische sowie geschätzte spektrale Leistungsdichte sind in **Bild 1.1.9b** zu sehen. Sie wurden aus der Fouriertransformation der Autokorrelationsfolgen gewonnen, wobei im Falle der geschätzten Autokorrelationsfolge eine Begrenzung auf $|\kappa| \leq 32$ vorgenommen wurde, um die Schätzfehler-Varianz zu begrenzen [KK98].

Lösung Aufgabe 1.1.5

Aufgabenteil a)

Werden zur Filterung die Routinen `faltung` oder <u>conv</u> verwendet, führt ein Eingangssignal der Länge $4096 + N_{syst}$ bei einem FIR-System der Ordnung N_{syst} zu einer Ausgangsfolge der Gesamtlänge $4096 + 2N_{syst}$. Dabei beinhalten die ersten N_{syst} Abtastwerte den *Einschwing-* und die letzten N_{syst} Werte den *Ausschwing- vorgang*. Soll die Musterfunktion eines *stationären* Prozesses gebildet werden, sind Ein- und Ausschwingvorgänge zu entfernen. Damit zwischen $x(k)$ und $y(k)$ kein Zeitversatz entsteht, sind nach vollzogener Filterung auch die ersten N_{syst} Abtastwerte von $x(k)$ zu unterdrücken; beide Signale haben dann die Länge 4096.

Aufgabenteil b)

Die geschätzte Kreuzkorrelationsfolge $\hat{r}_{XY}(\kappa)$ ist in **Bild 1.1.10a** dargestellt; die Eintragung der Impulsantwort des zugrundeliegenden Systems durch $\times$ zeigt, daß aufgrund einer Musterfunktion der Länge 4096 gemäß Eigenschaft 13 in Tabelle 1.1.4 (S. 8) eine sehr genaue Systemidentifikation gelingt. In digitalen Nachrichtenübertragungssystemen werden derartige Korrelationsmethoden zur Kanalschätzung angewendet; dabei sind allerdings die zugrundegelegten Trainingssequenzen erheblich kürzer als im vorliegenden Beispiel. Das Problem der Kanalschätzung wird im Abschnitt 7.4 dieses Buches ausführlicher diskutiert.

Aufgabenteil c)

Gemäß der Eigenschaft 14 in Tabelle 1.1.4 (S. 8) ist die Übertragungsfunktion eines Systems aus der Fouriertransformierten der Kreuzkorrelierten zwischen Ein- und Ausgangssignal zu gewinnen (bei weißer Erregung). **Bild 1.1.10b** zeigt die Gegenüberstellung der so geschätzten und der wahren Betragsübertragungsfunktion. Weiterhin ist der aus der Fouriertransformierten der *Auto*korrelationsfolge des System-Ausgangssignals gemäß Eigenschaft 12 in Tabelle 1.1.4

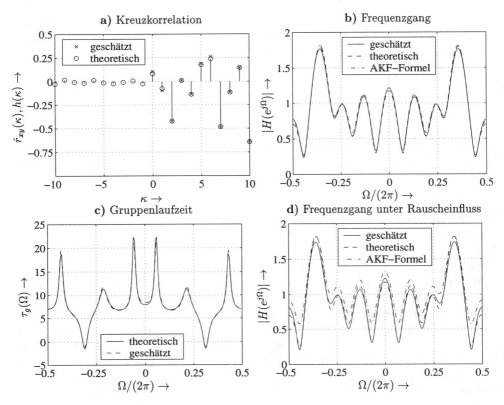

Bild 1.1.10: Systemidentifikation durch Kreuzkorrelation

$$|\hat{H}(e^{j\Omega})| = \sqrt{\hat{S}_{YY}(e^{j\Omega})} \qquad (\text{beachte: } S_{XX} = \sigma_X^2 = 1)$$

ermittelte Betragsfrequenzgang gegenübergestellt; zwischen den beiden Schätzungen und dem wahren Verlauf sind kaum Unterschiede zu erkennen.

Die eben ausgeführte Systemidentifikation mit Hilfe der *Auto*korrelationsfolge des Ausgangssignals bezog sich nur auf den *Betrags*frequenzgang; die Phase des Systems ist auf diese Weise nicht eindeutig zu gewinnen, da anhand der Ausgangs-AKF minimal- und maximalphasige Systeme nicht unterscheidbar sind[10]. Zur phasenrichtigen Systemidentifikation ist die Kreuzkorrelierte zwischen Ein- und

---

[10]Neuere Verfahren der *blinden Kanalschätzung*, bei denen die Phaseninformation aus dem System-Ausgangssignal aufgrund der Zyklostationarität oder mit Hilfe der Statistik höherer Ordnung identifiziert wird, werden hier nicht betrachtet [BPK98].

Ausgangssignal zu bilden; **Bild 1.1.10c** zeigt die hiervon abgeleitete Gruppenlaufzeit sowie deren wahren berechneten Verlauf.

Aufgabenteil d)
Abschließend wird eine Systemidentifikation unter der Einwirkung einer unabhängigen weißen Rauschstörung untersucht; die Störung wird mit Hilfe von
randn erzeugt, wobei ein Skalierungsfaktor so eingestellt wird, daß sich ein Signal-
Störverhältnis von 6 dB ergibt. **Bild 1.1.10d** zeigt, daß die aufgrund der KKF
errechnete Betragsübertragungsfunktion nahezu deckungsgleich mit dem wahren
Frequenzgang ist. Dies ist damit zu begründen, daß die Rauschstörung wegen
ihrer statistischen Unabhängigkeit bei der Kreuzkorrelation mit dem Eingangssignal unterdrückt wird. Im Gegensatz hierzu führt die additive Störung bei der
*Auto*korrelations-Schätzung zu einer Verfälschung des Betragsfrequenzgangs, da
die Leistung der weißen Störung sich zum AKF-Wert an der Stelle $\kappa = 0$ addiert:

$$\tilde{Y}(k) = Y(k) + N(k) \quad \Rightarrow \quad r_{\tilde{Y}\tilde{Y}}(\kappa) = r_{YY}(\kappa) + \sigma_N^2\,\delta(\kappa).$$

1.2   Hilberttransformation

Die Übertragung von Nachrichten erfolgt in den meisten Fällen im Bandpaßbereich. Dabei wird einer sinusförmigen Trägerschwingung der Frequenz f_0 das zu
übertragende Quellensignal aufgeprägt; man nennt diesen Vorgang Modulation.
Die Trägerfrequenz selbst ist bezüglich der übertragenen Nachricht irrelevant, sie
ist nur entscheidend zur Anpassung des gesendeten Signals an die physikalischen
Eigenschaften des Übertragungskanals. Für die systemtheoretische Beschreibung,
für die Rechner-Simulation von Übertragungssystemen und vor allem für eine effiziente Realisierung der Signalverarbeitung im Empfänger ist daher eine Darstellung von Bandpaßsignalen in der äquivalenten Tiefpaßebene, dem sogenannten
Basisband, von großem Interesse. Die Grundlage hierzu bildet die *Hilberttransformation*.

1.2.1   Eigenschaften

Vorgegeben sei ein reelles Zeitsignal $x(t)$; das zugehörige Spektrum $X(j\omega)$ stellt
eine *konjugiert gerade* Funktion der Frequenz dar.

$$x(t) \in \mathbb{R} \quad \circ\!\!-\!\!\bullet \quad X(j\omega) = X^*(-j\omega) \tag{1.2.1}$$

Man definiert hierzu das *hilberttransformierte Signal* $\hat{x}(t) = \mathcal{H}\{x(t)\}$, das gegenüber $x(t)$ eine 90°-Phasendrehung im gesamten Frequenzband aufweist. Da-

mit $\hat{x}(t)$ ein reelles Signal ist, muß die Phase eine ungerade Abhängigkeit von der Frequenz aufweisen. Man definiert dementsprechend für die Hilberttransformation

$$\hat{x}(t) = \mathcal{H}\{x(t)\} \quad \circ\!\!-\!\!\bullet \quad \hat{X}(j\omega) = \begin{cases} X(j\omega) \cdot e^{+j\pi/2} & \text{für } \omega < 0 \\ X(j\omega) \cdot e^{-j\pi/2} & \text{für } \omega > 0 \end{cases}$$

$$= -j\,X(j\omega) \cdot \text{sgn}(\omega). \qquad (1.2.2)$$

Die Hilberttransformation kann als Einwirkung eines linearen Systems, des *idealen Hilberttransformators* mit der Übertragungsfunktion $H_\mathcal{H}(j\omega)$ und der Impulsantwort $h_\mathcal{H}(t)$, auf das Signal $x(t)$ aufgefaßt werden; es gilt derZusammenhang

$$H_\mathcal{H}(j\omega) = -j \cdot \text{sgn}(\omega) \quad \bullet\!\!-\!\!\circ \quad h_\mathcal{H}(t) = \frac{1}{\pi\,t}. \qquad (1.2.3)$$

Damit kann (1.2.2) auch durch Faltung im Zeitbereich dargestellt werden[11].

$$\hat{x}(t) = \mathcal{H}\{x(t)\} = \frac{1}{\pi} \int\limits_{-\infty}^{\infty} \frac{x(\tau)}{t - \tau}\,d\tau \qquad (1.2.4)$$

Einige wichtige Eigenschaften der Hilberttransformation sind

1. *Linearität:* $\mathcal{H}\{a \cdot x(t) + b \cdot y(t)\} = a \cdot \mathcal{H}\{x(t)\} + b \cdot \mathcal{H}\{y(t)\}$

2. *Verschiebungsinvarianz:* $\hat{x}(t - t_0) = \mathcal{H}\{x(t - t_0)\}$

3. *Umkehrung:* $x(t) = -\mathcal{H}\{\hat{x}(t)\} \rightarrow x(t) = -\mathcal{H}\{\mathcal{H}\{x(t)\}\}$

4. *gerade u. ungerade Symmetrie:* $\begin{cases} x(t) = x(-t) & \rightarrow & \hat{x}(t) = -\hat{x}(-t) \\ x(t) = -x(-t) & \rightarrow & \hat{x}(t) = \hat{x}(-t) \end{cases}$

5. *Filterung:* $\mathcal{H}\{x(t) * h(t)\} = \mathcal{H}\{x(t)\} * h(t) = x(t) * \mathcal{H}\{h(t)\}$

6. *Orthogonalität:* $\begin{cases} \int\limits_{-\infty}^{\infty} x(t) \cdot \hat{x}(t)\,dt = 0 & \text{(Energiesignale)} \\ \lim\limits_{T \to \infty} \frac{1}{2T} \int\limits_{-T}^{T} x(t) \cdot \hat{x}(t)\,dt = 0 & \text{(Leistungssignale)} \end{cases}$

7. *Modulation:* $\mathcal{H}\{s(t) \cdot \cos(\omega_0 t)\} = s(t) \cdot \sin(\omega_0 t)$, falls $S(j\omega) = 0$ für $|\omega| \geq \omega_0$

---

[11]Das Integral ist wegen der Unendlichkeitsstelle des Integranden bei $\tau = t$ als Cauchyscher Hauptwert zu verstehen [Kam96].

Zur Herleitung eines zeitdiskreten Hilberttransformators wird zunächst die Impulsantwort eines auf die Frequenz ω_g *bandbegrenzten* Hilberttransformators ermittelt.
Es gilt

$$H_{\mathcal{H},\omega_g}(j\omega) = \begin{cases} -j \cdot \mathrm{sgn}\,(\omega) & \text{für } |\omega| < \omega_g \\ 0 & \text{sonst} \end{cases} \quad \bullet\!\!-\!\!\circ \quad h_{\mathcal{H},\omega_g}(t) = 2f_g\, \frac{1-\cos(\omega_g\, t)}{\omega_g\, t},$$

$$\text{mit } \lim_{t \to 0} h_{\mathcal{H},\omega_g}(t) = 0. \tag{1.2.5}$$

Hieraus gewinnt man die Impulsantwort eines zeitdiskreten Hilberttransformators,
indem $t \to kT = k/f_A$ und $\omega_g = \pi\, f_A$ gesetzt werden; nach Normierung (Division
durch f_A) ergibt sich die dimensionslose diskrete Impulsantwort

$$h_{\mathcal{H}\mathrm{d}}(k) = \frac{1 - \cos(\pi\, k)}{\pi\, k} = \begin{cases} 2/(\pi\, k) & \text{für } k \text{ ungerade} \\ 0 & \text{für } k \text{ gerade.} \end{cases} \tag{1.2.6}$$

Die Impulsantwort des diskreten nichtrekursiven Hilberttransformators ist – ebenso wie auch die des zeitkontinuierlichen – *nichtkausal*. Bei der schaltungstechnischen Ausführung der Hilberttransformation muß die Impulsantwort zeitlich begrenzt und so verzögert werden, daß sie kausal und damit realisierbar wird.

1.2.2 Übungen

Aufgabe 1.2.1   **Entwurf diskreter Hilberttransformatoren**
(Lösung Seite 27)

a) Entwerfen Sie mit Hilfe des MATLAB-Programms <u>remez</u> einen zeitdiskreten
nichtrekursiven Hilberttransformator der Ordnung $N = 64$ für das Frequenz-
band $0.02 \cdot f_A/2 \le |f| \le 0.98 \cdot f_A/2$.

Stellen Sie die Impulsantwort $h_{\mathcal{H}\mathrm{d}}(k)$ in nichtkausaler Form dar, d. h. für
$-N/2 \le k \le N/2$, sowie die Übertragungsfunktion $H_H(\mathrm{e}^{j\Omega})$ im Bereich
$-0.5 \le \Omega/(2\pi) \le 0.5$. (Hinweis: Benutzen Sie die Routine <u>f_trafo</u>.)

Aufgrund des verwendeten Remez-Verfahrens [KK98] erfolgt in den Durch-
laßbändern eine gleichmäßige (Tschebyscheff-) Approximation: $1 - \delta_D \le$
$|H_{\mathcal{H}\mathrm{d}}(\mathrm{e}^{j\Omega})| \le 1 + \delta_D$; bestimmen Sie die „Ripple"- Amplitude δ_D.

b) Reduzieren Sie nun die Flankensteilheit des Hilberttransformators. Variieren
Sie die Flankensteilheit in der Routine <u>remez</u> solange bis der Maximalwert
des Ripples $\delta_D \le 0.01$ wird.

c) Wie weit reduziert sich die Ripple-Amplitude δ_D, wenn bei der hohen Flankensteilheit gemäß Aufgabenteil a) die Filterordnung auf $N = 128$ erhöht wird?

Aufgabe 1.2.2	**Hilberttransformation einiger Elementarsignale**
	(Lösung Seite 28)

a) Bilden Sie die Hilberttransformierten eines zweiseitigen symmetrischen Exponentialimpulses und eines Gaußimpulses

$$g_1(t) = e^{-|t|/\mathrm{ms}} \qquad \text{und} \qquad g_2(t) = e^{-(t/\mathrm{ms})^2}$$

und stellen Sie sie graphisch dar. Beschränken Sie die Impulse auf das Zeitintervall $|t| \leq 5\,\mathrm{ms}$.

Hinweis: Benutzen Sie zur Hilberttransformation die Routine **hilbtrans**. Wählen Sie einen Hilberttransformator der Ordnung $N = 128$; legen Sie die Durchlaßgrenzen mit $F = [0.01 \quad 0.99]$ fest.

b) Stellen Sie die Spektren des Gaußimpulses und seiner Hilberttransformierten dar. Interpretieren Sie das Ergebnis.

Konstruieren Sie das Spektrum des hilberttransformierten Gaußimpulses mit Hilfe der Übertragungsfunktion des verwendeten realen Hilberttransformators.

c) Bilden Sie die Hilberttransformierte eines Dreieckimpulses

$$g_3(t) = \begin{cases} 1 - |t|/\mathrm{ms} & \text{für } |t| \leq 1\,\mathrm{ms} \\ 0 & \text{sonst.} \end{cases}$$

Stellen Sie $g_3(t)$ und $\mathcal{H}\{g_3(t)\}$ im Zeitintervall $|t| \leq 2\,\mathrm{ms}$ dar. Vergleichen Sie das Ergebnis mit der Hilberttransformation eines *periodischen* Dreiecksignals mit der Periodendauer $T = 2\,\mathrm{ms}$. Benutzen Sie den gleichen Hilberttransformator wie in Aufgabenteil a).

Aufgabe 1.2.3	**Eigenschaften der Hilberttransformation**
	(Lösung Seite 29)

a) Demonstrieren Sie mit Hilfe den in Aufgabe 1.2.2 behandelten Signalen $g_1(t)$ und $g_2(t)$ die Linearität der Hilberttransformation.

b) Demonstrieren Sie die auf Seite 24 erläuterte Umkehrungseigenschaft der Hilberttransformation anhand des Dreieck-Impulses und der periodischen Dreieckschwingung. Interpretieren Sie die Ergebnisse.

c) Zeigen Sie die auf Seite 24 aufgeführte Orthogonalitätseigenschaft anhand eines der in Aufgabe 1.2.2 behandelten Beispiele.

d) Demonstrieren Sie die Filterungseigenschaft (Nr. 5 auf Seite 24) anhand der Faltung eines Dreiecks mit der Hilberttransformierten eines Gaußimpulses. Hinweis: Benutzen Sie die Routine faltung.

Lösung Aufgabe 1.2.1

Aufgabenteil a)
Das Remez-Programm liefert die in den **Bildern 1.2.1a** und **b** gezeigten Ergebnisse für die Impulsantwort und die Übertragungsfunktion. Letztere ist wegen der nichtkausalen Darstellung der Impulsantwort rein imaginär. In der praktischen Realisierung muß hier eine Zeitverzögerung von 32 Abtastwerten einbezogen werden, was eine Multiplikation der Übertragungsfunktion mit dem komplexen Faktor $\exp(-j\,32\,\Omega)$ bewirkt. Der Maximalwert des Ripples beträgt bei diesem Entwurf $\delta_D = 0.0704$.

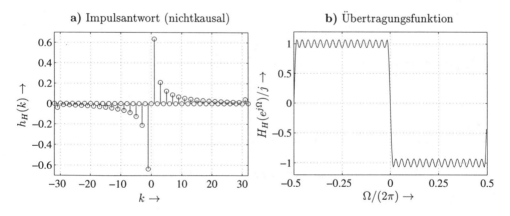

Bild 1.2.1: Hilberttransformator: $N = 64$, $F = [0.02\ 0.98]$

Aufgabenteil b)
Wählt man für die Grenzfrequenzen des Toleranzschemas die Werte $F = [0.0375\ 0.9625]$, so ergibt sich für den Durchlaß-Ripple der Wert $\delta_D = 0.0099$. Impulsantwort und Übertragungsfunktion sind in **Bild 1.2.2** wiedergegeben.

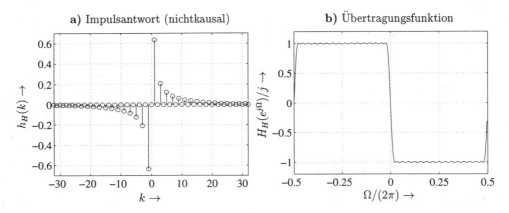

a) Impulsantwort (nichtkausal)   **b)** Übertragungsfunktion

Bild 1.2.2: Hilberttransformator: $N = 64$, $F = [0.0375\ 0.9625]$

Aufgabenteil c)

Für das Toleranzschema werden wieder die Eckfrequenzen gemäß Aufgabenteil a) eingesetzt. Erhöht man die Filterordnung auf $N = 128$, so ergibt sich der in **Bild 1.2.3** dargestellte Entwurf. Der Durchlaß-Ripple wird auf $\delta_D = 0.0071$ reduziert.

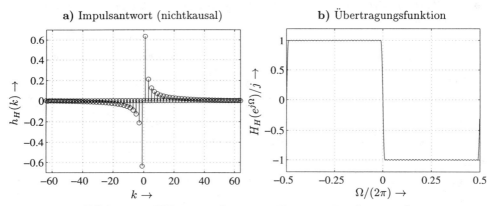

a) Impulsantwort (nichtkausal)   **b)** Übertragungsfunktion

Bild 1.2.3: Hilberttransformator: $N = 128$, $F = [0.02\ 0.98]$

Lösung Aufgabe 1.2.2

Aufgabenteil a)

In **Bild 1.2.4** werden die Hilberttransformierten eines zweiseitigen Exponential- und eines Gaußimpulses wiedergegeben. Dabei bestätigt sich die auf Seite 24 angegebene Symmetrieaussage (Nr. 4).

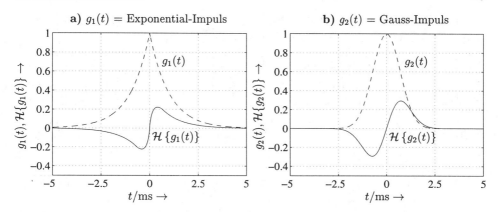

Bild 1.2.4: Hilberttransformation eines Dreieck-Impulses und eines periodischen Dreiecksignals

Aufgabenteil b)
Bild 1.2.5a zeigt das Spektrum des symmetrischen Gaußimpulses (das wiederum eine Gauß-Charakteristik aufweist), sowie das Spektrum des hilberttransformierten Gaußimpulses. Die Ungenauigkeiten können durch die Eigenschaften des realen Hilberttransformators erklärt werden: In **Bild 1.2.5b** erfolgt eine Konstruktion des Spektrums durch Multiplikation des Gauß-Spektrums mit der Übertragungsfunktion des realen Hilberttransformators.

Aufgabenteil c)
Bild 1.2.6a zeigt die Hilberttransformierte eines Dreieckimpulses; die strenge Zeitbegrenzung muß nach der Hilberttransformation verlorengehen, da eine Faltung mit der unendlich ausgedehnten Impulsantwort des Hilberttransformators ausgeführt wird (dargestellt ist der endliche Zeitausschnitt $-2\,\mathrm{ms} \le t \le 2\,\mathrm{ms}$). **Bild 1.2.6b** stellt einer *periodischen* Dreieckschwingung seine Hilberttransformierte gegenüber; die Periodendauern beider Signale sind natürlich gleich.

Lösung Aufgabe 1.2.3

Aufgabenteil a)
Die Linearität wird anhand der Überlagerung eines zweiseitigen Exponential- mit einem Gaußimpuls bzw. deren Hilberttransformierter gezeigt. In **Bild 1.2.7a** ist neben dem Summensignal $g_1(t) + g_2(t)$ (gestrichelt) dessen Hilberttransformierte (durchgezogen) abgebildet. **Bild 1.2.7b** zeigt (gestrichelt) die beiden einzelnen

a) Spektrum Gauss-Impuls und Hilbertt.   **b)** Konstr. des Spektrums von $\mathcal{H}\{g(t)\}$

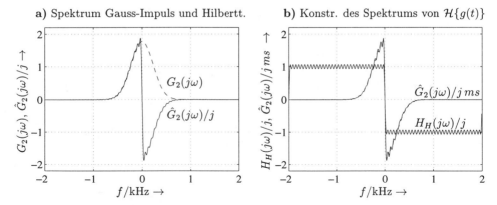

Bild 1.2.5: Hilberttransformation eines zweiseitigen Exponential- und eines Gaußimpulses

a) $g_3(t)$ = Dreieckimpuls   **b)** $g_{3p}(t)$ = periodisches Dreieck

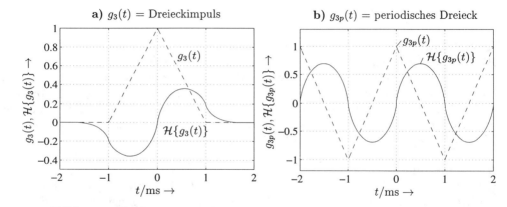

Bild 1.2.6: Spektrum eines Gaußimpulses und seiner Hilberttransformierten

Hilberttransformierten $\hat{g}_1(t)$ und $\hat{g}_2(t)$ sowie die Summe hieraus. Der Vergleich der beiden durchgezogen dargestellten Impulse demonstriert die Gültigkeit der Linearität.

Aufgabenteil b)
Die Umkehreigenschaft wird in **Bild 1.2.8a** zunächst anhand eines Dreieckimpulses überprüft.

Die zweimalige Hilberttransformation führt nicht, wie die Eigenschaft 3 auf Seite 24 es erwarten läßt, auf den negativ gleichen Dreieckimpuls. Die Ursache hierfür liegt darin, daß das si^2-Spektrum im Bereich kleiner Frequenzen durch den realen Hilberttransformator keine ideale sign-Bewertung erfährt (der verwendete Entwurf realisiert eine endliche Flanke im Frequenzbereich $-0.01\, f_A/2 \leq f \leq 0.01\, f_A/2$.

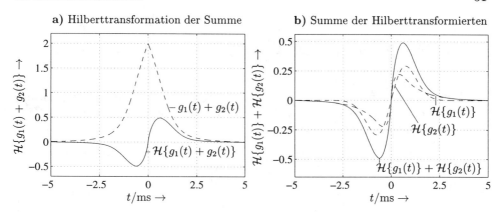

a) Hilberttransformation der Summe   **b)** Summe der Hilberttransformierten

Bild 1.2.7: Linearität der Hilberttransformation

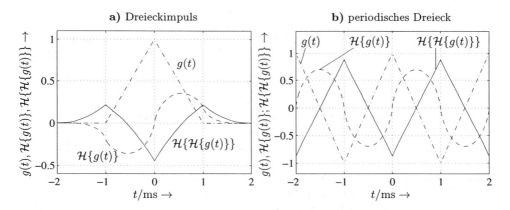

a) Dreieckimpuls   **b)** periodisches Dreieck

Bild 1.2.8: Umkehreigenschaft der Hilberttransformation

Eine bessere Wiedergabe der Dreieckform nach zweimaliger Hilberttransformation wird in **Bild 1.2.8b** bei einem *periodischen* Dreiecksignal erreicht. Die Grundfrequenz der hier realisierten Dreieckschwingung liegt bei $f=f_A/200$ (200 Stützwerte pro Periode), so daß der Durchlaßbereich des benutzten Hilberttransformators gerade erreicht ist. Die abgeschwächte Amplitude des regenerierten Dreiecks resultiert aus dem Durchlaß-Ripple des Hilberttransformators ($0.93 \leq |H_H(e^{j\Omega})| \leq 1.07$); durch eine Erhöhung der Filterordnung wird dieser Effekt zunehmend abgeschwächt.

Aufgabenteil c)
Die Orthogonalität wird durch Bildung der Skalarprodukte der als Vektoren aufgefaßten Signale mit ihren Hilberttransformierten gezeigt. Die MATLAB-Resultate lauten:

$$\mathbf{g}_1^T \cdot \hat{\mathbf{g}}_1 = 9.4\,10^{-12}, \qquad \mathbf{g}_2^T \cdot \hat{\mathbf{g}}_2 = 1.5\,10^{-11}, \qquad \mathbf{g}_3^T \cdot \hat{\mathbf{g}}_3 = 1.7\,10^{-10}.$$

Aufgabenteil d)

Die Filtereigenschaft (Nr. 5 auf Seite 24) wird in **Bild 1.2.9** anhand der Faltung eines Dreieckimpulses mit einer Gauß-Impulsantwort unter Einbeziehung einer Hilberttransformation demonstriert.

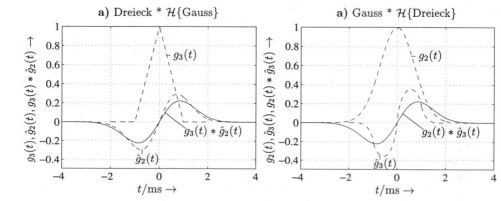

Bild 1.2.9: Darstellung der Filterungseigenschaft

Im Teilbild **a)** erfolgt eine Faltung des Dreiecks (gestrichelt) mit der Hilberttransformierten des Gaußimpulses (gestrichelt). Das Ergebnis ist mit einer durchgezogenen Linie wiedergegeben. Im Teilbild **b)** geschieht genau das Umgekehrte: Der Gaußimpuls wird mit dem hilberttransformierten Dreieck gefaltet. Beide Faltungsergebnisse sind gleich. Das dritte mögliche Verfahren sieht zunächst die Faltung des Gaußimpulses mit dem Dreieck vor und führt die Hilberttransformation anschließend durch. Dieses Resultat ist in beiden Teilbildern den mit durchgezogener Linie dargestellten Ergebnisimpulsen überlagert; eine Abweichung ist nicht erkennbar.

1.3   Darstellung reeller Bandpaßsignale im äquivalenten Tiefpaßbereich

1.3.1   Analytische Signale und Komplexe Einhüllende

Zur Formulierung der äquivalenten Tiefpaßdarstellung wird das *analytische Signal* benötigt. Es sei $x(t)$ ein reelles Signal; dann erhält man das hierzu analytische Signal, indem ein imaginärer Anteil hinzugefügt wird, der die Hilberttransformierte von $x(t)$ darstellt. Die Besonderheit analytischer Signale besteht darin, daß ihr *Spektrum für negative Frequenzen identisch verschwindet*. Man schreibt für das zu $x(t)$ analytische Signal

$$x^+(t) = x(t) + j\mathcal{H}\{x(t)\} \quad \circ\!\!-\!\!\bullet \quad X^+(j\omega) = \begin{cases} 2\,X(j\omega) & \text{für} \quad \omega > 0 \\[2mm] 0 & \text{für} \quad \omega \leq 0, \end{cases} \tag{1.3.1}$$

wobei das hochgestellte „+" die Spektralbereichseigenschaft (positive Frequenzen) zum Ausdruck bringen soll. Bildet man das *konjugiert komplexe* analytische Signal, so *verschwindet das Spektrum für positive Frequenzen*, während sich für negative Frequenzen $2\,X(j\omega)$ ergibt.

Wenn $x(t) = x_{\mathrm{BP}}(t)$ ein reelles Bandpaßsignal mit der Mittenfrequenz ω_0 ist, so gewinnt man hieraus das *äquivalente Tiefpaß-* oder *Basisbandsignal* durch Bildung des analytischen Signals und anschließende Frequenzverschiebung um ω_0 nach links; die Frequenzverschiebung wird im Zeitbereich durch Multiplikation mit $\exp(-j\omega_0 t)$ erreicht.

$$X_{\mathrm{TP}}(j\omega) = X_{\mathrm{BP}}^+(j(\omega + \omega_0)) \quad \bullet\!\!-\!\!\circ \quad x_{\mathrm{TP}}(t) = x_{\mathrm{BP}}^+(t) \cdot e^{-j\omega_0 t} \tag{1.3.2}$$

Dieses Signal ist im allgemeinen komplex, weshalb es auch als *Komplexe Einhüllende* bezeichnet wird; statt der Bezeichnung $x_{\mathrm{TP}}(t)$ wird im Rahmen dieses Buches auch die Bezeichnung $s(t)$ für die Komplexe Einhüllende gewählt.

$$x_{\mathrm{TP}}(t) =: s(t) = s'(t) + j\,s''(t) \quad \text{mit} \quad s'(t) = \mathrm{Re}\{s(t)\}, \; s''(t) = \mathrm{Im}\{s(t)\} \tag{1.3.3}$$

Das Spektrum der Komplexen Einhüllenden $S(j\omega)$ ist *nicht konjugiert gerade*, sofern das zugehörige *Zeitsignal* $s(t)$ *komplex* ist. Andererseits ergibt sich der Spezialfall einer reellen „Komplexen" Einhüllenden, wenn die Bedingung $S(j\omega) = S^*(-j\omega)$ erfüllt ist, wenn also das zugehörige Bandpaßspektrum konjugiert gerade bezüglich der Mittenfrequenz ω_0 ist:

$$X_{\mathrm{BP}}^+(j(\omega_0 + \Delta\omega)) = \left[X_{\mathrm{BP}}^+(j(\omega_0 - \Delta\omega))\right]^* \quad \Rightarrow \quad x_{\mathrm{TP}}(t) \in \mathbb{R}\,. \tag{1.3.4}$$

Die Spektren des Realteils $s'(t)$ bzw. des Imaginärteils $s''(t)$ der Komplexen Einhüllenden lassen sich allgemein aus dem konjugiert geraden bzw. konjugiert ungeraden Anteil des i. a. unsymmetrischen $S(j\omega)$ ermitteln; es gilt für die Fouriertransformation[12]

$$\mathcal{F}\{s'(t)\} \quad =: \quad \mathrm{Ra}\{S(j\omega)\} = \frac{1}{2}\left[S(j\omega) + S^*(-j\omega)\right] \tag{1.3.5}$$

$$\mathcal{F}\{s''(t)\} \quad =: \quad \mathrm{Ia}\{S(j\omega)\} = \frac{1}{2j}\left[S(j\omega) - S^*(-j\omega)\right] \tag{1.3.6}$$

---

[12]zur Bezeichnung $\mathrm{Ra}\{\cdot\}$ und $\mathrm{Ia}\{\cdot\}$ siehe [Mee83] oder [Kam96]

bzw. für die Z-Transformation zeitdiskreter Signale

$$\mathcal{Z}\{s'(k)\} \quad =: \quad \text{Ra}\{S(z)\} = \frac{1}{2}\left[S(z) + S^*(z^*)\right] \qquad (1.3.7)$$

$$\mathcal{Z}\{s''(k)\} \quad =: \quad \text{Ia}\{S(z)\} = \frac{1}{2j}\left[S(z) - S^*(z^*)\right]. \qquad (1.3.8)$$

In modernen Datenempfängern wird die Bildung der Komplexen Einhüllenden im allgemeinen mit einer Bandbegrenzung auf die endliche Bandbreite $B = 2\pi\, b$ verbunden. Bezeichnet $h_{\text{BP}}(t)$ die reelle Impulsantwort eines hierfür eingesetzten Bandpaßfilters[13], so ergibt sich aus der Ergänzung eines Imaginärteils, der die Hilberttransformierte von $h_{\text{BP}}(t)$ enthält, das analytische Signal

$$h_{\text{BP}}^+(t) = h_{\text{BP}}(t) + j\mathcal{H}\{h_{\text{BP}}(t)\}. \qquad (1.3.9)$$

Ein Filter mit einer solchen Impulsantwort, das zwei Ausgänge mit zueinander um 90° gedrehten Signalen aufweist, nennt man ein *Quadraturnetzwerk*. Hiermit kann die bandbegrenzte Komplexe Einhüllende auf folgende Weise gebildet werden:

$$x_{\text{TP}}(t) = \left[x_{\text{BP}}(t) * h_{\text{BP}}^+(t)\right] \cdot e^{-j\omega_0 t}; \qquad (1.3.10)$$

das zugehörige Blockschaltbild ist in **Bild 1.3.1** wiedergegeben.

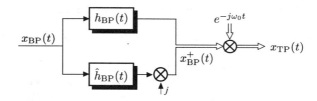

Bild 1.3.1: Basisband-Mischstufe in Bandpaßstruktur

Die analytische Impulsantwort (1.3.9) kann auch mit Hilfe der Impulsantwort $h_{\text{TP}}(t)$ eines Tiefpasses der Grenzfrequenz $b/2$ ausgedrückt werden[14].

$$h_{\text{BP}}^+(t) = 2\,h_{\text{TP}}(t)\cdot e^{j\omega_0 t} \qquad \text{mit } H_{\text{TP}}(j\omega) = 0 \text{ für } |\omega| > \frac{B}{2},\ (B < 2\omega_0) \quad (1.3.11)$$

Üblicherweise erfolgt die ZF-Filterung symmetrisch zu ω_0, erfüllt also die Bedingung (1.3.4). In dem Falle ist $h_{\text{TP}}(t)\in\mathbb{R}$.

---

[13] Am Empfänger wird die Filterung im sogenannten *Zwischenfrequenzbereich* durchgeführt, die zugehörigen selektiven Filter heißen dementsprechend *Zwischenfrequenz(ZF)-Filter* [Kam96].
[14] Der Faktor 2 in (1.3.11) ist erforderlich, um die gleiche Skalierung der Übertragungsfunktion $H_{\text{BP}}^+(j\omega)$ wie mit (1.3.9) zu erhalten [Kam96].

Mit Hilfe der Beziehung (1.3.11) kann aus (1.3.10) eine alternative Empfängerstruktur hergeleitet werden, bei der zunächst die Frequenzverschiebung vorgenommen wird und anschließend eine Tiefpaßfilterung erfolgt:

$$x_{TP}(t) = \left[x_{BP}(t) \cdot e^{-j\omega_0 t} \right] * 2\, h_{TP}(t) = \tilde{x}(t) * 2\, h_{TP}(t); \qquad (1.3.12)$$

diese Struktur ist im **Bild 1.3.2** dargestellt.

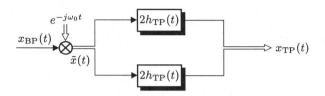

Bild 1.3.2: Basisband-Mischstufe in Tiefpaßstruktur

Die Strukturen nach den Bildern 1.3.1 und 1.3.2 sind äquivalent.

1.3.2 Übungen

Aufgabe 1.3.1

Entwürfe von Bandpaß-Quadraturnetzwerken
(Lösung Seite 37)

a) Entwerfen Sie mit Hilfe des Programms <u>remez</u> einen digitalen Tiefpaß mit der Durchlaß-Grenzfrequenz $f_D = 0.1\, f_A/2$ und der Sperrgrenze $f_S = 0.25\, f_A/2$. Wählen Sie dabei eine gerade Filterordnung und zwar so, daß die Sperrdämpfung mehr als 50 dB beträgt (durch Probieren oder durch Benutzung von <u>remezord</u>).

b) Entwerfen Sie ein Quadraturnetzwerk mit einer Mittenfrequenz von $\Omega = \pi/2$ auf zweierlei Weise:
<u>Entwurf 1:</u> Die in Aufgabenteil a) erhaltene Impulsantwort $h_{TP}(k)$ wird gemäß (1.3.11) in ein analytisches Bandpaßsignal umgesetzt.
<u>Entwurf 2:</u> Mit dem <u>remez</u>-Programm werden getrennt ein Bandpaß mit einem nach $\Omega = \pi/2$ transformierten Toleranzschema sowie ein hierzu hilberttransformierter Bandpaß entworfen. Hieraus wird die analytische Impulsantwort $h_{BP}(k) + j\hat{h}_{BP}(k)$ des Quadraturnetzwerks gebildet.
Vergleichen Sie die beiden Entwürfe und begründen Sie die Abweichungen.

Aufgabe 1.3.2

**Komplexe Einhüllende
eines modulierten Gaußimpulses**
(Lösung Seite 38)

a) Erzeugen Sie den folgenden Impuls:

$$x(t) = e^{-\alpha t^2} \cos(\omega_0 t) \quad \text{für } |t| \le 5 \, \mu s$$

mit der Mittenfrequenz $f_0 = 1 \, \text{MHz}$. Legen Sie die Abtastfrequenz so fest, daß das in Aufgabe 1.2.1a entworfene Quadraturfilter eingesetzt werden kann. Zeigen Sie, daß mit der Festlegung $\alpha = 0.5/\, \mu s$ der wesentliche Teil des Spektrums von $x(t)$ innerhalb des Durchlaßbandes des Quadraturfilters liegt.

b) Bilden Sie die Komplexe Einhüllende nach der Bandpaßstruktur gemäß Bild 1.3.1 und nach der Tiefpaßstruktur gemäß Bild 1.3.2. Vergleichen Sie die beiden Ergebnisse.

c) Setzen Sie für die Tiefpaßmischung einen Frequenzfehler $\Delta f = 200 \, \text{kHz}$ an und bilden Sie hiermit erneut die Komplexe Einhüllende. Stellen Sie Real- und Imaginärteil des so gebildeten Basisband-Zeitsignals sowie die zugehörigen Spektren dar und interpretieren Sie das Ergebnis.

Aufgabe 1.3.3

**Komplexe Einhüllende
eines zusammengesetzten Bandpaßsignals**
(Lösung Seite 41)

Aus den Tiefpaßsignalen

$$x_1(t) = \frac{\sin(2\pi f_1 t)}{2\pi f_1 t} \quad \text{und} \quad x_2(t) = \left(\frac{\sin(2\pi f_2 t)}{2\pi f_2 t} \right)^2$$

wird das Bandpaßsignal

$$y(t) = x_1(t) \cdot \cos(\omega_0 t) + x_2(t) \cdot \sin(\omega_0 t)$$

erzeugt; die Mittenfrequenz beträgt $f_0 = 5 \, \text{kHz}$. Mit Hilfe eines digitalen Quadraturnetzwerks soll hieraus das Basisbandsignal zurückgewonnen werden.

a) Legen Sie die Abtastfrequenz f_A so fest, daß das unter Aufgabe 1.2.1 entworfene Quadraturfilter verwendet werden kann. Stellen Sie die Parameter f_1 und f_2 so ein, daß die beiden Tiefpaßsignale $x_1(t)$ und $x_1(t)$ das Durchlaßband des Quadraturfilters vollständig ausnutzen. Zeigen Sie dies durch die Darstellung der beiden Spektren $X_1(j\omega)$, $X_2(j\omega)$ und Gegenüberstellung der dem Quadraturfilterentwurf zugrundeliegenden Tiefpaß-Übertragungsfunktion $H_0(j\omega)$.

b) Erzeugen Sie das Signal $y(t)$ im Zeitintervall $|t| \leq 10$ ms und stellen Sie das Spektrum dieses Signals dar. Tragen Sie auch die Übertragungsfunktion des Quadraturnetzwerks gemäß Aufgabe 1.3.1 (Entwurf 1) ein.

c) Bilden Sie die Komplexe Einhüllende mit Hilfe der Bandpaßstruktur gemäß Bild 1.3.1. Stellen Sie die Zeitverläufe von Real- und Imaginärteil sowie die zugehörigen Spektren dar. Interpretieren Sie das Ergebnis.

Lösung Aufgabe 1.3.1

Aufgabenteil a)
Zur Einhaltung einer Sperrdämpfung von 50 dB ist eine (gerade) Filterordnung von $N = 38$ erforderlich. Die Impulsantwort des Remez-Entwurfs sowie die Übertragungsfunktion in dB sind in **Bild 1.3.3** wiedergegeben.

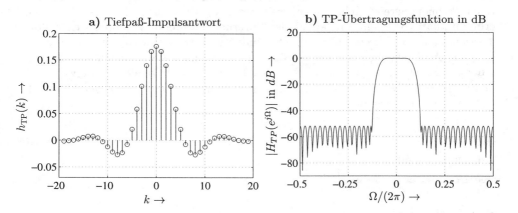

Bild 1.3.3: Tiefpaß-Entwurf als Basis für das Quadraturnetzwerk

Aufgabenteil b)
Hieraus gewinnt man den Entwurf des Quadraturnetzwerks auf zweierlei Weise: Entweder durch Spektralverschiebung des unter Bild 1.3.3 entworfenen Tiefpasses gemäß (1.3.11) – das Entwurfsresultat ist in **Bild 1.3.4a** dargestellt – oder entsprechend (1.3.9) durch getrennte Entwürfe eines Bandpasses und dessen Hilberttransformierter gemäß **Bild 1.3.4b**.

Im ersten Entwurf bleibt die 50 dB-Sperrdämpfung des zugrundeliegenden Tiefpasses erhalten, was nicht überrascht, da durch (1.3.11) lediglich eine Rechtsverschiebung des Spektrums erfolgt. Im zweiten Entwurf hingegen wird sie entscheidend

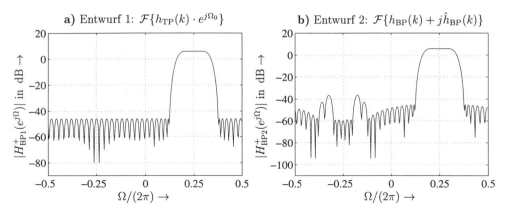

Bild 1.3.4: Zwei verschiedene Entwürfe für Quadraturnetzwerke

verschlechtert: Im Bereich der ursprünglichen Flanken des Bandpasses im negativen Frequenzbereich geht sie auf weit unter 40 dB zurück. Dies ist damit zu erklären, daß vor allem im Bereich der Filterflanken (deren Verlauf durch Anforderungen an den Remez-Entwurf nicht eindeutig festgelegt wird) eine nur unvollständige Auslöschung stattfindet, während die Auslöschung im negativen Durchlaßband mit 60 dB sehr gut ist. Für den Entwurf eines Quadraturnetzwerks ist demnach der Entwurf 1 gemäß (1.3.11) dem getrennten Bandpaß/Hilbertbandpaß-Entwurf (1.3.9) vorzuziehen.

Lösung Aufgabe 1.3.2

Aufgabenteil a)
Damit der Quadraturfilter-Entwurf gemäß Aufgabe 1.2.1b eingesetzt werden kann, muß die Mittenfrequenz $f_A/4$ betragen; die Abtastfrequenz ist also auf $f_A = 4f_0 = 4\,\text{MHz}$ festzulegen. **Bild 1.3.5a** veranschaulicht qualitativ, daß der wesentliche Anteil des Spektrums des modulierten Gaußimpulses mit der Wahl $\alpha = 0.5/\,\mu\text{s}$ innerhalb des Durchlaßbandes des Quadraturfilters liegt.

Aufgabenteil b)
Die Bildung der Komplexen Einhüllenden mit der Bandpaßstruktur gemäß Bild 1.3.1 besteht in der Auslöschung negativer Spektralanteile wie in Bild 1.3.5a gezeigt und anschließender spektraler Verschiebung. Die alternative Realisierungsform ist die Tiefpaßstruktur gemäß Bild 1.3.2, bei der zunächst die Tiefpaß-Verschiebung und anschließend die Filterung erfolgt.

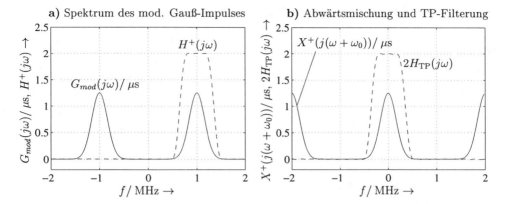

a) Spektrum des mod. Gauß-Impulses   **b)** Abwärtsmischung und TP-Filterung

Bild 1.3.5: Modulierter Gaußimpuls, links: Spektrum mit Frequenzgang des Quadraturfilters, rechts Spektrum nach Basisbandverschiebung mit Frequenzgang des Tiefpasses

Bild 1.3.5b zeigt das Spektrum nach der Multiplikation mit $\exp(-j\omega_0 t)$ im Zeitbereich, d.h. Linksverschiebung des Spektrums um ω_0. Hier müßte neben dem Basisbandspektrum ein einseitiges Bandpaßspektrum bei $f = -2f_0$ auftreten. Da das Zeitsignal jedoch mit $f_A = 4\,\mathrm{MHz}$ abgetastet wurde, wiederholt sich das Spektrum periodisch mit $4\,\mathrm{MHz}$ – daher taucht auch bei der Frequenz $f = -2\,\mathrm{MHz}$ $+4\,\mathrm{MHz} = +2\,\mathrm{MHz}$ wiederum ein Bandpaßspektrum auf. Nach der Tiefpaßfilterung werden diese beiden Spektren entfernt; es entsteht das äquivalente Basisbandsignal, dessen (reeller) Zeitverlauf in **Bild 1.3.6** wiedergegeben ist. Gegenübergestellt und durch Kreuze gekennzeichnet ist das mit der Bandpaßstruktur gemäß Bild 1.3.1 gewonnene Signal. Die gestrichelt dargestellte Differenz zwischen den beiden auf verschiedene Weise erzeugten Tiefpaßsignalen ist null.

Aufgabenteil c)
Das unter einem Frequenzfehler von $\delta f = 200\,\mathrm{kHz}$ gebildete im **Bild 1.3.7a** dargestellte Basisbandsignal ist jetzt komplex. Dies liegt daran, daß das ins Basisband verschobene Spektrum um δf versetzt, also nicht mehr symmetrisch zur Frequenz null ist:

$$\mathcal{F}\{x(t) \cdot e^{j2\pi\,\delta f\,t}\} =: \mathcal{F}\{\tilde{x}_{\mathrm{TP}}(t)\} = X(j(\omega - \underbrace{2\pi\,\delta f}_{\delta\omega})).$$

Das zum Realteil von $\tilde{x}_{\mathrm{TP}}(t)$ gehörige Spektrum berechnet sich nach (1.3.5) zu

$$\mathrm{Ra}\{\tilde{X}_{\mathrm{TP}}(j\omega)\} = \frac{1}{2}\left[\tilde{X}_{\mathrm{TP}}(j\omega) + \tilde{X}_{\mathrm{TP}}^*(-j\omega)\right]$$
$$= \frac{1}{2}\left[X_{\mathrm{TP}}\big(j(\omega - \delta\omega)\big) + X_{\mathrm{TP}}\big(j(\omega + \delta\omega)\big)\right],$$

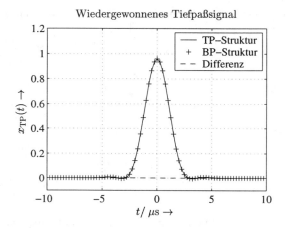

Bild 1.3.6: Wiedergewonnenes Signal nach Tiefpaß- und Bandpaß-Filterung

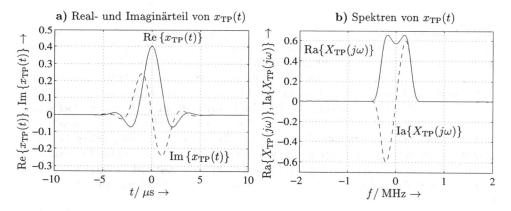

Bild 1.3.7: Basisbandmischung mit Frequenzfehler. links: Real- und Imaginärteil des wiedergewonnenen TP-Zeitsignals, rechts: Zugehörige Spektren

wobei $X_{\text{TP}}(j\omega)$ ein Gaußspektrum, also reell und gerade ist. Das Spektrum des *Realteils* von $\tilde{x}_{\text{TP}}(t)$ ergibt sich also aus der *Summe* zweier gegeneinander um $\pm\delta\omega$ verschobener Gaußspektren; in **Bild 1.3.7b** ist das Resultat gezeigt (durchgezogene Linie).

Die Konstruktion des Spektrums des *Imaginärteils* von $\tilde{x}_{\text{TP}}(t)$ ergibt sich mit Hilfe von (1.3.6) auf äquivalente Weise:

$$\text{Ia}\{\tilde{X}_{\text{TP}}(j\omega)\} = \frac{1}{2j}\left[X_{\text{TP}}\big(j(\omega-\delta\omega)\big) - X_{\text{TP}}\big(j(\omega+\delta\omega)\big)\right].$$

Es besteht also aus der *Differenz* zweier gegeneinander um $\pm\delta\omega$ verschobener Gaußspektren; das Resultat ist in **Bild 1.3.7b** gestrichelt dargestellt.

Lösung Aufgabe 1.3.3

Aufgabenteil a)

Die Mittenfrequenz des Quadraturfilters gemäß Bild 1.3.4 beträgt $f_0 = f_A/4$; mit $f_0 = 5\,\text{kHz}$ muß also die Abtastfrequenz mit $f_A = 20\,\text{kHz}$ festgelegt werden. Die Durchlaß-Grenzfrequenz des dem Quadraturfilter zugrundeliegenden Tiefpasses wurde mit $f_D = 0.1 \cdot f_A/2$ angesetzt. Da das Tiefpaßsignal $x_1(t)$ ein Rechteck-Spektrum mit der Grenzfrequenz f_1 aufweist, muß also $f_1 = f_D = 0.1 \cdot f_A/2 = 1\,\text{kHz}$ eingesetzt werden. Das Signal $x_2(t)$ besitzt ein dreieckförmiges Spektrum der Grenzfrequenz $2f_2$, so daß $f_2 = 500\,\text{Hz}$ zu wählen ist. Die Spektren $X_1(j\omega)$, $X_2(j\omega)$ sowie der Tiefpaß-Frequenzgang $H_0(j\omega)$ (nichtkausale Darstellung) sind in **Bild 1.3.8a** dargestellt.

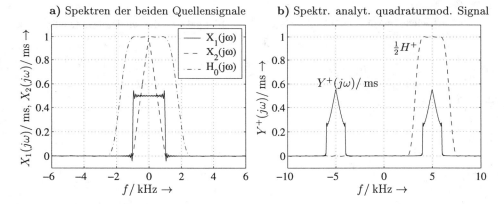

a) Spektren der beiden Quellensignale   **b)** Spektr. analyt. quadraturmod. Signal

Bild 1.3.8: Quadraturmodulation, links: Spektren der Quellensignale, rechts: Spektrum des analytischen quadraturmodulierten Signals mit Frequenzgang des Quadraturnetzwerks

Aufgabenteil b)

Die Tiefpaßsignale $x_1(t)$ und $x_2(t)$ sind gerade Zeitfunktionen und besitzen somit reelle Spektren. Die Multiplikation mit $\cos(\omega_0 t)$ verschiebt das *reelle* Spektrum $X_1(j\omega)$ zur Frequenz ω_0, während $x_2(t)$ durch die Multiplikation mit $\sin(\omega_0 t)$ zu einem *imaginären* Spektrum an der Stelle ω_0 führt. Bei Vernachlässigung der durch die Zeitbegrenzung entstehenden Auswirkungen im Sperrbereich des Spektrums gilt also

$$Y(j\omega) \approx \begin{cases} \frac{1}{2}[X_1(j(\omega - \omega_0)) - jX_2(j(\omega - \omega_0))] & \text{für } \omega > 0 \\[2mm] \frac{1}{2}[X_1(j(\omega + \omega_0)) + jX_2(j(\omega + \omega_0))] & \text{für } \omega < 0 \end{cases}$$

$$\Rightarrow \quad |Y(j\omega)| = |Y(-j\omega)| \approx \frac{1}{2}\sqrt{[X_1(j(\omega - \omega_0))]^2 + [X_2(j(\omega - \omega_0))]^2}, \quad \omega > 0.$$

Das Betragsspektrum ist mit der Gegenüberstellung des Quadraturfilter-Frequenzgangs in **Bild 1.3.8b** dargestellt.

Aufgabenteil c)

Das Bandpaßsignal $y(t)$ wird mit Hilfe der Basisbandmischstufe nach Bild 1.3.1 in den äquivalenten Tiefpaßbereich transformiert. **Bild 1.3.9a** zeigt, daß Real- und Imaginärteil – abgesehen von einer Vorzeichen-Umkehrung im Imaginärteil – mit den Tiefpaßsignalen $x_1(t)$ und $x_2(t)$ übereinstimmen. Ebenso ergeben sich wieder das ursprüngliche Rechteck- und das Dreieck-Spektrum, wie **Bild1.3.9b** zeigt.

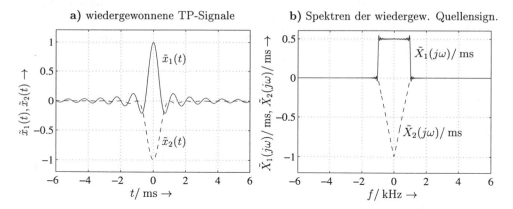

Bild 1.3.9: Wiedergewonnenes Tiefpaßsignal, links: Zeitverläufe von Real- und Imaginärteil, rechts: zugehörige Spektren

Das vorangegangene Experiment zeigt, daß zwei durch Multiplikation mit einer Sinus- und einer Kosinusschwingung in den Bandpaßbereich transformierte Signale nach der Bildung der Komplexen Einhüllenden wiedergewonnen werden können. Hieraus erwächst die Möglichkeit der *simultanen Übertragung von zwei unabhängigen Signalen im gleichen Frequenzband.* Man nennt diese Form *Quadratur-Amplitudenmodulation (QAM).* Diese Modulationsart hat vor allem für die moderne digitale Übertragung große Bedeutung.

1.4 Äquivalente Tiefpaß-Darstellung stationärer Bandpaß-Rauschprozesse

1.4.1 Komplexe Autokorrelationsfunktion, Leistungsdichtespektrum

Es sei $N_{\mathrm{BP}}(t)$ ein reeller, stationärer Rauschprozeß[15], dessen spektrale Leistungsdichte eine endliche Bandbreite $B = 2\pi\, b$ bei einer Mittenfrequenz $\omega_0 > B$ aufweist. Da $N_{\mathrm{BP}}(t)$ reell vorausgesetzt wird, ist die spektrale Leistungsdichte eine gerade Funktion der Frequenz.

$$
S_{N_{\mathrm{BP}}N_{\mathrm{BP}}}(j\omega) = \begin{cases} S_{N_{\mathrm{BP}}N_{\mathrm{BP}}}(-j\omega) & \text{für } \omega_0 - B/2 < |\omega| < \omega_0 + B/2 \\ 0 & \text{sonst} \end{cases} \tag{1.4.1}
$$

Entsprechend zur Tiefpaß-Darstellung deterministischer Bandpaßsignale in Abschnitt 1.3 wird auch für Bandpaß-Rauschprozesse eine *Komplexe Einhüllende* $N_{\mathrm{TP}}(t) =: N(t)$ eingeführt, die – wie der Bandpaßprozeß auch – stationär ist. Der Zusammenhang zwischen $N_{\mathrm{BP}}(t)$ und $N(t)$ ist durch

$$
N_{\mathrm{BP}}(t) = \mathrm{Re}\{N(t)\,\mathrm{e}^{j\omega_0 t}\} = \frac{1}{2}\left[N(t)\,\mathrm{e}^{j\omega_0 t} + N^*(t)\,\mathrm{e}^{-j\omega_0 t}\right] \tag{1.4.2}
$$

gegeben. Die Komplexe Einhüllende eines stationären Rauschprozesses ist *grundsätzlich komplex*:

$$
N(t) = N'(t) + jN''(t) \qquad \text{mit} \quad N'(t) = \mathrm{Re}\{N(t)\},\ N''(t) = \mathrm{Im}\{N(t)\}; \tag{1.4.3}
$$

der bei deterministischen Signalen mögliche Sonderfall reeller Tiefpaßsignale tritt hier prinzipiell nicht auf.

Für die Komplexe Einhüllende eines Rauschprozesses wird entsprechend Nr.3 in Tabelle 1.1.4 auf Seite 8 die Autokorrelationsfunktion

$$
r_{NN}(\tau) = \mathrm{E}\{N^*(t) \cdot N(t + \tau)\} \tag{1.4.4}
$$

definiert; sie ist im allgemeinen komplex und hat folgende Eigenschaften:

---

[15]*Zufallsprozesse* werden durch *große Buchstaben* gekennzeichnet, während individuell gemessene Musterfunktionen wie auch sonst Zeitsignale durch Kleinbuchstaben dargestellt werden.

1. $r_{NN}(\tau) = r_{NN}^*(-\tau)$ *konjugiert gerade*

2. $r_{NN}(0) = \mathrm{E}\{|N(t)|^2\}$ *Leistung des komplexen Prozesses*

3. $\mathrm{E}\{N(t)N(t+\tau)\} = 0$ *nichtkonjugierte AKF* $\equiv 0$ $\Rightarrow$ 3a/b:

3a. $r_{N'N'}(\tau) = r_{N''N''}(\tau)$ Re *und* Im *von* $N(t)$ *gleiche AKF*

3b. $r_{N'N''}(\tau) = -r_{N'N''}(-\tau)$ *KKF von* Re u. Im *ungerade*

4. $r_{N_{\mathrm{BP}}N_{\mathrm{BP}}}(\tau) = \frac{1}{2}\,\mathrm{Re}\{r_{NN}(\tau)\,\mathrm{e}^{j\omega_0\tau}\}$ *Zusammenhang BP- u. TP-AKF.*

Es gilt der elementare Zusammenhang für die AKF der Komplexen Einhüllenden
stationärer Bandpaßprozesse:

$$r_{NN}(\tau) = 2\,r_{N'N'}(\tau) + j\,2\,r_{N'N''}(\tau) = 2\,r_{N''N''}(\tau) + j\,2\,r_{N'N''}(\tau). \qquad (1.4.5)$$

• Der Realteil der AKF entspricht der doppelten AKF des Realteils oder des
  Imaginärteils der Komplexen Einhüllenden.

• Der Imaginärteil der AKF entspricht der doppelten Kreuzkorrelierten zwischen Real- und Imaginärteil der Komplexen Einhüllenden.

Das *Leistungsdichtespektrum* (LDS) *komplexer Prozesse* ist wie bei reellen Prozes-
sen durch die Fouriertransformation der AKF definiert:

$$S_{NN}(j\omega) = \mathcal{F}\{r_{NN}(\tau)\} \in \mathbb{R}; \qquad (1.4.6)$$

wegen der konjugiert geraden Symmetrie der Autokorrelationsfunktion (Eigenschaft 1) ist die spektrale Leistungsdichte *stets reell.* Der Zusammenhang von
$S_{NN}(j\omega)$ mit der spektralen Leistungsdichte des zugehörigen Bandpaßprozesses
ist durch

$$S_{N_{\mathrm{BP}}N_{\mathrm{BP}}}(j\omega) = \frac{1}{4}\left[S_{NN}\big(j(\omega-\omega_0)\big) + S_{NN}\big(-j(\omega+\omega_0)\big)\right] \qquad (1.4.7)$$

gegeben: Das Bandpaßspektrum besteht aus dem nach ω_0 verschobenen Tiefpaßspektrum und dem nach $-\omega_0$ verschobenen gespiegelten Tiefpaßspektrum.
Das Leistungsdichtespektrum der Komplexen Einhüllenden ist im allgemeinen *keine gerade Funktion der Frequenz* (solange das zugehörige Bandpaßspektrum nicht
gerade bezüglich ω_0 ist) – hieraus resultiert, daß die Autokorrelationsfunktion im
allgemeinen *komplex* ist.

• Der Spezialfall einer *reellen Autokorrelation* ergibt sich, wenn die spektrale
  Leistungsdichte gerade ist (d.h. wenn das LDS des zugehörigen Bandpaß-
  Prozesses symmetrisch zu ω_0 ist). In dem Falle *verschwindet die Kreuzkor-
  relierte zwischen Real- und Imaginärteil* der Komplexen Einhüllenden:

$$S_{N_{\mathrm{BP}}N_{\mathrm{BP}}}\big(j(\omega_0 + \omega)\big) = S_{N_{\mathrm{BP}}N_{\mathrm{BP}}}\big(j(\omega_0 - \omega)\big) \;\to\; S_{NN}(j\omega) = S_{NN}(-j\omega)$$

$$\Rightarrow\; r_{NN}(\tau) = 2\,r_{N'N'}(\tau) = 2\,r_{N''N''}(\tau), \quad r_{N'N''}(\tau) = 0. \tag{1.4.8}$$

1.4.2 Übungen

Aufgabe 1.4.1

Farbiges Bandpaßrauschen
(Lösung Seite 46)

a) Zur Rauschfärbung sollen ein Bandpaß und ein differenzierender Bandpaß eingesetzt werden. Entwerfen Sie zunächst mit Hilfe des Entwurfprogramms **remez** ein Bandpaßfilter (Übertragungsfunktion $H_1(e^{j\Omega})$) der Ordnung $N = 32$. Der Durchlaßbereich liege im Intervall $0.4\pi \le |\Omega| \le 0.6\pi$; der Sperrbereich sei durch die Grenzfrequenzen $\Omega_{S1} = 0.25\pi$ und $\Omega_{S2} = 0.75\pi$ festgelegt.

Entwerfen Sie nun mittels **remez** einen digitalen Differenzierer (Ordnung $N_{Diff} = 16$, Frequenzband $0 \le \Omega \le 0.75\pi$) und bilden Sie ein differenzierendes Bandpaßfilter durch Zusammenschaltung mit dem oben entworfenen Bandpaß. Die Gesamtübertragungsfunktion sei $H_2(e^{j\Omega})$. Stellen Sie $H_1(e^{j\Omega})$ und $H_2(e^{j\Omega})$ in einem Diagramm dar (Hinweis: Wenn Sie die Routine **f_trafo** benutzen und einen symmetrischen Zeitvektor $k = [-N/2 : N/2]$ eingeben, so sind die Übertragungsfunktionen reell bei geraden und rein imaginär bei ungeraden Zeitfunktionen). Stellen Sie die Übertragungsfunktion des in Aufgabe 1.3.1 entworfenen Quadraturfilters gegenüber.

b) Erzeugen Sie eine Musterfunktion $n_{BP1}(k)$ eines Bandpaß-Rauschprozesses, indem Sie zunächst weißes, mittelwertfreies, gaußverteiltes Rauschen der Leistung 1 mittels **randn** berechnen (100 000 Abtastwerte) und dieses dann mit dem oben entworfenen symmetrischen Bandpaßfiltern[16].

Erzeugen Sie mit Hilfe des entworfenen differenzierenden Bandpasses eine zweite Musterfunktion $n_{BP2}(k)$. Bestimmen Sie aus diesen beiden Musterfunktionen jeweils die Autokorrelationsfolge[17] $\hat{r}_{N_{\mathrm{BP}}N_{\mathrm{BP}}}(\kappa)$ (mittels der Routine **akf**) sowie die spektralen Leistungsdichten $\hat{S}_{N_{\mathrm{BP}}N_{\mathrm{BP}}}(e^{j\Omega})$ und stellen Sie sie in getrennten Diagrammen dar.

---

[16]Wie bei den Aufgaben 1.1.4 und 1.1.5 auf Seite 12 sind Ein- und Ausschwingvorgänge zu entfernen.
[17]Das Symbol „Dach" deutet an, daß es sich um *Schätzungen* handelt.

Aufgabe 1.4.2

Autokorrelationsfolgen
der Komplexen Einhüllenden
(Lösung Seite 48)

a) Erzeugen Sie für die beiden Musterfunktionen $n_{BP1/2}(k)$ mit Hilfe der Empfängerstruktur nach Bild 1.3.1 die zughörigen Komplexen Einhüllenden $n_{1/2}(k)$. Schätzen Sie mit Hilfe von <u>akf</u> die Autokorrelationsfolgen der Realteile $\hat{r}_{N'N'}(\kappa)$ und Imaginärteile $\hat{r}_{N''N''}(\kappa)$ sowie die Kreuzkorrelierte zwischen Real- und Imaginärteil $\hat{r}_{N'N''}(\kappa)$ und stellen Sie sie für Prozeß 1 und Prozeß 2 jeweils in einem Diagramm dar. Interpretieren Sie die Ergebnisse bezüglich der auf den Seiten 43 und 45 aufgeführten Eigenschaften.

b) Konstruieren Sie aus der komplexen Autokorrelationsfolge $r_{NN}(\kappa)$ von Prozeß 2 mit Hilfe der Eigenschaft 4 auf Seite 43 die Autokorrelationsfolge des zugehörigen Bandpaß-Prozesses. Stellen Sie die in Aufgabe 1.4.1 direkt gemessene Bandpaß-AKF gegenüber.

Aufgabe 1.4.3

Leistungsdichtespektren
der Komplexen Einhüllenden
(Lösung Seite 49)

a) Bestimmen Sie für die Komplexen Einhüllenden der beiden Rauschprozesse die spektralen Leistungsdichten $\hat{S}_{NN}(e^{j\Omega})$ und stellen Sie jeweils die spektralen Leistungsdichten der Real- und Imaginärteile $\hat{S}_{N'N'}(e^{j\Omega})$ und $\hat{S}_{N''N''}(e^{j\Omega})$ sowie die Kreuzleistungsdichte $\hat{S}_{N'N''}(e^{j\Omega})$ gegenüber. Verdeutlichen Sie anhand dieser Beispiele die Eigenschaften der spektralen Leistungsdichte komplexer Rauschprozesse.

b) Konstruieren Sie für Prozeß 2 aus $\hat{S}_{N'N'}(e^{j\Omega})$, $\hat{S}_{N''N''}(e^{j\Omega})$ und $\hat{S}_{N'N''}(e^{j\Omega})$ das Gesamt-Leistungsdichtespektrum des komplexen Prozesses. Stellen Sie das mit Hilfe von $H_2(e^{j\Omega})$ theoretisch berechnete Leistungsdichtespektrum $S_{NN}(e^{j\Omega})$ gegenüber.

Lösung Aufgabe 1.4.1

Aufgabenteil a)

Die Übertragungsfunktion $H_1(e^{j\Omega})$ des mit dem <u>remez</u>-Programm entworfenen Bandpasses ist in **Bild 1.4.1** dargestellt, ebenso die Übertragungsfunktion des differenzierenden Bandpasses $H_2(e^{j\Omega})$. Die Impulsantwort dieses Filters erhält man durch Faltung der mittels <u>remez</u> entworfenen Differenzierer-Impulsantwort mit $h_1(k)$. Die resultierende Ordnung von $H_2(e^{j\Omega})$ beträgt $N_2 = N_1 + N_{Diff} =$

$32 + 16 = 48$. Die Gegenüberstellung des in Aufgabe 1.2.1 entworfenen Quadratur-filters 38.Ordnung zeigt, daß die Durchlaßbereiche beider Spektralformungsfilter mit dem Durchlaßbereich von $H^+(e^{j\Omega})$ gut übereinstimmen.

Rauschfärbungsfilter, Quadraturfilter

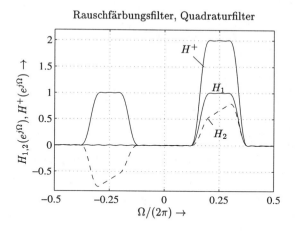

Bild 1.4.1: Frequenzgänge der Spektralformungsfilter und des Quadraturnetzwerks

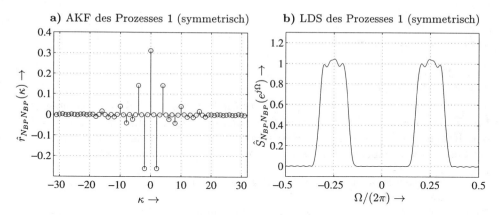

Bild 1.4.2: Autokorrelationsfolge (**a**) und Leistungsdichtespektrum (**b**) des Bandpaß-prozesses 1

Aufgabenteil b)
Die **Bilder 1.4.2a,b** sowie **1.4.3a,b** zeigen die Autokorrelationsfolgen und die Leistungsdichtespektren der beiden Bandpaß-Prozesse – jeweils geschätzt anhand von Musterfunktionen der Länge 100 000. Die theoretischen Ergebnisse für die spektralen Leistungsdichten lauten gemäß der Wiener-Lee-Beziehung mit der Leistung 1 des weißen Erregungsprozesses: $S_{N_{BP}N_{BP}|1/2}(e^{j\Omega}) = |H_{1/2}(e^{j\Omega})|^2$. Die Verläufe

a) AKF des Prozesses 2 (unsymmetrisch)   b) LDS des Prozesses 2 (unsymmetrisch)

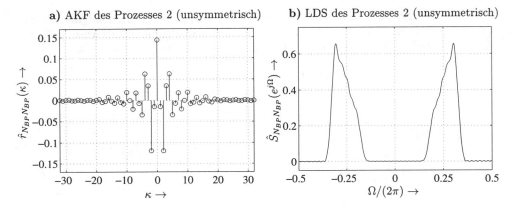

Bild 1.4.3: Autokorrelationsfolge (a) und Leistungsdichtespektrum (b) des Bandpaß-
prozesses 2

sind prinzipiell gut erkennbar; die Schätzgenauigkeit kann durch Mittelung über
mehrere auf unabhängigen Musterfunktionen basierende Schätzungen verbessert
werden (siehe z.B. [KK98]).

Lösung Aufgabe 1.4.2

Aufgabenteil a)

Aus den beiden Bandpaß-Musterfunktionen $n_{BP|_{1/2}}(k)$ wurden anhand der Bezie-
hung $n(k) = [n_{\mathrm{BP}}(k) * h^+(k)] \cdot \exp(-j\frac{\pi}{2} \cdot k)$ die Komplexen Einhüllenden gebildet.
Die **Bilder 1.4.4a** und **b** zeigen für die beiden Prozesse jeweils die AKF der Real-
und Imaginärteile sowie die KKF zwischen Real- und Imaginärteil. Gemäß den
auf Seite 43 angegebenen Eigenschaften bestätigt man mit guter Näherung, daß

- die Autokorrelationsfolgen von Real- und Imaginärteil Komplexer Einhül-
  lender grundsätzlich gleich sind,
- die Kreuzkorrelationsfolge zwischen Real- und Imaginärteil stets ungerade ist,
- und diese Kreuzkorrelationsfolge für Prozesse mit geradem Leistungsdichtespektrum identisch verschwindet.

Aufgabenteil b)

Die Autokorrelationsfolge des Bandpaßprozesses 2 wird aus der komplexen AKF
der zugeordneten Komplexen Einhüllenden gemäß der Beziehung $r_{N_{\mathrm{BP}}N_{\mathrm{BP}}}(\kappa) =
\frac{1}{2}\mathrm{Re}\{r_{NN}(\kappa)\exp(j\frac{\pi}{2}\cdot\kappa)\}$ rekonstruiert. Die Gegenüberstellung der direkt geschätz-
ten Bandpaß-AKF in **Bild 1.4.5** zeigt die gute Übereinstimmung; die leichten

a) Rauschprozess 1 (symmetrisches LDS)   **b)** Rauschprozess 2 (unsymmetrisches LDS)

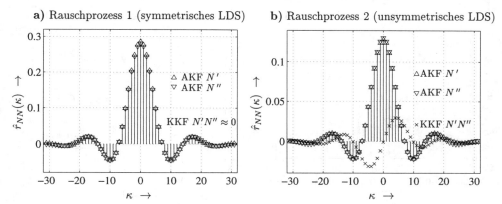

Bild 1.4.4: Korrelationsfolgen der Komplexen Einhüllenden der beiden Prozesse

TP-BP-Transformation der AKF

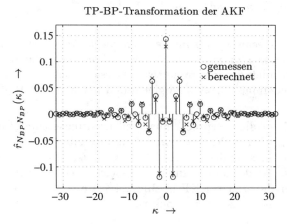

Bild 1.4.5: Konstruktion der BP-AKF aus der AKF der Komplexen Einhüllenden

Abweichungen ergeben sich aus dem Einfluß des realen Quadraturfilters $H^+(j\omega)$ bei der Tiefpaßtransformation.

Lösung Aufgabe 1.4.3

Aufgabenteil a)
Bild 1.4.6a zeigt das gesamte Leistungsdichtespektrum $S_{NN}(e^{j\Omega})$ des Prozesses 1 im äquivalenten Basisband sowie die einzelnen Leistungsdichtespektren der Real- und Imaginärteile $S_{N'N'}(e^{j\Omega})$, $S_{N''N''}(e^{j\Omega})$ und deren Kreuzleistungsdichte

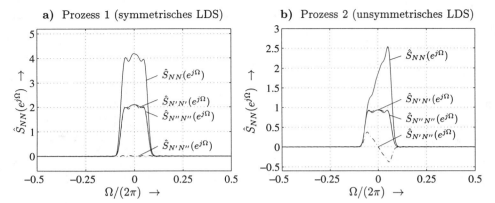

Bild 1.4.6: Spektrale Leistungsdichte der Komplexen Einhüllenden mit Zerlegung in $S_{NN} = S_{N'N'}$, $S_{N''N''}$ und $S_{N'N''}/j$

$S_{N'N''}(e^{j\Omega})$. Das Gesamtspektrum hat den *vierfachen Wert des Bandpaßspektrums*, wie nach (1.4.7) zu erwarten ist. Weiterhin erkennt man, daß das Kreuzspektrum verschwindet, da ein symmetrisches Gesamtspektrum vorliegt. Die Spektren von Real- und Imaginärteil sind gleich und betragen die Hälfte des Gesamtspektrums.

In **Bild 1.4.6b** sind die entsprechenden Teil-Leistungsdichten für den Prozeß 2 dargestellt. Die Spektren des Real- und Imaginärteils sind wiederum gleich; sie betragen jeweils die Hälfte des *geraden Anteils des Gesamtspektrums*. Das Kreuzspektrum zwischen Real- und Imaginärteil verschwindet hier nicht: Es ist imaginär (entsprechend der ungeraden KKF in Bild 1.4.4b) und ergibt sich aus dem negativen ungeraden Anteil des Gesamtspektrums.

Aufgabenteil b)
In **Bild 1.4.7** wird das Gesamtspektrum aus den Teilspektren konstruiert, d.h. es wird die Beziehung

$$S_{NN}(e^{j\Omega}) = S_{N'N'}(e^{j\Omega}) + S_{N''N''}(e^{j\Omega}) + j2S_{N'N''}(e^{j\Omega})$$

überprüft. Dabei ist zu beachten, daß $S_{N'N''}(e^{j\Omega})$ imaginär ist, so daß die nochmalige Bewertung mit j zu einem reellen Spektrum unter Umkehrung des Vorzeichens führt.

Dem so konstruierten Spektrum ist der theoretische Verlauf gegenübergestellt, der sich aus

$$4 \cdot |H_2(e^{j(\Omega - \pi/2)})|^2$$

errechnet. Die Spektralanteile an den Stellen $\Omega = \pm\pi$ stellen die hier nicht weggefilterten Spiegelspektren dar. Die geringfügig höhere Bandbreite des theoretischen

Spektrums ist damit zu begründen, daß das Quadraturfilter bei dem real erzeugten Tiefpaßsignal eine schwache Bandbegrenzung bewirkt (siehe $H^+(e^{j\Omega})$ in Bild 1.4.1).

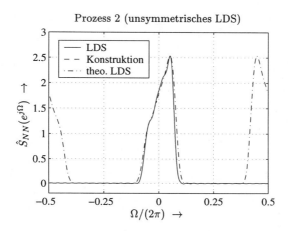

Bild 1.4.7: Konstruktion der gesamten spektralen Leistungsdichte gemäß $S_{NN} = S_{N'N'} + S_{N''N''} + j2S_{N'N''}$

Kapitel 2

Kanalmodellierung

Dieses Kapitel beschäftigt sich mit grundlegenden Aspekten von Übertragungskanälen. Dabei werden sowohl wesentliche Eigenschaften der Kanäle als auch ihre Modellierung behandelt. Aufgrund der Vielzahl unterschiedlicher Übertragungsmedien beschränken wir uns auf wenige, aber repräsentative Beispiele. Im Falle einer Bandpaß-Übertragung erfolgt die Darstellung im äquivalenten Basisband (siehe Abschnitt 1.4), da dies sowohl bei der Beschreibung als auch bei der Simulation von Übertragungssystemen üblich ist. In den nächsten drei Abschnitten werden zunächst Modelle behandelt, die sich eng an den physikalischen Eigenschaften des Übertragungsmediums orientieren. Hierzu zählen der AWGN-Kanal, der gedächtnisbehaftete zeitinvariante Kanal sowie der Mobilfunkkanal. Der letzte Abschnitt dieses Kapitels stellt dann einige abstrakte, zeit- und wertediskrete Kanalmodelle vor, die im Hinblick auf die informationstheoretische Betrachtung von Datenübertragungssystemen eine wichtige Rolle spielen.

2.1 AWGN-Kanal

Ein grundlegendes Kanalmodell in der Nachrichtentechnik ist der AWGN (*Additive White Gaussian Noise*)-Kanal, welcher den Eingangswerten weißes, mittelwertfreies, gaußverteiltes Rauschen $N_a(t)$ (s. **Bild 2.1.1**) überlagert; das Rauschen wird zunächst als reell angenommen. Die Bedeutung des AWGN-Kanals ist darin begründet, daß in der Praxis eine Vielzahl von unabhängigen Rauschprozessen, wie beispielsweise thermisches Rauschen von Bauelementen, Sonnenstrahlung, usw. die Übertragung stören. Die Überlagerung dieser einzelnen Prozesse führt dann durch den zentralen Grenzwertsatz der Stochastik zu einer Gaußverteilung, womit nahezu jeder reale Kanal einen AWGN-Anteil besitzt. Für die Kommunikation über geostationäre Satelliten stellt der AWGN-Kanal beispielsweise eine gute Approximation des realen Übertragungskanals dar.

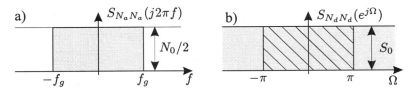

Bild 2.1.1: Leistungsdichtespektren des unbegrenzten (a) und des bandbegrenzten (b) AWGN-Kanals

Das Attribut 'weiß' charakterisiert eine konstante spektrale Leistungsdichte, die im gesamten Frequenzband mit $N_0/2$ festgelegt wird.

$$S_{N_a N_a}(j2\pi f) = N_0/2 \quad \text{für } -\infty < f < \infty \tag{2.1.1}$$

Hier tritt das Problem auf, daß der Kanal bei unendlicher Bandbreite auch eine unendliche Leistung besitzen müßte, was physikalisch nicht zu interpretieren ist. Aus diesem Grund stellen wir uns eine in der Praxis immer erforderliche Bandbegrenzung vor, die hier entsprechend **Bild 2.1.1a** mit einem idealen Tiefpaß der Grenzfrequenz f_g realisiert wird. Innerhalb der Bandbreite $-f_g \leq f \leq f_g$ besitzt der AWGN-Kanal dann eine endliche Leistung

$$\mathrm{E}\left\{\left[N_a^{(f_g)}(t)\right]^2\right\} = \frac{N_0}{2} \cdot 2f_g = N_0 f_g \ . \tag{2.1.2}$$

Interessant ist nun die Abtastung des zeitkontinuierlichen, bandbegrenzten Rauschprozesses $N_a^{(f_g)}(t)$ im Takt $T_A = 1/f_A$, wobei entsprechend Shannons Abtasttheorem $f_A = 2f_g$ gelten muß.

$$N_a^{(f_g)}(t)\Big|_{t=k/(2f_g)} = N_a^{(f_g)}(kT_A) =: N_d(k) \tag{2.1.3}$$

Durch die Abtastung mit gerade der doppelten Grenzfrequenz setzt sich das bandbegrenzte Leistungsdichtespektrum $S_{N_a N_a}(j2\pi f)$ derart periodisch fort, daß ein diskreter weißer Rauschprozeß entsprechend **Bild 2.1.1b** entsteht. Seine konstante Leistungsdichte $S_{N_d N_d}(e^{j\Omega}) \equiv S_0$ bedingt die Unkorreliertheit aufeinanderfolgender Rauschwerte $N(k)$ – wegen der gaußschen Amplitudenverteilung sogar deren statistische Unabhängigkeit. Für viele nachrichtentechnische Verfahren wie z.B. die Kanalcodierung ist diese Eigenschaft von großer Bedeutung. Unter der Voraussetzung von Stationarität ist die Leistung des diskreten Rauschprozesses gleich der des kontinuierlichen Prozesses, so daß gilt

$$\mathrm{E}\{[N_a(t)]^2\} = \mathrm{E}\{N_d(k)^2\} = \sigma_{N_d}^2 = S_0 = \frac{N_0}{2} \cdot f_A \ . \tag{2.1.4}$$

Die vorangegangenen Betrachtungen bezogen sich zunächst auf reelle Signale. Im Abschnitt 1.4 wurde für reelle *Bandpaßprozesse* eine *komplexe äquivalente Tiefpaß-*

Darstellung hergeleitet. Demgemäß ist für das Modell eines Bandpaß-AWGN-Kanals in äquivalenter Tiefpaßlage die Überlagerung einer *komplexen Rauschgröße*

$$N_{\mathrm{TP}}(t) = N'_{\mathrm{TP}}(t) + jN''_{\mathrm{TP}}(t) \quad \text{bzw. diskret} \quad N(k) = N'(k) + jN''(k) \qquad (2.1.5)$$

vorzusehen. Das Leistungsdichtespektrum des Bandpaß-Prozesses habe im Übertragungsband den konstanten Wert $N_0/2$; bei der Tiefpaßtransformation *vervierfacht* sich dieser Wert gemäß der Beziehung (1.4.7) auf Seite 44:

$$S_{N_{\mathrm{BP}}N_{\mathrm{BP}}}(j\omega) \quad = \quad \left\{ \begin{array}{ll} \frac{N_0}{2} & \text{für} \left\{ \begin{array}{l} \omega_0 - \omega_g \leq \omega \leq \omega_0 + \omega_g \\ -\omega_0 - \omega_g \leq \omega \leq -\omega_0 + \omega_g \end{array} \right. \\ 0 & \text{sonst} \end{array} \right. \qquad (2.1.6)$$

$$\mathrm{TP} \Downarrow$$

$$S_{N_{\mathrm{TP}}N_{\mathrm{TP}}}(j\omega) \quad = \quad \left\{ \begin{array}{ll} 2N_0 & \text{für } -\omega_g \leq \omega \leq \omega_g \\ 0 & \text{sonst.} \end{array} \right. \qquad (2.1.7)$$

Aus (2.1.7) ergibt sich die Gesamtleistung des (kontinuierlichen wie diskreten) komplexen Tiefpaßprozesses, die sich zu gleichen Teilen auf Real- und Imaginärteil aufteilt.

$$\sigma_N^2 = 2\,N_0 \cdot 2f_g = 2\,N_0 \cdot f_A \ \Rightarrow \ \sigma_{N'}^2 = \sigma_{N''}^2 = N_0 \cdot f_A \qquad (2.1.8)$$

Real- und Imaginärteil des komplexen Rauschens sind wegen des bezüglich f_0 geraden Leistungsdichtespektrums des Bandpaßprozesses *unkorreliert*.

$$\mathrm{E}\{N'(k) \cdot N''(k + \kappa)\} = 0, \quad \kappa \in \mathbb{Z} \qquad (2.1.9)$$

Die Amplitudenverteilung des komplexen Rauschsignals kann wie folgt angegeben werden

$$p_N(n) \quad = \quad p_N(n', n'') = \frac{1}{\sqrt{2\pi\sigma_{N'}^2}} \cdot e^{-n'^2/(2\sigma_{N'}^2)} \cdot \frac{1}{\sqrt{2\pi\sigma_{N''}^2}} \cdot e^{-n''^2/(2\sigma_{N''}^2)}$$

$$= \quad \frac{1}{\pi\sigma_N^2} \cdot e^{-|n|^2/(\sigma_N^2)} \,, \qquad (2.1.10)$$

wobei n die Musterfunktion und N den Rauschprozeß beschreiben.

2.2   Kanäle mit linearen Verzerrungen

2.2.1   Theoretische Grundlagen

Wie schon erwähnt, besitzen alle in der Praxis relevanten Übertragungskanäle einen AWGN-Anteil. Dieser allein reicht jedoch zur Charakterisierung eines Kanals in der Regel nicht aus. So weisen Kupferkabel, Glasfaser und auch der Funkkanal, die heute zu den wichtigsten Übertragungsmedien gehören, gemeinsame

Phänomene wie Reflexion, Dispersion, Beugung und Streuung auf, die in hohem
Maße die Wahl geeigneter Übertragungsverfahren beeinflussen und nicht durch
einen additiven Rauschanteil erfaßt werden können. Da hier keine umfassende
Darstellung aller relevanten Übertragungskanäle und ihrer Besonderheiten erfolgen kann, beschränken wir uns im folgenden auf die Beschreibung des Funkkanals.
Um seine Eigenschaften für typische Ausbreitungsbedingungen exakt zu erfassen,
wären normalerweise sehr umfangreiche Berechnungen auf der Basis der Maxwell-
schen Gleichungen notwendig. Dies ist in der Regel viel zu aufwendig und für die
Simulation nachrichtentechnischer Systeme häufig auch nicht erforderlich.

Daher soll dieser Abschnitt ein allgemein übliches Modell vorstellen, das die prinzipiellen Eigenschaften von Funkkanälen für viele Anwendungen ausreichend erfaßt.
Anhand von Beispielen werden wichtige auftretende Phänomene veranschaulicht.
Prinzipiell können lineare und nichtlineare Verzerrungen unterschieden werden,
wobei sich dieses Buch ausschließlich mit den linearen Verzerrungen beschäftigt.
Lineare Verzerrungen lassen sich weiter nach Dämpfungs- und Phasenverzerrungen
klassifizieren.

Aufgrund der oben aufgeführten physikalischen Effekte erreicht das gesendete Signal den Empfänger i.a. auf unterschiedlichen Wegen (Echopfade). Dort
überlagern sich dann zu jedem Zeitpunkt mehrere Echos, wobei sie unterschiedliche
Laufzeiten, Dämpfungen und Phasendrehungen erfahren haben. Die Überlagerung
kann je nach Phasenkonstellation der einzelnen Echopfade sowohl konstruk-
tiv als auch destruktiv sein und verursacht demnach Variationen der komplexen Einhüllenden des Empfangssignals $y(t)$. Liegen die Echolaufzeiten in der
Größenordnung der inversen Kanalbandbreite oder darüber, tritt Intersymbolinterferenz (ISI) auf. Infolge destruktiver Interferenz können sich Einbrüche im
Übertragungsspektrum ergeben; man spricht von *frequenzselektiven Kanälen*. Ist
hingegen die Kanalimpulsantwort kurz gegenüber der inversen Bandbreite, liegt
ein *nicht frequenzselektiver Kanal* vor. In diesem Fall kann es unter ungünstigen
Phasenbeziehungen zu Auslöschungen im gesamten Übertragungsband kommen
(*Flat Fading*).

Wir betrachten zunächst den zeitinvarianten Fall. Die Impulsantwort des Kanals
im Übertragungsband lautet

$$h_{\text{BP}}(t) = \sum_{\nu=0}^{n-1} \rho_\nu \delta_0(t - t_\nu) \,, \qquad (2.2.1)$$

wobei ρ_ν den Transmissionsfaktor, t_ν die Verzögerungszeit des ν-ten Ausbrei-
tungsweges und n die Anzahl der Ausbreitungspfade beschreiben. Die zugehörige
Übertragungsfunktion hat die Form

$$H_{\text{BP}}(j\omega) = \sum_{\nu=0}^{n-1} \rho_\nu e^{-j\omega t_\nu} \,. \qquad (2.2.2)$$

In der Regel erfolgt die Beschreibung von Kanälen und auch die Simulation im äquivalenten Basisband (s. Kapitel 1), so daß sich durch die Berechnung des analytischen Signals eine im allgemeinen komplexwertige Impulsantwort ergibt. Mit der zusammengefaßten Übertragungsfunktion von Sende- und Empfangsfilter $G(j\omega)$ nach (5.1.3) lautet die normierte Übertragungsfunktion eines Mehrwegekanals (MW) im äquivalenten Basisband

$$\tilde{H}_{\mathrm{MW}}(j\omega) = G(j\omega) \cdot \sum_{\nu=0}^{n-1} \rho_\nu e^{-j(\omega+\omega_0)t_\nu} \ , \tag{2.2.3}$$

wobei ω_0 die Trägerkreisfrequenz beschreibt. Da nur die relativen Laufzeitunterschiede der einzelnen Pfade, nicht aber ihre absoluten Verzögerungen eine Rolle spielen, beziehen wir alle Verzögerungszeiten t_ν auf die kürzeste Verzögerungszeit t_0 und erhalten folgende komplexe Transmissionsfaktoren

$$h_\nu = \rho_\nu \cdot e^{-j\omega_0(t_\nu-t_0)} = \rho_\nu \cdot e^{-j\omega_0\tau_\nu} \ . \tag{2.2.4}$$

Damit berechnet sich die Übertragungsfunktion des Mehrwegekanals durch

$$H_{\mathrm{MW}}(j\omega) = G(j\omega) \cdot \sum_{\nu=0}^{n-1} h_\nu \cdot e^{-j\omega\tau_\nu} \ , \tag{2.2.5}$$

und die dazugehörige Kanalimpulsantwort lautet

$$h_{\mathrm{MW}}(t) = \sum_{\nu=0}^{n-1} h_\nu \cdot g(t - \tau_\nu) \ . \tag{2.2.6}$$

Gl. (2.2.6) verdeutlicht, daß die nullte Komponente von insgesamt $n-1$, jeweils um τ_ν verzögerten und mit komplexen Faktoren h_ν gewichteten Signalechos, überlagert wird.

Frequenzselektivität

Beeinflußt der Kanal verschiedene Bereiche der Signalbandbreite b unterschiedlich, so spricht man von Frequenzselektivität. Um sie genauer zu spezifizieren, sind zunächst einige Definitionen erforderlich. Die mittlere Verzögerungszeit eines Kanals ist mit

$$\bar{\tau} = \frac{1}{E_h} \cdot \sum_{\nu=0}^{n-1} \tau_\nu \cdot |h_\nu|^2 \tag{2.2.7}$$

definiert, wobei

$$E_h = \sum_{\nu=0}^{n-1} |h_\nu|^2 \tag{2.2.8}$$

die Energie des Kanals angibt. Die mittlere Verbreiterung eines Impulses (*Delay Spread*) lautet

$$\Delta\tau = \sqrt{\frac{1}{E_h} \cdot \sum_{\nu=0}^{n-1} \tau_\nu^2 |h_\nu|^2 - \bar{\tau}^2} \ . \tag{2.2.9}$$

Die Kohärenzbandbreite ist nun die Bandbreite, über der sich der Kanal annähernd konstant verhält. Sie berechnet sich aus dem Kehrwert der maximalen Verzögerungszeit

$$b_c = \frac{1}{\tau_{\max}} \ . \tag{2.2.10}$$

Ist die Bandbreite des gesendeten Signals nun deutlich größer als die Kohärenzbandbreite ($b \gg b_c$), so erfahren einzelne Frequenzbereiche des belegten Spektrums unterschiedliche Kanaleinflüsse, der Kanal heißt frequenzselektiv. Im anderen Fall $b \ll b_c$ nennt man ihn nicht-frequenzselektiv. Der Kanal kann demnach nicht pauschal als frequenzselektiv bezeichnet werden, sondern immer nur im Zusammenhang mit den konkreten Bandbreite-Eigenschaften des Sendesignals.

2.2.2 Übungen

Aufgabe 2.2.1	**Zeitinvariante Mehrwegekanäle 1** Lösung Seite 60

Gegeben sei ein Ausbreitungsszenario, in dem das gesendete Signal $u(t)$ den Empfänger auf drei verschiedenen Wegen erreicht. Die Länge der direkten Strecke sei $l_0 = 5397$ m mit dem zugehörigen Pfadgewicht von $\rho_0 = 0.8$, die übrigen beiden Ausbreitungswege besitzen die Parameter $l_1 = 6551$ m, $\rho_1 = 0.6$, $l_2 = 8395$ m und $\rho_2 = 0.3$. Die Trägerfrequenz betrage $f_0 = 890$ MHz und für die Lichtgeschwindigkeit gilt $c_0 = 3 \cdot 10^8$ m/s.

a) Berechnen Sie die Impulsantwort $h_{\mathrm{MW}}(t)$ des zeitinvarianten Mehrwegekanals im äquivalenten Tiefpaßbereich und stellen Sie ihren Betrag graphisch dar. Dabei sollen die sich ergebenden Laufzeiten auf die direkte Komponente bezogen und auf den Abtasttakt $T_A = 1\,\mu$s gerundet werden. Die Energie der diskreten Impulsantwort ist auf Eins zu normieren.

b) Bestimmen Sie die Übertragungsfunktion des Kanals mit Hilfe der MATLAB-Routine **f_trafo** und stellen Sie Amplituden- und Phasengang in Diagrammen dar. Der Phasenverlauf läßt sich mit den MATLAB-Befehlen **angle** und **unwrap** berechnen.

c) Die Gruppenlaufzeit $\tau_g(\omega)$ eines Kanals kann mit der Beziehung

$$\tau_g(\omega) = \frac{H'_{\mathrm{MW}}(j\omega) \cdot \tilde{H}'_{\mathrm{MW}}(j\omega) + H''_{\mathrm{MW}}(j\omega) \cdot \tilde{H}''_{\mathrm{MW}}(j\omega)}{|H_{\mathrm{MW}}(j\omega)|^2} \qquad (2.2.11)$$

$$\text{Re} \left\{ H_{MW}(i\omega) \cdot \tilde{H}^*_{MW}(i\omega) \right\}$$

berechnet werden, wobei $\tilde{H}_{\mathrm{MW}}(j\omega) = \mathcal{F}\{t \cdot h_{\mathrm{MW}}(t)\}$ gilt. Bestimmen Sie $\tau_g(\omega)$ mit Hilfe der Funktion `gruplauf` - sie nutzt (2.2.11) aus - und stellen Sie sie als Funktion der Frequenz graphisch dar.

d) Berechnen Sie die mittlere Impulsverbreiterung $\Delta\tau$ und die mittlere Verzögerungszeit $\bar{\tau}$ für den gegebenen Kanal. Welche Bandbreite muß das gesendete Signal näherungsweise besitzen, damit sich der Kanal frequenzselektiv verhält?

e) Das Eingangssignal $x(t)$ des Kanals sei nun eine si-Funktion, deren Spektrum ein idealer Tiefpaß mit der Grenzfrequenz $f_g = 100\,\mathrm{kHz}$ ist. Stellen Sie das Eingangssignal und auch das sich ergebende Ausgangssignal $y(t)$ des Kanals im Bereich $0 \leq t \leq 100\,\mu\mathrm{s}$ graphisch dar (kausale Darstellung).

| Aufgabe 2.2.2 | **Zeitinvariante Mehrwegekanäle 2**
Lösung Seite 62 |

In dieser Aufgabe sollen die Eigenschaften eines zufällig ausgewürfelten Kanals untersucht werden.

a) Erzeugen Sie eine Impulsantwort $h_{\mathrm{MW}}(t)$, welche sich aus $n = 20$ Echos zusammensetzt. Die Verzögerungszeiten τ_ν seien im Bereich von $0\,\mu\mathrm{s} \leq \tau_\nu \leq 20\,\mu\mathrm{s}$ gleichverteilt. Sortieren Sie die τ_ν nach aufsteigender Reihenfolge und ordnen Sie jedem Wert einen komplexwertigen Kanalkoeffizienten h_ν zu. Real- und Imaginärteil der Koeffizienten sollen statistisch unabhängig voneinander und gaußverteilt sein. Stellen Sie den Betrag der erhaltenen Impulsantwort in einem Diagramm dar.

b) Berechnen Sie nun Amplituden- und Phasengang des Kanals. Dabei ist zu beachten, daß die Echos zeitlich nicht äquidistant angeordnet sind und deshalb keine herkömmliche FFT-Routine angesetzt werden kann.

c) Bestimmen Sie nun die Gruppenlaufzeit des Kanals **ohne** Hilfe der Funktion `gruplauf`.

d) Bestimmen Sie für den ausgewürfelten Kanal die mittlere Verzögerungszeit, die mittlere Impulsverbreiterung und die Kohärenzbandbreite.

e) Übertragen Sie nun den aus Aufgabe 2.2.1e bekannten si-Impuls über diesen Kanal und stellen Sie Eingangs- und Ausgangssignal in einem Diagramm gegenüber.

Lösung Aufgabe 2.2.1

Aufgabenteil a)
Bild 2.2.1a illustriert noch einmal das betrachtete Ausbreitungsszenario. Aus den angegebenen Längenangaben können die Laufzeiten der verschiedenen Ausbreitungspfade mit der Beziehung $t_\nu = l_\nu/c_0$ mit $\nu = 0, 1, 2$ berechnet werden. Die jeweiligen Differenzen zur Laufzeit t_0 der direkten Komponente ergeben dann die relativen Verzögerungszeiten τ_1 und τ_2. Zuletzt sind noch die komplexwertigen Kanalkoeffizienten h_ν zu bestimmen. Sie gehen aus dem Produkt der reellen Dämpfungsfaktoren ρ_ν und den Phasendrehungen $\Theta_\nu = \omega_0 \tau_\nu$ der Trägerschwingung gemäß (2.2.4) hervor. Die Ergebnisse sind in der folgenden Tabelle zusammengefaßt. **Bild 2.2.1b** illustriert die Impulsantwort.

	Laufzeit	rel. Verzögerung	Transmissionsfaktor
Pfad $\nu = 0$	17.99 μs	0 μs	$h_0 = 0.7663$
Pfad $\nu = 1$	21.84 μs	3.85 μs	$h_1 = 0.5747 \cdot e^{-j2.93}$
Pfad $\nu = 1$	27.98 μs	9.99 μs	$h_2 = 0.2873 \cdot e^{j0.42}$

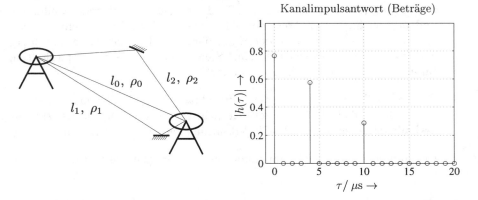

Bild 2.2.1: Ausbreitungsszenario und Impulsantwort zu Aufgabe 2.2.1

Aufgabenteil b)
Amplituden- und Phasengang des Kanals sind in **Bild 2.2.2** dargestellt. Der Amplitudengang ist durch eine starke Welligkeit gekennzeichnet, die auf die Mehrwegeausbreitung zurückzuführen ist. Aufgrund der fehlenden Symmetrie der Impulsantwort weist der Phasengang einen nichtlinearen Verlauf auf.

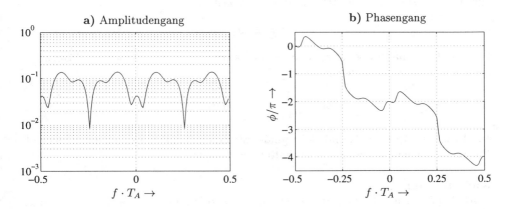

Bild 2.2.2: Amplituden- und Phasengang zu Aufgabe 2.2.1

Aufgabenteil c)
Bild 2.2.3a zeigt die Gruppenlaufzeit für die berechnete Impulsantwort. Wegen des schon oben erläuterten nichtlinearen Phasenverlaufs erhalten wir keine konstante Gruppenlaufzeit, was entsprechend zu Phasenverzerrungen führt.

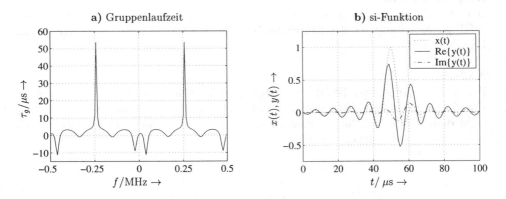

Bild 2.2.3: Gruppenlaufzeit des Kanals und übertragener si-Impuls zu Aufgabe 2.2.1

Aufgabenteil d)
Unter Verwendung der auf die Energie $E_h = 1$ normierten Impulsantwort beträgt
die mittlere Verzögerungszeit des Kanals

$$\bar{\tau} = (0 \,\mu\text{s} \cdot 0.5872 + 3.85 \,\mu\text{s} \cdot 0.3303 + 9.99 \,\mu\text{s} \cdot 0.0826) = 2.15 \,\mu\text{s} \ .$$

Die mittlere Impulsverbreiterung berechnet sich zu

$$\Delta\tau = 2.99 \,\mu\text{s} \ .$$

Da sich die Kohärenzbandbreite aus dem Kehrwert der maximalen Verzögerungszeit berechnet, nimmt sie den Wert

$$b_c = \frac{1}{9.99 \,\mu\text{s}} = 100.07 \,\text{kHz}$$

an. Damit besitzt der Kanal für Signale mit einer Bandbreite deutlich größer als
100 kHz ein frequenzselektives Verhalten.

Aufgabenteil e)
Bild 2.2.3b zeigt die kausale Darstellung des si-Impulses sowie Real- und Imaginärteil des Kanalausgangssignals. Es ist zu erkennen, daß der Realteil des Empfangssignals starke Verzerrungen aufweist, der Imaginärteil läßt keine Ähnlichkeit
mehr mit dem Sendesignal erkennen.

Lösung Aufgabe 2.2.2

Aufgabenteil a)
Der Betrag der Impulsantwort ist in **Bild 2.2.4** dargestellt. Man erkennt die
zufällige Verteilung der Verzögerungszeiten, die zu nicht-äquidistant angeordneten
Kanalechos führt.

Aufgabenteil b)
Bei der Berechnung der Übertragungsfunktion des Kanals ist zu beachten, daß die
Kanalechos nicht äquidistant angeordnet sind. Aus diesem Grund verwenden wir
nicht den FFT-Algorithmus, sondern gehen auf das Fourierintegral für zeitkontinuierliche Signale zurück. Es gilt

$$H_{\text{MW}}(j\omega) \;\; = \;\; \int\limits_{-\infty}^{\infty} h_{\text{MW}}(t) \cdot e^{-j\omega t} \, dt$$

Betrags-Impulsantwort des Kanals

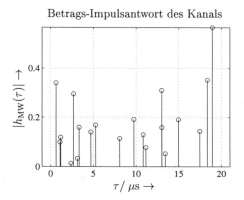

Bild 2.2.4: Kanalimpulsantwort zu Aufgabe 2.2.2

$$= \sum_{\nu=0}^{n-1} h_\nu \cdot \int_{-\infty}^{\infty} \delta_0(t - \tau_\nu) \cdot e^{-j\omega t} \, dt$$

$$= \sum_{\nu=0}^{n-1} h_\nu \cdot e^{-j\omega \tau_\nu} \ . \tag{2.2.12}$$

Die Übertragungsfunktion läßt sich also wegen der Ausblendeigenschaft der δ-Funktion aus der Überlagerung von Exponentialschwingungen berechnen. Die Ergebnisse sind in **Bild 2.2.5** dargestellt. Der Frequenzgang ist durch starke Einbrüche gekennzeichnet und weist im Bereich von $-0.5\,\mathrm{MHz} \le f \le 0.5\,\mathrm{MHz}$ einen frequenzselektiven Verlauf auf. Der nichtlineare Verlauf der Phase ist ebenfalls zu erkennen.

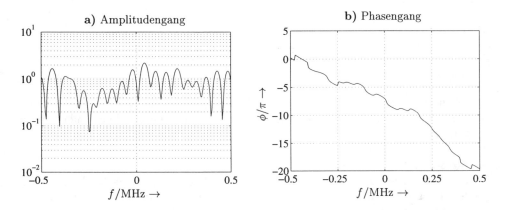

Bild 2.2.5: Amplituden und Phasengang zu Aufgabe 2.2.2

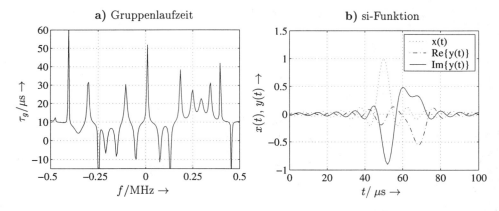

Bild 2.2.6: Gruppenlaufzeit und si-Impuls zu Aufgabe 2.2.2

Aufgabenteil c)
Bei der Berechnung der Gruppenlaufzeit ist der Argumentation aus Teil b) zu folgen. Daher wird hier nicht die Funktion `gruplauf` verwendet, sondern das Spektrum von $t \cdot h_{\mathrm{MW}}(t)$ bestimmt. Dann kann $\overline{(2.2.11)}$ angesetzt werden, und wir erhalten die in **Bild 2.2.6a** skizzierte Gruppenlaufzeit. Sie ist aufgrund des nichtlinearen Phasenverlaufs nicht konstant und durch deutliche Spitzen gekennzeichnet.

Aufgabenteil d)
Die mittlere Verzögerungszeit des Kanals beträgt $\bar{\tau} = 12.113\,\mu\mathrm{s}$. Die mittlere Impulsverbreiterung berechnet sich zu $\Delta\tau = 4.77\,\mu\mathrm{s}$ und die Kohärenzbandbreite nimmt den Wert

$$b_c = \frac{1}{18.632\,\mu\mathrm{s}} = 53.672\,\mathrm{kHz}$$

an. Es handelt sich hierbei um spezifische Werte der zufällig ausgewürfelten Musterfunktion. Für andere Musterfunktionen erhält man entsprechend auch andere Kenngrößen.

Aufgabenteil e)
Bild 2.2.6b zeigt die kausale Darstellung des si-Impulses sowie Real- und Imaginärteil des Kanalausgangssignals. Es ist zu erkennen, daß der Realteil des Empfangssignals starke Verzerrungen aufweist, der Imaginärteil läßt keine Ähnlichkeit mehr mit dem Sendesignal erkennen.

2.3   Mobilfunkkanäle

2.3.1   Theoretische Grundlagen

Ergänzend zu den im vorigen Abschnitt eingeführten Mehrwegekanälen sind Mobil-funkkanäle typischerweise zeitvariante Kanäle. Dies liegt in erster Linie daran, daß sich der mobile Teilnehmer im Netz relativ zum Sender bewegt und dadurch Dopp-lereffekte auftreten. Unter der Annahme einer endlichen Anzahl am Empfänger eintreffender Signalanteile lautet die Impulsantwort

$$h(\tau, t) = \sum_{\nu=0}^{n-1} h_\nu(t) \cdot \delta_0(\tau - \tau_\nu) , \qquad (2.3.1)$$

wobei t der Meßzeitpunkt und $\tau = t - t'$ die Differenz zwischen t und dem Sendezeit-punkt t', also die Echolaufzeit, ist. Die komplexe Einhüllende eines unmodulierten Signals $u(t) = u_0$ hat nach der Übertragung die Form

$$s_0(t) = u_0 \cdot \sum_{\nu=0}^{n-1} h_\nu(t) . \qquad (2.3.2)$$

Für sehr viele einfallende, statistisch unabhängige Echos sind Real- und Ima-ginärteil von $s_0(t)$ aufgrund des zentralen Grenzwertsatzes näherungsweise gauß-verteilt. Weiterhin können sie als statistisch unabhängig angesehen werden. Be-steht keine direkte Sichtverbindung zwischen Sender und Empfänger, so ist der Betrag von $s_0(t)$ Rayleigh-verteilt

$$p_{|s_0(t)|}(x) = \begin{cases} 2x/\sigma_s^2 \cdot \exp(-x^2/\sigma_s^2) & x \geq 0 \\ 0 & \text{sonst} . \end{cases} \qquad (2.3.3)$$

Durch diese Rayleigh-Verteilung weist $s_0(t)$ starke Betragsschwankungen auf, die als Signalschwund bzw. *Fading* bezeichnet werden. Die Phase ist hingegen im Intervall $[-\pi, \pi]$ gleichverteilt.

Existiert eine direkte Sichtverbindung (*line of sight*), so unterliegt $|s_0(t)|$ einer Rice-Verteilung

$$p_{|s_0(t)|}(x) = \begin{cases} 2x/\sigma_s^2 \cdot \exp(-(x^2/\sigma_s^2 + c)) \cdot I_0(2x\sqrt{c}/\sigma_s) & x \geq 0 \\ 0 & \text{sonst} , \end{cases} \qquad (2.3.4)$$

wobei $I_0()$ die Besselfunktion erster Art und nullter Ordnung darstellt. Der Rice-Faktor c gibt das Leistungsverhältnis zwischen der direkten und den gestreuten Komponenten an.

Zeitvarianz

Durch die Bewegung des mobilen Teilnehmers kommt es zum bekannten Dopplereffekt, dessen Einfluß sowohl geschwindigkeits- als auch richtungsabhängig ist. Für die Dopplerfrequenz eines Echopfades gilt

$$f_D = \frac{v}{c} \cdot f_0 \cdot \cos \alpha \,, \tag{2.3.5}$$

wobei v die Geschwindigkeit des mobilen Teilnehmers, c die Lichtgeschwindigkeit im freien Raum und f_0 die Trägerfrequenz repräsentieren. Der Winkel α beschreibt den Einfall der elektromagnetischen Welle in Bezug auf die Bewegungsrichtung. Der maximale Betrag der Dopplerfrequenzen ergibt sich somit für die Winkel $\alpha = 0$ und $\alpha = \pi$, d.h. das Signal kommt direkt von vorn oder hinten. Dann gilt

$$f_{D\,\mathrm{max}} = \frac{v}{c} \cdot f_0 \,. \tag{2.3.6}$$

Unter der Annahme gleichverteilter Einfallswinkel besitzen die Dopplerfrequenzen folgende Wahrscheinlichkeitsdichtefunktion (Jakes-Verteilung)

$$p_{f_D}(f_d) = \begin{cases} \dfrac{1}{\pi \cdot \sqrt{f_{D\,\mathrm{max}}^2 - f_d^2}} & |f_d| \le f_{D\,\mathrm{max}} \\[2mm] 0 & \text{sonst} \,. \end{cases} \tag{2.3.7}$$

Es ist leicht zu zeigen, daß die spektrale Leistungsdichte des Empfangssignals proportional zur Verteilung der Dopplerfrequenzen ist. Es gilt nämlich

$$S_{S_0 S_0}(f_d) = \begin{cases} \dfrac{\sigma_s^2}{\pi \cdot \sqrt{f_{D\,\mathrm{max}}^2 - f_d^2}} & |f_d| \le f_{D\,\mathrm{max}} \\[2mm] 0 & \text{sonst} \,, \end{cases} \tag{2.3.8}$$

wobei σ_s^2 die Leistung des empfangenen Signals im äquivalenten Basisband beschreibt. Die Dopplerbandbreite b_d ist als

$$b_d = 2 f_{D\,\mathrm{max}} \tag{2.3.9}$$

definiert und stellt ein Maß für die Zeitveränderlichkeit des Kanals dar. Der Kehrwert wird als Kohärenzzeit $t_c = 1/b_d$ bezeichnet und gibt bzgl. der digitalen Übertragung in Verbindung mit der Symboldauer T_s Auskunft über die Zeitselektivität. Für $t_c \gg T_s$ ist der Kanal nicht zeitselektiv, bei $t_c \ll T_s$ ändert er sich dagegen innerhalb einer Symboldauer wesentlich. Wie schon bei der Frequenzselektivität kann der Kanal auch hier nur bezüglich eines konkreten Signals als zeitselektiv eingestuft werden.

Statistische Beschreibung

Aufgrund der stochastischen Natur von Mobilfunkkanälen ist eine deterministische Beschreibung in der Regel nicht möglich. Aus diesem Grund wird im folgenden die statistische Beschreibung kurz vorgestellt. Ausgehend vom Prozeß $H(\tau, t)$ ist zunächst die Autokorrelationsfunktion

$$r_{HH}(\tau, \Delta t) = \mathrm{E}\{H^*(\tau, t)H(\tau, t + \Delta t)\} \qquad (2.3.10)$$

zu bestimmen. Je schneller $r_{HH}(\tau, \Delta t)$ in Richtung Δt abklingt, desto schneller ändert sich der Kanal mit der Zeit, d.h. je größer ist seine Zeitvarianz. Dieser Zusammenhang spiegelt sich auch im Frequenzbereich wider. Die Fouriertransformierte von $r_{HH}(\tau, \Delta t)$ bezüglich Δt ergibt die sogenannte *Scattering Function*

$$R_{HH}(\tau, f_D) = P_S(\tau, f_D) = \mathcal{F}\{r_{HH}(\tau, \Delta t)\} \ , \qquad (2.3.11)$$

wobei Δt im Frequenzbereich mit der Dopplerfrequenz f_D korrespondiert. Aus der *Scattering Function* lassen sich sowohl Aussagen über die Abhängigkeit des Prozesses von der Verzögerung τ als auch von der Dopplerfrequenz f_D treffen. Die Integration über f_D liefert das Verzögerungsleistungsdichtespektrum (*Power Delay Profile*)

$$\Phi(\tau) = \int\limits_{-f_{D\,\text{max}}}^{f_{D\,\text{max}}} P_S(\tau, f_D) df_D \ , \qquad (2.3.12)$$

das die Leistungsverteilung in Abhängigkeit von der Verzögerung τ beschreibt. Die Integration von (2.3.11) bzgl. τ führt hingegen zum Dopplerleistungsdichtespektrum

$$P_S(f_D) = \int\limits_{0}^{\infty} P_S(\tau, f_D) d\tau \ , \qquad (2.3.13)$$

das die Verteilung der Leistung auf die verschiedenen Dopplerfrequenzen beschreibt. **Bild 2.3.1** veranschaulicht noch einmal die aufgeführten Zusammenhänge.

Modellierung von Mobilfunkkanälen

Um realistische Modelle von Mobilfunkkanälen erstellen zu können, wurden von der Arbeitsgruppe COST 207 (*European Cooperation in the Fields of Scientific and Technical Research*) in Zusammenhang mit der Schaffung des GSM-Standards (*Global System for Mobile Communications*) Profile verschiedener Ausbreitungsbedingungen erstellt, die im wesentlichen auf Messungen basieren. Entsprechend dieser Spezifikationen werden für Mobilfunkkanäle im *Outdoor*-Bereich die in **Tabelle 2.3.1** enthaltenen Verzögerungsleistungsdichtespektren angenommen (Zeiten τ in μs).

Ähnliche Vorgaben existieren auch für die Dopplerleistungsdichtespektren, die in Tabelle 2.3.2 aufgeführt sind. Im Prinzip ist die Statistik unabhängig vom jeweiligen Verzögerungsleistungsdichtespektrum. Sie wird vielmehr durch die

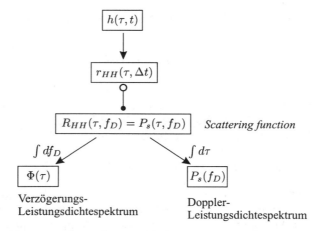

Bild 2.3.1: Zusammenhang der statistischen Funktionen für den Mobilfunkkanal

Verzögerungszeit τ beeinflußt. So ist $P_s(f_D)$ für $\tau < 0.5\,\mu s$ durch das klassische Jakes-Spektrum bestimmt, während für größere Verzögerungszeiten bevorzugte Einfallsrichtungen angenommen werden, die über (2.3.5) mit konkreten Dopplerfrequenzen korrespondieren. Diese bilden dann den Mittelwert einer Gaußverteilung mit bestimmter Varianz. Eine Ausnahme stellt das *Rural Area*-Profil dar, für das bei $\tau = 0$ eine direkte Komponente existiert (Rice-Fading), woraus ein Delta-Anteil im Dopplerleistungsdichtespektrum resultiert.

Bei der zeitdiskreten Modellierung eines Kanals auf der Basis der Tabellen 2.3.1 und 2.3.2 existieren verschiedene Möglichkeiten. Zum einen können feste, äquidistant angeordnete Verzögerungszeiten $\tau_\nu = \nu \cdot T_A$ als Vielfache des Abtasttaktes T_A vorgegeben werden. Zu jedem τ_ν werden dann n Dopplerfrequenzen $f_{d,i}$ und Startphasen $\Phi_{0,i}$, $i = 1,\ldots,n$, ausgewürfelt. Die mit ihnen korrespondierenden Exponentialschwingungen werden dann addiert und ergeben den Zeitverlauf des ν-ten komplexwertigen Kanalkoeffizienten

$$h_\nu(t) = \rho_\nu \cdot \sum_{i=0}^{n-1} e^{j2\pi f_{d,i}t + j\Phi_{0,i}}\ . \tag{2.3.14}$$

In (2.3.14) gewährleistet ρ_ν die Verteilung der Leistung bzgl. τ entsprechend den Profilen in Tabelle 2.3.1.

Ein anderer Ansatz realisiert die Leistungsverteilung gemäß Tabelle 2.3.1 über das Auswürfeln der Verzögerungszeiten τ_i nach einer geeigneten Verteilungsfunktion $p(\tau_i)$. Die τ_i werden dann quantisiert und in Gruppen entsprechend des äquidistanten Abtastrasters zusammengefaßt. Die mit ihnen korrespondierenden Exponentialschwingungen $\exp(j2\pi f_{d,i}t + j\Phi_{0,i})$ einer Gruppe werden additiv überlagert und ergeben eine Rayleigh-Verteilung des Betrags der komplexen

Tabelle 2.3.1: Verzögerungsleistungsdichtespektren gemäß den Spezifikationen der Arbeitsgruppe COST 207 [COS89]

Kanal	Verzögerungsleistungsdichtespektrum $\Phi(\tau)$	
Rural Area (RA)	$9.21 \cdot \exp(-9.2\tau)$	$0 \le \tau < 0.7$
	0	sonst
Typical Urban (TU)	$\exp(-\tau)$	$0 \le \tau < 7$
	0	sonst
Bad Urban (BU)	$0.67 \cdot \exp(-\tau)$	$0 \le \tau < 5$
	$0.335 \cdot \exp(5-\tau)$	$5 \le \tau < 10$
	0	sonst
Hilly Terrain (HT)	$3.08 \cdot \exp(-3.5\tau)$	$0 \le \tau < 2$
	$0.1232 \cdot \exp(15-\tau)$	$15 \le \tau < 20$
	0	sonst

Einhüllenden. Je mehr Schwingungen sich in einer Quantisierungsklasse befinden, desto größer ist der Leistungsanteil der zugehörigen Verzögerung. Der wesentliche Unterschied zwischen beiden Realisierungen besteht darin, daß beim zweiten Ansatz eine Verzögerungsklasse u.U. nur noch durch eine Exponentialschwingung repräsentiert wird und die Rayleigh-Verteilung entartet. Es gilt

$$h_\nu(t) = \sum_{i=1}^{n_\nu} e^{j2\pi f_{d,i}t + j\Phi_{0,i}} \ , \tag{2.3.15}$$

wobei n_ν die Anzahl der ausgewürfelten Pfade für den Koeffizienten $h_\nu(t)$ beschreibt. Die MATLAB-Routine `ant_channel.m` realisiert die Kanalmodelle wahlweise nach beiden Ansätzen und wird im weiteren Verlauf noch verwendet.

2.3.2 Übungen

Aufgabe 2.3.1	**Statistische Verteilungen der Kanalkoeffizienten** Lösung Seite 73

a) Wir betrachten zunächst die Amplitudenverteilung der Kanalkoeffizienten. Erzeugen Sie dazu mit Hilfe des `randn()`-Befehls eine Folge von 10.000 statistisch unabhängigen, gaußverteilten komplexen Zufallsvariablen. Normieren

Tabelle 2.3.2: Dopplerleistungsdichtespektren gemäß den Spezifikationen der Arbeitsgruppe COST 207 [COS89]

Verzögerung	Dopplerleistungsdichtespektrum $P_s(f_D)$
$0 < \tau < 0.5\,\mu s$	$\dfrac{A}{\sqrt{1-(f_d/f_{D\,\mathrm{max}})^2}} \qquad \|f_d\| \leq f_{D\,\mathrm{max}}$ $0 \qquad\qquad\qquad\qquad \mathrm{sonst}\,,$
$0.5 < \tau < 2\,\mu s$	$A \cdot \exp\left(-\dfrac{(f_d+0.8 f_{D\,\mathrm{max}})^2}{2(0.05 f_{D\,\mathrm{max}})^2}\right) + \dfrac{A}{10} \cdot \exp\left(-\dfrac{(f_d-0.4 f_{D\,\mathrm{max}})^2}{2(0.1 f_{D\,\mathrm{max}})^2}\right)$
$\tau > 2\,\mu s$	$B \cdot \exp\left(-\dfrac{(f_d-0.7 f_{D\,\mathrm{max}})^2}{2(0.1 f_{D\,\mathrm{max}})^2}\right) + \dfrac{B}{31.6} \cdot \exp\left(-\dfrac{(f_d+0.4 f_{D\,\mathrm{max}})^2}{2(0.15 f_{D\,\mathrm{max}})^2}\right)$
Rural Area $(\tau = 0)$	$\dfrac{0.41}{2\pi f_{D\,\mathrm{max}}\sqrt{1-(f_d/f_{D\,\mathrm{max}})^2}} + 0.91 \cdot \delta(f_d - 0.7 f_{D\,\mathrm{max}})$

Sie die mittlere Energie der komplexen Musterfunktion auf Eins. Stellen Sie dann die relative Auftrittshäufigkeit der Amplituden des Realteils zusammen mit der theoretischen Kurve in einem Diagramm dar.

b) Bestimmen Sie nun für den Betrag der Kanalkoeffizienten aus Teil a) die relative Auftrittshäufigkeit. Drucken Sie das Histogramm zusammen mit dem theoretischen Verlauf in ein Diagramm und tragen Sie Maximal- und Mittelwert ein.

c) Wiederholen Sie Punkt b) für das Betragsquadrat der komplexen Elemente.

Aufgabe 2.3.2	**Nicht-frequenzselektiver Fading-Kanal**
	Lösung Seite 74

a) Würfeln Sie 200 Dopplerfrequenzen aus, die eine Verteilung entsprechend (2.3.8) aufweisen. Die Fahrzeuggeschwindigkeit betrage $v = 60\,\mathrm{km/h}$, für die Trägerfrequenz gilt $f_0 = 900\,\mathrm{MHz}$ (Lichtgeschwindigkeit $c = 3\cdot 10^8$ m/s). Stellen Sie das Histogramm der Dopplerfrequenzen f_d dar.

b) Würfeln Sie zu jeder Dopplerfrequenz nach einem gleichverteilten Zufallsprozeß eine Startphase aus, und bestimmen Sie die Antwort des Kanals auf ein unmoduliertes Signal $u(t) = u_0$ im Zeitintervall $0 \leq t \leq 2$ s. Die Abtastrate betrage $f_A = 1\,\mathrm{kHz}$. Tragen Sie zum Ausgangssignal auch die Kohärenzzeit t_c des Kanals in ein Diagramm ein. Ab welcher Symbolrate kann der Kanal als zeitselektiv bezeichnet werden?

c) Ermitteln Sie über die Autokorrelationsfunktion der Sprungantwort (Berechnung mit Hilfe der Funktionen <u>xcorr</u> oder <u>akf</u>) das Dopplerleistungsdichtespektrum. Alternativ kann auch die MATLAB-Funktion <u>psd</u> (*Power Spectrum Density*) verwendet werden. Dann sind allerdings negative und positive Frequenzbereiche im Spektrum umzusortieren. Stellen Sie das Spektrum in einem Diagramm graphisch dar.

d) Das Eingangssignal des Kanals sei nun eine si-Funktion, deren Spektrum ein idealer Tiefpaß mit der Grenzfrequenz $f_g = 100$ Hz ist. Berechnen Sie das Ausgangssignal des Kanals, und stellen Sie die Spektren der Signale in einem Diagramm gegenüber. Erläutern Sie die Unterschiede!

e) Erweitern Sie nun den Kanal um eine direkt einfallende Signalkomponente, so daß sich Rice-Fading ergibt. Der Rice-Faktor betrage $c = 3$ und die direkte Komponente falle in einem Winkel von 70° zur Bewegungsrichtung ein. Stellen Sie die Verteilung des Betrags der komplexen Einhüllenden zusammen mit der theoretischen Wahrscheinlichkeitsdichtefunktion graphisch dar.

f) Wiederholen Sie die Untersuchungen aus Aufgabenteil c) für den Rice-Kanal.

g) Wiederholen Sie die Untersuchungen aus Aufgabenteil d) für den Rice-Kanal. Erläutern Sie die unterschiedlichen Spektren der Ausgangssignale von Rayleigh- und Rice-Kanal!

Aufgabe 2.3.3	**Zeitvarianter Mehrwegekanal** Lösung Seite 77

a) Soll ein Zufallsprozeß Y ausgewürfelt werden, der nicht gleich- oder gaußverteilt ist, so ist dies über die Abbildung eines Zufallsprozesses X bekannter Verteilung mit Hilfe einer geeigneten Funktion $y = g(x)$ möglich. Es gilt

$$p_Y(y) = p_X(g^{-1}(y)) \cdot \left| \frac{d}{dy}\left(g^{-1}(y)\right) \right| . \qquad (2.3.16)$$

Zeigen Sie, daß die Anwendung der Funktion

$$y = g(x) = -\frac{1}{\beta} \cdot \ln\left(1 - \frac{\beta}{\alpha}x\right) , \qquad \alpha,\, \beta > 0$$

auf gleichverteilte Werte $x \in [0,1]$ zu den gewünschten Profilen in Tabelle 2.3.1 führt.

b) Würfeln Sie die Verzögerungszeiten τ_ν für 500 Echos entsprechend dem *Typical Urban*-Profil (TU) aus. Stellen Sie die Impulse über der Zeit und das zugehörige Histogramm graphisch dar.

c) Nun ist zu jedem Echo eine Dopplerfrequenz $f_{d,\nu}$ und eine Startphase $\Phi_{0,\nu}$ auszuwürfeln. Die Dopplerfrequenzen seien Jakes-verteilt mit einer maximalen Frequenz von $f_{d\max} = 100\,\text{Hz}$. Die Phasen sind im Intervall $[-\pi; \pi]$ gleichverteilt. Quantisieren Sie nun die Verzögerungszeiten mit einer Genauigkeit von $T_A = 1\,\mu\text{s}$ und überlagern Sie die zu jeder Quantisierungsklasse gehörenden Schwingungen. Berechnen Sie die Impulsantworten $h(\tau, t)$ im Intervall $0 \le t \le 1\,\text{s}$ im Abstand von $\Delta t = 1\,\text{ms}$, und stellen Sie sie in einem dreidimensionalen Diagramm in Abhängigkeit von t und τ graphisch dar.

d) Berechnen Sie die *Scattering Function* $P_S(\tau, f_d)$ durch Autokorrelation von $h(\tau, t)$ bzgl. t und anschließende Fourier-Transformation. Zeichnen Sie den Betrag von $P_S(\tau, f_d)$ in ein dreidimensionales Diagramm.

e) Berechnen Sie aus $P_S(\tau, f_d)$ durch Integration das Dopplerleistungsdichtespektrum $P_S(f_d)$ sowie das Verzögerungsleistungsdichtespektrum $\Phi(\tau)$, und stellen Sie beide graphisch dar.

| Aufgabe 2.3.4 | **Verwendung von `ant_channel.m`**
 Lösung Seite 79 |

In dieser Aufgabe soll mit dem m-File **`ant_channel.m`** die Modellierung von Mobilfunkkanälen vertieft werden. Der genaue Funktionsaufruf kann über den Befehl **`help ant_channel`** in Erfahrung gebracht werden. Folgende Parameter sind zu wählen: Trägerfrequenz $f_0 = 1.9\,\text{GHz}$, Fahrzeuggeschwindigkeit $v = 100\,\text{km/h}$, Abtastfrequenz $f_A = 1\,\text{MHz}$. Zur Beschleunigung der Simulation ist außerdem der Parameter **`channel.const_taps`** gleich 2000 und zur Visualisierung **`channel.flag_show`** auf Eins zu setzen.

a) Generieren Sie die zeitvariante Impulsantwort eines Kanals nach dem *Hilly Terrain*-Profil im Zeitintervall $0 \le t < 0.2\,\text{ms}$ (wird über die Länge des – beliebigen – Eingangssignals eingestellt). Weiterhin sollen die Verzögerungszeiten gemäß $\Phi(\tau)$ aus Tabelle 2.3.1 frei ausgewürfelt werden (Parameter **`channel.profile`**='d'), wobei die Anzahl der Echos auf 2000 festgelegt wird (Parameter **`channel.n_echo`**=2000). Stellen Sie die zeitvariante Impulsantwort $h(\tau, t)$ in einem dreidimensionalen Diagramm dar.

b) Berechnen Sie die *Scattering Function* und stellen Sie sie in einem dreidimensionalen Diagramm dar.

c) Wiederholen Sie Punkt a) für den Fall, daß die Verzögerungen nicht mehr frei ausgewürfelt werden, sondern den Abtastzeitpunkten immer gleich viele Echos zugeordnet werden (channel.profile='p'). Stellen Sie die Impulsantwort graphisch dar.

d) Berechnen Sie die *Scattering Function* für die Impulsantwort aus c), und stellen Sie sie in einem dreidimensionalen Diagramm dar.

e) Berechnen Sie aus $P_S(\tau, f_d)$ durch Integration das Dopplerleistungsdichtespektrum $P_S(f_d)$ sowie das Verzögerungsleistungsdichtespektrum $\Phi(\tau)$, und stellen Sie beide graphisch dar.

Lösung Aufgabe 2.3.1

Aufgabenteil a)
In **Bild 2.3.2** ist die mittelwertfreie Gaußverteilung des Realteils zu erkennen. Bei dem Vergleich mit der theoretischen Kurve ist zu beachten, daß die Klassenbreite des Histogramms mit der Amplitudenauflösung der theoretischen Verteilung übereinstimmt.

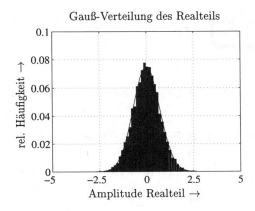

Bild 2.3.2: Gaußverteilung von Real- und Imaginärteil zu Aufgabe 2.3.1

Aufgabenteil b)
Bild 2.3.3a veranschaulicht die Rayleighverteilung des Betrags der Kanalkoeffizienten. Für den Vergleich mit der theoretischen Verteilung gilt die gleiche Überlegung wie unter a).

Aufgabenteil c)
Abschließend zeigt **Bild 2.3.3b** die Chiquadrat-Verteilung für das Betragsquadrat.
Der ebenfalls eingezeichnete Mittelwert bestätigt die in der Aufgabenstellung ge-
forderte mittlere Leistung von Eins.

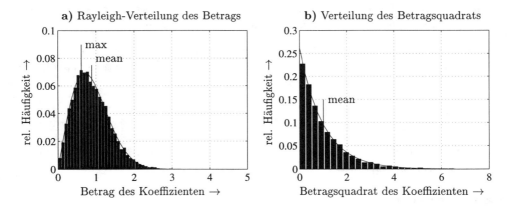

Bild 2.3.3: Rayleigh- und Chiquadrat-Verteilungen zu Aufgabe 2.3.1

Lösung Aufgabe 2.3.2

Aufgabenteil a)
Für die gewählten Parameter ergibt sich eine maximale Dopplerfrequenz von

$$f_{d\,\mathrm{max}} = \frac{v}{c} \cdot f_0 = \frac{60/3.6}{3 \cdot 10^8} \cdot 900 \cdot 10^6 \,\mathrm{Hz} = 50\,\mathrm{Hz} \ .$$

Die gewünschte Jakes-Verteilung ergibt sich, wenn man entsprechend (2.3.5) die
Kosinusfunktion auf gleichverteilte Zufallswerte α anwendet. In **Bild 2.3.4a** ist
das entsprechende Jakes-Spektrum zu erkennen.

Aufgabenteil b)
Bei einer maximalen Dopplerfrequenz von $f_{d\,\mathrm{max}} = 50\,\mathrm{Hz}$ beträgt die Kohärenzzeit
$t_c = 1/(2 f_{d\,\mathrm{max}}) = 10\,\mathrm{ms}$. Sie ist in **Bild 2.3.4b** zusammen mit der Antwort des
Kanals auf ein unmoduliertes Signal dargestellt. Der Kanal verhält sich zeitse-
lektiv, wenn die Symboldauer T_s des Sendesignals deutlich größer als t_c ist, also
beispielsweise für $T_s = 100\,\mathrm{ms}$. Dies entspräche einer Symbolrate von 10 Symbo-
len/s. Ein nicht-zeitselektives Verhalten weist er dagegen für $T_s \ll t_c$ auf.

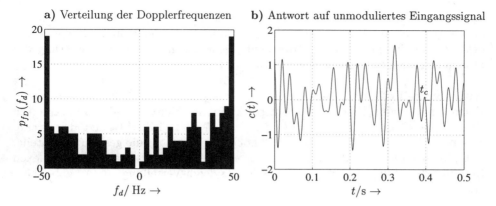

Bild 2.3.4: Jakes-Spektrum und Antwort des Rayleigh-Kanals auf ein unmoduliertes Signal zu Aufgabe 2.3.2

Aufgabenteil c)

Bild 2.3.5a zeigt das Dopplerleistungsdichtespektrum. Die Begrenzung des Spektrums auf ±50 Hz und die in **Bild 2.3.4a** dargestellte Verteilung der Dopplerfrequenzen sind deutlich zu erkennen.

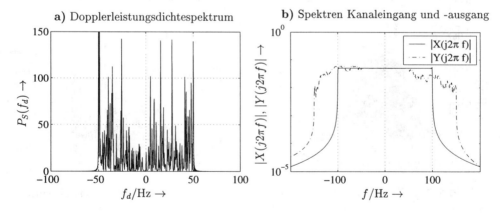

Bild 2.3.5: Dopplerleistungsdichtespektrum und Spektrum der si-Antwort zu Aufgabe 2.3.2

Aufgabenteil d)

In **Bild 2.3.5b** ist das Spektrum der si-Antwort des Kanals dargestellt. Man erkennt zum einen den approximierten Tiefpaß mit einer Grenzfrequenz von $f_g = 100$ Hz. Während ein einzelner Ausbreitungspfad mit fester Dopplerfrequenz

$f_{d\,i}$ zu einer einfachen Verschiebung des Spektrums um $f_{d\,i}$ führen würde, beobachten wir nun eine Verbreiterung des Spektrums zu beiden Seiten. Entsprechend des Dopplerleistungsdichtespektrums entspricht die maximale Verbreiterung der maximalen Dopplerfrequenz von $f_{d\,\max} = 50\,\text{Hz}$.

Aufgabenteil e)
Einem Einfallswinkel von $\alpha = 70°$ entspricht mit den hier verwendeten Parametern eine Dopplerfrequenz von $f_d = f_{D\,\max} \cdot cos(\alpha) = 17.1\,\text{Hz}$. Besitzt die direkte Komponente eine um den Faktor $c = 3$ höhere Leistung als die gestreuten Anteile, so ergibt sich die in **Bild 2.3.6a** illustrierte Verteilung des Betrags der komplexen Einhüllenden. Sie weicht deutlich von der Rayleigh-Verteilung aus Aufgabe 2.3.1 ab.

Aufgabenteil f)
Das Dopplerleistungsdichtespektrum $P_s(f_d)$ des Rice-Kanals ist in **Bild 2.3.6b** dargestellt. Die Begrenzung des Spektrums auf $\pm 50\,\text{Hz}$ hat sich gegenüber dem Rayleigh-Fading nicht verändert. Allerdings ist nun ein hoher Anteil bei $f_d \approx 17\,\text{Hz}$ hinzugekommen, welcher der Dopplerverschiebung der direkt einfallenden Signalkomponente entspricht.

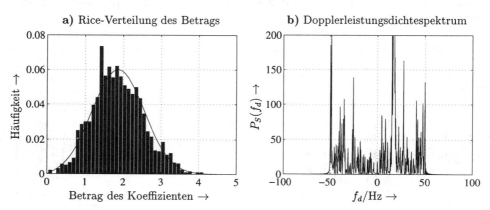

Bild 2.3.6: Rice-Verteilung und zugehöriges Dopplerleistungsdichtespektrum zu Aufgabe 2.3.2

Aufgabenteil g)
In **Bild 2.3.7** ist das Spektrum der si-Antwort des Rice-Kanals dargestellt. Man erkennt wiederum die Verbreiterung des Spektrums zu beiden Seiten um $f_{d\,\max} = 50\,\text{Hz}$. Im Gegensatz zum Rayleigh-Kanal kommt aber noch eine Verschiebung des Spektrums um etwa $\Delta f \approx 17\,\text{Hz}$ hinzu. Diese resultiert aus der Rice-Komponente, also der direkt einfallenden Signalkomponente, die in dieser Aufgabe eine Dopplerverschiebung um ca. 17 Hz bewirkt.

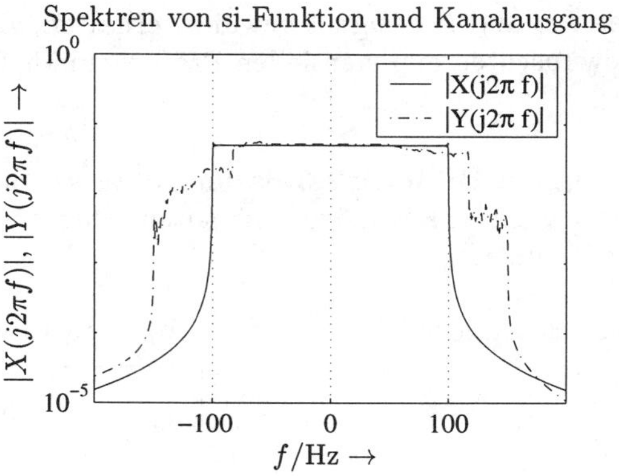

Spektren von si-Funktion und Kanalausgang

Bild 2.3.7: Spektrum der si-Antwort eines Rice-Kanals zu Aufgabe 2.3.2

Lösung Aufgabe 2.3.3

Aufgabenteil a)

Ausgehend vom Ansatz $y = g(x) = -\frac{1}{\beta} \cdot \ln\left(1 - \frac{\beta}{\alpha}x\right)$ mit α, $\beta > 0$ berechnen wir nun die Wahrscheinlichkeitsdichtefunktion $p_Y(y)$. Die Inverse von $g(x)$ hat die Form

$$x = g^{-1}(y) = \frac{\alpha}{\beta} \cdot \left(1 - e^{-\beta y}\right) \quad \Rightarrow \quad \frac{d\,g^{-1}(y)}{dy} = \alpha \cdot e^{-\beta y} .$$

Mit Hilfe von (2.3.16) erhalten wir nun

$$p_Y(y) = p_X\left[\frac{\alpha}{\beta} \cdot (1 - e^{-\beta y})\right] \cdot \alpha \cdot e^{-\beta y} .$$

Da $p_X(x)$ eine Gleichverteilung im Intervall $[0, 1]$ repräsentiert, gilt

$$p_X(x) = \begin{cases} 1 & \text{für } 0 \leq x \leq 1 \\ 0 & \text{sonst} \end{cases}$$

und somit auch $p_Y(y) = 0$ für $\alpha/\beta \cdot (1 - \exp(-\beta x)) \notin [0, 1]$. Durch Auflösen der Beziehung nach y erhält man schließlich das Ergebnis

$$p_Y(y) = \begin{cases} \alpha \cdot e^{-\beta y} & \text{für } 0 \leq y \leq -\frac{1}{\beta} \cdot \ln\left(1 - \frac{\beta}{\alpha}\right) \\ 0 & \text{sonst} \end{cases} .$$

Werden die Parameter α und β geeignet gewählt, erhalten wir mit dem vorgegebenen Ansatz die gewünschten exponentiellen Profile gemäß Tabelle 2.3.1.

Aufgabenteil b)
Die Ergebnisse sind in den **Bildern 2.3.8a** und **b** zu sehen. Bild a) zeigt das Histogramm der ausgewürfelten Verzögerungszeiten, Bild b) die entsprechenden Echos in Abhängigkeit von τ.

a) Histogramm der Echolaufzeiten

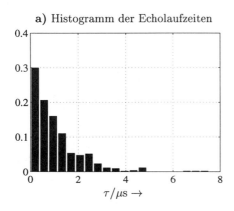

b) Ausgewürfelte Echolaufzeiten

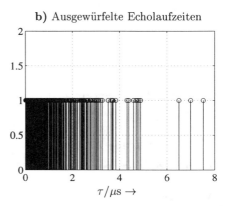

Bild 2.3.8: Histogramm der Verzögerungen und Verzögerungen über τ für TU-Profil (Aufgabe 2.3.3)

Aufgabenteil c)
Bild 2.3.9a zeigt die zeitvariante Impulsantwort über den Zeitachsen t und τ. Zum einen ist der exponentielle Abfall zu größeren Verzögerungszeiten τ zu erkennen. In t-Richtung wird die Zeitvarianz deutlich, der Verlauf der Impulsantwort ist geprägt durch hohe Spitzen und tiefe Einbrüche (Fading).

Aufgabenteil d)
Die *Scattering Function* $P_S(\tau, f_d)$ ist in **Bild 2.3.9b** illustriert. Es ist zu erkennen, daß die Leistung mit zunehmender Verzögerungszeit exponentiell abfällt. Außerdem wird die Jakes-Verteilung der Dopplerfrequenzen sichtbar. Sie sind im Bereich von ± 100 Hz verteilt.

Aufgabenteil e)
Integriert man $P_S(\tau, f_d)$ über τ, so erhält man das Dopplerleistungsdichtespektrum $P_S(f_d)$ (**Bild 2.3.10b**), die Integration über der Dopplerfrequenz f_d ergibt dagegen das Verzögerungsleistungsdichtespektrum $\Phi(\tau)$ (**Bild 2.3.10a**). Auch hier ist in der zweidimensionalen Darstellung die Jakes-Verteilung der Dopplerfrequenzen und auch der exponentielle Leistungsabfall über τ erkennbar.

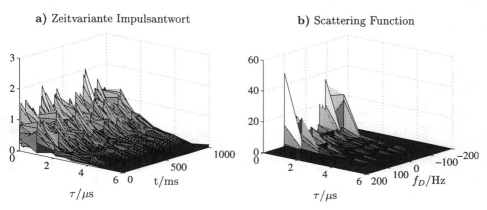

a) Zeitvariante Impulsantwort

b) Scattering Function

Bild 2.3.9: Zeitvariante Impulsantwort und *Scattering Function* für TU (Aufgabe 2.3.3)

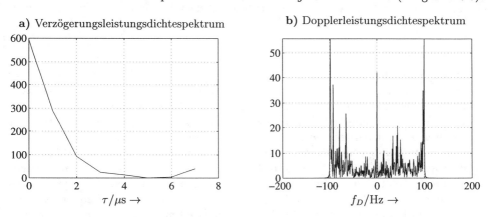

a) Verzögerungsleistungsdichtespektrum

b) Dopplerleistungsdichtespektrum

Bild 2.3.10: Verzögerungs- und Dopplerleistungsdichtespektrum für TU (Aufgabe 2.3.3)

Lösung Aufgabe 2.3.4

Aufgabenteil a)

Das *Hilly Terrain*-Profil repräsentiert hügelige Umgebungen, bei denen lange Verzögerungszeiten durch Reflexionen an weit entfernten Bergen auftreten können. Dies verdeutlicht auch die zeitvariante Impulsantwort in **Bild 2.3.11a**. Deutlich zu erkennen ist das exponentiell abklingende Profil für $\tau < 2\,\mu$s, bevor dann nach $13\,\mu$s Pause noch einige stärker gedämpfte Echos für $15\,\mu$s $< \tau < 20\,\mu$s erscheinen.

a) Zeitvariante Impulsantwort   b) Scattering Function

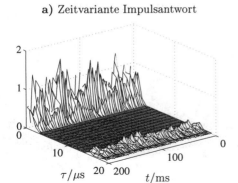 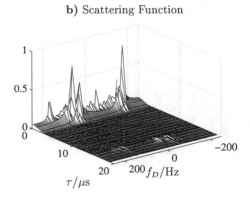

Bild 2.3.11: Zeitvariante Impulsantwort und *Scattering Function* für HT, Realisierung der Leistungsverteilung durch Auswürfeln der Verzögerungszeiten (Aufgabe 2.3.4)

Aufgabenteil b)
Die Fouriertransformation über die Autokorrelationsfunktion der Impulsantwort liefert die *Scattering Function* in **Bild 2.3.11b**. Es ist zu erkennen, daß die Jakes-Verteilung der Dopplerfrequenzen nur für $\tau < 0.5\,\mu$s gültig ist, was bei der hier gewählten Abtastfrequenz von $f_A = 1\,$MHz gerade einem Abtastwert entspricht. Für größere Verzögerungszeiten werden Gaußverteilungen mit unterschiedlichen Mittelwerten und Varianzen entsprechend Tabelle 2.3.2 angesetzt. Am Rechner kann dieser Effekt durch Ändern der Perspektive mit dem Befehl `view()` veranschaulicht werden. Durch die zufällige Auswürfelung der Dopplerfrequenzen kann es ferner vorkommen, daß einzelne Verzögerungszeiten im Abtastraster nicht vorkommen, wie in diesem Beispiel $\tau = 20\,\mu$s.

Aufgabenteil c)
In diesem Aufgabenpunkt werden für alle Verzögerungszeiten im Abtastraster von $f_a = 1\,$MHz gleich viele Dopplerfrequenzen $f_{d,i}$ und Startphasen $\Phi_{0,i}$ ausgewürfelt. Die Gesamtzahl ist durch den Parameter `channel.n_echo` vorgegeben. Anhand von **Bild 2.3.12a** erkennen wir, daß sich ein ähnlicher Verlauf ergibt. Durch diesen Ansatz ist allerdings gewährleistet, daß zu jeder Verzögerungszeit der entsprechende Leistungsanteil erzeugt wird.

Aufgabenteil d)
Ein Blick auf die *Scattering Function* zeigt, daß auch die Dopplerverteilungen beider Entwürfe bis auf statistische Abweichungen gut übereinstimmen. Die Güte der Gauß- bzw. Jakes-Verteilungen hängt in beiden Fällen von der Anzahl der Echos ab. Beim ersten Ansatz aus a) kann für eine unzureichende Echoanzahl allerdings

a) Zeitvariante Impulsantwort **b)** Scattering Function

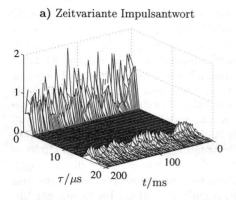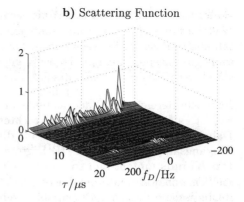

Bild 2.3.12: Zeitvariante Impulsantwort und *Scattering Function* für HT, Realisierung
der Leistungsverteilung durch Gewichtung der Rayleigh-Variablen für jede
Verzögerungszeit (Aufgabe 2.3.4)

vorkommen, daß die leistungsschwachen Anteile wegen des zu geringen Stichpro-
benumfangs nicht statistisch korrekt repräsentiert werden. Die leistungsstarken
Regionen erhalten dagegen stets mehr Pfade als unter c), weshalb ihre Verteilung
sehr genau nachgebildet werden kann.

Aufgabenteil e)
Anhand von **Bild 2.3.13** ist zu erkennen, daß die Dopplerfrequenzen nun eine Verteilung aufweisen, die sich aus dem Jakes-Spektrum einerseits und den in Tabelle
2.3.2 angegebenen Gaußverteilungen zusammensetzt.

a) Dopplerleistungsdichtespektrum **b)** Verzögerungsleistungsdichtespektrum

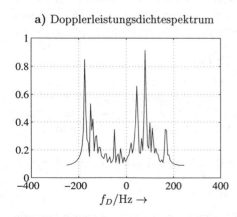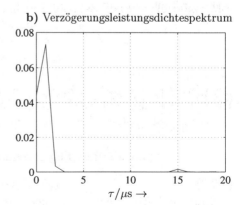

Bild 2.3.13: Verzögerungsleistungsdichtespektrum und Dopplerleistungsdichtespektrum für den Kanal aus Aufgabenpunkt a) (Aufgabe 2.3.4)

2.4   Diskrete Kanäle

2.4.1   Theoretische Grundlagen

Für viele Bereiche der Nachrichtentechnik, wie beispielsweise die Codierungstheorie, ist es sinnvoll, die bisher betrachteten Kanalmodelle weiter zu abstrahieren. Dabei beschränken wir uns hier auf die digitale Übertragung, also auf diskrete Eingangsalphabete (s. Teil III, Digitale Übertragung). Das Modell des **diskreten Kanals** umfaßt nun sowohl das physikalische Medium als auch die analogen Anteile von Modulator und Demodulator. Seine Eingangswerte sind zeit- und wertediskrete Symbole, die beispielsweise durch die in Teil III beschriebenen digitalen Modulationsverfahren erzeugt werden. Die Ausgangssymbole ergeben sich dann aus den gefilterten, im Symboltakt abgetasteten und gegebenenfalls quantisierten Empfangssignalen. Somit spielen die oben behandelten physikalischen Effekte hier nur eine untergeordnete Rolle. Vielmehr stellt der diskrete Kanal ein Modell dar, welches lediglich die statistischen Beziehungen zwischen Sende- und Empfangssymbolen beschreibt.

Wir gehen im folgenden von einem diskreten Eingangsalphabet $\mathcal{D}$ mit $|\mathcal{D}|$ Elementen $D_\nu \in \mathcal{D}$, $0 \le \nu < |\mathcal{D}|$ aus. Die Form des Kanalausgangsalphabets $\mathcal{Y}$ hängt bei gegebenem Eingangsalphabet von dem jeweiligen Demodulationsverfahren ab. Bei einer *Hard-Decision* wird jeder empfangene Wert direkt (hart) auf das naheliegendste Sendesymbol abgebildet, weshalb Eingangs- und Ausgangsalphabet des Kanals identisch sind $\mathcal{D} = \mathcal{Y}$. Im allgemeinen Fall einer beliebigen Quantisierung (*Soft-Decision*) besitzt $\mathcal{Y}$ mehr Elemente Y_μ als $\mathcal{D}$ und es gilt $|\mathcal{Y}| > |\mathcal{D}|$. Jedes Symbol in $\mathcal{D}$ und $\mathcal{Y}$ besitzt eine Auftrittswahrscheinlichkeit $P(D_\nu)$ bzw. $P(Y_\mu)$, wobei sich letztere durch

$$P(Y_\mu) = P(y_q = Y_\mu) = \int_{Y_\mu^-}^{Y_\mu^+} p_Y(y)\, dy \qquad (2.4.1)$$

berechnet. Dabei stellen Y_μ^- und Y_μ^+ die untere bzw. obere Quantisierungsgrenze des Wertes Y_μ dar, $p_Y(y)$ gibt die Wahrscheinlichkeitsdichtefunktion des wertekontinuierlichen Signals y vor der Quantisierung an und y_q repräsentiert das quantisierte Symbol. Aufgrund der Vollständigkeit des Ereignisraums gilt allgemein

$$\int_{-\infty}^{\infty} p_Y(y)dy = 1 \quad \Longrightarrow \quad \sum_{Y_\mu \in \mathcal{Y}} P(Y_\mu) = 1 \qquad (2.4.2)$$

und für die Verbundwahrscheinlichkeiten

$$\sum_{D_\nu \in \mathcal{D}} \sum_{Y_\mu \in \mathcal{Y}} P(D_\nu, Y_\mu) = 1\,. \qquad (2.4.3)$$

Üblicherweise werden allerdings keine einzelnen Symbole, sondern Symbolfolgen endlicher Länge übertragen. In diesem Zusammenhang bezeichnen wir die Eingangssequenz des diskreten Kanals mit dem Vektor $\mathbf{d} = [d(0), d(1), \cdots, d(K-1)]$, der Ausgangsvektor lautet entsprechend $\mathbf{y} = [y(0), y(1), \cdots, y(K-1)]$. In der Nachrichtentechnik ist nun bei Kenntnis des empfangenen Vektors $\mathbf{y}$ die Wahrscheinlichkeit, daß eine bestimmte Eingangssequenz $\mathbf{d}$ gesendet wurde, von Interesse. Diese wird **a-posteriori-Wahrscheinlichkeit** $P(\mathbf{d}|\mathbf{y})$ genannt und läßt sich mit Hilfe der Bayes-Regel umrechnen

$$P(\mathbf{d} \mid \mathbf{y}) = \frac{P(\mathbf{d}, \mathbf{y})}{P(\mathbf{y})} = P(\mathbf{y} \mid \mathbf{d}) \cdot \frac{P(\mathbf{d})}{P(\mathbf{y})} \, . \tag{2.4.4}$$

Die bedingte Wahrscheinlichkeit $P(\mathbf{y}|\mathbf{d})$ beschreibt die Übergangswahrscheinlichkeit des diskreten Kanals, d.h. sie gibt die Wahrscheinlichkeit für den Empfang der Sequenz $\mathbf{y}$ an, wenn $\mathbf{d}$ gesendet wurde. Für gedächtnisbehaftete Kanäle wird ein Ausgangssymbol $y(k)$ durch mehrere Sendesymbole $d(k)$ beeinflußt, was die Bestimmung von $P(\mathbf{y}|\mathbf{d})$ erschwert.

Diskreter gedächtnisloser Kanal (DMC)

Wir konzentrieren uns daher im folgenden auf den wichtigen Spezialfall des diskreten gedächtnislosen Kanals (DMC, *Discrete Memoryless Channel*) und setzen außerdem statistisch unabhängige Eingangssymbole voraus. Die Gedächtnislosigkeit drückt sich mathematisch dadurch aus, daß die Übergangswahrscheinlichkeiten $P(y(k)|d(k))$ zu einem Zeitpunkt k nicht von vorangegangenen Zeitpunkten abhängen. Hierdurch läßt sich $P(\mathbf{y}|\mathbf{d})$ aus dem Produkt der Übergangswahrscheinlichkeiten der einzelnen Vektorelemente berechnen.

$$P(\mathbf{y} \mid \mathbf{d}) = \prod_{k=0}^{K-1} P(y(k) \mid d(k)) \tag{2.4.5}$$

Mit (2.4.5) lassen sich nun die einzelnen Symbole getrennt betrachten. Für ein binäres Eingangsalphabet ($|\mathcal{D}| = 2$) zeigt **Bild 2.4.1** eine graphische Veranschaulichung des DMC. Von jedem der beiden Eingangssymbole D_0 und D_1 existieren Übergänge zu allen möglichen Ausgangssymbolen Y_μ. Ihnen sind die Übergangswahrscheinlichkeiten $P_{\mu\nu} := P(Y_\mu|D_\nu)$ zugeordnet, die das Fehlerverhalten des Kanals charakterisieren.

An dieser Stelle sollen nun kurz die grundlegenden Zusammenhänge zwischen Wahrscheinlichkeiten, bedingten Wahrscheinlichkeiten und Verbundwahrscheinlichkeiten erläutert werden. Generell gilt für die Auftrittswahrscheinlichkeiten der Ausgangssymbole

$$P(Y_\mu) = \sum_{D_\nu \in \mathcal{D}} P(D_\nu, Y_\mu) = \sum_{D_\nu \in \mathcal{D}} P(Y_\mu \mid D_\nu) \cdot P(D_\nu) \, . \tag{2.4.6}$$

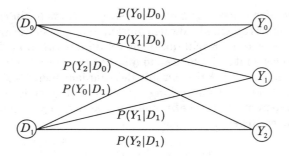

Bild 2.4.1: Übergangswahrscheinlichkeiten beim DMC für $|\mathcal{D}| = 2$ und $|\mathcal{Y}| = 3$

Sind D_ν und Y_μ für einen Kanal **statistisch unabhängig** voneinander, lautet die Übergangswahrscheinlichkeit

$$P(Y_\mu \mid D_\nu) = \frac{P(D_\nu, Y_\mu)}{P(D_\nu)} = \frac{P(D_\nu)P(Y_\mu)}{P(D_\nu)} = P(Y_\mu) \,. \qquad (2.4.7)$$

Ferner ergibt die Summe der Übergangswahrscheinlichkeiten $P(Y_\mu|D_\nu)$ über alle Ausgangssymbole Y_μ stets den Wert Eins

$$\sum_{Y_\mu \in \mathcal{Y}} P(Y_\mu \mid D_\nu) = \sum_{Y_\mu \in \mathcal{Y}} \frac{P(D_\nu, Y_\mu)}{P(D_\nu)} = \frac{P(D_\nu)}{P(D_\nu)} = 1 \,, \qquad (2.4.8)$$

da irgendein Symbol des Ausgangsalphabets $\mathcal{Y}$ mit Sicherheit empfangen wird.

Binärer symmetrischer Kanal (BSC)

Im Fall einer rein binären Übertragung mit Hard-Decision am Demodulator erhält man einen binären Kanal. Besitzt dieser zusätzlich für beide Sendesymbole gleiche Übergangswahrscheinlichkeiten, so spricht man vom binären symmetrischen Kanal. Er stellt nicht nur ein theoretisches Hilfsmittel dar, sondern hat praktische Bedeutung, da er aus der Zusammenfassung von BPSK-Modulation ($D_1 = -D_0 = +1$), AWGN-Kanal und *Hard-Decision*-Demodulation hervorgeht (s. **Bild 2.4.2**).

Die Übergangswahrscheinlichkeiten P_{01} bzw. P_{10} stellen die Auftrittswahrscheinlichkeiten für einen Übertragungsfehler dar. Sie sind für die Sendesymbole D_0 bzw. D_1 identisch und hängen nur vom Verhältnis der Sendeleistung zur Rauschleistung des zugrundeliegenden AWGN-Kanals ab. Dieses wird üblicherweise mit E_s/N_0 bezeichnet, so daß sich die Fehlerwahrscheinlichkeit entsprechend Kapitel 5 (S. 175) und Kapitel 6 (S. 242) mit

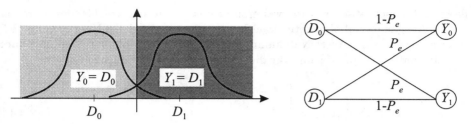

Bild 2.4.2: Veranschaulichung der Übergangswahrscheinlichkeiten beim BSC

$$P_e = P(Y_0 \mid D_1) = P(Y_1 \mid D_0) = \frac{1}{2} \cdot \text{erfc}\left(\sqrt{\frac{E_s}{N_0}}\right) \qquad (2.4.9)$$

berechnet. Aufgrund der Gedächtnislosigkeit lassen sich die Fehlerwahrscheinlichkeiten für aus mehreren Symbolen bestehende Blöcke sehr einfach angeben. Die Wahrscheinlichkeit, daß eine Sequenz der Länge K korrekt empfangen wurde, lautet für den BSC

$$\begin{aligned} P(\mathbf{d} = \mathbf{y}) &= P(d(0) = y(0), \ldots, d(K-1) = y(K-1)) \qquad (2.4.10) \\ &= \prod_{i=0}^{K-1} P(d(i) = y(i)) = (1 - P_e)^n . \end{aligned}$$

Dagegen ist die Wahrscheinlichkeit für den fehlerhaften Empfang einer Sequenz, d.h. es tritt mindestens ein Fehler auf, durch

$$\begin{aligned} P(\mathbf{d} \neq \mathbf{y}) &= 1 - P(\mathbf{d} = \mathbf{y}) \qquad (2.4.11) \\ &= 1 - (1 - P_e)^n \approx n P_e \quad \text{für } n P_e \ll 1. \end{aligned}$$

gegeben. Die Wahrscheinlichkeit, daß genau m Fehler an bestimmten Stellen in einer Sequenz der Länge K auftreten, lautet

$$P(m \text{ Bit von } K \text{ falsch}) = P_e^m \cdot (1 - P_e)^{K-m}. \qquad (2.4.12)$$

Berücksichtigt man ferner die Anzahl der Kombinationen, m Bit in einer Sequenz der Länge K zu vertauschen, so erhält man die Wahrscheinlichkeit, daß m Fehler auftreten.

$$P(m \text{ Fehler in Sequenz der Länge } K) = \binom{K}{m} \cdot P_e^m \cdot (1 - P_e)^{K-m} \qquad (2.4.13)$$

Auslöschungskanal (BSEC)

Bezüglich der Kanalcodierung ist es häufig von Vorteil, sehr unsichere Binärstellen auszublenden anstatt sie mit großer Wahrscheinlichkeit falsch zu entscheiden und dann mit fehlerhaften Werten weiterzurechnen. Für das Ausblenden wird ein drittes Ausgangssymbol benötigt, welches bei einer antipodalen Übertragung (± 1) praktischerweise den Wert Null annimmt. Das Ausgangsalphabet $\mathcal{Y}$ enthält dann die Elemente $\{-1, 0, +1\}$ und für die Übergangswahrscheinlichkeiten gilt:

$$P(Y_\mu|D_\nu) = \begin{cases} 1 - P_e - P_q & \text{für } Y_\mu = D_\nu \\ P_q & \text{für } \mu = 1 \\ P_e & \text{für } Y_{\mu \neq 1} \neq D_\nu \, . \end{cases} \qquad (2.4.14)$$

Den zugehörigen Übergangsgraphen zeigt bereits Bild 2.4.1, wenn $Y_0 = D_0$, $Y_2 = D_1$ und $Y_1 = 0$ gilt. Ein derartiger Kanal wird als Auslöschungskanal (BSEC, *Binary Symmetric Erasure Channel*) bezeichnet. Die Wahrscheinlichkeit für eine Fehlentscheidung lautet weiterhin P_e, während die neue Wahrscheinlichkeit für eine Auslöschung im folgenden mit P_q bezeichnet wird. Wie diese Information dann konkret ausgenutzt wird, hängt von der jeweiligen Signalverarbeitung ab.

2.4.2 Übungen

Aufgabe 2.4.1

Entwurf eines diskreten Kanals
Lösung Seite 88

a) Gegeben sei ein Sendealphabet bestehend aus den Symbolen -3, -1, $+1$, $+3$. Sie sollen über einen AWGN-Kanal aus Abschnitt 2.1 übertragen werden. Er sei in diesem Fall reellwertig und besitze die Varianz $\sigma_N^2 = 1$. Am Ausgang des Kanals findet dann eine harte Entscheidung statt, d.h. die verrauschten Werte werden wieder auf die 4 Symbole abgebildet ($\mathcal{Y} = \mathcal{D}$), wobei die Entscheidungsgrenzen jeweils in der Mitte zweier Symbole liegen. Bestimmen Sie die Übergangswahrscheinlichkeiten $P(Y_\mu|D_\nu)$ des Kanals und stellen Sie sie in einer Matrix dar.

b) Überprüfen Sie die Richtigkeit der Matrix, indem Sie die Wahrscheinlichkeitssummen auf Eins prüfen.

c) Bestimmen Sie nun die Verbundwahrscheinlichkeiten $P(D_\nu, Y_\mu)$ für gleichwahrscheinliche Sendesymbole.

d) Berechnen Sie die Auftrittswahrscheinlichkeiten für die Kanalausgangssymbole Y_μ.

e) Berechnen Sie die Fehlerwahrscheinlichkeit $P_e(D_\nu)$ für die Sendesymbole D_ν sowie die mittlere Gesamtfehlerwahrscheinlichkeit P_e.

Aufgabe 2.4.2 **Statistik des diskreten Kanals**
Lösung Seite 91

a) Gegeben sind die Kanäle in **Bild 2.4.3**. Ergänzen Sie die fehlenden Wahrscheinlichkeiten.

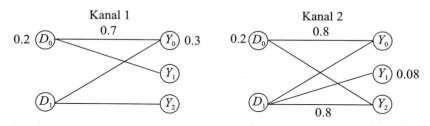

Bild 2.4.3: Diskrete Kanalmodelle

b) Am Ausgang der Kanäle soll nun eine harte Entscheidung erfolgen. Dabei ist erst noch festzulegen, welches der drei Ausgangssymbole Y_μ als
Auslöschungssymbol Y^* interpretiert und wie es dann auf die beiden hart
entschiedenen Symbole abgebildet wird. Leiten Sie eine hinsichtlich der Fehlerwahrscheinlichkeit optimale Entscheidungsregel für Y^* ab.

c) Führen Sie mit dem Ergebnis aus Aufgabenteil b) eine harte Entscheidung
durch und geben Sie die resultierenden binären Kanäle an. Untersuchen Sie
dabei, ob die Deklaration von $Y_1 = Y^*$ als Auslöschungssymbol die beste
Wahl ist.

d) Geben Sie für die Originalkanäle und die in Aufgabenteil c) bestimmten
Auslöschungssymbole die Fehlerwahrscheinlichkeiten und die Wahrscheinlichkeit für das Auftreten einer Auslöschung an.

Aufgabe 2.4.3 **Verkettung diskreter Kanäle (Diversität)**
Lösung Seite 94

a) Die Übertragungsqualität soll nun gesteigert werden, indem die beiden
Kanäle aus Aufgabe 2.4.2 entsprechend **Bild 2.4.4** parallel geschaltet werden. Für die Ausgangswerte gilt $Y_0 = +1$, $Y_1 = 0$ und $Y_2 = -1$. Sie werden
am Empfänger addiert und einer Schwellwertentscheidung zugeführt. Diese
bildet die Werte y_q in Abhängigkeit ihrer Vorzeichen auf die Symbole -1, 0

und +1 ab. Bestimmen Sie die Auftrittswahrscheinlichkeit der Symbole vor und nach dem Entscheider.

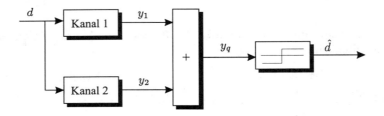

Bild 2.4.4: Parallelschaltung der beiden Kanäle aus Aufgabe 2.4.2

b) Berechnen Sie die Fehlerwahrscheinlichkeit des Systems aus **Bild 2.4.4**.

c) Im folgenden soll der Entscheider eine Hard-Decision durchführen, so daß sich das Gesamtsystem als binärer Kanal darstellen läßt. Bestimmen Sie unter Berücksichtigung des Ergebnisses aus Aufgabe 2.4.2.b die optimale Entscheidungsregel für das Symbol $y_q = 0$ und geben Sie die Wahrscheinlichkeiten des resultierenden binären Kanals an.

Lösung Aufgabe 2.4.1

Aufgabenteil a)
Bezüglich der Hard-Decision sollen die Entscheidungsgrenzen jeweils in der Mitte zwischen zwei Symbolen liegen, also bei -2, 0 und +2. Die einzelnen Klassen korrespondieren dann entsprechend **Bild 2.4.5** mit den Kanalausgangswerten Y_μ. Die Übergangswahrscheinlichkeiten $P(Y_\mu|D_\nu)$ berechnen sich jetzt folgenderma-

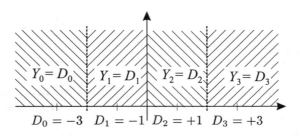

Bild 2.4.5: Hard-Decision bei 4-stufigem Eingangssignal und AWGN-Kanal

ßen. Für das Sendesymbol $D_0 = -3$ wird die Gaußverteilung $p_N(n)$ des AWGN-Kanals um D_0 verschoben. Die Wahrscheinlichkeit, daß fälschlicherweise das Symbol D_1 detektiert wird, ergibt sich dann aus der Fläche unter der verschobenen Wahrscheinlichkeitsdichtefunktion $p_N(n - D_0)$ zwischen -2 und 0

$$
P(Y_1 \mid D_0) = \int_{-2}^{0} \frac{1}{\sqrt{2\pi\sigma_N^2}} \exp\left(-\frac{(n+3)^2}{2\sigma_N^2}\right) dn = \frac{1}{\sqrt{\pi}} \int_{1/\sqrt{2}}^{3/\sqrt{2}} e^{-\xi^2} d\xi
$$

$$
= \frac{1}{2}\left[\operatorname{erf}\left(\sqrt{4.5}\right) - \operatorname{erf}\left(\sqrt{0.5}\right)\right].
$$

Entsprechend lassen sich auch die übrigen Übergangswahrscheinlichkeiten bestimmen, so daß sich letztendlich die folgenden Werte ergeben.

$P(Y_\mu\|D_\nu)$	$Y_0 = -3$	$Y_1 = -1$	$Y_2 = +1$	$Y_3 = +3$
$D_0 = -3$	0.8413	0.1573	0.0013	2.87e-7
$D_1 = -1$	0.1587	0.6827	0.1573	0.0013
$D_2 = +1$	0.0013	0.1573	0.6827	0.1587
$D_3 = +3$	2.87e-7	0.0013	0.1573	0.8413

Man erkennt an der Hauptdiagonalen, daß die Wahrscheinlichkeit für eine korrekte Entscheidung stets am größten ist, wobei die inneren Symbole D_1 und D_2 eine größere Fehlerwahrscheinlichkeit aufweisen. Dies liegt daran, daß sie sowohl mit ihrem rechten als auch mit ihrem linken Nachbarn verwechselt werden können, während die äußeren Symbole D_0 und D_3 nur zu einer Seite fehleranfällig sind. Je weiter zwei Symbole voneinander entfernt sind, desto geringer ist die Gefahr ihrer Verwechslung und desto geringer ihre Übergangswahrscheinlichkeit. Die erkennbaren Symmetrien werden direkt durch Bild 2.4.5 erklärt.

Aufgabenteil b)
Eine einfache Überprüfung der Ergebnisse besteht darin, die Summe über alle Spalten zu bilden. Die Summe muß entsprechend (2.4.8) Eins ergeben, da für jedes hypothetische Sendesymbol irgendein Ausgangssymbol mit absoluter Sicherheit erscheint.

Aber Vorsicht: Dies gilt nicht für die Summation über alle Zeilen!

$$
\sum_{D_\nu \in \mathcal{D}} P(Y_\mu \mid D_\nu) = \sum_{D_\nu \in \mathcal{D}} \frac{P(D_\nu, Y_\mu)}{P(D_\nu)} \neq 1
$$

Aufgabenteil c)
Die Verbundwahrscheinlichkeiten $P(D_\nu, Y_\mu)$ erhält man, wenn die Übergangswahrscheinlichkeiten $P(Y_\mu|D_\nu)$ mit den Auftrittswahrscheinlichkeiten $P(D_\nu)$ der Sendesymbole multipliziert werden. Sie sind für $P(D_\nu) \equiv 0.25$ in der folgenden Tabelle zusammengefaßt.

$P(D_\nu, Y_\mu)$	$Y_0 = -3$	$Y_1 = -1$	$Y_2 = +1$	$Y_3 = +3$
$D_0 = -3$	0.2103	0.0393	0.0003	7.17e-8
$D_1 = -1$	0.0397	0.1707	0.0393	0.0003
$D_2 = +1$	0.0003	0.0393	0.1707	0.0397
$D_3 = +3$	7.17e-8	0.0003	0.0393	0.2103

Aufgabenteil d)
Hinsichtlich der Auftrittswahrscheinlichkeiten für die Empfangssymbole gilt

$$P(Y_\mu) = \sum_{D_\nu \in \mathcal{D}} P(D_\nu, Y_\mu) \,.$$

Wir erhalten

	$Y_0 = -3$	$Y_1 = -1$	$Y_2 = +1$	$Y_3 = +3$
$P(Y_\mu)$	0.2503	0.2497	0.2497	0.2503

Aufgrund der speziellen Statistik des Kanals treten die Ausgangssymbole mit unterschiedlichen Wahrscheinlichkeiten auf, obwohl die Eingangssymbole gleichverteilt sind.

Aufgabenteil e)
Wichtig zur Beurteilung der Übertragungsqualität eines Kanals ist die Fehlerwahrscheinlichkeit bei gegebenem Eingangsalphabet. Ein Fehler tritt immer dann auf, wenn nicht das gesendete Symbol detektiert wird. Die Wahrscheinlichkeit für diesen Fall lautet

$$P_e(D_\nu) = \sum_{\substack{Y_\mu \in y \\ Y_\mu \neq D_\nu}} P(Y_\mu \mid D_\nu) \,.$$

Wir erhalten folgende Werte.

	$D_0 = -3$	$D_1 = -1$	$D_2 = +1$	$D_3 = +3$
$P_e(D_\nu)$	0.1600	0.3160	0.3160	0.1600

Die Fehlerwahrscheinlichkeit der beiden inneren Symbole ist aufgrund der oben diskutierten Symbolanordnung ca. dreimal so groß wie die der äußeren Symbole. Als mittlere Gesamtfehlerwahrscheinlichkeit erhalten wir

$$P_e = \sum_{\nu=0}^{3} P_e(D_\nu) \cdot P(D_\nu) = 0.238 \,.$$

Lösung Aufgabe 2.4.2

Aufgabenteil a)
In **Bild 2.4.6** wurden die fehlenden Wahrscheinlichkeiten ergänzt. Sie ergeben sich aus der Anwendung der Gleichungen (2.4.2) und (2.4.8).

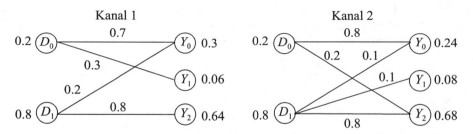

Bild 2.4.6: Diskrete Kanalmodelle

Aufgabenteil b)
Bei einer Hard-Decision im Entscheider erhalten wir einen klassischen binären Kanal. Wie sich in Teil c) zeigen wird, ist er allerdings nicht symmetrisch. Um die optimale Entscheidungsregel für ein Auslöschungssymbol Y^* zu bestimmen, berechnen wir die Wahrscheinlichkeit $\tilde{P}$ für den Fall, daß die Zuordnung von Y^* auf eines der beiden übrigen Symbole einen Fehler verursacht. Durch Einführung der Wahrscheinlichkeit $P_{\mathrm{HD}} = P(\hat{d} = D_0|Y^*)$, mit der bei Empfang von Y^* für $\hat{d} = D_0$ entschieden wird, erhalten wir

$$
\begin{aligned}
\tilde{P} &= P(D_0) \cdot [1 - P_{\mathrm{HD}}] \cdot P(Y^* \mid D_0) + P(D_1) \cdot P_{\mathrm{HD}} \cdot P(Y^* \mid D_1) \\
&= P(D_0, Y^*) - P_{\mathrm{HD}} \cdot [P(D_0, Y^*) - P(D_1, Y^*)] \,.
\end{aligned}
\tag{2.4.15}
$$

Aus (2.4.15) ist sofort ersichtlich, daß P_{HD} in Abhängigkeit der Verbundwahrscheinlichkeiten $P(D_\nu, Y^*)$ gewählt werden muß. Es gilt

$$
\begin{aligned}
P(D_0, Y^*) > P(D_1, Y^*) &\implies P_{\mathrm{HD}} = 1 \implies Y^* \to D_0 \\
P(D_1, Y^*) < P(D_0, Y^*) &\implies P_{\mathrm{HD}} = 0 \implies Y^* \to D_1 \,.
\end{aligned}
$$

Für den Fall eines symmetrischen Kanals und gleichverteilter Eingangssymbole sind die Verbundwahrscheinlichkeiten in (2.4.15) identisch, so daß die Differenz verschwindet und die Wahl von P_{HD} keinen Einfluß hat.

Aufgabenteil c)
Wir betrachten zunächst Kanal 1. Soll Y_1 das Auslöschungssymbol sein, muß es wegen $P(D_0, Y^*) = 0.06 > P(D_1, Y^*) = 0$ dem Symbol Y_0 zugeordnet werden. Damit ergibt sich der in **Bild 2.4.7a** dargestellte binäre Kanal. Die Fehlerwahrscheinlichkeit nach der Hard-Decision nimmt den Wert

$$P_{e1}^{\mathrm{HD}}(Y^* = Y_1) = P(D_1) \cdot P(Y_0 | D_1) = 0.8 \cdot 0.2 = 0.16$$

an. Eine andere und bessere Interpretation erhalten wir mit $Y^* = Y_0$. Dies ist das einzige Symbol in $\mathcal{Y}$, das von beiden Sendesymbolen erreicht wird. Hier gilt $P(D_0, Y^*) = 0.14 < P(D_1, Y^*) = 0.16$, weshalb Y^* bei der Hard-Decision auf Y_2 abgebildet wird. In diesem Fall erhalten wir die Kanäle von **Bild 2.4.7b**. Zwar ist jetzt die Fehlerwahrscheinlichkeit für D_0 mit 0.7 wesentlich höher als für D_1 im ersten Fall (0.2), das Symbol D_0 tritt aber auch viel seltener auf, so daß sich insgesamt eine kleinere Fehlerwahrscheinlichkeit

$$P_{e1}^{\mathrm{HD}}(Y^* = Y_0) = P(D_0) \cdot P(Y_2 | D_0) = 0.2 \cdot 0.7 = 0.14$$

einstellt.

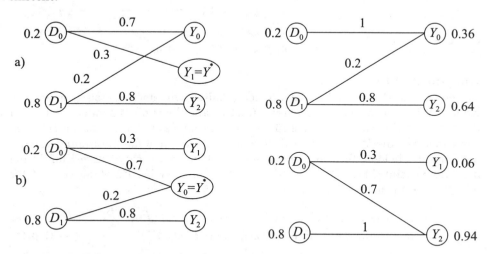

Bild 2.4.7: Hard-Decision für Kanal 1

Für Kanal 2 kann die harte Entscheidung mit der gleichen Vorgehensweise optimiert werden. Für $Y^* = Y_1$ wird das Auslöschungssymbol wegen $P(D_0, Y^*) = 0 <$

$P(D_1, Y^*) = 0.08$ auf D_1 abgebildet. Wir erhalten die in **Bild 2.4.8a** dargestellten Kanäle. Die Fehlerwahrscheinlichkeit beträgt

$$P_{e2}^{\mathrm{HD}} = P(D_0) \cdot P(Y_2 \mid D_0) + P(D_1) \cdot P(Y_0 \mid D_1) = 0.12 \ .$$

Zum gleichen Ergebnis kommt man mit $Y^* = Y_2$ (s. **Bild 2.4.8b**).

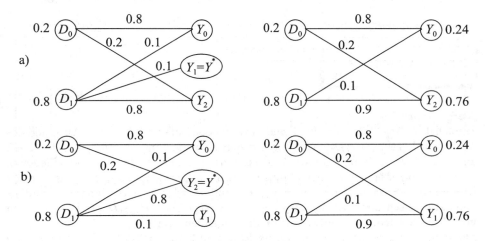

Bild 2.4.8: Hard-Decision für Kanal 2

Aufgabenteil d)
Die Wahl des Auslöschungssymbols hat auch ohne Hard-Decision Auswirkungen auf die Fehlerrate. Für Kanal 1 erhalten wir mit $Y^* = Y_1$ die Fehlerwahrscheinlichkeit

$$P_{e1}(Y^* = Y_1) = P(D_1) \cdot P(Y_0 \mid D_1) = 0.8 \cdot 0.2 = 0.16 \ ,$$

die Auftrittswahrscheinlichkeit für eine Auslöschung lautet

$$P_{q1}(Y^* = Y_1) = P(D_0) \cdot P(Y^* \mid D_0) = 0.2 \cdot 0.3 = 0.06 \ .$$

Bei der Wahl $Y^* = Y_0$ ergeben sich die Wahrscheinlichkeiten

$$
\begin{aligned}
P_{e1}(Y^* = Y_0) &= 0 \\
P_{q1}(Y^* = Y_0) &= P(D_0) \cdot P(Y^* \mid D_0) + P(D_1) \cdot P(Y^* \mid D_1) = 0.3 \ .
\end{aligned}
$$

Durch die geschickte Wahl des Auslöschungssymbols treten also für diesen Fall keine Fehler mehr auf. Dafür steigt allerdings die Häufigkeit für das Auftreten von Y^* stark an. Was im Endeffekt besser für die Qualität der Übertragung ist, wird in Abschnitt 8.2 behandelt.

Für Kanal 2 lauten die Wahrscheinlichkeiten entsprechend

$$
\begin{aligned}
P_{e1}(Y^* = Y_1) &= P(D_0) \cdot P(Y_2 \mid D_0) + P(D_1) \cdot P(Y_0 \mid D_1) = 0.12 \\
P_{q1}(Y^* = Y_1) &= P(D_1) \cdot P(Y^* \mid D_1) = 0.8 \cdot 0.1 = 0.08 \\
P_{e1}(Y^* = Y_2) &= P(D_1) \cdot P(Y_0 \mid D_1) = 0.8 \cdot 0.1 = 0.08 \\
P_{q1}(Y^* = Y_2) &= P(D_0) \cdot P(Y^* \mid D_0) + P(D_1) \cdot P(Y^* \mid D_1) = 0.68 \,.
\end{aligned}
$$

Lösung Aufgabe 2.4.3

Aufgabenteil a)
Zunächst müssen die verschiedenen Amplitudenstufen von y_q am Ausgang des Addierers berechnet werden. Hier ergeben sich die fünf Stufen -2, -1, 0, $+1$ und $+2$. Ihre Auftrittswahrscheinlichkeiten ergeben sich aus den verschiedenen Kombinationsmöglichkeiten der einzelnen Kanalausgangswerte y_1 und y_2 sowie den Übergangswahrscheinlichkeiten $P(y_1|D_\nu)$ und $P(y_2|D_\nu)$. Die Signale y_1 und y_2 seien statistisch unabhängig ($P(y_1, y_2|D_\nu) = P(y_1|D_\nu) \cdot P(y_2|D_\nu)$). Wir erhalten **vor dem Schwellwertentscheider** die folgenden Werte.

y_q	+2	+1	0	-1	-2
$P(y_q \mid D_0)$	0.56	0.24	0.14	0.06	0
$P(y_q \mid D_1)$	0.02	0.02	0.24	0.08	0.64

Die Auftrittswahrscheinlichkeit der y_q berechnet sich dann mit $P(y_q) = \sum_{\nu=0}^{1} P(y_q|D_\nu) \cdot P(D_\nu)$.

y_q	+2	+1	0	-1	-2
$P(y_q)$	0.128	0.064	0.220	0.076	0.512

Nach der Schwellwertbildung lauten die Wahrscheinlichkeiten $P(\hat{d} = +1) = 0.192$, $P(\hat{d} = 0) = 0.22$ und $P(\hat{d} = -1) = 0.588$.

Aufgabenteil b)
Die Fehlerwahrscheinlichkeit berechnen wir zunächst getrennt für $d = +1$ und $d = -1$. Im ersten Fall tritt immer ein Fehler auf, wenn $y_q < 0$ gilt. Wir erhalten

$$
\begin{aligned}
P_e(D_0) &= P(y_q = -2 \mid D_0) + P(y_q = -1 \mid D_0) = 0.06 \\
P_e(D_1) &= P(y_q = +2 \mid D_1) + P(y_q = +1 \mid D_1) = 0.04 \,.
\end{aligned}
$$

Die Gesamtfehlerwahrscheinlichkeit lautet

$$P_e = 0.2 \cdot P_e(D_0) + 0.8 \cdot P_e(D_1) = 0.012 + 0.032 = 0.044$$

und für das Auslöschungssymbol gilt

$$P_q = 0.2 \cdot P(y_q = 0 \mid D_0) + 0.8 \cdot P(y_d = 0 \mid D_1) = 0.22 \ .$$

Aufgabenteil c)
Bei einer Hard-Decision im Entscheider erhalten wir einen klassischen binären
Kanal nach **Bild 2.4.9**. Wie sich zeigen wird, ist er allerdings nicht symmetrisch.
Aufgrund der Beziehung $P(D_0, y_q = 0) = 0.028 < P(D_1, y_q = 0) = 0.192$ wird
$y_q = 0$ immer auf $\hat{d} = -1$ entschieden.

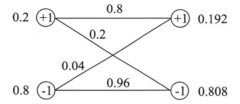

Bild 2.4.9: Äquivalenter binärer Kanal des Gesamtsystems bei Hard-Decision

Wir erhalten für die Übergangswahrscheinlichkeiten des binären Kanals

$$\begin{aligned} P_e(D_0) &= 0.06 + 0.14 = 0.2 \\ P_e(D_1) &= 0.02 + 0.02 = 0.04 \ . \end{aligned}$$

Bild 2.4.7 zeigt noch einmal die Struktur des äquivalenten Kanalmodells. Die
Fehlerwahrscheinlichkeit der kombinierten Kanäle beträgt

$$P_e = 0.2 \cdot P_e(D_0) + 0.8 \cdot P_e(D_1) = 0.072$$

und ist damit auch bei einer harten Entscheidung deutlich niedriger als für die
beiden Einzelkanäle.

Teil II

Analoge Modulation

Kapitel 3

Darstellung analoger Modulationsverfahren

3.1 Beschreibung im Zeitbereich

3.1.1 Tiefpaß-Darstellung analoger Kommunikationssysteme

Die Übertragung analoger Quellensignale (z.B. Sprach- oder Musiksignale) über Kanäle mit unterschiedlichsten Eigenschaften ist ein wichtiges Aufgabengebiet der Nachrichtentechnik. Die zu übertragenden Signale, die hier mit $v(t)$ bezeichnet werden sollen, weisen dabei üblicherweise Tiefpaßcharakter auf, befinden sich also – anders ausgedrückt – „in Basisbandlage" (das naheliegendste Beispiel für ein derartiges Signal ist die menschliche Sprache). Praktische Übertragungskanäle, wie beispielsweise terrestrische Funkkanäle, besitzen demgegenüber im allgemeinen Bandpaßcharakter, so daß im Sender eine Anpassung der Quellensignale $v(t)$ an den Kanal erforderlich wird (s. **Bild. 3.1.1**).

Bild 3.1.1: Analoges Kommunikationssystem

Die wohl bekanntesten Beispiele für die Signalanpassung sind die *Amplituden-modulation (AM)* und die *Frequenzmodulation (FM)*, die im Mittelwellen- bzw. Ultrakurzwellen-Rundfunk Anwendung finden. Der hier auftretende Begriff der *Modulation* umfaßt dabei zwei Stufen der Signalanpassung: In einer ersten Stufe wird das Quellensignal $v(t)$ in Abhängigkeit des verwendeten Modulationsverfahrens (im weitesten Sinne) „geformt", während es danach – unabhängig vom verwendeten Verfahren – spektral in die Bandpaßlage verschoben wird, damit es über den Bandpaßkanal übertragen werden kann. Beide Stufen der Signalanpassung werden im Empfänger wieder rückgängig gemacht, um das Quellensignal möglichst originalgetreu wiederzugewinnen.

Von *analoger* Modulation spricht man, wenn ein zeit- und amplituden-*kontinuierliches* Quellensignal $v(t)$ geformt wird, wogegen das Quellensignal bei *digitaler Modulation* zeit- und amplituden*diskret* ist. Die Klassifikation in analoge und digitale Modulationsformen richtet sich also nach den Eigenschaften des *Quel-len*signals $v(t)$ und *nicht* nach dem über den Kanal übertragenen Bandpaß-Signal $x_{mod}(t)$. Dieses sogenannte *modulierte* Signal $x_{mod}(t)$ ist in beiden Fällen *analog*.

Im folgenden werden die klassischen analogen Modulationsarten behandelt:

- *Amplitudenmodulation (AM)* inklusive *Zweiseitenband-Modulation (ZSB)*,

- *Einseitenband-Modulation (ESB)* / *Restseitenband-Modulation (RSB)* sowie

- *Phasenmodulation (PM)* und *Frequenzmodulation (FM)*.

Die erwähnte spektrale Verschiebung eines zu übertragenden Tiefpaßsignals ist erforderlich, um im Sender eines Kommunikationssystems ein Signal zu erzeugen, das über einen Bandpaßkanal physikalisch übertragen werden kann. Im Empfänger wird diese spektrale Verschiebung wieder rückgängig gemacht, um danach mittels Demodulation das Quellensignal möglichst originalgetreu wiederzugewinnen. Da die spektralen Verschiebungen aus informationstheoretischer Sicht belanglos (und für alle Modulationsformen identisch) sind, kann man sie im Sinne einer einfacheren Beschreibung eines Kommunikationssystems weglassen, sofern für den Übertragungskanal eine spektral ins Basisband verschobene Darstellung einführt.

Deshalb wird für analoge (und übrigens auch für digitale) Kommunikationssysteme fast immer die *äquivalente Basisband-Darstellung* gemäß **Bild 3.1.2** verwendet, bei der alle Bandpaßsysteme (hier ist dies nur der Übertragungskanal) und -signale ($x_{mod}(t)$, $\tilde{x}_{mod}(t)$) aus Abb. 3.1.1 in den äquivalenten Tiefpaß-Bereich transformiert werden.

Die Transformation eines reellen Bandpaßsignals[1], wie z.B.[2] $x(t)$ aus Bild. 3.1.1, in seine äquivalente Basisbanddarstellung $s(t)$ erfolgt über das analytische Signal

---

[1]Äquivalentes gilt für Bandpaß*systeme*.
[2]Aus Gründen der Übersichtlichkeit wird die tiefgestellte Kennzeichnung "*mod*" hier weggelassen.

Bild 3.1.2: Äquivalente Basisband-Darstellung des Kommunikationssystems aus Abb. 3.1.1

entsprechend den grundlegenden Betrachtungen in Abschnitt 1.3. Ebenso kann das Bandpaßsignal $x(t)$ aus der um die Trägerfrequenz ω_0 spektral nach rechts verschobenen Komplexen Einhüllenden $s(t)$ durch Realteilbildung gewonnen werden. Dies kann Tabelle 3.1.1 entnommen werden, wo die Beziehungen für beide Transformationsrichtungen nochmals für den Zeit- und den Frequenzbereich eingetragen sind.

Tabelle 3.1.1: Transformationsbeziehungen im Zeit- und Frequenzbereich

Bandpaß → Basisband	Basisband → Bandpaß
$s(t) = x^+(t)\,\mathrm{e}^{-j\omega_0 t}$	$x(t) = \mathrm{Re}\left\{x^+(t)\right\} = \mathrm{Re}\left\{s(t)\,\mathrm{e}^{j\omega_0 t}\right\}$
$S(j\omega) = X^+(j(\omega + \omega_0))$	$X(j\omega) = (S(j(\omega - \omega_0)) + S^*(-j(\omega + \omega_0)))/2$

Dementsprechend kann nun der in Bild 3.1.1 dargestellte Senderblock gemäß **Bild 3.1.3** in seine zwei Bestandteile aufgelöst werden. Im ersten Schritt, der die Modulation beinhaltet, wird aus dem reellen Quellensignal $v(t)$ die Komplexe Einhüllende $s_{mod}(t)$ gebildet[3]; das Quellensignal sei im folgenden prinzipiell auf den Wertebereich $-1 \le v(t) \le 1$ beschränkt. Im zweiten Schritt wird dann aus $s_{mod}(t)$ das zu sendende reelle Bandpaßsignal $x_{mod}(t)$ abgeleitet, d.h. die in Tabelle 3.1.1 beschriebene Basisband-Bandpaß-Transformation ausgeführt.

3.1.2 Definition analoger Modulationsformen

In Tabelle 3.1.2 sind die Komplexen Einhüllenden $s_{mod}(t)$ für die betrachteten analogen Modulationsarten angegeben. Die tiefgestellte Kennzeichnung „mod" ist dabei durch die Abkürzung der jeweiligen Modulationsart ersetzt worden. Aus den Komplexen Einhüllenden können leicht die analytischen Signale $x_{mod}^+(t) = s_{mod}(t)\exp(j\omega_0 t)$ sowie die reellen Bandpaßsignale $x_{mod}(t) = \mathrm{Re}\{x_{mod}^+(t)\}$ berechnet werden. Letztere sind ebenfalls in der Tabelle aufgelistet.

Zur Tabelle 3.1.2 folgen einige Erläuterungen:

---

[3]Somit ist die äquiv. Basisband-Darst. nicht nur eine Hilfsvorstellung, sondern eine schaltungstechnische Realität.

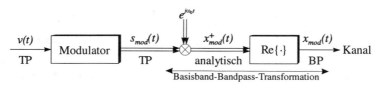

Bild 3.1.3: Sender eines analogen Kommunikationssystems

Tabelle 3.1.2: Komplexe Einhüllende und Bandpaßsignale analoger Modulationssignale

Mod.	Kompl. Einhüllende $s_{mod}(t)$	Bandpaßsignal $x_{mod}(t)$
AM	$s_{AM}(t) = a_0[1 + mv(t)]\mathrm{e}^{j\varphi_0}$	$x_{AM}(t) = a_0[1 + mv(t)]\cos(\omega_0 t + \varphi_0)$
ZSB	$s_{ZSB}(t) = a_1 v(t)\mathrm{e}^{j\varphi_0}$	$x_{ZSB}(t) = a_1 v(t)\cos(\omega_0 t + \varphi_0)$
ESB	$s_{ESB}^{(\pm)}(t) = a_1 v^{\pm}(t)\mathrm{e}^{j\varphi_0}$	$x_{ESB}^{(\pm)}(t) = a_1 \mathrm{Re}\left\{v^{\pm}(t)\mathrm{e}^{j(\omega_0 t + \varphi_0)}\right\}$
PM	$s_{PM}(t) = a_0\mathrm{e}^{j(\Delta\Phi v(t) + \varphi_0)}$	$x_{PM}(t) = a_0 \cos(\omega_0 t + \Delta\Phi v(t) + \varphi_0)$
FM	$s_{FM}(t) = a_0\mathrm{e}^{j(\Delta\Omega \int_0^t v(t')dt' + \varphi_0)}$	$x_{FM}(t) = a_0 \cos(\omega_0 t + \Delta\Omega \int_0^t v(t')dt' + \varphi_0)$

Bei der „normalen" Amplitudenmodulation (**AM**) wird die unmodulierte Trägerschwingung mit übertragen. Die Stärke der Modulation, d.h. das Verhältnis von Quellen- zu Trägeramplitude, wird durch den Parameter m, den sogenannten *Modulationsgrad*, eingestellt. Überschreitet m den Wert eins, so spricht man von *übermodulierten Signalen.*

Eine alternative Form der Amplitudenmodulation besteht in der *reinen Zwei-seitenband-Modulation* (**ZSB**), bei der die Trägerschwingung unterdrückt wird. Die Größen a_0 und a_1 bezeichnen Amplituden, φ_0 eine willkürliche Phasendrehung. Eine Sonderstellung nimmt die *Einseitenband-Modulation* (**ESB**) ein, die eine Mischform zwischen Amplituden- und Phasenmodulation darstellt. In Tabelle 3.1.2 wird zwischen zwei verschiedenen Formen von ESB-Signalen unterschieden: Setzt man das *analytische Quellensignal* $v^+(t) = v(t) + j\hat{v}(t)$ ein, so wird nur das *obere Seitenband (OSB)* übertragen – wählt man hingegen das *konjugiert komplexe analytische* Signal $[v^+(t)]^* = v^-(t) := v(t) - j\hat{v}(t)$, so bildet man das *untere Seitenband (USB)*.

Die Erzeugung eines Einseitenbandsignals erfordert also die Hilberttransformation des Quellensignals[4]. Dabei bereitet die 90°-Drehung niederfrequenter Spek-

---

[4]Anschaulich plausibel wird die hier vorgegebene Zeitbereich-Formulierung von ESB-Signalen erst anhand der Spektralbetrachtungen in Abschnitt 3.2.

tralanteile besondere Probleme (wie z.B. anhand der Lösung von Aufgabe 1.2.3b auf Seite 31 deutlich wurde), da hierzu eine entsprechend steile Filterflanke um $\omega = 0$ herum zu fordern ist. Bei der Realisierung von Hilberttransformatoren durch nichtrekursive Filter erhält man zwar einen nur näherungsweise konstanten Amplitudengang, jedoch wegen der ungeraden Symmetrie der Impulsantwort eine exakte Einhaltung der Phasenbedingung: Bei nichtkausaler Darstellung ist die Übertragungsfunktion rein imaginär, so daß die Filterflanke einen bezüglich $\omega = 0$ *ungeraden* Verlauf aufweist (vgl. die Beispiele in Abschnitt 1.2). Werden derartige nichtrekursive Hilberttransformatoren zur näherungsweisen Erzeugung eines Einseitenbandsignals benutzt, so gewinnt man ein sogenanntes *Restseitenbandsignal* (**RSB**). Auf diese Sonderformen wird in Abschnitt 3.2 näher eingegangen.

Bei der Phasen- und der Frequenzmodulation (**PM, FM**) wird das zu übertragende Signal der Momentanphase bzw. der Momentanfrequenz aufgeprägt. Beide Modulationsformen sind stark verwandt; der Unterschied liegt nur darin, daß das Quellensignal im Falle der Frequenzmodulation integriert wird, was sich aus der Definition der Momentanfrequenz $\omega(t)$ als zeitliche Ableitung der Momentanphase $\varphi(t)$ ergibt.

$$\omega(t) = \frac{\partial \varphi(t)}{\partial t} \quad \Rightarrow \quad \varphi(t) = \int\limits_0^t \omega(t')\, dt' + \underbrace{\varphi(0)}_{=:\,\varphi_0} \qquad (3.1.1)$$

Die Parameter $\Delta\Phi$ bzw. $\Delta\Omega = 2\pi\,\Delta F$ in Tabelle 3.1.2 bezeichnen den Phasen- bzw. Kreisfrequenzhub (ΔF ist der Frequenzhub in Hz); sie geben die maximale Abweichung von der Momentanphase bzw. Frequenz der unmodulierten Trägerschwingung an und sind somit ein Maß für die „Stärke" der Modulation. Die Größe a_0 bezeichnet die konstante Amplitude der PM- bzw. FM-Signale, φ_0 ist eine willkürliche Anfangsphase.

Es ist zu beachten, daß die „Komplexe Einhüllende" trotz ihrer Bezeichnung reellwertig sein kann! Dies ist beispielsweise bei AM- oder ZSB-modulierten reellen Quellensignalen $v(t)$ der Fall, wenn der konstante Phasenfaktor $\exp(j\varphi_0)$ im Falle von $\varphi_0 = 0$ den Wert eins annimmt. Bei ESB-, PM- oder FM-modulierten Signalen ist $s_{mod}(t)$ dagegen komplex, wobei $s_{ESB}^{(\pm)}(t)$ ein analytisches Signal ist (daher das hochgestellte "$(\pm)$"-Zeichen) und $s_{PM}(t)$ und $s_{FM}(t)$ sich auf einem Kreis in der komplexen Ebene bewegen.

AM, ZSB und ESB gehören zur Klasse der *linearen* Modulationsverfahren, wogegen PM und FM *nichtlineare* Modulationsformen darstellen. Dies ist leicht durch Überprüfung des Superpositionsprinzips zu beweisen: Antwortet der Sender auf die Erregung durch ein Quellensignal $v_1(t)$ (bzw. $v_2(t)$) mit dem modulierten Signal $x_1(t)$ (bzw. $x_2(t)$), so besteht die Reaktion auf ein Quellensignal der Form $\alpha\, v_1(t) + \beta\, v_2(t)$ aus dem modulierten Signal $\alpha\, x_1(t) + \beta\, x_2(t)$, falls ein linearer

Modulator verwendet wurde. Für AM[5], ZSB und ESB ist die Gültigkeit des Überlagerungsprinzips leicht zu zeigen, wogegen es bei PM und FM verletzt wird.

3.1.3 Übungen

Aufgabe 3.1.1	**Zeitverläufe** **von AM-Signalen** (Lösung Seite 105)

a) Die vordefinierte Funktion <u>multisin</u> erlaubt es, Abtastwerte eines Quellensignals

$$v_{\text{multisin}}(t) \;=\; \text{const} \cdot \sum_i a_i \,\sin(2\pi f_i t + \varphi_i) \qquad (3.1.2)$$

zu erzeugen, das aus der Überlagerung von mehreren Sinusschwingungen verschiedener Frequenzen besteht. Dabei müssen die gewünschten Frequenzen f_i und Amplituden a_i angegeben werden, wogegen die Phasen φ_i zufällig festgelegt werden. Das Multisinussignal stellt somit ein Pseudo-Zufallssignal dar, das eine beliebige Vorgabe der Spektralformung erlaubt. Da die Phasen bei jedem Aufruf neu ausgewürfelt werden, ergibt sich jedesmal ein anderer Zeitverlauf. Die in Gl. (3.1.2) verwendete Konstante wird von `multisin` so festgelegt, daß $|v_{\text{multisin}}(t)|$ den Maximalwert eins hat.

Erzeugen Sie ein Multisinussignal $v_{\text{multisin}}(t)$ mit Frequenzen f_i von 400 Hz bis 3 kHz in Schritten von 200 Hz für das Zeitintervall $-2.5\,\text{ms} \le t \le +2.5\,\text{ms}$; der Abstand der Stützwerte betrage $\Delta t = 1/100\,\text{kHz}$. Die Gewichte a_i der einzelnen Sinussignale sollen dabei so gewählt werden, daß das Spektrum des Multisinussignals dem eines Sprachsignals ähnelt. Legen Sie dafür die Gewichte folgendermaßen fest: `ai=[1:-0.75/(length(fi)-1):0.25]`.

Stellen Sie $v_{\text{multisin}}(t)$ für $-2.5\,\text{ms} \le t \le +2.5\,\text{ms}$ sowie das normierte Betragsspektrum[6] $|V_{\text{multisin}}(j\omega)|$ im Frequenzbereich $-4\,\text{kHz} \le f \le 4\,\text{kHz}$ graphisch dar.

b) Erzeugen Sie aus $v_{\text{multisin}}(t)$ ein nicht übermoduliertes und ein übermoduliertes AM-Signal ($m = 0.7$ und $m = 1.5$) sowie ein reines ZSB-Signal. Die Trägerfrequenz sei $f_0 = 15\,\text{kHz}$; Trägeramplitude und Anfangsphase werden mit $a_0 = a_1 = 1$, $\varphi_0 = 0$ festgelegt. Tragen Sie in die Diagramme die Verläufe der jeweiligen Betragseinhüllenden $|s_{\text{mod}}(t)|$ ein; in welcher Beziehung stehen diese zum modulierenden Signal $v_{\text{multisin}}(t)$?

---

[5]Strenggenommen gilt bei AM mit Träger das Superpositionsprinzip nur, wenn man die Überlagerung der Trägerschwingung aus der Betrachtung ausklammert; dennoch rechnet man die AM zu den linearen Modulationsformen.

[6]Zur Darstellung von Spektren periodischer Signale siehe Fußnote auf Seite 114.

Aufgabe 3.1.2

Erzeugung von Einseitenbandsignalen
(Lösung Seite 108)

a) Entwerfen Sie einen nichtrekursiven Hilberttransformator zur Generierung von Einseitenbandsignalen. Benutzen Sie die <u>remez</u>-Routine mit den Parametern $N = 256$, $F = [0.01\ 0.99]$, $A = [1\ 1]$.

b) Erzeugen Sie aus dem unter Aufgabe 3.1.1 als Sprachmodell benutzten Multisinussignal $v_{\text{multisin}}(t)$ ein Einseitenbandsignal (wahlweise das obere oder das untere Seitenband) mit einer Trägerfrequenz von $f_0 = 15\,\text{kHz}$ ($a_1 = 1$, $\varphi_0 = 0$). Gehen Sie hierzu von der Komplexen Einhüllenden aus; zur nichtkausalen Hilberttransformation steht das Programm **h_trafo** zur Verfügung, in das die unter Aufgabenteil a berechnete Hilbert-Impulsantwort einzusetzen ist. Nehmen Sie dann mittels der Routine **bpmisch** eine spektrale Verschiebung zur Trägerfrequenz $f_0 = 15\,\text{kHz}$ vor.

Stellen Sie den Zeitverlauf des Einseitenbandsignals dar; tragen Sie in das gleiche Diagramm den Betrag der komplexen Einhüllenden und das modulierende Signal $v_{\text{multisin}}(t)$ ein. Stellen Sie die Komplexe Einhüllende des Einseitenbandsignals als Ortskurve in der komplexen Signalebene dar.

Aufgabe 3.1.3

Zeitverläufe von PM- und FM-Signalen
(Lösung Seite 110)

a) Erzeugen Sie für das Quellensignal $v(t) = \cos(2\pi f_1 t)$; $f_1 = 1.5\,\text{kHz}$ (Zeitausschnitt: $-1\,\text{ms} \leq t \leq 1\,\text{ms}$, Abtastung mit $f_A = 300\,\text{kHz}$) ein PM-Signal mit einem Phasenhub von $\Delta\Phi = \pi$ und einer Trägerfrequenz von $f_0 = 15\,\text{kHz}$ ($a_0 = 1$, $\varphi_0 = 0$). Zur Erzeugung eines PM-Signals kann die Routine **pm_mod** eingesetzt werden. Stellen Sie den Zeitverlauf dar und tragen Sie das modulierende Signal ein.

b) Leiten Sie einen Ausdruck für ein mit einem Kosinussignal moduliertes FM-Signal her. Erzeugen Sie nun mittels der Routine <u>fm_mod</u> ein solches Signal, wobei der Frequenzhub ΔF so festzulegen ist, daß das FM-Signal den gleichen Phasenhub wie das unter Aufgabenteil a erzeugte PM-Signal aufweist.

c) Stellen Sie für verschiedene Frequenzhübe ΔF und Anfangsphasen φ_0 die Ortskurven der komplexen Einhüllenden von FM-Signalen (mit Kosinusmodulation, $f_1 = 1.5\,\text{kHz}$) dar. Bei welchem minimalen Frequenzhub ergibt sich ein Vollkreis?

Lösung Aufgabe 3.1.1

Aufgabenteil a)
Die **Bilder 3.1.4a** und **b** zeigen den Zeitverlauf und das Betragsspektrum des mittels `multisin` erzeugten Pseudo-Zufallssignals.

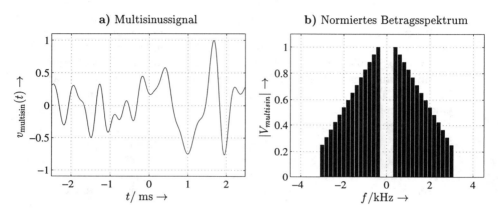

Bild 3.1.4: Multisinussignal mit Spektrum

Aufgabenteil b)
Die hiermit gebildeten AM-Signale und das ZSB-Signal sind in **Bild 3.1.5a-c** dargestellt; mit eingetragen sind die Betragseinhüllende sowie das modulierende Signal $m \cdot v(t)$. Man sieht, daß im Falle des nicht übermodulierten Signals ($m = 0.7 < 1$) die obere Einhüllende das mit einem Gleichanteil versehene modulierende Signal beinhaltet, während bei Übermodulation ($m = 1.5 > 1$) Abschnitte der Betragseinhüllenden, für die $m \cdot v(t) \leq -1$ gilt, eine Vorzeichenumkehr erfahren. Diese Beobachtung ist in Hinblick auf die später in Abschnitt 3.3 behandelte Einhüllenden-Demodulation von Bedeutung: Diese kann nur bei $m \leq 1$ angewendet werden, während sich für übermodulierte AM-Signale dabei nichtlineare Verzerrungen ergeben.

Entsprechendes gilt für die Zweiseitenband-Modulation. **Bild 3.1.5c** demonstriert, daß die obere Hüllkurve proportional zum *Betrag* des modulierenden Signals $|v(t)|$ ist; auch hier ist die Einhüllenden-Demodulation nicht anwendbar.

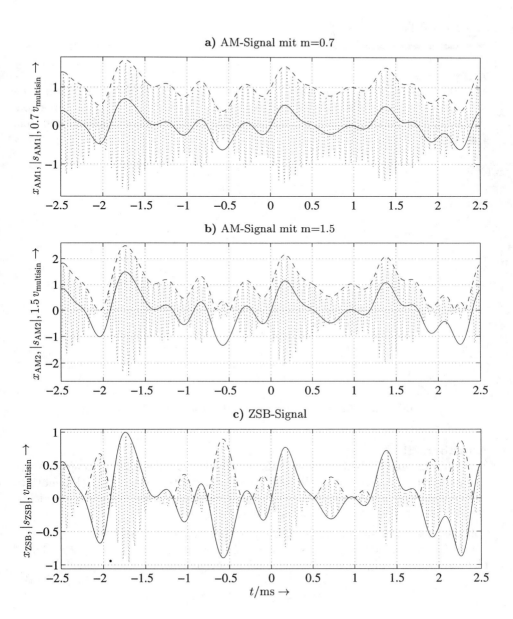

Bild 3.1.5: Zeitverläufe von AM- und ZSB-Signalen: $\cdots x_{\mathrm{mod}}(t), \text{-}\text{-}\text{-}|s_{\mathrm{mod}}(t)|, -v_{\mathrm{mult}}(t)$

Lösung Aufgabe 3.1.2

Aufgabenteil a)

Mit Hilfe des <u>remez</u>-Programms wird ein Hilberttransformator der Ordnung $N = 256$ entworfen; **Bild 3.1.6** zeigt die rein imaginäre Übertragungsfunktion (bei nichtkausaler Darstellung der Impulsantwort läßt sich diese unmittelbar durch <u>f_trafo</u> berechnen).

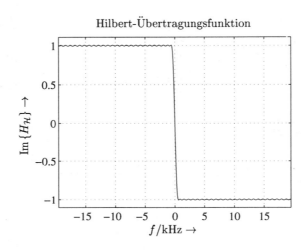

Hilbert-Übertragungsfunktion

Bild 3.1.6: Hilberttransformator zur Einseitenband-Erzeugung

Aufgabenteil b)

Zur Bildung eines Einseitenbandsignals aus dem in Aufgabe 3.1.1a erzeugten Multisinussignal $v_{\text{multisin}}(t)$ wird die Hilberttransformierte $\mathcal{H}\{v_{\text{multisin}}(t)\}$ benötigt; dazu kann die vordefinierte Routine <u>h_trafo</u> benutzt werden, mit der eine nichtkausale Hilberttransformation durchführbar ist[7].

Soll das *obere* Seitenbandsignal erzeugt werden, so bildet man das analytische Signal („+"-Vorzeichen), während für das *untere* Seitenband das konjugiert komplexe analytische Signal („-"-Vorzeichen) benötigt wird.

$$v^{\pm}_{\text{multisin}}(t) = v_{\text{multisin}}(t) \pm j\,\mathcal{H}\{v_{\text{multisin}}(t)\}$$

---

[7]Kausale nichtrekursive Hilberttransformatoren n−ter Ordnung weisen eine Gruppenlaufzeit von $n/2$ auf; in realen ESB-Modulatoren ist das nicht hilberttransformierte Signal $v(t)$ daher um $n/2$ Takte zu verzögern.

Zur spektralen Verschiebung zur Trägerfrequenz $f_0 = 15\,\mathrm{kHz}$ steht die vorgefertigte Funktion **bpmisch** zur Verfügung. **Bild 3.1.7a** zeigt den Zeitverlauf des OSB-Signals. Eingetragen sind die Betragseinhüllende $|s_{\mathrm{ESB}}(t)|$ sowie das modulierende Signal $v_{\mathrm{multisin}}(t)$. Man erkennt keinen unmittelbaren Zusammenhang zwischen beiden Verläufen, so daß die Einhüllenden-Demodulation für ESB-Signale sicher nicht in Betracht kommt (siehe Abschnitt 3.3).

Schließlich zeigt **Bild 3.1.7b** die Ortskurve der Komplexen Einhüllenden des OSB-Signals, in deren Verlauf keine Regelmäßigkeit erkennbar ist (im Gegensatz zu AM- und ZSB-Signalen, deren Komplexe Einhüllende auf einer geraden Linie liegen oder die komplexen Einhüllenden von PM- und FM-Signalen, die Kreisbögen beschreiben, wie in Aufgabe 3.1.3 demonstriert wird).

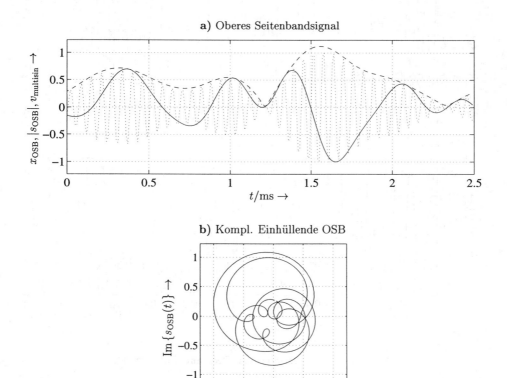

Bild 3.1.7: Zeitverlauf und Ortskurve eines Einseitenband-Signals

Lösung Aufgabe 3.1.3

Aufgabenteil a)
Zur Bildung eines PM-Signals kann entweder wie vorgeschlagen die Routine
pm_mod benutzt oder direkt die Definition in Tabelle 3.1.2 programmiert werden.
Bild 3.1.8a zeigt ein durch ein Kosinussignal mit einem Phasenhub von $\Delta\Phi = 2\pi$
moduliertes PM-Signal ($a_0 = 1$, $\varphi_0 = 0$).

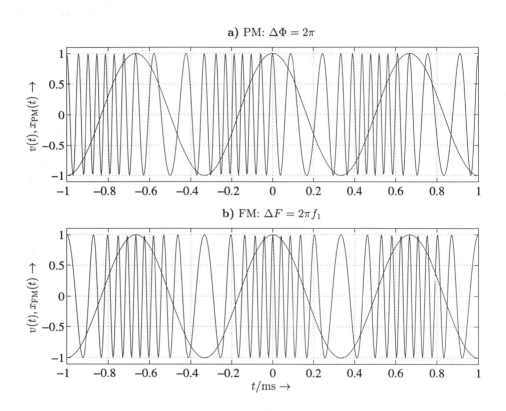

Bild 3.1.8: Zeitverläufe von PM- und FM-Signalen

Aufgabenteil b)
Ein FM-Signal enthält gemäß der Definition in Tabelle 3.1.2 im Argument der
Trägerschwingung das *Integral* das modulierenden Signals; ist dieses von der Form
$v(t) = \cos(\omega_1 t)$, so erhält man

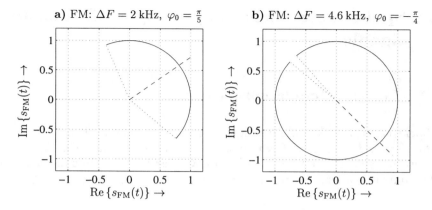

Bild 3.1.9: Ortskurven von FM-Signalen

$$x_{\mathrm{FM}}(t) = a_0 \cos\left(\omega_0 t + \frac{\Delta\Omega}{\omega_1} \cdot \sin(\omega_1 t) + \varphi_0\right) \qquad (3.1.3)$$

Das hier auftretende Verhältnis zwischen Frequenzhub und NF-Frequenz bezeichnet man als *Modulationsindex*.

$$\eta = \frac{\Delta\Omega}{\omega_1} = \frac{\Delta F}{f_1} \qquad (3.1.4)$$

In der vorliegenden Aufgabe wird für das FM-Signal der gleiche Phasenhub wie beim obigen PM-Signal gefordert; es muß also gelten

$$\eta = \frac{\Delta F}{f_1} = \pi \quad \Rightarrow \quad \Delta F = \pi\,1.5\,\mathrm{kHz} = 4.712\,\mathrm{kHz}\;.$$

Bild 3.1.8b zeigt das mittels <u>fm_mod</u> erzeugte FM-Signal ($a_0 = 1$, $\varphi_0 = 0$). Im Vergleich zu Bild 3.1.8a erkennt man die 90°-Phasenverschiebung der Argumente.

Aufgabenteil c)

Schließlich geben die Bilder **Bild 3.1.9a,b** die Ortskurven für zwei Frequenzhübe $\Delta F = 2\,\mathrm{kHz}$ mit $\varphi_0 = \pi/5$ und $\Delta F = 4.6\,\mathrm{kHz}$ mit $\varphi_0 = -\pi/4$ wieder. Es ergeben sich Kreisbögen, also *exakt konstante Betragseinhüllende*; einen Vollkreis erhält man mit $\Delta F \geq \pi \cdot f_1 = 4.712$.

3.2 Spektraleigenschaften analoger Modulationssignale

3.2.1 Lineare Modulationsformen

Die Spektren linearer Modulationssignale ergeben sich unmittelbar aus dem *Modulationssatz* der Fouriertransformation (siehe Tabelle 1.1.2 auf Seite 5). Für das analytische Signal $x^+_{\mathrm{mod}}(t)$ sowie für das daraus durch Realteilbildung gewonnene reelle Modulationssignal im Bandpaßbereich gilt allgemein

$$x^+_{\mathrm{mod}}(t) = s_{\mathrm{mod}}(t) \cdot \mathrm{e}^{j\omega_0 t} \quad \circ\!\!-\!\!\bullet \quad S_{\mathrm{mod}}(j(\omega - \omega_0)) \tag{3.2.1}$$

$$x_{\mathrm{mod}}(t) = \mathrm{Re}\{x^+_{\mathrm{mod}}(t)\} \quad \circ\!\!-\!\!\bullet \quad \begin{cases} \frac{1}{2} S_{\mathrm{mod}}(j(\omega - \omega_0)) & \text{für } \omega > 0 \\ \frac{1}{2} S^*_{\mathrm{mod}}(-j(\omega + \omega_0)) & \text{für } \omega < 0, \end{cases} \tag{3.2.2}$$

wobei $s_{\mathrm{mod}}(t)$ die Komplexe Einhüllende darstellt, die gemäß Tabelle 3.1.2 auf Seite 101 für die jeweiligen Modulationssignale einzusetzen ist. Tabelle 3.2.1 gibt eine Übersicht über die Spektren linearer Modulationsformen, wobei der einfacheren Darstellung halber nur der positive Frequenzbereich angegeben ist – der negative Frequenzbereich ist konjugiert komplex gespiegelt zu ergänzen.

Tabelle 3.2.1: Spektren linearer Modulationssignale

Mod.-Form	$X_{\mathrm{mod}}(j\omega) = X^*_{\mathrm{mod}}(-j\omega); \quad \omega > 0$
ZSB	$X_{\mathrm{ZSB}}(j\omega) = \frac{a_1}{2} \mathrm{e}^{j\varphi_0} V(j(\omega - \omega_0))$
AM	$X_{\mathrm{AM}}(j\omega) = a_0 \mathrm{e}^{j\varphi_0} [\pi\, \delta_0(\omega - \omega_0) + \frac{m}{2} V(j(\omega - \omega_0))]$
ESB|OSB	$X_{\mathrm{OSB}}(j\omega) = \begin{cases} 0, & 0 \leq \omega < \omega_0 \\ a_1 \mathrm{e}^{j\varphi_0} V(j(\omega - \omega_0)), & \omega > \omega_0 \end{cases}$
ESB|USB	$X_{\mathrm{USB}}(j\omega) = \begin{cases} a_1 \mathrm{e}^{j\varphi_0} V(j(\omega - \omega_0)), & 0 \leq \omega < \omega_0 \\ 0, & \omega > \omega_0 \end{cases}$

Eine Sonderstellung nimmt die bereits im vorangegangenen Abschnitt (S. 103) angesprochene **Restseitenbandmodulation** ein. Restseitenbandsignale ergeben sich, wenn zur ESB-Erzeugung ein nichtrekursiver realer Hilberttransformator (der eine bezüglich $\omega = 0$ ungerade Übertragungsfunktion aufweist) eingesetzt wird.

Dies ist gleichbedeutend damit, daß zunächst ein reines Zweiseitenbandsignal erzeugt wird, von dem eines der Seitenbänder dann durch ein Filter unterdrückt wird, das bezüglich ω_0 eine *Nyquistflanke* aufweist. Dieses Filter ist im Falle der Erzeugung eines *oberen* Restseitenbandes ein *Hoch*paß und zur Generierung eines *unteren* Restseitenbandes ein *Tief*paß. Unter Aufgabe 3.2.1 werden Beispiele für Restseitenbandsignale und deren Spektren betrachtet.

3.2.2   Nichtlineare Modulationsformen

Die Spektren linearer Modulationssignale sind also geschlossen zu berechnen. Dies gilt für die nichtlinearen Modulationsformen FM und PM im allgemeinen nicht; geschlossene Lösungen erhält man nur für sinusförmige Modulation. Wir betrachten den Fall der bereits in Aufgabe 3.1.3 behandelten *FM-Eintonmodulation*. Die Komplexe Einhüllende

$$s_{\mathrm{FM}}(t) = a_0\, e^{j\varphi_0}\, e^{j\eta\,\sin(\omega_1 t)} \quad \text{mit } \eta = \Delta F/f_1 \text{ (Modulationsindex)} \qquad (3.2.3)$$

ist ein periodisches Signal mit der Grundfrequenz f_1 und kann daher in eine Fourierreihe entwickelt werden. Die Fourieranalyse ergibt

$$e^{j\eta\,\sin(\omega_1 t)} = \sum_{\nu=-\infty}^{\infty} J_\nu(\eta)\, e^{j\nu\omega_1 t}. \qquad (3.2.4)$$

Hierbei bezeichnen die Koeffizienten $J_\nu(\eta)$ die Besselfunktionen erster Art $\nu-$ter Ordnung; zu ihrer Berechnung steht die MATLAB-Routine `besselj` zur Verfügung. Gleichung (3.2.4) beschreibt die Komplexe Einhüllende des FM-Signals, woraus gemäß (3.2.2) das zugehörige Bandpaßsignal zu bilden ist. Bei sinusförmiger Modulation ergibt sich hierfür das Linienspektrum

$$X_{\mathrm{FM}}(j\omega) = 2\pi\, a_0 e^{j\varphi_0} \left(\frac{J_0(\eta)}{2}\, \delta_0(\omega - \omega_0) \right.$$

$$\left. + \sum_{\nu=1}^{\infty} \frac{J_\nu(\eta)}{2} \Big[\delta_0(\omega - \omega_0 - \nu\omega_1) + (-1)^\nu \delta_0(\omega - \omega_0 + \nu\omega_1) \Big] \right) \qquad (3.2.5)$$

$$\text{für } \omega \geq 0,$$

wobei die für negative Indizes der Besselfunktion gültige Beziehung

$$J_{-\nu}(\eta) = (-1)^\nu J_\nu(\eta) \qquad (3.2.6)$$

eingesetzt wurde. Die Darstellung in (3.2.5) ist auf positive Frequenzen beschränkt – für negative sind konjugiert komplexe (d.h. mit $e^{-j\varphi_0}$ bewertete) Spektrallinien spiegelbildlich zu ergänzen.

Gleichung (3.2.5) zeigt, daß ein FM-Spektrum theoretisch nicht begrenzt ist (entsprechendes gilt auch für die Phasenmodulation – das PM-Spektrum bei sinusförmiger Modulation wird unter der Lösung zu Aufgabe 3.2.2 berechnet). Unter praktischen Gesichtspunkten wird jedoch als „effektive Bandbreite" – bei sinusförmigem Quellensignal $v(t) = \cos(2\pi f_1\, t)$ – allgemein die *Carson-Bandbreite*

$$b_c = 2(\Delta F + 2\,f_1) \qquad \text{mit} \qquad \Delta F = \Delta\Omega/2\pi \qquad (3.2.7)$$

verwendet; ihre Festlegung ergibt sich aus der Forderung nach der Erfassung von 99% der Gesamtleistung des FM-Signals, womit die nichtlinearen Verzerrungen nach der Demodulation auf einen Klirrfaktor von unter 1% begrenzt bleiben.

3.2.3 Übungen

| Aufgabe 3.2.1 | **Spektren linearer Modulationssignale** (Lösung Seite 116) |

a) Erzeugen Sie mit dem unter Aufgabe 3.1.1 generierten Multisinus-Quellensignal $v_{\text{multisin}}(t)$ jeweils ein nicht übermoduliertes ($m = 0.7$) und ein übermoduliertes ($m = 1.5$) AM-Signal sowie ein reines Zweiseitenbandsignal bei einem Träger von $f = 15\,\text{kHz}$. Berechnen Sie mittels **f_trafo** die Spektren[8] und stellen Sie ihre Beträge im Bereich $-20\,\text{kHz} \le f \le 20\,\text{kHz}$ graphisch dar.
Bestimmen Sie (im Spektralbereich) für die beiden AM-Signale jeweils das Verhältnis zwischen der gesamten und der in *einem Seitenband* enthaltenen Leistung.

b) Berechnen Sie mittels **f_trafo** die Spektren der unter Aufgabe 3.1.2 (Lösung Seite 108) erzeugten OSB- und USB-Signale und stellen Sie deren Beträge im Frequenzbereich $-20\,\text{kHz} \le f \le 20\,\text{kHz}$ dar.

c) Zur Erzeugung von Restseitenbandsignalen ist mittels **remez** ein Hilberttransformator der Ordnung $N = 32$ zu entwerfen. Die Nyquistflanke der Restseitenbandfilterung soll sich über das Frequenzintervall $f_0 - 5\,\text{kHz} \le$

---

[8]Die Anwendung von **f_trafo** auf periodische Folgen $x(k)$ entspricht der Ausführung der DFT. Normiert man das Ergebnis auf die Anzahl der Abtastwerte N, so erhält man die Koeffizienten der komplexen Fourier-Reihendarstellung; z.B. liefert die DFT einer Kosinusfolge jeweils eine Linie der Höhe $N/2$ im positiven und negativen Frequenzbereich. Die Normierung auf N ergibt jeweils den Wert $1/2$ entsprechend der Fourier-Darstellung $\cos(\Omega k) = \mathbf{1/2}\, e^{j\Omega k} + \mathbf{1/2}\, e^{-j\Omega k}$. Bei der Fouriertransformation kontinuierlicher Signale $x(t)$ wird dt durch den Stützwertabstand Δt approximiert; in dem Falle ist $X(j\omega)$ auf Δt zu normieren, um ebenfalls die Koeffizienten der komplexen Fourier-Reihendarstellung zu erhalten.

$f \leq f_0 + 5\,\text{kHz}$ erstrecken. Bei einer Abtastfrequenz von $f_A = 100\,\text{kHz}$ ergibt sich damit für den Hilberttransformator der Eckfrequenz-Vektor `F=[0.1 0.9]`. Bilden Sie aus dem in den vorangegangenen Aufgaben benutzten Multisinussignal $v_{\text{multisin}}(t)$ jeweils das obere und das untere Seitenband eines RSB-Signals mit einer Trägerfrequenz von $f = 15\,\text{kHz}$. Stellen die Betragsspektren im Frequenzbereich $-20\,\text{kHz} \leq f \leq 20\,\text{kHz}$ graphisch dar.

Aufgabe 3.2.2	**Spektren von PM- und FM-Signalen** (Lösung Seite 119)

a) In Aufgabe 3.1.3 (Lösung Seite 110) wurden jeweils ein durch einen Kosinus der Frequenz $f_1 = 1.5\,\text{kHz}$ moduliertes FM- und PM-Signal erzeugt. Beide Signale weisen den gleichen Phasenhub von π auf – für das FM-Signal folgt hieraus ein Frequenzhub von $\Delta F = 4.712\,\text{kHz}$. Berechnen Sie die Spektren der beiden Signale ($f_A = 200\,\text{kHz}$) und stellen Sie deren Beträge sowie Real- und Imaginärteile dar. Leiten Sie eine Beziehung zwischen den Spektren von Einton-modulierten PM- und FM-Signalen her; in welcher Beziehung stehen deren Beträge bzw. Real- und Imaginärteile?

b) Berechnen Sie mit Hilfe der Routine `besselj` die Quadratsumme der Besselfunktionen

$$S = \sum_{\nu=-N}^{N} \left[J_\nu(\eta) \right]^2$$

für verschiedene Werte η. Wählen Sie die Summationsgrenze N so groß, daß sich für die Summe ein stabiler Endwert ergibt. Wie groß ist der Summenwert? Interpretieren Sie das Ergebnis.

Ermitteln Sie nun für verschiedene η den jeweils minimalen Wert N, für den sich mindestens 99% des Endwertes der Summe ergibt. In welcher Beziehung stehen Ihre Ergebnisse zur Carson-Formel (3.2.7)?

c) Benutzen Sie verschiedene Musterfunktionen des unter Aufgabe 3.1.1 festgelegten Pseudo-Zufallssignals $v_{\text{multisin}}(t)$ als Quellensignal zur Frequenzmodulation; die Abtastfrequenz sei $f_A = 100\,\text{kHz}$, die Trägerfrequenz $f_0 = 15\,\text{kHz}$ und der Frequenzhub $\Delta F = 4\,\text{kHz}$. Führen Sie eine Schätzung des Leistungsdichtespektrums des FM-Signale durch. Benutzen Sie hierzu die bekannte Periodogramm-Methode , bei der die Betragsquadrate der N-Punkte-DFTs einer Anzahl von L unabhängigen Musterfunktion $x^{(\ell)}(k)$ gemittelt werden [KK98]:

$$\hat{S}_{XX}(e^{j\Omega}) = \frac{1}{N \cdot L} \sum_{\ell=1}^{L} \left[\text{DFT}_N \{ x^{(\ell)}(k) \} \right]^2. \tag{3.2.8}$$

Wählen Sie die Anzahl von Blöcken L hinreichend hoch, so daß sich eine zuverlässige Schätzung des Leistungsdichtespektrums ergibt. Stellen Sie das Leistungsdichtespektrum im Frequenzbereich $-25\,\text{kHz} \leq f \leq 25\,\text{kHz}$ dar. Führen Sie die vorangegangene Simulation für einen Frequenzhub von $\Delta F = 8\,\text{kHz}$ durch. Vergleichen Sie die beiden Spektren.

Lösung Aufgabe 3.2.1

Aufgabenteil a)

Die Amplitude des unmodulierten Trägers wird mit $a_0 = 1$, die Trägerphase mit $\varphi_0 = 0$ festgelegt. Die Spektren wurden gemäß der Fußnote auf Seite 114 normiert; die Trägerlinien erhalten damit das Gewicht $1/2$. Die **Bilder 3.2.1a,b** und c zeigen die Spektren der AM-Signale mit $m = 0.7$ und $m = 1.5$ und das ZSB-Signal. Die anhand einer Musterfunktion[9] $v_{\text{multisin}}(t)$ für beide AM-Signale ermittelten Gesamtleistungen und die Leistungen jeweils des oberen Seitenbandes sind in Tabelle 3.2.2 dargestellt. Man erkennt, daß nur ein sehr geringer Bruchteil der Gesamtleistung auf das informationstragende Seitenband fällt.

Tabelle 3.2.2: Gesamtleistung–Seitenbandleistung

	P_{ges}	P_{OSB}	$10\,log(P_{\text{ges}}/P_{\text{ges}})$
$m = 0.7$	0.5347	0.0173	14.9 dB
$m = 1.5$	0.6592	0.0796	9.18 dB

Aufgabenteil b)

Die **Bilder 3.2.2a,b** zeigen die Betragsspektren des oberen und des unteren Seitenbandes bei Verwendung des auf Seite 108 dargestellten Hilberttransformators. Aufgrund der nichtidealen Flanke erkennt man geringfügige Reste des jeweils zu unterdrückenden Seitenbandes.

Aufgabenteil c)

Zur Erzeugung eines Restseitenbandes mit einer Nyquistflanke im Frequenzbereich $f_0 - 5\,\text{kHz} \leq f \leq f_0 + 5\,\text{kHz}$ wurde der <u>remez</u>-Entwurf eines Hilberttransformators 32-ter Ordnung mit der in **Bild 3.2.3** dargestellten Übertragungsfunktion durchgeführt. Wird dieser Hilberttransformator im Einseitenbandmodulator be-

---

[9]Da die Maximalwerte von $v_{\text{multisin}}(t)$ jeweils auf eins normiert werden, ergeben sich verschiedene Musterfunktionen leicht unterschiedlicher Leistungen

nutzt, so ergeben sich die in den **Bildern 3.2.4a,b** wiedergegebenen Spektren von Restseitenbandsignalen.

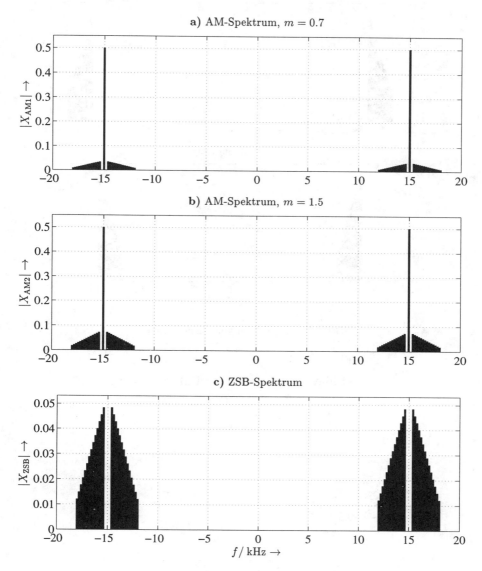

Bild 3.2.1: Spektren von AM- und ZSB-Signalen:

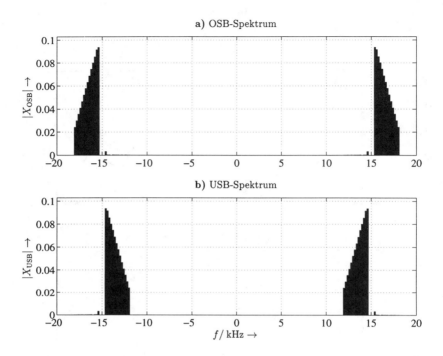

Bild 3.2.2: Spektren von ESB-Signalen:

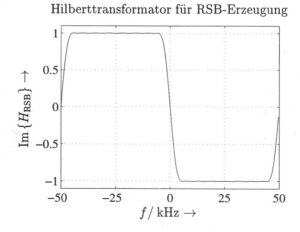

Bild 3.2.3: Hilberttransformator zur RSB-Erzeugung:

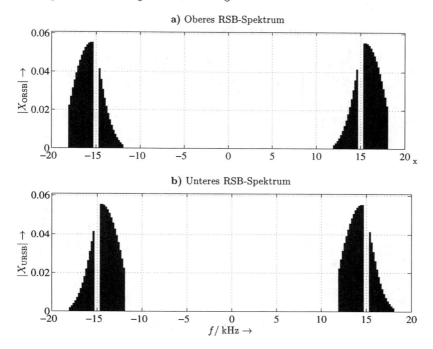

Bild 3.2.4: Spektren von RSB-Signalen:

Lösung Aufgabe 3.2.2

Aufgabenteil a)

Bild 3.2.5a zeigt das Betragsspektrum eines monofrequent modulierten FM-Signals mit einem Modulationsindex von $\eta = 4.712/1.5 = \pi$, **Bild 3.2.5b** den Realteil[10]. Da ein FM-Signal der Form (3.1.3) eine gerade Funktion der Zeit ist, besitzt es ein rein reelles Spektrum – der Imaginärteil wurde daher nicht dargestellt. Man bestätigt das theoretische Ergebnis (3.2.5) anhand der in Tabelle 3.2.3 aufgeführten Besselfunktionen (`besselj`).

Ein durch ein Kosinussignal moduliertes PM-Signal hat die Form

$$x_{\mathrm{PM}}(t) = a_0\, \cos(\omega_0 t + \Delta\Phi \cdot \cos(\omega_1 t) + \varphi_0), \qquad (3.2.9)$$

---

[10]Zur Normierung von Linienspektren siehe Fußnote auf Seite 114.

Tabelle 3.2.3: Werte der Besselfunktion

$\frac{1}{2}J_0(\pi)$	$\frac{1}{2}J_1(\pi)$	$\frac{1}{2}J_2(\pi)$	$\frac{1}{2}J_3(\pi)$	$\frac{1}{2}J_4(\pi)$
-0.1521	0.1423	0.2427	0.1667	0.0757

$\frac{1}{2}J_5(\pi)$	$\frac{1}{2}J_6(\pi)$	$\frac{1}{2}J_7(\pi)$	$\frac{1}{2}J_8(\pi)$	$\frac{1}{2}J_9(\pi)$
0.0261	0.0073	0.0017	0.0003	0.0001

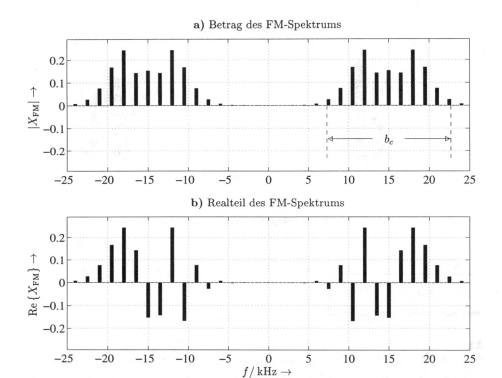

Bild 3.2.5: Spektren von FM-Signalen:

der Unterschied zu (3.1.3) auf Seite 110 besteht nur darin, daß hier im Argument ein Kosinus statt eines Sinus enthalten ist. Es wird der Zusammenhang des PM-Spektrum mit einem FM-Spektrum bei monofrequenter Modulation und gleichen Phasenhüben ($\eta = \Delta\Phi$) hergeleitet. Man schreibt zunächst für die Komplexe Einhüllende (mit $a_0 = 1$; $\varphi_0 = 0$)

$$s_{\mathrm{PM}}(t) \;=\; \mathrm{e}^{j\Delta\Phi\cos(\omega_1 t)} = \mathrm{e}^{j\Delta\Phi\sin(\omega_1 t + \pi/2)}$$

$$= \quad e^{j\Delta\Phi\sin(2\pi f_1(t+1/(4f_1)))} = s_{\text{FM}}(t + 1/(4f_1)).$$

Im Frequenzbereich folgt daraus mit dem Zeitverschiebungstheorem der Fourier-transformation (siehe Tabelle 1.1.2, Seite 5)

$$S_{\text{PM}}(j\omega) = e^{j\omega/(4f_1)} \cdot S_{\text{FM}}(j\omega);$$

PM und FM haben also identische Betragsspektren. Setzt man jetzt die diskreten Frequenzen des Linienspektrums $f_\nu = \nu f_1$ ein, so ergibt sich

$$S_{\text{PM}}(j2\pi f_\nu) = e^{j\nu\pi/2} \cdot S_{\text{FM}}(j2\pi f_\nu) = (j)^\nu \cdot S_{\text{FM}}(j2\pi f_\nu).$$

Das FM-Spektrum ist reell, die Spektrallinien des PM-Spektrums sind für gerad-zahlige Indizes ebenfalls reell und abgesehen von einem alternierenden Vorzeichen identisch mit denen des FM-Spektrums. Für ungeradzahlige Indizes ergeben sich für das PM-Signal imaginäre Spektrallinien. Die hier abgeleiteten Zusammenhänge können anhand der in den **Bildern 3.2.6a,b,c** wiedergegebenen Simulationsergeb-nisse bestätigt werden.

Aufgabenteil b)
Es gilt

$$\sum_{\nu=-\infty}^{\infty} \left[J_\nu(\eta) \right]^2 = 1, \tag{3.2.10}$$

da dieser Ausdruck die Leistung der komplexen Einhüllenden eines FM-Signals mit sinusförmiger Modulation darstellt – wegen des konstanten Betrages eins ist diese Leistung ebenfalls eins.

Es wurden experimentell die minimalen Summengrenzen $\pm N$ ermittelt, unter de-nen mindestens der Wert 0.99 erreicht wird. Die in Tabelle 3.2.4 aufgeführten Ergebnisse zeigen, daß für kleine Werte η die Grenze $N = \eta + 1$, für große η die Grenze $\eta + 2$ einzuhalten ist.

Tabelle 3.2.4: Quadratsumme der Besselfunktionen

η	N	S
1	$\eta + 1$	0.999
10	$\eta + 1$	0.99
20	$\eta + 2$	0.996
30	$\eta + 2$	0.9948

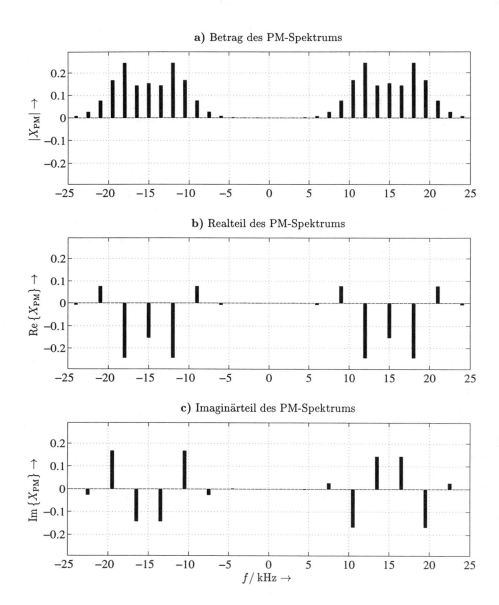

Bild 3.2.6: Spektren von PM-Signalen:

Bezogen auf das Spektrum lautet die Aussage: Zur Erfassung von 99% der Gesamtleistung sind jeweils $\eta+2$ Spektrallinien oberhalb und unterhalb der Trägerfrequenz
zu berücksichtigen. Mit der Definition $\eta = \Delta F/f_1$ ergibt sich hieraus die Carson-
Bandbreite (3.2.7)

$$b_c = 2[\Delta F + 2\,f_1].$$

Aufgabenteil c)
Es werden die Leistungsdichtespektren von FM-Signalen bei den beiden Fre-
quenzhüben $\Delta F = 4\,\mathrm{kHz}$ und $8\,\mathrm{kHz}$ ermittelt; als modulierende Signale dienen
Pseudozufallssignale der Form $v_{\mathrm{multisin}}(t)$. Zur Schätzung werden jeweils $L = 300$
Periodogramme entsprechend der Vorschrift (3.2.8) gemittelt. Die sonst übliche
Fensterbewertung der Musterfunktionen ist hier nicht vorzunehmen, da die Pseu-
dozufallssignale periodisch sind und somit kein „Leakage-Effekt" auftritt [KK98].
Die geschätzten Leistungsdichtespektren sind in den **Bildern 3.2.7a,b** wiederge-
geben.

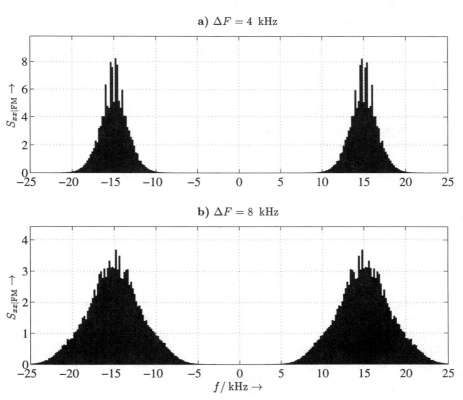

Bild 3.2.7: Leistungsdichtespektren von FM-Signalen

3.3 Demodulation

3.3.1 Übersicht kohärenter und inkohärenter Demodulationsverfahren

Der Empfänger eines Nachrichtenübertragungssystems hat die Aufgabe, aus dem reellen empfangenen Bandpaßsignal[11] $\tilde{x}_{mod}(t)$ das Quellensignal $v(t)$ möglichst originalgetreu wiederzugewinnen. Die Grundstruktur eines Empfängers zeigt **Bild 3.3.1**. Dabei wird zunächst die Komplexe Einhüllende $\tilde{s}_{mod}(t)$ gebildet, was durch eine spektrale Verschiebung mit anschließender Tiefpaß(TP)filterung erreicht wird. Für die dabei zugesetzte Trägerschwingung wird die geschätzte Frequenz $\hat{\omega}_0$ eingesetzt. Diese kann – je nach Empfängerstruktur oder Kanaleinfluß – gegenüber der Trägerfrequenz am Sender eine Abweichung aufweisen; ebenso muß die Phase $\hat{\varphi}_0$ des zugesetzten Trägers nicht mit derjenigen am Sender übereinstimmen.

$$\Delta\omega_0 = \omega_0 - \hat{\omega}_0; \quad \Delta\varphi_0 = \varphi_0 - \hat{\varphi}_0 \qquad (3.3.1)$$

Anschließend bestimmt der für die jeweilige Modulationsform spezifische Demodulator aus $\tilde{s}_{mod}(t)$ das *demodulierte Signal* $\tilde{v}(t)$, welches mit dem gesendeten Quellensignal $v(t)$ möglichst identisch sein sollte.

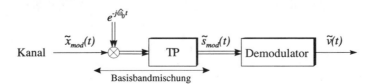

Bild 3.3.1: Empfänger eines analogen Kommunikationssystems

Gemäß Tab. 3.1.2 (Seite 101) enthalten alle Modulationssignale $x_{mod}(t)$ eine Phase φ_0, die dem Empfänger zunächst unbekannt ist. Nutzt der im Empfänger verwendete Demodulator einen *frequenz-* und *phasenrichtigen* Trägerzusatz $(\hat{\omega}_0, \hat{\varphi}_0)$, so spricht man von *kohärenter Demodulation*. In dem Falle ist eine *Trägerphasenregelung* erforderlich, während auf diese bei *inkohärenten Empfängern* verzichtet wird: Inkohärente Demodulationsverfahren benötigen keine phasenkohärente Generation der Trägerschwingung.

---

[11] Da das gesendete Signal durch den Übertragungskanal Veränderungen erfahren haben kann, wird das Empfangssignal hier mit einer Tilde gekennzeichnet.

Die mathematischen Demodulationsvorschriften für die klassischen Modulationsarten sind in Tabelle 3.3.1 zusammengestellt. Die schaltungstechnischen Realisierungsformen dieser Vorschriften sind sehr vielfältig und haben sich im Laufe der Zeit mit der sich wandelnden Technologie immer wieder stark verändert; aus diesem Grunde werden sie an dieser Stelle nicht weiter ausgeführt.

Tabelle 3.3.1: Demodulationsvorschriften für die klassischen Modulationsarten

Nr.	Demodulationsform	Demodulationsvorschrift
1.	AM, kohärent[12]	$\tilde{v}(t) = \frac{1}{a_0 m}\,\mathrm{Re}\left\{\tilde{s}_{AM}(t)\exp(-j\hat{\varphi}_0)\right\}$
2.	ZSB,ESB, kohärent	$\tilde{v}(t) = \frac{1}{a_1}\,\mathrm{Re}\left\{\tilde{s}_{mod}(t)\exp(-j\hat{\varphi}_0)\right\}$
3.	AM $(m \leq 1)$ inkohärent[12]	$\tilde{v}(t) = \frac{1}{a_0 m}\,\lvert\tilde{s}_{AM}(t)\rvert$, Einhüllenden Dem.
4.	PM–Demodulation	$\tilde{v}(t) = \mathrm{Im}\left\{\ln(\tilde{s}_{PM}(t))\right\}/\Delta\Phi$
5.	FM–Demodulation	$\tilde{v}(t) = \mathrm{Im}\left\{\dot{\tilde{s}}_{FM}(t)/\tilde{s}_{FM}(t)\right\}/\Delta\Omega$

Faßt man die Abbildungen 3.1.3 und 3.3.1 zusammen und bildet die äquivalente Basisband-Darstellung des Gesamtsystems, so erhält man das Ersatzsystem gemäß Bild 3.3.2. Dabei kann im Falle inkohärenter Verfahren ein Frequenzfehler, der im Ersatzsystem durch Multiplikation mit $\exp(-j\Delta\omega_0 t)$ berücksichtigt wird, bewußt in Kauf genommen werden, während bei kohärenten Empfängern Frequenz- und Phasenabweichungen durch eine Trägerregelung zu beseitigen sind. Bei realen Trägerregelkreisen verbleiben jedoch in der Regel Phasenfehler (siehe Abschnitt 6.4.1 auf Seite 219). Einflüsse von Frequenz- und Phasenfehlern werden für die verschiedenen Demodulationsverfahren in Tabelle 3.3.2 aufgeführt.

Bild 3.3.2: Äquivalente Basisband-Darstellung des Kommunikationssystems mit Trägerfrequenz-Versatz

---

[12]Bei AM enthalten die demodulierten Signale $\tilde{v}(t)$ jeweils einen Gleichanteil $1/m$. Dieser kann in praktischen Empfängern problemlos beseitigt werden.

Tabelle 3.3.2: Einfluß eines Trägerfrequenz-Versatzes $\Delta\omega_0$ oder eines Phasenfehlers $\Delta\varphi_0$ auf $\tilde{v}(t)$

Mod.- Form	Demod. (Tab.3.3.1)	Demoduliertes Signal $\tilde{v}(t) = \ldots$ bei	
		$\Delta\omega_0 = 0$ $\Delta\varphi_0 = \text{const} \neq 0$	$\Delta\omega_0 \neq 0$ $\Delta\varphi_0 = 0$
AM, m bel.	kohärent (Nr.1)	$(v(t) + 1/m)\cos(\Delta\varphi_0)$ (Gleichanteil, Faktor)	$(v(t) + 1/m)\cos(\Delta\omega_0 t)$ (Gleichanteil, Schwebung)
ZSB	kohärent (Nr.2)	$v(t)\cos(\Delta\varphi_0)$ (Faktor)	$v(t)\cos(\Delta\omega_0 t)$ (Schwebung)
ESB	kohärent (Nr.2)	$\text{Re}\{v^{(\pm)}(t)\,e^{-j\Delta\varphi_0}\}$ (Phasenverzerrung)	$\text{Re}\{v^{(\pm)}(t)\,e^{-j\Delta\omega_0 t}\}$ (Frequenzverwerfung)
AM $m \leq 1$	inkoh. (Nr.3)	$v(t) + 1/m$ (Gleichanteil)	$v(t) + 1/m$ (Gleichanteil)
PM	kohärent (Nr.4)	$v(t) + \Delta\varphi_0/\Delta\Phi$ (Gleichanteil)	$v(t) + \Delta\omega_0\, t/\Delta\Phi$ (Gleichanteil, Rampe)
FM	inkoh. (Nr.5)	$v(t)$	$v(t) - \Delta\omega_0/\Delta\Omega$ (Gleichanteil)

3.3.2 Übungen

Aufgabe 3.3.1

AM- und ESB-Demodulation unter Trägerversatz
(Lösung Seite 128)

Erzeugen Sie mit Hilfe der Routine <u>multisin</u> ein Pseudo-Zufallssignal $v_{\text{multisin}}(t)$ ($-5\,\text{ms} \leq t \leq 5\,\text{ms}$), das für die folgenden Untersuchungen als Modellsignal einer Sprachquelle dient. Zur Festlegung der Spektraleigenschaften werden gemäß Aufgabe 3.1.1 auf Seite 104 folgende Parameter festgelegt:

```
fi = [400:200:3000] Hz
ai=[1:-0.75/(length(fi)-1):0.25]
fA=100 kHz
```

a) Erzeugen Sie unter Verwendung der Routine bpmisch ein AM-Signal mit einem Modulationsgrad $m = 1$ (Trägerfrequenz $f_0 = 15\,\text{kHz}$). Demodulieren Sie dieses Signal kohärent unter Verwendung der Routine bbmisch, indem Sie einmal den exakten Träger, zum anderen einen Träger mit einem Frequenzfehler von $\Delta f_0 = 100\,\text{Hz}$ zusetzen. Stellen Sie die Betragsspektren der beiden demodulierten Signale dar und interpretieren Sie die Ergebnisse.

b) Stellen Sie die Zeitverläufe der beiden unter Punkt a) erzeugten demodulierten Signale dar, wobei der Gleichanteil zu entfernen ist. Vergleichen Sie diese mit einem inkohärent demodulierten Signal, das ebenfalls mit einem Frequenzfehler von $\Delta f_0 = 100\,\text{Hz}$ ins Basisband transformiert wurde. Stellen Sie jeweils das gesendete Signal $v_{\text{multisin}}(t)$ gegenüber.

c) Erzeugen Sie aus $v_{\text{multisin}}(t)$ ein Einseitenbandsignal (Trägerfrequenz $f_0 = 15\,\text{kHz}$). Benutzen Sie den Hilbert-Transformator aus Aufgabe 3.1.2.a. Demodulieren Sie dieses Signal unter einem Frequenzfehler von $\Delta f_0 = 100\,\text{Hz}$. Stellen Sie das so gewonnene Signal graphisch dar und vergleichen Sie es mit dem Quellensignal. Erläutern Sie die Abweichungen.

Aufgabe 3.3.2 | **Inkohärente Demodulation eines übermodulierten AM-Signals** (Lösung Seite 129)

a) Erzeugen Sie aus dem bisher benutzten Quellensignal $v_{\text{multisin}}(t)$ ($-5\,\text{ms} \leq t \leq 5\,\text{ms}$) ein *Testsignal zur Analyse nichtlinearer Verzerrungen*, indem Sie eine der diskreten Frequenzlinien (z.B. an der Frequenz $f = 1.8\,\text{kHz}$) herauslöschen. Nutzen Sie hierzu die Routinen f_trafo und i_f_trafo.

b) Bilden Sie hiermit jeweils ein AM-Signal mit $m = 0.9$ bzw. $m = 2$. Demodulieren Sie die Signale inkohärent und stellen Sie die Betragsspektren dar. Interpretieren Sie die Ergebnisse unter dem Aspekt nichtlinearer Verzerrungen.

Aufgabe 3.3.3 | **FM- und PM-Demodulation** (Lösung Seite 130)

Mit Hilfe des in Aufgabe 3.3.1 generierten Quellensignals ist je ein FM- und ein PM-Signal zu erzeugen (Trägerfrequenz $f_0 = 15\,\text{kHz}$, Frequenzhub $\Delta F = 4\,\text{kHz}$, Phasenhub $\Delta\Phi = \pi/2$, Abtastfrequenz $f_A = 100\,\text{kHz}$) – hierzu stehen die Routinen fm_mod und pm_mod zur Verfügung.

a) Demodulieren Sie *beide* Signale mit einem FM-Demodulator (<u>fm_dem</u>). Stellen Sie die Betragsspektren der beiden demodulierten Signale graphisch dar.

b) Wie kann man das unter b) fälschlicherweise durch FM- statt durch PM-Demodulation generierte Signal in das korrekte demodulierte Signal überführen? Führen Sie diese Umsetzung im Zeitbereich durch.

Lösung Aufgabe 3.3.1

Aufgabenteil a)

Bei kohärenter Demodulation mit korrektem Träger ergibt sich das unverfälschte

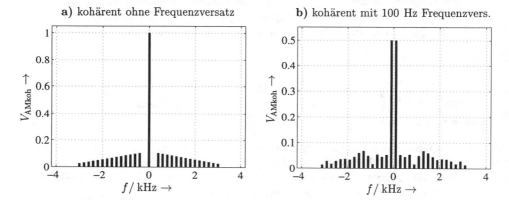

Bild 3.3.3: Spektren demodulierter AM-Signale a) ohne b) mit Frequenzverwerfung

gesendete Signal $v_{\text{multisin}}(t)$, dessen Betragsspektrum in **Bild 3.3.3a** wiedergegeben ist. Enthält der zugesetzte Träger hingegen einen Frequenzoffset, in diesem Falle von $\Delta f_0 = 100\,\text{Hz}$, so ergibt sich für das Spektrum des demodulierten Signals

$$\tilde{V}_{\text{AMkoh}}(j\omega) = \mathcal{F}\{v_{\text{multisin}}(t)\cos(j2\pi\delta f\,t)\}$$

$$= \frac{1}{2}\left[V_{\text{multisin}}(j(\omega + 2\pi\delta f)) + V_{\text{multisin}}(j(\omega - 2\pi\delta f))\right].$$

Man erhält also die Addition von zwei gegeneinander um Δf_0 verschobenen Multisinus-Spektren, wobei es wegen der zufälligen Phasen des Multisinus-Signals zu willkürlichen Überlagerungen der Spektrallinien kommt. **Bild 3.3.3b** zeigt dies anhand des so entstandenen Betragsspektrums.

Aufgabenteil b)
In den **Bildern 3.3.4a-c** sind die Zeitverläufe von auf unterschiedliche Weise demodulierten AM-Signalen wiedergegeben. Teilbild a zeigt zunächst das kohärent mit korrektem Träger wiedergewonnene Signal; gegenüber dem gleichfalls eingetragenen Quellensignal ist kein Unterschied festzustellen. Weist der am Empfänger zugesetzte Träger hingegen eine Frequenzverschiebung Δf_0 auf (im Beispiel ist $\Delta f_0 = 100$ Hz), so erfährt das demodulierte Signal eine Multiplikation mit einem Kosinus der Differenzierbaren, also eine *Schwebung* – im **Bild 3.3.4b** wird dies demonstriert. Im Gegensatz hierzu ist bei einer *inkohärenten*, also Einhüllenden-Demodulation ein Frequenzoffset unwirksam, wie aus **Bild 3.3.4c** deutlich wird.

Aufgabenteil c)
Aus $v_\text{multisin}(t)$ wird ein Einseitenbandsignal (oberes Seitenband) bei der Trägerfrequenz $f_0 = 15$ kHz erzeugt. Zur Bildung des analytischen Quellensignals wird mit <u>remez</u> der folgende Hilberttransformator entworfen:
hESB=remez(256,[0.01 0.99],[1 1],'hilbert').

Mittels <u>h_trafo</u> wird eine verzögerungsfreie (d.h. nichtkausale) Hilberttransformation durchgeführt. Bei der kohärenten Demodulation (mit Hilfe von <u>bbmisch</u>) wird ein Frequenzfehler von $\Delta f_0 = 100$ Hz eingebracht. Das in **Bild 3.3.4d** wiedergegebene demodulierte Signal zeigt anschaulich die sich ergebende Frequenzverwerfung: Zum Zeitpunkt $t = 0$ decken sich das demodulierte und das Quellensignal, während das wiedergewonnene Signal mit zunehmendem Abstand vom Zeitnullpunkt eine größer werdende Stauchung der Zeitskala erfährt. Auch die Signalform ändert sich zunehmend, da das Multisinussignal infolge der Frequenzverschiebung nicht mehr aus harmonischen Spektralanteilen besteht. Derartige Frequenzverwerfungen werden bis zu Grenzen von einigen Hertz bei der Sprachübertragung (z.B. über Telefonleitungen) in Kauf genommen, während sie bei hochqualitativen Audiosignalen nicht mehr toleriert werden. Für die digitale Datenübertragung sind im Falle von Frequenzverwerfungen Trägerregelungsmaßnahmen vorzusehen.

Lösung Aufgabe 3.3.2

Aufgabenteil a)
Zur meßtechnischen Analyse nichtlinearer Verzerrungen werden häufig Pseudo-Zufallssignale als Testsignale benutzt, in deren Spektren an bestimmten Frequenzstellen „Lücken" eingebracht werden. Im Falle von Nichtlinearitäten werden diese Lücken infolge von Intermodulation teilweise aufgefüllt; die in die Lücke fallende Leistung ist ein quantitatives Maß für die Nichtlinearität („Rausch-Klirrmessung"). Ein derartiges Testsignal wird aus dem in vorigen Abschnitten benutzten $v_\text{multisin}(t)$ gebildet, indem die Spektrallinien bei $f = \pm 1.8$ kHz (ent-

sprechend V(483)=V(519)=0) unterdrückt werden. Das Spektrum dieses Testsignals zeigt **Bild 3.3.5**, in dem das korrekt inkohärent demodulierte Signal wiedergegeben ist.

Aufgabenteil b)
Es wird eine Einhüllenden-Demodulation ausgeführt, die im Falle von $m \leq 1$ das unverfälschte Quellensignal wieder generiert. **Bild 3.3.5a** zeigt das Spektrum mit den klar erkennbaren spektralen Lücken bei $f = \pm 1.8$ kHz. Wird hingegen übermoduliert, in diesem Falle mit $m = 2$, so ergeben sich mit der inkohärenten Demodulation nichtlineare Verzerrungen, sofern das modulierende Signal $v_{\text{multisin}}(t)$ den Wert -1 unterschreitet. In **Bild 3.3.5b** äußert sich dies in der Auffüllung der Lücken bei $f = \pm 1.8$ kHz und in der Überschreitung der ursprünglich vorhandenen 3-kHz-Bandbegrenzung.

Lösung Aufgabe 3.3.3

Aufgabenteil a)
Das korrekt demodulierte Signal weist das erwartete Betragsspektrum des gesendeten Multisinussignals auf (**Bild 3.3.7a**). Demgegenüber zeigt das fälschlicherweise mit einem FM-Demodulator aus einem PM-Signal gewonnene Signal $V_{\text{PM/FM}}(j\omega)$ Verzerrungen (**Bild 3.3.7b**): Anstelle des korrekten Quellensignals entsteht das differenzierte Signal

$$v_{\text{PM/FM}}(t) = \frac{\Delta\Phi}{2\pi\Delta F}\frac{dv_{\text{multisin}}(t)}{dt},$$

was im Spektralbereich einer Multiplikation mit einem linear ansteigenden Frequenzgang entspricht.

Aufgabenteil b)
Zur Überführung des fälschlicherweise FM-demodulierten Signals $v_{\text{PM/FM}}(t)$ in das korrekte Quellensignal sind eine Integration und eine Umskalierung vorzunehmen:

$$v_{\text{multisin}}(t) = \frac{2\pi\Delta F}{\Delta\Phi}\int_0^t v_{\text{PM/FM}}(t')\,dt'\,.$$

Die Integration wird im MATLAB-Programm durch eine diskrete Akkumulation der Form $y(k+1) = y(k) + \Delta t \cdot x(k)$ angenähert. Das so gewonnene Ergebnis ist dem gesendeten Multisinussignal in **Bild 3.3.7** gegenübergestellt. Der im rekonstruierten Signal enthaltene Gleichanteil ist in der willkürlichen Anfangsphase begründet.

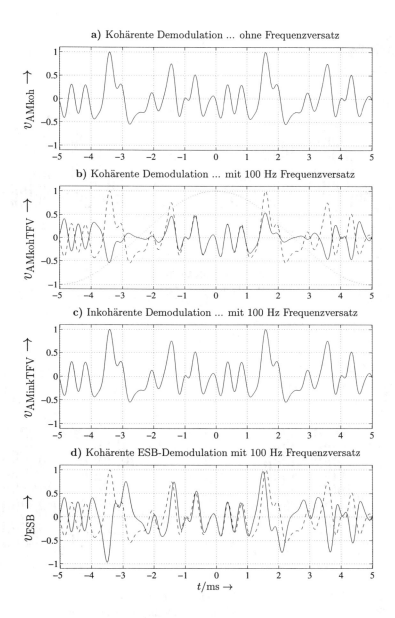

Bild 3.3.4: AM-und ESB-Demodulation unter Frequenzverwerfung
--- modulierendes Signal, — demoduliertes Signal

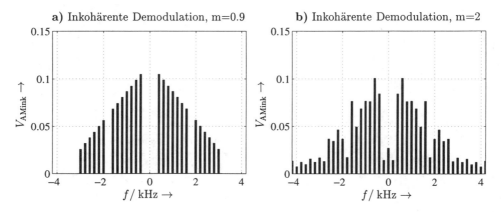

Bild 3.3.5: Inkohärente AM-Demodulation
a) nicht übermoduliert,
b) übermoduliert

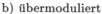

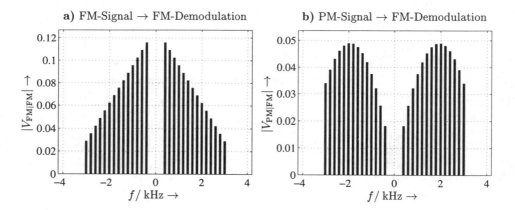

Bild 3.3.6: Spektren nach FM-Demodulation
a) FM-Signal am Demodulatoreingang
b) PM-Signal am Demodulatoreingang

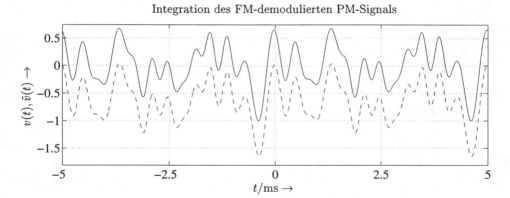

Bild 3.3.7: Vergleich des korrekten Multisinussignals (—) mit dem fälschlich FM-demodulierten nach Integration (- - -)

Kapitel 4

Einflüsse von Übertragungskanälen

4.1 Lineare Kanalverzerrungen

In Abschnitt 1.3 wurde die äquivalente Tiefpaß- (Basisband-) Darstellung reeller Bandpaßsignale hergeleitet. Ebenso lassen sich auch Bandpaß*systeme* in die äquivalente Tiefpaßebene transformieren. So kann z.B. für ein gesamtes Modulationssystem eine Basisbandrepräsentation formuliert werden, indem die Bandpaßsignale, Sende- und Empfangsfilter sowie schließlich auch der Kanal in den Tiefpaßbereich transformiert werden. Im folgenden werden die Zusammenhänge für die Basisbanddarstellung von Bandpaßsystemen wiedergegeben.

Die Impulsantwort und Übertragungsfunktion eines Bandpaßkanals seien

$$h_{\mathrm{BP}}(t) \in \mathbb{R} \quad \circ\!\!-\!\!\bullet \quad H_{\mathrm{BP}}(j\omega) = H_{\mathrm{BP}}^*(-j\omega). \qquad (4.1.1)$$

Die Definition des äquivalenten Tiefpaßsystems bezüglich der Trägerfrequenz ω_0 erfolgt über das analytische Signal der Impulsantwort[1].

$$
\begin{aligned}
h_{\mathrm{TP}}(t) = \frac{1}{2}\, h_{\mathrm{BP}}^+(t) \cdot \mathrm{e}^{-j\omega_0 t} \;=\;& \frac{1}{2}\big[h_{\mathrm{BP}}(t)\,\cos(\omega_0 t) + \hat{h}_{\mathrm{BP}}(t)\,\sin(\omega_0 t)\big] \\
+\;& \frac{j}{2}\big[\hat{h}_{\mathrm{BP}}(t)\,\cos(\omega_0 t) - h_{\mathrm{BP}}(t)\,\sin(\omega_0 t)\big] \quad (4.1.2)
\end{aligned}
$$

---

[1]Im Gegensatz zu den Signalen wird wird bei der Tiefpaßtransformation von *Systemen* der Normierungsfaktor 1/2 eingeführt, um im Bandpaß- und Tiefpaßbereich gleiche Skalierungen der Frequenzgänge zu erhalten.

Die Basisband-Kanalimpulsantwort ist i. a. komplex; der Spezialfall einer *reellen* Impulsantwort ergibt sich im Falle einer bezüglich ω_0 *konjugiert geraden* Bandpaß-Übertragungsfunktion.

$$H_{\mathrm{BP}}(j(\omega_0 + \omega)) = H_{\mathrm{BP}}^*(j(\omega_0 - \omega))$$

$$\downarrow \qquad\qquad (4.1.3)$$

$$H_{\mathrm{TP}}(j\omega) = H_{\mathrm{TP}}^*(-j\omega) \;\bullet\!\!-\!\!\circ\; h_{\mathrm{TP}}(t) \in \mathbb{R}$$

Für die folgenden Untersuchungen des Einflusses linearer Kanalverzerrungen wird die *normierte Basisband-Übertragungsfunktion* eingeführt:

$$H(j\omega) := \frac{H_{\mathrm{TP}}(j\omega)}{H_{\mathrm{BP}}(j\omega_0)} = \frac{H_{\mathrm{TP}}(j\omega)}{H_{\mathrm{TP}}(0)} \;\bullet\!\!-\!\!\circ\; h(t) := \frac{h_{\mathrm{TP}}(t)}{H_{\mathrm{TP}}(0)} = h'(t) + j\, h''(t). \quad (4.1.4)$$

Wichtig für die Betrachtungen über lineare Kanalverzerrungen sind die Teilübertragungsfunktionen des äquivalenten Basisbandkanals, die sich aus dem Realteil bzw. Imaginärteil der Impulsantwort ergeben. In Abschnitt 1.3 wurden auf Seite 33 die Ra- und die Ia-Anteile von Spektren eingeführt – für die Übertragungsfunktionen komplexwertiger Systeme wird in Analogie dazu definiert

$$\mathcal{F}\{h'(t)\} \quad =: \quad \mathrm{Ra}\{H(j\omega)\} = \frac{1}{2}\left[H(j\omega) + H^*(-j\omega)\right] \qquad (4.1.5)$$

$$\mathcal{F}\{h''(t)\} \quad =: \quad \mathrm{Ia}\{H(j\omega)\} = \frac{1}{2j}\left[H(j\omega) - H^*(-j\omega)\right]. \qquad (4.1.6)$$

- $\mathrm{Ra}\{H(j\omega)\}$ beschreibt den *konjugiert geraden* Anteil von $H(j\omega)$ bzgl. $\omega = 0$ bzw. den *konjugiert geraden* Anteil von $H_{\mathrm{BP}}(j\omega)/H_{\mathrm{BP}}(j\omega_0)$ bzgl. $\omega = \omega_0$.

- $\mathrm{Ia}\{H(j\omega)\}$ beschreibt den *konjugiert ungeraden* Anteil von $H(j\omega)$ bzgl. $\omega = 0$ bzw. den *konjugiert ungeraden* Anteil von $H_{\mathrm{BP}}(j\omega)/H_{\mathrm{BP}}(j\omega_0)$ bzgl. $\omega = \omega_0$.

Im folgenden sollen die Einflüsse linearer Kanalverzerrungen auf die klassischen Modulationsverfahren dargestellt werden. Die Zusammenhänge werden in der komplexen Tiefpaßebene formuliert, wobei die vorangegangenen Betrachtungen über komplexwertige Systeme eine wichtige Rolle spielen.

4.1.1 Lineare Modulationsformen

Die wichtigsten linearen Modulationsarten sind die klassische Amplitudenmodulation (AM) und die reine Zweiseitenbandmodulation (ZSB) mit unterdrücktem

Träger sowie die Einseitenband- (ESB-) und die Restseitenbandmodulation (RSB). Für die Demodulation kommen kohärente und inkohärente Verfahren in Betracht; die Demodulationsvorschriften und die Einflüsse eines nichtidealen Trägerzusatzes sind im Abschnitt 3.3 in den Tabellen 3.3.1 und 3.3.2 auf Seite 125 aufgeführt.

Für den Einfluß linearer Kanalverzerrungen gilt prinzipiell, daß sich bei *kohärenten* Verfahren lineare Verzerrungen nach der Demodulation ergeben, während *inkohärente Verfahren* meist mit *nichtlinearen Verzerrungen* des demodulierten Signals verbunden sind. Die Zusammenhänge werden im einzelnen in [Kam96] hergeleitet; die Ergebnisse für lineare Modulationsformen sind in Tabelle 4.1.1 zusammengestellt. Dabei bezeichnet $\tilde{v}(t)$ das unter linearen Kanalverzerrungen gewonnene demodulierte Signal; führen die linearen Kanalverzerrungen ausschließlich zu linearen Verzerrungen im demodulierten Signal, so bezeichnet $H_{\mathrm{NF}}(j\omega)$ die über das Gesamtsystem gemessene Übertragungsfunktion für das Quellensignal, also

$$H_{\mathrm{NF}}(j\omega) = \frac{\tilde{V}(j\omega)}{V(j\omega)}. \tag{4.1.7}$$

Tabelle 4.1.1: Kanalverzerrungen bei linearen Modulationsformen ($a_0 = a_1 = 1$)

Mod.Form	$\tilde{v}(t)$	$H_{\mathrm{NF}}(j\omega)$	Anmerkung
AM$_{\mathrm{koh.}}$ (m bel.)	$1 + m\,v(t) * h'(t)$	$m{\cdot}\mathrm{Ra}\{H(j\omega)\}$	—
AM$_{\mathrm{inkoh.}}$ (m bel.)	$\left[\left(1 + m\,v(t) * h'(t)\right)^2 + m^2\left(v(t) * h''(t)\right)^2\right]^{\frac{1}{2}}$	—	nichtlinear für $H(j\omega) \neq H^*(-j\omega)$
(m ≤ 1)	$1 + m\,v(t) * h'(t)$	$m{\cdot}\mathrm{Ra}\{H(j\omega)\}$ ($\mathrm{Ia}\{H(j\omega)\} = 0$)	linear für $H(j\omega) = H^*(-j\omega)$
ZSB$_{\mathrm{koh.}}$	$v(t) * h'(t)$	$\mathrm{Ra}\{H(j\omega)\}$	—
ESB$_{\mathrm{koh.}}$	$v(t) * h'(t) - \hat{v}(t) * h''(t)$	$\begin{cases} H(j\omega); & \omega > 0 \\ H^*(-j\omega); & \omega < 0 \end{cases}$	OSB
	$v(t) * h'(t) + \hat{v}(t) * h''(t)$	$\begin{cases} H^*(-j\omega); & \omega > 0 \\ H(j\omega); & \omega < 0 \end{cases}$	USB

4.1.2   Nichtlineare Modulationsformen

Im Gegensatz zu den linearen Modulationsformen, die im Falle einer kohärenten Demodulation unter Kanaleinfluß rein lineare Verzerrungen beinhalten, ergeben sich bei den Winkelmodulationsverfahren *prinzipiell nichtlineare Verzerrungen* nach der Demodulation. Im folgenden werden die Verhältnisse anhand der *Frequenzmodulation* verdeutlicht – wegen der nahen Verwandtschaft lassen sich die Ergebnisse leicht auf die Phasenmodulation übertragen.

Eine verhältnismäßig einfache Berechnung des Einflusses linearer Kanalverzerrungen ist bei *sinusförmiger Modulation* möglich: Gleichung (3.2.5) auf Seite 113 gibt die Fourier-Reihenentwicklung des gesendeten FM-Signals wieder. Der Kanaleinfluß wird durch Gewichtung der Fourierkoeffizienten mit den zugehörigen Abtastwerten des Kanalfrequenzgangs erfaßt. Wendet man nun die Demodulationsvorschrift Nr. 5 in Tabelle 3.3.1 auf Seite 125 auf diese Fourier-Reihendarstellung an, so gewinnt man eine geschlossene Formulierung des verzerrten demodulierten Signals (ω_1 = Kreisfrequenz des modulierenden Signals)

$$\tilde{v}(t) = \frac{1}{\Delta\Omega} \operatorname{Re}\left\{ \frac{\sum_{\nu=-\infty}^{\infty} \nu\omega_1 J_\nu(\eta) \cdot H(j\nu\omega_1) \cdot e^{j\nu\omega_1 t}}{\sum_{\nu=-\infty}^{\infty} J_\nu(\eta) \cdot H(j\nu\omega_1) \cdot e^{j\nu\omega_1 t}} \right\}, \qquad (4.1.8)$$

aus der z.B. der Klirrfaktor ermittelt werden kann.

Eine allgemeingültige Formulierung der nichtlinearen Verzerrungen infolge linearer Kanalverzerrungen unter beliebigen Sendesignalen ist äußerst schwierig. Für relativ langsam veränderliche Quellensignale[2] läßt sich das sogenannte *quasistationäre Modell* verwenden, wobei das Ausgangssignal eines durch ein FM-Signal angesteuerten Kanals zu jedem Zeitpunkt als eine stationäre Schwingung „konstanter" (langsam veränderlicher) Momentanfrequenz aufgefaßt wird. Dann ergibt sich näherungsweise [Kam96]

$$\tilde{v}(t) \approx v(t) - \tau_g\big(\Delta\Omega\, v(t)\big) \cdot \dot{v}(t). \qquad (4.1.9)$$

Die Abweichung vom unverzerrten Quellensignal errechnet sich also aus der Gruppenlaufzeit $\tau_g(\omega)$ an der Stelle der Momentanfrequenz zum Zeitpunkt t. Nach dieser Näherung sind die Verzerrungen ausschließlich vom Phasengang des Kanals, nicht aber vom Betragsfrequenzgang abhängig. So müßten also linearphasige Übertragungssysteme (z.B. linearphasige Zwischenfrequenzfilter) zur verzerrungsfreien FM-Übertragung führen – dies trifft jedoch bei schnelleren Veränderungen von $v(t)$ nicht zu [Kam96]. Die Gültigkeit des quasistationären Modells ist also begrenzt; zu einer ersten Veranschaulichung der nichtlinearen Effekte ist es jedoch in vielen Fällen sehr gut geeignet.

---

[2]Höhere Ableitungen der Momentanphase $\varphi(t)$ sowie höhere Potenzen von $\dot{\varphi}(t)$ werden vernachlässigt [Kam96].

4.1.3 Übungen

Aufgabe 4.1.1	**Verzerrungen von AM-Signalen in einem Mehrwegekanal** (Lösung Seite 140)

a) Über einen Zweiwegekanal wird eine AM-Übertragung vorgenommen. Die Impulsantwort im Bandbaßbereich lautet $h_{\mathrm{BP}}(t) = \delta_0(t) + \delta_0(t - \tau)$ mit $\tau = 0.42\,\mathrm{ms}$. Bestimmen Sie die normierte Basisband-Impulsantwort $h(t)$ bezüglich der Trägerfrequenz $f_0 = 15\,\mathrm{kHz}$. Stellen Sie den Betragsfrequenzgang $|H(j\omega)|$ sowie den Betragsfrequenzgang des reellwertigen Teilsystems $|\mathrm{Ra}\{H(j\omega)\}|$ graphisch dar.

b) Erzeugen Sie als Quellensignal ein Multisinussignal mit einer gleichförmigen Spektralverteilung im Intervall $400\,\mathrm{Hz} \leq f \leq 4\,\mathrm{kHz}$; die Frequenz-Stützstellen haben einen Abstand von $\Delta f = 200\,\mathrm{Hz}$ (Hinweis: Benutzen Sie die Routine <u>multisin</u>, Abtastfrequenz $f_{\mathrm{A}} = 100\,\mathrm{kHz}$, Zeitintervall t = [0:1/fA:10-1/fA]). Bilden Sie hieraus ein AM-Signal mit einem Modulationsgrad von $m = 1$. Übertragen Sie dieses Signal über den unter a) festgelegten Zweiwegekanal (Hinweis: Führen Sie zur Vermeidung von Einschwingvorgängen eine *zirkulare Faltung* durch, indem Sie die DFTs des AM-Signals und der Impulsantwort multiplizieren und das Resultat in den Zeitbereich zurücktransformieren.)

Führen Sie nun eine kohärente und eine inkohärente Demodulation durch und stellen Sie nach Abtrennung der Gleichanteile jeweils die Betragsspektren der demodulierten Signale dar. Interpretieren Sie das Ergebnis bezüglich linearer und nichtlinearer Verzerrungen.

c) Reduzieren Sie die Laufzeit des Kanalechos τ so, daß sich für beide Demodulatoren rein lineare Verzerrungen ergeben. Stellen Sie für diesen Fall die entsprechenden Bilder wie unter den Teilaufgaben a) und b) dar.

Aufgabe 4.1.2	**Nichtlineare Verzerrungen infolge einer FM-Bandbegrenzung** (Lösung Seite 142)

a) Ein sinusförmiges Signal der Frequenz $f_1 = 1\,\mathrm{kHz}$ wird mit Frequenzmodulation übertragen; der Frequenzhub beträgt $\Delta F = 10\,\mathrm{kHz}$; die Abtastfrequenz $f_{\mathrm{A}} = 100\,\mathrm{kHz}$; $tsin = [-0.5 : 1/f_{\mathrm{A}} : 0.5]$. Berechnen Sie nach (4.1.8) auf Seite 138 das demodulierte Signal $\tilde{v}(t)$ nach einer Bandbegrenzung des FM-Signals auf die Bandbreite $b_{\mathrm{FM}} = 2 \cdot 12 f_1$ – nehmen Sie an, daß die Bandbegrenzung durch einen idealen Bandpaß symmetrisch zur Trägerfrequenz erfolgt. Stellen Sie den Zeitverlauf von $\tilde{v}(t)$ sowie das Betragsspektrum dar.

b) Berechnen Sie für die Modulationsindizes $\eta = 4, 6, 8, 10$ und 11 die Klirrfaktoren bei einer Bandbegrenzung auf $b_{\mathrm{FM}} = 2 \cdot N\, f_1 N = [5 : 1 : 18]$. Stellen Sie den Klirrfaktor jeweils als Funktion von N dar; interpretieren Sie Ihre Ergebnisse bezüglich der Carson-Formel.

Aufgabe 4.1.3	**Quasistationäres Modell** **für FM-Zweiwegeübertragung** (Lösung Seite 145)

a) Erzeugen Sie mit Hilfe von `multisin` ein Multisinussignal mit einer im Frequenzband $400\,\mathrm{Hz} \leq f \leq 1\,\mathrm{kHz}$ linear abfallenden Spektralverteilung:
`fi = [0.4:0.2:1.0];  ai = [1:-1/(length(fi)-1):0]`.
Erzeugen Sie hiermit die komplexe Einhüllende eines FM-Signal mit einem Frequenzhub $\Delta F = 10\,\mathrm{kHz}$. Das FM-Signal wird über einen Zweiwegekanal mit der äquivalenten Basisband-Impulsantwort $h(t) = \delta_0(t) + \exp(j\pi/4)\cdot 0.8 \cdot \delta_0(t - 0.1\,\mathrm{ms})$ übertragen. Bestimmen Sie das demodulierte Signal (`fm_dem`) und stellen Sie es graphisch dar. Schildern Sie die typischen entstehenden Störungen.

b) Berechnen Sie die Gruppenlaufzeit des Zweiwegekanals und stellen Sie sie im Frequenzintervall $-20\,\mathrm{kHz} \leq f \leq 20\,\mathrm{kHz}$ dar. Berechnen Sie das demodulierte Signal nach dem quasistationären Modell und vergleichen Sie es mit dem unter a) gewonnenen Simulationsergebnis. Interpretieren Sie die bereits unter a) beobachteten typischen Mehrwegstörungen anschaulich anhand des quasistationären Modells.

Lösung Aufgabe 4.1.1

Aufgabenteil a)
Die Tiefpaß-Transformation des vorgegebenen Bandpasses ergibt die Impulsantwort

$$h_{\mathrm{TP}}(t) = \delta_0(t) - e^{-j\omega_0\tau}\delta_0(t - \tau).$$

Die Bandpaß-Übertragungsfunktion an der Stelle des Trägers beträgt $H_{\mathrm{BP}}(j\omega_0) = 1 + e^{-j\omega_0\tau}$, so daß man für die *normierte* Basisband-Impulsantwort gemäß (4.1.4)

$$h(t) = \frac{h_{\mathrm{TP}}(t)}{H_{\mathrm{BP}}(j\omega_0)} = \frac{\delta_0(t) + e^{-j\omega_0\tau}\delta_0(t - \tau)}{1 + e^{-j\omega_0\tau}} \tag{4.1.10}$$

erhält. Zur Darstellung des Spektrums mittels `f_trafo` wird (4.1.10) in eine zeitdiskrete Darstellung überführt, wobei ein idealer Tiefpaß $h_{\mathrm{idTP}}(t) = 2f_g \cdot \mathrm{si}(\omega_g t)$

zur Bandbegrenzung eingesetzt wird. Setzt man die Abtastfrequenz $f_A = 1/T_A = 2f_g$ und wählt sie so, daß die Verzögerung τ zu einer ganzzahligen Anzahl von Abtastwerten κ führt, so erhält man

$$h(kT_A) = f_A \cdot \frac{\delta(k) + e^{-j\omega_0 \tau}\delta(k - \kappa)}{1 + e^{-j\omega_0 \tau}};$$

mit $f_A = 100\,\text{kHz}$, $\tau = 0.42\,\text{ms}$ und $f_0 = 15\,\text{kHz}$ ergibt sich

$$h(kT_A) = f_A \cdot \frac{\delta(k) + e^{-j12.6\pi}\delta(k - 42)}{1 + e^{-j12.6\pi}}.$$

Bild 4.1.1a zeigt die mittels `f_trafo` bestimmte Betragsübertragungsfunktion; sie weist einen unsymmetrischen Verlauf auf, was mit der nicht reellen Impulsantwort im Einklang steht. Der Betrag der Fouriertransformierten des Realteils der Impulsantwort, also des Ra- (bzw. konjugiert geraden) Anteils von $H(j\omega)$ ist in **Bild 4.1.1b** wiedergegeben.

a) TP-Übertragungsfunktion

b) Ra-Anteil

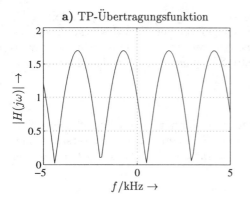 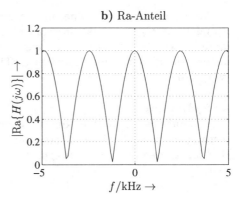

Bild 4.1.1: Zweiwegekanal: $\tau = 0.42\,\text{ms}$
a) äquivalenter Tiefpaßkanal,   b) Ra-Anteil

Aufgabenteil b)
Mit den Festlegungen
`fi = [0.4:0.2:3.0]` und `ai=ones(1,length(fi))]`
wird durch `[tmult,vmult] = multisin(tmult,fi,ai)` ein Multisinussignal generiert. Die hierzu gehörige AM-Einhüllende $s(t) = 1 + m\,v(t)$ wird mittels der Routine **bpmisch** in ein AM-Signal der Trägerfrequenz $f_0 = 15\,\text{kHz}$ umgesetzt ($m = 1$). Nach Durchlaufen des Kanals (zirkulare Faltung mit $h_{\text{BP}}(t)$) wird mit Hilfe von **bbmisch** eine Spektralverschiebung ins Basisband und anschließend eine kohärente bzw. inkohärente Demodulation vorgenommen. Die Betragsspektren zeigen die **Bilder 4.1.2a,b**. Im Vergleich zu Bild 4.1.1b sieht man, daß das

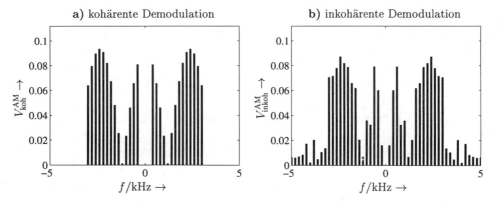

Bild 4.1.2: Spektren der demodulierten Signale   (Zweiwegekanal nach Bild
4.1.1, Trägerfrequenz: $f_0 = 15\,\text{kHz}$

kohärent demodulierte Signal nur lineare Verzerrungen gemäß dem Ra-Anteil der
Kanal-Übertragungsfunktion erfährt. Demgegenüber enthält das inkohärent demodulierte Signal starke nichtlineare Verzerrungen, was aus dem nicht verschwin-
denden Imaginärteil der äquivalenten Tiefpaß-Impulsantwort des Kanals resultiert
(vgl. Tabelle 4.1.1).

Aufgabenteil c)
Die inkohärente AM-Demodulation liefert nur dann ausschließlich lineare Ver-
zerrungen, wenn der Imaginärteil der Tiefpaß-Kanalimpulsantwort verschwindet.
Dies ist für den obigen Zweiwegekanal mit $\tau = 0.4\,\text{ms}$ (d.h. $2\pi \cdot 15 \cdot 0.4 = 12\pi$) der
Fall:

$$h(k) = \delta(k) + e^{-j\omega_0\tau} \cdot \delta(k - 40) = \delta(k) + e^{-j12\pi} \cdot \delta(k - 40);$$

der zugehörige in **Bild 4.1.3a** gezeigte Betragsfrequenzgang ist gerade und identisch mit dem Ra-Anteil (**Bild 4.1.3b**). Die beiden demodulierten Signale in den
Bildern 4.1.4a und b zeigen nur lineare Verzerrungen entsprechend den Kanalfrequenzgängen gemäß Bild 4.1.3a bzw. b.

Lösung Aufgabe 4.1.2

Aufgabenteil a)
Die Abtastfrequenz wird auf `fA=100 kHz` festgelegt; mit dem Zeitvektor
`t=[-0.5:1/fA:0.5-1/fA]ms` wird eine Periode eines 1-kHz-Kosinus erfaßt. Durch
Einsetzen von `t` in (4.1.8), Seite 138, kann eine Periode des demodulierten Signals

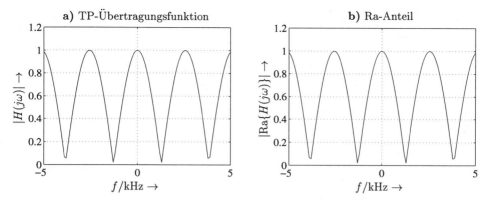

Bild 4.1.3: Zweiwegekanal: $\rho = 1$, $\tau = 0.4\,\text{ms}$ a) äquivalenter Tiefpaßkanal, b) Ra-Anteil

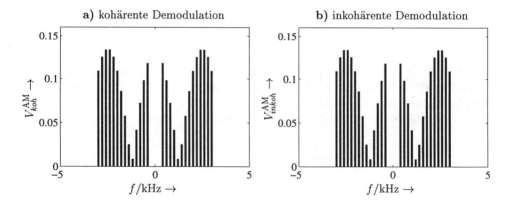

Bild 4.1.4: Spektren der demodulierten Signale (Zweiwegekanal mit reeller Tiefpaß-Impulsantwort (Bild 4.1.3)

geschlossen berechnet werden. Die Werte der Besselfunktionen werden mit Hilfe der MATLAB-Routine `besselj (nu,eta)` ($\eta = 10$) bestimmt. Die Bandbegrenzung auf $b_{\text{FM}} = 2 \cdot 12\,f_1$ wird durch Beschränkung der Summenindizes in Zähler und Nenner auf $-12 \leq \nu \leq 12$ erreicht. Die **Bilder 4.1.5a, b** zeigen den Zeitverlauf und das Betragsspektrum des demodulierten Signals.

Aufgabenteil b)
Zur Berechnung des Klirrfaktors wird das gemäß (4.1.8) errechnete Signal `v=[v(1)···v(Lv-1)]` mittels der DFT in den Spektralbereich transformiert: `[V(1)···V(Lv-1)]=fft(v)`. Daraus ermittelt man den Gesamtklirrfaktor

a) Demod. Signal mit FM-Bandbegrenzung   **b)** Spektrum des demodulierten Signals

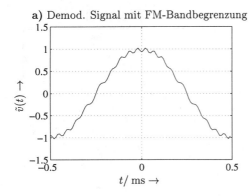 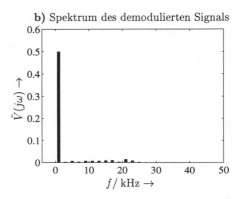

Bild 4.1.5: Demoduliertes Signal nach FM-Bandbegrenzung auf Carson-
Bandbreite ($f_1 = 1\,\mathrm{kHz}$, $\Delta F = 10\,\mathrm{kHz}$, $b_{\mathrm{FM}} = 24\,\mathrm{kHz}$

$$K = \sqrt{\frac{\sum_{n=2}^{L_v/2} |V(n)|^2}{\sum_{n=1}^{L_v/2} |V(n)|^2}} \cdot 100 \quad \text{in \%.}$$

Die Verläufe der Klirrfaktoren in Abhängigkeit vom Bandbegrenzungs-Parameter[3]
N sind in **Bild 4.1.6** für die Modulationsindizes $\eta = [4 : 2 : 12]$ wiedergegeben.
Man kann ablesen, daß bei Einhaltung der Carson-Bandbreite $b_c = 2\,f_1 \cdot [\eta + 2]$
ein Klirrfaktor von etwa 4% im demodulierten Signal entsteht.

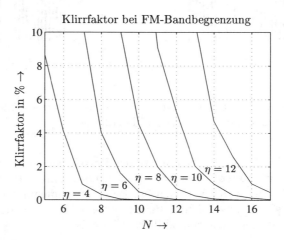

Bild 4.1.6: Nichtlineare Verzerrungen des demodulierten Signals nach
FM-Bandbegrenzung auf $b_{\mathrm{FM}} = 2 \cdot N\,f_1$

---

[3]mit $b_{\mathrm{FM}} = 2 \cdot N\,f_1$, wobei N die Summationsgrenzen in (4.1.8) bezeichnet

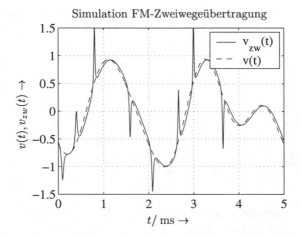

Bild 4.1.7: Simulation einer FM-Zweiwegeübertragung
--- verzerrtes, – unverzerrtes Signal

Lösung Aufgabe 4.1.3

Aufgabenteil a)
Das Signal am Ausgang des FM-Demodulators ist in **Bild 4.1.7** wiedergegeben
– gegenübergestellt ist das unverzerrte Quellensignal in gestrichelter Darstellung.
Als Folge der Zweiwege-Verzerrung auf dem Übertragungswege ergeben sich im
demodulierten Signal charakteristische Störimpulse, die an positiven Flanken des
Nutzsignals nach oben und an negativen Flanken nach unten gerichtet sind.

Aufgabenteil b)
Die geschlossene Lösung der Gruppenlaufzeit eines Zweiwegekanals mit einem kom-
plexen Reflexionsfaktor $r = |r| \exp(-j\theta)$ und einer Echo-Laufzeit τ lautet [Kam96]

$$\tau_g(\omega) = \tau \cdot |r| \, \frac{|r| + \cos(\omega\tau + \theta)}{1 + |r|^2 + 2|r| \cos(\omega\tau + \theta)}. \qquad (4.1.11)$$

Bild 4.1.8a zeigt den Verlauf im Frequenzbereich $-20\,\text{kHz} \le f \le 20\,\text{kHz}$. Man
erkennt den charakteristischen Verlauf von negativen Spitzen im Falle von $|r| < 1$
[4], die im Abstand von $\Delta f = 1/\tau = 10\,\text{kHz}$ liegen (Periodizität des Nenners in
(4.1.11)). Das im Sinne des quasistationären Modells (4.1.9) auf Seite 138 berechnete demodulierte Signal ist in **Bild 4.1.8b** darstellt. Gemäß diesem Modell ist

---

[4]Für $|r| > 1$ sind die Spitzen nach oben gerichtet

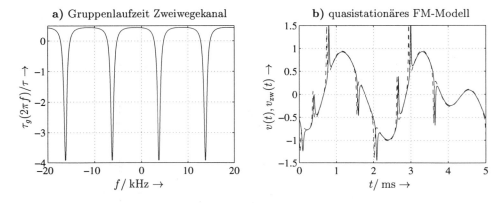

Bild 4.1.8: Quasistationäres Modell für FM-Zweiwegeübertragung
--- quasistationäres Modell, – Simulation

vom idealen Signal $v(t)$ ein Störterm zu subtrahieren, der die Werte der Gruppenlaufzeit an der Momentanfrequenz enthält, was aufgrund des Verlaufs in **Bild 4.1.8a** die typischen Störimpulse hervorruft: Die Positionierung der Spitzen muß sich an den Stellen der Momentanfrequenz des FM-Signal finden, die mit den Frequenzstellen der Gruppenlaufzeit-Spitzen übereinstimmen – mit $\Delta F = 10$ kHz also etwa an den Stellen

$$v(t_i) = 4\,\text{kHz}/\Delta F = 0.4 \text{ und } -6\,\text{kHz}/\Delta F = -0.6\;,$$

was man anhand von **Bild 4.1.8b** gut bestätigt. Die zusätzliche Multiplikation mit $\dot{v}(t)$ in (4.1.9) erklärt die Polarität der Störspitzen in Abhängigkeit vom Vorzeichen der Steigung des Signals. In Bild 4.1.8b ist der wahre Verlauf des demodulierten Signals gestrichelt gegenübergestellt. Bei prinzipiell guter Übereinstimmung fällt auf, daß die Störimpulse des korrekten Signals gegenüber dem Modell leicht verzögert sind; dies ist mit dem stationären Ansatz des Modells zu erklären, wodurch dynamische Einschwingeffekte außer acht gelassen werden.

4.2   Additives Rauschen

Im Abschnitt 1.4, Seite 43ff, wurde die Darstellung von Bandpaß-Rauschprozessen in der äquivalenten Tiefpaßebene dargestellt. Im folgenden soll der Einfluß additiver Rauschstörungen auf die Übertragung mit analogen Modulationsverfahren untersucht werden. Da die Betrachtungen in der äquivalenten Tiefpaßebene ausgeführt werden, sind die Ergebnisse von Abschnitt 1.4 hier von Bedeutung.

4.2.1   Rauschspektren am Empfängereingang

Im Bandpaßbereich wird dem jeweiligen Modulationssignal ein weißer, gleichan-
teilfreier Rauschprozeß $N_{\mathrm{BP}}(t)$ mit der spektralen Leistungsdichte

$$S_{N_{BP}N_{BP}}(j\omega) = \frac{N_0}{2} \quad \text{für} \ -\infty < \omega < \infty \qquad (4.2.1)$$

additiv überlagert. Als Empfangsfilter wird ein *idealer Bandpaß* angenommen
mit einer Bandbreite b_{HF}, die der jeweils betrachteten Modulationsform angepaßt
ist. Mit Ausnahme der Einseiten- und Restseitenbandmodulation ist die Mittenfrequenz des Empfangsfilters gleich der Trägerfrequenz f_0. Gemäß Gleichung
(1.4.7) auf Seite 44 *vervierfacht* sich die spektrale Leistungsdichte nach der Basis-
bandtransformation; man erhält also unter Einbeziehung der Bandbegrenzung am
Ausgang des Empfangsfilters das komplexe Rauschsignal $N(t) = N'(t) + jN''(t)$
mit der spektralen Leistungsdichte

$$S_{NN}(j\omega) = \begin{cases} 2\,N_0 & \text{für} \ -\pi\,b_{\mathrm{HF}} \le \omega \le \pi\,b_{\mathrm{HF}} \\ 0 & \text{sonst,} \end{cases} \qquad (4.2.2)$$

die sich zu gleichen Teilen auf Real- und Imaginärteil des Rauschprozesses aufteilt;
das Kreuzspektrum zwischen Real- und Imaginärteil verschwindet identisch. **Bild
4.2.1** demonstriert die komplexe Basisband-Darstellung des Kanalrauschens an-
hand der Amplitudenmodulation, d.h. mit $b_{\mathrm{HF}} = 2b_{\mathrm{NF}}$, wobei b_{NF} die Bandbreite
des niederfrequenten Quellensignals darstellt.

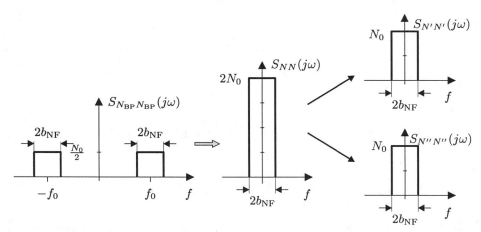

Bild 4.2.1: Äquivalente Tiefpaßdarstellung des Kanalrauschens
(Beispiel AM: $b_{\mathrm{HF}} = 2b_{\mathrm{NF}}$)

Für die Leistungen der Rauschprozesse gilt

$$E\{(N_{\mathrm{BP}}(t))^2\} = N_0 b_{\mathrm{HF}} \tag{4.2.3}$$

$$E\{|N(t)|^2\} = 2N_0 b_{\mathrm{HF}}, \quad E\{(N'(t))^2\} = E\{(N''(t))^2\} = N_0 b_{\mathrm{HF}} \,. \tag{4.2.4}$$

Besondere Beziehungen ergeben sich für die *Einseitenbandmodulation*, da hier das Übertragungsband des Empfangsfilters nur unterhalb (USB) bzw. oberhalb (OSB) des Trägers liegt. Somit ist das gefilterte Basisbandrauschen ein analytisches Signal $N_{\mathrm{ESB}}^+(t)$ bzw. ein konjugiert komplexes analytisches Signal $N_{\mathrm{ESB}}^-(t)$. **Bild 4.2.2** zeigt die Leistungsdichtespektren des komplexen Rauschsignals, des Real- und Imaginärteils sowie das Kreuzspektrum zwischen Real- und Imaginärteil, das hier wegen der Unsymmetrie des Gesamtspektrums nicht verschwindet.

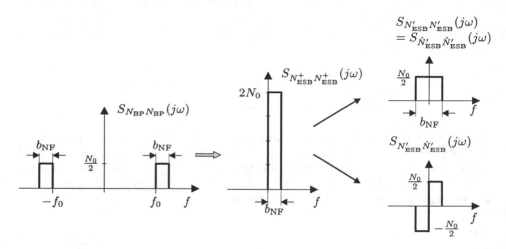

Bild 4.2.2: Äquivalente Tiefpaßdarstellung des Kanalrauschens bei ESB

Für die Rauschleistungen gilt

$$E\{(N_{\mathrm{BP}}(t))^2\} = N_0 b_{\mathrm{NF}} \tag{4.2.5}$$

$$E\{|N_{\mathrm{ESB}}^+(t)|^2\} = 2N_0 b_{\mathrm{NF}}, \quad E\{(N_{\mathrm{ESB}}'(t))^2\} = E\{(N_{\mathrm{ESB}}''(t))^2\} = N_0 b_{\mathrm{NF}} \,.$$

4.2.2   Signal-Störverhältnis nach der Demodulation

In [Kam96] werden die Signal/Stör-Verhältnisse nach der Demodulation für die verschiedenen Modulationsformen hergeleitet und mit den S/N-Verhältnissen im HF-Bereich in Beziehung gesetzt, also der modulationsspezifische S/N-Gewinn

Tabelle 4.2.1: S/N-Verhältnisse bei verschiedenen Modulationsarten

Mod.	NF-HF-Vergleich: $(S/N)_{\mathrm{NF}}$	Vergleich mit ESB:[5] $\dfrac{(S/N)_{\mathrm{NF}}}{(S/N)_{\mathrm{HF}}}$	$\dfrac{(S/N)_{\mathrm{NF}}}{(S/N)_{\mathrm{NF,ESB}}}$
1. ESB	$\dfrac{a_1^2 \sigma_V^2}{N_0 b_{\mathrm{NF}}}$	1	1
2. $\mathrm{AM_{koh}}$	$\dfrac{a_0^2 m^2 \sigma_V^2}{2 N_0 b_{\mathrm{NF}}}$	$2 \cdot \dfrac{m^2 \sigma_V^2}{1 + m^2 \sigma_V^2}$	$\dfrac{m^2 \sigma_V^2}{1 + m^2 \sigma_V^2}$
3. $\mathrm{AM_{inkoh}}$[6]	$\approx \dfrac{a_0^2 m^2 \sigma_V^2}{2 N_0 b_{\mathrm{NF}}}$	$\approx 2 \dfrac{m^2 \sigma_V^2}{1 + m^2 \sigma_V^2}$	$\approx \dfrac{m^2 \sigma_V^2}{1 + m^2 \sigma_V^2}$
4. ZSB	$\dfrac{a_1^2 \sigma_V^2}{2 N_0 b_{\mathrm{NF}}}$	2	1
5. FM[6][7]	$3 a_0^2 \dfrac{\eta_{\min}^2 \sigma_V^2}{2 N_0 b_{\mathrm{NF}}}$	$6 \eta_{\min}^2 (\eta_{\min} + 2) \sigma_V^2$	$3 \sigma_V^2 \eta_{\min}^2$

(oder Verlust) ermittelt. In Tabelle 4.2.1 sind die Ergebnisse zusammengestellt; σ_V^2 ist dabei die Leistung des Nutzsignals.

Die in den Zeilen 3 und 5 der Tabelle 4.2.1 angegebenen Werte gelten nur oberhalb einer bestimmten Schwelle des $(S/N)_{\mathrm{HF}}|_{\mathrm{dB}}$ ($\approx 0\,\mathrm{dB}$ bei $\mathrm{AM_{inkoh.}}$, $\approx 10\,\mathrm{dB}$ bei FM). Unterhalb dieser Schwelle ergibt sich – vor allem bei FM – ein schlagartiges Anwachsen der Rauschleistung nach der Demodulation. Man nennt diese Erscheinung den *FM-Schwellwerteffekt*.

Bei den linearen Modulationsformen ist die Störung nach der Demodulation weiß, während sich bei *FM* ein *quadratisch mit der Frequenz ansteigendes Leistungsdichtespektrum* ergibt:

$$S_{NN_{NF}}(j\omega)|_{\mathrm{FM}} = \begin{cases} \frac{1}{a_0} N_0 \omega^2 & \text{für } |\omega| \leq \pi\, b_{\mathrm{FM}} \\ 0 & \text{sonst.} \end{cases} \qquad (4.2.6)$$

Aus diesem Grunde wird bei den meisten FM-Übertragungssystemen (z.B. beim UKW-Rundfunk) eine *Preemphase–Deemphase-Technik* angewendet: Dabei wird am Sender eine Anhebung höherer Frequenzen im NF-Signal vorgenommen, die am Empfänger nach der Demodulation wieder rückgängig gemacht wird. Dadurch wird auch das Rauschsignal mit steigender Frequenz gedämpft und somit der quadratische Anstieg des Rauschspektrums ausgeglichen [Kam96].

---

[5]bei gleicher Sendeleistung
[6]für großes $(S/N)_{\mathrm{HF}}$
[7]$\eta_{\min} = \Delta F/b_{\mathrm{NF}}$, $\quad b_{\mathrm{HF}} = 2 b_{\mathrm{NF}}(\eta_{\min} + 2)$, Carson-Bandbreite

4.2.3 Übungen

Aufgabe 4.2.1

AM-Rauschen
bei Einhüllenden-Demodulation
(Lösung Seite 152)

a) Erstellen Sie ein Simulationsprogramm zur Rauschanalyse eines AM-Übertragungssystems mit inkohärenter Demodulation. Die Trägerfrequenz liege bei $f_0 = 15\,\text{kHz}$, als Abtastfrequenz wird $f_A = 100\,\text{kHz}$ festgelegt. Es wird eine sinusförmige Modulation ($f_1 = 200\,\text{Hz}$) mit einem Modulationsgrad von $m = 0.5$ vorgenommen. Am Empfänger ist ein ZF-Filter mit einer 6-dB-Bandbreite von $b_{\text{HF}} = 6\,\text{kHz}$ vorzusehen; entwerfen Sie ein derartiges Filter mit Hilfe des <u>remez</u>-Programms, indem Sie die Parametervektoren F=[0 0.2 0.28 0.32 0.4 1] und A=[0 0 1 1 0 0] einsetzen.

Geben Sie den allgemeinen Zusammenhang zwischen dem am ZF-Filter-Ausgang vorhandenen S/N-Verhältnis $(S/N)_{\text{HF}}$ und der spektralen Rauschleistungsdichte am Empfänger-Eingang $N_0/2$ an. Leiten Sie eine Formel für die Leistung $\sigma^2_{N_{\text{HF}}}$ einer Rauschquelle her, die bei einer zeitdiskreten Simulation am Kanalausgang anzubringen ist, wenn für das S/N-Verhältnis am ZF-Filter-Ausgang ein Wert $(S/N)_{\text{HF}}$ vorgegeben wird. Schneiden Sie bei der Simulation die Ein- und Ausschwingvorgänge aufgrund des Filters mittels <u>trunc</u> ab.

b) Das S/N-Verhältnis am Ausgang des ZF-Filters ist in Schritten von 2.5 dB von -15 dB bis 20 dB zu variieren. Bestimmen Sie jeweils das S/N-Verhältnis in dB nach einer Einhüllenden-Demodulation und stellen Sie es als Funktion des $(S/N)_{\text{HF}}$ in dB in einem Diagramm dar; stellen Sie den theoretischen Verlauf gegenüber.

Aufgabe 4.2.2

Spektrale Leistungsdichte des Rauschens
nach einer FM-Demodulation
(Lösung Seite 153)

a) Erstellen Sie ein Simulationsprogramm zur Rauschanalyse eines FM-Übertragungssystems. Die Trägerfrequenz ist mit $f_0 = 25\,\text{kHz}$ festgelegt; der Frequenzhub beträgt $\Delta F = 5\,\text{kHz}$, die maximale Frequenz des modulierenden Signals $b_{\text{NF}} = 3\,\text{kHz}$. Wählen Sie für die Zeitdiskretisierung eine Abtastfrequenz von $f_A = 200\,\text{kHz}$.

Entwerfen Sie mittels <u>remez</u> einen ZF-Bandpaß ($N = 64$) mit 6-dB-Grenzen gemäß der Carson-Bandbreite (Festlegung des Toleranzschemas gemäß F = [0 0.04 0.24 0.26 0.46 1] und A=[0 0 1 1 0 0]).

Leiten Sie entsprechend zu Aufgabe 4.2.1 hier für FM den allgemeinen Zusammenhang zwischen dem am ZF-Filter-Ausgang vorhandenen S/N-Verhältnis $(S/N)_{\mathrm{HF}}$ und der spektralen Leistungsdichte am Empfänger-Eingang $N_0/2$ her. Geben Sie die für eine zeitdiskrete Simulation einzusetzende Rauschleistung $\sigma^2_{N_{\mathrm{HF}}}$ an.

b) Simulieren Sie eine FM-Übertragung unter Rauscheinfluß bei sinusförmiger Modulation ($f_1 = 200\,\mathrm{Hz}$). Das Rauschen ist so einzustellen, daß sich am ZF-Filter-Ausgang ein S/N-Verhältnis von $(S/N)_{\mathrm{HF/dB}} = 20\,\mathrm{dB}$ ergibt.

Stellen Sie das Rauschsignal am Demodulatorausgang $n_{\mathrm{NF}}(t)$ dar, indem Sie das ungestörte Signal subtrahieren. (*Hinweis:* Setzen Sie hierfür nicht das Quellensignal ein, sondern ermitteln Sie in einer Vorlauf-Simulation das *demodulierte* rauschfreie Signal – hierbei werden die gesamten Einflüsse des Empfängers, z.B. das ZF-Filter, die si-Verzerrung des Demodulators sowie seine Verzögerung um $T_A/2$, korrekt erfaßt.) Bestimmen Sie das Leistungsdichtespektrum des Rauschsignals $n_{\mathrm{NF}}(t)$.

Empfehlung: Führen Sie zur Bestimmung der spektralen Leistungsdichte eine Periodogramm-Schätzung durch, indem Sie anhand unabhängiger Musterfunktionen (z.B. jeweils von der Länge der Periodendauer des sinusförmigen Nutzsignals unter vorheriger Abtrennung der Ein- und Ausschwingvorgänge mittels <u>trunc</u>) Einzelperiodogramme[8] bilden und diese mitteln. Stellen Sie dieser Messung das theoretisch berechnete Leistungsdichtespektrum des Ausgangsrauschens eines FM-Demodulators gegenüber.

Aufgabe 4.2.3	**FM-Schwellwerteffekt**
	(Lösung Seite 154)

a) Beziehen Sie in das unter Aufgabe 4.2.2 entwickelte FM-Simulationsprogramm eine Bandbegrenzung des demodulierten Signal ein (NF-Rauschbandbegrenzung). Entwerfen Sie hierzu mittels <u>remez</u> einen Tiefpaß der Ordnung $N = 128$ mit einer Durchlaß-Grenzfrequenz von $f_D = 2\,\mathrm{kHz}$ und einer Sperrgrenze von $f_S = 4\,\mathrm{kHz}$, den Sie dem FM-Demodulator nachschalten.

b) Führen Sie weitere Simulationsläufe zur FM-Übertragung unter Rauscheinfluß mit sinusförmiger Modulation durch ($f_1 = 200\,\mathrm{Hz}$). Stellen Sie das Rauschen so ein, daß sich am ZF-Filter-Ausgang die S/N-Verhältnisse

---

[8]Das Periodogramm einer Musterfunktion $x(k)$ der Länge N ist definiert als $\mathrm{Per}(\Omega) = \frac{1}{N}|\mathrm{DFT}\{x(k)\}|^2$ [KK98]. Eine Schätzung des Leistungsdichtespektrums eines kontinuierlichen Signals erhält man daraus durch Normierung auf die Abtastfrequenz: $\hat{S}_{XX}(j\omega) = \mathrm{Per}\{\omega T_A\}/f_A$.

$(S/N)_{\text{HF}/\text{dB}} = [-5 : 1 : 25]\,\text{dB}$ ergeben. Bestimmen Sie jeweils das S/N-Verhältnis am Ausgang des NF-Tiefpasses $(S/N)_{\text{NF}}$ und tragen Sie die Werte über $(S/N)_{\text{HF}}$ auf (beide Achsen sind in dB zu skalieren). Stellen Sie den theoretisch berechneten Verlauf gegenüber.

Lösung Aufgabe 4.2.1

Aufgabenteil a)
Die 6-dB-Grenzen des zu entwerfenden ZF-Bandpasses liegen bei $f_u = 12\,\text{kHz}$ und $f_o = 18\,\text{kHz}$, d.h. $f_u/(f_A/2) = 0.24$ und $f_o/(f_A/2) = 0.36$. Mit dem Toleranzschema F=[0 0.2 0.28 0.32 0.4 1] liegen die 6-dB-Frequenzen also jeweils in der Mitte der beiden Übergangsbänder.

Zwischen $(S/N)_{\text{HF}}$ und $N_0/2$ gilt der Zusammenhang

$$(S/N)_{\text{HF}} = \frac{\frac{1}{2}(1 + m^2\sigma_V^2)}{N_0/2 \cdot E_h} \quad \Rightarrow \quad \frac{N_0}{2} = \frac{1 + m^2\sigma_V^2}{2\,E_h \cdot (S/N)_{\text{HF}}}, \qquad (4.2.7)$$

wobei[9]

$$E_h = \int_{-\infty}^{\infty} h_{\text{ZF}}^2(t)\,dt \approx \sum_{k=0}^{N} h_{\text{ZF}}^2(kT_A)\underbrace{\Delta t}_{1/f_A} = f_A \sum_{k=0}^{N} h^2(k) \qquad (4.2.8)$$

die Energie der ZF-Filter Impulsantwort ist. Für die Leistung des Quellensignals gilt bei sinusförmiger Modulation $\sigma_V^2 = 1/2$.

Zur Herleitung des Zusammenhangs zwischen einem vorgegebenen $(S/N)_{\text{HF}}$ am ZF-Filter-Ausgang und der Leistung einer für die Simulation einzusetzenden zeitdiskreten Rauschquelle $\sigma_{N_{\text{HF}}}^2$ wird der folgende Leistungsvergleich vorgenommen. Das analoge Rauschen der Leistungsdichte $N_0/2$ weist (bei unendlicher Gesamtleistung) im Frequenzband $-f_A/2 \le f \le f_A/2$ die Leistung $N_0/2 \cdot f_A$ auf. Für ein zeitdiskretes Modell ist eine ideale Bandbegrenzung auf dieses Intervall anzunehmen; nach der Abtastung ist dann die Leistung des diskreten Rauschen unverändert; es gilt also der allgemeine Zusammenhang

$$\sigma_{N_{\text{HF}}}^2 = \frac{N_0}{2} \cdot f_A. \qquad (4.2.9)$$

Setzt man hier (4.2.7) ein, so ergibt sich die gesuchte Beziehung zwischen der diskreten Rauschleistung und dem vorgegebenen $(S/N)_{\text{HF}}$.

$$\sigma_{N_{\text{HF}}}^2 = \frac{1 + m^2\sigma_V^2}{2\,E_h \cdot (S/N)_{\text{HF}}} \cdot f_A = \frac{1 + m^2\sigma_V^2}{2\sum_{k=0}^{N} h^2(k) \cdot (S/N)_{\text{HF}}} \qquad (4.2.10)$$

[9]Zwischen der zeitkontinuierlichen Impulsantwort $h_{\text{ZF}}(t)$ (Dimension: 1/Zeit) und der zugehörigen (dimensionslosen) zeitdiskreten Impulsantwort $h(k)$ gilt der Zusammenhang $h_{\text{ZF}}(kT_A) = f_A \cdot h(k)$ (siehe auch (1.1.10) auf Seite 6).

Aufgabenteil b)

Zur Berechnung der Leistung des diskreten Kanalrauschens wird im Simulations-programm die Beziehung (4.2.10) ausgenutzt. Mittels der MATLAB-Routine <u>randn</u> wird gaußverteiltes Rauschen der Varianz eins erzeugt, das mit $\sigma_{N_{HF}}$ für das jeweilige $(S/N)_{HF}$ multipliziert wird. **Bild 4.2.3** zeigt die Simulationsresultate für das S/N-Verhältnis nach der inkohärenten AM-Demodulation – gegenübergestellt sind die theoretischen Werte entsprechend Nr. 3 in Tabelle 4.2.1 (Seite 149).

- - - theoretisches und — gemessenes S/N

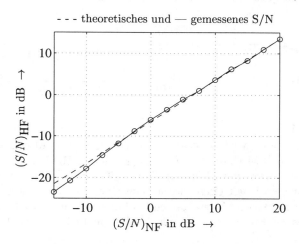

Bild 4.2.3: S/N-Verhältnisse nach der inkohärenten AM-Demodulation in Abhängigkeit vom S/N-Verhältnis auf der HF-Seite

Für $(S/N)_{HF}$-Werte oberhalb von 0 dB stimmen die Simulationsergebnisse mit der theoretischen Näherung recht gut überein, wogegen unterhalb von 0 dB ein deutliches Abknicken der gemessenen Kurve nach unten – also eine überproportionale Abnahme des S/N-Verhältnisses nach der Demodulation – erfolgt. Man bezeichnet diese Erscheinung als *AM-Schwellwerteffekt*, der sich nur bei *inkohärenter* Demodulation einstellt. Dieser Effekt (sowie auch der später in Aufgabe 4.2.3 betrachtete FM-Schwellwerteffekt) liegt prinzipiell in der nichtlinearen Natur des Demodulators begründet [Kam96].

Lösung Aufgabe 4.2.2

Aufgabenteil a)

Für die gegebenen Frequenzen lautet die Carson-Bandbreite

$$b_{HF} = 2 \cdot 3 \, \text{kHz}[5 \, \text{kHz}/3 \, \text{kHz} + 2] = 2 \cdot 11 \, \text{kHz} \, .$$

Mit der Festlegung des Toleranzschemas gemäß
$$F = [0\ 4\ 24\ 26\ 46\ 100]/(fA/2) = [0\ 0.04\ 0.24\ 0.26\ 0.46\ 1]$$
liegen die Carson-Grenzfrequenzen 25 kHz $\pm$ 11 kHz jeweils in der Mitte der Übergangsbänder.

Die Leistung eines FM-Signals hat im Bandpaß-Bereich den Wert 1/2. Damit gilt für den gesuchten Zusammenhang zwischen $(S/N)_{\mathrm{HF}}$, $N_0/2$ und der Leistung des im Simulationsprogramm einzusetzenden zeitdiskreten Rauschens $\sigma^2_{N_{\mathrm{HF}}}$

$$(S/N)_{\mathrm{HF}} = \frac{1/2}{N_0/2 \cdot E_h} \quad \Rightarrow \quad \frac{N_0}{2} = \frac{1}{2 f_A \sum_{k=0}^{N} h^2(k) \cdot (S/N)_{\mathrm{HF}}}$$

$$\text{und} \qquad \sigma^2_{N_{\mathrm{HF}}} = \frac{1}{2 \sum_{k=0}^{N} h^2(k) \cdot (S/N)_{\mathrm{HF}}}. \quad (4.2.11)$$

Aufgabenteil b)
Die durch Simulation (Mittelung über 150 Periodogramme) ermittelte spektrale Leistungsdichte am FM-Demodulator-Ausgang ist in **Bild 4.2.4** wiedergegeben. Der theoretische Verlauf gemäß (4.2.6), Seite 149, mit der quadratischen Frequenzabhängigkeit ist gestrichelt eingetragen. Die Übereinstimmung bei geringen Frequenzen ist sehr gut – die Abweichungen bei höheren Frequenzen erklären sich aus dem Einfluß des ZF-Filters, das bei der Analyse nicht berücksichtigt wurde.

Lösung Aufgabe 4.2.3

Aufgabenteil a)
Für den Aufgabenteil b) soll die Rauschleistung am Demodulatorausgang innerhalb der NF-Bandbreite $b_{\mathrm{NF}} = 3$ kHz gemessen werden. Hierzu wird mittels <u>remez</u> ein Tiefpaß der Ordnung $N = 128$ mit dem durch
F=[0 2 4 1]/(fA/2)=[0 0.02 0.04 100]   und   A=[1 1 0 0]
festgelegten Toleranzschema entworfen. Bei der Simulation sind die hierdurch sowie durch das ZF-Filter entstehenden Ein- und Ausschwingvorgänge zu entfernen – dies kann z.B. mit Hilfe der Routine <u>trunc</u> geschehen.

Aufgabenteil b)
In der Simulation wird das HF-S/N-Verhältnis von -5 dB bis 25 dB in 1-dB-Schritten variiert. Das im NF-Band $\pm b_{\mathrm{NF}}$ gemessene S/N-Verhältnis $(S/N)_{\mathrm{NF}}$ ist in **Bild 4.2.5** über $(S/N)_{\mathrm{HF}}$ aufgetragen. Gegenübergestellt ist der theoretische Zusammenhang gemäß Nr. 5 aus Tabelle 4.2.1

$$(S/N)_{\mathrm{NF}} = 6\,\eta^2_{\mathrm{min}}\,[\eta_{\mathrm{min}} + 2]\,\sigma^2_V \cdot (S/N)_{\mathrm{HF}} \qquad \text{mit} \quad \eta_{\mathrm{min}} = \Delta F/b_{\mathrm{NF}},\ \sigma^2_V = 1/2$$

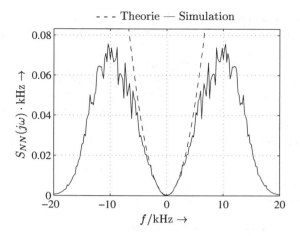

Bild 4.2.4: Leistungsdichtespektrum des Rauschens am FM-Demodulator-Ausgang $((S/N)_{\mathrm{HF}} = 20\,\mathrm{dB})$

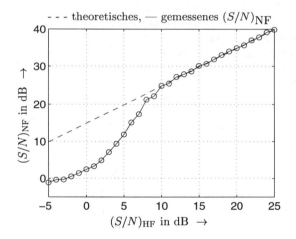

Bild 4.2.5: S/N-Verhältnisse nach der FM-Demodulation in Abhängigkeit vom S/N-Verhältnis auf der HF-Seite

nach Umrechnung in dB. Oberhalb von $(S/N)_{\mathrm{HF}} = 10\,\mathrm{dB}$ zeigt sich eine sehr gute Übereinstimmung zwischen der theoretischen Kurve und den Simulationsergebnissen, wogegen die Meßkurve unterhalb von $(S/N)_{\mathrm{HF}} = 10\,\mathrm{dB}$ scharf nach unten abknickt, d.h. die S/N-Werte am Demodulatorausgang verschlechtern sich unterhalb dieser Schwelle schlagartig. Man bezeichnet diese Erscheinung als *FM-Schwellwerteffekt*.

Das Schwellwertverhalten ist ein wichtiges Charakteristikum der Frequenzmodulation (wie übrigens auch der später behandelten digitalen Übertragungsverfahren):

- Oberhalb der FM-Schwelle, also bei $(S/N)_{HF} > 10\,dB$, ist die Frequenzmodulation den linearen Modulationsformen bezüglich der Unempfindlichkeit gegenüber Kanalrauschen weit überlegen. Aus diesem Grunde wird für die analoge Übertragung von Audio-Signalen hoher Qualität sehr häufig die Frequenzmodulation verwendet – Beispiele hierfür sind der UKW-Rundfunk, der Fernsehton oder die Stereo-Tonaufzeichnung bei Videorekordern.

- Wird die FM-Schwelle jedoch unterschritten, so ergibt sich ein extrem starkes Anwachsen des Demodulatorrauschens, so daß in diesem Bereich ein zufriedenstellender FM-Empfang nicht mehr möglich ist.

Der Grund für den starken Anstieg der Störleistung unterhalb der FM-Schwelle liegt darin, daß mit abnehmendem $(S/N)_{HF}$ immer häufiger charakteristische Störimpulse im demodulierten Signal auftreten, die aus 2π-Sprüngen der Momentanphase resultieren – in [Kam96] wird dieses Verhalten genauer beschrieben. **Bild 4.2.6a** zeigt die Zeitverläufe des demodulierten Signals sowie der abgetrennten Störung bei $(S/N)_{HF} = 10\,dB$, also gerade oberhalb der FM-Schwelle, während in **Bild 4.2.6b** die entsprechenden Zeitverläufe bei $(S/N)_{HF} = 5\,dB$, d.h. weit unterhalb der Schwelle gezeigt werden. In diesem Falle ist im Bereich $t = -1.9$ ms ein deutlicher Störimpuls zu erkennen, in dem sich die Impulsantwort des NF-Tiefpasses wiederfindet.

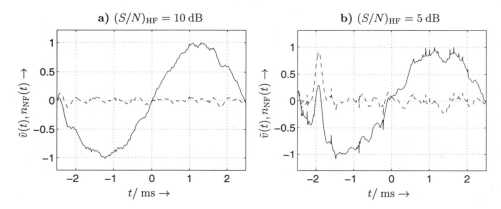

Bild 4.2.6: Zeitverläufe des demodulierten Signals unter Rauscheinfluß
a) $(S/N)_{HF} = 10\,dB$ b) $(S/N)_{HF} = 5\,dB$

Teil III

Digitale Übertragung

Kapitel 5

Grundelemente der Datenübertragung

5.1 Nyquistbedingungen, Impulsformung

Eine Datenquelle gibt eine Folge von Symbolen $d(i)$ ab, die als diskrete Zahlenwerte aufgefaßt werden; i bezeichnet den Daten-Zählindex. Im einfachsten Falle ist das Symbolalphabet zweistufig, z.B. *unipolar* $d(i) \in \{0, 1\}$ oder *bipolar (antipodal)* $d(i) \in \{1, -1\}$. Zur Erhöhung der Bitrate werden oft auch höherstufige Signalformen benutzt, z.B. $d(i) \in \{-3, -1, +1, +3\}$, im Zusammenhang mit *digitalen Modulationsverfahren* sogar *komplexe Daten* (siehe Kapitel 6).

Die Daten $d(i)$ sollen mit einer *Symbolrate* $1/T$ über einen Kanal übertragen werden. Dazu wird eine Folge von Impulsen $g_S(t)$ im zeitlichen Abstand T *(Symboldauer)* gesendet, denen die Daten $d(i)$ als Gewichte aufgeprägt sind. Die Erzeugung solcher Impulsfolgen kann man sich so vorstellen, daß ein Filter mit der Impulsantwort $g_S(t)$ mit einer gewichteten Dirac-Impulsfolge erregt wird. Das Ausgangssignal dieses als *Impulsformer* bezeichneten Filters ist dann

$$x(t) = T \sum_{i=-\infty}^{\infty} d(i) \cdot \delta_0(t - iT) * g_S(t) = T \sum_{i=-\infty}^{\infty} d(i) \cdot g_S(t - iT). \qquad (5.1.1)$$

Da die Impulsantwort eines kontinuierlichen Systems die Dimension 1/Zeit hat, wird hier formal eine Multiplikation mit der Symboldauer T vorgenommen, um ein dimensionsloses Sendesignal $x(t)$ zu erhalten[1]. Das Blockschaltbild eines Datensenders gemäß (5.1.1) ist in Bild 5.1.1 gegeben.

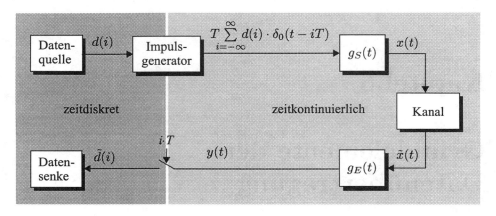

Bild 5.1.1: Modell eines Datenübertragungssystems

Die Vorschrift (5.1.1) ist als mathematisches Modell eines Datensenders zu verstehen; realisieren läßt sie sich nicht, da ein Dirac-Impuls technisch nicht darstellbar ist. In der Praxis wird bei analoger Realisierung das Impulsformerfilter mit Rechteckimpulsen endlicher Breite angeregt, die in die Impulsantwort $g_S(t)$ so eingerechnet sind, daß insgesamt die gewünschte Impulsform entsteht. In den meisten Fällen stellt sich dieses Problem jedoch gar nicht, da üblicherweise digitale Realisierungsformen vorgesehen werden – die Erzeugung von gewichteten Impulsantworten eines digitalen Filters bereitet keine Probleme. Ein digitales Sendesignal hat dann die Form[2]

$$x(kT_A) \;=\; T \cdot \sum_{i=-\infty}^{\infty} d(i)\, g_S(kT_A - iT) = T \cdot \sum_{i=-\infty}^{\infty} d(i)\, g_S\big((k - w \cdot i)T_A\big)$$

$$=\; \sum_{i=-\infty}^{\infty} d(i)\, g_{Sd}(k - w \cdot i); \quad w = T/T_A \in \mathbb{N}. \tag{5.1.2}$$

Hierbei bezeichnet k den Zeitindex des hohen Abtasttaktes mit dem zugehörigen Abtastintervall $T_A = 1/f_A$ und i den Index der Datensymbole; die als ganzzahlig angenommene Anzahl von Abtastwerten pro Symbolintervall ist mit $w = T/T_A \in \mathbb{N}$ festgelegt.

---

[1]Für einen idealen Tiefpaß mit der Grenzfrequenz $f_g = 1/2T$ gilt z.B.

$$T \cdot g_S(t) = T \cdot 2f_g \frac{\sin(2\pi f_g t)}{2\pi f_g t} = \frac{\sin(2\pi f_g t)}{2\pi f_g t}.$$

[2]Die aus $g_S(t)$ durch Abtastung gewonnene diskrete Folge $g_{Sd}(k)$ ist dimensionslos; die Normierungskonstante T entfällt somit.

Es stellt sich die Frage, welche Eigenschaften der Sendeimpuls aufweisen muß, damit am Empfänger eine fehlerfreie Erkennung der Datensymbole garantiert wird; diese Frage wird durch die *erste Nyquistbedingung* beantwortet. Zunächst ist festzustellen, daß zur optimalen Rauschunterdrückung am Empfänger ein Filter $g_E(t)$ eingesetzt wird, das im Sinne der Matched-Filter-Bedingung entworfen wurde – die näheren Zusammenhänge werden in Abschnitt 5.2 erläutert. Die Gesamtimpulsantwort des Übertragungssystems lautet bei idealem Kanal

$$g(t) = g_S(t) * g_E(t). \tag{5.1.3}$$

Sollen zu den Zeitpunkten $t = iT$ Datenentscheidungen getroffen werden, die von vorausgegangenen und zukünftigen Symbolen nicht beeinflußt werden, so muß die Gesamtimpulsantwort die Bedingung

$$T \cdot g(t) = \begin{cases} 1 & \text{für } t = i_0 T \\ 0 & \text{für } t = iT,\ i \neq i_0 \\ \text{beliebig} & \text{sonst} \end{cases} \tag{5.1.4}$$

erfüllen, wobei eine Entscheidungsverzögerung um $i_0 \in \mathbb{N}_0$ Symbolintervalle zugelassen wird. Für diese Beziehung leitet Nyquist in seiner berühmten Arbeit von 1928 [Nyq28] die allgemeingültige Spektralbereichs-Bedingung her.

$$\sum_{\nu=-\infty}^{\infty} G\left(j2\pi(f - \nu\frac{1}{T})\right) = e^{-j\,2\pi f\,i_0 T} \tag{5.1.5}$$

Wird die Gesamtübertragungsfunktion als *linearphasiges* und auf $|f| < 1/T$ *bandbegrenztes* FIR-System realisiert[3]

$$G(j\omega) = \underbrace{G_0(j\omega)}_{\in\,\mathbb{R}}\,e^{-j\,\omega i_0 T} \quad \text{und} \quad G(j\omega) = 0 \text{ für } |\omega| \geq \frac{2\pi}{T}, \tag{5.1.6}$$

so ergibt sich für $G_0(j\omega)$ ein punktsymmetrischer Verlauf bezüglich der Nyquistfrequenz $f_N = 1/(2T)$, d.h. eine *Nyquistflanke* (siehe auch [Kam96]).

$$G_0\left(j2\pi(\frac{1}{2T} + \delta f)\right) = 1 - G_0\left(j2\pi(\frac{1}{2T} - \delta f)\right), \quad |\delta f| \leq 1/(2T) \tag{5.1.7}$$

Für die Datenübertragung entwirft man vorzugsweise sogenannte *Kosinus-rolloff-Filter*, deren Frequenzgang bis zu einer Frequenz $(1 - r)/(2T)$ konstant ist

---

[3]$G_0(j\omega) \in \mathbb{R}$ bezeichnet die Übertragungsfunktion des nichtkausalen Gesamtsystems mit der nach $t = 0$ verschobenen geraden Impulsantwort $g_0(t) = g(t - i_0 T) = g_0(-t)$.

und danach kosinusförmig („raised cosine") bis auf Null abfällt. In nichtkausaler
Formulierung gilt

$$G_{rc0}(j\,2\pi f) = \begin{cases} 1, & 2T\,|f| \leq 1 - r \\ \frac{1}{2}\left[1 + \cos\left(\frac{\pi}{2r}(2T\,f + r - 1)\right)\right], & (1-r) \leq 2T\,|f| \leq 1 + r \\ 0, & 2T\,|f| \geq 1 + r. \end{cases}$$

$$\text{(5.1.8)}$$

Der Parameter r ist der sogenannte *Roll-off-Faktor*, mit dem die Steilheit der
Filterflanke festgelegt werden kann: Mit $r = 0$ ergibt sich aus (5.1.8) ein idealer Tiefpaß mit der Grenzfrequenz $f_N = 1/(2T)$, während die Wahl $r = 1$ zu
einer reinen Kosinusflanke von $f = 0$ bis $f = 2f_N = 1/T$, also bis zur doppelten Nyquistfrequenz, führt. Die Impulsantwort eines Kosinus-roll-off-Filters ist
geschlossen angebbar; für die nichtkausale Darstellung gilt

$$g_{rc0}(t) = \frac{1}{T} \cdot \frac{\sin(\pi\,t/T)}{\pi\,t/T} \cdot \frac{\cos(\pi r\,t/T)}{1 - (2r\,t/T)^2}. \qquad (5.1.9)$$

5.1.1   Intersymbolinterferenz

Ist die Bedingung (5.1.4) nicht exakt erfüllt

$$T \cdot g_0(t) = \begin{cases} 1 + T \cdot \Delta g_0(0) & \text{für } t = 0 \\ T \cdot \Delta g_0(iT) & \text{für } t = iT,\ i \neq 0, \end{cases} \qquad \text{(nichtkausal)} \quad (5.1.10)$$

so kommt es zu gegenseitigen Beeinflussungen aufeinanderfolgender Symbole, die
die Entscheidung am Empfänger beeinträchtigen – man nennt diese Erscheinung
Intersymbolinterferenz (ISI) . Nach der Symbolabtastung erhält man mit (5.1.2)
die Folge

$$\tilde{d}(i) = y(iT) \;=\; T \sum_{\ell=-\infty}^{\infty} d(\ell)g_0((i-\ell)T) = T \sum_{\ell=-\infty}^{\infty} d(i-\ell)g_0(\ell T)$$

$$=\; [1 + T\Delta g_0(0)]\,d(i) + T \underbrace{\sum_{\substack{\ell=-\infty \\ \ell \neq 0}}^{\infty} d(i-\ell)\Delta g_0(\ell T)}_{\Delta d(i)}. \quad (5.1.11)$$

Dabei stellt der Term $\Delta d(i)$ eine unabhängige rauschartige Störung dar, wenn die
Daten $d(i)$ als statistisch unabhängig angenommen werden. Das S/N-Verhältnis
infolge Intersymbolinterferenz errechnet sich in diesem Falle aus

$$(S/N)_{\mathrm{ISI}} = \frac{[1 + T\Delta g_0(0)]^2}{T^2 \sum\limits_{\substack{\ell=-\infty \\ \ell \neq 0}}^{\infty} \Delta g_0^2(\ell T)}. \qquad (5.1.12)$$

Die in (5.1.9) gegebene Impulsantwort eines Kosinus-roll-off-Filters enthält als einen Faktor eine $\sin x/x$-Funktion, die äquidistante Nullstellen im Abstand T erzeugt; diese werden auch durch den zweiten multiplikativen Term nicht aufgehoben, so daß die erste Nyquistbedingung für alle Roll-off-Faktoren r erfüllt bleibt. Stark abhängig von r ist allerdings die Empfindlichkeit gegenüber Abweichungen vom idealen Abtastzeitpunkt. In Aufgabe 5.1.2 wird gezeigt, daß die Intersymbolinterferenz infolge von Abtastfehlern Δt mit geringer werdendem Roll-off-Faktor zunimmt; für $r = 0$ ergeben sich bei beliebig kleinem Δt beliebig große ISI-Werte.

- Ein idealer Tiefpaß erfüllt zwar die erste Nyquistbedingung, ist aber wegen der zu fordernden exakten Einhaltung des idealen Abtastzeitpunktes nicht als Impulsformer in praktischen Datenübertragungssystemen geeignet.

5.1.2 Spektrum eines Datensignals

Für die Autokorrelationsfunktion eines Datensignals der Form (5.1.1) wird in [Kam96] die Beziehung

$$r_{XX}(t + \tau, t) = r_{XX}(t + T + \tau, t + T) \qquad (5.1.13)$$

hergeleitet – sie ist also bezüglich der Meßzeit t periodisch mit der Periodendauer eines Symbolintervalls. Man bezeichnet solche Prozesse als *zyklostationär*. Um Aussagen über die mittlere spektrale Leistungsdichte zu erhalten, wird zunächst eine Mittelung der Autokorrelationsfunktion über die Periodendauer T vorgenommen; nach [Kam96] ergibt sich

$$\bar{r}_{XX}(\tau) = \frac{1}{T} \int_{-T/2}^{T/2} r_{XX}(t + \tau, t)\, dt = T \sum_{\lambda=-\infty}^{\infty} r_{DD}(\lambda) \cdot r_{g_s g_s}^E(\tau + \lambda T). \qquad (5.1.14)$$

Hierbei bedeutet $r_{DD}(\lambda)$ die Autokorrelationsfolge der Quelldaten $d(i)$; $r_{gg}^E(\tau)$ ist die schon aus Kapitel 1 bekannte Energie-Autokorrelationsfunktion des Impulsformers (Seiten 4/8, Tabellen 1.1.2/1.1.4). Hieraus erhält man durch Fouriertransformation die mittlere spektrale Leistungsdichte[4].

$$\bar{S}_{XX}(j\omega) = T \cdot |G_S(j\omega)|^2 \cdot \sum_{\lambda=-\infty}^{\infty} r_{DD}(\lambda)\, e^{j\omega T\lambda} = T \cdot |G_S(j\omega)|^2 \cdot S_{DD}(e^{j\omega T}) \qquad (5.1.15)$$

---

[4]Es gilt die Beziehung $\mathcal{F}\{r_{gg}^E(\tau)\} = |G(j\omega)|^2$.

- Das Spektrum eines Datensignals hängt nicht allein vom Impulsformer ab (proportional zum Betragsquadrat des Frequenzgangs), sondern wird gleichermaßen von den *Korrelationen der Quelldaten* bestimmt.

Beispiele für die Spektralformung durch gezieltes Einbringen von Daten-Korrelationen werden im nächsten Abschnitt im Zusammenhang mit der Partial-Response-Codierung behandelt.

Für *unkorrelierte, mittelwertfreie* Quelldaten gilt $r_{DD}(\lambda) = \sigma_D^2 \cdot \delta(\lambda)$ wobei σ_D^2 die Leistung der Quelldaten bezeichnet; somit gilt

$$\bar{S}_{XX}(j\omega) = T \cdot \sigma_D^2 \cdot |G(j\omega)|^2. \qquad (5.1.16)$$

Wird zur Impulsformung ein Kosinus-roll-off-Filter oder – wie später im Zusammenhang mit der Matched-Filterung besprochen – ein Wurzel-Kosinus-roll-off-Filter benutzt, so ist die Bandbreite $b = (1 + r)/(2T)$. Ein wichtiges Maß für die Ausnutzung eines bandbegrenzten Kanals ist die *Bandbreite-Effizienz*; sie ist definiert als

$$\ddot{u} = \frac{\text{Bitrate}}{\text{Bandbreite}}.$$

Für *zweistufige Übertragung* gilt

$$\ddot{u}(r) \quad = \quad \frac{1/T}{(1 + r)/(2T)} = \frac{2}{r + 1}$$

$$\Rightarrow \quad \ddot{u}(r = 1) \quad = \quad 1\,\frac{\text{bit/s}}{\text{Hz}} \quad \le \quad \ddot{u}(r) \quad < 2\,\frac{\text{bit/s}}{\text{Hz}} \quad = \quad \ddot{u}(r = 0). \quad (5.1.17)$$

5.1.3   Übungen

Aufgabe 5.1.1

Entwürfe von Kosinus-roll-off-Filtern
(Lösung Seite 166)

a) Diskutieren Sie die in (5.1.9) formulierte Impulsantwort eines Kosinus-roll-off-Filters hinsichtlich der Nulldurchgänge sowie der sich für bestimmte Zeitpunkte ergebenden unbestimmten Ausdrücke (Grenzwertprobleme).

b) Die Routine `cosroll` berechnet die Impulsantwort eines Kosinus-roll-off-Filters nach der geschlossenen Formulierung (5.1.9) mit einer Rechteckfenster-Begrenzung. Führen Sie Entwürfe für $r = 0.5$ (Zeitbegrenzung auf $L = 8$ Symbolintervalle) und $r = 1.0$ ($L = 4$) durch; sehen Sie 4 Abtastwerte pro Symbolintervall vor. Stellen Sie die Impulsantworten sowie die Übertragungsfunktionen graphisch dar. Betrachten Sie die Impulsantworten hinsichtlich der in Aufgabenteil a) durchgeführten Diskussion.

c) Entwerfen Sie ein Kosinus-roll-off-Filter mit $r = 0.1$ zunächst mit Hilfe von cosroll ($L = 16$). Stellen Sie einen remez-Entwurf gleicher Ordnung gegenüber, wobei Sie das Toleranzschema in Hinblick auf die erste Nyquistbedingung im Frequenzbereich geeignet festlegen. Vergleichen Sie die Frequenzgänge der beiden Filter (in logarithmischer Darstellung). Überprüfen Sie die jeweilige Erfüllung der ersten Nyquistbedingung im Zeitbereich.

| Aufgabe 5.1.2 | **Intersymbolinterferenz** (Lösung Seite 169) |

a) Intersymbolinterferenz entsteht durch ungenaue Entwürfe der Sende- und Empfangsfilter, durch Kanaleinflüsse oder auch durch Nichteinhaltung des idealen Abtastzeitpunktes am Empfänger. Berechnen Sie für Kosinus-roll-off-Filter mit $r = 1$, $r = 0.5$ und $r = 0$ das S/N-Verhältnis infolge ISI gemäß (5.1.12) sowie die Maximalwerte des ISI-Fehlers bei einem Abtastfehler Δt (Hinweis: Verwenden Sie geeignete Näherungen für $\Delta t/T \ll 1$).

b) Überprüfen Sie die Ergebnisse aus Aufgabenteil a) durch Simulation einer Datenübertragungsstrecke für einen Abtastfehler von $\Delta t = T/16$. Es ist zunächst ein Vektor von $N = 5000$ unabhängigen Daten $d(i) \in \{1, -1\}$ zu generieren; dies kann z.B. mit d = sign(randn(1,N)) erfolgen. Daraus wird mit Hilfe der Routine datensig ein antipodales Datensignal mit einer Abtastfrequenz $f_A = w/T$ erzeugt; Ein- und Ausschwingvorgänge sind hierbei zu unterdrücken, was durch Wahl des Eingabeparameters A=1 erreicht wird. (Für die Approximationen der Kosinus-roll-off-Impulse werden die Zeitbegrenzungen[5] $L = 8$ für $r = 1$, $L = 16$ für $r = 0.5$, $L = 256$ für $r = 0$ vorgeschlagen). Das Datensignal wird an den Stellen $t = iT + T/16$ abgetastet, woraus die gesuchten Werte für das ISI-S/N-Verhältnis sowie der ISI-Maximalwert zu ermitteln sind.

| Aufgabe 5.1.3 | **Augendiagramme, Zweite Nyquistbedingung** (Lösung Seite 172) |

Zur Veranschaulichung von Datenübertragungssystemen wird häufig das sogenannte Augendiagramm dargestellt. Man erzeugt es, indem eine große Anzahl von Signalabschnitten der Dauer eines Symbolintervalls übereinandergezeichnet werden – z.B. durch die Wiedergabe über einen Speicheroszillographen, der mit

---

[5]Für $r = 0$ wird in der Routine cosroll automatisch ein $\sin(x)/x$-Impuls der Länge LT eingesetzt.

dem Symboltakt getriggert wird. Auf diese Weise erzeugt man augenähnliche Muster, was anhand der nachfolgenden Beispiele illustriert wird. Zur Darstellung von Augendiagrammen steht die Routine **auge** zur Verfügung.

a) Erzeugen Sie Augendiagramme für $r = 1$, $r = 0.5$ und $r = 0$. Dazu sind zunächst wieder Vektoren mit N unabhängigen Daten $d(i) \in \{1, -1\}$ zu generieren, aus denen mittels `datensig` antipodale Datensignale mit einer Abtastfrequenz $f_A = w/T$ erzeugt werden. Ein- und Ausschwingvorgänge sind zu unterdrücken. Für die Festlegungen der Datenanzahl N wird vorgeschlagen: $N = 1000$ für $r = 1$ und $r = 0.5$, $N = 5000$ für $r = 0$.

b) Bestimmen Sie aus den Augendiagrammen jeweils die *relativen vertikalen Augenöffnungen* für einen Abtastfehler $\Delta t = T/16$. Die relative vertikale Augenöffnung ist definiert als *innerer Augenrand* bezogen auf das ungestörte Nutzsignal – in diesem Falle also auf eins:

$$V = (1 - \max\{\text{ISI}\}) \cdot 100 \quad \text{in } \%.$$

Erklären Sie die Ergebnisse anhand der in der letzten Aufgabe berechneten (bzw. simulierten) ISI-Maximalwerte.

Bestimmen Sie weiterhin aus den Augendiagrammen jeweils die *relative horizontale Augenöffnung*; sie ergibt sich aus den von der Augenmitte aus gemessenen Zeitpunkten t_- und t_+, an denen die vertikale Augenöffnung erstmals null wird. Die relative horizontale Augenöffnung ist damit

$$H = \frac{t_+ - t_-}{T} \cdot 100 \quad \text{in } \%.$$

Lösung Aufgabe 5.1.1

Aufgabenteil a)

Der Term $\sin(\pi \frac{t}{T})/(\pi \frac{t}{T})$ in (5.1.9) hat den Grenzwert eins bei $t = 0$ und ansonsten äquidistante Nullstellen bei $t_\nu^{(1)} = \nu T$; dieser Term stellt also die erste Nyquistbedingung sicher. Der zweite Term hat die Wirkung einer Fensterung im Zeitbereich, womit die Kosinusflanke des Spektrums hervorgerufen wird. An den Stellen $t_0 = \pm T/(2r)$ ergeben sich unbestimmte Ausdrücke, die mit Hilfe des Verfahrens von Bernoulli-L'Hospital bestimmt werden; es ergibt sich

$$\lim_{t \to T/(2r)} \frac{\sin(\pi t/T)}{\pi t/T} \cdot \frac{\cos(\pi rt/T)}{1 - (2rt/T)^2} = \frac{\sin(\pi/(2r))}{\pi/(2r)} \cdot \lim_{\alpha \to 1} \frac{\cos(\pi\alpha/2)}{1 - (\alpha)^2}$$

$$= \frac{\sin(\pi/(2r))}{\pi/(2r)} \cdot \lim_{\alpha \to 1} \frac{-\pi/2 \cdot \sin(\pi\alpha/2)}{-2\alpha} = \frac{r}{2} \cdot \sin(\frac{\pi}{2r}). \tag{5.1.18}$$

Für $r = 0.5$ ist der Grenzwert null; er fällt dann mit den durch den ersten Term erzeugten Nullstellen der ersten Nyquistbedingung bei $t = \pm T$ zusammenfallen. Für $r = 1$ erhält man an den Stellen $t_0 = \pm T/2$ die Grenzwerte $1/2$.

Der zweite Term in (5.1.9) steuert weitere Nullstellen zu den Zeitpunkten $t_\mu^{(2)} = \pm(2\mu + 1)T/(2r)$, $\mu = 1, 2, \cdots$, bei.

- Für $r = 1$ ergeben sich also in der Mitte der Symbolintervalle, d.h. bei $t_\mu^{(2)} = \pm(3/2)T, (5/2)T, \cdots$, weitere Nulldurchgänge. Man bezeichnet diese Eigenschaft als *zweite Nyquistbedingung* – ihre Bedeutung für die Datenübertragung wird in den nachfolgenden Teilaufgaben erläutert.

Aufgabenteil b)

Die Impulsantworten und Übertragungsfunktionen der mittels `cosroll` entworfenen Filter sind in den **Bildern 5.1.2a-d** dargestellt. Zunächst wird deutlich, daß für den geringeren Roll-off-Faktor, also für die steilere Filterflanke, ein höherer Filtergrad vorgesehen werden muß. Obwohl er für $r = 0.5$ mit $N = 32$ doppelt so hoch gewählt wurde wie für $r = 1$, zeigt sich in Bild 5.1.2b noch eine deutliche Abweichung vom Idealverlauf. Die erste Nyquistbedingung ist in beiden Fällen exakt erfüllt (Kennzeichnung der zugehörigen Abtastwerte der Impulsantworten mit „*"). Die in Aufgabenteil a) hergeleiteten Besonderheiten im Falle $r = 1$ sind in Bild 5.1.2c abzulesen: Die zusätzlichen Nullstellen in der Mitte der Symbolintervalle sind an den Stellen $t_1^{(2)} = \pm 1.5T \rightarrow k = \pm 1.5 \cdot w = \pm 6$ mit „$\times$" markiert.

Aufgabenteil c)

Die für eine zufriedenstellende Approximation erforderliche Filterordnung nimmt bei geringem Roll-off-Faktor stark zu; dementsprechend wurde sie für $r = 0.1$ mit $N = 64$ ($w = 4, L = 16$) angesetzt. Der Frequenzgang in dB des mit `cosroll` gewonnenen Filters wird in **Bild 5.1.3a** gezeigt. Infolge der zeitlichen Begrenzung (Rechteckfenster) der Impulsantwort ergibt sich eine relativ geringe minimale Sperrdämpfung von unter 30 dB (Gibbs'sches Phänomen).

Um die Spektraleigenschaften zu verbessern, wird ein `remez`-Entwurf durchgeführt. Eine gezielte Möglichkeit, eine exakte Nyquistflanke zu erzwingen, besteht hier zwar nicht, jedoch kann durch die Wahl eines zur Nyquistfrequenz symmetrischen Toleranzschemas eine möglichst gute Approximation angestrebt werden. Für den `remez`-Entwurf wird somit festgelegt

> `N=64,   F=[0 (1-r)/4 (1+r)/4 1]`   und   `A=[1 1 0 0];`

Durchlaß- und Sperrbereich erhalten gleiche Gewichtsfaktoren, so daß in beiden Bereichen die gleichen Approximationsfehler entstehen. **Bild 5.1.3b** zeigt den Frequenzgang des Remez-Filters: Infolge der Tschebyscheff-Approximation wird die Sperrdämpfung erhöht. Allerdings wird mit diesem Entwurf die erste Ny-

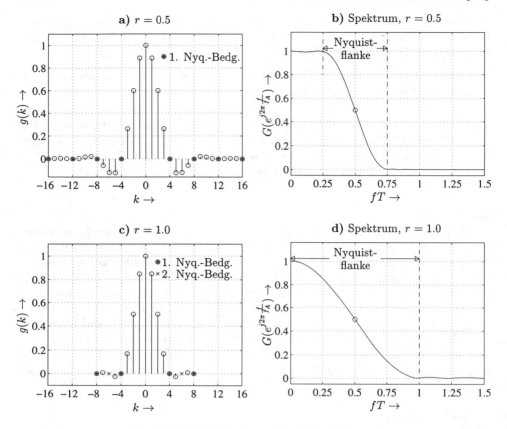

Bild 5.1.2: Kosinus-roll-off-Entwürfe

quistbedingung verletzt, da in dieser Hinsicht keinerlei Vorgaben in den Entwurf einfließen. Die Verletzung der ersten Nyquistbedingung ist an der in **Bild 5.1.3c** wiedergegebenen Impulsantwort besonders an den Stellen $k = \pm 32$ deutlich zu sehen. Für den Maximalwert der Intersymbolinterferenz errechnet man für diesen Entwurf

$$\max\{\text{ISI}\} = \sum_{\substack{k=-8 \\ k \neq 0}}^{8} |g_{\text{remez}}(k \cdot w)| = 0.0414,$$

also rund 4% des ungestörten Datenwertes.

- Zur exakten Einhaltung der ersten Nyquistbedingung ist eine Fensterung der Lösung(5.1.9) durchzuführen. Remez-Entwürfe, bei denen ein bezüglich der Nyquistfrequenz symmetrisches Toleranzschema angesetzt wird, erfüllen die erste Nyquistbedingung im allgemeinen mit guter Näherung.

a) $r = 0.1$, Filterordnung $N = 64$ $(w = 4)$ **b)** $r = 0.1$, Remez-Entwurf

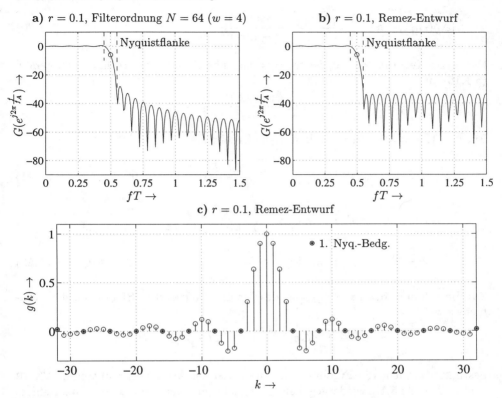

c) $r = 0.1$, Remez-Entwurf

Bild 5.1.3: Kosinus-roll-off mit $r = 0.1$

Lösung Aufgabe 5.1.2

Aufgabenteil a)

Die geschlossene Form für den Zeitverlauf eines Kosinus-roll-off-Impulses ist in 5.1.9 gegeben. Zur Berechnung der Auswirkungen eines Abtastfehlers setzt man $t \to iT + \Delta t$ und erhält

$$g_{rc0}(iT + \Delta t) =: \Delta g(i) = \frac{1}{T} \cdot \frac{\sin(\pi(i + \Delta t/T))}{\pi(i + \Delta t/T)} \cdot \frac{\cos(\pi r(i + \Delta t/T))}{1 - (2r(i + \Delta t/T))^2}. \quad (5.1.19)$$

Nimmt man $\Delta t/T \ll 1$ an, so erhält man für $i = 0$ und für $i \geq 1$ die Näherungen

$$\Delta g(0) = \frac{1}{T} \cdot \frac{\sin(\pi \Delta t/T)}{\pi \Delta t/T} \cdot \frac{\cos(\pi r \Delta t/T)}{1 - (2r \Delta t/T)^2} \approx \frac{1}{T} \frac{\pi \Delta t/T}{\pi \Delta t/T} \cdot \frac{1}{1} = \frac{1}{T}$$

$$|\Delta g(i)|_{i \geq 1} \approx \frac{1}{T} \cdot \frac{|\Delta t/T|}{i} \cdot \frac{|\cos(\pi r i)|}{|1 - (2ri)^2|}. \tag{5.1.20}$$

Der letzte Term in (5.1.20) ist für $r = 0.5$ unbestimmt; er berechnet sich gemäß (5.1.18) zu

$$\lim_{i \to 1} \frac{\cos(\pi/2i)}{1 - (i)^2} = \frac{\pi}{4}.$$

Für $r = 1$, $r = 0.5$ und $r = 0$ lauten die Ergebnisse

$$r = 1: \quad T \cdot |\Delta g(i)| = \frac{|\Delta t/T|}{i((2i)^2 - 1)} \qquad \text{für } i \geq 1 \tag{5.1.21}$$

$$r = \frac{1}{2}: \quad T \cdot |\Delta g(i)| = \begin{cases} |\Delta t/T| \cdot \frac{\pi}{4} & \text{für } i = 1 \\ \frac{|\Delta t/T|}{i} \cdot \frac{|\cos(\frac{\pi i}{2})|}{i^2 - 1} & \text{für } i \geq 2 \end{cases} \tag{5.1.22}$$

$$r = 0: \quad T \cdot |\Delta g(i)| = \frac{|\Delta t/T|}{i} \qquad \text{für } i \geq 1 \tag{5.1.23}$$

Zur Berechnung des $(S/N)_{\text{ISI}}$ und des Maximalwertes der ISI müssen die Summenwerte

$$2T^2 \cdot \sum_{i=1}^{\infty} |\Delta g(i)|^2 \quad \text{und} \quad 2T \cdot \sum_{i=1}^{\infty} |\Delta g(i)|$$

bestimmt werden; die Ergebnisse der numerischen Auswertung mittels MATLAB sind in Tabelle 5.1.1 wiedergegeben. Man sieht, daß der Einfluß des Abtastfehlers

Tabelle 5.1.1: Einfluß einer nichtidealen Abtastung

	$r = 0$	r=0.5	r=1
$(S/N)_{\text{ISI}}$	$0.3041 \cdot (T/\Delta t)^2$	$0.7753 \cdot (T/\Delta t)^2$	$4.4510 \cdot (T/\Delta t)^2$
max{ISI}	unbegrenzt	$1.9571 \cdot |\Delta t/T|$	$0.7726 \cdot |\Delta t/T|$

mit geringer werdendem Roll-off-Faktor zunimmt; bei $r = 0$ ist der Maximalwert des Fehlers bei noch so geringer Fehlabtastung beliebig groß: Wie auf Seite 163 dargelegt erfordert der ideale Tiefpaß eine exakte Einhaltung des idealen Abtastzeitpunktes und ist bereits aus diesem Grunde für die praktische Datenübertragung nicht einsetzbar, obwohl er die erste Nyquistbedingung erfüllt. **Bild 5.1.4** zeigt die graphische Auftragung des $(S/N)_{\text{ISI}}$ als Funktion des relativen Abtastfehlers $\Delta t/T$. Man bestätigt die Tabelle 5.1.1 zu entnehmenden Zusammenhänge: Das $(S/N)_{\text{ISI}}$ nimmt mit geringer werdendem Roll-off-Faktor ab. Bei $r = 0$ fällt es bei einem relativen Abtastfehler von 5 % bereits auf 20 dB zurück.

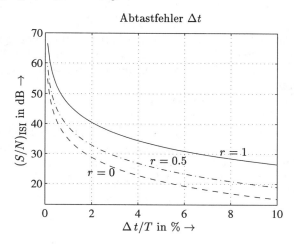

Bild 5.1.4: S/N-Verhältnis als Funktion eines Abtastfehlers

Aufgabenteil b)
Um eine Fehlabtastung um $\Delta t = T/16$ realisieren zu können, wird in „`datensig`" der Parameter $w = 16$ eingesetzt. Dem generierten Vektor `x` werden die Elemente `x(2:w:length(x))` entnommen. Nach Abzug der von `datensig` rückübergebenen Referenzdaten `d_ref` erhält man den Vektor `e` des ISI-Fehlers; die quadratische Mittelung liefert die Varianz σ_E^2, der Maximalwert `max(e)` den maximalen ISI-Fehler. Die Simulationsergebnisse sind in **Tabelle 5.1.2** den theoretischen Werten gegenübergestellt, wobei letzteren nicht die idealen Kosinus-roll-off-Impulse zugrunde liegen, sondern deren endliche Approximation mit endlicher Länge L berücksichtigen (endliche Summen bis L).

Tabelle 5.1.2: Simulation einer nichtidealen Abtastung ($\Delta t = T/16$)

		$r = 0$ ($L = 256$)	r=0.5 ($L = 16$)	r=1 ($L = 8$)
Simulation	$(S/N)_{\text{ISI}}$	18.9 dB	22.7 dB	29.8 dB
Theorie	$(S/N)_{\text{ISI}}$	18.9 dB	23.0 dB	30.6 dB
Simulation	max{ISI}	0.35	0.13	0.06
Theorie	max{ISI}	0.68	0.12	0.05

Mit Ausnahme des maximalen ISI-Wertes bei $r = 0$ stimmen die Simulationsergebnisse sehr gut mit den theoretischen Werten überein. Der theoretische ISI-

Maximalwert ist für einen idealen Tiefpaß nach Tabelle 5.1.1 eigentlich unbegrenzt, wenn man die unendlich lange $\sin(x)/x$-Impulsantwort zugrundelegt. Der Wert reduziert sich auf $\max\{\text{ISI}\} = 0.68$ bei einer Zeitbegrenzung auf $256T$. Auch dieser Wert wird in der Simulation nicht erreicht, da nur zwei ganz bestimmte Bitkonstellationen, nämlich

```
d=...-1 +1 -1 +1 -1 d(io) +1 -1 +1 -1 +1...  und
d=...+1 -1 +1 -1 +1 d(io) -1 +1 -1 +1 -1...
```

zum maximalen Fehler führen; diese Konstellationen treten bei großen Werten L äußerst selten auf, so daß der in der Simulation erreichte Maximalwert erheblich darunter liegt. Setzt man den oben angegebenen spezifischen Datenvektor in das Simulationsprogramm ein, so erhält man den theoretischen Maximalwert aus Tabelle 5.1.2.

Lösung Aufgabe 5.1.3

Aufgabenteil a)

Die mit Hilfe der Routinen datensig und auge hergestellten Augendiagramme für eine zweistufige Übertragung mit $r = 1$, 0.5 und $r = 0$ sind in den **Bildern 5.1.5a-c** wiedergegeben.

Aufgabenteil b)

Aus den Diagrammen werden bei einem Abtast-Offset von $\Delta t = T/16$ für $r = 1$, $r = 0.5$ und $r = 0$ die relativen vertikalen Augenöffnungen $V = 94$ %, 87 % und 63 % abgelesen. Diese Werte lassen sich anhand der Formel $(1-\max\{\text{ISI}\})$ bestätigen, indem hier die ISI-Maximalwerte aus Tabelle 5.1.2 eingesetzt werden – im Falle $r = 0$ ist aus den erläuterten Gründen das Simulationsergebnis und nicht der rechnerische Wert zu berücksichtigen.

Für die horizontale Augenöffnung ergeben sich die Werte $H = 100$, 80 und 32 %; erwartungsgemäß wird die Augenbreite mit abnehmendem Roll-off-Faktor geringer. Besonders günstige Eigenschaften bezüglich der horizontalen Augenöffnung – und damit eine geringe Empfindlichkeit gegenüber Abtastzeitfehlern – weist der Fall $r = 1$ mit $H = 100$ % auf. Impulse mit dieser Eigenschaft erfüllen die *zweite Nyquistbedingung*. Die Bedingungen im Zeitbereich wurden auf Seite 167 diskutiert: Neben den gemäß der ersten Nyquistbedingung zu fordernden Nullstellen bei $t = iT$ enthalten solche Impulse auch in der Mitte der Symbolintervalle Nulldurchgänge. Die Erfüllung der zweiten Nyquistbedingung erfordert eine Bandbreite von $1/T$, also doppelt so viel wie der Grenzfall des idealen Tiefpasses. Die geringe Empfindlichkeit gegenüber Abtastfehlern wird also mit einem erhöhten Bandbreitebedarf erkauft.

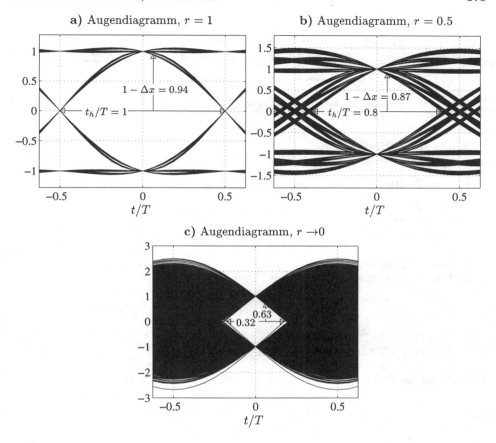

a) Augendiagramm, $r = 1$

b) Augendiagramm, $r = 0.5$

c) Augendiagramm, $r \to 0$

Bild 5.1.5: Augendiagramme

5.2   Einfluß von Rauschen, Matched Filter

Das Modell eines Übertragungssystems ist in Bild 5.2.1 dargestellt; es enthält ein Sendefilter mit der Impulsantwort $g_S(t)$ und ein Empfangsfilter mit der Impulsantwort $g_E(t)$. Auf dem bezüglich linearer Verzerrungen idealen Kanal wird ein Rauschsignal $n_a(t)$ additiv überlagert, das einem weißen Prozeß entstammen soll. Das Ziel besteht zunächst darin, bei vorgegebenem Sendefilter ein Empfangsfilter zu ermitteln, das an seinem Ausgang ein *maximales Signal-Störverhältnis* garantiert. Im zweiten Schritt soll für diese Konstellation die *Bitfehlerwahrscheinlichkeit* bei einer Schwellwertentscheidung am Filterausgang ermittelt werden.

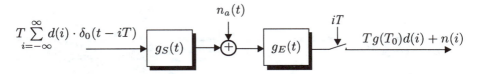

Bild 5.2.1: Übertragungssystem mit Kanalrauschen

5.2.1 Matched Filter

Für die reelle Basisbandübertragung werden folgende Festlegungen[6] getroffen:

- Energie
  eines Sendesymbols[7]:
  $$\bar{E}_S = \bar{d}^2 \ T^2 \int\limits_{-\infty}^{\infty} g_S^2(t)dt$$
- Gesamtimpuls[8]
  $$g(t) = g_S(t) * g_E(t) = \begin{cases} g(i_0 T), & t = i_0 T \\ 0, & t = iT \neq i_0 T \end{cases}$$

- Leistung des ungestörten
  Empfangssignals
  $$\mathrm{E}\{[\hat{D}(i)]^2\} = \bar{d}^2 \ [Tg(i_0 T)]^2$$

- spektrale Leistungsdichte
  des Kanalrauschens $N_a(t)$
  $$S_{N_a N_a}(j\omega) = N_0/2 \quad \text{für} \ -\infty < \omega < \infty$$

- Rauschleistung am
  Empfangsfilterausgang
  $$\mathrm{E}\{N^2(iT)\} = \tfrac{N_0}{2} \int\limits_{\infty}^{\infty} g_E^2(t)dt.$$

Für das Signal-Störverhältnis am Ausgang des Empfangsfilters

$$S/N = \frac{\bar{d}^2 \ [T \int_{-\infty}^{\infty} g_E(\tau) \ g_S(i_0 T - \tau) \ d\tau]^2}{N_0/2 \int_{-\infty}^{\infty} g_E^2(\tau) \ d\tau} \tag{5.2.1}$$

läßt sich mit Hilfe der Schwarz'schen Ungleichung die Beziehung

$$S/N = \frac{E_S}{N_0/2} \cdot \frac{[\int_{-\infty}^{\infty} g_E(\tau) g_S(i_0 T - \tau) d\tau]^2}{\int_{-\infty}^{\infty} g_E^2(\tau) d\tau \cdot \int_{-\infty}^{\infty} g_S^2(\tau) d\tau} \leq \frac{E_S}{N_0/2} \tag{5.2.2}$$

herleiten [Kam96]. Zur Erfüllung des *Gleichheitszeichens* in (5.2.2) ist die spezielle Bedingung

$$g_E(t) = K \cdot g_S(i_0 T - t) \tag{5.2.3}$$

---

[6]Eine entsprechende Übersicht für die äquivalente Basisbanddarstellung von modulierten Signalen findet man in Tabelle 6.5.2 auf Seite 242.

[7]Falls die Energien der verschiedenen Symbole nicht gleich sind, z.B. bei $d(i) \in \{0, 1\}$ oder $d(i) \in \{-3, -1, 1, 3\}$, wird der Mittelwert gebildet.

[8]Das gesamte System soll die erste Nyquistbedingung erfüllen, um Intersymbolinterferenz auszuschließen.

einzuhalten, wobei K eine beliebige Konstante ist. Man nennt ein Empfangsfilter mit dieser Eigenschaft *Matched Filter*, d.h. ein optimal rauschangepaßtes Filter. Die vorangegangenen Betrachtungen haben sich auf reelle Systeme bezogen, weil hier zunächst nur von reeller Basisbandübertragung die Rede war. In Kapitel 6 werden digitale Modulationsverfahren behandelt, in denen auch komplexwertige Filter zugelassen werden. Unter diesen verallgemeinerten Bedingungen lautet die Matched Filter-Beziehung

$$g_E(t) = K \cdot g_S^*(i_0 T - t);\tag{5.2.4}$$

hierbei bezeichnet „$*$" den konjugiert komplexen Wert.

5.2.2   Bitfehlerwahrscheinlichkeit

Aufgrund des überlagerten Rauschens kann es am Empfangsfilterausgang zu Fehlentscheidungen und somit zu Bitfehlern kommen. Die Bitfehlerwahrscheinlichkeit läßt sich für zweistufige Übertragung $d(i) \in \{d_0, d_1\}$ bei bekannter Verteilungsdichtefunktion des Rauschens $p_N(n)$ am Eingang des Schwellwertentscheiders berechnen [Kam96]:

$$P_b = \frac{1}{2}\Big[1 - 2\int_0^{|d_1-d_0|/2} p_N(n)\,dn\Big] \qquad \text{mit } d(i) \in \{d_0, d_1\}.\tag{5.2.5}$$

Hierbei wurde vorausgesetzt, daß die Datenquelle am Sender die beiden Symbole d_0 und d_1 mit gleicher Wahrscheinlichkeit abgibt (*a-priori-Wahrscheinlichkeiten* $\mathrm{P}\{d(i) = d_0\} = \mathrm{P}\{d(i) = d_1\} = 0.5$); ferner wurde eine gerade Verteilungsdichtefunktion für das Rauschen, $p_N(n) = p_N(-n)$, angenommen.

Ein besonders wichtiger Spezialfall liegt für *gaußverteiltes* Rauschen vor: Kanäle, die durch eine Überlagerung von weißem, gaußverteiltem Rauschen bei sonst idealen Eigenschaften (keine Intersymbolinterferenz) gekennzeichnet sind, nennt man *AWGN-Kanäle* (Additive White Gaussian Noise). Ist die Matched Filter-Bedingung (5.2.3) erfüllt, so gilt bei zweistufiger Übertragung für die Bitfehlerwahrscheinlichkeit

$$P_b = \frac{1}{2} \cdot \mathrm{erfc}\Big(\sqrt{\frac{E_S}{N_0}}\Big) \qquad \text{mit } d(i) \in \{-d, +d\} \; \textit{(antipodal)}\tag{5.2.6}$$

$$P_b = \frac{1}{2} \cdot \mathrm{erfc}\Big(\sqrt{\frac{\bar{E}_S}{2N_0}}\Big) \qquad \text{mit } d(i) \in \{0, +d\} \; \textit{(unipolar)}.\tag{5.2.7}$$

Die hier auftretende komplementäre Fehlerfunktion $\mathrm{erfc}(\cdot)$ (*error-function-complement*) ist definiert als

$$\text{erfc}(x) = 1 - \frac{2}{\sqrt{\pi}} \int_0^x e^{-\xi^2} \, d\xi = \frac{2}{\sqrt{\pi}} \int_x^\infty e^{-\xi^2} \, d\xi. \qquad (5.2.8)$$

Diese Funktion ist geschlossen nicht zu lösen; unter MATLAB steht zu ihrer numerischen Berechnung die Routine `erfc` zur Verfügung.

5.2.3   Übungen

Aufgabe 5.2.1

Zeitdiskrete Simulation einer AWGN-Übertragung
(Lösung Seite 177)

a) Es ist eine zeitdiskrete Simulation eines AWGN-Kanals durchzuführen; die Abtastfrequenz sei $f_A = w/T$; $w \in \mathbb{N}$. Die spektrale Leistungsdichte des kontinuierlichen Rauschens betrage $N_0/2$. Geben Sie einen Ausdruck für die Leistung σ_N^2 des im Simulationsprogramm einzusetzenden zeitdiskreten Rauschens $n(k)$ an.
Hinweis: Bringen Sie die im Frequenzband $-f_A/2 \leq f \leq f_A/2$ vorhandene Leistung des analogen Rauschens mit der Leistung σ_N^2 des diskreten Rauschens in Übereinstimmung.

b) Leiten Sie eine Beziehung zwischen σ_N^2 und einem vorgegebenen E_S/N_0-Wert bei bekannter Sendeimpulsantwort $g_S(kT_A)$ her.

Aufgabe 5.2.2

Entwurf eines Matched Filters
(Lösung Seite 178)

a) Für ein Datenübertragungssystem soll bei verzerrungsfreiem Kanal die Gesamtübertragungsfunktion eine Kosinus-roll-off-Charakteristik mit r=0.25 aufweisen. Entwerfen Sie ein Sende- und Empfangsfilter mit jeweils linearer Phase. Als Entwurfsprogramm steht Ihnen hierzu die Routine `wurzcos` zur Verfügung (Vorschlag zur Parameterwahl: Abtastwerte pro Symbolintervall $w = 8$, Filterlänge in Symbolintervallen $L = 6$). Überprüfen Sie die Erfüllung der ersten Nyquist-Bedingung bei Hintereinanderschaltung der beiden Filter.

b) Tragen Sie den Maximalwert der Intersymbolinterferenz über der Sende- und Empfangsfilterlänge $4 \leq L \leq 32$ auf.

c) Stellen Sie die Übertragungsfunktion (in dB) des unter der Bedingung $L \leq 12$ günstigsten Sendefilters dar.

Aufgabe 5.2.3

Bitfehlerrate bei
zweistufiger AWGN-Übertragung
(Lösung Seite 180)

a) Berechnen Sie die Bitfehlerwahrscheinlichkeit bei antipodaler und unipolarer Übertragung über einen AWGN-Kanal in Abhängigkeit vom Wert E_S/N_0. Hierzu kann die Standard-MATLAB-Routine **erfc** benutzt werden.
Stellen Sie den Verlauf im Bereich $E_S/N_0|_{\text{dB}} = -2 \ldots 10$ dB graphisch dar (x-Achse in linearer dB-Teilung, y-Achse logarithmisch).

b) Simulieren Sie eine AWGN-Übertragung mit Hilfe der Routine **awgn_sim** für antipodale und unipolare Signalformen. Wählen Sie für Sende- und Empfangsfilter jeweils Wurzel-Kosinus-roll-off-Filter ($r = 1$, $w = 4$, $L = 4$). Tragen Sie die Simulationsergebnisse für $E_S/N_0|_{\text{dB}} = -2 \ldots 8$ dB in das unter a) erstellte Diagramm ein.

Lösung Aufgabe 5.2.1

Aufgabenteil a)
Die Leistung eines analogen weißen Rauschprozesses mit der spektralen Leistungs-dichte $N_0/2$ ist ohne eine Bandbegrenzung unbegrenzt (somit ist ein solcher Prozeß unrealistisch) – nach einer Bandbegrenzung auf $-f_A/2 \leq f \leq f_A/2$ beträgt sie

$$\text{E}\{|N_{f_A}(t)|^2\} = \frac{1}{2\pi} \int\limits_{-\pi f_A}^{+\pi f_A} \frac{N_0}{2}\, d\omega = \frac{N_0}{2} \cdot f_A, \text{ damit gilt: } \sigma_N^2 = \frac{N_0}{2} \cdot f_A. \quad (5.2.9)$$

Es ist darauf hinzuweisen, daß bei diskreten weißen Rauschprozessen die *Leistung identisch mit dem Wert des Leistungsdichtespektrums* ist. Im Gegensatz zum ana-logen Fall sind diskrete weiße Prozesse problemlos zu realisieren.

Aufgabenteil b)
Nach den Festlegungen auf Seite 174 ist die mittlere Energie eines Sendesymbols bei zeitkontinuierlicher Darstellung $\bar{E}_S = \bar{d}^2 T^2 \int_{-\infty}^{\infty} g_s^2(t)dt$, wobei $g_S(t)$ die Impuls-antwort des Impulsformers ist und $\bar{d}^2$ der quadratische Mittelwert der Quelldaten (siehe Seite 174). Setzt man ein digitales Sendefilter voraus, so ergibt sich mit $f_A = 1/T_A$ der Zusammenhang[9]

---

[9]Die entsprechenden Zusammenhänge für die komplexe Tiefpaßdarstellung einer modulierten Übertragung findet man in Tabelle 6.5.2 auf Seite 242.

$$\frac{E_S}{N_0} = \frac{T_A \cdot \bar{d}^2}{N_0} \cdot \sum_{-\infty}^{\infty} g_S^2(kT_A); \quad \Rightarrow (5.2.9) \Rightarrow \quad \sigma_N^2 = \frac{\bar{d}^2}{2\,E_S/N_0} \cdot \sum_{-\infty}^{\infty} g_S^2(kT_A).$$

$$(5.2.10)$$

Hieraus kann bei vorgegebenem E_S/N_0-Wert und bei der Sendeimpulsantwort $g_S(kT_A)$ die für die zeitdiskrete Simulation einzusetzende Rauschleistung σ_N^2 bestimmt werden (siehe die Routine **awgn_sim** zur Simulation von AWGN-Kanälen).

Lösung Aufgabe 5.2.2

Aufgabenteil a)
Die Matched-Filter-Bedingung (5.2.3) vereinfacht sich für linearphasige Sende- und Empfangsfilter (wegen der bezüglich $t = i_0 T$ geraden Impulsantworten) zu

$$g_S(t) = g_E(t) \quad \text{d.h.} \quad g(t) = g_S(t) * g_S(t) \quad \Rightarrow \quad G(j\omega) = \big(G_S(j\omega)\big)^2. \quad (5.2.11)$$

Sende- und Empfangsfilter ergeben sich also aus der Wurzel des Frequenzgangs des Gesamtfilters. Soll dieses eine Kosinus-roll-off-Charakteristik aufweisen, so ist der optimale Matched Filter-Entwurf durch ein *Wurzel-Kosinus-roll-off-Filter* gegeben. Für die nichtkausale Darstellung lautet der reelle Frequenzgang

$$G_{0\text{wcos}}(j\omega) = \begin{cases} 1 & \text{für } |f| \cdot 2T \leq 1 - r \\ \cos\left[\frac{\pi}{4r}\big(f\,2T - (1 - r)\big)\right] & \text{für } 1 - r \leq |f| \cdot 2T \leq 1 + r \\ 0 & \text{sonst.} \end{cases}$$

$$(5.2.12)$$

Hierzu läßt sich die Impulsantwort geschlossen angeben.

$$g_{\text{wcos}}(t) = \frac{4rt/T \cos[\pi(1 + r)t/T] + \sin[\pi(1 - r)t/T]}{[1 - (4rt/T)^2]\pi t} \quad (5.2.13)$$

Da die Impulsantwort unbegrenzt ist, muß sie für einen praktischen Entwurf zeitbegrenzt werden – in der Routine **wurzcos** geschieht dies durch einfache Rechteckbewertung.

Bild 5.2.2a zeigt die Impulsantwort des mit diesem Programm errechneten Wurzel-Kosinus-roll-off-Filter ($r = 0.25$) bei einer Filterlänge von $L = 6$ Symbolintervallen. Hier ist die erste Nyquistbedingung naturgemäß nicht erfüllt: sie ergibt sich erst in Verbindung mit dem Empfangsfilter. In **Bild 5.2.2b** ist die Impulsantwort des Gesamtfilters $g(t) = g_S(t) * g_E(t)$ wiedergegeben. Auch hier ist die erste

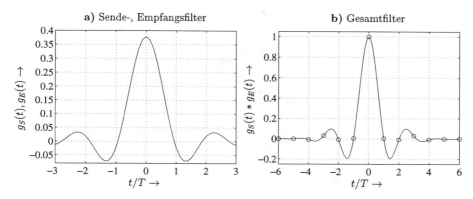

Bild 5.2.2: Wurzel-Kosinus- und Kosinus-roll-off-Entwurf, $L = 6$

Nyquistbedingung nicht exakt erfüllt (siehe z.B. $t = \pm 3T$). Offensichtlich ist der Approximationsgrad der Wurzel-Nyquistfilter mit $L = 6$ noch nicht hoch genug, so daß die Ausfaltung der beiden Filter nicht zu einer Nyquist-Gesamtcharakteristik führt.

Aufgabenteil b)
Daraufhin wird in **Bild 5.2.3a** die Abhängigkeit des ISI-Maximalwertes von der Länge der Wurzel-Nyquistfilter untersucht. Günstige Werte ergeben sich für $L = 8, 16, 24$ und 32.

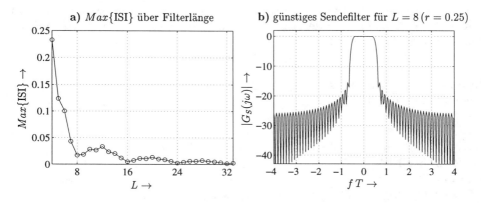

Bild 5.2.3: Optimierung der Filterordnung von Sende- und Empfangsfilter
            a) Maximale Intersymbolinterferenz in Abhängigkeit von der Filterlänge $L{\cdot}T$
            b) Frequenzgang des günstigsten Sende- bzw. Empfangsfilters

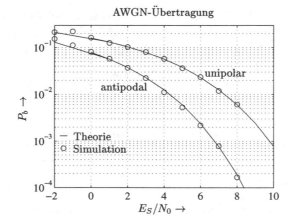

Bild 5.2.4: Bitfehlerraten bei antipodaler und unipolarer Übertragung

Aufgabenteil c)
Bild 5.2.3b zeigt den Frequenzgang eines Wurzel-Nyquist-Filters mit $L = 8$.

Lösung Aufgabe 5.2.3

Aufgabenteil a)
Die geschlossene Berechnung der Bitfehlerwahrscheinlichkeit erfolgt nach (5.2.6) und (5.2.7). Bei Vorgabe der E_S/N_0-Werte in dB sind diese auf den linearen Maßstab umzurechnen:

$$E_S/N_0 = 10^{0.1 \cdot E_S/N_0|_{\mathrm{dB}}}.$$

In **Bild 5.2.4** sind die Verläufe der Bitfehlerwahrscheinlichkeit wiedergegeben. Die unipolare Übertragung zeigt gegenüber der antipodalen einen E_S/N_0-Verlust von 3 dB.

Aufgabenteil b)
Zur Simulation wird die Routine **awgn_sim** herangezogen. Dabei werden für Sende- und Empfangsfilter mittels **wurzcos** entworfene Wurzel-Kosinus-roll-off-Impulsantworten ($r = 1$, $w = 4$, $L = 4$) eingegeben. Zufällige Datenvektoren der Länge N werden wie folgt erzeugt:

antipodal: `d=sign(randn(1,N))`
unipolar: `d=0.5 (sign(randn(1,N))+1).`

Das Programm liefert (bei Festlegung auf A=1, d.h. Entfernen der Ein- und Ausschwingvorgänge) das Matched-Filter-Ausgangssignal y im Symboltakt sowie den gleichlangen Daten-Referenzvektor d_ref. Entscheidungsfehler können hieraus direkt über

antipodal: e=abs(sign(y)-d_ref)/2
unipolar: e=abs(0.5sign(y-0.5)+0.5-d_ref)

identifiziert werden; sum(e)/N liefert die Bitfehlerrate. Die Simulationsergebnisse sind in **Bild 5.2.4** eingetragen.

5.3   Partial-Response-Übertragung

5.3.1   Partial-Response-Codierung

Die Idee der Partial-Response-Technik besteht darin, gezielte Intersymbolinterferenz zuzulassen, die am Empfänger bekannt ist und bei der Datenentscheidung berücksichtigt werden kann – dadurch kann die Bandbreiteeffizienz erhöht werden. Die zweistufigen Quelldaten $d(i)$ werden hierzu der folgenden *Partial-Response-Codierung* unterzogen

$$c(i) = \sum_{\nu=0}^{n-1} \alpha_\nu \cdot d(i - \nu), \qquad d(i)\in\{d_0, d_1\}, \quad \alpha \in \mathbb{Z}, \quad c(i) \in \mathbb{Z}, \qquad (5.3.1)$$

wobei die Partial-Response-Koeffizienten α_ν im allgemeinen ganze Zahlen sind[10]. Aus den zweistufigen Quelldaten werden so mehrstufige codierte Daten erzeugt (*Pseudo-Mehrstufigkeit*). Vier gebräuchliche Partial-Response-Codes sind in Tabelle 5.3.1 wiedergegeben. Sieht man vom Duobinärcode ab, so ergeben sich stets symmetrisch verteilte Signalwerte für $c(i)$, unabhängig davon, ob die Quelldaten mit $d(i)\in\{0, 1\}$ oder $d(i)\in\{1, -1\}$ dargestellt werden. Codes mit der Eigenschaft $\sum_{\nu=0}^{n-1} \alpha_\nu = 0$ bewirken eine *Gleichanteil-Unterdrückung*.

Aus der Formulierung der mittleren spektralen Leistungsdichte eines Datensignals (5.1.15) auf Seite 163 wird deutlich, daß das Spektrum durch die Korrelationen der Daten beeinflußt wird. Da durch den Partial-Response-Code (5.3.1) Korrelationen eingebracht werden, bewirkt dieser also eine Spektralformung. In Tabelle 5.3.2 sind die mittleren Leistungsdichtespektren der vier betrachteten Codes angegeben – in den Bildern **5.3.1a-d** sind sie graphisch dargestellt, wobei als Sendefilter ein idealer Tiefpaß mit der Grenzfrequenz $f_g = 1/(2T)$ angesetzt wurde.

---

[10]Die Bezeichnung „Partial Response" rührt daher, daß ein codiertes Symbol sich über mehrere Bitintervalle erstreckt, während einer Bitdauer also nur „teilweise einschwingt".

Tabelle 5.3.1: Gebräuchliche Partial-Response-Codes

Code	α_ν	$d(i)\in\{-1,1\}$ $\in c(i)$	$d(i)\in\{0,1\}$ $\in c(i)$
duobinär	$[1,1]$	$\{-2,0,2\}$	$\{0,1,2\}$
pseudoternär $(n=2)$	$[1,-1]$	$\{-2,0,2\}$	$\{-1,0,1\}$
pseudoternär $(n=3)$	$[1,0,-1]$	$\{-2,0,2\}$	$\{-1,0,1\}$
pseudo-5-stufig	$[-1,0,2,0,-1]$	$\{-4,-2,0,2,4\}$	$\{-2,-1,0,1.2\}$

Tabelle 5.3.2: Spektren von Partial-Response-Codes

α_ν	$S_{CC}(e^{j\omega T})$	$S_{XX}(j\omega)$
$[1,1]$	$\|1+e^{j\omega T}\|^2$	$4T\sigma_D^2\cos^2(\frac{\omega T}{2})\cdot\|G_S(j\omega)\|^2$
$[1,-1]$	$\|1-e^{j\omega T}\|^2$	$4T\sigma_D^2\sin^2(\frac{\omega T}{2})\cdot\|G_S(j\omega)\|^2$
$[1,0,-1]$	$\|1-e^{j2\omega T}\|^2$	$4T\sigma_D^2\sin^2(\omega T)\cdot\|G_S(j\omega)\|^2$
$[-1,0,2,0,-1]$	$\|-1+2e^{j2\omega T}-e^{j4\omega T}\|^2$	$16T\sigma_D^2\sin^4(\omega T)\cdot\|G_S(j\omega)\|^2$

Der Duobinärcode, der Pseudoternärcode [1,0,-1] sowie der 5-stufige Code erzeugen bei der Nyquistfrequenz $f = 1/(2T)$ eine Nullstelle im Spektrum, so daß ein nachgeschalteter idealer Tiefpaß kein abruptes Abschneiden des Spektrums bewirkt. Hier ist also theoretisch eine Bandbreiteeffizienz von $\ddot{u} = 2\frac{\text{bit/s}}{\text{Hz}}$ erreichbar; die Beispiele in Aufgabe 5.3.1 belegen dies. Im Gegensatz dazu entsteht beim Pseudoternärcode [1,-1] in Verbindung mit einer harten Bandbegrenzung auf $f = 1/(2T)$ eine unendlich steile Flanke – hier ist für den nachgeschalteten Impulsformer ein Filter mit einem Roll-off-Faktor $r > 0$ vorzusehen.

5.3.2 Partial-Response-Vorcodierung

Zur Decodierung des Partial-Response-Codes sind am Empfänger aus den Symbolen $c(i)$ die Quelldaten $d(i)$ zu rekonstruieren. Die Auflösung von (5.3.1) nach $d(i)$ ergibt eine *rekursive Decodierungsvorschrift*[11].

$$\hat{d}(i) = \frac{1}{\alpha_0}\,\hat{c}(i) - \sum_{\nu=1}^{n-1}\frac{\alpha_\nu}{\alpha_0}\,\hat{d}(i-\nu); \qquad (5.3.2)$$

---

[11]Die Symbole $\hat{d}(i-\nu)$ und $\hat{c}(i)$ kennzeichnen die Entscheidungsoperationen.

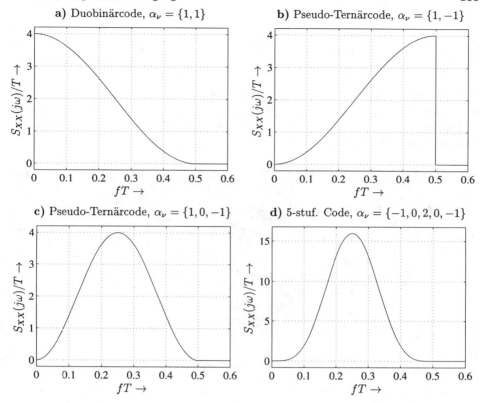

Bild 5.3.1: Spektren bei Partial-Response Codierung

Hierbei kann es zu *Fehlerfortpflanzung* kommen, wenn die in den vorangegangenen Schritten entschiedenen Daten $\hat{d}(i-1)\cdots\hat{d}(i-n+1)$ fehlerhaft sind. Im folgenden wird eine Vorcodierung eingeführt, die es erlaubt, die Quelldaten direkt aus den *Momentanwerten* der Partial-Response-Symbole $c(i)$ zu ermitteln. Die von der Quelle abgegebenen binären Daten werden jetzt als $b^{0/1}(i)$ bezeichnet[12]. Aus den Partial-Response Koeffizienten bildet man die logischen Koeffizienten

$$\alpha_\nu^{0/1} = \begin{cases} 0 & \text{für } \alpha_\nu \text{ gerade} \\ 1 & \text{für } \alpha_\nu \text{ ungerade.} \end{cases} \qquad (5.3.3)$$

Dann erzeugt man über die rekursive logische Gleichung[13]

---

[12]Zur Kennzeichnung der logischen Darstellung wird im folgenden der hochgestellte Index 0/1 angefügt, während bei der $\{1, -1\}$-Schreibweise der Hochindex $\pm$ benutzt wird.

[13]Das Symbol „$\oplus$" bezeichnet die modulo-2-Addition (Exclusiv Oder) mit der Definition $0 \oplus 0 = 1 \oplus 1 = 0, \qquad 0 \oplus 1 = 1 \oplus 0 = 1$.

$$d^{0/1}(i) = b^{0/1}(i) \quad \oplus \quad \left(\alpha_1^{0/1} \cdot d^{0/1}(i-1)\right) \oplus \left(\alpha_2^{0/1} \cdot d^{0/1}(i-2)\right) \oplus \cdots$$
$$\cdots \quad \oplus \quad \left(\alpha_{n-1}^{0/1} \cdot d^{0/1}(i-n+1)\right) \tag{5.3.4}$$

die vorcodierten Daten zur Weitergabe an den Partial-Response-Coder. Dies erfolgt über einen Impulsgenerator, der wahlweise auch die Umsetzung in die symmetrische Form $d^{\pm}(i) \in \{1, -1\}$ erlaubt. Das gesamte Blockschaltbild eines Partial-Response-Senders zeigt **Bild 5.3.2**.

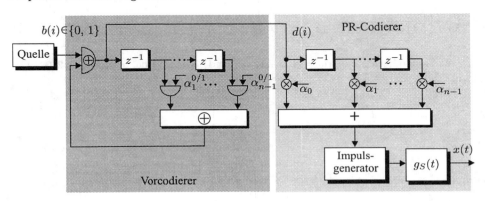

Bild 5.3.2: Partial-Response-Sender mit Vorcodierung

Zur Illustration, daß das gewünschte Ziel der Momentanwertentscheidung aus $c(i)$ durch die Vorcodierung erreicht wird, betrachten wir den [1,0,-1]-Pseudoternärcode. Setzt man anstelle der logischen Variablen $b^{0/1}(i)$ und $d^{0/1}(i)$ die Schreibweise $b^{\pm}(i)$, $d^{\pm}(i) \in \{1, -1\}$ ein, so ist die modulo-2-Addition durch eine Multiplikation zu ersetzen. Für die Vorcodierung erhält man dann mit $\alpha_\nu^{0/1} = [1, 0, 1]$

$$d^{\pm}(i) = b^{\pm}(i) \cdot d^{\pm}(i-2),$$

woraus man das Partial-Response-Symbol

$$c(i) = d^{\pm}(i) - d^{\pm}(i-2) = b^{\pm}(i) \cdot d^{\pm}(i-2) - d^{\pm}(i-2) = \left[b^{\pm}(i) - 1\right] \cdot d^{\pm}(i-2)$$

gewinnt. Man erkennt, daß sich mit $b^{\pm}(i) = 1$ stets der Wert c(i)=0 ergibt, während $b^{\pm}(i) = -1$ zu $c(i) \in \{-2, 2\}$ führt. Die Entscheidungsvorschrift für den Pseudoternärcode [1,0,-1] mit Vorcodierung lautet also

$$|c(i)| < 1 \;\rightarrow\; \begin{cases} \hat{b}^{\pm}(i) = 1 \\ \hat{b}^{0/1}(i) = 0 \end{cases} \qquad |c(i)| > 1 \;\rightarrow\; \begin{array}{l} \hat{b}^{\pm}(i) = -1 \\ \hat{b}^{0/1}(i) = 1, \end{array} \tag{5.3.5}$$

wenn der Partial-Response-Coder mit $d^{\pm}(i) \in \{1, -1\}$ angesteuert wird[14].

---

[14]Ist das Eingangssignal des Partial-Response-Coders hingegen $d^{0/1}(i) \in \{0, 1\}$, so reduziert sich die Entscheidungsschwelle von 1 auf 1/2.

5.3.3 Übungen

Aufgabe 5.3.1

Augendiagramme
von Partial-Response-Signalen
(Lösung Seite 186)

a) Stellen Sie für die in Tabelle 5.3.1 angegebenen Partial-Response-Codes die Augendiagramme dar; wählen Sie dabei als Sendefilter einen idealen Tiefpaß der Grenzfrequenz $f_g = 1/(2T)$ (Approximation: cosroll mit $r = 0$, $w = 16$, $n = 128$). Zur Erzeugung der Partial-Response-Signale kann die Routine datensig benutzt werden, indem der Partial-Response-Code in die Impulsantwort des Sendefilters eingerechnet wird. Als Datensignal ist ein Vektor unabhängiger Symbole $d(i) \in \{+1, -1\}$ zu generieren.

b) Ermitteln Sie für die vier Codes das $(S/N)_{\text{ISI}}$-Verhältnis in dB sowie den ISI-Maximalwert infolge eines Abtastfehlers von $\Delta t = T/16$.

c) Erzeugen Sie für den Pseudoternärcode [1,-1] bei einer Folge unabhängiger Quellbits $b(i) \in \{0, 1\}$ die Partial-Response-Symbole $c(i)$ unter Einbeziehung einer Vorcodierung. Formulieren Sie ein einfaches Bildungsgesetz für $c(i)$.

Aufgabe 5.3.2

Entscheidungsregeln
für die betrachteten Partial-Response-Codes
(Lösung Seite 188)

a) Leiten Sie Entscheidungsregeln für die in Tabelle 5.3.1 angegebenen Partial-Response-Codes duobinär, pseudoternär ($n = 2$) und pseudo-5-stufig mit zugehöriger Vorcodierung her.

b) Schreiben Sie ein MATLAB-Programm zur Decodierung dieser Codes. Erproben Sie dieses Programm durch Simulation einer ungestörten Übertragung. Benutzen Sie dazu die vorhandenen Programme pr_vorcod und datensig. Wählen Sie als Impulsformer ein Kosinus-roll-off-Filter mit $r = 1$ $(w = 4)$.

Aufgabe 5.3.3

Partial-Response-Übertragung
über AWGN-Kanäle
(Lösung Seite 190)

a) Leiten Sie einen geschlossenen Ausdruck für die Energie eines Partial-Response-Symbols her. Nehmen Sie als Sendefilter ein Wurzel-Nyquist-Filter an.

b) Simulieren Sie für die vier betrachteten Partial-Response-Codes eine AWGN-Übertragung (benutzen Sie die Routinen **awgn_sim, pr_vorcod, pr_decod**). Setzen Sie als Sende- und Empfangsfilter jeweils ein Wurzel-Kosinus-roll-off-Filter (**r=1, w=4, L=4**) ein. Nehmen Sie die Unterdrückung der Ein-und Ausschwingvorgänge manuell vor.
Ermitteln Sie die Bitfehlerraten am Ausgang des Partial-Response-Decoders und stellen Sie sie für[15] $E_S/N_0 = 0, 1, \cdots, 16$ dB in einem Diagramm dar. Tragen Sie als Referenzkurve die theoretische Fehlerwahrscheinlichkeit bei zweistufiger bipolarer Übertragung gemäß (5.2.6) ein und ermitteln Sie demgegenüber die E_S/N_0-Verluste der vier Partial-Response-Codes.

c) Erläutern Sie, weshalb in einer Anordnung, bei der wie bisher die Partial-Response-Codierung am Sender durchgeführt wird, die Matched-Filter-Bedingung verletzt wird. Geben Sie für den [-1,0,2,0,-1]-Pseudoternärcode eine optimale Anordnung unter Berücksichtigung der Matched-Filter-Bedingung an. Simulieren Sie hierfür eine AWGN-Übertragung und tragen Sie die dabei ermittelte Bitfehlerrate in das unter b) erzeugte Diagramm ein. Wie groß ist der E_S/N_0-Gewinn gegenüber der konventionellen Realisierung des [-1,0,2,0,-1]-Codes?

Lösung Aufgabe 5.3.1

Aufgabenteil a)

Nach der Erzeugung eines Kosinus-roll-off-Impulses **g_cosroll** mit $r = 0$ wird der gesamte Sendeimpuls unter Einbeziehung der Partial-Response-Codierung gebildet: **g_s=conv([alpha(1) zeros(1,w-1) alpha(2) zeros(1,w-1) ... alpha(n-1)],g_cosroll)** und dem Programm **datensig** übergeben. Um den in Aufgabenteil b) geforderten Abtastfehler $\Delta t = T/16$ realisieren zu können, wird $w = 16$ gewählt; es wird ein Datenvektor der Länge 4096 aus Elementen $d(i)\in\{+1, -1\}$ gebildet. Die mittels **auge** erzeugten Augendiagramme für die vier Codes sind in den **Bildern 5.3.3a-d** dargestellt.

Aufgabenteil b)

Den Fehler infolge einer Fehlabtastung $\Delta t = T/16$ erhält man mit **delta_c=x(2:w:length(x))**, wobei **x** das mit $w = 16$ abgetastete Sendesignal ist. Zur Bestimmung der $(S/N)_{\mathrm{ISI}}$-Werte sind die Signalleistungen zu bestimmen; dies geschieht mit Hilfe der Häufigkeitsverteilungen der Partial-Response-Codes:

---

[15]Hinweis: Passen Sie den jeweiligen Stichprobenumfang den verschiedenen E_S/N_0-Werten so an, daß jeweils eine hinreichende Anzahl von Fehlern – z.B. 50 - 100 – gemessen wird. Beschränken Sie die Darstellung auf $P_b \leq 10^{-4}$.

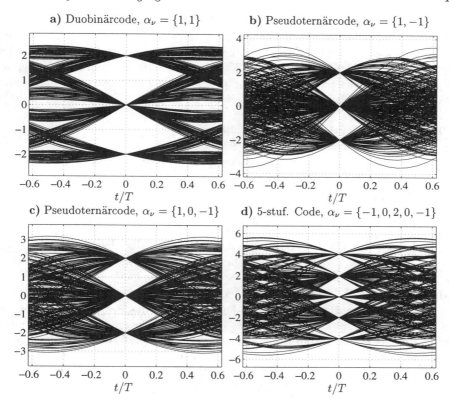

a) Duobinärcode, $\alpha_\nu = \{1, 1\}$ **b)** Pseudoternärcode, $\alpha_\nu = \{1, -1\}$

c) Pseudoternärcode, $\alpha_\nu = \{1, 0, -1\}$ **d)** 5-stuf. Code, $\alpha_\nu = \{-1, 0, 2, 0, -1\}$

Bild 5.3.3: Augendiagramme bei Partial-Response-Codierung

duobinär/pseudoternär:

$$p_C(c) = \frac{1}{4}\delta_0(c+2) + \frac{1}{2}\delta_0(c) + \frac{1}{4}\delta_0(c-2)$$

$$\Rightarrow \quad \sigma_C^2 = 2(\frac{1}{4}\,4) = 2$$

5-stufig:

$$p_C(c) = \frac{1}{8}\delta_0(c+4) + \frac{1}{4}\delta_0(c+2) + \frac{1}{4}\delta_0(c) + \frac{1}{4}\delta_0(c-2) + \frac{1}{8}\delta_0(c-4)$$

$$\Rightarrow \quad \sigma_C^2 = 2(\frac{1}{4}\,4 + \frac{1}{8}\,16) = 6.$$

In **Tabelle 5.3.3** sind die Simulationsergebnisse zusammengestellt. Danach weist der Pseudoternärcode [1,-1], eine deutlich größere Empfindlichkeit gegenüber einem Abtastfehler auf als die anderen dreistufigen Codes: So ist sein $(S/N)_{ISI}$-Verhältnis um 3 dB schlechter als beim Pseudoternärcode [1,0,-1] – der maximale

ISI-Wert ist nahezu verdoppelt[16]. Die Ursache für diese ungünstigen Eigenschaften des $[1, -1]$-Codes liegt darin, daß das Leistungsdichtespektrum an der Stelle seines Maximums bei $f = 1/(2T)$ durch den idealen Tiefpaß scharf abgeschnitten wird, während alle anderen Codes bei $1/(2T)$ eine Nullstelle im Spektrum aufweisen und somit auch bei nachgeschaltetem idealen Tiefpaß eine „weiche Filterflanke" behalten (siehe Bild 5.3.1, Seite 183).

Tabelle 5.3.3: Partial-Response-Signal bei nichtidealer Abtastung ($\Delta t = T/16$)

Typ	α_ν	$(S/N)_{\text{ISI}}$	max{ISI}
duobinär	$[1, 1]$	23.1 dB	0.2311
pseudoternär, $n = 2$	$[1, -1]$	16.6 dB	0.6441
pseudoternär, $n = 3$	$[1, 0, -1]$	19.5 dB	0.3361
5-stufiger Code	$[-1, 0, 2, 0, -1]$	19.7 dB	0.5859

Aufgabenteil c)
Zur Darstellung der Partial-Response-Folgen werden die Programme `pr_vorcod` und `datensig` mit `w=1` benutzt, wobei im letzteren Programm die im Symbol-takt abgetastete Sende-Impulsantwort `g_s=1` eingesetzt wird. Man erhält so beispielsweise nach Abschneiden der Ein- und Ausschwingvorgänge :

```
b(i) = 0 0 1 0 1 1 0 1 0 0 0 1 1 0 1 0 1 1 0 0 0
c(i) = 0 0-2 0 2-2 0 2 0 0 0-2 2 0-2 0 2-2 0 0 0     .
```

Offensichtlich ist das Codesymbol $c(i) = 0$, solange Quellbits $b(i) = 0$ übertragen werden; ist das Quellbit hingegen 1, so ist das Codesymbol $+2$, falls das letzte nicht verschwindende Symbol negativ war, und -2, falls das letzte nicht verschwindende Symbol positiv war. Man nennt diesen Code *AMI-Code* (Alternate Mark Inversion). Durch die alternierende Vorzeichenumkehr wird sichergestellt, daß nicht längere Zeit ein Gleichpegel übertragen wird; diese Eigenschaft besitzen alle Codes, deren Koeffizientensumme null ist.

Lösung Aufgabe 5.3.2

Aufgabenteil a)
• *Duobinärcode*, [1,1]
Mit $\alpha_\nu^{0/1} = [1, 1]$ erhält man die Vorcodierungsgleichung

---

[16]Theoretisch müßte dieser Wert unendlich sein; er ist nur infolge der Approximation des idealen Tiefpasses begrenzt (vergleiche auch die Kommentare auf Seite 171).

$$d^{\pm}(i) = b^{\pm}(i) \cdot d^{\pm}(i-1)$$

und mit (5.3.1) für die Partial-Response-Symbole

$$c(i) = d^{\pm}(i) + d^{\pm}(i-1) = [b^{\pm}(i)+1]d^{\pm}(i-1) = \begin{cases} 0 & \text{für } b^{\pm}(i) = -1 \\ \pm 2 & \text{für } b^{\pm}(i) = +1. \end{cases}$$

Die Decodierungsvorschrift für den Duobinärcode lautet[17]

$$|c(i)| < 1 \ \rightarrow \ \hat{b}^{0/1} = 1, \qquad |c(i)| > 1 \ \rightarrow \ \hat{b}^{0/1} = 0. \qquad (5.3.6)$$

• *Pseudoternärcode* [1,-1]
Für diesen Code ergibt sich die gleiche Decodiervorschrift wie für den Pseudoternärcode [1,0,-1], also die Beziehung (5.3.5).

• *Pseudo-5-stufiger Code*, [-1,0,2,0,-1]
Mit $\alpha_{\nu}^{0/1} = \{1,0,0,0,1\}$ lautet die Vorcodierungsbeziehung

$$d^{\pm}(i) = b^{\pm}(i) \cdot d^{\pm}(i-4).$$

Eingesetzt in die Partial-Response-Gleichung ergibt sich

$$\begin{aligned} c(i) &= -d^{\pm}(i) + 2d^{\pm}(i-2) - d^{\pm}(i-4) \\ &= -b^{\pm}(i) \cdot d^{\pm}(i-4) + 2d^{\pm}(i-2) - d^{\pm}(i-4) \\ &= -\left[b^{\pm}(i)+1\right] \cdot d^{\pm}(i-4) + 2d^{\pm}(i-2) \\ &= \begin{cases} 2d^{\pm}(i-2) \in \{2,-2\} & \text{für } b^{\pm}(i) = -1 \\ -2d^{\pm}(i-4) + 2d^{\pm}(i-2) \in \{4,0,-4\} & \text{für } b^{\pm}(i) = +1. \end{cases} \end{aligned}$$

Die Entscheidungsregel für den 5-stufigen Code lautet also[17]:

$$1 < |c(i)| < 3 \ \rightarrow \ \hat{b}^{0/1} = 1, \qquad |c(i)| < 1 \text{ oder } |c(i)| > 3 \ \rightarrow \ \hat{b}^{0/1} = 0. \quad (5.3.7)$$

Aufgabenteil b)
Die im Aufgabenteil a) hergeleiteten Entscheidungsregeln sind im Programm
pr_decod umgesetzt. In **a_5_3_2** werden diese überprüft. Hierzu wird zunächst
ein Vektor von Quelldaten $b(i) \in \{0,1\}$ generiert, der an die Vorcodierungsroutine übergeben wird; das Ausgabeformat wird auf die $+/-$ Darstellung eingestellt
(**ausg_log**=0). Die Partial-Response-Codierung wird mittels **datensig** vorgenommen. Die Unterdrückung der Ein- und Ausschwingvorgänge erfolgt manuell, da

---

[17]bei Ansteuerung des Partial-Response-Coders mit $d^{\pm}(i) \in \{1,-1\}$

anstelle des vom Programm gelieferten Referenzvektors **d_ref** die Quelldaten $b(i)$ zum Vergleich heranzuziehen sind. Typische Simulationsergebnisse wie

Duobinärcode	$\|c\|$	$= 2\ 2\ 2\ 2\ 0\ 2\ 2\ 2\ 2\ 0\ 2\ 0\ 0\ 2\ 2\ 2\ 2\ 0\ 0\ 2\ 2\ 0\ 0$
$\alpha_\nu = \{1,1\}$	**b_dach**	$= 0\ 0\ 0\ 0\ 1\ 0\ 0\ 0\ 0\ 1\ 0\ 1\ 1\ 0\ 0\ 0\ 0\ 1\ 1\ 0\ 0\ 1\ 1$
	b_ref	$= 0\ 0\ 0\ 0\ 1\ 0\ 0\ 0\ 0\ 1\ 0\ 1\ 1\ 0\ 0\ 0\ 0\ 1\ 1\ 0\ 0\ 1\ 1$
Pseudoternärcode	$\|c\|$	$= 0\ 0\ 0\ 0\ 2\ 0\ 0\ 0\ 0\ 2\ 0\ 2\ 2\ 0\ 0\ 0\ 0\ 2\ 2\ 0\ 0\ 2\ 2$
$\alpha_\nu = \{1,0,-1\}$	**b_dach**	$= 0\ 0\ 0\ 0\ 1\ 0\ 0\ 0\ 0\ 1\ 0\ 1\ 1\ 0\ 0\ 0\ 0\ 1\ 1\ 0\ 0\ 1\ 1$
	b_ref	$= 0\ 0\ 0\ 0\ 1\ 0\ 0\ 0\ 0\ 1\ 0\ 1\ 1\ 0\ 0\ 0\ 0\ 1\ 1\ 0\ 0\ 1\ 1$
5-stufiger Code	$\|c\|$	$= 0\ 0\ 2\ 0\ 4\ 0\ 4\ 2\ 4\ 2\ 2\ 0\ 0\ 0\ 0\ 2\ 2\ 4\ 4\ 2\ 2$
$\alpha_\nu = \{-1,0,2,0,-1\}$	**b_dach**	$= 0\ 0\ 1\ 0\ 0\ 0\ 0\ 1\ 0\ 1\ 1\ 0\ 0\ 0\ 0\ 1\ 1\ 0\ 0\ 1\ 1$
	b_ref	$= 0\ 0\ 1\ 0\ 0\ 0\ 0\ 1\ 0\ 1\ 1\ 0\ 0\ 0\ 0\ 1\ 1\ 0\ 0\ 1\ 1$

zeigen die Funktionsfähigkeit der Decodieralgorithmen.

Lösung Aufgabe 5.3.3

Aufgabenteil a)

Die allgemeine Formulierung eines Partial-Response-Symbols lautet

$$g_S(t) = T \sum_{\nu=0}^{n-1} \alpha_\nu \, g_{\sqrt{}}(t - \nu T),$$

wobei $g_{\sqrt{}}(t)$ einen linearphasigen Wurzel-Nyquistimpuls darstellt. Die Energie des Partial-Response-Impulses lautet

$$E_S = \int_{-\infty}^{\infty} g_s^2(t)\, dt = T^2 \sum_{\nu=0}^{n-1} \sum_{\mu=0}^{n-1} \alpha_\nu \alpha_\mu \int_{-\infty}^{\infty} g_{\sqrt{}}(t - \nu T)\, g_{\sqrt{}}(t - \mu T)\, dt. \qquad (5.3.8)$$

Für das Integral gilt mit der Substitution $t - \nu T = t'$

$$\int_{-\infty}^{\infty} g_{\sqrt{}}(t')\, g_{\sqrt{}}(t' + (\nu - \mu)T)\, dt' = r_{g_{\sqrt{}} g_{\sqrt{}}}^{E}((\nu - \mu)T).$$

Die Energie-Autokorrelationsfunktion des Wurzel-Nyquist-Impulses läßt sich (unter Berücksichtigung der Linearphasigkeit) als Faltung schreiben

$$
\begin{aligned}
r_{g_{\sqrt{}} g_{\sqrt{}}}^{E}(\tau) &= \int_{-\infty}^{\infty} g_{\sqrt{}}(t) g_{\sqrt{}}(t + \tau)\, dt \\
&= g_{\sqrt{}}(\tau) * g_{\sqrt{}}(-\tau) = g_{\sqrt{}}(\tau) * g_{\sqrt{}}(\tau) = g_{\text{Nyq}}(\tau)
\end{aligned}
$$

und führt damit zum *Nyquist*-Impuls. Da dieser definitionsgemäß die erste Nyquistbedingung erfüllt, gilt

$$r^E_{g\sqrt{}\,g\sqrt{}}((\nu - \mu)T) = \begin{cases} 1/T & \text{für } \mu = \nu \\ 0 & \text{für } \mu \neq \nu. \end{cases}$$

Von der Doppelsumme in (5.3.8) verbleiben somit nur die Terme $\mu = \nu$, so daß
sich für die Energie eines Partial-Response-Symbols schließlich ergibt

$$E_S = T \cdot \sum_{\nu=0}^{n-1} \alpha_\nu^2 \, . \tag{5.3.9}$$

Aufgabenteil b)
Die Simulationsergebnisse der Bitfehlerraten bei Übertragung über einen AWGN-
Kanal sind in **Bild 5.3.4** wiedergegeben, wobei die verschiedenen Partial-
Response-Codes durch ihre α-Vektoren gekennzeichnet sind – die Kurve mit der
Bezeichnung -[1,0,-1]·[1,0,-1] ist zunächst nicht zu beachten.

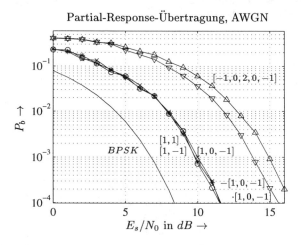

Bild 5.3.4: Bitfehlerrate bei Partial-Response-Übertragung über AWGN-Kanäle

Duobinär-, [1,-1]- und [1,0,-1]-Codes führen zu gleichen Bitfehlerraten. Dies ist
nicht überraschend, da alle drei Codes die gleichen Verteilungsdichten und gleiche
Symbolenergien aufweisen: Nach (5.3.9) ergibt sich $E_S = 2 \cdot T$, was den E_S/N_0-
Verlust von 3-dB gegenüber der zweistufigen bipolaren Übertragung (Symbolenergie T) erklärt. Der [-1,0,2,0,-1]-Code beinhaltet eine Symbolenergie von $E_S = 6$
($\hat{=}7.8$ dB) – der E_S/N_0-Verlust von 8 dB steht hiermit in guter Übereinstimmung.

Aufgabenteil c)

Bei Einhaltung der Matched-Filter-Bedingung müßte die gesamte Impulsformung, also auch die Partial-Response-Codierung, zu gleichen Teilen zwischen Sender und Empfänger aufgeteilt werden. Beim [-1 0 2 0 -1]-Code ist dies leicht möglich: Die gesamte z-Übertragungsfunktion des Partial-Response Übertragungssystems (w-fache Abtastung) läßt sich in zwei gleiche Produktterme aufspalten[18]

$$\begin{aligned}
G_{\mathrm{PR}}(z) &= -[1 - 2\,z^{-2w} + z^{-4w}]\,G_{\mathrm{Nyq}}(z) \\
&= -[1 - z^{-2w}]\,G_{\sqrt{}}(z) \cdot [1 - z^{-2w}]\,G_{\sqrt{}}(z),
\end{aligned}$$

womit Sender- und Empfänger-Übertragungsfunktion im Matched-Filter Sinne festgelegt sind – die Partial-Response-Vorcodierung bleibt hiervon unberührt und wird ausschließlich am Sender durchgeführt. Die Partial-Response-Koeffizienten lauten somit für Sender und Empfänger

$$\alpha^S = [1, 0, -1], \qquad \alpha^E = -[1, 0, -1].$$

Eine derartige Partial-Response-Anordnung wurde simuliert; die ermittelten Bitfehlerraten sind in **Bild 5.3.4** eingetragen. Gegenüber der konventionellen, ausschließlich sendeseitig realisierten Partial-Response-Codierung ergibt sich ein E_S/N_0-Gewinn von etwa 1 dB.

---

[18]$G_{\mathrm{Nyq}}(z)\,\hat{=}$ Nyquist-Filter, $G_{\sqrt{}}(z)\,\hat{=}$ Wurzel-Nyquist-Filter, beide linearphasig

Kapitel 6

Digitale Modulation

6.1 Lineare Modulationsformen

In den Abschnitten 1.3 bzw. 1.4 wurde gezeigt, daß die äquivalente Tiefpaßdarstellung reeller Bandpaßsignale auf *komplexe Zeitsignale* (Komplexe Einhüllende) führt, wenn nicht der Spezialfall konjugiert gerader Spektren vorliegt. Umgekehrt kann hieraus der Schluß gezogen werden, daß Datensignale der Form (5.1.1), Seite 159, nunmehr mit *komplexen Daten* $d(i)$ beaufschlagt werden können, sofern anschließend eine Bandpaßumsetzung erfolgt. Man definiert also die Komplexe Einhüllende eines Datensignals

$$s(t) = T \sum_{i=-\infty}^{\infty} d(i) \cdot g_S(t - iT); \qquad d(i) = d'(i) + j\, d''(i) \in \mathbb{C} \qquad (6.1.1)$$

mit der i.a. reellen Sendefilter-Impulsantwort $g_S(t)$. Die Bandpaßumsetzung erfolgt gemäß

$$
\begin{aligned}
x(t) &= \operatorname{Re}\{x^+(t)\} = \operatorname{Re}\{s(t) \cdot e^{j\omega_0 t}\} \qquad\qquad\qquad (6.1.2)\\
&= \cos(\omega_0 t) \cdot \sum_{i=-\infty}^{\infty} d'(i) \cdot T g_S(t - iT) - j \cdot \sin(\omega_0 t) \cdot \sum_{i=-\infty}^{\infty} d''(i) \cdot T g_S(t - iT).
\end{aligned}
$$

Der Realteil der Datenfolge wird also dem Träger in Kosinus-Phasenlage aufgeprägt – er wird dementsprechend als *kophasale* oder *In-Phase-Komponente (I-Komponente)* bezeichnet –, während der Imaginärteil über den Träger in Sinus-Phasenlage übertragen wird und daher die Bezeichnung *Quadratur-Komponente (Q-Komponente)* trägt.

Die spezielle Modulationsart wird durch die Wahl des Signalalphabets in der komplexen Signalebene („Signalraum") festgelegt (engl. Signal-Mapping). Definiert man $M = 2^m$ Signalpunkte (M-stufige Modulation), so sind jedem Symbol m Quellbits zuzuordnen. Diese Zuordnung erfolgt im Sinne einer *Gray-Codierung*, bei der sich die m Bits benachbarter Symbolpaare, d.h. Symbole mit minimaler euklidischer Distanz in der komplexen Signalebene, *nur in einer Binärstelle unterscheiden*. Der Sinn dieser Zuordnung liegt darin, daß bei Fehlentscheidungen, die sich mit höchster Wahrscheinlichkeit auf benachbarte Symbole beziehen, jeweils nur ein Bitfehler entsteht. Die Gray-Codierung wird in Abschnitt 6.5.1 ausführlicher behandelt.

Das Blockschaltbild eines Senders zur Erzeugung eines M-stufigen Modulationssignals ist **Bild 6.1.1** dargestellt: Der binäre Bitstrom $b(j) \in \{0,1\}$ wird zunächst in Bitgruppen der Länge $m = \mathrm{ld}(M)$ zerlegt – die zugeordneten komplexen Symbole $d(i)$ werden aus einem Speicher ausgelesen und dem reellen Impulsformerfilter mit der Impulsantwort $g_S(t)$ zugeleitet. Nach der Multiplikation mit dem Kosinus- und Sinusträger und Subtraktion liegt das reelle Modulationssignal in der Bandpaßlage vor.

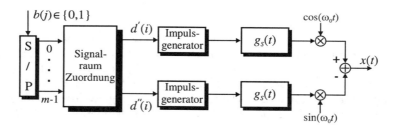

Bild 6.1.1: Sender für höherstufige digitale Modulationsformen

Die gebräuchlichsten Signalraumverteilungen können durch das Programm `modquel` erzeugt werden (statistisch unabhängige gleichverteilte Signalpunkte). In **Bild 6.1.2** werden sechs Beispiele für Signalraumkonstellationen vor der analogen Impulsformung (Bandbegrenzung) gezeigt.

Infolge der Bandbegrenzung durch die anschließenden Impulsformerfilter entstehen kontinuierliche Übergänge, wie in Bild 6.1.3 anhand der QPSK-Modulation demonstriert wird. Dabei wird zunächst in **Bild 6.1.3a** ein Wurzel-Kosinus-rolloff-Sendefilter ($r = 0.5$) benutzt; hier bleiben die vier scharfen QPSK-Signalpunkte nicht erhalten, da die erste Nyquistbedingung durch das Sendefilter allein nicht erfüllt wird. Dies ist erst der Fall, wenn das Empfangsfilter – ebenfalls ein Wurzel-Kosinus-roll-off-Filter – hinzugenommen wird: **Bild 6.1.3b** zeigt die scharfen Signalpunkte bei $1/\sqrt{2} \cdot [\pm 1 \pm j]$ mit weichen Übergängen infolge der Bandbegrenzung. Weitere Beispiele für Signalraumdiagramme werden in Aufgabe 6.1.1 wiedergegeben.

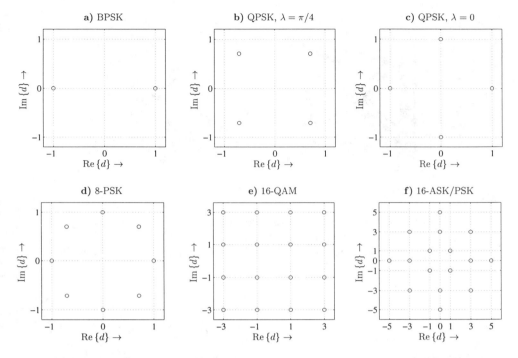

Bild 6.1.2: Höherstufige Modulationsarten in der komplexen Signalebene
    a) BPSK: Binary Phase Shift Keying
    b) QPSK: Quarternary Phase Shift Keying in der Phasenlage $\lambda = \pi/4$
    c) QPSK: Quarternary Phase Shift Keying in der Phasenlage $\lambda = 0$
    d) 8-PSK: 8-stufiges Phase Shift Keying
    e) 16-QAM: 16-stufige Quadratur-Amplitudenmodulation
    f) 16-ASK/PSK: 8-PSK mit jeweils 2 Amplitudenstufen

6.1.1   Offset-QPSK

In vielen Anwendungen, z.B. beim Mobilfunk, führen starke Schwankungen der
Betragseinhüllenden des gesendeten Signals zu Problemen, da in diesem Falle
die in den Sendeverstärkern vorhandenen Nichtlinearitäten zu einer ungewollten
Bandbreite-Erhöhung des Sendesignals führen (*Außerbandstrahlung*). Um nicht
allzu hohe Ansprüche an die Linearität – z.B. in der Sendestufe von Mobilfunk-
Handys – stellen zu müssen, werden vorzugsweise Modulationsverfahren mit geringen Amplitudenschwankungen eingesetzt. Eine Möglichkeit hierzu bietet das
sogenannte *Offset-QPSK*-Verfahren (oder allgemein *Offset QAM*): Gegenüber der
konventionellen PSK besteht hier der Unterschied, daß Real- und Imaginärteil um
$T/2$ zeitlich versetzt übertragen werden.

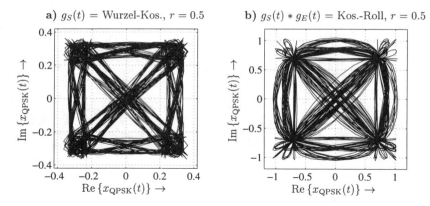

a) $g_S(t)$ = Wurzel-Kos., $r = 0.5$ **b)** $g_S(t) * g_E(t)$ = Kos.-Roll, $r = 0.5$

Bild 6.1.3: QPSK-Signalraumdiagramme bei Bandbegrenzung
a) Sendefilter: Wurzel-Kosinus-roll-off, $r = 0.5$
b) Sende- u. Empfangsfilter: Kosinus-roll-off, $r = 0.5$

$$s_{\text{oQAM}}(t) = \sum_{i=-\infty}^{\infty} d'(i) \cdot g_S(t - iT) + j \sum_{i=-\infty}^{\infty} d''(i) \cdot g_S\left(t - \frac{T}{2} - iT\right) \qquad (6.1.3)$$

Die Wirkung beruht darauf, daß durch das wechselseitige Umtasten keine Phasenübergänge von π auftreten (Nulldurchgänge), die im Falle der konventionellen PSK die Hauptursache für starke Amplitudenvariationen sind (vgl. Aufgabe 6.1.1d, Bild 6.1.6a). In Aufgabe 6.1.3 wird die Reduktion der Amplitudenschwankungen durch Anwendung der Offset-QPSK demonstriert.

6.1.2 Differentielle PSK

Eine wichtige Sonderform stellt die differentielle PSK dar, bei dem die übertragene Phaseninformation $(\Delta\varphi(i))$ in die Differenz der absoluten Phasenwerte zeitlich aufeinanderfolgender Symbole gelegt wird:[1]

$$\varphi(i) = \varphi(i-1) + \Delta\varphi_\mu(i); \qquad \Delta\varphi_\mu(i) = \frac{2\pi}{M} \cdot \mu + \lambda, \quad \begin{cases} \mu = 0, \cdots, M-1 \\ \lambda \in \{0, \pi/M\}. \end{cases} \qquad (6.1.4)$$

Dem Phaseninkrement $\Delta\varphi_\mu(i)$ sind dabei ld(M) bit zugeordnet. Durch die differentielle Modulation kann am Empfänger eine Datendetektion *ohne Kenntnis der absoluten Phasenlage* erfolgen. Dies eröffnet einerseits die Möglichkeit

---
[1]$d(i) = e^{j\varphi(i)}$

der inkohärenten Demodulation (vgl. Abschnitt 6.4) und trägt andererseits bei kohärenter Demodulation der i.a. vorhandenen Vieldeutigkeit der mittels einer Trägerregelung regenerierten Phase um Vielfache von $2\pi/M$ Rechnung (siehe Abschnitt Trägerregelung, S. 219ff).

6.1.3 Übungen

Aufgabe 6.1.1

Signalraumdiagramme
für höherstufige lineare Modulationsformen
(Lösung Seite 198)

a) Bestimmen Sie die mittleren Sendesymbol-Energien[2] für die in Bild 6.1.2 dargestellten Modulationsformen – als Sendefilter werden Wurzel-Nyquist-Filter angenommen.

b) Erzeugen Sie Signalraumdiagramme für QPSK, 8-PSK, 16-QAM und 16-ASK/PSK am Matched-Filter-Ausgang im Empfänger – nehmen Sie einen ungestörten, idealen Kanal an und setzen für Sende- und Empfangsfilter jeweils Wurzel-Kosinus-roll-off-Filter mit $r = 1$ an. Hinweis: Verwenden Sie die Programme modquel und datensig.

c) Stellen Sie die Augendiagramme der Realteile des QAM- und des 16-ASK/PSK-Signals dar.

d) Stellen Sie für QPSK und 16-QAM die Zeitverläufe der Betragseinhüllenden dar.

Aufgabe 6.1.2

$\pi/4$-**DPSK**
(Lösung Seite 200)

a) Erzeugen Sie eine Folge von differentiellen QPSK-Daten $d_{\mathrm{DPSK}}(i)$ mit einer Anfangsphase $\lambda = \pi/4$ und stellen Sie diese in der komplexen Signalraumebene dar – unterscheiden Sie in der graphischen Darstellung zwischen geraden und ungeraden Indizes (z.B. 'o' und '*'). Zur Darstellung des DQPSK-Quellensignals steht Ihnen die Routine dqpskquel zur Verfügung, wobei ein zuvor erzeugter Vektor von Binärdaten $\overline{b(j)} \in \{0, 1\}$ zu übergeben ist.

b) Führen Sie nun eine Bandbegrenzung mit einem Kosinus-roll-off Filter ($r = 1$) durch und interpretieren Sie das Signalraumdiagramm im Vergleich zu dem in Bild 6.1.4b.

---

[2]Für Bandpaßsignale ist die Symbolenergie definiert als $E_S = \frac{1}{2}E\{|D(i)|^2\} \cdot T^2 \cdot \int\limits_{-\infty}^{\infty} |g_S(t)|^2 dt$.

> **Aufgabe 6.1.3**

**Modulationsverfahren
mit reduzierten Amplitudenschwankungen**
(Lösung Seite 201)

a) Schreiben Sie ein m-File zur Realisierung eines Offset-QPSK-Signals.

   (Hinweis: Benutzen Sie die Routinen `modquel` und `datensig`.) Stellen Sie
   die Signalraumdiagramme von Offset-QPSK-Signalen bei Kosinus-roll-off-
   Impulsformung mit $r = 1$ und $r = 0.5$ dar.

b) Stellen Sie das Signalraumdiagramm eines $\pi/4$-DPSK-Signals bei Kosinus-
   roll-off-Impulsformung mit $r = 0.5$ gegenüber.

c) Stellen Sie jeweils einen Zeitausschnitt (z.B. $0 \leq t/T \leq 30$) der Beträge
   der Einhüllenden des Offset-QPSK- und des $\pi/4$-DPSK-Signals für $r = 1$
   dar. Interpretieren Sie die Ergebnisse anhand der unter b) dargestellten
   Signalräume. Vergleichen Sie die Verläufe mit der Betragseinhüllenden eines
   gewöhnlichen QPSK-Signals bei gleicher Impulsformung.

> **Lösung Aufgabe 6.1.1**

Aufgabenteil a)
Die in den Bildern 6.1.2a-d dargestellten Modulationssignale – also BPSK, die beiden QPSK-Formen und 8-PSK – haben jeweils die gleiche Sendesymbol-Energie[3]

$$E_S = \frac{1}{2} \underbrace{|d(i)|^2}_{=1} T^2 \int\limits_{-\infty}^{\infty} g_S^2(t)\, dt = \frac{1}{2} \cdot T^2 g_S(t) * g_S(-t)|_{t=0} = \frac{T^2}{2}\, g_{\mathrm{Nyq}}(0) \overset{!}{=} \frac{T}{2}.$$

Dagegen müssen im Falle von 16-QAM und 16-ASK/PSK mittlere Energien bestimmt werden, da die Signalpunkte unterschiedliche Beträge aufweisen. Für gleiche a-priori-Wahrscheinlichkeit der Symbole gilt

$$\begin{aligned}
\text{16-QAM:}\quad \mathrm{E}\{|D(i)|^2\} &= 1/4 \cdot [2 + 10 + 10 + 18] = 10 \\
\text{16-ASK/PSK:}\quad \mathrm{E}\{|D(i)|^2\} &= 1/4 \cdot [9 + 25 + 2 + 18] = 54/4 = 13.5,
\end{aligned}$$

also $\quad \mathrm{E}\{E_S\} =: \bar{E}_S = \begin{cases} 5 \cdot T & \text{für 16-QAM} \\ 6.75 \cdot T & \text{für 16-ASK/PSK.} \end{cases}$

---

[3]Es sei $g_S(t) * g_S(-t) = g_{\mathrm{Nyq}}(t) = g_{\mathrm{Nyq}}(-t)$ der normierte Nyquistimpuls des Gesamtsystems:
$T^2 \cdot g_{\mathrm{Nyq}}(0) = T$.

Aufgabenteil b)
Die **Bilder 6.1.4a-d** zeigen die Signalraumdiagramme für QPSK, 8-PSK, 16-QAM und 16-ASK/PSK bei Kosinus-roll-off-Impulsformung mit $r = 1$.

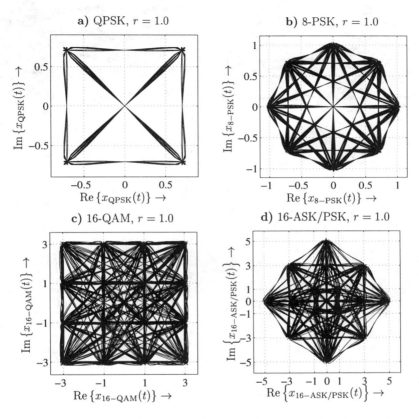

Bild 6.1.4: Signalraumdiagramme bei verschiedenen Modulationsformen Sende- u. Empfangsfilter: Kosinus-roll-off, $r = 1.0$

Aufgabenteil c)
Die in den **Bildern 6.1.5a,b** gezeigten Augenmuster entsprechen den Projektionen der Signalraumdiagramme in Bild 6.1.4c,d auf die reelle Achse. Obwohl eine Kosinus-roll-off-Impulsformung mit $r = 1$ zugrunde liegt, beträgt die horizontale Augenöffnung hier nicht 100%, was sich zwangsläufig aus der Mehrstufigkeit ergibt.

Aufgabenteil d)
Schließlich zeigen die **Bilder 6.1.6a,b** Zeitausschnitte der Betragseinhüllenden bei QPSK und 16-QAM. Insbesondere infolge der Durchgänge der komplexen

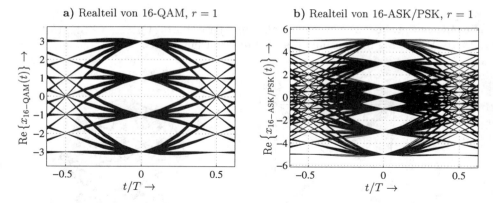

Bild 6.1.5: Augendiagramme (Roll-off-Faktor: $r = 1.0$)

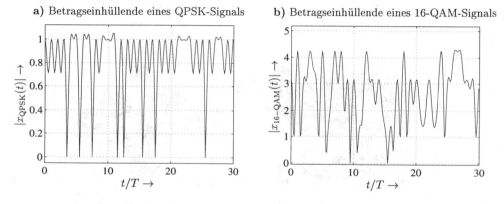

Bild 6.1.6: Zeitverläufe der Betragseinhüllenden

Einhüllenden durch den Ursprung ergeben sich starke Amplitudenvariationen – auf die Problematik solcher Amplitudenschwankungen in Verbindung mit den Nichtlinearitäten von Sendeverstärkern wurde hingewiesen (siehe Seite 195).

Lösung Aufgabe 6.1.2

Aufgabenteil a)
Wird bei DQPSK die Differenzphase mit *ungeradzahlig Vielfachen von* $\pi/4$ festgelegt – $\Delta\varphi_\mu(i) \in \{\pm\pi/4, \pm 3\pi/4\}$ – so liegt die absolute Phase für gerade Indizes auf Vielfachen von $\pi/2$ und für ungerade Indizes im ungeradzahligen $\pi/4$-Raster.

$$\varphi(2i) \in \{0, \pi/2, \pi, -\pi/2\}$$
$$\varphi(2i+1) \in \{\pi/4, 3\pi/4, -3\pi/4, -\pi/4\};$$

das mittels `dqpskquel` errechnete Ergebnis in **Bild 6.1.7a** demonstriert dies. Auf den ersten Blick kann dieses Modulationsverfahren als 8-PSK gedeutet werden; in Wahrheit liegen aber nicht acht unabhängige Phasenlagen vor, sondern das Modulationssignal springt alternierend zwischen den beiden erläuterten Phasenrastern hin und her.

Aufgabenteil b)
Bild 6.1.7b zeigt das Signalraumdiagramm bei einer Impulsformung mit $r = 1$. Im Vergleich zu Bild 6.1.4b wird nochmals der prinzipielle Unterschied zur 8-PSK deutlich: Während dort alle Phasenübergänge möglich sind, ergeben sich beim $\pi/4$-DPSK-Signal nur Sprünge zwischen ungeradzahligen und geradzahligen oder geradzahligen und ungeradzahligen Vielfachen von $\pi/4$. Dies führt dazu, daß sich keine Durchgänge durch den Ursprung der komplexen Signalebene ergeben können – das in der letzten Aufgabe angesprochene Problem starker Amplitudenschwankungen ist also bei der $\pi/4$-DPSK-Modulation abgemildert (siehe auch Aufgabe 6.1.3).

a) o = d(2i); * = d(2i+1)   **b)** mit Impulsformung, $r = 1$

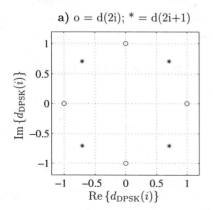 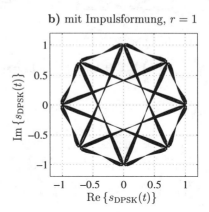

Bild 6.1.7: $\pi/4$-DPSK

Lösung Aufgabe 6.1.3

Aufgabenteil a)
Das zu entwickelnde Programm zur Erzeugung eines Offset-QPSK-Signals findet sich unter dem Lösungs-m-File <u>a6_1_3</u>; mit Hilfe von `datensig` kann eine

Impulsformung hinzugefügt werden. Die **Bilder 6.1.8a,b** zeigen Offset-QPSK-Signalräume bei den Roll-off-Faktoren $r = 1$ und $r = 0.5$; man sieht, daß hier im Gegensatz zu den Bildern 6.1.4a und 6.1.3b Nulldurchgänge durch den Ursprung vermieden werden.

Aufgabenteil b)
Dies gilt prinzipiell auch für das in **Bild 6.1.8c** dargestellte $\pi/4$-DPSK-Signal mit $r = 0.5$ (ein entsprechendes Signal mit $r = 1$ wurde bereits unter **Bild 6.1.7b** gezeigt) – wenn auch die Reduktion der Einhüllendenschwankungen hier geringer ausfällt als bei der Offset-QPSK.

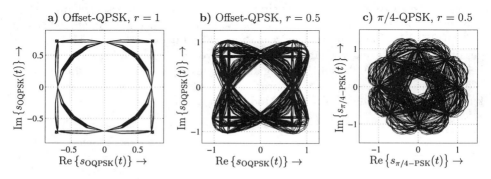

Bild 6.1.8: Signalraumdiagramme von Offset-QPSK und $\pi/4$-DPSK

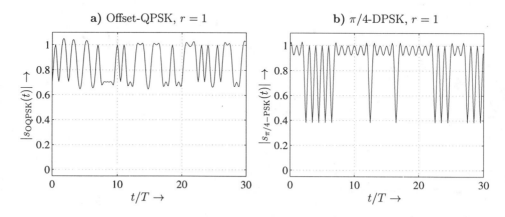

Bild 6.1.9: Zeitverläufe von Betragseinhüllenden

Aufgabenteil c)
Typische Zeitverläufe der Betragseinhüllenden von Offset-QPSK und $\pi/4$-DPSK sind in den **Bildern 6.1.9a,b** wiedergegeben. Gegenüber Bild 6.1.6a ergeben sich – vor allem für das Offset-QPSK-Verfahren – erheblich geringere Einhüllendenschwankungen.

6.2 Continuous-Phase-Modulation

Bei den analogen Modulationsverfahren bilden die Phasen- und die Frequenzmodulation die Klasse der nichtlinearen Modulationsformen. Insofern überrascht es, daß die PSK, also die diskrete Variante der Phasenmodulation, im letzten Abschnitt unter den linearen Formen behandelt wurde. Dies ist so zu begründen, daß PSK eine Sonderform der Quadratur-Amplitudenmodulation (QAM) ist, wobei sich die Phasenmodulation aus der speziellen *Symbolzuordnung* ergibt – nur diese Zuordnung ist nichtlinear, während die QAM den linearen Formen zuzurechnen ist.

6.2.1 Frequency Shift Keying (FSK)

Im Gegensatz hierzu ist das *Frequency Shift Keying (FSK)* eine nichtlineare Modulationsform[4]. Es handelt sich dabei um die digitale Version der Frequenzmodulation, bei der die Modulation durch ein reelles Datensignal der Form (5.1.1) erfolgt; dieses Datensignal übernimmt also die Rolle der Momentanfrequenz. Der Sendeimpuls ist dabei rechteckförmig

$$\gamma_{FSK}(t) = \text{rect}(t/T) = \left\{ \begin{array}{ll} 1 & \text{für } -\frac{T}{2} < t < \frac{T}{2} \\ 0 & \text{sonst.} \end{array} \right. \qquad (6.2.1)$$

Die Momentanfrequenz wird demnach *hart umgetastet*; dies geschieht aber unter Wahrung der Stetigkeit der Momentanphase – man bezeichnet ein solches Signal deshalb auch als *Continuous Phase FSK, CPFSK*. Im Bandpaßbereich lautet die Formulierung

$$x_{\text{FSK}}(t) = a_0 \cos\left(\omega_0 t + 2\pi\Delta F \int\limits_0^t \sum_{\ell=0}^{\infty} d(\ell) \cdot \text{rect}\left(\frac{t'}{T} - \ell\right) dt' + \varphi_0 \right), \qquad (6.2.2)$$

---

[4]Ausnahmen sind die später behandelte Sonderform MSK (Seite 204) sowie alle orthogonalen FSK-Formen, deren Kennzeichen Modulationsindizes mit ganzzahlig Vielfachen von $1/2$ sind.

wobei ΔF wie bei der klassischen Modulation den *Frequenzhub* bezeichnet. Die Größen a_0 und φ_0 stellen die konstante Amplitude und die Anfangsphase zum Zeitpunkt $t = 0$ dar. Im allgemeinen wird FSK in zweistufiger Form verwendet, d.h. $d(i)\in\{-1, 1\}$ – in Sonderfällen kommen aber auch höherstufige Varianten zum Einsatz, z.B. $d(i)\in\{-3, -1, 1, 3\}$.

Wegen der rechteckförmigen Umtastung kann der Integralausdruck in (6.2.2) folgendermaßen formuliert werden:

$$2\pi\Delta F \int_0^t \sum_{\ell=0}^{\infty} d(\ell) \cdot \mathrm{rect}\left(\frac{t'}{T} - \ell\right) dt' = 2\pi\Delta F \sum_{\ell=0}^{\infty} d(\ell) \int_0^t \mathrm{rect}\left(\frac{t'}{T} - \ell\right) dt'$$

$$= 2\pi\Delta F \sum_{\ell=0}^{i-1} d(\ell) \cdot T + 2\pi\Delta F d(i) \cdot [t - iT] = \varphi(iT) + 2\pi\Delta F T \cdot [t/T - i] \cdot d(i)$$

$$\text{für } iT \le t \le (i+1)T. \qquad (6.2.3)$$

In Anlehnung an die klassische Frequenzmodulation wird der Faktor

$$2\Delta F T =: \eta \qquad (6.2.4)$$

als *Modulationsindex* bezeichnet; $\varphi(iT)$ ist die jeweilige Anfangsphase zu den Zeitpunkten $t = iT$. Für die Differenzphase zwischen zwei Symbolintervallen gilt demgemäß

$$\varphi\big((i+1)T\big) - \varphi\big(iT\big) = \pi\eta \cdot d(i). \qquad (6.2.5)$$

Für die Komplexe Einhüllende eines FSK-Signals läßt sich mit diesen Definitionen schreiben

$$s_{\mathrm{FSK}}(t) = \exp\Big(j\big(\varphi(iT) + \pi\eta \cdot (t/T - i) \cdot d(i)\big)\Big) \quad \text{für } iT \le t \le (i+1)T. \quad (6.2.6)$$

6.2.2   MSK und GMSK

Wählt man den speziellen Modulationsindex $\eta = 1/2$, so beträgt der Phasenhub zwischen zwei Symbolen $\pm\pi/2$. Ein solches Signal hat besondere Bedeutung, da es als *Offset-QPSK-Signal*, also als *lineare Modulationsform* interpretiert werden kann. Es trägt die Bezeichnung *Minimum Shift Keying (MSK)*, da es ein orthogonales FSK-Signal bei geringstmöglichem Modulationsindex darstellt[5]. Die Eigenschaften von MSK-Signalen werden in Aufgabe 6.2.1 näher untersucht.

FSK-Signale stellen FM-Signale mit hart umgetasteter Momentanfrequenz dar. Ohne daß bisher auf die Spektraleigenschaften eingegangen wurde, ist anschaulich

---

[5]Weitere orthogonale FSK-Signale ergeben sich mit den Modulationsindizes $\eta =$ 1, 1.5, 2, $\cdots$.(nähere Einzelheiten siehe z.B. [Kam96]).

vorstellbar, daß hiermit ein hoher Bandbreitebedarf verbunden sein wird. Aus diesem Grunde werden vornehmlich Modulationsverfahren verwendet, bei denen die Momentanphase vor der Frequenzmodulation *geglättet* wird. Das bekannteste Beispiel hierfür ist das *Gaussian Minimum Shift Keying* (*GMSK*): Zur Phasenglättung wird dabei ein Gauß-Tiefpaß mit der Übertragungsfunktion

$$G_{\text{Gauss}}(j\omega) = \exp\left(-\left(\frac{\omega}{2\pi f_{3dB}}\right)^2 \frac{\ln 2}{2}\right) \qquad (6.2.7)$$

verwendet; f_{3dB} bezeichnet hierbei die 3-dB-Grenzfrequenz des Gauß-Tiefpasses. Bild 6.2.1 zeigt das Blockschaltbild eines GMSK-Senders.

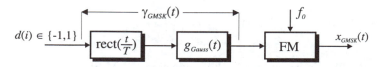

Bild 6.2.1: GMSK-Sender

Jedes einzelne Symbol $d(i)$ wird damit vor der Frequenzmodulation mit dem Frequenz-Elementarimpuls

$$
\begin{aligned}
\Delta F \cdot \gamma_{\text{GMSK}}(t) &= \Delta F \cdot \text{rect}(t/T) * g_{\text{Gauss}}(t) \\
&= \sqrt{\frac{2\pi}{\ln 2}}\, f_{3dB}\Delta F \cdot \int_{-T/2}^{T/2} \exp\left(-\frac{2}{\ln 2}\left[\pi f_{3dB}(t-t')\right]^2\right) dt' \\
&= \frac{\Delta F}{2}\left[\text{erf}(\alpha(t/T + 0.5)) - \text{erf}(\alpha(t/T - 0.5))\right] \qquad (6.2.8)
\end{aligned}
$$

gewichtet, wobei $\text{erf}(x) = 2/\sqrt{\pi}\int_0^x e^{-t^2}\,dt$ und $\alpha = \sqrt{2/\ln 2}\,\pi\, f_{3dB}T$. Der Einfluß der Gauß-Glättung wird unter Aufgabe 6.2.2 veranschaulicht; die Wirkung in Bezug auf die Spektraleigenschaften wird in Abschnitt 6.3 analysiert.

6.2.3   REC- und RC-Signale

Die Glättung der Momentanphase mit dem Ziel, günstigere Spektraleigenschaften zu erreichen, führt prinzipiell zu Intersymbolinterferenz; in Aufgabe 6.2.2 wird dies für GMSK demonstriert. Ersetzt man in Bild 6.2.1 das Gaußfilter mit der Rechteckanregung durch einen *Partial-Response-Impulsformer* (vgl. Abschnitt 5.3), so wird eine klar definierte Form der Intersymbolinterferenz eingebracht, die am Empfänger gezielt decodiert werden kann. In der Literatur wird speziell diese Form der Modulation vielfach als *Continuous-Phase-Modulation (CPM)* bezeichnet [AAS86], wenngleich *alle* bisher betrachteten FSK-Signale sowie auch GMSK einen kontinuierlichen Phasenverlauf („continuous phase") aufweisen.

Gebräuchlich sind vor allem die beiden CPM-Formen *L-REC* („Rectangular")
und *L-RC* („Raised Cosine"):

$$\gamma_{\text{LREC}}(t) = \begin{cases} \frac{1}{L} & \text{für } 0 \le t \le L \cdot T \\ 0 & \text{sonst} \end{cases} \tag{6.2.9}$$

$$\gamma_{\text{LRC}}(t) = \begin{cases} \frac{2}{L}[1 - \cos(2\pi t/(LT))] & \text{für } 0 \le t \le L \cdot T \\ 0 & \text{sonst.} \end{cases} \tag{6.2.10}$$

Definiert man den Phasenimpuls[6]

$$q(t) = \frac{1}{T} \int_0^t \gamma_{\text{CPM}}(\tau) \, d\tau, \tag{6.2.11}$$

so ergibt sich für die Komplexe Einhüllende eines CPM-Signals

$$s_{\text{CPM}}(t) = \exp\left(j\left(\pi\eta \sum_{i=0}^{\infty} d(i) \, q(t - iT) + \varphi_0\right)\right). \tag{6.2.12}$$

6.2.4   Übungen

Aufgabe 6.2.1	**Minimum Shift Keying**
	(Lösung Seite 208)

a) Erzeugen Sie mit der vorhandenen Routine `cpm_sig` ein MSK-Signal. Stellen
Sie für eine beliebige Datenfolge $d(i) \in \{-1, \overline{1}\}$ der Länge 12 den Verlauf der
Momentanphase sowie Real- und Imaginärteil der komplexen Einhüllenden
dar.

b) Interpretieren Sie das Signal als Offset-QAM-Signal. Stellen Sie eine Beziehung zwischen den Gewichten $a(i)$ des Offset-QAM-Signals und den Quelldaten $d(i)$ her.

c) Bezeichnen $s_\mu(t)$ und $s_\nu(t)$ zwei Symbole aus einem M-stufigen Symbolalphabet, so wird anhand des Korrelationskoeffizienten

$$\rho_{\mu\nu} = \frac{1}{\sqrt{E_\mu E\nu}} \text{Re}\left\{ \int_{-\infty}^{\infty} s_\mu(t) \cdot s_\nu^*(t) \, dt \right\} \text{ mit } E_\mu = \int_{-\infty}^{\infty} |s_\mu(t)|^2 \, dt \quad (6.2.13)$$

---
[6]Entsprechend der zeitlichen Begrenzung und der Normierung von $\gamma_{\text{CPM}}(t)$ gilt
$q(t) = 0$ für $t \le 0$ und $q(t) = 1$ für $t \ge L \cdot T$.

eine Klassifikation von Modulationssignalen vorgenommen [Kam96]: Zwei-stufige Signale mit $\rho_{01} = -1$ heißen *antipodal* , solche mit $\rho_{01} = 0$ *orthogonal*. Ein *biorthogonales* Modulationssystem erhält man, indem zu einem ortho-gonalen System durch Negation beider Symbole ein zweites orthogonales hinzugefügt wird.

Prüfen Sie, welcher dieser drei Signalklassen FSK-Signale zugeordnet werden können und bei welchen Modulationsindizes dies jeweils zutrifft.

| Aufgabe 6.2.2 | **Gaussian Minimum Shift Keying** (Lösung Seite 210) |

a) Berechnen Sie den Frequenz-Elementarimpuls $\gamma_{\mathrm{GMSK}}(t)$ für $f_{3dB}T = 0.3$. Legen Sie die Impulsdauer $L \cdot T$ so fest, daß der Impuls an der Abbruch-stelle unter 10^{-3} des Maximalwertes liegt (L sei ganzzahlig gerade). Stellen Sie das Augendiagramm für zweistufige Übertragung am Eingang des FM-Modulators dar.

b) Bestimmen Sie den relativen vertikalen Augenfehler des Frequenzsignals in Abhängigkeit der normierten Bandbreite des Gauß-Tiefpasses $f_{3dB}T = 0.1, \cdots, 1.0$. Bei welchem Wert $f_{3dB}T$ ist das Auge gerade geschlossen?

c) Stellen Sie den Verlauf der Momentanphase eines GMSK-Signals (für eine beliebige Symbolfolge der Länge 12) dar und stellen Sie den entsprechenden Verlauf eines MSK-Signals gegenüber.

| Aufgabe 6.2.3 | **REC- und RC-Signale** (Lösung Seite 211) |

a) Erzeugen Sie mit Hilfe von `qpuls` die q-Impulse für die Modulationsformen 4REC, 2RC, 4RC und $\overline{\mathrm{GMSK}}$ ($f_{3dB}T = 0.3$) und stellen Sie sie in einem Diagramm dar.

b) Bestimmen Sie für eine Datensequenz der Länge 12 die Verläufe der Mo-mentanfrequenzen von 2REC, 4REC, 2RC, 4RC und GMSK ($f_{3dB}T = 0.3$) und stellen Sie sie dem Phasenverlauf eines entsprechenden MSK-Signals ge-genüber. Bei welchen Modulationsformen wird die Phase bei alternierenden Daten $d(i) = \{\cdots, -1, 1, -1, 1, \cdots\}$ konstant?

Lösung Aufgabe 6.2.1

Aufgabenteil a)
Die Parameterfestlegung zur Erzeugung eines MSK-Signals erfolgt über den Aufruf
`cpm_ini(1,'REC',0.5,2,32)`. Nach der Festlegung eines Datenvektors d wird mit
Hilfe von `s_msk=cpm_sig(d)` das zugehörige MSK-Signal erzeugt. **Bild 6.2.2a**
zeigt den Verlauf der Momentanphase, **Bild 6.2.2b** Real- und Imaginärteil der
Komplexen Einhüllenden.

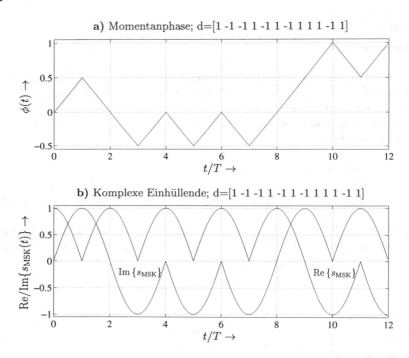

Bild 6.2.2: Momentanphase und Komplexe Einhüllende eines MSK-Signals

Aufgabenteil b)
Bild 6.2.2b zeigt, daß Real- und Imaginärteil der Komplexen Einhüllenden aus
Elementarimpulsen der Form

$$g_{\mathrm{MSK}}(t) = \begin{cases} \cos(\pi t/(2T)) & \text{für } -T \leq t \leq T \\ 0 & \text{sonst} \end{cases} \qquad (6.2.14)$$

bestehen, die mit ± 1 bewertet sind. Real- und Imaginärteil sind jeweils um ein Bitintervall T versetzt; es handelt sich also um ein *Offset-QPSK-Signal* mit der speziellen Impulsformung (6.2.14); die Symboldauer beträgt hier zwei Bitintervalle, also $2T$.

Zur Herleitung des Zusammenhangs zwischen den Gewichten des Offset-QPSK-Signals $a(i)$ und den Quelldaten $d(i)$ schreiben wir die Komplexe Einhüllende des MSK-Signals in der Form

$$s_{\mathrm{MSK}}(t) = \sum_{i=0}^{\infty} a(i) \cdot g_{\mathrm{MSK}}(t - iT). \qquad (6.2.15)$$

Für eine Anfangsphase $\varphi_0 = 0$ gilt mit $a(0) = 1$

$$a(i+1) = \mathrm{e}^{\,j\pi/2 \sum_{\ell=0}^{i} d(\ell)} = \prod_{\ell=0}^{i} j^{d(\ell)} = \prod_{\ell=0}^{i} j \cdot d(\ell) = j^{i+1} \prod_{\ell=0}^{i} d(\ell)$$

oder in rekursiver Schreibweise

$$a(i+1) = j \cdot \underbrace{j^{i} \prod_{\ell=0}^{i-1} d(\ell)}_{a(i)} \cdot d(i) = j \cdot a(i) \cdot d(i). \qquad (6.2.16)$$

Die Gewichte in (6.2.15) sind also alternierend reell und imaginär, was zu der erläuterten Offset-QPSK-Eigenschaft führt; diese Eigenschaft ist eng verknüpft mit dem Modulationsindex $\eta = 0.5$.

Aufgabenteil c)
Zur Bestimmung des Korrelationskoeffizienten (6.2.13) betrachten wir ein zweistufiges FSK-Signal ohne Beschränkung der Allgemeinheit im Zeitintervall $0 \le t \le T$. Für die beiden möglichen Alternativen gilt

$$s_0(t) = \mathrm{e}^{j(\varphi_0 + \eta\pi t/T)} \quad \text{und} \quad s_1(t) = \mathrm{e}^{j(\varphi_0 - \eta\pi t/T)};$$

die Energien dieser beiden Signale sind gleich:

$$E_0 = E_1 = \int_0^T |s_{0,1}(t)|^2 \, dt = T.$$

Damit ergibt sich

$$\rho_{01} = \frac{1}{T} \mathrm{Re}\left\{ \int_0^T \mathrm{e}^{j2\eta\pi t/T} \, dt \right\} = \mathrm{Re}\left\{ \frac{1}{2\pi\eta j} \left[\mathrm{e}^{j2\pi\eta} - 1 \right] \right\} = \frac{\sin(2\pi\eta)}{2\pi\eta}. \qquad (6.2.17)$$

Man sieht, daß ρ_{01} stets größer als -1 ist, so daß ein FSK-Signal grundsätzlich nicht antipodal sein kann; wegen der Zweistufigkeit scheidet auch die Biorthogonalität aus. *Orthogonale* Signalformen ergeben sich in den Nulldurchgängen der si-Funktion in (6.2.17); diese erhält man für die Modulationsindizes

$$\eta = 0.5,\ 1,\ 1.5,\ 2, \cdots.$$

Der geringste Modulationsindex, bei dem ein orthogonales FSK-Signal vorliegt, ist $\eta = 0.5$. Hieraus erklärt sich die Bezeichnung „Minimum Shift Keying".

Lösung Aufgabe 6.2.2

Aufgabenteil a)
Der Frequenz-Elementarimpuls läßt sich geschlossen nach (6.2.8) berechnen. Für $f_{3dB}T = 0.3$ ergibt sich an den Stellen $t = \pm 2T$ ein normierter Abbruchfehler von $0.46 \cdot 10^{-3}$; es wird also $L = 4$ festgelegt. Der errechnete Impuls $\gamma_{\mathrm{GMSK}}(t)$ ist in **Bild 6.2.3a** dargestellt, das zugehörige Augendiagramm in **Bild 6.2.3b**.

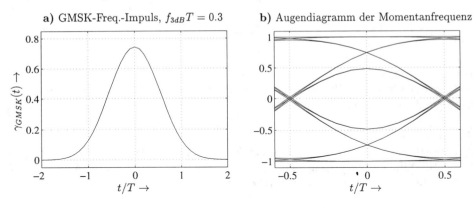

a) GMSK-Freq.-Impuls, $f_{3dB}T = 0.3$ b) Augendiagramm der Momentanfrequenz

Bild 6.2.3: Grundimpuls und Augendiagramm der GMSK-Momentanfrequenz ($f_{3dB}T = 0.3$)

Aufgabenteil b)
Der relative vertikale Augenfehler errechnet sich nach der Formel

$$V = \left[1 - \frac{2 \sum_{\nu=1}^{L/2} [\mathrm{erf}(\alpha(\nu + 0.5)) - \mathrm{erf}(\alpha(\nu - 0.5))]}{\mathrm{erf}(\alpha/2) - \mathrm{erf}(-\alpha/2)} \right] \cdot 100 \quad \text{in \%;}$$

für L wird hier 4 gesetzt. Der Verlauf der relativen Augenöffnung ist in **Bild 6.2.4** dargestellt; hieraus ist abzulesen, daß das Auge für $f_{3\mathrm{dB}}T \leq 0.18$ geschlossen ist.

Aufgabenteil c)
Die Darstellung in den **Bildern 6.2.5a und b** zeigt die zunehmende Glättung der GMSK-Momentanphase mit geringer werdender 3dB-Grenzfrequenz.

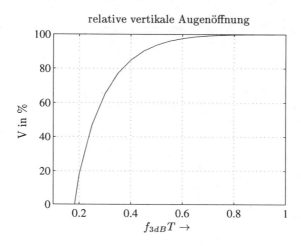

Bild 6.2.4: Relativer Augenfehler der GMSK-Momentanfrequenz

Lösung Aufgabe 6.2.3

Aufgabenteil a)
Bild 6.2.6 zeigt die Verläufe verschiedener q-Impulse.

Aufgabenteil b)
In den **Bildern 6.2.7a und b** sind die Verläufe der Momentanphasen für 2REC, 4REC, 2RC, 4RC und GMSK mit $f_{3\mathrm{dB}}T = 0.3$ wiedergegeben und der Momentanphase von MSK gegenübergestellt. Um bei alternierenden Daten eine konstante Momentanphase zu erhalten, muß für den Frequenzimpuls gelten

$$\sum_{i=-\infty}^{\infty} (-1)^i \, \gamma(t - iT) = 0.$$

Dies ist bei 2REC, 4REC, 4RC erfüllt, während für 2RC diese Bedingung verletzt ist. Die **Bilder 6.2.7a** und **b** bestätigen dieses Ergebnis.

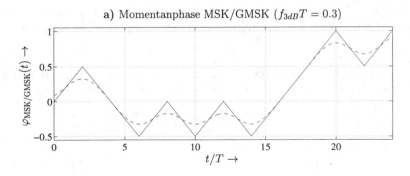

a) Momentanphase MSK/GMSK ($f_{3dB}T = 0.3$)

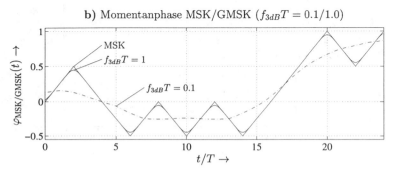

b) Momentanphase MSK/GMSK ($f_{3dB}T = 0.1/1.0$)

Bild 6.2.5: Vergleich der Phasenverläufe von MSK und GMSK

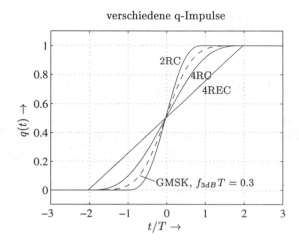

verschiedene q-Impulse

Bild 6.2.6: q-Impulse für 4REC, 2RC, 4RC und GMSK ($f_{3dB}T = 0.3$)

a) Momentanphase: - MSK, -. 2REC, - - 4REC

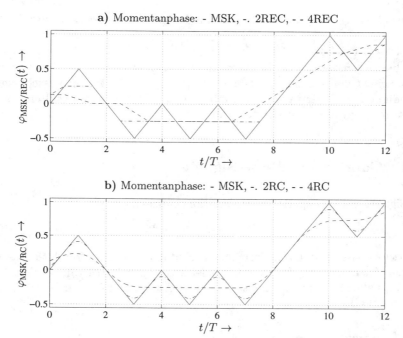

b) Momentanphase: - MSK, -. 2RC, - - 4RC

Bild 6.2.7: Momentanphasen-Verläufe verschiedener CPM-Signale

6.3 Spektraleigenschaften

6.3.1 Lineare Modulationsformen

Lineare Modulationssignale werden in der äquivalenten Tiefpaßebene durch (6.1.1), Seite 193, beschrieben. Diese Beziehung ist identisch mit der Formulierung (5.1.1) auf Seite 159 bis auf die Tatsache, daß die Daten nunmehr komplex sein können. Zu einer Aussage über die mittlere spektrale Leistungsdichte der komplexen Einhüllenden eines linearen Modulationssignals kommt man, indem in das Ergebnis (5.1.15) auf Seite 163 jetzt die Autokorrelationsfolge komplexer Daten eingesetzt wird. Mit $r_{DD}(\lambda) = \mathrm{E}\{D^*(i) \cdot D(i+\lambda)\}$ gilt

$$\bar{S}_{SS}(j\omega) = T \cdot |G_S(j\omega)|^2 \cdot \sum_{\lambda=-\infty}^{\infty} r_{DD}(\lambda)\, \mathrm{e}^{j\omega T \lambda} \qquad (6.3.1)$$

Für *mittelwertfreie, unkorrelierte Daten* reduziert sich dieser Ausdruck zu

$$\bar{S}_{SS}(j\omega) = \sigma_D^2 \cdot T \cdot |G_S(j\omega)|^2. \tag{6.3.2}$$

Es ist bemerkenswert, daß die Spektraleigenschaften linearer Modulationssignale offenbar *nicht von der spezifischen Modulationsform abhängen*; ausschlaggebend sind lediglich die Übertragungscharakteristik des Impulsformungsfilters sowie die Korrelationen zwischen den Datensymbolen.

6.3.2 Continuous-Phase-Signale

FSK-Signale mit den speziellen Modulationsindizes

$$\eta = \nu \cdot \frac{\pi}{2}, \qquad \nu \in \mathbb{Z}, \tag{6.3.3}$$

sind orthogonale Modulationsformen. Sie sind den linearen Modulationsarten zuzuordnen (siehe Lösung Aufgabe 6.2.1 Seite 208ff). Die Leistungsdichtespektren dieser Signalformen sind geschlossen zu berechnen [Kam96]; für $\eta = 0.5$ (MSK) und $\eta = 1.0$ gilt

$$S_{SS}(j\omega)|_{\mathrm{MSK}} = \frac{4T}{\pi^2} \left[\frac{\cos(\omega T)}{1 - (\omega T \cdot 2/\pi)^2} \right]^2 \tag{6.3.4}$$

$$S_{SS}(j\omega)|_{\eta=1} = \frac{4T}{\pi^2} \left[\frac{\cos(\omega T/2)}{1 - (\omega T/\pi)^2} \right]^2 + \frac{\pi}{2} \left[\delta_0(\omega - \frac{\pi}{T}) + \delta_0(\omega + \frac{\pi}{T}) \right]. \tag{6.3.5}$$

Im Spektrum des $(\eta = 1)$–Signals erkennt man neben einem kontinuierlichen Anteil (1. Term) zwei Spektrallinien bei $\omega = \pm\pi/T$, was den beiden Trägerfrequenzen $\pm\Delta F$ entspricht[7]. Demgegenüber ist das MSK-Spektrum rein kontinuierlich; es treten keine Spektrallinien bei $\pm\Delta F$ auf. Spektrallinien an den Trägerfrequenzen ergeben sich grundsätzlich nur bei ganzzahligen Modulationsindizes – eine systemtheoretische Herleitung findet sich in [Kam96].

FSK-Signale, die die Bedingung (6.3.3) nicht erfüllen, sowie GMSK und die aus der Partial-Response Impulsformung hervorgegangenen CPM-Signale gehören zu den *nichtlinearen Modulationsformen*. Die Berechnung der zugehörigen Spektren ist äußerst kompliziert. Eine effiziente numerische Methode wurde von Aulin und Sundberg [AS83] angegeben. Das Verfahren soll hier nicht im einzelnen nachgezeichnet werden – statt dessen wird auf die Routinen akf_cpm und spec_cpm hingewiesen, mit denen für die Standardimpulsformen REC, RC sowie Gaußsche FSK bei beliebigen Modulationsindizes[8] unter verschiedenen a-priori-Wahrscheinlichkeiten der Quelldaten Spektralanalysen durchgeführt werden

[7]$\eta = 2\Delta FT = 1 \rightarrow \Delta F = 1/(2T)$
[8]Bei ganzzahligen Modulationsindizes ergeben sich an den Frequenzen $\pm\Delta F$ Spektrallinien – bei Anwendung der FFT erhält man hier die endlichen Werte $N/2$, d. h. die halbe FFT-Länge.

können, wobei auch die Stufigkeit und die a-priori-Wahrscheinlichkeit der Quelldaten beliebig vorgegeben werden können. In den folgenden Aufgaben werden einige
Beispiele hierfür aufgezeigt.

6.3.3 Übungen

Aufgabe 6.3.1

Spektren von FSK-Signalen
(Lösung Seite 216)

a) Berechnen Sie mit Hilfe der Routinen `akf_cpm` und `spec_cpm` die Leistungsdichtespektren für zweistufige FSK-Signale mit den Modulationsindizes $\eta =$
0.3, 0.5, 0.7, 0.95 und $\eta = 1.05$, 1.2, 1.4. Die a-priori Wahrscheinlichkeiten der Quelldaten $+1$ und -1 seien gleich. Stellen Sie die Spektren in
dB für $\eta < 1$ und $\eta > 1$ jeweils in einem Diagramm dar. Wählen Sie den
Frequenzausschnitt[9] $0 \le fT_b \le 2$.

b) Berechnen Sie das Leistungsdichtespektrum eines zweistufigen FSK-Signals
mit $\eta = 1$ (gleiche a-priori Wahrscheinlichkeit der Quelldaten) mittels
`akf_cpm` und `spec_cpm` und stellen Sie das theoretische Ergebnis nach (6.3.5)
gegenüber (Darstellungen in dB).

c) Stellen Sie die Autokorrelationsfunktion im Bereich $-5 \le \tau/T_b \le 5$ sowie die
spektrale Leistungsdichte ($-2 \le fT_b \le 2$) für ein zweistufiges FSK-Signal
mit $\eta = 0.7$ dar, bei dem die a-priori Wahrscheinlichkeiten der Quelldaten
unterschiedlich sind: $P\{d(i) = +1\} = 0.75$, $P\{d(i) = -1\} = 0.25$.

Aufgabe 6.3.2

Spektraler Vergleich verschiedener CPM-Signale
(Lösung Seite 216)

a) Berechnen Sie die Leistungsdichtespektren von GMSK-Signalen mit den 3-
dB-Bandbreiten $f_{3dB}T = 0.1$, 0.2, $\cdots$, 1.0 und stellen Sie sie in einem
Diagramm dem MSK-Spektrum gegenüber.

b) Vergleichen Sie die Spektren von GMSK mit $f_{3dB}T = 0.3$, 4RC und 4REC.

---

[9]T_b bezeichnet im folgenden die Bitdauer. Bei zweistufigen Signalen ist sie gleich der Symboldauer $T = T_b$; bei M-stufigen Signalen gilt $T_b = T/\mathrm{ld}M$.

Aufgabe 6.3.3

Höherstufige GMSK-Signale
(Lösung Seite 218)

Berechnen Sie die Spektren von GMSK-Signalen ($\eta = 1/2$) bei verschiedenen Stufigkeiten $M = 2$, 4, 8, 16. Geben Sie eine Reihung der Bandbreiteeffizienz an, wobei eine Dämpfung von 20 dB zugrundezulegen ist.

Lösung Aufgabe 6.3.1

Aufgabenteil a)

Die mittels `akf_cpm` und `spec_cpm` berechneten FSK-Spektren mit den Modulationsindizes $\eta = 0.3$, 0.5, 0.7, 0.95 bzw. $\eta = 1.05$, 1.2, 1.4 sind in den **Bildern 6.3.1a,b** wiedergegeben. Man erkennt, daß sich bei Annäherung des Modulationsindex an den Wert eins eine Spitze im Bereich um $f = 1/2T_b$ ausbildet entsprechend der Spektrallinie bei $\eta = 1$ an dieser Stelle.

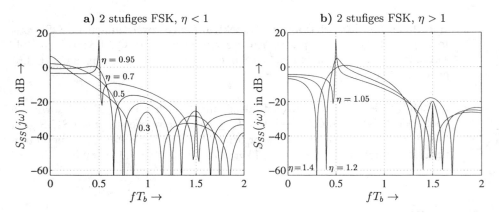

Bild 6.3.1: Leistungsdichtespektren zweistufiger FSK-Signale

Aufgabenteil b)

Bild 6.3.2 zeigt das rechnerische Ergebnis des FSK-Leistungsdichtespektrums bei $\eta = 1$. Man sieht die Spektrallinien an den Stellen $f = 1/2T_b$, wobei die Fußnote auf Seite 214 zu beachten ist. Auch an den Stellen $f = 3/2T_b$, an denen das Spektrum eigentlich Nullstellen aufweisen sollte, sind Linien zu erkennen – diese ergeben sich aufgrund unbestimmter Ausdrücke. Dem rechnerischen Ergebnis sind die Werte des wahren Leistungsdichtespektrums durch × gekennzeichnet gegenübergestellt. Im wahren Spektrum wurden die Spektrallinien unterdrückt.

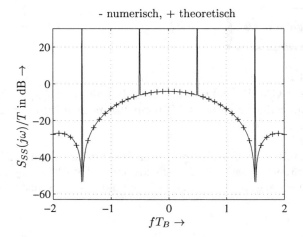

Bild 6.3.2: Leistungsdichtespektrum eines FSK-Signals mit $\eta = 1$

Aufgabenteil c)

Sind die a-priori Wahrscheinlichkeiten der Quelldaten nicht identisch, so ergibt sich ein unsymmetrisches Leistungsdichtespektrum, da die beiden Trägerfrequenzen $+\Delta F$ und $-\Delta F$ mit unterschiedlichen Wahrscheinlichkeiten auftreten. In **Bild 6.3.3b** wird dieses deutlich. Wegen des ungeraden Spektrums ist die *Autokorrelationsfunktion komplex* (vgl. **Bild 6.3.3a**).

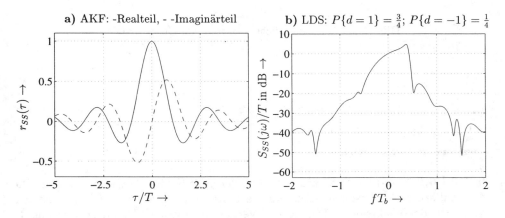

Bild 6.3.3: AKF und Leistungsdichtespektrum bei FSK mit ungleichen a-priori Wahrscheinlichkeiten der Quelldaten

Lösung Aufgabe 6.3.2

Aufgabenteil a)
Bid 6.3.4b zeigt GMSK-Spektren mit 3-dB-Bandbreiten $f_{3dB} = 0.1, \cdots, 1.0$. Mit steigendem f_{3dB} nähert sich das GMSK-Spektrum dem MSK-Spektrum an.

Aufgabenteil b)
Bild 6.3.4a stellt das GMSK-Spektrum den Spektren von 4REC- und 4RC-Signalen gegenüber: Oberhalb von -25 dB weist das 4REC-Signal die geringste Bandbreite auf – darunter kehren sich die Verhältnisse zugunsten von 4RC um.

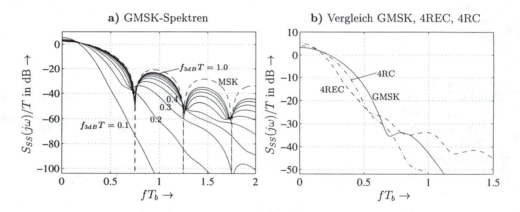

Bild 6.3.4: Leistungsdichtespektren von CPM-Signalen

Lösung Aufgabe 6.3.3

In **Bild 6.3.5** sind die Spektren höherstufiger GMSK-Signale wiedergegeben. Da die Skalierung der Frequenzachse auf die Bitrate bezogen wurde ($f \cdot T_b$), ist ein Vergleich der spektralen Effizienz der Verfahren möglich. Danach weist das 4-stufige Verfahren die höchste Bandbreiteeffizienz auf – mit wachsender Stufigkeit steigt die auf $1/T_b$ bezogene Bandbreite wieder an.

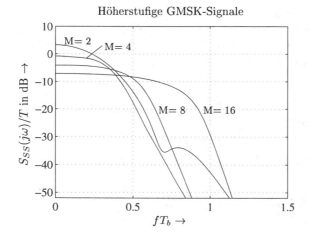

Bild 6.3.5: Leistungsdichtespektren höherstufiger GMSK-Signale

6.4   Demodulationsverfahren

6.4.1   Trägerregelung zur kohärenten Demodulation

Die Transformation eines Bandpaßsignals in die äquivalente Basisbandform kann mit Hilfe einer der beiden Empfängerstrukturen nach Bild 1.3.1 bzw. 1.3.2 auf Seiten 34 vorgenommen werden. Die hier zugesetzte Trägerschwingung muß exakt die Frequenz und auch die Phasenlage des im Empfangssignal enthaltenen Trägers aufweisen; man benötigt also eine *phasenkohärente Trägerregelungseinheit*, die im folgenden behandelt wird. Charakteristisch für einen solchen kohärenten Empfänger ist, daß sich *lineare Verzerrungen auf dem Übertragungsweg linear auf das demodulierte Signal auswirken*[10]. Setzt man für die Empfangsfilter in der Tiefpaßstruktur nach Bild 1.3.2 die zum Sendefilter gehörigen *Matched Filter* entsprechend Abschnitt 5.2, Seite 173 ein, so erhält man den optimalen *Maximum-Likelihood-Empfänger für AWGN-Kanäle*[11] [Kam96].

Das empfangene Signal in der äquivalenten Tiefpaßlage enthalte unter Vernachlässigung aller übrigen Kanaleinwirkungen einen zeitvarianten Phasenfehler $\theta(i)$.

$$\bar{y}_{\text{TP}}(i) = d(i) \cdot \text{e}^{j\theta(i)} \tag{6.4.1}$$

---

[10]im Gegensatz zu inkohärenten Empfängern, bei denen in diesem Falle *nichtlineare Verzerrungen* entstehen.

[11]In der Quadraturfilterstruktur nach Bild 1.3.1 ist das Matched Filter in das Bandpaß-Quadraturfilter $h_{\text{BP}}^{+}(t)$ einzurechnen – beide Strukturen sind äquivalent.

Enthält der zur Basisbandmischung benutzte Lokaloszillator gegenüber dem im Empfangssignal enthaltenen Träger einen Frequenzfehler $\Delta\omega$, so steigt der Phasenfehler linear mit der Zeit an. Ist zusätzlich noch ein sinusförmiger *Phasenjitter* (Phasenhub ϕ_j, Jitterfrequenz ω_j) überlagert, so lautet der gesamte Phasenfehler

$$\theta(i) = \Delta\omega\,T \cdot i + \phi_j \cdot \cos(\omega_j\,T \cdot i). \tag{6.4.2}$$

Nach der Einwirkung einer Phasenkorrektur (siehe Bild 6.4.1a) verbleibt ein Rest-Phasenfehler $\Delta\theta(i)$

$$y_{\mathrm{TP}}(i) = d(i) \cdot \mathrm{e}^{j\Delta\theta(i)}, \tag{6.4.3}$$

der mit Hilfe der entschiedenen Daten $\hat{d}(i)$ auf folgende Weise geschätzt werden kann:

$$\begin{aligned}
\frac{\mathrm{Im}\{y_{\mathrm{TP}}(i) \cdot \hat{d}^*(i)\}}{|\hat{d}(i)|^2} &= \frac{\mathrm{Im}\{d(i) \cdot \mathrm{e}^{j\Delta\theta(i)} \cdot \hat{d}^*(i)\}}{|\hat{d}(i)|^2} \\
&= \sin(\Delta\hat{\theta}(i)) \approx \Delta\hat{\theta}(i) \qquad (\text{für } \hat{d}(i) = d(i)). \tag{6.4.4}
\end{aligned}$$

Voraussetzung zur korrekten Phasenschätzung ist also eine korrekte Datenentscheidung; im Falle von Fehlentscheidungen ergeben sich Folgefehler in der Trägerregelung. Im allgemeinen „fängt" sie sich nach einigen Symbolen wieder, allerdings geht dabei die absolute Phasenzuordnung verloren: Es verbleibt dann eine *Vieldeutigkeit der Phasenlage um Vielfache von $2\pi/M$*. In der Praxis wird dieses Problem durch Anwendung einer differentiellen Phasenmodulation gelöst.

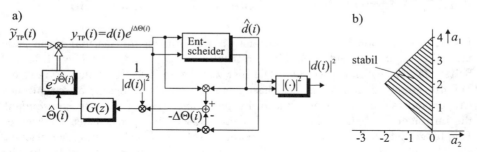

Bild 6.4.1: a) Entscheidungsrückgekoppelte Trägerregelung
b) Stabilitätsbereich für Regelung 2. Ordnung

Die gesamte entscheidungsrückgekoppelte Trägerregelung ist in **Bild 6.4.1a** wiedergegeben. In der Rückführung befindet sich ein rekursives Schleifenfilter $G(z)$, von dessen Dimensionierung das Phasenregelverhalten entscheidend abhängt. Zur Ausregelung eines konstanten Frequenzfehlers $\Delta\omega$ muß das Schleifenfilter an der Stelle $z = 1$ einen *Pol* aufweisen. Man unterscheidet zwischen Trägerregelungen erster Ordnung (Einfachpol bei $z = 1$) und zweiter Ordnung (Doppelpol):

$$G_1(z) = a_0\,\frac{z^{-1}}{1 - z^{-1}} \qquad \text{und} \qquad G_2(z) = \frac{a_1 z^{-1} + a_2 z^{-2}}{(1 - z^{-1})^2}. \tag{6.4.5}$$

Zur Einhaltung der Stabilität muß für die Regelung erster Ordnung die Bedingung

$$0 < a_0 < 2 \qquad (6.4.6)$$

gelten; bei der Trägerregelung zweiter Ordnung müssen die Koeffizienten des Schleifenfilters innerhalb des in **Bild 6.4.1b** wiedergegeben Koeffizientendreiecks liegen.

Die Eigenschaften der Trägerregelung lassen sich anhand eines linearisierten Modellsystems für den Phasenregelkreis herleiten [Kam96]. Sie lassen sich wie folgt zusammenfassen:

- Im Falle einer konstanten Frequenzabweichung $\Delta\omega$ ergibt sich mit einer Trägerregelung *1. Ordnung* ein *statischer Phasenfehler*

$$\overline{\Delta\theta} = \frac{\Delta\omega\, T}{a_0}. \qquad (6.4.7)$$

- Bei einer Trägerregelung *2. Ordnung* ist der *statische Phasenfehler null*.

- Die Jitter-Übertragungsfunktionen der Phasenregelkreise 1. und 2. Ordnung lauten

$$F_1(\mathrm{e}^{j\omega_j T}) = \frac{\Delta\Theta(\mathrm{e}^{j\omega_j T})}{\Theta_j(\mathrm{e}^{j\omega_j T})} \;=\; \frac{\mathrm{e}^{j\omega_j T} - 1}{\mathrm{e}^{j\omega_j T} - 1 + a_0} \approx \frac{j\omega_j T}{a_0} \quad \text{für } \omega_j T \ll \pi$$

$$(6.4.8)$$

$$F_2(\mathrm{e}^{j\omega_j T}) = \frac{\Delta\Theta(\mathrm{e}^{j\omega_j T})}{\Theta_j(\mathrm{e}^{j\omega_j T})} \;=\; \frac{[\mathrm{e}^{j\omega_j T} - 1]^2}{\mathrm{e}^{j2\omega_j T} - (2 - a_1)\mathrm{e}^{j\omega_j T} + 1 + a_2}$$

$$\approx \frac{-(\omega_j T)^2}{a_1 + a2} \quad \text{für } \omega_j T \ll \pi. \qquad (6.4.9)$$

6.4.2 Kohärenter MSK-Demodulator

In der Lösung zu Aufgabe 6.2.1 auf Seite 208 wurde ein Offset-QPSK-Modell für MSK hergeleitet. MSK ist also eine *lineare Modulationsform* und gestattet somit eine *kohärente Demodulation*. Dies ist besonders für die Übertragung über frequenzselektive Kanäle wichtig, da die kohärente Struktur eine Entzerrung ermöglicht. Die Gewichte $a(i)$ für die Offset-QPSK-Darstellung ergaben sich nach der rekursiven Vorschrift (6.2.16), S. 209, aus den Quelldaten $d(i)\in\{-1, 1\}$.

Dementsprechend wäre zur Gewinnung von $d(i)$ eine nichtrekursive Decodierung durchzuführen.

$$a(i+1)\cdot a^*(i) = j^{i+1} \prod_{\ell=0}^{i} d(\ell) \cdot j^{-i} \prod_{\ell=0}^{i-1} d(\ell) = j\, d(i) \prod_{\ell=0}^{i-1} \underbrace{d(\ell) \cdot d(\ell)}_{=1} = j \cdot d(i) \quad (6.4.10)$$

Man vermeidet diese Decodierung (mit der grundsätzlich eine Verdopplung der Bitfehlerwahrscheinlichkeit verbunden ist, siehe (6.5.15), Seite 245), indem am Sender eine differentielle, nichtrekursive Vorcodierung angewendet wird: Aus den Quelldaten $b(i) \in \{-1,1\}$ bildet man die codierten Modulator-Eingangsdaten

$$d(i) = b(i) \cdot b(i-1). \tag{6.4.11}$$

Setzt man diese in (6.2.16) ein, so ergibt sich mit $b(-1) = 1$

$$a(i+1) \;=\; j^{i+1} \prod_{\ell=0}^{i} d(\ell) = j^{i+1} \prod_{\ell=0}^{i} b(\ell) \cdot b(\ell-1) = j^{i+1}\, b(i) \underbrace{b(-1)}_{=1} \prod_{\ell=0}^{i-1} \underbrace{b(\ell) \cdot b(\ell)}_{=1}$$

$$b(i) \;=\; j^{-(i+1)} \cdot a(i+1). \tag{6.4.12}$$

Das Quelldatum $b(i)$ läßt sich also direkt aus dem Momentanwert des Offset-QPSK-Gewichtes $a(i+1)$ gewinnen. Die Multiplikation mit $j^{-(i+1)}$, also mit der Folge $\{\cdots 1,\, -j,\, -1,\, j,\, 1 \cdots\}$ in (6.4.12) bezeichnet man als *Derotation* – das alternierend reelle und imaginäre Symbol $a(i)$ wird hierdurch reell. Das Blockschaltbild zur Demodulation eines differentiell vorcodierten MSK-Signals zeigt Bild 6.4.2.

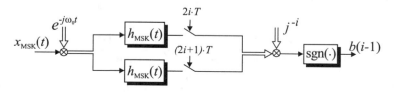

Bild 6.4.2: MSK-Demodulator (unter Berücksichtigung einer differentiellen Vorcodierung)

6.4.3 Lineares Modell für nichtlineare CPM-Signale

Ein FSK-Signal mit dem speziellen Modulationsindex $\eta = 1/2$ (MSK) erlaubt wie gezeigt eine Offset-QPSK-Darstellung, ist also eine *lineare Modulationsform.* Hieraus ergibt sich die wichtige Konsequenz, daß die kohärente Empfängerstruktur

gemäß Bild 6.4.2 anwendbar ist – dies führt nicht nur zu erheblich besserem Fehlerverhalten im Vergleich zu inkohärenten Verfahren, sondern kann vor allem auch unter Intersymbolinterferenz-Bedingungen eingesetzt werden, weil kohärente Strukturen die Möglichkeit der Entzerrung linearer Verzerrungen eröffnen (siehe Kapitel
7). Andererseits werden die einfache FSK oder auch MSK wegen ihrer geringen
Bandbreiteeffizienz in der Praxis meist durch GMSK oder andere CPM-Formen
ersetzt – diese Formen sind nun allerdings nichtlineare Modulationsarten, so daß
die Anwendung kohärenter Empfänger nicht ohne weiteres möglich ist. Daher war
es ein entscheidender Schritt, als P.A. Laurent 1986 eine Darstellung von CPM-
Signalen anhand einer Superposition linearer ASK-Signale veröffentlichte [Lau86].
Hieraus lassen sich lineare Näherungen ableiten, die den Einsatz kohärenter De-
modulationsstrukturen erlauben – Laurent eröffnete hiermit also die Möglichkeit
des Einsatzes von CPM unter ISI-behafteten Kanälen, also z.B. für den zellularen
Mobilfunk[12]. Die Laurent-Methode wird ausführlich in [Kam96] sowie natürlich in
der Originalarbeit [Lau86] beschrieben; hier soll nur eine Übersicht gegeben werden. Zur entsprechenden Analyse von CPM-Signalen steht die MATLAB-Routine
cpm_lin zur Verfügung.

Weist der CPM-Frequenzimpuls eine endliche Länge von L Symboltakten auf

$$\gamma_{\text{CPM}}(t) = 0 \quad \text{für } t \leq 0 \text{ und } t \geq LT, \tag{6.4.13}$$

so ist die Komplexe Einhüllende des CPM-Signals mit Hilfe von 2^{L-1} Elementarimpulsen

$$c_0(t), \; c_1(t), \cdots, \; c_{2^{L-1}-1}(t) \tag{6.4.14}$$

in folgender Form exakt auszudrücken:

$$s_{\text{CPM}}(t) = \sum_{i=0}^{\infty} \sum_{\mu=0}^{2^{L-1}-1} e^{j\pi\eta A_\mu(i)} \cdot c_\mu(t - iT). \tag{6.4.15}$$

Die Symbole $A_\mu(i)$ ergeben sich aus den binären Quelldaten $d(i)\in\{-1,1\}$ mit
$d(i)|_{i<0} = 1$ nach der Codiervorschrift

$$A_\mu(i + 1) = \sum_{\ell=0}^{i} d(\ell) - \sum_{\lambda=1}^{L-1} d(i - \lambda) \cdot \alpha_{\mu,\lambda}, \quad 0 \leq \mu \leq 2^{L-1} - 1, \tag{6.4.16}$$

wobei $\alpha_{\mu,\lambda}$ die λ-te Stelle der Binärdarstellung des ganzzahligen Index μ darstellt:

$$\mu = \sum_{\lambda=1}^{L-1} 2^{\lambda-1} \alpha_{\mu,\lambda}, \quad 0 \leq \mu \leq 2^{L-1} - 1, \; \alpha_{\mu,\lambda}\in\{0,1\}. \tag{6.4.17}$$

---

[12]GSM benutzt bekanntlich das GMSK-Verfahren; ohne den Ansatz des Laurent-Modells wäre
dies nicht möglich gewesen, da im Empfänger Entzerrungsmaßnahmen zwingend erforderlich
sind.

In vielen Fällen ist die Energie des Elementarimpulses $c_0(t)$ deutlich größer als die der übrigen Impulse $c_1(t)$, $c_2(t)$, $\cdots$, $c_{2^{L-1}-1}(t)$, so daß diese vernachlässigt werden können[13]. Damit vereinfacht sich (6.4.15) auf

$$s_{\text{CPM}}(t) \approx \sum_{i=0}^{\infty} e^{j\pi\eta A_0(i)} \cdot c_0(t - iT)$$

$$=: \tilde{s}_{\text{CPM}}(t) = \sum_{i=0}^{\infty} e^{j\pi\eta \sum_{\ell=0}^{i} d(\ell)} \cdot c_0(t - iT). \tag{6.4.18}$$

Für den Modulationsindex $\eta = 1/2$ erhält man eine weitere Vereinfachung.

$$\tilde{s}_{\text{CPM}}(t)|_{\eta=1/2} = \sum_{i=0}^{\infty} j^{\sum_{\ell=0}^{i-1} d(\ell)} \cdot c_0(t - iT) = \sum_{i=0}^{\infty} j^i \prod_{\ell=0}^{i-1} d(\ell) \cdot c_0(t - iT) \tag{6.4.19}$$

Es ergibt sich also die gleiche Beschreibung wie für MSK auf Seite 209, wenn man den dortigen Kosinus-Grundimpuls $g_{\text{MSK}}(t)$ durch $c_0(t)$ ersetzt. Da auch in (6.4.19) die Gewichtsfaktoren alternierend reell und imaginär werden, erhält man für die CPM-Approximation nach Laurent für den Spezialfall $\eta = 1/2$ ebenfalls eine Offset-QPSK-Darstellung. Somit ist die kohärente MSK-Empfängerstruktur nach Bild 6.4.2 anwendbar – vorausgesetzt, die Vernachlässigung der Impulse $c_1(t)$, $c_2(t)$, $\cdots$, $c_{2^{L-1}-1}(t)$ ist zulässig. Im Sinne der Matched-Filterung können hier für $h_{\text{MSK}}(t)$ die Elementarimpulse $c_0(t)$ eingesetzt werden. Wie auch bei MSK ist eine sendeseitige differentielle Vorcodierung gemäß (6.4.11) auf Seite 222 vorzusehen, womit am Empfänger eine Decodierung vermieden wird, da sich die Quelldaten dann direkt aus den Offset-QPSK-Gewichten gewinnen lassen.

6.4.4   Inkohärente Demodulation

Liegt ein ISI-freier, also nicht frequenzselektiver Übertragungskanal vor, so kann eine inkohärente Demodulation vorgenommen werden. Obwohl hiermit deutlich höhere Bitfehlerraten verbunden sind (siehe Abschnitt 6.5), sind solche Verfahren wegen ihrer Einfachheit oftmals von Interesse. In inkohärenten Empfängern wird keine phasenkohärente Trägerregelung verwendet. Statt dessen dient – z.B. bei der Demodulation von *DPSK*-Signalen – die Phase des vorangegangenen *nicht entschiedenen ("weichen")* Symbols als Referenz[14]. In Bild 6.4.3 ist ein solcher inkohärenter Demodulator für DPSK-Signale dargestellt. Enthält der Lokaloszilla-

---

[13]In Aufgabe 6.4.3 werden diese Bedingungen mit Hilfe des Programms `cpm_lin` genauer untersucht.

[14]Hierin liegt der Hauptunterschied zum kohärenten „DECPSK", bei dem die Phasen-Differenzbildung *nach* einer harten Symbolentscheidung erfolgt.

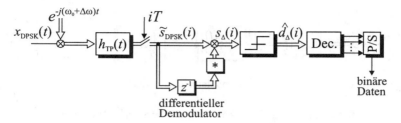

Bild 6.4.3: Inkohärenter DPSK-Demodulator ($\hat{=}$ „Differentieller Demodulator" für CPM)

tor zur Basisbandmischung gegenüber dem korrekten Träger eine Differenzfrequenz $\Delta\omega$, so ergibt sich für die Komplexe Einhüllende nach der Phasendifferenz-Bildung

$$
\begin{aligned}
s_\Delta(iT) &= \tilde{s}_{\mathrm{DPSK}}(iT) \cdot \tilde{s}_{\mathrm{DPSK}}^*((i-1)T) \\
&= \mathrm{e}^{j(\varphi(i)-\Delta\omega iT)} \cdot \mathrm{e}^{-j(\varphi(i-1)-\Delta\omega(i-1)T)} \\
&= \mathrm{e}^{j(\varphi(i)-\varphi(i-1)-\Delta\omega T)} = \mathrm{e}^{j(\Delta\varphi(i)-\Delta\omega T)}.
\end{aligned}
\tag{6.4.20}
$$

Im nachfolgenden Entscheider wird die Phase gebildet und eine Schwellwertentscheidung getroffen. Liegt eine Frequenzverwerfung vor, so enthält der inkohärente Demodulator einen statischen Phasenfehler, der identisch mit dem einer kohärenten Trägerregelung erster Ordnung mit $a_0 = 1$ ist (siehe (6.4.7), S. 221).

Auch für *CPM-Signale* existieren inkohärente Empfängerstrukturen. Betrachten wir ein zweistufiges FSK-Signal, so vollzieht die Momentanphase gemäß (6.2.5) innerhalb eines Symbolintervalls für $d(i) = 1$ einen linearen Anstieg bzw. bei $d(i) = -1$ einen Abfall um $\pi\eta$. Zur Datenentscheidung ist also nur die Phasendifferenz zwischen den Abtastwerten $s_{\mathrm{FSK}}((i+1)T)$ und $s_{\mathrm{FSK}}(iT)$ zu bilden. Dies leistet die Schaltung nach Bild 6.4.3, die somit auch als inkohärenter Demodulator für FSK eingesetzt werden kann. Man bezeichnet diese Struktur als „Differentiellen Demodulator" [Kam96].

Eine Alternative stellt der inkohärente Demodulator in Bild 6.4.4 dar, der im Kern einen FM-Demodulator enthält und somit der Tatsache Rechnung trägt, daß CPM-Signale diskret modulierte FM-Signale sind. Zur Rauschmittelung wird ein Integrate-and-dump Filter (I&D) nachgeschaltet. Dieser Demodulator trägt die Bezeichnung „Diskriminator-Demodulator". Für den Modulationsindex $\eta = 1/2$ sind die beiden inkohärenten Demodulatoren äquivalent; für η nahe eins wird der differentielle Demodulator sehr viel schlechter – für $\eta = 1$ versagt er vollständig, da die Werte $\mathrm{e}^{+j\pi}$ und $\mathrm{e}^{-j\pi}$ nicht voneinander zu unterscheiden sind. In diesen Fällen ist also der Diskriminator-Demodulator einzusetzen.

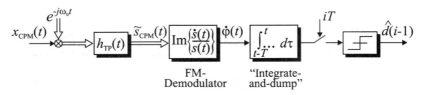

Bild 6.4.4: Diskriminator-Demodulator für CPM-Signale

6.4.5 Übungen

Aufgabe 6.4.1	**Trägerregelung I** Phasen-Übertragungsfunktion (Lösung Seite 229)

a) Berechnen Sie die Phasen-Übertragungsfunktion $|F_1(e^{j\omega_j T})|$ für einen sinusförmigen Phasenjitter der Frequenz $f_j = 100$ Hz (Symbolrate $1/T = 2.4$ kBd) und tragen Sie diese in logarithmischer Darstellung über dem Koeffizienten a_0 auf. Führen Sie die gleiche Untersuchung für eine Trägerregelung zweiter Ordnung durch; tragen Sie $|F_2(e^{j\omega_j T})|$ über a_1 auf und parametrisieren Sie die Kurven mit $a_2 = [-2 : 0.1 : 0]$. Geben Sie die Kurven nur für die stabilen Bereiche wieder.

b) Überprüfen Sie die theoretischen Ergebnisse anhand der Simulation einer QPSK-Übertragung ($1/T = 2.4$ kBd) – benutzen Sie die vorgegebenen Routinen **qpskquel**, **phas_stoer** und **traegerreg**[15]. Wählen Sie eine Frequenzverwerfung von $\overline{\Delta f = 20}$ Hz und einen Phasenjitter von $\Delta\phi_j = \pi/8$, $f_j = 100$ Hz; das Kanalrauschen sei null. Stellen Sie die Signalräume nach der Phasenregelung dar. Vergleichen Sie Phasenregelungen erster und zweiter Ordnung für die Parameter $a_0 = 0.5$, 1.0, 1.9 bzw. $[a_1\ a_2] = [2\ -1]$ und $[3.5\ -0.2]$.

c) Es soll der Einfluß einer einzelnen Fehlentscheidung (ohne Folgefehler) auf die Trägerregelung untersucht werden ($\Delta f = 0$, ansonsten Kanalparameter wie unter b)). Übergeben Sie dazu der Routine **traegerreg** wieder die gesendete Symbolfolge als Referenz, verändern Sie dabei aber ein einzelnes Symbol, z.B. durch Multiplikation mit $\exp(j\pi/2)$. Stellen Sie die Phase des geregelten Signals nach Entfernung der Nutzphasen dar[16]. Vergleichen Sie die oben betrachteten Regelungen erster und zweiter Ordnung bezüglich ihres Einschwingverhaltens.

---

[15]Der Einfluß von Fehlentscheidungen auf die Phasenregelung soll zunächst nicht betrachtet werden. Daher werden in **traegerreg** als Referenzdaten die gesamten gesendeten QPSK-Symbole eingesetzt.

[16]Bezeichnet **y_TP** das phasengeregelte QPSK-Signal und **y_ref** die gesendeten Referenzdaten, so bildet man **angle(y_TP.*conj(y_Ref))**.

Aufgabe 6.4.2

Trägerregelung II
Bitfehlerrate unter additivem Rauschen
(Lösung Seite 231)

a) Wählen Sie die Phasenparameter aus Aufgabe 6.4.1 und fügen Sie nun additives, gaußverteiltes, weißes Rauschen hinzu(Parameter 'EbN0' in Routine **phas_stoer**; zur Definition von E_b/N_0 siehe die Formelzusammenstellung in Tabelle 6.5.2 auf Seite 242). Simulieren Sie die gesamte Übertragungsstrecke mit einer Trägerregelung 1. Ordnung; setzen Sie die Koeffizienten $a_0 = 0.5$, 1.0 und 1.9 ein. Übergeben Sie dem Simulationsprogramm **traegerreg** eine QPSK-Referenzfolge der Länge **n_prae=100**. Diese dient als Präambel zum Einlaufen der Trägerregelung; danach schaltet die Trägerregelung auf die entschiedenen Daten um. Somit werden Fehlerfortpflanzungseffekte mit berücksichtigt. Um Phasensprünge um Vielfache von $\pi/2$ ausgleichen zu können[17], ist das differentielle Verfahren *DQPSK* vorzusehen. Zur Modulation wird die Routine **dqpskquel** benutzt. Im Empfänger erfolgt dann zunächst eine kohärente Demodulation mittels **dqpskdem** – die hart entschiedenen Symbole **ddach** werden anschließend durch **qpskdec** differenzdecodiert. Diese Form der kohärenten Demodulation wird mit *DECPSK* „*Differentially Encoded PSK*" bezeichnet – im Gegensatz zum inkohärenten Verfahren, bei dem der Phasenvergleich anhand der nicht entschiedenen Symbole erfolgt (siehe „Inkohärente Demodulation" auf Seite 224).

Bestimmen Sie die Bitfehlerrate im Anschluß an die Präambel und stellen Sie sie im Bereich $E_b/N_0 = 0 : 2 : 10$ dB dar (Passen Sie die Länge der gesendeten Symbolfolge der zu erwartenden Bitfehlerrate an). Stellen Sie den durch die Trägerregelung entstehenden E_b/N_0-Verlust gegenüber einer idealen AWGN-Übertragung fest[18].

Für $a_0 = 1.0$ soll der Einfluß der innerhalb der Trägerregelung durch Fehlentscheidungen entstehenden Fehlerfortpflanzung untersucht werden. Dazu wird eine Kurve gegenübergestellt, bei der diese Effekte unterdrückt werden – man erreicht dies dadurch, daß der *gesamte* gesendete Datenvektor als Referenzfolge an die Trägerregelung übergeben wird, also nicht die entschiedenen, sondern die wahren Daten zur Phasenschätzung benutzt werden.

b) Führen Sie die gleichen Untersuchungen für eine Trägerregelung zweiter Ordnung mit den Koeffizienten $a_1 = 2$, $a_2 = -1$ durch.

c) Der Koeffizient a_0 einer Trägerregelung erster Ordnung ist bei einem festgehaltenen E_b/N_0-Wert von 8 dB für die Phasenjitterhübe $\Delta\phi_j =$

---

[17]Vergleichen Sie hierzu die Erläuterung der $2\pi/M$-Phasenunsicherheit der Phasenregelung auf Seite 220.
[18]Die geschlossene Lösung der AWGN-Bitfehlerwahrscheinlichkeit bei DQPSK mit kohärenter Demodulation (DECPSK) lautet $P_b = \mathrm{erfc}(\sqrt{E_b/N_0})$ (siehe Abschnitt 6.5).

$\pi/16$, $\pi/8$, $\pi/4$ und $\pi/2$ zu optimieren (Jitterfrequenz $f_j = 100$ Hz, Frequenzhub $\Delta f = 0$). Tragen Sie hierzu jeweils die Bitfehlerrate über dem Koeffizienten a_0 auf.

Aufgabe 6.4.3	**Laurent-Approximation** **von GMSK-Signalen** (Lösung Seite 234)

a) Berechnen Sie für ein GMSK-Signal mit $f_{3dB}T = 0.3$ (GSM-Standard) die Elementarimpulse $c_0(t), \cdots c_3(t)$ nach der Laurent-Entwicklung (Routine **cpm_lin**) und stellen Sie diese graphisch dar.

Erzeugen Sie ein exaktes GMSK-Signal $s_{GMSK}(t)$ mit stochastischen Daten (**cpm_sig**) und ein gemäß (6.4.19), S.224, linear approximiertes Signal $\tilde{s}_{GMSK}(t)$. Bilden Sie das Fehlersignal $\Delta s_{GMSK}(t) = s_{GMSK}(t) - \tilde{s}_{GMSK}(t)$[19]. Stellen Sie die Zeitverläufe und die Ortskurven des exakten und des approximierten GMSK-Signals sowie des Fehlersignals dar (Zeitausschnitt $0 \leq t/T \leq 20$).

Bestimmen Sie anhand der Simulation die Leistung des Approximationsfehlers sowie das Signal-Störverhältnis S/N_{Approx} (Wählen Sie zur Leistungsschätzung einen Datenvektor der Länge 5000).

b) Leiten Sie einen analytischen Ausdruck für die Leistung des Approximationsfehlers her (vernachlässigen Sie dabei die Impulse $c_2(t)$, $c_3(t)$, $\cdots$). Stellen Sie das S/N_{Approx} in dB über $0.1 \leq \eta \leq 0.8$ für $f_{3dB}T = 0.1, 0.3, 0.5, 0.7$ dar. Tragen Sie den unter a) durch Simulation ermittelten Wert in dieses Diagramm ein.

Aufgabe 6.4.4	**Simulation einer** **GMSK-Übertragung mit Differenzcodierung** (Lösung Seite 234)

a) Entwickeln Sie ein Simulationsprogramm für eine GMSK-Übertragung über AWGN-Kanäle. Stellen Sie die Daten nach dem GSM-Standard ein ($f_{3dB}T = 0.3$). Am Sender ist eine differentielle Vorcodierung gemäß (6.4.11), Seite 222, vorzusehen; der Empfänger arbeitet nach dem Prinzip der Derotation (6.4.12). Gemäß der Matched-Filter-Bedingung ist hier für die Empfangsfilter $c_0(t)$ einzusetzen.

Stellen Sie im rauschfreien Fall die Augendiagramme des Real- und Imaginärteils am Matched-Filter-Ausgang sowie die im Symboltakt abgetastete

---

[19]Stellen Sie zuvor eine korrekte Synchronisation der beiden Signale her.

Komplexe Einhüllende vor und nach der Derotation dar. Trennen Sie jeweils die Ein- und Ausschwingvorgänge ab.

b) Bestimmen Sie die Bitfehlerrate[20] für $E_b/N_0 = 0 : 2 : 10$ dB. Stellen Sie sie der Bitfehlerrate für eine BPSK- bzw. eine MSK-Übertragung mit Vorcodierung gegenüber[21].

Festlegung der Kanalrauschleistung σ_N^2 bei der Simulation.
Im äquivalenten Basisbandmodell gilt für die komplexe Rauschgröße
(siehe auch Tabelle 6.5.2 auf Seite 242)

Lineare Modulation: $\quad \sigma_N^2 \;=\; \dfrac{\mathrm{E}\{|d(i)|^2\}}{E_S/N_0} \sum_{k=-\infty}^{\infty} |g_S(k)|^2, \quad \sigma_{N'}^2 = \sigma_{N''}^2 = \sigma_N^2/2$

CPM-Signale: $\quad \sigma_N^2 \;=\; \dfrac{w}{E_S/N_0} = 2\sigma_{N'}^2 = 2\sigma_{N''}^2, \; f_A = w/T. \quad (6.4.21)$

Lösung Aufgabe 6.4.1

Aufgabenteil a)
Der statische Phasenfehler für die Regelung erster Ordnung beträgt nach (6.4.7)

$$\overline{\Delta\theta} = \frac{2\pi\, 30 \cdot 10^{-3}}{2.4 \cdot a_0} = \frac{4.5°}{a_0};$$

bei der Regelung zweiter Ordnung beträgt er null. Die nach (6.4.8) und (6.4.9) errechneten Jitter-Übertragungsfaktoren in dB sind in den **Bildern 6.4.5a,b** wiedergegeben.

Aufgabenteil b)
Bild 6.4.6a zeigt zunächst den Signalraum der ungeregelten Empfangsdaten; aus Darstellungsgründen wurde hier im Gegensatz zu den folgenden Simulationen die Frequenzverwerfung unterdrückt. In den **Bildern 6.4.6b-d** sind die Signalräume nach Trägerregelungen erster Ordnung für die Koeffizienten $a_0 = 0.5$, 1.0 und 1.9 dargestellt; die nach (6.4.8) und (6.4.7) errechneten Grenzen der verbleibenden Jitterschwingung sind gepunktet eingetragen. Die Wirkung einer Trägerregelung zweiter Ordnung wird für die Koeffizientensätze $[2 \; - 1]$ und $[3.5 \; - 0.2]$ in den

---

[20] Achten Sie auf die korrekte Synchronisation der gesendeten und der entschiedenen Bits.
[21] Es gilt für die Bitfehlerwahrscheinlichkeit für BPSK und für MSK mit Vorcodierung
$P_b = 0.5\,\mathrm{erfc}\sqrt{E_b/N_0}.$

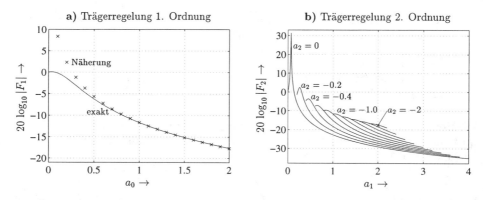

Bild 6.4.5: Jitter-Übertragungsfunktionen der Trägerphasenkreise 1. und 2. Ordnung

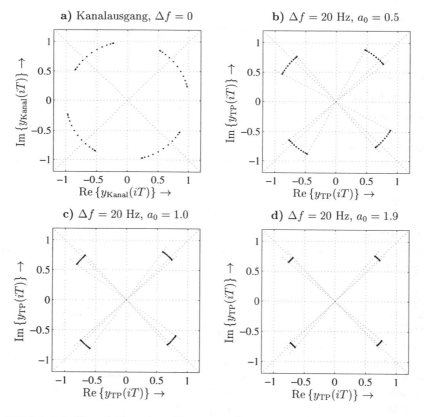

Bild 6.4.6: Simulation einer Trägerregelung erster Ordnung
$1/T = 2.4\,\text{kBaud}, \ \Delta f = 20\,\text{Hz}, \ f_j = 100\,\text{Hz}, \ \Delta\phi_j = \pi/8$

Bildern 6.4.7a,b veranschaulicht. Die verbleibende Jitteramplitude ist deutlich reduziert; der Phasenoffset ist null.

Aufgabenteil c)

Zur Darstellung der Einschwingvorgänge infolge einer Fehlentscheidung (ohne Berücksichtigung von Folgefehlern) wird der Routine `traegerreg` die gesamte gesendete Symbolfolge als Referenz übergeben, wobei jedoch das 100. Element um $\pi/2$ verfälscht wurde. Die Darstellungen des Phasenverlaufs $\theta(i)$ in den **Bildern 6.4.8a-d** zeigen demgemäß einen Phasensprung um $\pi/2$ an der Stelle $i = 100$, der je nach Dimensionierung des Phasenregelkreises mehr oder weniger schnell wieder abklingt – besonders sensibel reagiert die Regelung zweiter Ordnung mit **a** $= [3.5 \; -0.2]$. Die Pole der Phasen-Übertragungsfunktionen der betrachteten Regelkreise sind in Tabelle 6.4.1 zusammengestellt.

Tabelle 6.4.1: Pole der Trägerregelkreise

a	0.5	1.0	1.9	[2 − 1]	[3.5 − 0.2]
z_∞	0.5	0	−0.9	0	$0.8944 \cdot \exp(\pm j 0.82\pi)$

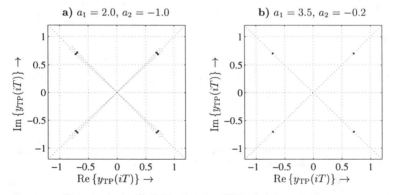

a) $a_1 = 2.0$, $a_2 = -1.0$ b) $a_1 = 3.5$, $a_2 = -0.2$

Bild 6.4.7: Simulation einer Trägerregelung zweiter Ordnung
$1/T = 2.4\,\text{kBaud}$, $\Delta f = 20\,\text{Hz}$, $f_j = 100\,\text{Hz}$, $\Delta\phi_j = \pi/8$

Lösung Aufgabe 6.4.2

Aufgabenteil a)

Die Simulationsergebnisse für die Bitfehlerrate unter einer Trägerregelung erster Ordnung sind in **Bild 6.4.9a** dargestellt – gegenübergestellt ist die gemäß Fuß-

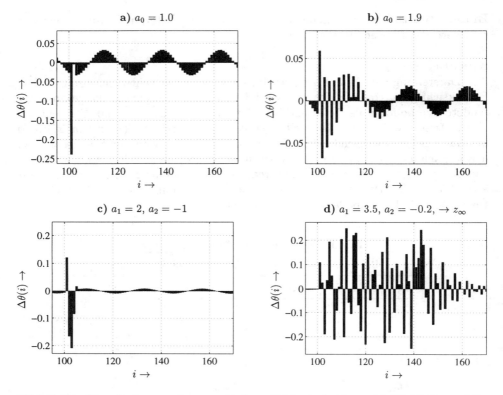

Bild 6.4.8: Einschwingvorgänge nach einer Fehlentscheidung ($\Delta\theta(100) = -\pi/2$)
$1/T = 2.4\,\mathrm{kBaud}$, $\Delta f = 0$, $f_j = 100\,\mathrm{Hz}$, $\Delta\phi_j = \pi/8$

note auf Seite 227 errechnete Bitfehlerrate für DQPSK-Übertragung über einen AWGN-Kanal. Mit größer werdendem a_0 steigt der E_b/N_0-Verlust gegenüber der Idealkurve – in Hinblick auf das Rauschen ist also ein möglichst kleiner Koeffizient a_0 zu wählen. Da andererseits zu einer wirksamen Unterdrückung eines Phasenjitters und zur Ausregelung einer Frequenzverwerfung ein möglichst großer Koeffizient anzustreben ist, muß bei der Dimensionierung des Phasenregelkreises ein

- *Kompromiß zwischen Rauscheinfluß einerseits und Phasenjitter und Frequenzverwerfung andererseits*

eingestellt werden. In Aufgabenteil c) wird eine Optimierung der Trägerregelung unter diesem Gesichtspunkt durchgeführt.

Die bisher betrachteten Simulationsergebnisse schließen Folgefehler in der Trägerregelung ein. Werden diese auf die in der Aufgabenstellung erläuterte Wei-

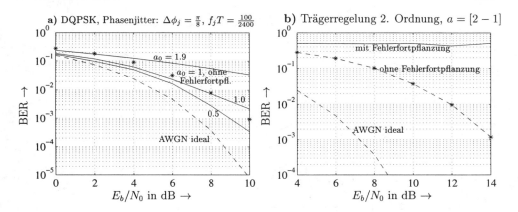

Bild 6.4.9: Trägerregelung unter Rauscheinfluß
   a) Trägerregelung 1. Ordnung   b) Trägerregelung 2. Ordnung

se unterdrückt, so erhält man für $a_0 = 1.0$ die in Bild 6.4.9a durch '∗' gekennzeichneten Ergebnisse. Dabei ist überraschend, daß die Fehlerfortpflanzung in der Trägerregelung für kleine E_b/N_0-Verhältnisse offenbar zu einer Verbesserung führt. Dies ist folgendermaßen zu erklären: Bleibt die Trägerregelung unbeeinflußt von Fehlentscheidungen, so führt ein einzelner Symbolfehler nach der Differenzdecodierung zu einem Doppelfehler. Wird jedoch ein z.B. um $+\pi/2$ fehlerhaft entschiedenes Symbol in der Trägerregelung zur Phasenschätzung benutzt, so kann dies zu einem Phasensprung um $+\pi/2$ führen, womit der zweite Symbolfehler in der Differenzdecodierung aufgehoben wird.

Aufgabenteil b)
In **Bild 6.4.9b** sind die Bitfehlerraten für eine Trägerregelung zweiter Ordnung mit **a** = [2 − 1] mit (−) und ohne (∗) Fehlerfortpflanzung dargestellt. Bei Unterdrückung der Phasensprünge erkennt man bereits einen sehr großen E_b/N_0-Verlust, der mit dieser Regelung verbunden ist. Kommen die Folgefehler hinzu, so ist eine Datenerkennung im dargestellten E_b/N_0-Bereich nicht mehr möglich, was aus den in Bild 6.4.8c dargestellten Einschwingvorgängen resultiert.

Aufgabenteil c)
Unter Teilaufgabe a) wurde aufgezeigt, daß die Einflüsse der Regelkreis-Koeffizienten a_0 auf den Phasenfehler und das Kanalrauschen gegensätzlich sind. Hier wird eine Optimierung von a_0 bei festgehaltenem $E_b/N_0 = 8$ dB für verschiedene Jitteramplituden durchgeführt. Die Ergebnisse in **Bild 6.4.10** zeigen, daß der optimale Koeffizient sich mit steigendem Jitterhub zu größeren Werten hin verschiebt.

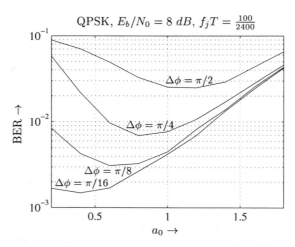

Bild 6.4.10: Optimierung des Regelkreis-Koeffizienten a_0

Lösung Aufgabe 6.4.3

Aufgabenteil a)

Die mit Hilfe von `cpm_lin` errechneten Laurent-Impulse $c_0(t), \cdots c_3(t)$ sind in den **Bildern 6.4.11a,b** für ein GMSK-Signal nach dem GSM-Standard ($f_{3dB}T = 0.3$) dargestellt. Man sieht, daß die Impulse $c_1(t)$, $c_2(t)$ und $c_3(t)$ deutlich geringer ausgesteuert sind als $c_0(t)$. In den **Bildern 6.4.11c,d** sind die Realteile sowie die Ortskurven des exakten GMSK-Signals und seiner Laurent-Approximation gegenübergestellt. Schließlich sind Real- und Imaginärteil des Fehlersignals $\Delta s_{\text{GMSK}}(t) = s_{\text{GMSK}}(t) - \tilde{s}_{\text{GMSK}}(t)$ in **Bild 6.4.11e** sowie seine Ortskurve in **Bild 6.4.11f** wiedergegeben.

Die Leistung des Fehlers gewinnt man aus der quadratischen Mittelung von $\Delta s_{\text{GMSK}}(kT_A)$; die Leistung des GMSK-Signals beträgt eins. Für das Signal-Störverhältnis infolge der Approximation erhält man $S/N_{\text{Approx}} = 24.5$ dB – dieser Wert liegt weit oberhalb der durch typisches Kanalrauschen hervorgerufenen Signal-Störverhältnisse.

Aufgabenteil b)

Der Fehler der Laurent-Approximation ist durch

$$\Delta s_{\text{GMSK}}(t) = \sum_{i=0}^{\infty} \sum_{\mu=1}^{2^{L-1}-1} j^{A_\mu(i)} \cdot c_\mu(t - iT) \approx \sum_{i=0}^{\infty} j^{A_1(i)} \cdot c_1(t - iT) \quad (6.4.22)$$

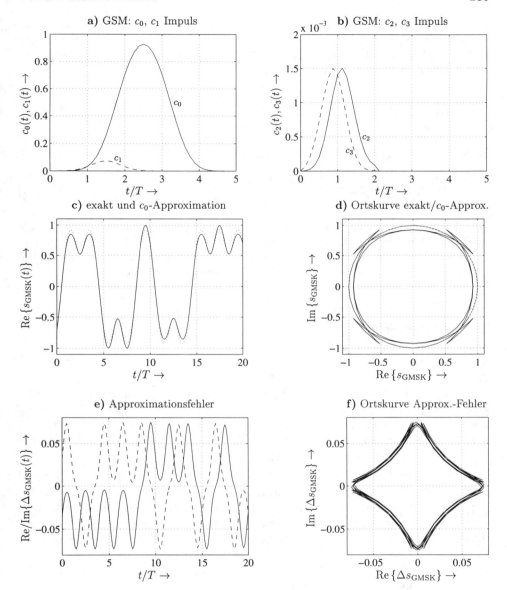

Bild 6.4.11: Laurent-Approximation für GMSK ($\eta = 1/2$, $f_{3\mathrm{dB}}T = 0.3$)

      a), b) Elementarimpulse $c_0(t), \cdots c_3(t)$

      c), d) Zeitverläufe, Ortskurven des exakten und approximierten Signals

      e), f) Zeitverlauf, Ortskurve des Approximationsfehlers

gegeben, wobei die Impulse $c_2(t)$, $c_3(t)$, $\cdots$ vernachlässigt wurden. Die mittlere Leistung eines Datensignals berechnet sich aus der Autokorrelationsfunktion (5.1.14) auf Seite 163. Da die Autokorrelationsfolge des Terms $j^{A_1(i)}$ für unkorrelierte Quelldaten $E\{(-j^{A(i)})j^{A(i+\lambda)}\} = 1 \cdot \delta(\lambda)$ beträgt, erhält man[22]

$$
E\{|\Delta s_{\mathrm{GMSK}}(t)|^2\} = \frac{1}{T} \cdot r_{c_1 c_1}(0) \approx \frac{T_{\mathrm{A}}}{T} \sum_{k=-\infty}^{\infty} c_1^2(kT_{\mathrm{A}}) = \frac{1}{w} \sum_{k=-\infty}^{\infty} c_1^2(kT_{\mathrm{A}}).
$$
$$(6.4.23)$$

Das S/N-Verhältnis infolge der Approximation läßt sich also durch

$$
S/N_{\mathrm{Approx}} = \frac{E\{|s_{\mathrm{GMSK}}(t)|^2\}}{E\{|\Delta s_{\mathrm{GMSK}}(t)|^2\}} = \frac{w}{\sum_{k=-\infty}^{\infty} c_1^2(kT_{\mathrm{A}})}
$$
$$(6.4.24)$$

berechnen. In **Bild 6.4.12** sind die Verläufe über η für verschiedene Werte $f_{3\mathrm{dB}}T$ wiedergegeben; der unter Teilaufgabe a) durch Simulation ermittelte Wert ist eingetragen. Man sieht, daß sich die Approximation mit steigendem Modulationsindex sowie mit geringer werdender 3-dB-Grenzfrequenz verschlechtert.

Lösung Aufgabe 6.4.4

Aufgabenteil a)

Das Lösungs-m-file <u>a6.4.4</u> enthält ein Simulationsprogramm zur GMSK-Übertragung über AWGN-Kanäle. Es schließt die sendeseitige differentielle Vorcodierung (6.4.11) sowie die Derotation (6.4.12) am Empfänger ein. Zur Einstellung der Rauschleistung in Abhängigkeit vom E_b/N_0-Verhältnis wird der auf Seite 229 wiedergegebene Zusammenhang (6.4.21) benutzt.

Für die Simulation wurde eine achtfache Abtastung pro Symbolintervall ($\mathtt{w=8}$) gewählt. Zur Erzeugung der Augendiagramme in den **Bildern 6.4.13a,b** wurde die Routine **auge** verwendet. Dabei wurde anstelle von $\mathtt{w}$ der Wert $2\mathtt{w=16}$ eingesetzt, um die Augen für Real- und Imaginärteil über das Intervall $-T \le t \le +T$ darzustellen[23]; auf diese Weise wird die Offset-QPSK-Eigenschaft von GMSK-Signalen veranschaulicht. Wegen der guten Approximation des GMSK-Signals durch das lineare Laurent-Modell ergeben sich in den Bildern 6.4.13a,b relativ geringe Augenfehler.

---

[22] Man beachte, daß das Datensignal (6.4.22) nicht wie in Bild 5.1.1 mit T bewertet wurde; deshalb ist hier der Vorfaktor $1/T$ und nicht T wie in (5.1.14).

[23] Die Routine **auge** liefert automatisch eine x-Achsen-Skalierung von $-1/2 \le t/T \le +1/2$, die hier manuell verändert wurde.

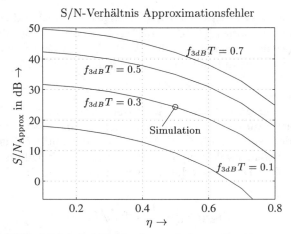

Bild 6.4.12: S/N-Verhältnis infolge der Laurent-Approximation von GFSK-Signalen

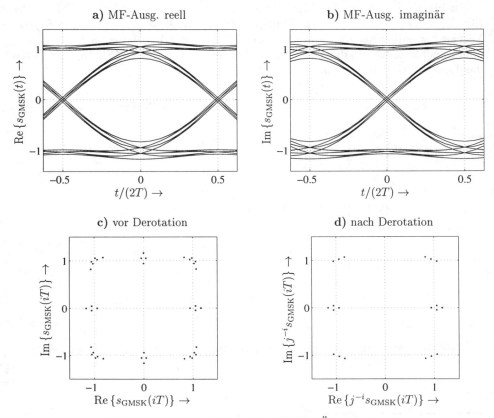

Bild 6.4.13: Simulation einer GMSK-Übertragung

Nach der Symboltakt-Abtastung an den Matched-Filter-Ausgängen erhält man das Signalraum-Diagramm in **Bild 6.4.13c**, das nach der Derotation in den in **Bild 6.4.13d** gezeigten Signalraum übergeht. Von diesem Signal wird nur der *Realteil* ausgewertet, wie anhand von (6.4.12) auf Seite 222 erläutert wurde.

Aufgabenteil b)

Im zweiten Teil von a6_4_4_ wird die Bitfehlerrate einer GMSK-Übertragung (GSM-Parameter) durch Simulation ermittelt. Die hierzu benutzte Datenblocklänge wurde dem jeweiligen E_b/N_0-Wert angepaßt[24]. Der Meßkurve ist die theoretische Bitfehlerwahrscheinlichkeit von MSK mit Differenzcodierung gegenübergestellt (ohne Differenzcodierung verdoppelt sie sich):

$$P_b|_{\text{MSK\_diff}} = \frac{1}{2} \cdot \text{erfc}(\sqrt{E_b/N_0}); \qquad (6.4.25)$$

sie ist identisch mit der Bitfehlerwahrscheinlichkeit von BPSK bzw. QPSK (siehe (6.5.5), (6.5.6), Seite 242). Die GMSK-Bitfehlerrate weist einen geringen E_b/N_0-Verlust gegenüber der Idealkurve auf (bei $BER = 10^{-3}$ beträgt er ca. 0.5 dB), was abermals als Indiz für die gute lineare Approximation des GMSK-Signals durch das Laurent-Modell gewertet werden kann.

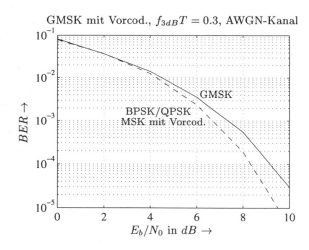

Bild 6.4.14: Bitfehlerrate bei AWGN-Übertragung von GMSK nach dem GSM-Standard

---

[24]Faustformel: Es sollten jeweils mindestens 10, typischerweise 50-100 Fehler gezählt werden.

6.5   Symbol- und Bitfehlerwahrscheinlichkeiten

In diesem Abschnitt werden Verfahren zur Berechnung von Symbol- und Bitfehlerwahrscheinlichkeiten für lineare Modulationsverfahren in kurzer und übersichtlicher Form präsentiert. Es erfolgt dabei keine komplette Herleitung der Formeln, sondern nur eine Vorstellung und Diskussion der wichtigsten Ergebnisse. Zur Unterstützung dient eine Funktionsbibliothek unter MATLAB, mit der Bit- und Symbolfehlerwahrscheinlichkeiten für den AWGN-Kanal sowie den nicht frequenzselektiven Schwundkanal aus Kapitel 2 berechnet werden können. Sie enthält neben den üblichen Näherungslösungen auch exakte numerische Verfahren [Rin98], mit denen beliebige Genauigkeiten zu erreichen sind. Außerdem umfassen die Programmroutinen den allgemeinen Fall L-facher Diversität, auf den hier aber nur am Rande eingegangen werden soll. Für ausführliche Informationen insbesondere hinsichtlich der mathematischen Herleitungen sei auf [BBC87, Ben96, IS91, Lee86, Pro68, Pro95] verwiesen.

6.5.1   Gray-Codierung, Symbol- und Bitfehler

Im uncodierten Fall sorgt die Gray-Codierung (siehe Seite 194) für eine minimale Bitfehlerwahrscheinlichkeit und stellt damit die optimale Abbildungsvorschrift (Mapping) der Bit-Tupel auf die Sendesymbole dar. Die Zuordnung der $m = \mathrm{ld}(M)$ Bits zu den M Symbolen erfolgt so, daß sich benachbarte Symbole jeweils nur in einer Binärstelle unterscheiden. Die **Bilder 6.5.1a,b** zeigen entsprechende Bitzuordnungen für QPSK und 8-PSK.

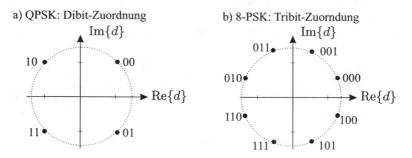

Bild 6.5.1: Gray-Codierung bei QPSK und 8-PSK

Der Gray-Code für eine 16-QAM ist in Tabelle 6.5.1 dargestellt. Wie auch bei der QPSK lassen sich hier Real- und Imaginärteile der Symbole durch getrennte Bitgruppen identifizieren: die Dibit rechts vom Trennstrich „|" definieren die vier Signalstufen des Realteils, während die vier Werte des Imaginärteils von den

Dibit links des Trennstriches bestimmt sind. In Tabelle 6.5.1 sind ebenfalls die Bitzuordnungen für QPSK enthalten: sie sind unter den Signalwerten $\pm 1/\pm 1$ fett hervorgehoben und decken sich mit den Zuordnungen in **Bild 6.5.1**.

Tabelle 6.5.1: Gray-Code für 16-QAM

Im↓ Re→	-3	-1	+1	+3
+3	00|10	00|11	00|01	00|00
+1	01|10	**01|11**	**01|01**	01|00
-1	11|10	**11|11**	**11|01**	11|00
-3	10|10	10|11	10|01	10|00

Mit der Gray-Codierung ergibt sich – auch bei höherstufigen Modulationsformen – ein einfacher Zusammenhang zwischen Bit- und Symbolfehlerwahrscheinlichkeit: Vernachlässigt man Fehlentscheidungen zwischen nicht benachbarten Symbolen, so gilt

$$P_b \approx \frac{1}{\mathrm{ld}(M)}\, P_s\;.\tag{6.5.1}$$

Diese Näherung ist für mittlere und hohe Signal-Rausch-Abstände sehr genau, bei kleinen Werten von E_b/N_0 verliert (6.5.1) etwas an Genauigkeit. Eine exakte Berechnung der Bitfehlerwahrscheinlichkeit erfordert die Berücksichtigung der Tatsache, daß sich unterschiedliche Symbole auch in mehr als einem Bit unterscheiden können. Wie sich die Art des Mappings auf die Bitfehlerwahrscheinlichkeiten auswirkt und eine exakte Lösung für beliebige Bitzuordnungen erzielt werden kann, soll im folgenden kurz skizziert werden.

Dazu gehen wir vom Modell des diskreten gedächtnislosen Kanals (DMC) aus Kapitel 2 aus. Er besitzt für den Fall einer QPSK $M = 4$ Eingangs- und Ausgangssymbole, wobei entsprechend **Bild 6.5.2** die Übergangswahrscheinlichkeiten zwischen ihnen durch P_0 bis P_3 bestimmt sind. Dabei gilt allgemein

$$P_\mu = P(Y_\nu|D_{(\nu+\mu)\,\mathrm{mod}\,M})\;,\tag{6.5.2}$$

d.h. der Index μ gibt den Phasenfehler bei einer Hard-Decision als ganzzahliges Vielfaches von $2\pi/M$ an. Demzufolge korrespondiert die erste in Klammern stehende Wahrscheinlichkeit mit dem obersten der ankommenden Pfade, die zweite mit dem zweit obersten usw.

Zur Berechnung der Bitfehlerwahrscheinlichkeit ist nun zu bestimmen, wieviele der m Bit beim Senden von Symbol D_ν und Empfang von $Y_{\mu\neq\nu}$ verfälscht werden.

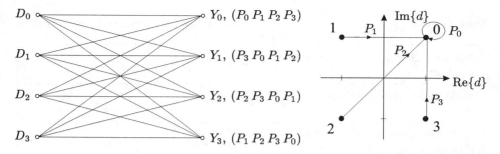

Bild 6.5.2: DMC und Übergangswahrscheinlichkeiten für QPSK

Dies hängt in erster Linie von der gewählten Abbildung der Bit-Tupel auf die Sendesymbole ab. Die Gewichte $w_\mu(D_\nu)$ geben an, wieviel Infobit falsch sind, wenn das Symbol D_ν gesendet und $Y_{(\nu+\mu)\,\mathrm{mod}M}$ empfangen wurde. Ihre Mittelwerte über alle Symbole D_ν lauten

$$\bar{w}_\mu = \frac{1}{M} \sum_{\nu=1}^{M-1} w_\mu(D_\nu)\,, \qquad (6.5.3)$$

sie korrespondieren mit den Wahrscheinlichkeiten P_μ. Die Bitfehlerwahrscheinlichkeiten ergeben sich nun durch Aufsummieren aller mit den zugehörigen $\bar{w}_\mu$ gewichteten Fehlerwahrscheinlichkeiten P_μ

$$P_b = \sum_{\mu=1}^{M-1} \frac{\bar{w}_\mu}{m} \cdot P_\mu\,. \qquad (6.5.4)$$

Die Berechnung der hierfür erforderlichen Wahrscheinlichkeiten P_μ wird durch das konkrete Modulationsverfahren und den Übertragungskanal beeinflußt und ist in der Regel nur mit numerischen Verfahren zu realisieren. Für M-QAM ist eine zu (6.5.4) äquivalente Formulierung möglich.

6.5.2 AWGN-Kanal

Die auf Seite 174 für reelle Tiefpaßübertragung getroffenen Vereinbarungen sind für die *äquivalente komplexe Basisbanddarstellung* digitaler Modulationssysteme in Tabelle 6.5.2 zusammengefaßt. Im folgenden werden für die wichtigsten linearen Modulationsformen die Bitfehlerraten bei Übertragung über AWGN-Kanäle wiedergegeben.

BPSK. Für die antipodale binäre Modulationsform BPSK und auch für die QPSK sind exakte, geschlossene Lösungen bekannt. Bei der BPSK sind Symbol- und

Tabelle 6.5.2: Vereinbarungen für die äquivalente komplexe Basisbanddarstellung digitaler Modulationssysteme

mittlere Energie eines Sendesymbols	$\overline{E}_S = \frac{\overline{d^2}}{2} \, T^2 \int\limits_{-\infty}^{\infty} g_S^2(t)dt$
mittlere Symbolenergie pro Bit	$\overline{E}_b = \overline{E}_S/\mathrm{ld}(M) \quad \Rightarrow \quad \frac{\overline{E}_b}{N_0} = \frac{1}{\mathrm{ld}(M)} \cdot \frac{\overline{E}_S}{N_0}$
spektrale Leistungsdichte des Kanalrauschens $N_{\mathrm{BP}}(t)$	$S_{N_{\mathrm{BP}}N_{\mathrm{BP}}}(j\omega) = N_0/2 \quad$ für $\ -\infty < \omega < \infty$
S/N-Verhältnis am Matched-Filter-Ausgang	$S/N\|_{\mathrm{matched}} = \frac{\overline{E}_S}{N_0}$ vgl $\frac{E_S}{N_0/2}$ S.174
komplexes Rauschen bei digitaler Simulation im äquivalenten Basisband	$\sigma_N^2 = \frac{\overline{d^2}}{\overline{E}_S/N_0} \sum\limits_{k=-\infty}^{\infty} |g_S(kT_{\mathrm{A}})|^2 = 2\sigma_{N'}^2 = 2\sigma_{N''}^2.$

Bitfehlerwahrscheinlichkeiten identisch und hängen gemäß Abschnitt 5.2 von der euklidischen Distanz $\Delta_0 = 2d$ der beiden Sendesymbole sowie der spektralen Leistungsdichte $N_0/2$ des Rauschens ab. Der Abstand Δ_0 wird wiederum von der Symbolenergie E_s bestimmt. Ein Fehler tritt genau dann auf, wenn durch die Überlagerung des Rauschens die Entscheidungsschwelle zwischen beiden Symbolen überschritten wird [Kam96]. Die Wahrscheinlichkeit hierfür ergibt sich aus dem Integral der Wahrscheinlichkeitsdichtefunktion $p_N(n)$ (Seite 55) des Rauschens und lautet mit dem Signal-Rausch-Verhältnis E_s/N_0

$$P_b^{\mathrm{BPSK}} = P_s^{\mathrm{BPSK}} = \frac{1}{2} \cdot \mathrm{erfc}\left(\sqrt{\frac{E_s}{N_0}}\right) \ . \tag{6.5.5}$$

QPSK. Bei der QPSK-Modulation werden nun zwei Informationsbit je Symbol übertragen (*Dibit*), die spektrale Effizienz verdoppelt sich also gegenüber der BPSK. Bezeichnet E_b die pro Informationsbit aufgebrachte Energie, so gilt $E_s = 2E_b$. Berücksichtigt man bei der Zuordnung der Dibits auf die Symbole die Gray-Codierung (siehe **Bild 6.5.1**), so liegen gemäß Abschnitt 6.1 zwei getrennte BPSK-Übertragungssysteme vor, da Real- und Imaginärteil des QPSK-Symbols getrennt voneinander betrachtet werden können. Dementsprechend gilt für die Bitfehlerwahrscheinlichkeit

$$P_b^{\mathrm{QPSK}} = \frac{1}{2} \cdot \mathrm{erfc}\left(\sqrt{\frac{E_b}{N_0}}\right) = \frac{1}{2} \cdot \mathrm{erfc}\left(\sqrt{\frac{E_s}{2N_0}}\right) \ . \tag{6.5.6}$$

Hinsichtlich P_S ist zu beachten, daß ein Symbol genau dann fehlerfrei übertragen wurde, wenn sowohl Real- als auch Imaginärteil korrekt sind.

$$P_{korrekt}^{\text{QPSK}} = 1 - P_s^{\text{QPSK}} = (1 - P_s^{\text{BPSK}})^2 \ . \tag{6.5.7}$$

Hieraus folgt für die Symbolfehlerwahrscheinlichkeit

$$P_s^{\text{QPSK}} = 1 - (1 - P_s^{\text{BPSK}})^2 = \text{erfc}\left(\sqrt{\frac{E_b}{N_0}}\right) - \left[\frac{1}{2} \cdot \text{erfc}\left(\sqrt{\frac{E_b}{N_0}}\right)\right]^2 \ . \tag{6.5.8}$$

Höherstufige PSK. Für $M > 4$ existieren im allgemeinen keine geschlossenen Lösungen für Bit- und Symbolfehlerwahrscheinlichkeiten. Außerdem können Real- und Imaginärteil nicht mehr getrennt voneinander betrachtet werden, da die Information in der Phase der Symbole liegt. Für eine Näherungslösung wird von der Annahme Gebrauch gemacht, daß Fehlentscheidungen zwischen nicht benachbarten Symbolen zu vernachlässigen sind [Kam96]. Unter dieser Voraussetzung hängt die Symbolfehlerwahrscheinlichkeit wiederum von der euklidischen Distanz Δ_0 zwischen benachbarten Symbolen ab. Es gilt hier mit $E_s = \text{ld}(M)E_b$

$$P_s^{M-\text{PSK}} \approx \text{erfc}\left(\sqrt{\text{ld}(M)\frac{E_b}{N_0}} \sin\left(\frac{\pi}{M}\right)\right) \ . \tag{6.5.9}$$

Bei Anwendung der Gray-Codierung behält (6.5.1) als Approximation weiterhin ihre Gültigkeit. Allerdings ist zu beachten, daß dies nur zu einer mittleren Fehlerwahrscheinlichkeit führt. Die Bitfehlerwahrscheinlichkeiten für verschiedene Bits eines Symbols können durchaus voneinander abweichen, wie in Übungsaufgabe 6.5.2 gezeigt wird.

Neben der Näherung aus (6.5.9) existiert auch eine exakte Lösung zur Berechnung der Bitfehlerwahrscheinlichkeit [BBC87, IS91]. Sie beruht auf der Transformation der kartesischen Koordinaten in Polarkoordinaten und der numerischen Integration über der Phase in der komplexen Ebene. An dieser Stelle soll keine Herleitung gegeben werden, die Berechnungsvorschrift steht allerdings in der MATLAB-Routine pb_psk_awgn zur Verfügung. Mit dieser Vorschrift können beliebig genaue Ergebnisse erzielt werden. Unterschiede zur Näherungslösung ergeben sich aber nur für kleine Signal-Rausch-Abstände. Für die Bitfehlerwahrscheinlichkeit können die P_μ numerisch bestimmt und in (6.5.4) eingesetzt werden.

Die Ergebnisse für Symbol- und Bitfehlerwahrscheinlichkeiten sind in den **Bildern 6.5.3a** und **b** zu sehen. Die Erhöhung der spektralen Effizienz ist mit einer Verschlechterung der Übertragungsqualität verbunden. Asymptotisch für große Werte von M geht mit der Verbesserung der Effizienz um 1 bit/s/Hz ein Verlust von etwa 6 dB einher [Pro95].

M-QAM. Bei quadratischer M-QAM Modulation kann aufgrund der symmetrischen Anordnung und bei entsprechender Gray-Codierung wieder eine getrennte

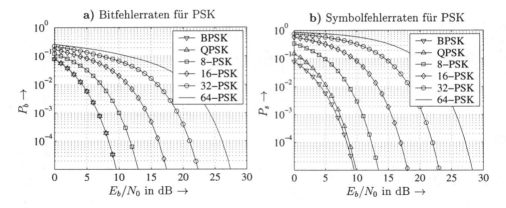

Bild 6.5.3: Bit- und Symbolfehlerwahrscheinlichkeiten für PSK und AWGN-Kanal

Betrachtung von Real- und Imaginärteil ausgenutzt werden. Dies führt zunächst zur Betrachtung der eindimensionalen Pulsamplitudenmodulation (PAM) oder auch *Amplitude Shift Keying* (ASK). Hier existiert ein geschlossener Ausdruck für die Symbolfehlerwahrscheinlichkeit [Pro95]

$$P_s^{M-\mathrm{PAM}} = \frac{M-1}{M} \cdot \mathrm{erfc}\left(\sqrt{\frac{3 \cdot \mathrm{ld}(M)}{M^2-1} \cdot \frac{E_b}{N_0}}\right) . \tag{6.5.10}$$

Analog zur Vorgehensweise bei der QPSK kann auch hier einfach die Erweiterung auf die komplexe Ebene vorgenommen werden. Mit der Substitution $M \to \sqrt{M}$ und wegen $E_b/N_0|_{\sqrt{M}-\mathrm{PAM}} = E_b/N_0|_{M-\mathrm{QAM}}$ ergibt sich

$$P_s^{M-\mathrm{QAM}} = P_s^{\sqrt{M}-\mathrm{PAM}} \cdot \left[2 - P_s^{\sqrt{M}-\mathrm{PAM}}\right] . \tag{6.5.11}$$

Die Bitfehlerwahrscheinlichkeit kann näherungsweise mit (6.5.1)

$$P_b^{M-\mathrm{QAM}} \approx \frac{1}{\mathrm{ld}(M)} \cdot P_s^{M-\mathrm{QAM}} \tag{6.5.12}$$

berechnet werden. Alternativ führt die in Abschnitt 6.5.1 beschriebene Methode mit den Gewichten $\bar{w}_\mu$ zu einem exakten Ergebnis. Hier ist zu beachten, daß die Bitfehlerwahrscheinlichkeiten für Real- und Imaginärteil identisch sind und daher

$$P_b^{M-\mathrm{QAM}}(E_b/N_0) = P_b^{\sqrt{M}-\mathrm{PAM}}(E_b/N_0) \tag{6.5.13}$$

gilt. Mit Hilfe der Programmroutinen pb_qam_awgn und pb_pam_awgn wurden die in den **Bildern 6.5.4a** und **b** dargestellten Ergebnisse erzielt.

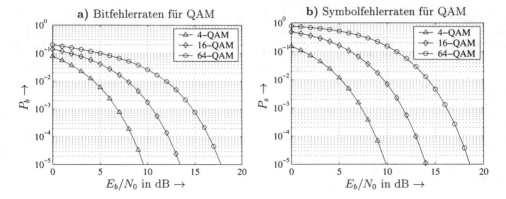

Bild 6.5.4: Symbol- und Bitfehlerwahrscheinlichkeiten für QAM und AWGN-Kanal

DPSK. Für die differentielle Phasenmodulation gibt es nur für wenige Spezialfälle geschlossene Lösungen. Im Gegensatz zur reinen PSK ist die Information hier in der Phasendifferenz zweier aufeinanderfolgender Symbole enthalten. Hieraus folgt direkt, daß die Wahrscheinlichkeit einer Fehlentscheidung nicht mehr von nur einem, sondern von zwei empfangenen Symbolen abhängt. Eine richtige Entscheidung wird demnach immer dann gefällt, wenn bei der Entscheidung zweier aufeinander folgender Symbole kein oder aber der gleiche Phasenfehler ϕ_μ auftritt. Eine Fehlentscheidung kommt dann mit der Wahrscheinlichkeit

$$P_s^{\mathrm{DPSK}} = 1 - \sum_{\mu=0}^{M-1} P_\mu^2 \quad \text{(kohärent)} \tag{6.5.14}$$

vor, wobei die Wahrscheinlichkeiten P_μ aus (6.5.2) bekannt sind und numerisch bestimmt werden können. Eine gute Näherung liefert auch die Annahme, daß sich die Symbolfehlerwahrscheinlichkeit bei einer kohärenten Demodulation ungefähr verdoppelt [Pro95] (vgl. (6.5.9)), d.h.

$$P_s^{M-\mathrm{DPSK}} \approx 2 \cdot \mathrm{erfc}\left(\sqrt{\mathrm{ld}(M)\frac{E_b}{N_0}} \cdot \sin\left(\frac{\pi}{M}\right)\right) \quad \text{(kohärent)} . \tag{6.5.15}$$

Für die Bitfehlerwahrscheinlichkeit gilt nach [Kam96] für $M = 2$ und $M = 4$ näherungsweise

$$P_b^{\mathrm{DBPSK}} \approx P_b^{\mathrm{DQPSK}} \approx \mathrm{erfc}\left(\sqrt{\frac{E_b}{N_0}}\right) \quad \text{(kohärent)} \tag{6.5.16}$$

und für $M \geq 8$

$$P_b^{M-\mathrm{DPSK}} \approx \frac{2}{\mathrm{ld}(M)} \cdot \mathrm{erfc}\left(\sqrt{\mathrm{ld}(M)\frac{E_b}{N_0}} \cdot \sin\left(\frac{\pi}{M}\right)\right) \quad \text{(kohärent)} . \tag{6.5.17}$$

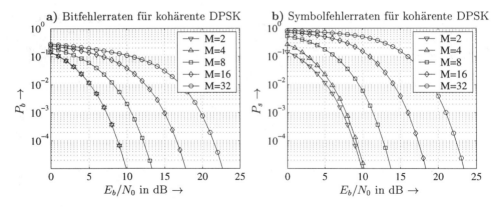

Bild 6.5.5: Symbol- und Bitfehlerwahrscheinlichkeiten für kohärente DPSK und AWGN-Kanal

Bei inkohärenter Demodulation sind keine exakten geschlossenen Lösungen bekannt. In [BBC87] wird beispielsweise für $M = 2$ die Näherung

$$P_s^{2-\text{DPSK}} = P_b^{2-\text{DPSK}} \approx \frac{1}{2} \cdot \exp(-E_b/N_0) \quad (\text{inkohärent}) \qquad (6.5.18)$$

angegeben. Für höherstufige Modulationsverfahren ($M \geq 4$) kann nach [Kam96] ein Verlust von etwa 3 dB gegenüber der kohärenten PSK angenommen werden. Diese Näherung ist allerdings nur für $M > 4$ hinreichend genau. In der MATLAB-Routine `pb_dpsk_ink_awgn` steht auch ein Berechnungsverfahren zur Verfügung, das über die numerische Integration der Wahrscheinlichkeitsdichtefunktionen sehr genaue Ergebnisse liefern. Sie basieren auf der numerischen Lösung des Integrals [KH94, PRR82]

$$F(x) = \frac{\sin(x)}{2\pi} \int\limits_{0}^{\pi/2} \exp\left(-\frac{E_b}{N_0}(1 - \cos(x)\cos(\Theta))\right) \cdot \frac{d\Theta}{1 - \cos(x)\cos(\Theta)} \ . \qquad (6.5.19)$$

Die **Bilder 6.5.5a** und **b** zeigen die Ergebnisse für kohärenten Empfang, die **Bilder 6.5.6a** und **b** die entsprechenden Resultate für inkohärenten Empfang. Man erkennt zum einen, daß sich die Symbolfehlerwahrscheinlichkeiten beim kohärenten Empfang für $M = 2$ und $M = 4$ unterscheiden, während die Bitfehlerraten identisch sind. Weiterhin wird deutlich, daß die Annahme eines Verlustes von 3 dB bei inkohärentem Empfang nur für große M einigermaßen genau zutrifft. Für DBPSK und DQPSK ist die Annahme zu pessimistisch, hier liegen die Verluste bei unter 1 dB ($M = 2$) bzw. bei etwa 2 dB ($M = 4$).

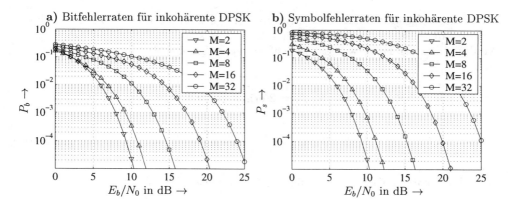

Bild 6.5.6: Symbol- und Bitfehlerwahrscheinlichkeiten für inkohärente DPSK und AWGN-Kanal

6.5.3 Schwundkanäle

Allgemeine (D)PSK. Für den allgemeinen Fall von L-facher Empfangsdiversität und optimalen Empfang mit Maximum Ratio Combining kann die Symbolfehlerwahrscheinlichkeit nach [Pro95] durch

$$P_s^{\mathrm{PSK}} = \frac{(-1)^{L-1}(1-\mu^2)^L}{\pi(L-1)!} \left(\frac{\partial^{L-1}}{\partial b^{L-1}} \left\{ \frac{1}{b-\mu^2} \left[\frac{\pi}{M}(M-1) - \right. \right. \right.$$

$$\left. \left. \left. \frac{\mu \sin(\pi/M)}{\sqrt{b-\mu^2\cos^2(\pi/M)}} \cdot \cot^{-1}\left(\frac{-\mu\cos(\pi/M)}{\sqrt{b-\mu^2\cos^2(\pi/M)}} \right) \right] \right\} \right) \Bigg|_{b=1} \quad (6.5.20)$$

bestimmt werden. Dabei nimmt der Parameter μ für die kohärente PSK die Form

$$\mu = \sqrt{\frac{E_b/N_0}{E_b/N_0 + L}}$$

und für die inkohärente DPSK die Form

$$\mu = \frac{E_b/N_0}{E_b/N_0 + L}$$

an. Wir betrachten zunächst den Fall $L=1$ (keine Diversität). Gl. (6.5.20) geht dann in

$$P_s^{\mathrm{PSK}} = \frac{M-1}{M} - \frac{\mu \sin(\pi/M)}{\pi\sqrt{1-\mu^2\cos^2(\pi/M)}}$$

$$\cdot \cot^{-1}\left(\frac{-\mu\cos(\pi/M)}{\sqrt{1-\mu^2\cos^2(\pi/M)}} \right) \quad (6.5.21)$$

über. Im folgenden sollen einige Spezialfälle genauer betrachtet werden. Hinsichtlich der kohärenten Demodulation der DPSK kann wiederum annähernd eine Verdopplung der Fehlerwahrscheinlichkeit gegenüber der PSK angenommen werden.

BPSK/DBPSK. Für den Fall $M = 2$ erhalten wir bei der reinen BPSK

$$P_s^{\text{BPSK}} = \frac{1}{2}\left[1 - \sqrt{\frac{E_b/N_0}{1 + E_b/N_0}}\right] \ , \tag{6.5.22}$$

bei inkohärenter DBPSK lautet die Symbolfehlerwahrscheinlichkeit

$$P_s^{\text{DBPSK}} = \frac{1}{2(1 + E_b/N_0)} \quad \text{(inkohärent)} \ . \tag{6.5.23}$$

Es ist zu erkennen, daß die Fehlerwahrscheinlichkeit nicht mehr exponentiell mit E_b/N_0 abfällt.

QPSK/DQPSK. Für $M = 4$ erhalten wir bei reiner QPSK

$$P_s^{\text{QPSK}} = \frac{3}{4} - \frac{1}{\pi}\sqrt{\frac{E_b/N_0}{2 + E_b/N_0}} \cdot \cot^{-1}\left(-\sqrt{\frac{E_b/N_0}{2 + E_b/N_0}}\right) \ , \tag{6.5.24}$$

bei inkohärentem Empfang der DQPSK lautet die Symbolfehlerwahrscheinlichkeit

$$P_s^{\text{DQPSK}} = \frac{3}{4} - \frac{1}{\pi}\frac{E_b/N_0}{\sqrt{(2 + E_b/N_0)^2 - 2}} \cdot \cot^{-1}\left(\frac{-E_b/N_0}{\sqrt{(2 + E_b/N_0)^2 - 2}}\right) \ . \tag{6.5.25}$$

Für die Bestimmung der Bitfehlerwahrscheinlichkeit wird nun die Gray-Codierung ausgenutzt, d.h. das Vertauschen benachbarter Symbole führt nur zu einem falschen Bit, während die Verwechslung gegenüberliegender Symbole beide Informationsbit verfälschen würde. Wir erhalten

$$P_b^{\text{QPSK}} = \frac{1}{2}\left(1 - \sqrt{\frac{E_b/N_0}{2 + E_b/N_0}}\right) \tag{6.5.26}$$

und

$$P_b^{\text{DQPSK}} = \frac{1}{2}\left(1 - \sqrt{\frac{E_b/N_0}{(2 + E_b/N_0)^2 - 2}}\right) \ . \tag{6.5.27}$$

Für kohärente und inkohärente Demodulation der PSK bzw. DPSK zeigen die **Bilder 6.5.7a** und **b** die erzielten Ergebnisse beim 1-Pfad Rayleigh-Kanal.

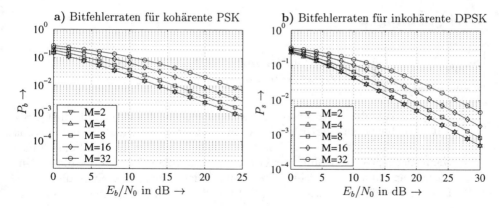

Bild 6.5.7: Bitfehlerwahrscheinlichkeiten für kohärente PSK und inkohärente DPSK beim 1-Pfad Rayleigh-Kanal

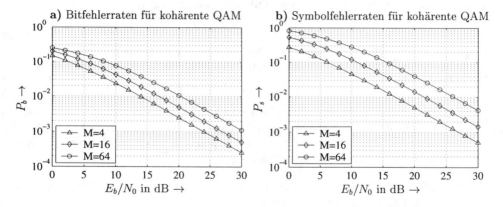

Bild 6.5.8: Symbol- und Bitfehlerwahrscheinlichkeiten für kohärente QAM und 1-Pfad Rayleigh-Kanal

QAM. Für QAM-Übertragung über nicht frequenzselektive Fading-Kanäle werden hier in den Routinen `pb_pam_ray` und `pb_qam_ray` numerische Verfahren eingesetzt. Prinzipiell werden paarweise Fehlerwahrscheinlichkeiten P_μ zwischen Symbolen bestimmt, aus denen dann Symbol- und Bitfehlerwahrscheinlichkeit berechnet werden. Für letztere gilt die gleiche Vorgehensweise wie beim AWGN-Kanal. Die erzielten Ergebnisse zeigen die **Bilder 6.5.8a** und **b**.

6.5.4 Übungen

Aufgabe 6.5.1	**Gray-Codierung** (Lösung Seite 251)

a) In dieser Aufgabe sollen zwei verschiedene Mapping-Strategien für die QPSK untersucht werden, die bekannte Gray-Codierung und als Alternative das natürliche Mapping. Bei der letzteren Strategie werden die Symbole im mathematisch positiven Sinn numeriert und die duale Darstellung dieser Numerierung entspricht der binären Kennung der zugehörigen Symbole. Bestimmen Sie die Gewichte $w_\mu(D_\nu)$ für die beiden Abbildungsarten.

b) Berechnen Sie die Bitfehlerwahrscheinlichkeiten für beide Mapping-Strategien für den AWGN-Kanal und vergleichen Sie sie.

c) Geben Sie nun einen Gray-Code für die 64-stufige QAM an.

Aufgabe 6.5.2	**Fehlerwahrscheinlichkeit der Infobit** (Lösung Seite 253)

a) Bestimmen Sie die drei Bitfehlerwahrscheinlichkeiten $P_e(b_i)$ für das Tribit einer 8-PSK Modulation, wenn eine Gray-Codierung angewendet wird. Verwenden Sie dazu die MATLAB-Routine pmu_psk_awgn zur Berechnung der paarweisen Fehlerwahrscheinlichkeiten P_μ.

b) Bestimmen Sie die $P_e(b_i)$ sowie die mittlere Bitfehlerwahrscheinlichkeit nun für den Fall des natürlichen Mappings.

c) Überprüfen Sie Ihre unter a) und b) abgeleiteten Ausdrücke durch Simulation eines AWGN-Kanals. Verwenden Sie dazu die MATLAB-Routine ber_psk_awgn.

Aufgabe 6.5.3	**Vergleich numerische Lösung / Approximation** (Lösung Seite 255)

a) Bestimmen Sie für die DBPSK die exakte Fehlerwahrscheinlichkeit bei kohärenter Demodulation. Vergleichen Sie die Lösung mit der Näherung, die eine Verdopplung der Fehlerzahl gegenüber der kohärenten BPSK annimmt.

b) Vergleichen Sie für die inkohärente Demodulation die numerische Lösung mit (6.5.18).

c) Vergleichen Sie die Ergebnisse aus Aufgabenteil a) und b) mit Simulations-ergebnissen. Verwenden Sie hierzu die Routinen ber_dpsk_koh_awgn und ber_dpsk_ink_awgn.

d) Wiederholen Sie die Punkte a) bis c) für die DQPSK, wobei hier bei in-kohärenter Demodulation keine Näherungslösung existiert.

Aufgabe 6.5.4	**Diversität**
	(Lösung Seite 256)

a) Vergleichen Sie die Fehlerwahrscheinlichkeiten für BPSK und inkohärente DBPSK bei Schwundkanälen mit der Diversität $L = 1$ und $L = 2$. Verwen-den Sie dazu die Routinen pb_psk_ray, pb_psk_ray, pb_dpsk_ink_ray und pb_dpsk_ink_ray.

b) Wiederholen Sie Punkt a) auch für eine 8-PSK. Überprüfen Sie die Ergeb-nisse durch eine Simulation.

Lösung Aufgabe 6.5.1

Aufgabenteil a)

Das unten stehende Bild zeigt die beiden Abbildungsvorschriften. Es wird deut-lich, daß sich benachbarte Symbole beim natürlichen Mapping auch in beiden Binärstellen unterscheiden können.

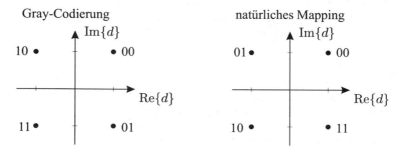

Dies zeigt sich auch in Tabelle 6.5.3, die die Gewichte $w_\mu(D_\nu)$ enthält. Die letzte Zeile gibt die Mittelwerte $\bar{w}_\mu$ über alle Symbole D_ν an. Wie erwartet gilt bei Gray-

Codierung $\bar{w}_1 = \bar{w}_3 = 1$, während dies beim natürlichen Mapping nicht mehr der Fall ist.

Tabelle 6.5.3: Gewichte für Gray-Mapping und natürliches Mapping bei QPSK

D_ν	Gray-Codierung			natürliches Mapping		
	$w_1(D_\nu)$	$w_2(D_\nu)$	$w_3(D_\nu)$	$w_1(D_\nu)$	$w_2(D_\nu)$	$w_3(D_\nu)$
0	1	2	1	1	1	2
1	1	2	1	2	1	1
2	1	2	1	1	1	2
3	1	2	1	2	1	1
	$\bar{w}_1 = 1$	$\bar{w}_2 = 2$	$\bar{w}_3 = 1$	$\bar{w}_1 = 1,5$	$\bar{w}_2 = 1$	$\bar{w}_3 = 1,5$

Aufgabenteil b)

Aufgrund der symmetrischen Anordnung der Symbole, der Periodizität der Phase und identischen a-priori-Wahrscheinlichkeiten für alle Symbole gilt hier $P_1 = P_3$. Es ist leicht einzusehen, daß

$$
\begin{aligned}
P_1 = P_3 &= P_b^{\mathrm{BPSK}} \cdot (1 - P_b^{\mathrm{BPSK}}) \\
&= \frac{1}{2} \cdot \mathrm{erfc}\left(\sqrt{E_b/N_0}\right) \cdot \left[1 - \frac{1}{2} \cdot \mathrm{erfc}\left(\sqrt{E_b/N_0}\right)\right]
\end{aligned}
$$

und

$$
P_2 = (P_b^{\mathrm{BPSK}})^2 = \left[\frac{1}{2} \cdot \mathrm{erfc}\left(\sqrt{E_b/N_0}\right)\right]^2
$$

gilt. **Bild 6.5.9** zeigt die entsprechenden Bitfehlerwahrscheinlichkeiten. Der Vorteil der Gray-Codierung ist deutlich zu erkennen, weshalb sie in den meisten uncodierten Übertragungen eingesetzt wird. Das natürliche Mapping spielt hingegen bei der codierten Modulation eine wichtige Rolle [Ung74, Ung76].

Aufgabenteil c)

Bei 64-stufiger QAM werden Real- und Imaginärteile mit jeweils 3 Bit gekennzeichnet. Man legt die acht Realteilwerte $\{-7, -5, -3, -1, 1, 3, 5, 7\}$ mit einer Tribitfolge fest, die der Gray-Codierung einer 8-PSK entspricht, also

$$\{[100], [101], [111], [110], [010], [011], [001], [000]\};$$

für den Imaginärteil verfährt man ebenso. Damit erhält man die Zuordnungstabelle 6.5.4.

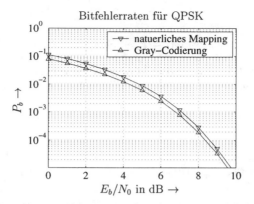

Bild 6.5.9: Bitfehlerwahrscheinlichkeiten für QPSK und unterschiedliches Mapping

Tabelle 6.5.4: Graycode für 64-QAM

	-7	-5	-3	-1	1	+3	5	7
+7	000100	000101	000111	000110	000010	000011	000001	000000
+5	001100	001101	001111	001110	001010	001011	001001	001000
+3	011100	011101	011111	011110	011010	011011	011001	011000
+1	010100	010101	010111	010110	010010	010011	010001	010000
-1	110100	110101	110111	110110	110010	110011	110001	110000
-3	111100	111101	111111	111110	111010	111011	111001	111000
-5	101100	101101	101111	101110	101010	101011	101001	101000
-7	100100	100101	100111	100110	100010	100011	100001	100000

Lösung Aufgabe 6.5.2

Aufgabenteil a)

Um die Fehlerwahrscheinlichkeit für ein bestimmtes Bit zu berechnen, nehmen wir zunächst das gesendete Symbol $d = D_0$ mit dem zugehörigen Informationsvektor $\mathbf{b} = (000)$ an. Das LSB b_0 wird genau dann falsch entschieden, wenn am Empfänger die Symbole D_1, D_2, D_5 oder D_6 detektiert werden (siehe nachfolgendes Bild, linke Grafik). Mit (6.5.2) beträgt die Wahrscheinlichkeit hierfür aber genau

$$P_e(b_0|D_0) = P_1 + P_2 + P_5 + P_6 \ .$$

Entsprechende Wahrscheinlichkeiten können auch für die übrigen Bit b_1 und b_2 bestimmt werden (siehe unten stehendes Bild, mittlere und rechte Grafik).

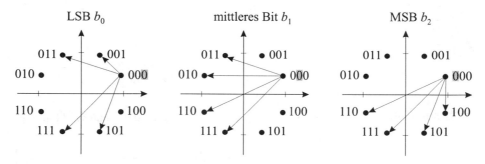

Die Wahrscheinlichkeiten $P_e(b_i|D_\nu)$ sind nun über alle Sendesymbole D_ν zu mitteln.

$$P_e(b_i) = \frac{1}{M} \cdot \sum_{\nu=0}^{M-1} P_e(b_i|D_\nu) \ .$$

Wir erhalten schließlich die Ausdrücke

$$P_e(b_0) \quad = \quad P_1 + 2P_2 + P_3$$
$$P_e(b_1) = P_e(b_2) \quad = \quad \frac{1}{2}P_1 + P_2 + \frac{3}{2}P_3 + P_4 \ .$$

Die Gesamtfehlerwahrscheinlichkeit ergibt sich wiederum aus der Mittelung der $P_e(b_i)$. Die erzielten Ergebnisse zeigt **Bild 6.5.10a**. Es ist zu erkennen, daß das LSB b_0 eine doppelt so hohe Fehlerwahrscheinlichkeit aufweist wie b_1 und b_2. Dies liegt daran, daß die Symbole, die bei einer falschen Detektion das LSB verfälschen, im Mittel geringere Abstände zum Sendesymbol besitzen.

Aufgabenteil b)
Beim natürlichen Mapping ist wie in Punkt a) zu verfahren, es ergeben sich allerdings andere Wahrscheinlichkeiten.

$$P_e(b_0) \quad = \quad 2P_1 + 2P_3$$
$$P_e(b_1) \quad = \quad P_1 + 2P_2 + P_3$$
$$P_e(b_2) \quad = \quad \frac{1}{2}P_1 + P_2 + \frac{3}{2}P_3 + P_4 \ .$$

Die zugehörigen Bitfehlerkurven sind in **Bild 6.5.10b** dargestellt. Als erstes fällt auf, daß alle drei Wahrscheinlichkeiten unterschiedlich sind. Der Vergleich

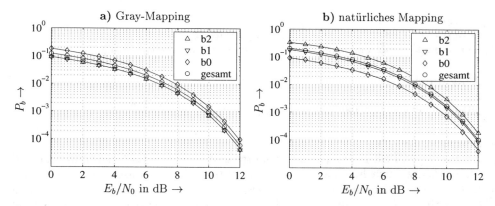

Bild 6.5.10: Bitfehlerwahrscheinlichkeiten für 8-PSK und AWGN-Kanal,
Gray-Codierung (a) und natürliches Mapping (b)

mit **Bild 6.5.10a** verdeutlicht die höhere Fehlerwahrscheinlichkeit gegenüber der
Gray-Codierung.

Aufgabenteil c)
In den **Bildern 6.5.10a** und **b** repräsentieren die Linien die analytischen Ergebnisse aus den Aufgabenteilen a) und b), die Symbole hingegen die erzielten Simulationsergebnisse. Es ist eine gute Übereinstimmung festzustellen.

Lösung Aufgabe 6.5.3

Aufgabenteil a)
Gemäß (6.5.14) lautet die Fehlerwahrscheinlichkeit bei kohärenter DBPSK

$$
\begin{aligned}
P_s^{\text{DBPSK}} &= 1 - (P_0^2 + P_1^2) \\
&= 1 - \left[\frac{1}{2} \cdot \text{erfc}\left(\sqrt{E_b/N_0}\right)\right]^2 - \left[1 - \frac{1}{2} \cdot \text{erfc}\left(\sqrt{E_b/N_0}\right)\right]^2 \\
&= \text{erfc}\left(\sqrt{E_b/N_0}\right) - \frac{1}{2} \cdot \left[\text{erfc}\left(\sqrt{E_b/N_0}\right)\right]^2 .
\end{aligned}
$$

Die entsprechende Bitfehlerkurve ist in **Bild 6.5.11a** zusammen mit der Näherungslösung dargestellt. Nur für sehr kleine Signal-Rausch-Abstände ist ein Unterschied auszumachen. Im interessanten Bereich kleiner Fehlerwahrscheinlichkeiten liefern beide Methoden sehr gute Ergebnisse.

Aufgabenteil b)
Bild 6.5.11a enthält auch die Ergebnisse für die inkohärente Demodulation. Auch
hier können keine nennenswerten Unterschiede festgestellt werden.

Aufgabenteil c)
Ein Vergleich der Simulationsergebnisse mit den analytischen Resultaten in
Bild 6.5.11a zeigt, daß die theoretischen Abschätzungen sehr genau sind.

Aufgabenteil d)
Die für die DQPSK gewonnenen Ergebnisse sind in **Bild 6.5.11b** zusammengefaßt.
Man erkennt auch hier nur für extrem niedrige Signal-Rausch-Abstände kleine
Unterschiede zwischen theoretischer Berechnung und Simulation. Allgemein kann
festgehalten werden, daß bei der DBPSK lediglich ein Unterschied von etwa 1 dB
zwischen kohärenter und inkohärenter Demodulation besteht, bei DQPSK sind es
knapp 2 dB.

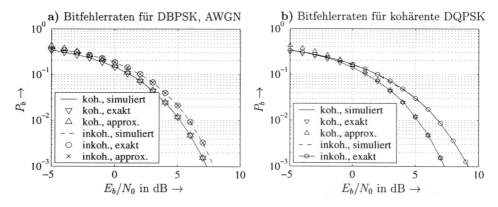

Bild 6.5.11: Fehlerwahrscheinlichkeiten für DBPSK und DQPSK beim AWGN-Kanal

Lösung Aufgabe 6.5.4

Aufgabenteil a)
Die Ergebnisse für BPSK und DBPSK sind in **Bild 6.5.12a** zu sehen. Es zeigt
sich, daß die inkohärente Demodulation 3 dB gegenüber der kohärenten verliert.
Dies gilt unabhängig vom Diversitätsgrad L. Darüberhinaus ist der deutliche
Vorteil bei Diversitätsempfang zu erkennen. Bei einer Fehlerwahrscheinlichkeit
von $P_b = 10^{-3}$ beträgt er für $L = 2$ etwa 10 dB. Für $L > 2$ sind zusätzliche

Gewinne zu erwarten, allerdings nähern sich die Kurven für $L \to \infty$ asymptotisch dem AWGN-Fall an.

Aufgabenteil b)

Die äquivalenten Ergebnisse für 8-PSK/DPSK zeigt **Bild 6.5.12b**. Es können qualitativ die gleichen Aussagen getroffen werden. Quantitativ sind die Fehlerwahrscheinlichkeiten allerdings durchweg schlechter. Für $L = 1$ ergibt sich ein Verlust von 2 dB gegenüber der BPSK/DBPSK, für $L = 2$ von etwa 3 dB.

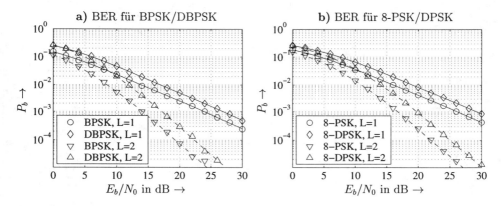

Bild 6.5.12: Fehlerwahrscheinlichkeiten für 1-Pfad und 2-Pfad-Rayleigh-Kanal

Kapitel 7

Entzerrung

7.1 Entzerrerstrukturen

Lineare Verzerrungen auf dem Übertragungswege sind am Empfänger prinzipiell durch lineare oder nichtlineare Systeme zu korrigieren. Die klassische Lösung besteht in der Anwendung linearer nichtrekursiver Filter. Das Blockschaltbild eines Datenübertragungssystems mit einem linearen Entzerrer zeigt **Bild 7.1.1**. Kanal und Entzerrer sind im äquivalenten Tiefpaßbereich angesetzt – ihre Impulsantworten sind also im allgemeinen komplex.

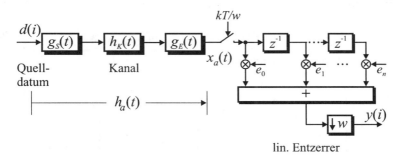

Bild 7.1.1: Datenübertragungssystem mit einem linearen Entzerrer

Während man am Eingang des Entzerrers wahlweise im Symboltakt oder aber auch mehrfach pro Symboltakt ($f_A = w/T$) abtasten kann, beträgt die Abtastfrequenz am Entzerrerausgang grundsätzlich $1/T$ – das Symbol $\boxed{\downarrow w}$ bezeichnet eine Abtastratenreduktion um den Faktor w [Fli93]. Bei $w = 1$ spricht man von

Symboltakt-Entzerrern, gelegentlich auch vom klassischen *Echoentzerrer*, während $w \geq 2$ die Klasse der *Entzerrer mit Mehrfachabtastung ("Fractional Tap Spacing")* beinhaltet. Zu den nichtlinearen Entzerrern gehören die Strukturen mit quantisierter Rückführung; sie werden in Abschnitt 7.1.3 behandelt.

7.1.1   Symboltakt-Entzerrer

Zero-Forcing-Lösung. Wir betrachten zunächst den Fall eines linearen Entzerrers mit Symboltakt-Abtastung am Eingang ($w = 1$). Die Kanalimpulsantwort soll als bekannt vorausgesetzt werden – hier geht es zunächst um die prinzipielle Entzerrbarkeit linearer Kanalverzerrungen. Die adaptive Einstellung der Entzerrerkoeffizienten anhand einer Referenzfolge wird im Abschnitt 7.2 behandelt. Die im Symboltakt abgetastete komplexe Impulsantwort des gesamten Übertragungssystems gemäß **Bild 7.1.1** lautet

$$h(i) := h_a(iT) = g_\mathrm{S}(t) * h_K(t) * g_\mathrm{E}(t)|_{t=iT}. \tag{7.1.1}$$

Diese Impulsantwort sowie die gesuchten, ebenfalls komplexen Entzerrerkoeffizienten $e(i)$ werden jeweils in Vektoren zusammengefaßt:

$$\mathbf{h} = [h(0), h(T), \cdots, h(mT)]^T =: [h_0, h_1, \cdots, h_m]^T \tag{7.1.2}$$

$$\mathbf{e} = [e(0), e(1), \cdots, e(n)]^T =: [e_0, e_1, \cdots, e_n]^T. \tag{7.1.3}$$

Zur idealen Entzerrung sollte die Gesamtimpulsantwort, bestehend aus Sende- und Empfangsfiltern, Kanal und Entzerrer, einen δ-Impuls ergeben, wobei eine Verzögerung um i_0 Symbolintervalle zugelassen wird.

$$h(i) * e(i) \overset{!}{=} \delta(i - i_0) \tag{7.1.4}$$

Die kompakte vektorielle Formulierung von (7.1.4) lautet

$$
\underbrace{
\begin{pmatrix}
h_0 & 0 & \cdots & \\
h_1 & h_0 & & \mathbf{0} \\
\vdots & \vdots & \ddots & \\
& & & h_0 \\
h_m & h_{m-1} & \cdots & \\
0 & h_m & & \\
\vdots & & \ddots & \vdots \\
\mathbf{0} & & \cdots & h_m
\end{pmatrix}
}_{\mathbf{H}}
\cdot
\underbrace{
\begin{pmatrix}
e_0 \\
e_1 \\
\vdots \\
e_{n-1} \\
e_n
\end{pmatrix}
}_{\mathbf{e}}
\overset{!}{=}
\underbrace{
\begin{pmatrix}
0 \\
\vdots \\
0 \\
1 \\
0 \\
\vdots \\
0
\end{pmatrix}
}_{\mathbf{i}}.
\tag{7.1.5}
$$

$\mathbf{H}$ bezeichnet hier die $(n+m+1) \times (n+1)$-dimensionale *Faltungsmatrix* , die die Struktur einer *Toeplitzmatrix*[1] aufweist. Unter MATLAB sind Faltungsmatrizen durch den Aufruf $\mathtt{F = toeplitz(a,b)}$ zu generieren mit

$$\mathbf{a} = [h_0,\, h_1, \cdots,\, h_m,\, \underbrace{0, \cdots, 0}_{n}]^T; \qquad \mathbf{b} = [h_0,\, \underbrace{0, \cdots, 0}_{n}].$$

Das Gleichungssystem (7.1.5) ist *überbestimmt* und somit nicht exakt zu lösen. Man läßt daher auf der rechten Seite einen Fehlervektor $\Delta \mathbf{i}$ zu und löst das Problem *im Sinne des kleinsten Fehlerquadrats („Least Squares", LS)*[2] [Kam96].

$$\mathbf{H} \cdot \mathbf{e} = \mathbf{i} + \Delta \mathbf{i} \quad \Rightarrow \quad \Delta \mathbf{i}^H \Delta \mathbf{i} = [\mathbf{e}^H \mathbf{H}^H - \mathbf{i}^T] \cdot [\mathbf{H}\, \mathbf{e} - \mathbf{i}] = \min_{(\mathbf{e})}. \qquad (7.1.6)$$

Ausmultipliziert ergibt sich mit den Abkürzungen $\mathbf{A} = \mathbf{H}^H \mathbf{H}$ und $\mathbf{b} = \mathbf{H}^H \mathbf{i}$

$$\Delta \mathbf{i}^H \Delta \mathbf{i} = \mathbf{e}^H \mathbf{A} \mathbf{e} - \mathbf{e}^H \mathbf{b} - \mathbf{b}^H \mathbf{e} + 1 = \min_{(\mathbf{e})}. \qquad (7.1.7)$$

Die Lösung der Minimierungsaufgabe erhält man entweder durch Nullsetzen der Ableitung nach $\mathbf{e}$ oder durch *quadratische Ergänzung*. Wir wollen hier den zweiten Weg beschreiten; (7.1.7) läßt sich in die Form

$$\Delta \mathbf{i}^H \Delta \mathbf{i} = [\mathbf{e}^H \mathbf{A} - \mathbf{b}^H] \mathbf{A}^{-1} [\mathbf{A} \mathbf{e} - \mathbf{b}] - \mathbf{b}^H \mathbf{A}^{-1} \mathbf{b} + 1 \qquad (7.1.8)$$

überführen, wovon man sich durch Ausmultiplizieren überzeugt. Hierbei hängt nur der erste, aus zwei eckigen Klammern bestehende Ausdruck von $\mathbf{e}$ ab; er ist von quadratischer Form und somit nichtnegativ. Die Minimierung des Gesamtausdrucks erhält man demzufolge durch Nullsetzen eines der beiden Klammerausdrücke, woraus durch Rückeinsetzen der Abkürzungen $\mathbf{A}$ und $\mathbf{b}$ die Least-Squares-Lösung für die Entzerrerkoeffizienten folgt.

$$\mathbf{A} \mathbf{e} - \mathbf{b} = \mathbf{0} \quad \Rightarrow \quad \mathbf{e} = (\mathbf{H}^H \mathbf{H})^{-1} \mathbf{H}^H \mathbf{i} \qquad (7.1.9)$$

Die verbleibende minimale Fehlerenergie liest man aus (7.1.8) ab:

$$\min\{\Delta \mathbf{i}^H \Delta \mathbf{i}\} = 1 - \mathbf{i}^T \mathbf{H} (\mathbf{H}^H \mathbf{H})^{-1} \mathbf{H}^H \mathbf{i} = 1 - \mathbf{i}^T \mathbf{H} \mathbf{e}. \qquad (7.1.10)$$

Die Lösung (7.1.9) wird auch als *Zero-Forcing* bezeichnet: Hier wird ohne Berücksichtigung des Kanalrauschens eine möglichst gute Erfüllung der ersten Nyquist-Bedingung, d.h. eine möglichst gute Einhaltung äquidistanter Nulldurchgänge in der Gesamt-Impulsantwort angestrebt. In Aufgabe 7.1.1 wird gezeigt, daß diese Zero-Forcing-Lösung unter ungünstigen Kanalbedingungen zu sehr

---

[1]Toeplitzmatrizen sind solche mit gleichen Werten auf den Diagonalen; sie sind durch zwei Vektoren, nämlich ihre erste Zeile und erste Spalte, definiert.
[2]Die Symbole $\mathbf{a}^H$ bzw. $\mathbf{A}^H$ kennzeichnen die Transponierung eines Vektors bzw. einer Matrix bei gleichzeitiger Konjugation der Elemente („Hermitesche" eines Vektors/einer Matrix) . In einigen Lehrbüchern, z.B. [Kam96], wird hierfür auch das Symbol $\mathbf{a}^*$ bzw. $\mathbf{A}^*$ verwendet; unter MATLAB setzt man $\mathtt{a}$' bzw. $\mathtt{A}$'.

großen Entzerrerkoeffizienten führen und somit eine hohe Verstärkung des weißen Empfänger-Eingangsrauschens bewirken kann. Aus diesem Grunde wird in der Praxis meist die im folgenden hergeleitete Minimum-Mean-Square-Error-Lösung (*MMSE*) bevorzugt.

MMSE-Lösung. Wird am Ausgang des Symboltaktmodells des Kanals komplexes weißes Rauschen[3] $N(i)$ überlagert, so ist das Entzerrer-Eingangssignal nach der Symboltakt-Abtastung

$$X(i) = h(i) * D(i) + N(i); \qquad (7.1.11)$$

$D(i)$ sind die gesendeten Quelldaten. Der Entzerrer wird nun so dimensioniert, daß die Differenz zwischen seinem Ausgangssignal $Y(i)$ und den Quelldaten die minimale Leistung aufweist. Dabei ist eine Verzögerung um i_0 Symbolintervalle zugelassen.

$$E\{|Y(i) - D(i-i_0)|^2\} = E\{(Y^*(i) - D^*(i-i_0))(Y(i) - D(i-i_0))\} = \min_{(\mathbf{e})}. \quad (7.1.12)$$

Zur kompakten Formulierung definiert man den Entzerrer-Koeffizientenvektor mit konjugiert komplexen Elementen $\overline{\mathbf{e}}$ und den Vektor $\mathbf{x}(i)$ der Entzerrer-Zustandswerte:

$$\overline{\mathbf{e}} = \begin{pmatrix} e_0^* \\ e_1^* \\ \vdots \\ e_n^* \end{pmatrix} \rightarrow \overline{\mathbf{e}}^H = [e_0, \cdots, e_n], \quad \mathbf{x}(i) = \begin{pmatrix} X(i) \\ X(i-1) \\ \vdots \\ X(i-n) \end{pmatrix}. \qquad (7.1.13)$$

Damit ist das Entzerrer-Ausgangssignal zum Zeitpunkt i als Skalarprodukt zu schreiben:

$$Y(i) = \overline{\mathbf{e}}^H \mathbf{x}(i) \quad \text{und} \quad Y^*(i) = \mathbf{x}^H(i)\overline{\mathbf{e}}. \qquad (7.1.14)$$

Aus (7.1.12) erhält man damit nach Ausmultiplikation

$$\overline{\mathbf{e}}^H \underbrace{E\{\mathbf{x}(i)\mathbf{x}^H(i)\}}_{=: \overline{\mathbf{R}}_{XX}} \overline{\mathbf{e}} - \overline{\mathbf{e}}^H \underbrace{E\{\mathbf{x}(i)D^*(i-i_0)\}}_{=: \mathbf{r}_{DX}} - \underbrace{E\{D(i-i_0)\mathbf{x}^H(i)\}}_{=: \mathbf{r}_{DX}^H} \overline{\mathbf{e}}$$

$$+ \underbrace{E\{|D(i-i_0)|^2\}}_{\sigma_D^2} \overset{!}{=} \min_{(\mathbf{e})}. \qquad (7.1.15)$$

Die hier definierte Matrix $\overline{\mathbf{R}}_{XX}$ ist die $(n+1) \times (n+1)$-dimensionale *Autokorrelationsmatrix* von $X(i)$ mit konjugierten Elementen. Für die nicht konjugierte Autokorrelationsmatrix gilt die Definition[4]

---

[3]Zufallsprozesse werden durch große Buchstaben gekennzeichnet.

[4]In einigen Lehrbüchern, z.B. [Kam96, KK98], wird die Autokorrelationsmatrix gegenüber (7.1.16) auch mit konjugierten Elementen definiert; dann enthält die obere Dreiecksmatrix die Werte $r_{XX}(\cdot)$ und die untere $r_{XX}^*(\cdot)$.

$$\mathbf{R}_{XX} = \begin{pmatrix} r_{XX}(0) & r_{XX}^*(1) & \cdots & r_{XX}^*(n) \\ r_{XX}(1) & r_{XX}(0) & \cdots & r_{XX}^*(n-1) \\ \vdots & & \ddots & \vdots \\ r_{XX}(n) & & \cdots & r_{XX}(0) \end{pmatrix}. \tag{7.1.16}$$

Die Autokorrelationsmatrix ist eine *hermitesche Toeplitzmatrix*, d.h. es gilt

$$\mathbf{R}_{XX} = \mathbf{R}_{XX}^H. \tag{7.1.17}$$

Der Vektor $\mathbf{r}_{DX}$ in (7.1.15) ist definiert als

$$\begin{aligned} \mathbf{r}_{DX} &= \mathrm{E}\{[X(i)D^*(i-i_0), X(i-1)D^*(i-i_0), \cdots, X(i-n)D^*(i-i_0)]^T\} \\ &= [r_{DX}(i_0), r_{DX}(i_0-1), \cdots, r_{DX}(i_0-n)]^T; \end{aligned} \tag{7.1.18}$$

er enthält also die Werte der Kreuzkorrelierten zwischen den um i_0 verzögerten Quelldaten („Referenzdaten") und dem Entzerrer-Eingangssignal.

Die Lösung der Minimierungsaufgabe (7.1.12) erhält man wieder durch quadratische Ergänzung entsprechend der Zero-Forcing-Lösung auf Seite 261. Aus (7.1.15) erhält man unter Konjugation sämtlicher Terme

$$\begin{aligned} \mathbf{e}^H \mathbf{R}_{XX} \mathbf{e} &- \mathbf{e}^H \bar{\mathbf{r}}_{DX} - \bar{\mathbf{r}}_{DX}^H \mathbf{e} + \sigma_D^2 = [\mathbf{e}^H \mathbf{R}_{XX} - \bar{\mathbf{r}}_{DX}^H] \mathbf{R}_{XX}^{-1} [\mathbf{R}_{XX} \mathbf{e} - \bar{\mathbf{r}}_{DX}] \\ &- \bar{\mathbf{r}}_{DX}^H \mathbf{R}_{XX}^{-1} \bar{\mathbf{r}}_{DX} + \sigma_D^2 = \min_{(\mathbf{e})}. \end{aligned} \tag{7.1.19}$$

Minimal wird dieser Ausdruck in Abhängigkeit von $\mathbf{e}$ offenbar, wenn

$$\mathbf{e}^H \mathbf{R}_{XX} - \bar{\mathbf{r}}_{DX}^H = \mathbf{0}^T \quad \text{oder} \quad \mathbf{R}_{XX} \mathbf{e} - \bar{\mathbf{r}} = \mathbf{0}$$

gesetzt wird. Die MMSE-Lösung eines Symboltakt-Entzerrers lautet für positiv definite Autokorrelationsmatrizen

$$\mathbf{e} = \mathbf{R}_{XX}^{-1} \bar{\mathbf{r}}_{DX}. \tag{7.1.20}$$

Die verbleibende Fehlerleistung am Entzerrerausgang ergibt sich aus (7.1.19)

$$\min\{\mathrm{E}\{|Y(i) - D(i-i_0)|^2\}\} = \sigma_D^2 - \bar{\mathbf{r}}_{DX}^H \mathbf{R}_{XX}^{-1} \bar{\mathbf{r}}_{DX} = \sigma_D^2 - \mathbf{e}^H \bar{\mathbf{r}}_{DX}, \tag{7.1.21}$$

wobei sich diese auf Rest-Intersymbolinterferenz und Entzerrer-Ausgangsrauschen so verteilt, daß sie insgesamt minimal wird.

Aufschlußreich ist ein Vergleich zwischen der MMSE-Lösung (7.1.20) und der Zero-Forcing-Lösung (7.1.9), S. 261. Im rauschfreien Fall gilt für die Autokorrelationsmatrix des Kanal-Ausgangssignals für unkorrelierte Quelldaten $\mathbf{R}_{XX} = \sigma_D^2 \cdot \mathbf{H}^H \mathbf{H}$.

Die Kreuzkorrelierte in (7.1.20) beschreibt einen Ausschnitt der konjugiert komplexen, in der Zeit umgekehrten Kanalimpulsantwort[5]

$$\bar{\mathbf{r}}_{DX} = [r_{DX}^*(i_0), r_{DX}^*(i_0 - 1), \cdots, r_{DX}^*(i_0 - n)]^T = \sigma_D^2 [h_{i_0}^*, h_{i_0-1}^*, \cdots, h_{i_0-n}^*]^T;$$

genau dieser Ausschnitt wird in (7.1.9) durch **i** aus der Faltungsmatrix $\mathbf{H}^H$ ausgeblendet.

- *Zero-Forcing- und MMSE-Lösung sind also bei rauschfreier Übertragung identisch.*

Wird am Kanalausgang weißes Rauschen der Leistung σ_N^2 addiert, so lautet die Autokorrelationsmatrix des Empfangssignals

$$\mathbf{R}_{XX} = \sigma_D^2 \left[\mathbf{H}^H \mathbf{H} + \frac{\sigma_N^2}{\sigma_D^2} \mathbf{I} \right]; \tag{7.1.22}$$

um die Zero-Forcing-Lösung in die MMSE-Lösung zu überführen, ist in (7.1.9) auf der Hauptdiagonalen der Matrix $\mathbf{H}^H \mathbf{H}$ der konstante Wert σ_N^2/σ_D^2 zu addieren. Dies entspricht einer Least-Squares-Lösung mit der Nebenbedingung minimaler Koeffizientenenergie, also minimalem Übertragungsfaktor für weißes Rauschen ([Kam96], siehe auch nächsten Abschnitt).

7.1.2 Entzerrer mit Doppelabtastung

Erfolgt in der Anordnung nach **Bild 7.1.1** am Entzerrereingang eine Abtastung mit der doppelten Symbolfrequenz ($f_A = 2/T$, $w = 2$) – wir wollen diese Entzerrerstruktur kurz mit „T/2-Entzerrer" bezeichnen –, so ist unter bestimmten Randbedingungen die *exakte* Erfüllung der ersten Nyquist-Bedingung am Entzerrerausgang möglich. Beschreiben wir die mit $2/T$ abgetastete Kanalimpulsantwort und die Koeffizienten des T/2-Entzerrers durch die Vektoren

$$\mathbf{h}_2 = [h_0, h_{1/2}, h_1, h_{3/2}, \cdots, h_{m_2/2}]^T \quad \text{und} \quad \mathbf{e}_2 = [e_0, e_1, \cdots, e_{n_2}]^T, \tag{7.1.23}$$

so ist die Impulsantwort des Kanal-Entzerrer-Systems ohne ausgangsseitige Symboltaktabtastung mit Hilfe der $(n_2 + m_2 + 1) \times (n_2 + 1)$−Faltungsmatrix auszudrücken:

---

[5]siehe Eigenschaft Nr. 13 in Tabelle 1.1.4 auf Seite 8

$$
\begin{pmatrix}
h_0 & 0 & \cdots & & \\
h_{1/2} & h_0 & & \mathbf{0} & \\
h_1 & h_{1/2} & & & \\
\vdots & \vdots & \ddots & & h_0 \\
h_{m_2/2} & h_{(m_2-1)/2} & \cdots & & \\
0 & h_{m_2/2} & & & \\
\vdots & & \ddots & & \vdots \\
\mathbf{0} & & \cdots & & h_{m_2/2}
\end{pmatrix}
\cdot
\begin{pmatrix}
e_0 \\
e_1 \\
\vdots \\
e_{n_2-1} \\
e_{n_2}
\end{pmatrix}
\overset{!}{=}
\begin{pmatrix}
* \\
0 \\
* \\
\vdots \\
* \\
0 \\
* \\
1 \\
* \\
0 \\
* \\
\vdots \\
* \\
0 \\
*
\end{pmatrix}
. \qquad (7.1.24)
$$

Die rechte Seite von (7.1.24) enthält das Entzerrer-Ausgangssignal im doppelten Symboltakt. Zur Erfüllung der Nyquist-Bedingung muß von einer „1" an einer Stelle $i_0 T$ abgesehen jeder *zweite* Abtastwert verschwinden; die dazwischen liegenden, durch „*" gekennzeichneten Werte sind irrelevant, da sie bei der anschließenden Reduktion der Abtastfrequenz auf den Symboltakt entfallen. Zur Erfüllung der Bedingung kann im Gleichungssystem (7.1.24) jede zweite Zeile gestrichen werden. Erhält man auf diese Weise durch geeignete Wahl der Entzerrerordnung n_2 ein quadratisches System, so ist die Nyquist-Bedingung *exakt zu erfüllen*, vorausgesetzt die auf $(n_2+1) \times (n_2+1)$ reduzierte Matrix $\mathbf{H}_2$ ist regulär[6]. Wir betrachten als Beispiel den Fall $m_2 = 6$, $n_2 = 4$; dafür lautet das reduzierte Gleichungssystem

$$
\underbrace{
\begin{pmatrix}
h_{1/2} & h_0 & 0 & 0 & 0 \\
h_{3/2} & h_1 & h_{1/2} & h_0 & 0 \\
h_{5/2} & h_2 & h_{3/2} & h_1 & h_{1/2} \\
0 & h_3 & h_{5/2} & h_2 & h_{3/2} \\
0 & 0 & 0 & h_3 & h_{5/2}
\end{pmatrix}
}_{\mathbf{H}_2}
\cdot
\underbrace{
\begin{pmatrix}
e_0 \\
e_1 \\
e_2 \\
e_3 \\
e_4
\end{pmatrix}
}_{\mathbf{e}_2}
=
\underbrace{
\begin{pmatrix}
0 \\
0 \\
1 \\
0 \\
0
\end{pmatrix}
}_{\mathbf{i}}
. \qquad (7.1.25)
$$

Für eine reguläre Matrix[6] $\mathbf{H}_2$ lautet die exakte Zero-Forcing-Lösung

$$
\mathbf{e}_2 = \mathbf{H}_2^{-1} \mathbf{i}. \qquad (7.1.26)
$$

Auch für den T/2-Entzerrer ist die Zero-Forcing-Lösung oftmals nicht günstig, da sie auf sehr große Entzerrerkoeffizienten führen kann, was eine starke Anhebung des Rauschens bewirkt. Deshalb ist es oft zweckmäßig, die Entzerrerordnung über

---

[6] Die Bedingungen für die Regularität von $\mathbf{H}_2$ werden in [Kam96] hergeleitet.

das zur exakten Entzerrung erforderliche Maß hinaus zu erhöhen; man erhält dann ein *unter*bestimmtes Problem, das durch Hinzufügen einer Nebenbedingung eindeutig lösbar gemacht wird. Als Nebenbedingung wählen wir die Minimierung der Koeffizientenenergie $\mathbf{e}_2^H \mathbf{e}_2$ und erhalten die Lösung[7]

$$\mathbf{e}_2 = \mathbf{H}_2^H \left(\mathbf{H}_2 \mathbf{H}_2^H + \gamma \mathbf{I}\right)^{-1} \mathbf{i}, \qquad (7.1.27)$$

wobei γ einen nichtnegativen reellen Gewichtsfaktor zur Einstellung des Kompromisses zwischen Rest-Intersymbolinterferenz und Rauschverstärkung darstellt. Besitzt $\mathbf{H}_2$ den Rang $n_2 + 1$, so wird das unterbestimmte Problem durch (7.1.27) auch dann gelöst, wenn $\gamma = 0$ gesetzt wird. In dem Falle wird diejenige exakte Lösung berechnet, die die minimale Koeffizientenenergie aufweist.

Die MMSE-Lösung für den $T/2$-Entzerrer läßt sich auf äquivalente Weise wie für den Symboltakt-Entzerrer herleiten (siehe auch [Kam96]). Man erhält formal das gleiche Resultat wie in (7.1.20), S. 263, muß aber beachten, daß die Autokorrelationsmatrix $\mathbf{R}_{XX}$ im Falle des $T/2$-Entzerrers wegen der *Zyklostationarität* von $X(kT/2)$ *keine Toeplitz-Struktur* mehr aufweist [Kam96].

Pseudoinverse. Im Abschnitt 7.1.1 ergab sich für den Entwurf eines Symboltakt-Entzerrers ein *über*bestimmtes Problem, das im Least-Squares-Sinne durch (7.1.9), S. 261 gelöst wurde. Andererseits erhielt man für den $T/2$-Entzerrer mit der Erhöhung der Koeffizientenzahl ein *unter*bestimmtes Problem – die Lösung (7.1.27) enthält über den Gewichtsfaktor γ eine Nebenbedingung, führt jedoch auch mit $\gamma = 0$ zu einem eindeutigen Resultat. Die verschiedenen Lösungen lassen sich mit Hilfe der Moore-Penrose-Pseudoinversen vereinheitlichen [Mer96].

Für die Lösung des allgemeinen Problems $\quad \|\mathbf{A}\mathbf{x} - \mathbf{b}\|^2 \overset{!}{=} \underset{(\mathbf{x})}{\min}$

läßt sich formal schreiben $\qquad\qquad\qquad \mathbf{x} = \mathbf{A}^+ \cdot \mathbf{b},$

wobei $\mathbf{A}^+$ die $m \times n$−Pseudoinverse der $n \times m$−Matrix $\mathbf{A}$ ist. Für diese gilt

$$n > m, \quad \text{Rang}\{\mathbf{A}\} = m \quad \rightarrow \quad \mathbf{A}^+ = (\mathbf{A}^H \mathbf{A})^{-1} \mathbf{A}^H$$
$$n < m, \quad \text{Rang}\{\mathbf{A}\} = n \quad \rightarrow \quad \mathbf{A}^+ = \mathbf{A}^H (\mathbf{A}\mathbf{A}^H)^{-1} \qquad (7.1.28)$$
$$n = m, \quad \text{Rang}\{\mathbf{A}\} = n \quad \rightarrow \quad \mathbf{A}^+ = \mathbf{A}^{-1}.$$

Allgemein läßt sich die Pseudoinverse über eine Singulärwertzerlegung definieren, womit dann auch Matrizen einbezogen werden können, deren Rang kleiner als $\max\{n, m\}$ ist. Ohne Beschränkung der Allgemeinheit nehmen wir $m < n$

---

[7]Herleitung von (7.1.27) siehe [Kam96].

an. Bezeichnen $\sigma_1, \cdots, \sigma_m$ die Singulärwerte[8] von $\mathbf{A}$, dann bildet man die $(m \times n)$−Matrix

$$\mathbf{\Sigma}^+ = \begin{pmatrix} \tau_1 & & \mathbf{0} \\ & \ddots & \\ \mathbf{0} & & \tau_m \end{pmatrix} \quad \text{mit} \quad \tau_\mu = \begin{cases} 1/\sigma_\mu & \text{für } \sigma_\mu \neq 0 \\ 0 & \text{für } \sigma_\mu = 0. \end{cases} \quad (7.1.29)$$

Es sei $\mathbf{V}$ die unitäre $(m \times m)$-Matrix der Eigenvektoren von $\mathbf{A}^H \mathbf{A}$ und $\mathbf{U}$ die $(n \times n)$-Eigenvektor-Matrix von $\mathbf{A}\mathbf{A}^H$. Dann ist

$$\mathbf{A}^+ = \mathbf{V}\,\mathbf{\Sigma}^+\,\mathbf{U}^H \quad\quad\quad (7.1.30)$$

die Pseudoinverse der Matrix $\mathbf{A}$. Unter MATLAB steht zur Bildung der Pseudoinversen die Routine `pinv(A)` zur Verfügung.

7.1.3 Entzerrer mit quantisierter Rückführung

Lineare Entzerrerstrukturen sind in ihrer Leistungsfähigkeit begrenzt – besonders bei Kanalfrequenzgängen, die tiefe Einbrüche aufweisen wie z.B. Mobilfunkkanäle. Vorteile bieten in dieser Hinsicht nichtlineare Entzerrer mit quantisierter Rückführung (Decision-Feedback-Entzerrer); Bild **7.1.2** zeigt das prinzipielle Blockschaltbild. Zur Erläuterung wird der lineare Vorentzerrer mit der Impulsantwort e zunächst nicht beachtet; dementsprechend wird hier die Datenverzögerung $i_0 = 0$ gesetzt. Wir schreiben für das empfangene, im Symboltakt abgetastete Signal (unter Auslassung von Rauscheinwirkungen)

$$x(i) = \sum_{\ell=0}^{m} h_\ell \cdot d(i - \ell) \quad\quad\quad (7.1.31)$$

mit der endlichen Symboltakt-Impulsantwort des Gesamt-Übertragungssystems $h_0, \cdots, h_m$. Soll zum Abtastzeitpunkt das Datum $d(i)$ detektiert werden, so löst man (7.1.31) hiernach auf:

$$d(i) = \frac{1}{h_0}\, x(i) - \sum_{\ell=1}^{m} b_\ell\, d(i - \ell); \quad b_\ell = \frac{h_\ell}{h_0}. \quad (7.1.32)$$

Das aktuelle Datum ist also durch die Vergangenheitswerte der Daten auszudrücken; setzt man für diese die in vorangegangenen Schritten entschiedenen Daten

---

[8]d.h. die Wurzeln aus den Eigenwerten von $\mathbf{A}^H\mathbf{A}$ oder $\mathbf{A}\mathbf{A}^H$

$\hat{d}(i-1), \cdots, \hat{d}(i-m)$ ein – unter der Annahme, daß in diesen Schritten *keine Fehlentscheidungen* stattgefunden haben –, so wird am Entscheidereingang die durch $h_1, \cdots, h_m$ hervorgerufene Intersymbolinterferenz entfernt:

$$y_q(i) = \frac{1}{h_0} x(i) - \sum_{\ell=1}^{m} b_\ell \, \hat{d}(i-\ell) = \tilde{d}(i) \quad \Rightarrow \quad \text{Entscheidung: } \hat{d}(i). \qquad (7.1.33)$$

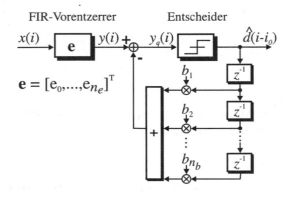

Bild 7.1.2: Entzerrer mit quantisierter Rückführung

Der durch (7.1.33) beschriebene Algorithmus wird durch den rechten Teil des Blockschaltbildes **7.1.2** realisiert. Dabei besteht folgendes Problem: Insbesondere bei nicht minimalphasigen Kanälen kann der Koeffizient des Hauptimpulses h_0, auf dem die Datenentscheidung beruht, gegenüber den nachfolgenden Kanalkoeffizienten $h_1, \cdots, h_m$ sehr klein sein. Unter Rauscheinfluß kann es dann sehr leicht zu Fehlentscheidungen kommen, die ihrerseits Folgefehler hervorrufen können – es kommt zu *Fehlerfortpflanzung*. In praktischen Empfängern werden Decision-Feedback-Entzerrer daher mit linearen FIR-Vorentzerrern kombiniert (FIR-DF-Entzerrer); **Bild 7.1.2** zeigt diese Struktur. Der lineare Vorentzerrer hat dabei die Aufgabe, die Vorschwinger der Kanalimpulsantwort bis zum Zeitpunkt i_0T und die gegebenenfalls über den Einflußbereich des DF-Entzerrers hinausreichenden Nachschwinger zu unterdrücken, während der Decision-Feedback-Part die Nachschwinger an den Stellen $i_0 + 1 \le i \le i_0 + n_b$ auslöscht. Die Koeffizienten des Entzerrers

$$\begin{aligned} \mathbf{e} &= [e_0, e_1, \cdots, e_{n_e}]^T \quad \text{(Vorwärtszweig)} \\ \mathbf{b} &= [b_1, b_2, \cdots, b_{n_b}]^T \quad \text{(Rückwärtszweig)} \end{aligned} \qquad (7.1.34)$$

werden im Sinne des Minimum-Mean-Square-Error (MMSE) entworfen[9]:

$$\mathrm{E}\{|Y_q(i) - D(i-i_0)|^2\} = \mathrm{E}\{|\overline{\mathbf{e}}^H \mathbf{x}(i) - \overline{\mathbf{b}}^H \mathbf{D}(i-1) - D(i-i_0)|^2\} = \min_{(\mathbf{e},\mathbf{b})}. \quad (7.1.35)$$

---

[9] $\overline{\mathbf{b}}^H = [b_1, \cdots, b_{n_b}]$,
$\mathbf{D}(i-1) = [D(i-i_0-1), \cdots, D(i-i_0-n_b)]^T$; Annahme korrekter Entscheidungen

Die geschlossene Lösung lautet für den Fall von unkorrelierten Quelldaten, also $r_{DD}(\kappa) = \sigma_D^2 \, \delta(\kappa)$ (Herleitung siehe [Kam96])

$$\mathbf{e} \;=\; \left[\mathbf{R}_{XX} - \frac{1}{\sigma_D^2}\,\mathbf{R}_{DX}^H \mathbf{R}_{DX}\right]^{-1} \cdot \bar{\mathbf{r}}_{DX} \qquad (7.1.36)$$

$$\mathbf{b} \;=\; \frac{1}{\sigma_D^2}\,\mathbf{R}_{DX} \cdot \mathbf{e}. \qquad (7.1.37)$$

Dabei gilt neben den Definitionen (7.1.16) und (7.1.18) für die hier eingeführte $(n_b \times (n_e + 1))-$Kreuzkorrelationsmatrix

$$\mathbf{R}_{DX} = \begin{pmatrix} r_{DX}(i_0+1) & r_{DX}(i_0) & \cdots & r_{DX}(i_0+1-n_e) \\ r_{DX}(i_0+2) & r_{DX}(i_0+1) & \cdots & r_{DX}(i_0+2-n_e) \\ \vdots & & \ddots & \vdots \\ r_{DX}(i_0+n_b) & r_{DX}(i_0-1+n_b) & \cdots & r_{DX}(i_0+n_b-n_e) \end{pmatrix}.$$

$$(7.1.38)$$

7.1.4 Übungen

| Aufgabe 7.1.1 | **Entwürfe linearer Entzerrer** (Lösung Seite 271) |

Entwürfe linearer Entzerrer
(Lösung Seite 271)

a) Für die folgenden Untersuchungen ist eine zufällige Kanalimpulsantwort $h_2(k)$ der Länge 10 zu erzeugen. Real- und Imaginärteile der Abtastwerte seien unabhängige gaußverteilte Zufallsvariablen; die Beträge sind dementsprechend rayleighverteilt („L-Tap-Rayleigh Kanal", $L = 10$). Diese Impulsantwort wird als im $T/2$-Takt abgetastet betrachtet und dient den Untersuchungen des $T/2$-Entzerrers – für die Untersuchungen am Symboltakt-Entzerrer ist jeder zweite Wert dieser Impulsantwort zu verwenden: $h(i) = h_2(2i)$. Der Leser kann die Untersuchungen mit zufälligen Impulsantworten mehrfach wiederholen, um einen Einblick in die Eigenschaften der verschiedenen Entzerrer-Entwurfsverfahren zu gewinnen.

b) Entwerfen Sie einen Symboltaktentzerrer 32-ter Ordnung für den unter a) erzeugten Symboltakt-Kanal nach dem Zero-Forcing und dem MMSE-Prinzip (für $E_s/N_0 = 15$ dB); wählen Sie den Verschiebungsparameter i_0 so, daß der Hauptimpuls in der Mitte der Gesamtimpulsantwort liegt. Stellen Sie für die beiden Lösungen jeweils die Gesamtimpulsantwort $h(i) * e(i)$ dar. Vergleichen Sie die beiden Entwürfe bezüglich der ISI-Leistung, der Rauschleistung am Entzerrerausgang sowie der Gesamt-Fehlerleistung. Für die Entwürfe steht die Routine **t_ez_entwurf** zur Verfügung.

c) Entwerfen Sie mit Hilfe von **frac_ez_entwurf** einen $T/2$-Entzerrer für die unter a) erzeugte Kanalimpulsantwort $h_2(k)$ – setzen Sie für die Entzerrerordnung n_2 zunächst den für die exakte Erfüllung der ersten Nyquistbedingung erforderlichen Wert ein. Erhöhen Sie dann die Ordnung auf $n_2 = 16$ und beziehen Sie die Nebenbedingung minimaler Koeffizientenenergie ein – setzen Sie dabei für den Gewichtsfaktor γ die Rauschleistung σ_N^2. Stellen Sie die Gesamtimpulsantwort am Entzerrerausgang zunächst im doppelten Symboltakt dar und markieren Sie die Abtastratenreduktion um den Faktor 2. Vergleichen Sie die beiden Entwürfe der $T/2$-Entzerrer mit den Symboltaktentzerrern in Aufgabenteil a, indem Sie die Koeffizientenenergien und die Energien der ISI-Fehler gegenüberstellen.

Aufgabe 7.1.2	**Simulation linearer Entzerrer**
	(Lösung Seite 273)

a) Die verschiedenen in Aufgabe 7.1.1 entworfenen linearen Entzerrer sind zu simulieren. Hierzu kann die Routine **ez_sim** verwendet werden. Die Übertragung ist zunächst ohne Rauschen vorzunehmen (Eingabe: **EsN0=1000 dB**). Stellen Sie für die vier Entwürfe (T-Entzerrer nach Zero-Forcing und MMSE; T/2-Entzerrer exakt und mit Nebenbedingung) die komplexen Signalebenen an den Entzerrerausgängen dar.

b) Simulieren Sie nun eine Übertragung unter Kanalrausch-Einfluß (**EsN0=15 dB**) und stellen Sie nochmals die Signalebenen dar. Interpretieren Sie die Ergebnisse von a) und b) qualitativ anhand der in Aufgabe 7.1.1 ermittelten Werte für die ISI-Energie und die Energie der Entzerrerkoeffizienten.

Aufgabe 7.1.3	**Entwürfe von FIR-DF-Entzerrern**
	(Lösung Seite 275)

a) Entwerfen Sie für die folgenden Untersuchungen die Symboltakt-Impulsantwort, indem Sie hier als gemeinsame Charakteristik von Sende- und Empfangsfilter ein Kosinus-roll-off Filter mit $r = 0.25$ einbeziehen (**cosroll**); die Abtastfrequenz beträgt zunächst $2/T$. Als Kanalimpulsantwort – ebenfalls im doppelten Symboltakt – wird ein 12-Tap-Rayleigh-Kanal ausgewürfelt (vgl. Aufgabe 7.1.1). Nach der Ausfaltung der Teilfilter erhält man nach einer Abtastratenreduktion um den Faktor 2 das Symboltaktmodell des Kanals; stellen Sie die Impulsantwort sowie das Nullstellendiagramm dar. Führen Sie mit Hilfe des Programms **fir_dfe_entwurf** Zero-Forcing-Entwürfe (Eingabe **EsN0=1000** von FIR-DF-Entzerrern durch – legen Sie die Ordnung des Vorentzerrers mit ne=16 fest und experimentieren Sie unter Variation der DF-Ordnung nb in Hinblick auf die perfekte oder nahezu perfekte Unterdrückung der Vor- und Nachschwinger (stellen Sie hierzu jeweils die Impulsantwort am Eingang des DF-Entzerrers dar). Erläutern Sie Ihre Beobachtungen anhand des Kanal-Nullstellendiagramms. Vergleichen Sie die Zero-Forcing-Ergebnisse mit MMSE-Lösungen, die Sie ebenfalls mit fir_dfe_entwurf ermitteln (Eingabe EsN0=10 dB).

b) Reduzieren Sie die Ordnung nb in der Zero-Forcing-Lösung gegenüber dem unter a) gefundenen Wert und erläutern Sie die Auswirkungen qualitativ anhand des Kanal-Nullstellendiagramms.

Lösung Aufgabe 7.1.1

Aufgabenteil a)
Für die folgenden Entzerrerentwürfe wurde die 10-Tap-Rayleigh-Kanalimpulsantwort mit Hilfe von randn ausgewürfelt:

$$h_2(k) = \{ -0.1114 - 0.3056j, \ 0.0918 + 0.2563j, \ -0.0599 + 0.2432j, \ -0.2682 - 0.1840j,$$
$$0.0074 + 0.2196j, \ 0.2648 + 0.4477j, \ -0.0568 - 0.3957j, \ -0.0032 - 0.2588j,$$
$$-0.0487 + 0.2018j, \ -0.1964 + 0.1556j\};$$

als Abtastfrequenz wird dabei $f_A = 2/T$ angenommen. Für die Untersuchungen zum Symboltaktentzerrer werden $h_2(k)$ die Abtastwerte mit geraden Indizes entnommen.

Aufgabenteil b)
Für die unter a) ausgewürfelte Kanalimpulsantwort wurden mittels t_ez_entwurf je ein Zero-Forcing- und ein MMSE-Entwurf ($E_s/N_0 = 15$ dB) für die Symboltaktentzerrer-Struktur durchgeführt – die Beträge der Gesamtimpulsantworten sind in den **Bildern 7.1.3a,b** dargestellt.

Die restliche ISI-Leistung, Leistung des Entzerrer-Ausgangsrauschens (für Kanalrauschen $E_s/N_0 = 15$ dB) und die Gesamtfehlerleistung sind in Tabelle 7.1.1 zusammengestellt: Man sieht, daß beim MMSE-Entwurf gegenüber dem Zero-Forcing eine Anhebung der ISI-Leistung erfolgt, während es sich bezüglich der Rauscheinflüsse umgekehrt verhält. Die gesamte Fehlerleistung ist beim MMSE-Entwurf erwartungsgemäß geringer.

Aufgabenteil c)
Zur exakten Entzerrung durch einen T/2-Entzerrer werden 10 Entzerrer-Koeffizienten ($n_2 = 9$) angesetzt: Bei einer Länge der Kanalimpulsantwort von 10

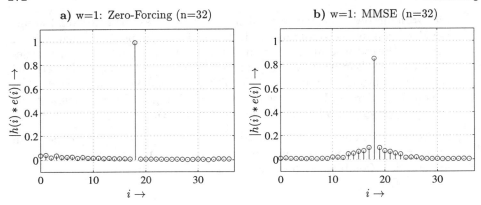

Bild 7.1.3: Entwürfe zum Symboltakt-Entzerrer

Tabelle 7.1.1: Entwürfe zum Symboltakt-Entzerrer

	ISI-Leistung	Rauschleistung	gesamte Fehlerleistung
Zero Forcing	0.0098	0.4487	0.4585
MMSE	0.0731	0.0780	0.1511

($m_2 = 9$) beträgt die Gesamtimpulsantwort am Entzerrerausgang im doppelten Symboltakt $n_2 + m_2 + 1 = 19$; die Herabsetzung der Abtastrate um den Faktor 2 führt auf 10 Abtastwerte[10] im Symboltakt. Diesen zehn Bedingungen zur Erfüllung der ersten Nyquistbedingung stehen genau 10 festzulegende Entzerrerkoeffizienten gegenüber – hat die Kanalmatrix $\mathbf{H}_2$ in (7.1.25), S. 265, Maximalrang, so ist das Gleichungssystem eindeutig zu lösen. Der Betrag der Gesamtimpulsantwort bei exakter T/2-Entzerrung ist in **Bild 7.1.4a** im doppelten Symboltakt dargestellt; die Auswahl der schwarz markierten Abtastwerte mit geraden Indizes führt zur perfekten Erfüllung der ersten Nyquistbedingung. Allerdings fällt auf, daß die unterdrückten Abtastwerte teilweise größere Beträge als der Hauptimpuls aufweisen. Diese Eigenschaft spiegelt sich auch in der in Tabelle 7.1.2 wiedergegebenen hohen Koeffizientenenergie von $\mathbf{e}^H \mathbf{e} = 28.12$ wider.

Dieser Wert kann in der Lösung mit der Nebenbedingung geringer Koeffizientenenergie ($\gamma = \sigma_N^2$) erheblich reduziert werden – allerdings unter Einbringung von Intersymbolinterferenz. Das Entwurfsergebnis für einen T/2-Entzerrer mit erhöhter Ordnung ($n_2 = 16$) ist in **Bild 7.1.4b** veranschaulicht; die Werte der

---

[10]Dies gilt für die Auswahl der Abtastwerte mit *geraden* Indizes $k = 0, 2, \cdots, 18$. In dem Falle ergeben sich für den ersten und letzten Entzerrerkoeffizienten $e_2(0) = e_2(9) = 0$ – der Entzerrer weist damit nur 8 nicht verschwindende Koeffizienten auf.

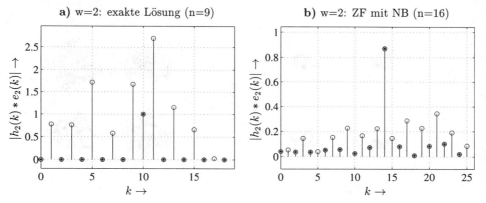

Bild 7.1.4: Entwürfe zum $T/2$-Entzerrer

Tabelle 7.1.2: Vergleich von T/2- und Symboltakt-Entzerrern

EZ-Typ	Entwurf	E_{ISI}	$E_{\text{Koeff.}}$
T/2-Entzerrer:	exakte Lösung	0.0000	28.1217
	Lösung mit NB	0.0571	2.3287
T-Entzerrer	Zero Forcing	0.0098	14.1905
	MMSE	0.0731	2.4673

ISI- und Koeffizientenenergie sind in Tabelle 7.1.2 aufgeführt und denen des Symboltaktentzerrers gegenübergestellt.

Lösung Aufgabe 7.1.2

Aufgabenteil a)
Für die unter Aufgabe 7.1.1 entworfenen Entzerrer wird jeweils eine QPSK-Datenübertragung mit Hilfe von `ez_sim` simuliert – zunächst ohne Kanalrauschen. **Bild 7.1.5** zeigt die komplexen Signalebenen an den Entzerrerausgängen.

Der T-Entzerrer nach dem Zero-Forcing-Entwurf (**Bild 7.1.5a**) weist infolge begrenzter Entzerrerordnung restliche Intersymbolinterferenz auf, die sich mit dem MMSE-Entwurf weiter erhöht (**Bild 7.1.5b**). Demgegenüber zeigt **Bild 7.1.5c** die perfekte Entzerrung eines $T/2$-Entzerrers mit 10 Koeffizienten. Die Forderung

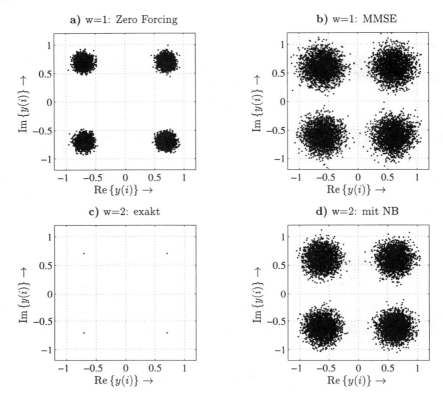

Bild 7.1.5: Signalraum am Entzerrer-Ausgang (Kanalrauschen $=0$)

der Nebenbedingung minimaler Koeffizientenenergie bei gleichzeitiger Erhöhung der Entzerrerordnung auf $n_2 = 16$ (**Bild 7.1.5d**) bringt Intersymbol-Interferenz in gleicher Größenordnung wie beim MMSE-Symboltaktentzerrer ein, wobei zu bedenken ist, daß der T/2-Entzerrer in diesem Beispiel mit der Hälfte der Koeffizienten auskommt.

Aufgabenteil b)
Wird nun Kanalrauschen hinzugefügt ($E_s/N_0 = 15$ dB), so ergeben sich die in **Bild 7.1.6** dargestellten Signalräume. Beim Zero-Forcing Symboltaktentzerrer und beim exakten T/2-Entzerrer (**Bild 7.1.6a,c**) ist die QPSK-Datenstruktur wegen der hohen Rauschverstärkung kaum noch zu erkennen, während der MMSE-Entwurf in **Bild 7.1.6b** und der T/2-Entwurf mit Nebenbedingung (**Bild 7.1.6d**) den Kompromiß zwischen ISI und Rauschverstärkung veranschaulichen.

Die durch Simulation ermittelten Bitfehlerraten für die vier verschiedenen Entzerrerkonfigurationen sind in Tabelle 7.1.3 zusammengestellt.

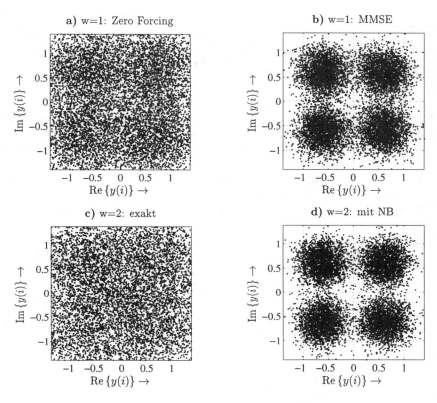

Bild 7.1.6: Signalraum am Entzerrer-Ausgang ($E_s/N_0 = 15$ dB)

Lösung Aufgabe 7.1.3

Aufgabenteil a,b)

Die Symboltakt-Impulsantwort $h(i)$ der gesamten Kanalanordnung bestehend aus Wurzel-Kosinus-roll-off Sende- und Empfangsfiltern sowie einer ausgewürfelten 12-Tap-Rayleigh Kanalimpulsantwort zeigt **Bild 7.1.7a**, die zugehörige Nullstellen-verteilung in der z-Ebene **Bild 7.1.7b**. Der FIR-Vorentzerrer hat die Aufgabe, die Vorschwinger von $h(i)$ sowie die über den Einflußbereich des DF-Entzerrers hinausgehenden Nachschwinger zu unterdrücken. Die in **Bild 7.1.7c** wiederge-gebene Impulsantwort am Ausgang des FIR-Vorentzerrers der Ordnung $n_e = 16$ zeigt, daß dies mit der Ordnung $n_b = 4$ des DF-Entzerrers nahezu perfekt möglich ist.

Tabelle 7.1.3: Bitfehlerraten bei verschiedenen Entzerrern ($E_s/N_0 = 15$ dB)

EZ-Typ	$w = 1$, ZF	$w = 2$, exakt	$w = 1$, MMSE	$w = 2$, NB
BER	$6.9 \cdot 10^{-2}$	$14.5 \cdot 10^{-2}$	$6.8 \cdot 10^{-3}$	$4.8 \cdot 10^{-3}$

Sieht man sich zur Erklärung dieses Ergebnisses das Nullstellendiagramm in **Bild 7.1.7b** an, so stellt man fest, daß es vier Nullstellen nahe des Einheitskreises (*„kritische Nullstellen"*) enthält, während sämtliche anderen weiter entfernt vom Einheitskreis liegen. Zur Unterdrückung der Vor- und Nachschwinger „entzerrt" der FIR-Vorentzerrer diese unkritischen Nullstellen, während die durch ein nichtrekursives System schwer zu kompensierenden Nullstellen dem DF-Entzerrer überlassen werden. Daraus ergibt sich die folgende pauschale Regel zur Dimensionierung des DF-Entzerrers:

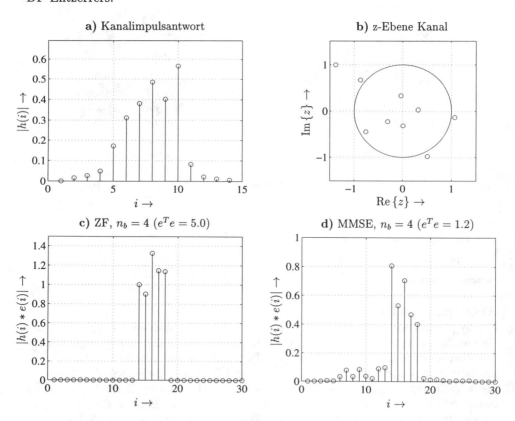

a) Kanalimpulsantwort

b) z-Ebene Kanal

c) ZF, $n_b = 4$ ($e^T e = 5.0$)

d) MMSE, $n_b = 4$ ($e^T e = 1.2$)

Bild 7.1.7: FIR-DF-Entzerrer, Zero-Forcing und MMSE

- *Die Ordnung des Rückführungszweiges eines FIR-DF-Entzerrers sollte sich an der Anzahl von kritischen Nullstellen des Übertragungskanals orientieren. Die Länge der Kanalimpulsantwort ist dabei von untergeordneter Bedeutung.*

Wählt man wie in **Bild 7.1.7d** gezeigt einen MMSE-Entwurf ($E_s/N_0 = 10$ dB), so wird wie auch bei linearen Entzerrern ein Kompromiß zwischen Rauschverstärkung des FIR-Vorentzerrers und der restlichen Intersymbolinterferenz in den Vor- und Nachschwingern eingestellt. Die Koeffizienten des DF-Entzerrers $b(1), \cdots, b(n_b)$ sind in jedem Falle identisch mit den entsprechenden Abtastwerten der Impulsantwort am FIR-Entzerrer-Ausgang $h(i) * e(i)|_{i=i_0+1,\cdots,i_0+n_b}$.

Aufgabenteil c)
Reduziert man die Ordnung des DF-Teiles auf Werte unterhalb der Anzahl kritischer Kanalnullstellen, so steigt die Intersymbolinterferenz sprunghaft an. **Bild 7.1.8a,b** zeigt die Ergebnisse der Zero-Forcing Entwürfe mit $n_b = 3$ und $n_b = 2$.

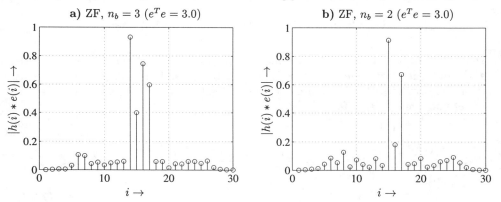

Bild 7.1.8: FIR-DFE mit zu geringer Ordnung des DF-Zweiges

7.2 Adaptive Entzerrereinstellung

7.2.1 LMS-Algorithmus

Die im vorangegangenen Abschnitt hergeleiteten Lösungen für die Entzerrerkoeffizienten erfordern die Kenntnis der Autokorrelationsfolge des Empfangssignals sowie der Kreuzkorrelierten zwischen den gesendeten Daten und dem Empfangssignal. Im praktischen Betrieb liegen diese Informationen am Empfänger jedoch nicht vor. Die Korrelationswerte müssen geschätzt werden, wobei zur Bildung der Kreuzkorrelierten Trainingsdaten herangezogen werden, die in einer Einstellphase („Präambel") zwischen Sender und Empfänger vereinbart sein müssen. Soll auch im laufenden Betrieb im Anschluß an die Präambel eine fortlaufende Nachführung („Tracking") der Entzerrerkoeffizienten erfolgen, so werden die entschiedenen Informationsdaten als Trainingssymbole benutzt. In **Bild 7.2.1** ist das prinzipielle Blockschaltbild eines adaptiven Symboltakt-Entzerrers wiedergegeben.

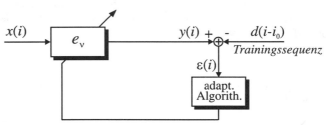

Bild 7.2.1: Grundstruktur eines adaptiven Entzerrers

Der bekannteste adaptive Algorithmus ist der *„Least-Mean-Squares-"* (LMS-) Algorithmus, der hier abgeleitet werden soll. Er basiert auf dem *stochastischen Gradientenalgorithmus*[11] – Real- und Imaginärteile der Entzerrerkoeffizienten werden dabei nach der Vorschrift

$$
\begin{aligned}
\mathbf{e}'(i+1) &= \mathbf{e}'(i) - \delta \cdot \frac{\partial |y(i) - d(i - i_0)|^2}{\partial \mathbf{e}'(i)} \\
\mathbf{e}''(i+1) &= \mathbf{e}''(i) - \delta \cdot \frac{\partial |y(i) - d(i - i_0)|^2}{\partial \mathbf{e}''(i)}
\end{aligned}
\qquad (7.2.1)
$$

iterativ eingestellt:

- *Der aktualisierte Koeffizientenvektor ergibt sich aus dem alten, indem dieser in Richtung der negativen Ableitung (des „Gradienten") des quadratischen Fehlers nach den Koeffizienten verändert wird.*

In **Bild 7.2.2** wird das Gradientenverfahren veranschaulicht: Aus Darstellungsgründen wurde hier ein Entzerrer mit nur zwei Koeffizienten angenommen.

In (7.2.1) bezeichnet δ eine positive reelle *Schrittweite*, mit der die Konvergenzeigenschaften kontrolliert werden können; der Einfluß der Schrittweite wird unter Aufgabe 7.2.1 untersucht. Zur Herleitung eines geschlossenen Ausdrucks für (7.2.1) folgt eine prinzipielle Betrachtung über die Ableitung nach komplexen Variablen.

---

[11] Als „stochastisch" bezeichnet man diesen Algorithmus deswegen, weil hier der *Erwartungswert* des Fehlerquadrats durch den *Momentanwert* ersetzt wird.

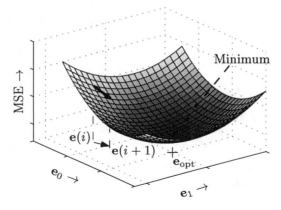

Bild 7.2.2: Veranschaulichung des Gradientenalgorithmus

Wirtinger-Ableitung. Als partielle Ableitung der Funktion einer komplexen Variablen $f(z)$ nach $z = z' + j\,z''$ wird definiert [FL83]

$$\frac{\partial f(z)}{\partial z} = \frac{1}{2} \cdot \left[\frac{\partial f(z)}{\partial z'} - j\, \frac{\partial f(z)}{\partial z''} \right], \qquad (7.2.2)$$

wobei die reelle Differenzierbarkeit vorausgesetzt werden soll. Mit dieser Definition gilt

$$\frac{\partial z^*}{\partial z} = \frac{\partial (z' - j z'')}{\partial z'} - j\, \frac{\partial (z' - j z'')}{\partial z''} = 1 - j\,(-j) = 0. \qquad (7.2.3)$$

Um (7.2.1) kompakt in komplexer Schreibweise zu formulieren, wird wegen des negativen Imaginärteils der Wirtinger-Ableitung (7.2.2) von der konjugiert komplexen Koeffizientendefinition $\overline{\mathbf{e}}$ in (7.1.13) Gebrauch gemacht. Das Entzerrer-Ausgangssignal läßt sich damit gemäß (7.1.14) als Skalarprodukt formulieren. Setzt man diese Formulierung in (7.2.1) ein, so erhält man die komplexe Formulierung des stochastischen Gradientenalgorithmus.

$$\overline{\mathbf{e}}(i + 1) = \overline{\mathbf{e}}(i) - \delta \cdot \frac{\partial}{\partial \mathbf{e}(i)} \left[\overline{\mathbf{e}}^H(i)\,\mathbf{x}(i) - d(i - i_0) \right] \left[\mathbf{x}^H(i)\,\overline{\mathbf{e}}(i) - d^*(i - i_0) \right] \quad (7.2.4)$$

Terme in (7.2.4), die konjugiert komplexe Entzerrerkoeffizienten enthalten, können aufgrund der Eigenschaft (7.2.3) bezüglich der Ableitung nach $\mathbf{e}$ als Konstante betrachtet werden – es gilt also

$$\frac{\partial\, \mathbf{x}^H(i)\,\overline{\mathbf{e}}(i)}{\partial\, \mathbf{e}(i)} = 0 \quad \text{und} \quad \frac{\partial\, \overline{\mathbf{e}}^H(i)\,\mathbf{x}(i)}{\partial\, \mathbf{e}(i)} = \mathbf{x}(i).$$

Damit lautet (7.2.4) nach Ausführung der partiellen Ableitung

$$\overline{\mathbf{e}}(i + 1) = \overline{\mathbf{e}}(i) - \delta \cdot \mathbf{x}(i) \cdot \left[y^*(i) - d^*(i - i_0) \right]. \qquad (7.2.5)$$

Nach der Konjugation aller Elemente erhält man schließlich die Einstellvorschrift
für die Entzerrerkoeffizienten in vektorieller Form

$$\mathbf{e}(i+1) = \mathbf{e}(i) - \delta \cdot \underbrace{[y(i) - d(i - i_0)]}_{\overset{!}{=}\,\varepsilon(i)} \cdot \overline{\mathbf{x}}(i) \qquad (7.2.6)$$

oder für die einzelnen Komponenten

$$e_\nu(i+1) = e_\nu(i) - \delta \cdot \varepsilon(i) \cdot x^*(i - \nu), \quad \nu = 0, \cdots, n. \qquad (7.2.7)$$

Das Blockschaltbild des nach dem LMS-Algorithmus eingestellten adaptiven Entzerrers zeigt **Bild 7.2.3**.

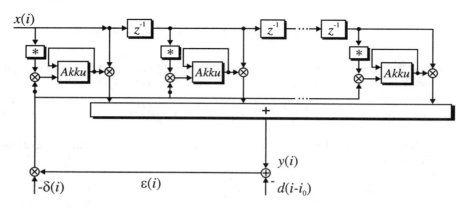

Bild 7.2.3: Blockschaltbild eines adaptiven Entzerrers mit LMS-Einstellung

7.2.2   Konvergenz des LMS-Algorithmus

Dem im letzten Abschnitt abgeleiteten LMS-Algorithmus liegt das *stochastische*
Gradientenverfahren zugrunde, bei dem der Erwartungswert des Fehlerquadrats
durch den Momentanwert abgeschätzt wird. In der folgenden theoretischen Analyse des Konvergenzverhaltens werden im Gegensatz dazu die idealen Korrelationswerte eingesetzt; Zielfunktion ist also der minimale mittlere quadratische Fehler
(MMSE). Mit (7.1.15), S. 262, ergibt sich

$$F_{\text{MMSE}} = \text{E}\{|Y(i) - D(i - i_0)|^2\} = \overline{\mathbf{e}}^H \overline{\mathbf{R}}_{XX} \overline{\mathbf{e}} - \overline{\mathbf{e}}^H \mathbf{r}_{DX} - \mathbf{r}_{DX}^H \overline{\mathbf{e}} + \sigma_D^2. \qquad (7.2.8)$$

Die Ableitung nach **e** im Sinne des Wirtinger-Kalküls (7.2.3) ergibt

$$\frac{\partial F_{\text{MMSE}}}{\partial \mathbf{e}} = \overline{\mathbf{R}}_{XX} \overline{\mathbf{e}} - \mathbf{r}_{DX};$$

der LMS-Algorithmus lautet also bei Kenntnis der wahren Korrelationswerte

$$\mathbf{e}(i+1) = \mathbf{e}(i) - \delta \cdot \mathbf{R}_{XX}\mathbf{e}(i) + \delta \cdot \bar{\mathbf{r}}_{DX} = [\mathbf{I} - \delta \cdot \mathbf{R}_{XX}] \cdot \mathbf{e}(i) + \delta \cdot \bar{\mathbf{r}}_{DX}. \quad (7.2.9)$$

Man erhält also eine vektorielle Differenzengleichung erster Ordnung. Dabei sind die Differenzengleichungen der einzelnen Koeffizienten e_ν verkoppelt, da $\mathbf{R}_{XX}$ i.a. keine Diagonalmatrix ist – letzteres ist nur für ein weißes Empfangssignal $X(i)$ erfüllt, was aber aufgrund der durch den Kanal eingebrachten Korrelationen eben gerade nicht der Fall ist[12]. In [Kam96] wird zur Analyse des Einlaufverhaltens eine Hauptachsentransformation von (7.2.9) vorgenommen. Dadurch wird das System in n entkoppelte skalare Teilsysteme erster Ordnung zerlegt, deren Pole bei

$$z_{\infty\nu} = 1 - \delta \cdot \lambda_\nu, \qquad (\lambda_0, \cdots \lambda_n \hat{=} \text{ Eigenwerte von } \mathbf{R}_{XX}) \qquad (7.2.10)$$

liegen. Damit sämtliche Pole innerhalb des Einheitskreises liegen, muß für die Schrittweite die Bedingung

$$0 < \delta < 2/\lambda_{\max} \qquad (7.2.11)$$

erfüllen[13]. Die wichtigsten Ergebnisse der Konvergenzanalyse in [Kam96] lauten:

- *Der LMS-Algorithmus konvergiert bei Einhaltung der Stabilitätsbedingung gegen die MMSE-Lösung (7.1.20), S. 263.*

- *Die Konvergenzgeschwindigkeit wird durch das Verhältnis vom maximalen zum minimalen Eigenwert der Autokorrelationsmatrix des Empfangssignals, $\lambda_{max}/\lambda_{min}$, bestimmt. Das günstigste Verhalten ergibt sich, wenn dieses Verhältnis den Wert eins hat, wenn also $\mathbf{R}_{XX} = \sigma_X^2 \cdot \mathbf{I}$ und damit das Empfangssignal $X(i)$ weiß ist.*

Die letztgenannte Aussage legt es nahe, das Empfangssignal vor der Entzerrer-Adaption zu dekorrelieren. Hierauf beruht der sogenannte „Lattice-Gradient"-Algorithmus, der hier jedoch nicht mehr behandelt werden soll; auch der bekannte „Recursive-Least-Squares-" (RLS-) Algorithmus wird hier übergangen – ausführliche Darstellungen findet man z.B. in [Hay86],[Pro95] und [Kam96]).

Das Einlaufverhalten des LMS-Algorithmus wird in Aufgabe 7.2.2 in Abhängigkeit von den Eigenwerten der AKF-Matrix untersucht.

---

[12]Eine Ausnahme bilden hier reine *Allpaßkanäle*, an deren Ausgang die Unkorreliertheit des Sendesignals erhalten bleibt.

[13]In der Praxis wird der *stochastische* Gradientenalgorithmus benutzt; in dem Falle ist die Schrittweite deutlich kleiner zu wählen (siehe Aufgabe 7.2.2).

7.2.3 Übungen

Aufgabe 7.2.1

**Einlaufeigenschaften
bei verschiedenen Schrittweiten**
(Lösung Seite 283)

a) Würfeln Sie einen 6-Tap-Rayleigh-Kanal aus und normieren Sie die Energie der Impulsantwort auf eins. Stellen Sie die Betragsimpulsantwort sowie das Nullstellendiagramm dar.

b) Im weiteren ist das Einlaufverhalten eines Symboltakt-Entzerrers der Ordnung $n = 24$ in Abhängigkeit von der Schrittweite δ zu analysieren. Für die Simulation des adaptiven Entzerrers kann die Routine `lms` benutzt werden. Als Modulationsverfahren ist QPSK einzusetzen; das Kanalrauschen wird mit null angenommen. Wählen Sie z.B. eine Trainingslänge von `L_Train=500` und stellen Sie die Einlaufkurve des Betrages eines beliebigen Koeffizienten für geeignete Schrittweiten (z.B. $\delta = 0.01, 0.03, 0.05$) dar. Geben Sie den Betrag des Fehlers am Entzerrerausgang – auch über die Einstellphase hinaus – wieder.

c) Stellen Sie den unter a) gewonnenen Ergebnissen einen adaptiven Entzerrer der Ordnung $n = 128$ gegenüber. Passen Sie dabei die Trainingslänge so an, daß eine zufriedenstellende Einstellung des Entzerrers erreicht wird. Stellen Sie die Signalräume an den Ausgängen beider Entzerrer nach Abschluß der jeweiligen Trainingsphasen dar.

Aufgabe 7.2.2

**Einfluß der Eigenwerte
der Kanal-Autokorrelationsmatrix**
(Lösung Seite 286)

a) Für die folgenden Untersuchungen werden drei Modellkanäle benutzt: je ein FIR-Kanal erster Ordnung mit Nullstellen bei $z_0 = 1$ und $z_0 = 0.9$ sowie eine nichtrekursive Approximation ($m = 30$) eines Allpasses erster Ordnung mit $z_\infty = 1/z_0 = 0.9$. Stellen Sie für die Entzerrerordnungen $n = 32, 64$ und 128 jeweils die $(n + 1) \times (n + 1)$-Autokorrelationsmatrizen des Empfangssignals auf (die Sendedaten seien unkorreliert, ihre Leistung sei eins, Kanalrauschen sei null) und berechnen Sie die zugehörigen Eigenwerte. Stellen Sie die maximalen und minimalen Eigenwerte sowie ihre Verhältnisse für die genannten Fälle in einer Tabelle gegenüber.

b) Simulieren Sie für QPSK-Daten die adaptive Einstellung eines Entzerrers der Ordnung $n = 64$ für die drei Kanäle mit Hilfe von `lms` – legen Sie die Schrittweite in Hinblick auf günstige Konvergenzeigenschaften geeignet

fest. Stellen Sie für die drei Kanäle die Einlaufvorgänge eines beliebigen
Koeffizienten im Zeitbereich $0 \leq i \leq 1500$ dar und interpretieren Sie die
Verläufe in Hinblick auf die unter a) ermittelten Eigenwerte.

Aufgabe 7.2.3

**Adaptive Entzerrereinstellung
unter Rauscheinfluß**
(Lösung Seite 288)

a) Stellen Sie mit Hilfe von `lms` einen Entzerrer der Ordnung 32 auf den in
   Aufgabe 7.2.1 ausgewürfelten Kanal ein, wobei in diesem Falle gaußverteiltes,
   weißes Rauschen am Kanalausgang überlagert wird; der Rauschabstand sei
   mit $E_s/N_0 = 12$ dB festgelegt. Zeigen Sie den Verlauf eines beliebigen
   Entzerrerkoeffizienten für verschiedene Schrittweiten.

b) Führen Sie für die unter a) festgelegten Bedingungen einen MMSE-Entwurf
   für den Entzerrer ($n = 32$) durch und vergleichen Sie die errechneten Entzerrerkoeffizienten mit den unter a) adaptiv eingestellten Werten.

Lösung Aufgabe 7.2.1

Aufgabenteil a)
Die Betragsimpulsantwort des ausgewürfelten 6-Tap-Rayleigh-Kanals sowie das
zugehörige Nullstellendiagramm sind in **Bild 7.2.4** wiedergegeben. Die Kanal-
nullstellen haben die Beträge $|z_{0,\nu}| = \{0.8582, 0.9917, 1.2206, 1.2731, 1.2994\}$; ei-
ne davon befindet sich fast genau auf dem Einheitskreis – der Kanal ist also stark
frequenzselektiv.

Aufgabenteil b)
Der Einlaufvorgang für den betragsmaximalen Entzerrerkoeffizienten ist für verschiedene Schrittweiten in **Bild 7.2.5** dargestellt. Man sieht, daß die Konvergenzgeschwindigkeit mit wachsendem δ zunimmt – andererseits erhöht sich damit
die Varianz der Schätzung (*„Gradientenrauschen"*). Der Verlauf des Fehlerbetra-
ges am Entzerrerausgang ist **Bild 7.2.6a** zu entnehmen, wobei die Schrittweite
$\delta = 0.01$ gewählt wurde; das Signalraumdiagramm des entzerrten Signals zeigt
Bild 7.2.7a

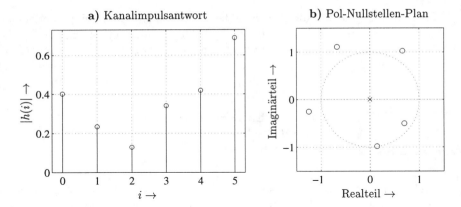

Bild 7.2.4: Symboltakt-Impulsantwort und Nullstellendiagramm des Kanals

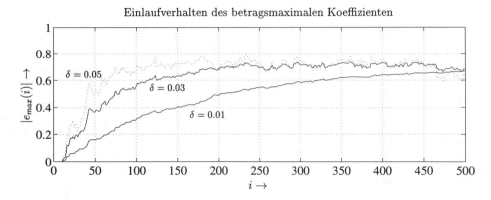

Bild 7.2.5: Adaptive Entzerrereinstellung nach dem LMS-Algorithmus

Aufgabenteil c)

Für den unter a) ausgewürfelten Kanal wird ein Entzerrer mit erhöhter Ordnung ($n = 128$) adaptiv eingestellt; die Schrittweite $\delta = 0.01$ wurde beibehalten. **Bild 7.2.6b** zeigt das Einlaufverhalten des Fehlers. Hier ist eine deutlich höhere Trainingslänge erforderlich ($L_{\text{train}} = 2500$) – der Restfehler wird dabei erheblich reduziert, was auch anhand des Signalraumdiagramms in **Bild 7.2.7b** deutlich wird.

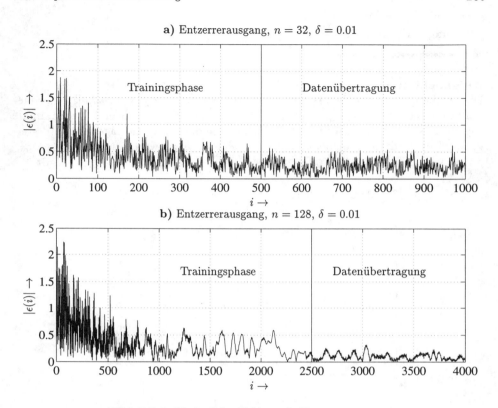

Bild 7.2.6: Verlauf des Fehlers am Entzerrerausgang

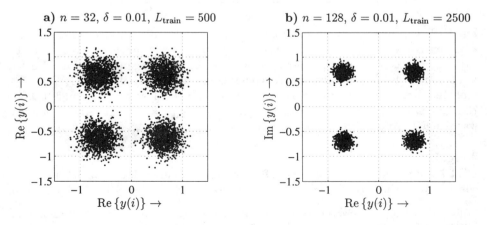

Bild 7.2.7: Signalräume nach Abschluß der Einlaufphase

Lösung Aufgabe 7.2.2

Aufgabenteil a)
Die für die beiden Kanäle erster Ordnung ($\mathbf{h}_1 = [1\ -1]$, $\mathbf{h}_2 = [1\ -0.9]$) berechneten Eigenwerte sind unter Tabelle 7.2.1 zusammengestellt. Während der maximale Eigenwert in etwa konstant bleibt, reduziert sich der minimale Eigenwert mit steigender Filterordnung – dementsprechend steigt das Eigenwertverhältnis $\lambda_{max}/\lambda_{min}$ mit n an. Auffällig ist, daß offenbar der Zusammenhang $\lambda_{max} + \lambda_{min} = 2$ gilt[14].

Tabelle 7.2.1: Eigenwerte der AKF-Matrizen

	n	λ_{max}	λ_{min}	$\frac{\lambda_{max}}{\lambda_{min}}$
Kanal 1	32	1.9957	0.0043	467
$z_0 = 1$	64	1.9989	0.0011	1764
	128	1.9997	0.0003	6848
Kanal 2	32	1.9902	0.0098	204
$z_0 = 0.9$	64	1.9933	0.0067	300
	128	1.9942	0.0058	343
Allpaß-Approx.	32	1.0444	0.9348	1.11
($m = 30$)	64	1.0761	0.8812	1.22
$z_\infty = 1/z_0 = 0.9$	128	1.1003	0.8478	1.30

Zur FIR-Approximation eines Allpasses wird zunächst die Impulsantwort des rekursiven Systems ($z_\infty = 1/z_0 = 0.9$) mit Hilfe von `filter` berechnet: Soll die FIR-Länge z.B. $m + 1 = 31$ betragen, so wird für das Eingangssignal der Vektor `x=[1 zeros(1,30)]` gesetzt; das Ausgangssignal stellt dann die auf 31 Werte begrenzte Allpaß-Impulsantwort dar. Die Eigenwert-Analyse ergibt gemäß Tabelle 7.2.1 gegenüber den theoretischen Werten $\lambda_{max} = \lambda_{min} = 1$ leichte Abweichungen, was der FIR-Approximation zuzuschreiben ist.

Aufgabenteil b)
Bild 7.2.8a zeigt die Einlaufkurven für die drei Modellkanäle[15]. Die Schrittweiten wurden knapp unterhalb der Grenze festgelegt, ab der sich ein Überschwingen in

---
[14] Allgemein gilt für FIR-Systeme erster Ordnung unabhängig von der speziellen Form der Impulsantwort und der Ordnung n die Beziehung $\lambda_{max}/\lambda_{min} = 2 \cdot \mathbf{h}^H\mathbf{h}$.
[15] Hier wurde abweichend von den bisherigen Simulationen der Koeffizient *vor* dem betragsmaximalen gewählt, da letzterer den Initialwert „1" aufweist.

den Einstellkurven ergibt. Für Kanal 1 und Kanal 2 liegen sie mit $\delta = 0.007/0.08$ weit unter der durch (7.2.11) auf Seite 281 gegebenen Stabilitätsgrenze. Dies ist damit zu begründen, daß der Konvergenzanalyse die theoretischen Erwartungswerte zugrunde liegen – wird hingegen der *stochastische* Gradientenalgorithmus eingesetzt, so ist die Schrittweite drastisch zu reduzieren, um ein stabiles Einlaufverhalten zu erreichen.

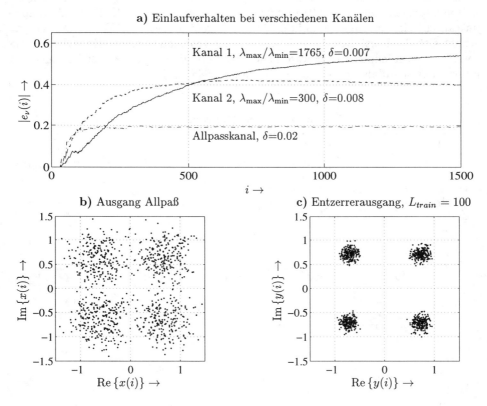

a) Einlaufverhalten bei verschiedenen Kanälen

b) Ausgang Allpaß   **c)** Entzerrerausgang, $L_{train} = 100$

Bild 7.2.8: Einlaufverhalten bei verschiedenen Eigenwertverhältnissen der Kanal-Autokorrelationsmatrix
a) Einlaufkurven des Koeffizienten $e(i_{max} - 1)$
b,c) Allpaß-Kanal: Signalraum-Diagramme vor und nach der Entzerrung

Prinzipiell bestätigen sich aber die Zusammenhänge des Einlaufverhaltens mit den Eigenwerten: Im Falle des Allpasses kann wegen der optimalen Eigenwertbedingungen die Schrittweite auf $\delta = 0.02$ erhöht werden. Die am Allpaß-Kanal vor und nach der Entzerrung gemessenen Signalraumdiagramme werden in **Bild 7.2.8b,c** gezeigt.

Lösung Aufgabe 7.2.3

Aufgabenteil a)
Die Einlaufkurven für den betragsmaximalen Koeffizienten werden in **Bild 7.2.9a** unter einem Signal-Störverhältnis von $E_s/N_0 = 12$ dB wiedergegeben; die Schrittweiten betragen dabei $\delta = 0.01$ und 0.02. Den Kurven werden die Einlaufvorgänge im rauschfreien Fall als gepunktete Linien gegenübergestellt. Erwartungsgemäß erhöht sich die Einstellgeschwindigkeit bei der größeren Schrittweite. Gleichzeitig verstärken sich jedoch die Schwankungen der Einlaufkurve; dieser Effekt wirkt sich unter Rauscheinfluß stärker aus als im rauschfreien Fall.

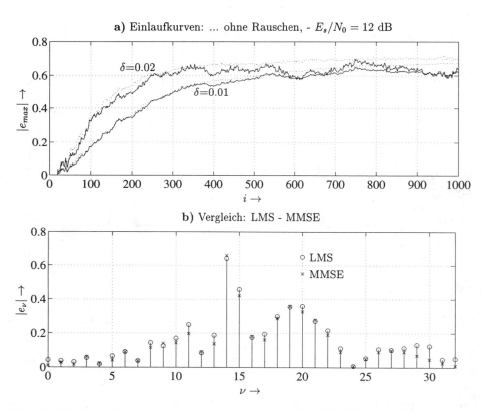

Bild 7.2.9: Adaptiver Entzerrer unter Rauscheinfluß ($E_s/N_0 = 12$ dB)
  a) Einlaufkurven des betragsmaximalen Entzerrerkoeffizienten
  b) Gegenüberstellung der idealen MMSE-Lösung und der adaptiven
     Einstellung ($\delta = 0.01$; $L_{\text{train}} = 1000$)

Aufgabenteil b)
Abschließend zeigt **Bild 7.2.9b** das Koeffizientenprofil nach erfolgter adaptiver Entzerrereinstellung. Als Kreuze sind hier die mittels `t_ez_entwurf` errechneten Werte der geschlossenen MMSE-Lösung eingetragen. Man sieht, daß beide Ergebnisse sehr gut übereinstimmen und bestätigt hiermit die auf Seite 281 getroffene Aussage, daß der LMS-Algorithmus gegen die MMSE-Lösung konvergiert.

7.3 Maximum-Likelihood-Schätzung von Datenfolgen

7.3.1 Forney-Empfänger

Die im vorangegangenen Abschnitt diskutierten Entzerrer sind suboptimal: Die linearen Strukturen versuchen, den Kanalfrequenzgang durch ein lineares Netzwerk auszugleichen, wobei im Falle stark selektiver Kanäle beträchtliche Verstärkungen an Stellen von Frequenzgang-Einbrüchen erfolgen. Damit ist eine Anhebung der Rauschstörung in diesen Bereichen und somit eine entsprechende Abnahme des Signal/Störverhältnisses verbunden. Beim nichtlinearen Decision-Feedback-Entzerrer tritt der genannte Rauschanhebungseffekt nicht ein; hier wird jedoch der SNR-Verlust dadurch hervorgerufen, daß infolge der Subtraktion der Nachschwinger nicht die volle empfangene Symbolenergie ausgenutzt wird. Schon bei einer aus zwei betragsmäßig gleichen Abtastwerten bestehenden Kanalimpulsantwort tritt ein Verlust von $E_s/N_0 = 3$ dB ein.

Im Jahre 1972 hat Forney in seiner klassischen Arbeit [For72] den idealen Empfänger unter frequenzselektiven Verhältnissen hergeleitet und gleichzeitig eine effiziente Struktur zu seiner Realisierung angegeben. Sie beruht auf dem Viterbi-Algorithmus, der zum damaligen Zeitpunkt bereits als Decoder für Faltungscodes bekannt war (siehe Abschnitt 8.6, Seite 388ff).

Zur Herleitung des Forney-Empfängers wird zunächst die Übertragung einer endlich langen Symbolfolge

$$d(0), d(1), \cdots, d(L-1) \quad \Rightarrow \quad \mathbf{d} = [d(0), \cdots, d(L-1)]^T \qquad (7.3.1)$$

angenommen. Die Impulsantwort des Sendefilters $g_S(t)$ und die Kanalimpulsantwort $h_K(t)$ werden zur Gesamtimpulsantwort $h_g(t)$ mit der endlichen Länge $n_c T/w$ zusammengefaßt.

$$h_g(t) = \begin{cases} g_S(t) * h_K(t) & \text{für } 0 \leq t \leq n_c T/w \\ 0 & \text{sonst} \end{cases} \qquad (7.3.2)$$

Nimmt man am Kanalausgang noch die Überlagerung einer weißen, gaußverteilten Rauschgröße $n_a(t)$ an[16], so erhält man nach der Abtastung mit $f_A = w/T$ das endliche Empfangssignal $s(kT/w)$, das auch als Vektor **s** geschrieben werden kann.

$$s(kT/w) = \begin{cases} \sum_{i=0}^{L-1} d(i) \cdot h_g((k-iw)T/w) + n_a(kT/w); & 0 \leq k \leq (L-1)w + n_c \\ 0 & \text{sonst} \end{cases}$$

$$\Rightarrow \mathbf{s} = \Big[s(0), s(T/w), \cdots, s\big([(L-1)w+n_c]T/w\big) \Big]^T \qquad (7.3.3)$$

Ausgangspunkt zur Herleitung des Forney-Empfängers ist die Maximierung der Wahrscheinlichkeit für die richtige Entscheidung über die gesendete Symbolfolge (*Maximum-Likelihood-Sequence-Estimation, MLSE*). Nimmt man für die Datensymbole ein $M-$stufiges Alphabet an, so existieren genau M^L verschiedene Symbolfolgen der Länge L. Wir gehen vom sogenannten MAP-Kriterium („Maximum a-posteriori") aus.

$$P\{\hat{\mathbf{d}} = \mathbf{d}_\ell | \mathbf{s}\} = \max_{(\ell)}, \quad 0 \leq \ell \leq M^L - 1; \qquad (7.3.4)$$

Unter endlich vielen möglichen Sendefolgen ist also die wahrscheinlichste auszuwählen – allerdings ist ihre Anzahl unter realistischen Datenblocklängen so hoch, daß etwa das „Durchspielen" aller Möglichkeiten unrealistisch ist. Die Herleitung des Forney-Empfängers aus (7.3.4) erfolgt durch Anwendung der Bayes-Regel. Ausführliche Darstellungen findet man in [Pro95, Kam96] oder in der Originalarbeit [For72] – hier sollen nur die Ergebnisse wiedergegeben und diskutiert werden. Unter der Voraussetzung, daß die Quellensymbole $d(i)$ gleiche a-priori-Wahrscheinlichkeiten aufweisen, das Kanalrauschen weiß und gaußverteilt ist und ein zeitinvarianter Kanal mit endlicher Impulsantwort vorliegt, hat der Forney-Empfänger die in **Bild 7.3.1a** gezeigte Struktur: Am Eingang des Empfängers liegt ein Filter mit der Impulsantwort

$$g_E(k) = h_g^*(-kT/w) = g_S^*(t) * h_K^*(t)|_{t=-kT/w}; \qquad (7.3.5)$$

es handelt sich also um ein *Matched Filter* , das sich auf das *Sendefilter und die Kanalimpulsantwort* bezieht. Da das ursprünglich weiße Kanalrauschen durch dieses Matched Filter im allgemeinen gefärbt wird, folgt nach der Reduktion der Abtastfrequenz auf den Symboltakt ein *Dekorrelationsfilter* mit der Impulsantwort $p(i)$, an dessen Ausgang das additive Rauschen wieder weiß ist. Faßt man alle

---

[16]Da hier gemessene Musterfunktionen betrachtet werden, schreiben wir kleine Buchstaben.

Filter des gesamten Übertragungssystems zu einem Symboltakt-Modellfilter mit der endlichen Impulsantwort

$$h(i) \triangleq \begin{cases} \left[[g_S(t) * h_K(t)]_{t=kT/w} * g_E(k) \right]_{k=iT} * p(i), & \text{für } 0 \le i \le n \\ 0 & \text{sonst} \end{cases} \qquad (7.3.6)$$

zusammen und berücksichtigt ferner, daß wegen der Dekorrelationseigenschaft von $p(i)$ das Kanalrauschen auch am Ausgang des Gesamtfilters als weiße, gaußverteilte Symboltaktrauschgröße $n(i)$ angebracht werden kann, so kommt man zum Symboltaktmodell in **Bild 7.3.1**.

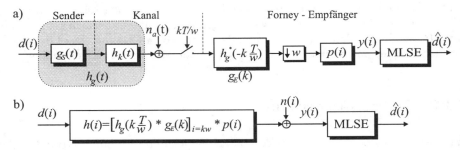

Bild 7.3.1: a) Gesamtes Übertragungssystem mit Forney-Empfänger
b) Symboltaktmodell des Übertragungssystems

Bevor der Block „MLSE" in **Bild 7.3.1** erläutert wird, soll eine kurze Anmerkung zur praktischen Umsetzung des Forney-Empfängers erfolgen. Die korrekte Erfüllung der Matched-Filter-Bedingung (7.3.5) setzt die Kenntnis der *hoch abgetasteten* Kanalimpulsantwort voraus. Dieses schwierige Schätzproblem wird in der Praxis i.a. dadurch umgangen, daß man ein zeitinvariantes Matched Filter vorsieht, das sich nur am Sende-Impulsformer orientiert, indem $\tilde{g}_E(k) = g_S(kT/w)$ gesetzt wird[17]. Ein zusätzlicher praktischer Vorteil besteht noch darin, daß so das Dekorrelationsfilter $p(i)$ eingespart werden kann, da das Kanalrauschen am Ausgang des Empfangsfilters mit Wurzel-Nyquist-Charakteristik nach der Symbolabtastung wieder weiß ist. Andererseits ist diese Lösung suboptimal, da die Kanalimpulsantwort hierbei unberücksichtigt bleibt – der damit verbundene S/N-Verlust wird wegen der erheblichen Vereinfachung der Empfängerstruktur meistens in Kauf genommen.

Das nach der Filterung gewonnene Symboltakt-Signal $y(i)$ wird der „MLSE"-Einheit zugeführt, in der die Entscheidung über die mit größter Wahrscheinlichkeit gesendete Datenfolge getroffen wird. In [Kam96] wird hergeleitet, daß zur

---

[17]Nach der allgemeinen Matched-Filter-Bedingung müßte es heißen $\tilde{g}_E(k) = g_S^*(-kT/w)$; da das Sendefilter jedoch i.a. reellwertig und seine Impulsantwort symmetrisch ist, können das Symbol „*" und die Zeitumkehr entfallen.

Erfüllung von (7.3.4) diejenige Folge $\hat{\mathbf{d}}_\ell$ auszuwählen ist, die nach Durchlaufen des rauschfreien Kanals die *geringste Euklidische Distanz zur aktuell empfangenen gestörten Folge* $y(i)$ aufweist.

$$\sum_{i=0}^{L+n} |y(i) - d_\ell(i) * h(i)|^2 = \min_{(\ell)}$$

$$\Rightarrow \quad ||\mathbf{y} - \mathbf{H}\,\mathbf{d}_\ell||^2 = \min_{(\ell)} \quad \textit{(MLSE)} \quad (7.3.7)$$

In der vektoriellen Darstellung bezeichnet $\mathbf{H}$ die $(L+n+1) \times L-$Faltungsmatrix der Kanalimpulsantwort (7.3.6). Man könnte zur Auswertung von (7.3.7) sämtliche Folgen $\mathbf{d}_\ell$ durchspielen, um die minimale Distanz zur Empfangsfolge zu ermitteln – jedoch übersteigt der Rechenaufwand aufgrund der außerordentlich großen Zahl von M^L möglichen Folgen sehr schnell alle praktikablen Grenzen. Die Lösung des Problems bietet der im nächsten Abschnitt behandelte Viterbi-Algorithmus.

7.3.2   Viterbi-Algorithmus

Wir gehen von dem im letzten Abschnitt hergeleiteten Symboltaktmodell des Übertragungssystems mit der endlichen Gesamtimpulsantwort

$$\mathbf{h} = [h(0),\, h(1) \cdots, h(n)]^T$$

aus. Das Modell wird in **Bild 7.3.2** für das Beispiel $n = 2$ wiedergegeben.

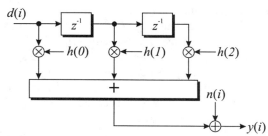

Bild 7.3.2: Symboltaktmodell zweiter Ordnung

Je nach Speicherinhalt kann ein solches System M^n Zustände einnehmen, wenn ein M-stufiges Symbolalphabet vorliegt – im Falle eines Systems zweiter Ordnung ergeben sich z.B. für BPSK die vier Zustände[18]:

$$S_0 = \{1, 1\};\ S_1 = \{1, -1\};\ S_2 = \{-1, 1\} \text{ und } S_3 = \{-1, -1\}.$$

---

[18]Innerhalb der geschweiften Klammern befinden sich von links nach rechts gelesen die Speicherinhalte gemäß **Bild 7.3.2**, also $\{d(i-1),\, d(i-2)\}$.

Der Übergang $S_\nu(i) \to S_\mu(i+1)$ richtet sich nach dem am Eingang des Kanals liegenden aktuellen Datum $d(i)$: Befindet sich das System nach **Bild 7.3.2** z.B. im Zustand $S_2 = \{-1,1\}$, so kann der Folgezustand nur $S_1 = \{1,-1\}$ (für $d(i) = 1$) oder $S_3 = \{-1,-1\}$ (für $d(i) = -1$) sein. Die zeitliche Folge von möglichen Zustandsübergängen stellt man anhand eines *Trellisdiagramms*[19] dar; **Bild 7.3.3** zeigt ein solches Trellisdiagramm für das Beispiel einer zweistufigen Übertragung ($M = 2$) über einen Kanal 2. Ordnung ($n = 2$).

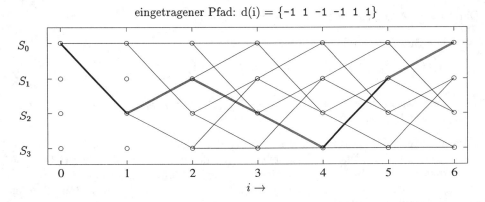

Bild 7.3.3: Trellisdiagramm für eine zweistufige Übertragung über einen Kanal zweiter Ordnung

Eingetragen ist hier ein spezieller Pfad, der – ausgehend vom Zustand S_0 – der Datensequenz $\{-1, 1, -1, -1, 1, 1\}$ entspricht. Die beiden letzten Daten $\{1, 1\}$ bewirken, daß der Pfad wieder im Zustand S_0 endet; man spricht dann von einem *terminierten Trellis*. Die Übergänge von den Zuständen ν nach μ, also die Trellis-Strukturen, werden anhand entsprechender Mengen-Zuordnungen $\nu \in \mathcal{S}(\mu)$ formuliert; für $n = 2$ gilt beispielsweise

$$
\begin{aligned}
\mathcal{S}(0) &= \{0,1\}, & \mathcal{S}(1) &= \{2,3\} \\
\mathcal{S}(2) &= \{0,1\}, & \mathcal{S}(3) &= \{2,3\}.
\end{aligned}
\tag{7.3.8}
$$

Die wesentlichen Kennzeichen eines Trellisdiagramms sind die Anzahl möglicher Zustände zu einem Zeitpunkt (*Trellistiefe* N_{Trellis}) und die Anzahl von Übergängen (*Transitionen* N_{Trans}) zwischen zwei Zeitpunkten.

$$
N_{\text{Trellis}} = M^n, \qquad N_{\text{Trans}} = M \cdot M^n = M^{n+1}
\tag{7.3.9}
$$

Die Anzahl aller möglichen Pfade eines terminierten Trellis ist wie bereits erwähnt M^L; es gilt, den günstigsten Pfad zu ermitteln, ohne sämtliche Möglichkeiten

---

[19]engl. trellis = Gitter, Netz

durchzuspielen. Als günstigster Pfad ist derjenige zu bezeichnen, für den der Ausdruck (7.3.7) minimal wird – wir wollen diesen Ausdruck mit *„Summenpfadkosten"* oder *„Summenmetrik"*

$$\Lambda_\ell = \sum_{i=0}^{L+n} |y(i) - d_\ell(i) * h(i)|^2 \qquad (7.3.10)$$

bezeichnen.

Der Viterbi-Algorithmus basiert auf zwei Kerngedanken:

- Die Summenpfadkosten lassen sich *rekursiv* berechnen.

$$\Lambda_\ell(i_0) = \sum_{i=0}^{i_0} |y(i) - d_\ell(i) * h(i)|^2 = \Lambda_\ell(i_0 - 1) + \underbrace{|y(i_0) - d_\ell(i) * h(i)|_{i_0}|^2}_{\lambda_\ell(i_0)}$$

  Den Anteil $\lambda_\ell(i_0)$ wollen wir als *inkrementelle Pfadkosten* oder *inkrementelle Metrik* bezeichnen.

- Während der rekursiven Berechnung der Pfadkosten läßt sich bereits der größte Teil der Pfade ausschließen: Auf jeden Zustand treffen M Pfade – von diesen „überlebt" nur ein einziger, nämlich der mit den geringsten Summenpfadkosten ("surviving path") , da alle anderen im weiteren Verlauf niemals mehr kleinere Pfadkosten erreichen können.

Die Berechnung der Summenpfadkosten geht nun auf folgende Weise vonstatten. Jeder Transition $\nu \to \mu$ im Trellisdiagramm entspricht ein bestimmtes Signalniveau $z_{\nu\mu}$ im ungestörten Zustand, das durch die Kanalimpulsantwort und das Symbolalphabet festgelegt ist. Tabelle 7.3.1 zeigt diese Signalniveaus für das Beispiel einer BPSK-Übertragung über einen Kanal zweiter Ordnung (**Bild 7.3.2**).

Tabelle 7.3.1: Ungestörte Signalniveaus, BPSK, $n = 2$

$S_\nu \to S_\mu$	$z_{\nu\mu}$	$S_\nu \to S_\mu$	$z_{\nu\mu}$
$S_0 \to S_0$	$h(0) + h(1) + h(2)$	$S_2 \to S_1$	$h(0) - h(1) + h(2)$
$S_0 \to S_2$	$-h(0) + h(1) + h(2)$	$S_2 \to S_3$	$-h(0) - h(1) + h(2)$
$S_1 \to S_0$	$h(0) + h(1) - h(2)$	$S_3 \to S_1$	$h(0) - h(1) - h(2)$
$S_1 \to S_2$	$-h(0) + h(1) - h(2)$	$S_3 \to S_3$	$-h(0) - h(1) - h(2)$

Die inkrementellen Pfadkosten ergeben sich aus den euklidischen Abständen dieser Werte zum aktuellen Empfangswert.

$$\lambda_{\nu\mu}(i) = |y(i) - z_{\nu\mu}|^2 \qquad (7.3.11)$$

Damit lautet die Rechenvorschrift zur Aktualisierung der Summenpfadkosten für den Zustand S_μ zum Zeitpunkt i und die Auswahl des überlebenden Pfades

$$\Lambda_\mu(i) = \min_{\nu \in \mathcal{S}(\mu)} \{\Lambda_\nu(i-1) + \lambda_{\nu\mu}(i)\}, \qquad (7.3.12)$$

wobei die Indizes der vorangegangenen Zustände ν sich aus den Trellis-spezifischen Mengendefinitionen – für $n = 2$ z.B. (7.3.8) – ergeben. Zur Veranschaulichung des Viterbi-Algorithmus wird ein einfaches Beispiel durchgerechnet.

- **Beispiel**

  Eine Quelle gibt die Daten $d(i) \in \{1, -1\}$ ab. Es folgt eine *duobinäre* Partial-Response-Codierung (ohne Vorcodierung) – die Symboltakt-Impulsantwort des gesamten Übertragungssystems ist damit $\mathbf{h} = [1\ 1]^T$. Die empfangene Symbolfolge lautet $\mathbf{y} = [0.4\ -1.2\ -0.3\ 2.4]^T$.

  Die wahrscheinlichste gesendete Folge soll mit Hilfe des Viterbi-Algorithmus ermittelt werden. Dabei wird angenommen, daß sich zu Beginn und am Ende der Übertragung eine „1" im Speicher des PR-Coders befindet (Zustand S_0). Das zugehörige Trellisdiagramm ist in **Bild 7.3.4** dargestellt.

  Die möglichen Werte der ungestörten Partial-Response-Folge sind in Tabelle 7.3.2 zusammengestellt und den Transitionen im Trellisdiagramm zugeordnet.

Tabelle 7.3.2: Ungestörte Signalwerte

Trans.	$S_0 \to S_0$	$S_0 \to S_1$	$S_1 \to S_0$	$S_1 \to S_1$
$z_{\nu\mu}$	$h_0 + h_1 = 2$	$-h_0 + h_1 = 0$	$h_0 - h_1 = 0$	$-h_0 - h_1 = -2$

Die inkrementellen Pfadkosten errechnen sich nach der Vorschrift (7.3.11); sie sind für die aktuell empfangene Folge $\mathbf{y}$ in der Tabelle 7.3.3 aufgeführt.

Tabelle 7.3.3: Inkrementelle Pfadkosten

	$y = 0.4$	-1.2	-0.3	2.4
$S_0 \to S_0$	$\|2 - 0.4\|^2 = 2.56$	$\|2 + 1.2\|^2 = 10.24$	5.29	0.16
$S_{0,1} \to S_{1,0}$	$\|0 - 0.4\|^2 = 0.16$	$\|0 + 1.2\|^2 = 1.44$	0.09	5.76
$S_1 \to S_1$	$-$	$\|-2 + 1.2\|^2 = 0.64$	2.89	$-$

Mit diesen Daten läßt sich nun der Viterbi-Algorithmus durchführen; **Bild 7.3.4** macht dies deutlich: Die aufgrund höherer Summenpfadkosten absterbenden Pfade sind gestrichelt gezeichnet, die überlebenden mit durchgezogenen Linien. Da definierte Anfangs- und Endzustände festgelegt wurden (terminierter Trellis) müssen im ersten und letzten Schritt nicht alle Übergänge verfolgt werden; nur im eingeschwungenen Zustand zwischen $i = 1$ und $i = 3$ sind alle Übergänge möglich. Aufgrund definierter Anfangs- und Endzustände bleibt am Schluß nur *ein* überlebender Pfad übrig, der in Bild 7.3.4 fett hervorgehoben ist. Bei terminierten Trellisdiagrammen führt der MLSE-Algorithmus also zu einer *eindeutigen Lösung*[20]. In praktischen TDMA-Systemen („Time Division Multiple Access"), die im Burst-Betrieb arbeiten, (z.B. bei GSM) werden aus diesem Grunde am Anfang und am Ende eines jeden Datenburst sogenannte *Tailbits* vorgesehen. Die Anzahl dieser Tailbits sollte der Kanalordnung n entsprechen, um eindeutige Anfangs- und Endzustände zu garantieren.

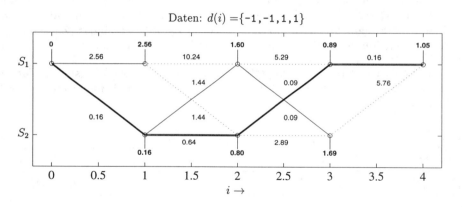

Bild 7.3.4: Trellisdiagramm für den Duobinärcode

Im Falle kontinuierlicher Datenübertragung ohne Burst-Strukturierung müssen im laufenden Betrieb Entscheidungen getroffen werden, ohne daß von einer Trellis-Terminierung Gebrauch gemacht werden kann. Hier stützt man sich auf die Beobachtung, daß sich vom aktuellen Zeitpunkt $i = i_0$ aus rückblickend alle Pfade in $i = i_0 - i_v$ vereinigt haben – eine Vereinigung der Pfade erlaubt aber eine eindeutige Entscheidung über die Maximum-Likelihood-Sequenz. Als Erfahrungswert für die Pfadvereinigungs-Verzögerung gilt

$$i_v \geq 5 \cdot n \qquad (5 \times \text{Kanalgedächtnis}). \qquad (7.3.13)$$

---

[20] Dies gilt unter der Voraussetzung, daß nicht zwei identische Summenpfadkosten an einem Knoten auftreten – ist dies der Fall, so ergeht eine Zufallsentscheidung.

Die Viterbi-Detektion ist also mit einer *Entscheidungsverzögerung* verbunden. Bei verschiedenen Regelalgorithmen, z.B. bei der entscheidungsrückgekoppelten Trägerregelung oder Kanalschätzung, bereitet diese Verzögerung Probleme. Die Eigenschaft der Pfadvereinigung kann anhand der unter Aufgabe 7.3.1 durchgeführten Experimente beobachtet werden.

7.3.3 Fehlerverhalten des Viterbi-Entzerrers

Der MLSE-Algorithmus detektiert die *mit größter Wahrscheinlichkeit* gesendete Datensequenz – dies besagt jedoch nicht, daß damit auch in jedem Falle die wahre Sendefolge getroffen wird. Ein Fehlerereignis bedeutet beim Viterbi-Entzerrer eine Abweichung des detektierten vom wahren Pfad im Trellisdiagramm – eine solche Pfadabweichung zieht sich im allgemeinen über mehrere Symbole hin: *Typisch für den Viterbi-Entzerrer sind also Bündelfehler.* In **Bild 7.3.5** wird ein solches Fehlerereignis demonstriert. Zwischen den Zeitpunkten $i = 1$ und $i = 5$ liegt eine Pfadabweichung vor. Die zum wahren (dicke durchgezogene Linie) und zum falsch entschiedenen Pfad (gestrichelte dicke Linie) gehörigen Datensequenzen sind

$$\mathbf{d} = \{-1, 1, -1, -1, 1, 1. -1\} \quad \text{und} \quad \hat{\mathbf{d}} = \{-1, -1, 1, -1, -1, 1, -1\}.$$

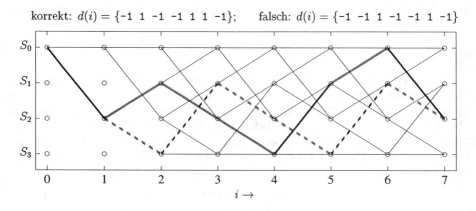

Bild 7.3.5: Fehler-Ereignis im Trellisdiagramm

Die Differenz zwischen den beiden Vektoren ist also

$$\mathbf{d} - \hat{\mathbf{d}} = [0 \ \underbrace{2 \ -2 \ 0 \ 2}_{\triangleq \, 2 \cdot \mathbf{e}} \ 0 \ 0]^T;$$

sie ist zu den Zeitpunkten $i = 1$, also zu Beginn der Pfadabweichung, und $i = 4$, d.h. drei Intervalle vor der Pfadvereinigung, verschieden von Null. Zur Beschreibung eines Fehlerereignisses bei der Viterbi-Detektion definieren wir einen Fehlervektor der Länge L_e

$$\mathbf{e} = \left[e_0, e_1, \cdots, e_{L_e-1}\right]^T, \quad \text{mit } e_\nu = \frac{1}{d_{\min}}(d(i_0 + \nu) - \hat{d}(i_0 + \nu)), \qquad (7.3.14)$$

wobei i_0 den Beginn eines Fehlerereignisses kennzeichnet – das Ende des Fehlerereignisses, d.h. die Pfadvereinigung, ergibt sich dann bei $i_0 + L_e + n$. Die Größe $d_{\min}$ bezeichnet den durch das Signalalphabet vorgegebenen minimalen Abstandsbetrag zwischen zwei Symbolen, bei BPSK gilt also $d_{\min} = 2$. Fehlervektoren haben folgende Eigenschaften:

- Erstes und letztes Element des Fehlervektors sind ungleich null.

- Alle dazwischen liegenden Elemente können 0 oder ≥ 1 bzw. ≤ -1 sein.

- Der Wertevorrat der Fehlervektor-Elemente ergibt sich aus der jeweiligen Modulationsart; Tabelle 7.3.4 zeigt das Beispiel QPSK.

Die Symbolfehlerwahrscheinlichkeit für einen Viterbi-Entzerrer wird neben der Originalarbeit [For72] z.B. in [Pro95] und [Kam96] hergeleitet. Hier sollen nur die Ergebnisse wiedergegeben und eingehend interpretiert werden; in der Nomenklatur folgen wir [Kam96]. Die Symbolfehlerwahrscheinlichkeit ist von der Form

$$P_s = \frac{1}{2} \sum_{\mathbf{e}} K(\mathbf{e}) \cdot \text{erfc}\left(\frac{d_{\min}}{2} \frac{\gamma(\mathbf{e})}{\sigma_N}\right); \qquad (7.3.15)$$

es wird über alle möglichen Fehlervektoren summiert. Der Vorfaktor $K(\mathbf{e})$ enthält die quellenseitige a-priori-Wahrscheinlichkeit für das Auftreten des Fehlervektors $\mathbf{e}$, σ_N^2 ist die Leistung des weißen Rauschens am Eingang des Viterbi-Detektors. Entscheidend für die Fehlerwahrscheinlichkeit ist die im Argument der erfc-Funktion stehende Größe $\gamma(\mathbf{e})$ – ist diese kleiner als eins, so bewirkt sie einen entsprechenden SNR-Verlust. Für eine vorgegebene Kanalimpulsantwort[21] $\mathbf{h}$ der Länge $n + 1$ mit der $(L_e + n) \times L_e$-dimensionalen Faltungsmatrix $\mathbf{H}$ berechnet sie sich aus

$$\gamma^2(\mathbf{e}) = \mathbf{e}^H \mathbf{H}^H \mathbf{H} \, \mathbf{e}. \qquad (7.3.16)$$

Eine stark vereinfachte Form gewinnt man, indem in (7.3.15) nur Summenglieder mit denjenigen Fehlervektoren berücksichtigt werden, die zum *minimalen Wert für* $\gamma(\mathbf{e})$ führen, da diese wegen des steilen Abfalls der erfc-Funktion die Summe stark majorisieren. Damit lautet die Formulierung der Symbolfehlerwahrscheinlichkeit

$$P_s \approx \frac{1}{2} K(\mathbf{e}|\gamma_{\min}) \cdot \text{erfc}\left(\frac{d_{\min}}{2} \frac{\gamma_{\min}}{\sigma_N}\right). \qquad (7.3.17)$$

Für den Vorfaktor gilt hier die Formel

$$K(\mathbf{e}|\gamma_{\min}) = \sum_{\mathbf{e}|\gamma_{\min}} \left(w(\mathbf{e}) \cdot \prod_{\nu=0}^{L_e-1} \left(\frac{m(e_\nu)}{M} \right) \right). \tag{7.3.18}$$

Die verschiedenen Größen haben folgende Bedeutungen:

- $w(\mathbf{e})$ ist die Anzahl nicht verschwindender Elemente des Fehlervektors, also die Anzahl der Symbolfehler (*Hamming-Gewicht*).

- $m(e_\nu)$ ist die Anzahl von Symbolen aus dem Symbolalphabet, die auf den Fehler e_ν führen können; z.B. gilt gemäß Tabelle 7.3.4 bei QPSK: $m(1) = m(-1) = m(j) = m(-j) = 2$ und $m(1+j) = \cdots = m(-1-j) = 1$. Es gilt grundsätzlich $m(0) = M$, da jedes Symbol auf den Fehler null führen kann.

Tabelle 7.3.4: Fehlervektor-Elemente bei QPSK ($\lambda = \pi/4$)

$d(i_0 + \nu)$	$\hat{d}(i_0 + \nu)$	e_ν	$d(i_0 + \nu)$	$\hat{d}(i_0 + \nu)$	e_ν
$1+j$	$-1+j$	1	$-1-j$	$1-j$	-1
	$-1-j$	$1+j$		$1+j$	$-1-j$
	$1-j$	j		$-1+j$	$-j$
$-1+j$	$-1-j$	j	$1-j$	$1+j$	$-j$
	$1-j$	$-1+j$		$-1+j$	$1-j$
	$1+j$	-1		$-1-j$	1

Das Argument der erfc-Funktion läßt sich bei vorgegebener Modulationsform auf das E_b/N_0-Maß umrechnen[21]; für M-stufige PSK gilt z.B.

$$P_s \approx \frac{1}{2} K(\mathbf{e}|\gamma_{\min}) \cdot \mathrm{erfc} \left(\sqrt{\mathrm{ld}(M) \frac{E_b}{N_0} \gamma_{\min}^2} \cdot \sin\left(\frac{\pi}{M}\right) \right). \tag{7.3.19}$$

Die Schlüsselrolle für das Fehlerverhalten kommt der Größe $\gamma_{\min}^2$ zu, die den SNR-Verlust gegenüber einer AWGN-Übertragung beinhaltet; man gewinnt sie aus der Beziehung

$$\gamma_{\min}^2 = \min_{(\mathbf{e})} \{\mathbf{e}^H \mathbf{H}^H \mathbf{H}\, \mathbf{e}\}. \tag{7.3.20}$$

---

[21] Im folgenden wird stets angenommen, daß die Kanalimpulsantwort auf die Energie eins normiert ist.

Zur praktischen Lösung dieser Minimierungsaufgabe werden alle möglichen Fehlervektoren unter Vorgabe einer maximalen Länge durchgespielt, wobei diese Länge in Hinblick auf den Rechenaufwand in Grenzen bleiben muß. In der Routine `viterbi_fehlervec` erfolgt dies für QPSK bei Fehlervektoren zur maximalen Länge $L_e = 3$; die Kanalimpulsantwort kann dabei beliebig vorgegeben werden.

In Abhängigkeit von der jeweiligen Kanalimpulsantwort ergeben sich spezifische Werte für $\gamma_{\min}^2$ und damit verknüpfte spezifische Fehlervektoren.

- *Der SNR-Verlust des Viterbi-Entzerrers ist also von der Kanalimpulsantwort abhängig.*

In der Literatur wurden in diesem Zusammenhang für die verschiedenen Modulationsverfahren *„Worst-Case-Kanäle"*, d.h. solche mit maximalem SNR-Verlust, angegeben. So führt nach [Pro95] bei BPSK die reelle Kanalimpulsantwort zweiter Ordnung

$$\mathbf{h}_1 = \frac{1}{2}[1,\ \pm\sqrt{2},\ 1]^T \qquad (Worst\text{-}Case\text{-}Kanal\ 1) \qquad (7.3.21)$$

zu $\gamma_{\min}^2 = 2 - \sqrt{2}$, d.h. zu einem SNR-Verlust gegenüber der AWGN-Übertragung von 2.3 dB. Solche Kanäle bewirken das dominierende Auftreten von Fehlervektoren der Länge zwei, also $\mathbf{e} = [\pm 1,\ \pm 1]^T$.

In [Kam96] werden für QPSK als Worst-Case-Kanäle zweiter Ordnung die Impulsantworten

$$
\begin{aligned}
\mathbf{h}_2^{(1)} &= [\alpha,\ \pm\beta(1+j),\ j\alpha]^T \\
\mathbf{h}_2^{(2)} &= [\alpha,\ \pm\beta(1-j),\ -j\alpha]^T, \qquad \alpha = 0.4680,\ \beta = 0.5301 \quad (7.3.22)
\end{aligned}
$$

hergeleitet. Die dabei auftretenden Fehlervektoren sind von der Form

$$
\begin{aligned}
\mathbf{e}^{(1)} &= A\cdot[1,\ \pm(1+j),\ j]^T \\
\mathbf{e}^{(2)} &= A\cdot[1,\ \pm(1-j),\ -j]^T, \qquad A\in\{\pm 1,\ \pm j\}, \qquad (7.3.23)
\end{aligned}
$$

wobei $\gamma_{\min}^2 = 0.4689$ gilt, d.h. ein SNR-Verlust von 3.3 dB entsteht.

7.3.4 Übungen

Aufgabe 7.3.1

Demonstration eines Viterbi-Entzerrers
(Lösungen werden nicht wiedergegeben)

Zur Demonstration des Viterbi-Entzerrers steht das Programm `viterbi_demo` zur Verfügung, das auf die Routine `viterbi_entzerrer` zugreift. Der Leser ist aufgefordert, verschiedene Experimente durchzuführen, um sich die Arbeitsweise des Viterbi-Algorithmus zu veranschaulichen. Dabei sollte das Augenmerk auf folgende Gesichtspunkte gerichtet werden:

- Überleben und Absterben von Pfaden anhand der eingetragenen Summenpfadkosten

- Fehlerereignisse unter verschiedenen E_b/N_0-Werten; Länge der Pfadabweichung (wahrer Pfad ist rot eingetragen)

- Unterschied zwischen terminiertem und nicht terminiertem Trellis

- Länge der Pfadvereinigungs-Verzögerung (Überprüfung von (7.3.13))

- Untersuchung der angegebenen Worst-Case-Kanäle

| Aufgabe 7.3.2 | **Fehleranalyse des Viterbi-Entzerrers** (Lösung Seite 302) |

a) Für die Worst-Case-Kanäle (7.3.21) und (7.3.22) sind für eine QPSK-Übertragung die Werte $\gamma_{\min}$ und die gehörigen Fehlervektoren mit Hilfe der Routine `viterbi_fehlervec` zu ermitteln und mit den Angaben auf Seite 300 zu vergleichen.

b) Berechnen Sie für die beiden Worst-Case-Kanäle die Vorfaktoren $K(\mathbf{e}|\gamma_{\min})$ gemäß (7.3.18). Berechnen Sie die Symbolfehlerwahrscheinlichkeiten und stellen Sie sie in einer Graphik der AWGN-Kurve gegenüber.

c) Berechnen Sie für die Worst-Case-Kanäle die *Bit*fehlerwahrscheinlichkeit auf der Basis des jeweils am häufigsten auftretenden Fehlervektors (die Quelle sei Gray-codiert).

| Aufgabe 7.3.3 | **Simulation eines Viterbi-Entzerrers** (Lösung Seite 304) |

a) Simulieren Sie eine Viterbi-Entzerrung bei einer QPSK-Übertragung über die Worst-Case-Kanäle (7.3.21) und (7.3.22) – benutzen Sie hierzu die Routine `viterbi_sim`. Entnehmen Sie aus der errechneten Differenz $[\mathbf{d} - \hat{\mathbf{d}}]/d_{\min}$ typische Fehlervektoren und vergleichen Sie sie mit den theoretischen Ergebnissen aus der vorigen Aufgabe.

b) Bestimmen Sie für die E_b/N_0-Verhältnisse $4, 6, \cdots 12$ dB die Symbolfehler-
raten und tragen Sie sie in das Diagramm unter Aufgabe 7.3.2 ein.

Lösung Aufgabe 7.3.2

Aufgabenteil a)
Die mit Hilfe von `viterbi_fehlervec` berechneten Fehlervektoren, SNR-Verluste
und ihre Zuordnung zu den Worst-Case-Kanälen sind in Tabelle 7.3.5 zusammengestellt.

Tabelle 7.3.5: Fehlervektoren, SNR-Verluste ($\alpha = 0.4680$, $\beta = 0.5301$)

Nr.	Kanal: $\mathbf{h}$	$\mathbf{e}$ mit $A\in\{\pm1, \pm j\}$	$\gamma^2_{\min}$	SNR-Verlust
1	$\frac{1}{2}[1, \sqrt{2}, 1]^T$	$A \cdot [1, -1]^T$	0.5858	2.3 dB
2	$\frac{1}{2}[1, -\sqrt{2}, 1]^T$	$A \cdot [1, 1]^T$	0.5858	2.3 dB
3	$[\alpha, \beta(1+j), \alpha j]^T$	$A \cdot [1, -(1+j), j]^T$	0.4689	3.3 dB
4	$[\alpha, -\beta(1+j), \alpha j]^T$	$A \cdot [1, (1+j), j]^T$	0.4689	3.3 dB
5	$[\alpha, \beta(1-j), -\alpha j]^T$	$A \cdot [1, -(1-j), -j]^T$	0.4689	3.3 dB
6	$[\alpha, -\beta(1-j), -\alpha j]^T$	$A \cdot [1, (1-j), -j]^T$	0.4689	3.3 dB

Aufgabenteil b)
Die Fehlervektoren Nr. 1 und 2 in Tabelle 7.3.5 haben zwei nicht verschwindende
Elemente und somit das Hamming-Gewicht $w(\mathbf{e}) = 2$. Ferner gilt $m(\pm1) = 2$, so
daß man mit (7.3.18) erhält

$$K(\mathbf{e}|\gamma_{\min}) = \sum_{\mathbf{e}_{1\ldots4}} 2 \cdot \frac{2}{4}\frac{2}{4} = 4 \cdot \frac{1}{2} = 2. \qquad (7.3.24)$$

Für die Fehlervektoren 3–6 gilt jeweils $w(\mathbf{e}) = 3$ sowie $m(\pm1) = m(\pm j) = 2$ und
$m(\pm1 \pm j) = 1$, so daß folgt

$$K(\mathbf{e}|\gamma_{\min}) = \sum_{\mathbf{e}_{1\ldots4}} 3 \cdot \frac{2}{4}\frac{1}{4}\frac{2}{4} = 4 \cdot \frac{3}{16} = \frac{3}{4}. \qquad (7.3.25)$$

Für die Symbolfehlerwahrscheinlichkeiten folgt damit aus (7.3.19)

$$P_s|_{\text{wc1}} \approx \text{erfc}\left(\sqrt{0.5858 \cdot \frac{E_b}{N_0}}\right) \quad (\textit{Worst-Case 1, QPSK})$$

$$P_s|_{\text{wc2}} \approx \frac{3}{8} \cdot \text{erfc}\left(\sqrt{0.4689 \cdot \frac{E_b}{N_0}}\right) \quad (\textit{Worst-Case 2, QPSK}). \quad (7.3.26)$$

Die Symbolfehlerwahrscheinlichkeiten für die beiden Worst-Case-Kanäle sind in **Bild 7.3.6** der AWGN-Kurve gegenübergestellt. Man kann hier die in Tabelle 7.3.5 aufgeführten theoretischen Werte für die SNR-Verluste ablesen. Die weiterhin eingetragenen Simulationsergebnisse entstammen der Lösung der nachfolgenden Aufgabe.

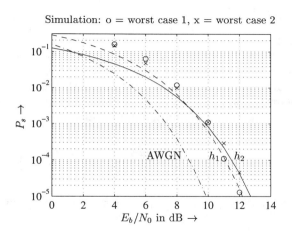

Bild 7.3.6: Symbolfehler-Wahrscheinlichkeiten der beiden Worst-Case-Kanäle, QPSK

Aufgabenteil c)

Die dominierenden Fehlervektoren im Falle des Worst-Case-Kanals 1 bestehen aus den Elementen ± 1 oder $\pm j$. Dies bedeutet, daß Fehlentscheidungen nur auf benachbarte Symbole führen; wegen der vorausgesetzten Gray-Codierung ist daher mit jedem Symbolfehler *ein* Bitfehler verbunden. Demgegenüber enthalten die Fehlervektoren im Falle des Worst-Case-Kanals 2 neben ± 1 und $\pm j$ auch die Werte $1 \pm j$. Von den drei Symbolfehlern eines Fehlerereignisses führen also nur zwei auf benachbarte Symbole, während einer eine „diagonale" Fehlentscheidung darstellt – bezüglich des mittleren Symbolfehlers bringt die Gray-Codierung also keinen Vorteil. Jeweils 3 Symbolfehler beinhalten also 4 Bitfehler. Die Bitfehlerwahrscheinlichkeiten lauten für die beiden Fälle

$$P_b|_{\text{wc1}} = \frac{1}{2} P_s|_{\text{wc1}} \approx \frac{1}{2} \operatorname{erfc}\left(\sqrt{0.5858 \cdot \frac{E_b}{N_0}}\right)$$

$$P_b|_{\text{wc2}} = \frac{1}{2} \cdot \frac{4}{3} \cdot P_s|_{\text{wc2}} \approx \frac{1}{4} \cdot \operatorname{erfc}\left(\sqrt{0.4689 \cdot \frac{E_b}{N_0}}\right). \qquad (7.3.27)$$

Lösung Aufgabe 7.3.3

Aufgabenteil a)

Das Programm `viterbi_sim` gibt die Differenz zwischen der wahren und der durch den Viterbi-Entzerrer detektierten Symbolsequenz aus, in der die aufgetretenen Fehlervektoren enthalten sind. Die Beobachtung zeigt, daß neben den gemäß Tabelle 7.3.5 zu erwartenden Fehlervektoren auch noch weitere auftreten. Für den Worst-Case-Kanal 1 mit $\mathbf{h}_1 = \frac{1}{2}[1,\ \sqrt{2},\ 1]^T$ sind dies

$$\mathbf{e} = A \cdot [1,\ -1,\ 1] \text{ und } \pm[1], \quad A\in\{\pm1,\ \pm j\},$$

beim Worst-Case-Kanal 2 mit $\mathbf{h}_2 = [0.4680,\ 0.5301(1+j),\ 0.4680j]^T$ erhält man

$$\mathbf{e} = A \cdot [1,\ -1],\quad A \cdot [1,\ -j] \text{ und } A \cdot [1].$$

Es sind dies die nach den $\gamma_{\min}$-Fehlervektoren nächst wahrscheinlichen, was man leicht mit Hilfe von `viterbi_fehlervec` überprüft. Sie treten umso häufiger auf, je geringer das E_b/N_0-Verhältnis ist.

Aufgabenteil b)

Die aus der Simulation gewonnenen Werte für die Symbolfehlerrate sind in **Bild 7.3.6** eingetragen. Sie stimmen für E_b/N_0-Werte oberhalb von 10 dB recht genau mit der theoretischen Fehlerabschätzung überein, während bei geringem E_b/N_0 die Fehlerabschätzung zu kleine Werte für die Fehlerwahrscheinlichkeit liefert. Dies ist damit zu erklären, daß die in der Abschätzung vernachlässigten Fehlervektoren mit $\gamma > \gamma_{\min}$ bei geringer werdendem E_b/N_0 immer häufiger auftreten.

7.4   Kanalschätzung

7.4.1   Least-Squares-Lösung

Die im vorangegangenen Abschnitt besprochene Methode der Viterbi-Entzerrung erfordert die Kenntnis der Kanalimpulsantwort $h(0), \cdots, h(n)$. Da diese sich im Laufe der Übertragung z.B. infolge von Doppler-Einflüssen verändern kann, wird sie in gewissen Zeitabständen geschätzt. Hierzu werden – vergleichbar dem Verfahren der adaptiven Entzerrung in Abschnitt 7.2 – geeignete Trainingssequenzen übertragen, die am Empfänger bekannt sind. Grundlage zur Kanalschätzung ist das Symboltaktmodell des Übertragungssystems nach Bild 7.3.1 auf Seite 291. Beobachtet man das Empfangssignal $y(i)$ über einen Zeitraum $i = i_0, \cdots, i_0 + L - 1$, so kann man das folgende Gleichungssystem aufstellen (ohne Beschränkung der Allgemeinheit wird hier $i_0 = 0$ gesetzt):

$$
\begin{aligned}
h(0)\, d_{\mathrm{ref}}(0) &+ \cdots + & h(n)\, d_{\mathrm{ref}}(-n) &+ & n(0) &= & y(0) \\
h(0)\, d_{\mathrm{ref}}(1) &+ \cdots + & h(n)\, d_{\mathrm{ref}}(1 - n) &+ & n(1) &= & y(1) \\
\vdots \quad\quad && \vdots \quad\quad & & \vdots & & \vdots \\
h(0)\, d_{\mathrm{ref}}(L - 1) &+ \cdots + & h(n)\, d_{\mathrm{ref}}(L - 1 - n) &+ & n(L - 1) &= & y(L - 1).
\end{aligned}
$$

$$(7.4.1)$$

Hier sind die Daten $d_{\mathrm{ref}}(-n), \cdots, d_{\mathrm{ref}}(L - 1)$ als bekannt anzunehmen (Trainingssequenz), während die Werte der Kanalimpulsantwort $h(0), \cdots, h(n)$ zu schätzen sind; $n(i)$ stellt eine Musterfunktion des gaußverteilten, weißen Kanalrauschens dar. Es wird angenommen, daß die maximale Kanalordnung n bekannt ist.

Definiert man die $L \times (n + 1)$-Datenmatrix

$$
\mathbf{D} = \begin{pmatrix}
d_{\mathrm{ref}}(0) & d_{\mathrm{ref}}(-1) & \cdots & d_{\mathrm{ref}}(-n) \\
d_{\mathrm{ref}}(1) & d_{\mathrm{ref}}(0) & \cdots & d_{\mathrm{ref}}(1 - n) \\
\vdots & & \ddots & \vdots \\
d_{\mathrm{ref}}(n) & \cdots & & d_{\mathrm{ref}}(0) \\
\vdots & & & \vdots \\
d_{\mathrm{ref}}(L - 1) & \cdots & & d_{\mathrm{ref}}(L - 1 - n)
\end{pmatrix}
$$

$$(7.4.2)$$

und die Vektoren

$$
\mathbf{h} = [h(0),\, h(1), \cdots, h(n)]^T
$$

$$(7.4.3)$$

$$\mathbf{y} = [y(0),\, y(1), \cdots, y(L-1)]^T \qquad (7.4.4)$$

$$\mathbf{n} = [n(0),\, n(1), \cdots, n(L-1)]^T, \qquad (7.4.5)$$

so läßt sich (7.4.1) kompakt formulieren.

$$\mathbf{y} = \mathbf{D} \cdot \mathbf{h} + \mathbf{n} \qquad (7.4.6)$$

Dieses Gleichungssystem ist für $L > n + 1$ überbestimmt – für eine gaußverteilte, weiße Störung $\mathbf{n}$ erhält man eine optimale Schätzung $\hat{\mathbf{h}}$ aus der Minimierung des Ausdrucks $\|\mathbf{D} \cdot \hat{\mathbf{h}} - \mathbf{y}\|^2$, woraus nach den Betrachtungen auf Seite 266 über die Pseudoinverse die geschlossene Lösung

$$\hat{\mathbf{h}} = \mathbf{D}^+ \mathbf{y} = (\mathbf{D}^H \mathbf{D})^{-1} \mathbf{D}^H \mathbf{y} \qquad (7.4.7)$$

gewonnen wird. Da die benutzte Trainingssequenz bekannt ist, kann die Matrix $(\mathbf{D}^H \mathbf{D})^{-1} \mathbf{D}^H$ vorab berechnet werden; zur Ausführung von (7.4.7) ist dann lediglich eine Matrix×Vektor-Multiplikation, keine Matrix-Inversion, erforderlich.

Orthogonale Folgen. Eine besonders einfache Lösung bekommt man, wenn die Trainingssequenz gezielt so gewählt wird, daß die auf L normierte Datenmatrix unitär ist, d.h. $\frac{1}{L} \mathbf{D}^H \mathbf{D} = \mathbf{I}$. Folgen, die diese Bedingung erfüllen, nennt man *orthogonale Folgen*. Damit vereinfacht sich (7.4.7) auf

$$\hat{\mathbf{h}} = \frac{1}{L} \mathbf{D}^H \mathbf{y} \quad \Rightarrow \quad \hat{h}(i) = \frac{1}{L} \sum_{\ell=0}^{L-1} d^*(\ell - i)\, y(\ell) = \hat{r}_{DY}(i). \qquad (7.4.8)$$

Insbesondere an der komponentenweisen Rechenvorschrift erkennt man, daß hier lediglich eine Korrelation durchzuführen ist. Dabei sind hier bei einfachen Datenalphabeten wie z.B. $d(i) \in \{-1, 1\}$ keine Multiplikationen sondern lediglich Additionen und Subtraktionen auszuführen – bei der Ausführung der allgemeinen Least-Squares-Lösung (7.4.7) etwa unter Verwendung von beliebigen Pseudo-Random-Folgen ist dies nicht der Fall.

Blinde Kanalschätzung. Seit einigen Jahren richtet sich das Interesse auch auf Verfahren zur *blinden Kanalschätzung* und *blinden Entzerrung* – damit werden adaptive Systeme bezeichnet, die ohne eine Trainingssequenz auskommen. Die vollständige Kanalinformation ist also allein vom Empfangssignal abzuleiten; es werden ausschließlich *statistische* Eigenschaften des Sendesignals ausgenutzt. Prinzipiell existieren drei Möglichkeiten zur blinden Kanalidentifikation: die Verwendung von *Statistik höherer Ordnung* (Higher Order Statistics, HOS), die Mehrfachabtastung des Empfangssignals (Fractional-Tap-Spacing, FTS), womit die Zyklostationarität ausgenutzt werden kann, und der Einsatz mehrerer Antennen – in den beiden letztgenannten Fällen wird Statistik *zweiter* Ordnung verwendet. In [BPK98] und [Bos99] wurden blinde Kanalschätzungs-Algorithmen unter GSM-Bedingungen erprobt; die Einsparung der 26-bit-Midamble führt in dem Falle zu einer Verbesserung des E_b/N_0-Verhältnisses von ca. 1 dB. An dieser Stelle wird auf die blinden Verfahren nicht näher eingegangen.

7.4.2 GSM-Kanalschätzung

Eine praktische Anwendung der im letzten Abschnitt erläuterten Least-Squares-Kanalschätzung findet man im bekannten GSM-Standard. Dieses zellulare Mobilfunknetz sieht eine Mischform zwischen Frequenzmultiplex (FDMA, Frequency Division Multiple Access) und Zeitmultiplex (TDMA, Time Division Multiple Access) vor: Das gesamte Frequenzband der Breite 25 MHz wird zunächst in einzelne Trägerfrequenz(TF)-Kanäle von je 200 kHz Bandbreite zerlegt. In jedem dieser TF-Kanäle wird dann im TDMA-Modus auf acht Teilnehmersignale zugegriffen. Einige wichtige Parameter des GSM-Systems sind in Tabelle 7.4.1 aufgeführt.

Tabelle 7.4.1: Parameter von GSM-900 und GSM-1800

	GSM-900	GSM-1800
Frequenzbereich Uplink	890 $\cdots$ 915 MHz	1710 $\cdots$ 1785 MHz
Frequenzbereich Downlink	935 $\cdots$ 960 MHz	1805 $\cdots$ 1880 MHz
TF-Kanäle pro Richtung	124	374
Sprachkanäle pro Richtung	992	2976
max. Leistung der Basisstation	320 W	20 W
Leistung der Mobilstation	0.02 $\cdots$ 8W	0.0025 $\cdots$ 1 W
Radien der Funkzellen	250 m $\cdots$ 35 km	200 m $\cdots$ 8 km

Für die TDMA-Übertragung wird eine Burst-Struktur festgelegt. Man unterscheidet vier verschiedene Burst-Typen: *Access-Burst – Frequenzkorrektur-Burst – Synchronisations-Burst – Normal Burst*. Ein Normal Burst ist in **Bild 7.4.1** dargestellt. Er besteht aus 142 Bits[22] zuzüglich jeweils drei Tailbits am Anfang und am Ende zur Terminierung des Viterbi-Trellis. Ferner wird ein Guardintervall mit einer Dauer von 8.25 Bitintervallen zur „weichen Ausblendung" des Burst angefügt. Der 142-bit-Kern des Burst teilt sich in 2×58 Informationsbits sowie eine *Midamble* aus 26 Trainingsbits zur Kanalschätzung auf. Diese Referenzdaten sind bewußt in die *Mitte* des Burst und nicht etwa an den Anfang gelegt worden, um bei stark zeitvarianten Kanälen die mit dem Abstand zur Trainingssequenz anwachsende Differenz zwischen geschätzter und wahrer Kanalimpulsantwort so gering wie möglich zu halten.

---

[22]Da es sich um die codierten Bits *vor* der Differenzcodierung handelt, werden hier die Größen $b(i)$ eingetragen, woraus sich erst nach der Vorcodierung (6.4.11) auf Seite 222 die Modulator-Eingangsdaten $d(i)$ ergeben.

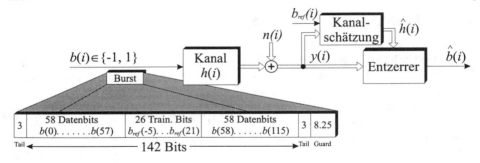

Bild 7.4.1: Aufbau eines GSM Normal-Burst

Zur Kanalschätzung wird im GSM-System die im letzten Abschnitt erläuterte Technik der orthogonalen Folgen eingesetzt. Man benutzt die acht in Tabelle 7.4.2 aufgeführten 26-Bit-Folgen; jede dieser Folgen erlaubt die Aufstellung von sechs unitären 16×6-Datenmatrizen.

In praktischen GSM-Empfängern werden verschiedene Lösungen zur Kanalschätzung verwendet: Neben der Ausführung von (7.4.8) (evtl. 6-fach gemittelt) kommen auch zyklische Korrelationen zum Einsatz oder die LS-Lösung (7.4.7) unter Verwendung der gesamten 26-Bit-Folge, wobei dann die Orthogonalitätseigenschaft ungenutzt bleibt [Jor00].

Tabelle 7.4.2: GSM-Trainingsfolgen

Nr:		Kern	
1	-1,-1, 1,-1,-1,	1,-1, 1, 1, 1,-1,-1,-1,-1, 1,-1,-1,-1, 1,-1,-1,	1,-1, 1, 1, 1
2	-1,-1, 1,-1, 1,	1,-1, 1, 1, 1,-1, 1, 1, 1, 1,-1,-1,-1,-1, 1,-1, 1, 1,	1,-1, 1, 1, 1
3	-1, 1,-1,-1,-1,	-1, 1, 1, 1,-1, 1, 1, 1,-1, 1,-1,-1,-1, 1,-1,-1,-1,-1,	-1, 1, 1, 1,-1
4	-1, 1,-1,-1,-1,	1, 1, 1, 1,-1, 1, 1,-1, 1,-1,-1,-1,-1, 1,-1,-1,-1,-1,	1, 1, 1, 1,-1
5	-1,-1,-1, 1, 1,	-1, 1,-1, 1, 1, 1,-1,-1, 1,-1,-1,-1,-1,-1,-1, 1, 1, 1,	-1, 1,-1, 1, 1
6	-1, 1,-1,-1, 1,	1, 1,-1, 1,-1, 1, 1,-1,-1,-1,-1,-1,-1, 1,-1,-1,-1,	1, 1,-1, 1,-1
7	1,-1, 1,-1,-1,	1, 1, 1, 1,-1, 1,-1, 1,-1,-1,-1,-1, 1,-1, 1,-1,-1,-1,	1. 1, 1. 1, 1
8	1, 1, 1,-1, 1,	1, 1, 1,-1,-1,-1, 1,-1,-1, 1,-1, 1, 1, 1, 1,-1, 1,	1, 1, 1,-1,-1

7.4.3 Turbo-Kanalschätzung

In Kapitel 9 werden moderne Konzepte der Kanalcodierung diskutiert – dabei spielen die bekannten *Turbo-Codes* eine besondere Rolle. Der Grundgedanke besteht darin, daß in einem verketteten Codiersystem sogenannte extrinsische Informationen in einem iterativen Prozeß zwischen den Teilcodes ausgetauscht werden. Eine vergleichbare Methode ist auch für die Kanalschätzung einsetzbar; sie soll hier als *iterative* oder in Anlehnung an die vorgenannten Codes als *Turbo-Kanalschätzung* bezeichnet werden. Das Grundprinzip ist in **Bild 7.4.2** dargestellt.

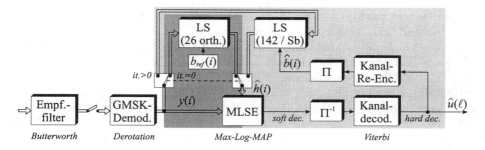

Bild 7.4.2: Prinzip der Turbo-Kanalschätzung

Da hier ein Vorgriff auf die in den Kapiteln 8 und 9 behandelte Kanalcodierung erfolgt, müssen einige in diesem Bild benutzte Symbole erläutert werden:
Das Symbol „Π" bezeichnet einen *Interleaver*, der die Reihenfolge der Datensymbole am Sender verwürfelt (siehe Seite 418). Diese Verwürfelung wird am Empfänger durch den *Deinterleaver* – ausgedrückt durch das Symbol „Π^{-1}" – wieder rückgängig gemacht. Durch diese Maßnahme werden durch die Übertragung entstandene Korrelationen zwischen zeitlich aufeinanderfolgenden Symbolen aufgebrochen, also z.B. Bündelfehler zeitlich verteilt (siehe Seite 420).

Der Block *Kanaldecoder* – im Falle eines Faltungscodes durch den Viterbi-Algorithmus realisiert (S. 394) – liefert die Schätzwerte $\hat{u}(\ell)$ für die uncodierten Quelldaten, woraus der Block *Kanal-Re-Encoder* wieder den sendeseitig eingesetzten Kanalcode generiert und somit die Referenzdaten $\hat{b}(0), \cdots, \hat{b}(141)$ bereitstellt (siehe Fußnote auf Seite 307).

Die Turbo-Kanalschätzung läuft folgendermaßen ab:

- Es wird zunächst eine konventionelle Kanalschätzung mit Hilfe der 26 Trainingsbits der Midamble durchgeführt (LS 26orth.). Der Viterbi-Entzerrer liefert auf der Basis dieser Initialschätzung die Symbole des gesamtem 142-bit-Burst.

- Diese (weichen) Symbole werden nach dem Deinterleaving dem Soft-Input Kanaldecoder zugeführt, der hieraus die Quelldatensequenz schätzt.

- Mit diesen Daten erfolgt eine erneute Codierung (*Re-Codierung*) einschließlich Interleaving – auf diese Weise stehen dann 142 (relativ sichere) Trainingsdaten zur Verfügung, mit denen eine weitere Least-Squares-Kanalschätzung vollzogen wird (LS 142).

- Diese Prozedur wird einige Male wiederholt, um möglicherweise noch vorhandene Entscheidungsfehler weitestgehend zu reduzieren.

Das einfache Grundprinzip der Turbo-Schätzung besteht also darin, sich unter Nutzung der Fehlerkorrektur-Eigenschaften des Kanaldecoders neue Referenzdaten, nämlich den gesamten Datenburst, zu verschaffen. Besonders wirkungsvoll ist dieses Verfahren im Falle extrem hoher Zeitvarianz. Das einfache Midamblegestützte Verfahren versagt dann, weil sich die Kanalkoeffizienten über die Länge der 58 Datenbits vor und nach der Midamble so stark ändern, daß die Fehlerrate zu den Rändern hin stark ansteigt. Nutzt man das erläuterte Turbo-Prinzip unter *Aufteilung des Datenburst in kürzere Subbursts* (LS 142/Sb), dann läßt sich sukzessiv zu den Rändern hin eine an die Zeitvarianz angepaßte Kanalschätzung durchführen – die Bitfehlerrate ist infolgedessen über den Burst in etwa gleichverteilt. Das Verfahren wurde in [PK01] eingeführt und unter GSM-Bedingungen erprobt.

Der Leser kann sich unter Aufgabe 7.4.2 mit Hilfe des Programms gsm_demo die Wirkungsweise der Turbo-Kanalschätzung unter extremen Kanalbedingungen veranschaulichen.

7.4.4 Übungen

Aufgabe 7.4.1	**Orthogonale Folgen zur Kanalschätzung** (Lösung Seite 311)

a) Zeigen Sie, daß die aus den GSM-Folgen aufzubauenden normierten 16×6-Datenmatrizen orthogonal sind.

b) Führen Sie mit Hilfe einer dieser orthogonalen Folgen verschiedene Experimente zur Kanalschätzung durch. Erzeugen Sie komplexe Kanalkoeffizienten mit rayleighverteilten Beträgen. Ermitteln Sie die mittlere Varianz der Kanalschätzung $\sigma^2_{\Delta H}$ und tragen Sie diese über der Varianz des Kanalrauschens[23] $\sigma^2_N = 0.1, \cdots, 0.2$ auf. Stellen Sie zunächst anhand der Simulationsergebnisse eine Formel für den Zusammenhang zwischen $\sigma^2_{\Delta H}$ und σ^2_N auf. Leiten Sie diesen Zusammenhang mathematisch her.

c) Setzen Sie nun anstelle der orthogonalen Folgen beliebige PN-Folgen ein und vergleichen Sie die damit erzielten Schätzergebnisse mit denen aus Teilaufgabe b.

---

[23] σ^2_N ist die Varianz des komplexen, weißen Kanalrauschens nach der Symbolabtastung.

Aufgabe 7.4.2

Demonstration eines GSM-Systems
(Lösungen werden nicht wiedergegeben.)

Zur Demonstration eines GSM-Übertragungssystems steht das Programm **gsm_demo** zur Verfügung. Führen Sie Experimente unter verschiedenen Kanalbedingungen durch – als Kanalmodelle sind hier die verschiedenen GSM-Profile nach COST 207 wählbar (siehe auch Seite 69 und Seite 2.3.2). Schließen Sie auch zeitvariante Kanäle mit ein und stellen Sie die Grenzen der Übertragungsqualität fest; überprüfen Sie insbesondere die Wirkung einer Turbo-Kanalschätzung.

Lösung Aufgabe 7.4.1

Aufgabenteil a)
Zur Bildung der Datenmatrix für eine der angegebenen GSM-Folgen $d_{1,...,8}$ setzt man die Vektoren a=d(i0:i0+15) und b=d(i0:-1:i0-5), wobei für i0=6,...,11 eingesetzt werden kann, und bildet D=toeplitz(a,b). Dann erhält man für alle Verschiebungen i0 und für alle GSM-Folgen $d_{1,...,8}$ das Resultat D'*D=16*I mit I= Einheitsmatrix (vgl. Lösungsroutine a7_4_1).

Aufgabenteil b)
In a7_4_1 wird eine Kanalschätzung mit orthogonalen Folgen simuliert; die errechneten Varianzen – wobei über die Varianzen der 6 Koeffizienten jeweils gemittelt wurde – sind in **Bild 7.4.3** über der Leistung des Kanalrauschens σ_N^2 aufgetragen.

Man liest den empirischen Zusammenhang

$$\sigma_{\Delta H}^2|_{\text{orthog.}} = 0.0625 \cdot \sigma_N^2 \qquad (7.4.9)$$

ab. Diese Beziehung ist geschlossen herzuleiten: Aus (7.4.8) folgt mit (7.4.6)

$$\hat{\mathbf{h}} = \frac{1}{L} \mathbf{D}^H [\mathbf{D}\,\mathbf{h} + \mathbf{n}] = \frac{1}{L} \underbrace{\mathbf{D}^H \mathbf{D}}_{L \cdot \mathbf{I}} \mathbf{h} + \frac{1}{L} \mathbf{D}^H \mathbf{n} = \mathbf{h} + \underbrace{\frac{1}{L} \mathbf{D}^H \mathbf{n}}_{\Delta \mathbf{h}}. \qquad (7.4.10)$$

Für das i-te Element des Schätzfehlers erhält man

$$\Delta h(i) = \frac{1}{L} \sum_{\ell=0}^{L-1} d(\ell - i)\, n(\ell); \qquad (7.4.11)$$

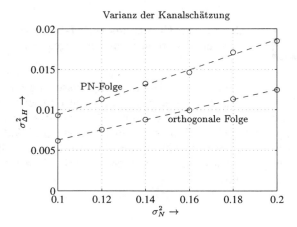

Bild 7.4.3: Symbolfehler-Wahrscheinlichkeiten der beiden Worst-Case-Kanäle, QPSK

wegen der Unabhängigkeit des Rauschprozesses $N(i)$ ergibt sich hieraus die Schätzvarianz

$$\mathrm{E}\{|\Delta H(i)|^2\} = \frac{1}{L^2} \sum_{\ell=0}^{L-1} \underbrace{d^2(\ell-i)}_{=1} \underbrace{\mathrm{E}\{|N(\ell)|^2\}}_{=\sigma_N^2} = \frac{\sigma_N^2}{L}. \tag{7.4.12}$$

Für $L = 16$ ist hiermit das empirische Ergebnis (7.4.9) bestätigt.

Aufgabenteil c)
Ersetzt man die orthogonalen GSM-Folgen durch einfache PN-Sequenzen (die die Orthogonalitätsbedingung auf Seite 306 wohl *asymptotisch*, nicht aber bei endlicher Sequenzlänge erfüllen), so erhält man die in **Bild 7.4.3** eingetragenen Schätzvarianzen. Legt man durch die Meßpunkte eine Regressionsgerade, so erhält man den empirischen Zusammenhang

$$\sigma_{\Delta H}^2|\mathrm{PN} = 0.094 \cdot \sigma_N^2.$$

Gegenüber der Verwendung orthogonaler Folgen ergibt sich also eine Degradation um

$$10 \cdot \log\left\{\frac{\sigma_{\Delta H}^2|\mathrm{PN}}{\sigma_{\Delta H}^2|\mathrm{orthog.}}\right\} = 1.8 \text{ dB}.$$

Kapitel 8

Kanalcodierung

8.1 Einführung

Die Kanalcodierung spielt in der digitalen Datenübertragung eine wichtige Rolle. Ohne sie wären viele der heute für uns selbstverständlichen Systeme überhaupt nicht oder aber nicht in der bekannten Form realisierbar. Ein naheliegendes Beispiel sind die in den letzten Jahren stark verbreiteten digitalen Mobilfunksysteme (D-Netze, E-Netze), die auf dem GSM (*Global System for Mobile Communications*)-Standard basieren. Aber auch im Bereich der Speichermedien wie CD-ROMs, DAT-Tapes und Festplatten ist die Kanalcodierung nicht mehr wegzudenken.

In der Regel werden drei große Klassen von Codierverfahren unterschieden: die Quellencodierung, die Kanalcodierung und die Kryptographie. Während die Quellencodierung die Aufgabe hat, das abgetastete und analoge Signal zu komprimieren, d.h. es mit der minimal möglichen Nachrichtenmenge darzustellen, verfolgt die Kryptographie das Ziel, das Datensignal so zu verschlüsseln, daß es von Unbefugten nicht mehr zu verstehen ist und nur bei Kenntnis des Codeschlüssels zu entschlüsseln ist.

Eine völlig andere Intention wird mit der Kanalcodierung verfolgt. Sie soll das Signal vor Übertragungsfehlern schützen. Dies wird durch eine im Vergleich zur Quellencodierung genau entgegengesetzte Vorgehensweise erreicht. Der Kanalcodierer fügt einem Eingangsvektor $\mathbf{u}$ der Länge k gezielt Redundanz hinzu, so daß ein Vektor $\mathbf{c}$ aus $n > k$ Symbolen entsteht. Im binären Fall ließen sich damit insgesamt 2^n verschiedene Vektoren darstellen. Aufgrund der eindeutigen bijektiven Zuordnung des Codierers werden aber nur $2^k < 2^n$ Vektoren genutzt, d.h. nur eine Teilmenge aller möglichen Worte wird tatsächlich zur Übertragung verwendet. Hierdurch lassen sich dann im Empfänger Übertragungsfehler erkennen und sogar korrigieren. Eine charakteristische Größe ist die Coderate

$$R_c = \frac{k}{n} \, , \tag{8.1.1}$$

die das Verhältnis der Informationsstellen zur Gesamtzahl der Symbole eines Codewortes beschreibt und somit ein Maß für die zugefügte *Redundanz* darstellt. Wir wollen im weiteren Verlauf zwischen den Begriffen *Code* und *Codierer* unterscheiden. Der Code $\mathcal{C}$ stellt die Menge aller Codeworte dar, während der Codierer die konkrete Abbildung der Informationsworte **u** auf die Codeworte **c** beschreibt [Bos98]. So kann ein Codierer beispielsweise systematisch sein, d.h. das Informationswort **u** ist explizit in **c** enthalten, der Code kann diese Eigenschaft allerdings nicht besitzen.

Im folgenden Abschnitt erfolgt zunächst eine kurze informationstheoretische Betrachtung der digitalen Datenübertragung. Ausführlichere Beschreibungen sind unter anderem in [Joh92, SW93] zu finden. Es schließen sich einige grundlegende Erläuterungen und Definitionen aus dem Bereich der Kanalcodierung an, bevor dann die linearen Blockcodes sowie die Faltungscodes vorgestellt werden. Da dieses Buch sehr viele Gebiete der analogen und auch digitalen Nachrichtenübertragung umfaßt, kann die Kanalcodierung nicht erschöpfend behandelt werden. Aus diesem Grund beschränken wir uns auf einige wichtige, in der Praxis relevante Codes, die mit Hilfe von MATLAB-Übungen vertiefend behandelt werden. Weitergehende Ausführungen finden sich in [Bos98, Fri96, LC83, Bla83, Bla87, Bla90, CC81, Hub92, PW72].

8.2   Streifzug durch die Informationstheorie

8.2.1   Informationsgehalt und Transinformation

Dieser Abschnitt gibt eine kurze Einführung in die Informationstheorie, die die Basis für die Konzeption aller modernen Kommunikationssysteme bildet und schon 1948 von C.E. Shannon formuliert wurde [SW93]. Im Rahmen dieses Buches ist dabei das Kanalcodiertheorem von besonderer Bedeutung. Es beantwortet die wichtige Frage, mit welcher Datenrate über einen vorgegebenen Kanal noch fehlerfrei übertragen werden kann. Die maximal mögliche Rate wird dann als Kanalkapazität bezeichnet. Um die Frage beantworten zu können, sind zunächst einige grundlegende Begriffe zu klären.

Als Maß für den Informationsgehalt eines Zeichens oder Symbols D_ν wird der Logarithmus dualis vom Kehrwert der zugehörigen Auftrittswahrscheinlichkeit des entsprechenden Symbols

$$I(D_\nu) = \log_2 \frac{1}{P(D_\nu)} = -\log_2 P(D_\nu) \qquad (8.2.1)$$

verwendet. Diese Definition erscheint sinnvoll, da mit ihr Symbole, die sehr selten auftreten, einen hohen Informationsgehalt besitzen, während $I(D_\nu)$ bei sehr oft vorkommenden Symbolen eher gering ist. Wegen $0 \leq P(D_\nu) \leq 1$ ist der Informationsgehalt stets positiv. Bei Verwendung des Logarithmus zur Basis zwei hat der Informationsgehalt die Dimension *bit*. Logarithmen mit einer Basis ungleich zwei sind zwar prinzipiell auch geeignet, allerdings basieren nahezu alle digitalen Systeme auf der binären Darstellung, wodurch sich die Dimension bit direkt anbietet. Häufig ist auch der mittlere Informationsgehalt von Interesse, welcher mit

$$H(D_\nu) = -P(D_\nu) \cdot \log_2 P(D_\nu) \qquad (8.2.2)$$

definiert ist. Durch die Gewichtung von $I(D_\nu)$ mit der zugehörigen Auftrittswahrscheinlichkeit $P(D_\nu)$ wird berücksichtigt, daß sehr seltene Ereignisse zwar einen hohen Informationsgehalt besitzen, aufgrund ihres seltenen Auftretens aber auch nur einen geringen Beitrag zum Gesamtinformationsgehalt eines Zeichenvorrats leisten. Dieser wird Entropie genannt und setzt sich für statistisch unabhängige Ereignisse aus der Summe der mittleren Informationsgehalte der einzelnen Elemente

$$H(\mathcal{D}) = -\sum_\nu P(D_\nu) \cdot \log_2 P(D_\nu) \qquad (8.2.3)$$

zusammen. Die Entropie einer Ereignismenge wird genau dann maximal, wenn alle Elemente mit der gleichen Wahrscheinlichkeit auftreten. Der mittlere Informationsgehalt nimmt dann für eine Menge $\mathcal{D}$ mit 2^k Elementen den Wert $H_{gleich}(\mathcal{D}) = \sum_\nu 2^{-k} \cdot \log_2 2^k = k$ bit an.

Entsprechend dem Quellencodiertheorem von Shannon lassen sich bei optimaler verlustfreier Codierung die Elemente einer Quelle im Mittel mit genau $H(\mathcal{D})$ Bit darstellen. Ziel der Quellencodierung ist es, eine Codiervorschrift zu finden, deren mittlere Wortlänge der Entropie möglichst nahe kommt, wodurch sich die in den Codeworten enthaltene Redundanz

$$R = \bar{m} - H(\mathcal{D}) \quad ; \qquad r = \frac{\bar{m} - H(\mathcal{D})}{H(\mathcal{D})} \qquad (8.2.4)$$

minimiert. In (8.2.4) gibt $\bar{m}$ die mittlere Wortlänge eines Alphabets an, R und r stellen die absolute bzw. die relative Redundanz dar.

Treten zwei Ereignisse $D_\nu \in \mathcal{D}$ und $Y_\mu \in \mathcal{Y}$ nicht unabhängig voneinander auf, so sind sie mit Hilfe ihrer Verbundwahrscheinlichkeit $P(D_\nu, Y_\mu)$ zu beschreiben. Die Information eines Ereignispaares lautet äquivalent zu (8.2.1)

$$I(D_\nu, Y_\mu) = \log_2 \frac{1}{P(D_\nu, Y_\mu)} = -\log_2 P(D_\nu, Y_\mu) \, . \qquad (8.2.5)$$

Entsprechend gilt für den mittleren Informationsgehalt des Paares

$$H(D_\nu, Y_\mu) = -P(D_\nu, Y_\mu) \cdot \log_2 P(D_\nu, Y_\mu) \qquad (8.2.6)$$

und für die Verbundentropie des Alphabets

$$H(\mathcal{D}, \mathcal{Y}) = -\sum_\nu \sum_\mu P(D_\nu, Y_\mu) \cdot \log_2 P(D_\nu, Y_\mu) \, . \qquad (8.2.7)$$

Bild 8.2.1 illustriert die Zusammenhänge der verschiedenen Entropien auf anschauliche Art und Weise. Seien $\mathcal{D}$ und $\mathcal{Y}$ zwei Zeichenvorräte mit den zugehörigen mittleren Informationsgehalten $H(\mathcal{D})$ bzw. $H(\mathcal{Y})$. Vor dem Hintergrund einer Datenübertragung stellt $\mathcal{D}$ das Signalraumalphabet des Sendesignals und $\mathcal{Y}$ das des Empfangssignals dar. Ist ein Teil der Information aus $\mathcal{D}$ nicht in $\mathcal{Y}$ enthalten, so ging während der Übertragung Information verloren. Diese verlorene Information wird mit $H(\mathcal{D}|\mathcal{Y})$ bezeichnet, d.h. als die bedingte mittlere Information, die $\mathcal{D}$ bei Kenntnis von $\mathcal{Y}$ noch liefern könnte. Sie heißt Äquivokation und lautet

$$\begin{aligned} H(\mathcal{D}|\mathcal{Y}) &= H(\mathcal{D}, \mathcal{Y}) - H(\mathcal{Y}) \\ &= -\sum_\nu \sum_\mu P(D_\nu, Y_\mu) \cdot \log_2 P(D_\nu|Y_\mu). \end{aligned} \qquad (8.2.8)$$

Genau umgekehrt ist die Definition von $H(\mathcal{Y}|\mathcal{D})$ zu verstehen. Enthält $\mathcal{Y}$ noch Information $H(\mathcal{Y}|\mathcal{D})$, die nicht in $\mathcal{D}$ vorhanden ist, so kann diese nicht von der Quelle, also aus $\mathcal{D}$, stammen und muß daher Fehlinformation sein

$$\begin{aligned} H(\mathcal{Y}|\mathcal{D}) &= H(\mathcal{D}, \mathcal{Y}) - H(\mathcal{D}) \\ &= -\sum_\nu \sum_\mu P(D_\nu, Y_\mu) \cdot \log_2 P(Y_\mu|D_\nu) \, . \end{aligned} \qquad (8.2.9)$$

Die gesamte, im System enthaltene Information ist die Verbundentropie $H(\mathcal{D}, \mathcal{Y})$. Derjenige Informationsanteil, welcher ungestört von der Quelle zur Senke gelangt, wird als Transinformation $H(\mathcal{D}; \mathcal{Y})$ bezeichnet. Sie gilt es zu maximieren, wobei das Maximum als Kanalkapazität bezeichnet und im nächsten Abschnitt vorgestellt wird.

8.2.2   Berechnung der Kanalkapazität

Kanäle mit diskretem Ausgangsalphabet

In diesem Abschnitt soll die Kanalkapazität für Kanäle mit diskretem Ausgangsalphabet $\mathcal{Y}$ erläutert werden. Dabei wird wegen der Betrachtung digitaler Übertragungssysteme stets ein diskretes Eingangsalphabet $\mathcal{D}$ vorausgesetzt. Zur Berech-

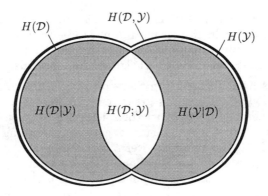

Bild 8.2.1: Veranschaulichung der Entropien

nung der Kanalkapazität starten wir mit der Transinformation $H(\mathcal{D};\mathcal{Y})$. Nach Bild 8.2.1 setzt sie sich aus der Differenz der Quellenentropie $H(\mathcal{D})$ und der Äquivokation $H(\mathcal{D}|\mathcal{Y})$ zusammen

$$
\begin{aligned}
H(\mathcal{D};\mathcal{Y}) &= H(\mathcal{D}) - H(\mathcal{D}|\mathcal{Y}) = H(\mathcal{D}) - [H(\mathcal{D},\mathcal{Y}) - H(\mathcal{Y})] \\
&= H(\mathcal{D}) + H(\mathcal{Y}) - H(\mathcal{D},\mathcal{Y}).
\end{aligned}
\tag{8.2.10}
$$

Setzen wir (8.2.3) und (8.2.7) in (8.2.10) ein, so erhalten wir durch Einbeziehung der Einzelsummen in die Doppelsumme

$$
\begin{aligned}
H(\mathcal{D};\mathcal{Y}) &= \sum_{\nu}\sum_{\mu} P(D_\nu, Y_\mu) \cdot \log_2 \frac{P(D_\nu, Y_\mu)}{P(D_\nu) \cdot P(Y_\mu)} \\
&= \sum_{\nu}\sum_{\mu} P(Y_\mu|D_\nu) \cdot P(D_\nu) \cdot \log_2 \frac{P(Y_\mu|D_\nu)}{\sum_l P(Y_\mu|D_l) \cdot P(D_l)}.
\end{aligned}
\tag{8.2.11}
$$

Der Ausdruck für die Transinformation ist nur noch von den Übergangswahrscheinlichkeiten $P(Y_\mu|D_\nu)$ des Kanals und der Statistik $P(D_\nu)$ des Eingangssignals abhängig ist. Die Kanalkapazität C nach Shannon ist nun als Maximum der Transinformation aus (8.2.11) über alle möglichen Quellenstatistiken $P(D_\nu)$ definiert

$$
C = \sup_{P(\mathcal{D})} \sum_{\nu}\sum_{\mu} P(Y_\mu|D_\nu) \cdot P(D_\nu) \cdot \log_2 \frac{P(Y_\mu|D_\nu)}{\sum_l P(Y_\mu|D_l) \cdot P(D_l)}.
\tag{8.2.12}
$$

Gl. (8.2.12) bedarf einiger zusätzlicher Erläuterungen. Die Kapazität C besitzt die Einheit [bit/Kanalsymbol] bzw. [bit/s/Hz]. Das Kanalcodiertheorem von Shannon besagt, daß durch Verwendung eines Codes, dessen Coderate R_c kleiner als die Kanalkapazität C ist, mit beliebig langer Codewortlänge eine beliebig kleine Fehlerwahrscheinlichkeit erreicht werden kann. Im Extremfall läßt sich somit bei unendlich langen Codeworten immer eine fehlerfreie Übertragung sicherstellen, solange die Coderate die Kanalkapazität nicht überschreitet. Kehrt man diese Formulierung um, so erhält man die Aussage, daß für $R_c > C$ auch mit noch so großem Aufwand keine fehlerfreie Übertragung erreicht werden kann.

Leider enthält das Kanaltheorem von Shannon keine Aussage darüber, mit welchem konkreten Code die Kapazitätsgrenze erreicht werden kann. In der Praxis gebräuchliche Codierungsverfahren wie beispielsweise Faltungscodes sind in der Regel deutlich vom theoretischen Grenzwert entfernt. Allerdings konnte man sich mit Hilfe verketteter Codes und einer iterativen 'Turbo'-Decodierung (s. Kapitel 9) bis auf wenige zehntel dB an Shannons Grenze nähern. Häufig ist es nicht möglich, die Statistik der Eingangsalphabete exakt den Bedürfnissen des Kanals anzupassen, insbesondere dann, wenn dieser zeitvariant ist. Für ein festes Eingangsalphabet mit gleichwahrscheinlichen Elementen gilt $P(D_\nu) \equiv 2^{-k}$, so daß die maximale Transinformation in diesem Fall

$$ C = 2^{-k} \cdot \sum_\nu \sum_\mu P(Y_\mu | D_\nu) \cdot \log_2 \frac{P(Y_\mu | D_\nu)}{2^{-k} \cdot \sum_l P(Y_\mu | D_l)} \qquad (8.2.13) $$

lautet.

Kanäle mit kontinuierlichem Ausgangsalphabet

Viele reale Kanäle wie beispielsweise der schon vorgestellte AWGN-Kanal, erzeugen ein wertekontinuierliches Ausgangssignal. Aufgrund der kontinuierlichen Verteilung enthält $\mathcal{Y}$ dann unendlich viele Elemente und die diskreten Auftrittswahrscheinlichkeiten gehen in kontinuierliche Wahrscheinlichkeitsdichtefunktionen über. Folglich ist die Summe in (8.2.13) durch ein Integral zu ersetzen. Die Kanalkapazität für einen AWGN-Kanal lautet somit bei einem diskreten gleichverteilten Eingangssignal

$$ C = 2^{-k} \cdot \int_{\mathcal{Y}} \sum_\nu p_{Y|D}(y|D_\nu) \cdot \log_2 \frac{p_{Y|D}(y|D_\nu)}{2^{-k} \cdot \sum_l p_{Y|D}(y|D_l)} \, dy \ . \qquad (8.2.14) $$

AWGN-Kanal mit normalverteiltem Eingang

Der Vollständigkeit halber soll auch der Fall kontinuierlich verteilter Eingangs- und Ausgangssignale betrachtet werden. Dazu sind in (8.2.3) und (8.2.8) die Summen durch Integrale und die Wahrscheinlichkeiten durch Wahrscheinlichkeitsdichtefunktionen zu ersetzen. Man erhält dann die sogenannte differentielle Entropie, die sich physikalisch nicht in der gleichen Art und Weise interpretieren läßt wie ihr Äquivalent im diskreten Fall. Trotzdem ist mit ihr eine sinnvolle Definition der Kanalkapazität möglich. Für den einfachen Fall einer eindimensionalen (reellen)

Übertragung über einen AWGN-Kanal mit der konstanten spektralen Leistungs-dichte $N_0/2$ beträgt die Kanalkapazität [Fri96]

$$C^{1-\text{dim}} = \frac{1}{2} \cdot \log_2\left(1 + 2\frac{E_s}{N_0}\right) , \qquad (8.2.15)$$

während sie im zweidimensionalen Fall (komplexe Symbole D_ν) den Wert

$$C^{2-\text{dim}} = \log_2\left(1 + \frac{E_s}{N_0}\right) \qquad (8.2.16)$$

annimmt. Bei der Beurteilung und dem Vergleich von Systemen ist häufig nicht die Energie E_s pro Kanalsymbol von Interesse, sondern die für jedes Informationsbit aufgebrachte Energie E_b. Beide Größen sind über die Coderate R_c miteinander verbunden, denn es gilt:

$$k \cdot E_b = n \cdot E_s \quad \Longrightarrow \quad E_s = \frac{k}{n} \cdot E_b = R_c \cdot E_b . \qquad (8.2.17)$$

Mit (8.2.17) nimmt der Ausdruck für die Kanalkapazität die Form

$$C^{1-\text{dim}} = \frac{1}{2} \cdot \log_2\left(1 + 2R_c\frac{E_b}{N_0}\right) \qquad (8.2.18)$$

bzw.

$$C^{2-\text{dim}} = \log_2\left(1 + R_c\frac{E_b}{N_0}\right) \qquad (8.2.19)$$

an. In Hinblick auf die Bandbreiteneffizienz wird das Ziel einer möglichst effizien-ten Übertragung genau dann erreicht, wenn die Coderate R_c gleich der Kanalka-pazität C ist. Wir erhalten für (8.2.18) bzw. (8.2.19) implizite Gleichungen, die nach E_b/N_0 aufgelöst werden können. Für den eindimensionalen AWGN-Kanal ergibt sich die Beziehung

$$\frac{E_b}{N_0} = \frac{2^{2R_c} - 1}{2R_c} , \qquad (8.2.20)$$

die asymptotisch für $R_c \to 0$ gegen den Grenzwert

$$\lim_{R_c \to 0} \frac{E_b}{N_0} = \lim_{R_c \to 0} \frac{2^{2R_c} \cdot \ln 2 \cdot 2}{2} = \ln 2 \,\hat{=}\, -1.59\,\text{dB} \qquad (8.2.21)$$

strebt[1]. Dieser Wert stellt für das Maß E_b/N_0 die absolute untere Grenze dar, bis zu der eine fehlerfreie Übertragung für den AWGN-Kanal zumindest theore-tisch noch möglich ist. Für kleinere Signal-Rausch-Abstände kann eine fehlerfreie Übertragung auch mit noch so großem Aufwand nicht mehr realisiert werden.

---

[1]Im zweidimensionalen Fall ergibt sich der gleiche Grenzwert.

Bandbegrenzter Gaußkanal mit normalverteiltem Eingang

Abschließend wird nun der auf die Bandbreite B begrenzte zeitkontinuierliche
Gaußkanal vorgestellt. Bei dieser Bandbreite können entsprechend dem Abtast-
theorem nach Shannon bei Einhaltung der ersten Nyquist-Bedingung in einem
Zeitraum der Dauer T insgesamt $2BT$ Symbole übertragen werden. Mit der
Rauschleistung $N = 2B \cdot N_0/2$ und der Signalleistung $S = R_b \cdot E_b$ (R_b die Datenrate
der Informationsbit) läßt sich die Kanalkapazität nach (8.2.15) in die Form

$$\tilde{C} = B \cdot \log_2 \left(1 + \frac{R_b \cdot E_b}{B \cdot N_0} \right) \qquad (8.2.22)$$

überführen [Fri96]. Die Einheit von $\tilde{C}$ beträgt [Infobit/s]. Es ist zu erkennen, daß
die Kapazität $\tilde{C}$ sowohl von der Bandbreite B als auch von dem Signal-Rausch-
Verhältnis E_b/N_0 abhängt. In gewissen Grenzen ist also ein Austausch von Bandbreite und Signal-Rausch-Verhältnis möglich. Für den Extremfall $R_b = \tilde{C}$ ergibt
sich beim Grenzübergang $\tilde{C}/B \to 0$ für das Signal-Rausch-Verhältnis E_b/N_0 der
Grenzwert aus (8.2.21).

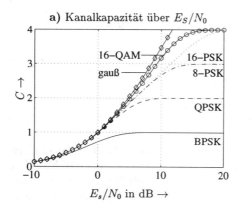 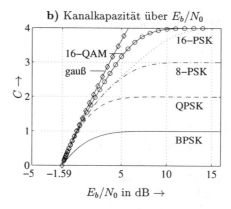

Bild 8.2.2: Kapazität für den AWGN-Kanal und verschiedene Modulationsverfahren

Bild 8.2.2 zeigt die Kanalkapazitäten für verschiedene lineare Modulationsverfahren und den AWGN-Kanal ohne Quantisierung am Ausgang. Mit zunehmender
Stufigkeit M der Modulationsverfahren steigt für große Signal-Rausch-Abstände
die Kapazität an. Asymptotisch ($E_s/N_0 \to \infty$) strebt sie gegen die jeweilige Anzahl $m = \log_2 M$ Bit je Symbol, also beispielsweise gegen 4 Bit/s/Hz für 16-PSK
und 16-QAM. Die größte Kapazität wird bei einem gaußverteilten Eingangsalphabet erreicht. Während die Kapazität in Diagramm a) über E_s/N_0 aufgetragen
wurde, zeigt das Diagramm b) die Abhängigkeit von E_b/N_0. Der absolute Grenzwert von -1.59 dB ist deutlich zu erkennen. Alle Kurven schneiden hier die Ab-
szisse, die Kanalkapazität nimmt also an dieser Stelle den Wert null an. Somit
läßt sich für $E_b/N_0 \leq -1.59$ dB keine Information mehr übertragen.

Interessant ist noch die folgende Interpretation der Ergebnisse. Für eine bestimmte spektrale Effizienz, beispielsweise $C = 2$ Bit/s/Hz, erreichen Modulationsverfahren mit einer Stufigkeit $M > 4$ schon für kleinere Signal-Rausch-Abstände eine fehlerfreie Übertragung als die QPSK ($M = 4$). Hieraus läßt sich folgern, daß es vorteilhaft ist, statt einer uncodierten QPSK eine 2/3-ratig codierte 8-PSK zu verwenden, da dann bei unveränderter Datenrate und Bandbreite eine bessere Leistungsfähigkeit erreicht wird. Dies ist die Motivation für die Anwendung der codierten Modulation, also der Verknüpfung von Codierung und Modulation, die im Bereich der Modemtechnik eine wichtige Rolle spielt. Im Rahmen dieses Buches wird allerdings nicht weiter auf die codierte Modulation eingegangen, sondern auf die einschlägige Literatur [BDMS91, Fri96, Bos98] verwiesen.

8.2.3 Übungen

| Aufgabe 8.2.1 | **Sieben-Segment-Anzeige**
Lösung Seite 324 |

a) Gegeben sei die hier abgebildete 7-Segment-Anzeige, die die Ziffern von 0 bis 9 darstellen kann. Alle zehn Ziffern treten mit der gleichen Wahrscheinlichkeit $P(D_\nu) = 0.1 \, \forall \, \nu$ auf. Bestimmen Sie den Informationsgehalt einer Ziffer sowie den mittleren Informationsgehalt des gesamten Zeichenvorrats.

b) Berechnen Sie die absolute und die relative Redundanz der Anzeige.

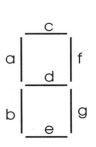

Ziffer	a	b	c	d	e	f	g
0	1	1	1	0	1	1	1
1	0	0	0	0	0	1	1
2	0	1	1	1	1	1	0
3	0	0	1	1	1	1	1
4	1	0	0	1	0	1	1
5	1	0	1	1	1	0	1
6	1	1	1	1	1	0	1
7	0	0	1	0	0	1	1
8	1	1	1	1	1	1	1
9	1	0	1	1	1	1	1

Aufgabe 8.2.2	**Kanalkapazität eines binären Kanals** Lösung Seite 325

a) Es wird zunächst der in Abschnitt 2.4 vorgestellte binäre symmetrische Kanal (BSC) betrachtet. Geben Sie seine Kapazität für gleichwahrscheinliche Eingangssymbole in Abhängigkeit der Fehlerwahrscheinlichkeit P_e an.

b) Für nicht gleichwahrscheinliche Eingangssymbole läßt sich die Kapazität nicht mehr so kompakt darstellen. Berechnen Sie deshalb per MATLAB mit Hilfe von (8.2.10) oder (8.2.13) die Transinformation $H(\mathcal{D}; \mathcal{Y})$ in Abhängigkeit von $P(D_0)$ und P_e für $0 < P(D_0) \leq 0.5$ und $0 < P_e < 1$. Stellen Sie das Ergebnis in einem dreidimensionalen Diagramm dar.

c) Nun soll ein binärer, aber nicht symmetrischer Kanal untersucht werden. Dazu wird $P_{01} = 10^{-3}$ fest gewählt. Weiterhin gilt $0 < P_{10} < 1$ und $0 < P(D_0) < 1$. Berechnen Sie für alle Kombinationen die entsprechende Transinformation und tragen Sie sie in einem dreidimensionalen Diagramm auf.

d) Bestimmen Sie basierend auf den Ergebnissen aus Punkt c) die Kanalkapazität mit der zugehörigen Eingangsverteilung $P(D_0)$ für jede Übergangswahrscheinlichkeit P_{10}. Tragen Sie beides in ein Diagramm ein und stellen Sie die Transinformation derjenigen bei gleichverteiltem Eingang gegenüber.

Aufgabe 8.2.3	**Einfluß der Quantisierung auf die Kanalkapazität** Lösung Seite 327

a) In dieser Aufgabe wird eine antipodale Übertragung ($D_\nu = \pm\sqrt{E_s/T_s}$) über einen AWGN-Kanal mit unterschiedlichen Quantisierungen am Ausgang betrachtet. Bei einer harten Entscheidung erhalten wir den schon bekannten BSC. Der BSEC geht hingegen aus einer dreistufigen Quantisierung am Empfänger hervor, die alle Empfangswerte ξ im Bereich $-a_1\sqrt{E_s/T_s} < \xi < +a_1\sqrt{E_s/T_s}$ dem Auslöschungssymbol Y_1 zuordnet, wobei $a_1 > 0$ eine geeignet zu wählende Konstante darstellt. Allgemein gilt

$$y_i = \begin{cases} Y_0 & \text{für } \xi \leq -a_1\sqrt{E_s/T_s} \\ Y_1 & \text{für } -a_1\sqrt{E_s/T_s} < \xi < a_1\sqrt{E_s/T_s} \\ Y_2 & \text{für } \xi \geq a_1\sqrt{E_s/T_s} \,. \end{cases}$$

Berechnen Sie die Fehlerwahrscheinlichkeit P_e und die Auftrittswahrscheinlichkeit P_q für das Auslöschungssymbol Y_1 in Abhängigkeit vom Signal-
Rausch-Abstand E_s/N_0 und dem Parameter a_1.

b) Geben Sie den funktionalen Zusammenhang zwischen der Kanalkapazität C
und den Parametern P_e und P_q an.

c) Bestimmen Sie nun die Transinformation für Signal-Rausch-Abstände im
Bereich $-10\,\mathrm{dB} \leq E_s/N_0 \leq 10\,\mathrm{dB}$ in Abhängigkeit des Parameters $0 < a_1 <$
4. Stellen Sie C^{BSEC} in einem dreidimensionalen Diagramm dar.

d) Ermitteln Sie für jeden Signal-Rausch-Abstand den optimalen Wert für a_1
und die dazugehörige Kanalkapazität C^{opt}.

e) Nun soll eine 2-Bit-Quantisierung betrachtet werden. Der mittlere Schwell-
wert liege im Koordinatenursprung bei $y = 0$, die beiden äußeren liegen
symmetrisch dazu bei $\pm a_2\sqrt{E_s/T_s}$. Bestimmen Sie die Transinformation in
Abhängigkeit von a_2 und E_s/N_0.

f) Ermitteln Sie die optimale Schwelle a_2, die zugehörige Kanalkapazität C und
stellen Sie C den Kapazitäten für BSC, BSEC sowie der bei gaußverteiltem
Eingang (1-dim) gegenüber.

Aufgabe 8.2.4	**Einfluß von Diversität auf die Kanalkapazität**
	Lösung Seite 330

a) Für diese Aufgabe greifen wir auf die schon in Aufgabe 2.4.2 auf Seite 91 betrachteten diskreten Kanalmodelle zurück. Bestimmen Sie für beide Kanäle
die entsprechende Kanalkapazitäten C_1 bzw. C_2.

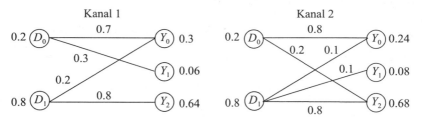

b) Bestimmen Sie nun die Transinformationen bei einer Hard-Decision am Ausgang der jeweiligen Kanäle. Berücksichtigen Sie dabei die optimale Entscheidung für das Auslöschungssymbol Y^* gemäß Aufgabe 2.4.2 und die verschiedenen Wahlmöglichkeiten von Y^*.

c) Es sollen nun binäre Symbole über die parallel angeordneten Kanäle nach Aufgabe 2.4.3 übertragen werden. Die voneinander statistisch unabhängigen Ausgangssignale der beiden Kanäle werden am Empfänger addiert, die Stufigkeit des Ausgangsalphabets nimmt daher zu. Berechnen Sie die Kanalkapazität der parallel geschalteten Kanäle vor dem Entscheider und nach dem Entscheider (einmal mit Auslöschung und einmal mit harter Entscheidung). Verwenden Sie bei der Hard-Decision die Lösung aus Aufgabe 2.4.3.

d) Bestimmen Sie die Kanalkapazität der Parallelschaltung von n identischen Kanälen sowohl für Kanal 1 als auch für Kanal 2 mit $2 < n < 20$. Tragen Sie die Kapazitäten $C_1(n)$ und $C_2(n)$ über n in einem Diagramm auf und ermitteln Sie den Grenzwert für $n \to \infty$.
Hinweis: Die Übergangswahrscheinlichkeiten der Parallelschaltung lassen sich einfach über eine Faltung der Übergangswahrscheinlichkeiten der einzelnen Kanäle berechnen.

e) Wiederholen Sie Aufgabenpunkt d) für den Fall, daß nach der Addition eine Hard-Decision erfolgt.

Lösung Aufgabe 8.2.1

Aufgabenteil a)
Da alle 10 Ziffern mit der gleichen Wahrscheinlichkeit auftreten, besitzen sie auch den gleichen Informationsgehalt

$$I(D_\nu) = \log_2 \frac{1}{0.1} = \log_2 10 = 3.32 \,\text{bit} \,.$$

Der mittlere Informationsgehalt lautet entsprechend

$$H(D_\nu) = P(D_\nu) \cdot I(D_\nu) = 0.332 \,\text{bit} \,,$$

womit sich die Entropie des Zeichenvorrats zu

$$H(\mathcal{D}) = \sum_\nu H(D_\nu) = 10 \cdot 0.332 \,\text{bit} = 3.32 \,\text{bit} = I(D_\nu)$$

ergibt.

Aufgabenteil b)
Der Entropie von 3.32 Bit steht eine mittlere Wortlänge von $\bar{m} = 7$ bit gegenüber, da zur Darstellung aller Ziffern genau 7 Segmente, die die Zustände '0 = aus'

und '1 = an' annehmen können, erforderlich sind. Die absolute Redundanz dieser Codierung beträgt somit

$$R = \bar{m} - H(D) = 7 \, \text{bit} - 3.32 \, \text{bit} = 3.68 \, \text{bit} \, ,$$

also mehr als die Hälfte des Informationsgehalts, woraus sich die relative Redundanz

$$r = \frac{R}{\bar{m}} = \frac{\bar{m} - H(\mathcal{D})}{\bar{m}} = \frac{3.68 \, \text{bit}}{7 \, \text{bit}} = 0.5254$$

ergibt.

Lösung Aufgabe 8.2.2

Aufgabenteil a)

Mit Hilfe von (8.2.10) oder durch direktes Einsetzen der entsprechenden Wahrscheinlichkeiten in (8.2.13) ergibt sich die Kanalkapazität zu

$$
\begin{aligned}
C^{\text{BSC}} &= H(\mathcal{D}) + H(\mathcal{Y}) - H(\mathcal{D}, \mathcal{Y}) \\
&= -\sum_{\nu=0}^{1} P(D_\nu) \log_2(P(D_\nu)) - \sum_{\mu=1}^{1} P(Y_\mu) \log_2(P(Y_\mu)) \\
&\quad + \sum_{\nu=0}^{1} \sum_{\mu=0}^{1} P(D_\nu, Y_\mu) \log_2(P(D_\nu, Y_\mu)) \\
&= 1 + (1 - P_e) \cdot \log_2(1 - P_e) + P_e \cdot \log_2(P_e) \, .
\end{aligned}
\tag{8.2.23}
$$

Für die Extremwerte $P_e = 0$ und $P_e = 1$ nimmt die Kanalkapazität C den Wert 1 bit/s/Hz an, es ist also ohne jegliche Kanalcodierung eine fehlerfreie Übertragung möglich. Für $P_e = 0.5$ gilt hingegen $C = 0$, es ist auch mit noch so großem Aufwand keine Übertragung möglich, da die Ausgangssymbole rein zufällig auftreten.

Aufgabenteil b)

Bild 8.2.3a zeigt die Transinformation des binären symmetrischen Kanals für verschiedene Eingangsstatistiken $P(D_0)$ und unterschiedliche Übergangswahrscheinlichkeiten P_e. Entsprechend (8.2.23) treten Maxima stets bei $P_e = 0$ bzw. $P_e = 1$ auf, hier kann ohne Kanalcodierung fehlerfrei übertragen werden. Die maximale erreichbare Transinformation ist hier gleich der Entropie der Quelle, die bekanntlich für gleichwahrscheinliche Symbole D_ν ihr Maximum annimmt. Aufgrund der symmetrischen Struktur des BSC (s. Bild 2.4.2) wird die Kanalkapazität auch für die übrigen Übergangswahrscheinlichkeiten P_e stets für Gleichverteilung am Eingang erreicht ($P(D_0) = P(D_1) = 0.5$).

Mit zunehmender bzw. abnehmender Übergangswahrscheinlichkeit P_e sinkt die Kapazität, bis sie schließlich für $P_e = 0.5$ ihr Minimum $C = 0$ bit/s/Hz erreicht. Hier sind fehlerfreie und fehlerbehaftete Übertragung gleichwahrscheinlich, so daß die empfangenen Werte Y_μ rein zufällig sind und keine Korrelation mehr zu den Eingangswerten D_ν besitzen. Somit läßt sich keine Information mehr über den Kanal übertragen, seine Kapazität nimmt den Wert Null an.

a) Binärer symmetrischer Kanal   **b)** Binärer unsymmetrischer Kanal

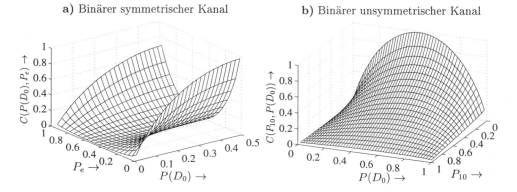

Bild 8.2.3: Transinformation binärer Kanäle für verschiedene Eingangsverteilungen, a) BSC, b) binärer unsymmetrischer Kanal mit $P_{01} = 0.001$

Aufgabenteil c)
Bild 8.2.3b zeigt die Transinformation eines unsymmetrischen, binären Kanals ($P_{01} = 10^{-3}$ fest) für verschiedene Eingangsstatistiken. Erwartungsgemäß nimmt $H(\mathcal{D};\mathcal{Y})$ für $P_{10} = 0$ Maximalwerte an und weist dann mit zunehmendem P_{10} einen monoton fallenden Verlauf auf. Für $P_{10} = 10^{-3}$ liegen symmetrische Verhältnisse vor (BSC), so daß hier die Kanalkapazität für gleichverteilte Eingangssymbole erreicht wird. Mit zunehmender Asymmetrie zeigt sich jedoch, daß die maximale Transinformation mit größeren Auftrittswahrscheinlichkeiten von D_0 ($P(D_0) > 0.5$) korrespondiert. Da das Symbol D_0 einer geringeren Fehlerwahrscheinlichkeit unterliegt, kann also eine größere Transinformation erzielt werden, wenn es häufiger als D_1 gesendet wird.

Aufgabenteil d)
Bild 8.2.4 zeigt für jedes P_{10} die optimale Wahrscheinlichkeit $P(D_0)$ mit zugehöriger Kanalkapazität C. Zusätzlich wurde auch die Transinformation bei gleichverteiltem Eingangsalphabet eingetragen. Es ist ersichtlich, daß für $P_{10} \approx 0$ eine Gleichverteilung optimale Ergebnisse liefert. Mit wachsendem P_{10} steigt auch $P(D_0)$ an, d.h. für unsymmetrische Kanäle wird die Kanalkapazität nicht für gleichverteilte Eingangssymbole erreicht. Der Unterschied zwischen C und der Transinformation bei Gleichverteilung ist für den hier betrachteten BSC allerdings sehr gering.

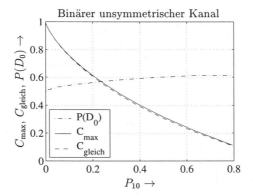

Bild 8.2.4: Optimale Eingangsverteilung und Transinformation bei einem unsymmetrischen binären Kanal

Lösung Aufgabe 8.2.3

Aufgabenteil a)
Bild 8.2.5 illustriert die Konstruktion des BSEC aus der antipodalen Übertragung über einen AWGN-Kanal, dessen Ausgangssignal dreistufig quantisiert wird. Die Integration der bedingten Wahrscheinlichkeitsdichtefunktionen $p_{Y|D}(y|D_\nu)$ über den entsprechenden Teilbereichen liefert die Wahrscheinlichkeiten P_e und P_q in Abhängigkeit von E_s/N_0 und a_1.

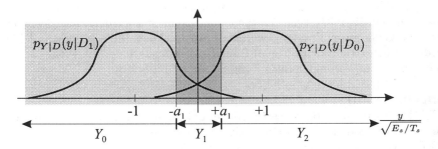

Bild 8.2.5: Dreistufige Quantisierung des Ausgangssignals eines AWGN-Kanals

Für den reellen Fall mit $\sigma_N^2 = N_0/2/T_s$ gilt

$$P_e \;=\; \frac{1}{\sqrt{2\pi\sigma_N^2}} \int\limits_{a_1\sqrt{E_s/T_s}}^{\infty} \exp\left(-\frac{(y + \sqrt{E_s/T_s})^2}{2\sigma_N^2} \right)\, dy$$

$$= \frac{1}{2} \cdot \text{erfc} \left((a_1 + 1) \cdot \sqrt{\frac{E_s}{N_0}} \right) \; ,$$

entsprechend erhalten wir die Auftrittswahrscheinlichkeit für das Auslöschungssymbol

$$P_q = \frac{1}{\sqrt{2\pi\sigma_N^2}} \int\limits_{-a_1\sqrt{E_s/T_s}}^{a_1\sqrt{E_s/T_s}} \exp \left(-\frac{(y + \sqrt{E_s/T_s})^2}{2\sigma_n^2} \right) dy$$

$$= \frac{1}{2} \cdot \text{erf} \left((1 + a_1) \cdot \sqrt{\frac{E_s}{N_0}} \right) - \frac{1}{2} \cdot \text{erf} \left((1 - a_1) \cdot \sqrt{\frac{E_s}{N_0}} \right) \; .$$

Aufgabenteil b)

Mit den unter Punkt a) berechneten Wahrscheinlichkeiten P_e und P_q kann durch Einsetzen in (8.2.13) die Kanalkapazität für den BSEC zu

$$C^{\text{BSEC}} = 1 + P_e \cdot \log_2(P_e) + (1 - P_e - P_q) \cdot \log_2(1 - P_e - P_q)$$
$$- P_q - (1 - P_q) \cdot \log_2(1 - P_q) \; . \tag{8.2.24}$$

berechnet werden. Dabei ist zu beachten, daß P_e und P_q nicht unabhängig voneinander sind, sondern beide von der Schwelle a_1 und E_s/N_0 abhängen.

Aufgabenteil c)

Bild 8.2.6a illustriert die Abhängigkeit der Transinformation vom Signal-Rausch-Abstand und der Konstanten a_1. Es ist zu erkennen, daß sich für verschiedene E_s/N_0 durchaus Unterschiede in der optimalen Wahl von a_1 ergeben können. Im Bereich hoher Signal-Rausch-Abstände darf a_1 nicht zu groß gewählt werden, da sonst zu viele 'gute' Empfangswerte als Auslöschung (unzuverlässig) deklariert werden. Für extrem kleine Signal-Rausch-Abstände scheint die Wahl von a_1 dagegen von untergeordneter Bedeutung zu sein.

Aufgabenteil d)

In **Bild 8.2.6b** wurde für jedes E_s/N_0 der optimale Faktor a_1 gewählt und die zugehörige Kanalkapazität des BSEC der des BSC ($a_1 = 0$) gegenübergestellt. Der BSEC besitzt für alle Signal-Rausch-Abstände die größere Kapazität, d.h. über ihn kann bei gleichem E_s/N_0 eine höhere Datenrate fehlerfrei übertragen werden. Anders formuliert kann die gleiche Datenrate schon bei geringerem E_s/N_0 fehlerfrei gesendet werden. Dies liegt daran, daß der BSEC durch das dritte Symbol, die Auslöschung, die einfachste Form der *Soft-Decision* realisiert und somit mehr Information übertragen kann als der einfache BSC. Da der Arbeitspunkt praktischer Übertragungssysteme in der Regel weit von der Kanalkapazität entfernt ist, ist es möglich, daß der Vorteil des BSEC für reale Systeme größer ausfällt.

a) Kanalkapazität C für BSEC   b) Kanalkapazität für BSEC

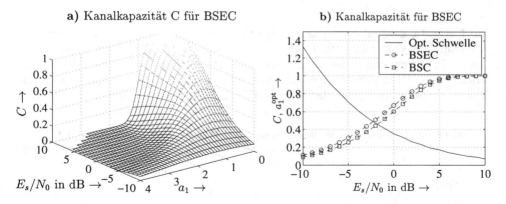

Bild 8.2.6: Kapazität des BSEC und Optimierung der Schwelle a_1

Aufgabenteil e)

Zur Bestimmung der Kapazität bei einer 2-Bit-Quantisierung sind zunächst die Übergangswahrscheinlichkeiten $P_{\nu\mu}$ zwischen den beiden Eingangssymbolen D_0 bzw. D_1 und den vier Ausgangssymbolen Y_0 bis Y_3 zu berechnen. Dies kann analog zu Aufgabenteil a) erfolgen. Die erhaltenen Wahrscheinlichkeiten sind dann in (8.2.13) einzusetzen. Wir erhalten den in **Bild 8.2.7** dargestellten dreidimensionalen Verlauf. Es ist erkennbar, daß der Einfluß des Parameters a_2 deutlich geringer ist als beim BSEC. Trotzdem ist die optimale Wahl von a_2 vom Signal-Rausch-Abstand abhängig, was im nächsten Aufgabenpunkt verdeutlicht wird.

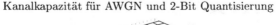

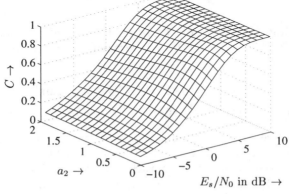

Bild 8.2.7: Transinformation bei 2-Bit-Quantisierung

Aufgabenteil f)
Bild 8.2.8a zeigt die optimale Schwelle a_2 bei einer 2-Bit-Quantisierung in Abhängigkeit vom Signal-Rausch-Abstand. Der Verlauf ist streng monoton fallend, d.h. mit zunehmendem E_s/N_0 wird a_2 stetig kleiner. Hinsichtlich der Kanalkapazität ist **Bild 8.2.8b** zu entnehmen, daß durch die 2-Bit-Quantisierung eine leichte Verbesserung gegenüber dem BSEC erreicht werden konnte.

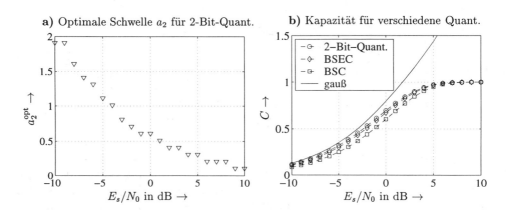

a) Optimale Schwelle a_2 für 2-Bit-Quant.   **b)** Kapazität für verschiedene Quant.

Bild 8.2.8: Optimale Schwelle a_2 und Kanalkapazität für BSC, BSEC und AWGN-Kanal mit 2-Bit-Quantisierung

Lösung Aufgabe 8.2.4

Aufgabenteil a)
Die Kanalkapazität eines diskreten Kanals läßt sich einfach über die Beziehung $H(\mathcal{D};\mathcal{Y}) = H(\mathcal{D}) + H(\mathcal{Y}) - H(\mathcal{D},\mathcal{Y})$ berechnen. Wir erhalten für die beiden Kanäle entsprechend

$$C_1(1) = 0.4229 \text{ bit/Symbol} \quad \text{und}$$
$$C_2(1) = 0.2821 \text{ bit/Symbol}.$$

Die deutlich größere Kapazität von Kanal 1 ist insofern überraschend, als daß er nach Aufgabe 2.4.2 eine höhere Fehlerwahrscheinlichkeit als Kanal 2 besitzt. Die Lösung dieses scheinbaren Widerspruches liegt in der Interpretation der Ausgangssymbole von Kanal 1. Das Symbol $Y_0 = +1$ kann als einziges Symbol aus $\mathcal{Y}$ sowohl aus einer gesendeten $+1$ als auch aus einer gesendeten -1 hervorgehen. Damit kann $Y_0 = Y^*$ als Auslöschungssymbol behandelt werden, während $Y_1 = 0$

dem Sendesymbol $D_0 = +1$ zugeordnet wird. Diese Interpretation führt dann zu einer Fehlerwahrscheinlichkeit $P_{e1} = 0$ und zu $P_{q1} = 0.3$. Damit erhalten wir eine höhere Kanalkapazität als bei Kanal 2. (Bei der Berechnung der Kapazität werden die Ausgangssymbole nicht interpretiert, sondern es wird lediglich die abstrakte Zuordnung zwischen D_ν und Y_μ berücksichtigt.)

Aufgabenteil b)
Die folgende Tabelle gibt die Transinformation für die beiden Kanalmodelle bei Hard-Decision und verschiedenen Wahlen des Auslöschungssymbols Y^* entsprechend Aufgabe 2.4.2 an.

	$Y^* = Y_0$	$Y^* = Y_1$	$Y^* = Y_2$
Kanal 1	0.1512	0.3651	
Kanal 2		0.2755	0.2755

Bei einem Vergleich mit den Ergebnissen aus Aufgabe 2.4.2 ist zu erkennen, daß eine Optimierung hinsichtlich einer minimalen Fehlerrate nicht automatisch auch die Kanalkapazität maximiert. So ergibt sich bei Kanal 1 für $Y^* = Y_1$ eine deutlich höhere Transinformation, obwohl die Fehlerrate mit 0.16 geringfügig höher war als für $Y^* = Y_0$ (0.14). Die Entscheidung, zu welchem Symbol beim Empfang von Y^* hart entschieden wird, bleibt hiervon unberührt. Hier ist es in jedem Fall besser, eine feste Zuordnung zugunsten der größten Wahrscheinlichkeit $P(\hat{d}, Y^*)$ zu wählen.

Aufgabenteil c)
Bei der Parallelschaltung zweier Kanäle ist zu beachten, daß die Kombination der statistisch unabhängigen Ausgangssignale beider Kanäle zu einem diskreten Kanalmodell mit größerem Ausgangsalphabet führt, welches jetzt die Elemente $\{\pm 2, \pm 1, 0\}$ enthält. Unter Berücksichtigung der in Aufgabe 2.4.3 berechneten Übergangswahrscheinlichkeiten erhalten wir die Kanalkapazität vor dem Entscheider

$$C_1(2) = 0.4316 \text{ bit/Symbol}.$$

Die Kanalkapazität der Parallelschaltung ist also größer als die eines einzelnen Kanals. Dieser Effekt ist durch die Ausnutzung von *Diversität* zu erklären. Am Empfänger erhalten wir zwei Anteile des gleichen Signals, die über statistisch unabhängige Kanäle übertragen wurden. Durch ihre Addition treten im Mittel weniger Fehler auf, die Kapazität steigt.

Nach dem Einsatz des Entscheiders erhalten wir bei Verwendung des Auslöschungssymbols die Kapazität $C_1^{(3)} = 0.3916$ bit/Symbol, für eine reine Hard-Decision $C_1^{(2)} = 0.3674$ bit/Symbol. Wiederum sind beide Kapazitäten größer als die der Einzelkanäle für harte Entscheidung. Allerdings wird nicht die Kapazität des unquantisierten Falls erreicht, d.h. durch den Entscheider geht Information verloren, die beispielsweise durch eine Decodierung vor der Entscheidung hätte genutzt werden können.

Aufgabenteil d)

Mit Hilfe einer Schleife lassen sich in MATLAB leicht die Kapazitäten von beliebig vielen parallel verschalteten Kanälen berechnen. Enthalten die Vektoren $\mathbf{p}_i(D_\nu) = (P_i(Y_0|D_\nu) \ldots P_i(Y_{|\mathcal{Y}|-1}|D_\nu))$ die Übergangswahrscheinlichkeiten $P_i(Y_\mu|D_\nu)$ der beiden Teilkanäle $i = 1$ und $i = 2$ für ein konkretes Sendesymbol D_ν, so berechnen sich die Übergangswahrscheinlichkeiten für den Gesamtkanal mit $\mathbf{p}(D_\nu) = \mathrm{conv}(\mathbf{p}_1(D_\nu), \mathbf{p}_2(D_\nu))$. **Bild 8.2.9a** illustriert die erhaltenen Kapazitäten $C_1(n)$ bzw. $C_2(n)$. Es ist zu erkennen, daß die Kapazität mit zunehmender Anzahl an Kanälen monoton steigt, was auf die wachsende im System befindliche Diversität zurückzuführen ist. Für sehr große n strebt die Kanalkapazität allerdings gegen einen endlichen Wert. Dieser entspricht exakt der Entropie der Quelle und beträgt

$$\lim_{n\to\infty} C_1(n) = \lim_{n\to\infty} C_2(n) = H(\mathcal{D}) = 0.7219 \text{ bit/Symbol}.$$

Für unendlich viele parallele Kanäle kann die gesamte Information der Quelle ohne Codierung fehlerfrei übertragen werden.

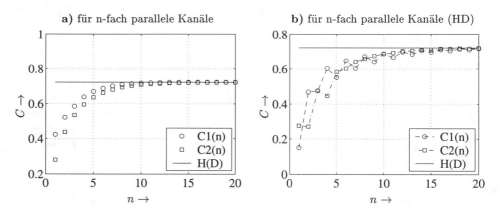

Bild 8.2.9: Abhängigkeit der Kanalkapazität von der Diversität

Aufgabenteil e)

Bei einer *Hard-Decision* am Ausgang des Gesamtkanals werden alle Werte größer Null der '+1' und alle Werte kleiner Null der '-1' zugeordnet. Für den Wert Null erfolgt eine Zuteilung gemäß der Ergebnisse aus Aufgabe 2.4.2. Diese Entscheidung ist für jedes n durchzuführen, so daß wir die in **Bild 8.2.9b** gezeigten Verläufe erhalten. Wie schon im unquantisierten Fall nimmt die Kanalkapazität mit wachsendem n für beide Kanäle zu und strebt gegen die Entropie der Quelle. Allerdings verläuft die Steigerung der Kapazität deutlich langsamer als im unquantisierten Fall. Ferner ist zu beobachten, daß Kanal 2 zunächst schlechter beginnt, dann aber schneller zu konvergieren scheint.

8.3 Grundlegendes zur Kanalcodierung

8.3.1 Restklassenarithmetik

Eine wichtige Grundlage für die Kanalcodierung bildet die Restklassenarithmetik. Ohne auf die komplette Theorie im Detail eingehen zu wollen, sollen hier einige wesentliche Elemente vorgestellt werden, die zum weiteren Verständnis erforderlich sind. Um Verwechslungen zu vermeiden, definiert dieser Abschnitt zunächst die wesentlichen Begriffe Gruppe, Körper, Galoisfeld, Vektorraum, Polynom und Erweiterungskörper [Fri96, Bos98, LC83].

Definition einer Gruppe

> *Eine Gruppe $(\mathcal{G}, *)$ besteht aus einer Menge $\mathcal{G}$ und einer zwischen den Elementen von $\mathcal{G}$ definierten Operation $*$ und erfüllt folgende Bedingungen:*
>
> 1. *Für alle $a, b \in \mathcal{G}$ gilt $a * b \in \mathcal{G}$ (Abgeschlossenheit).*
> 2. *Für alle $a, b, c \in \mathcal{G}$ gilt $(a * b) * c = a * (b * c)$ (Assoziativgesetz).*
> 3. *Es existiert ein neutrales Element e, für das gilt: $a * e = a$.*
> 4. *Für jedes $a \in \mathcal{G}$ existiert ein inverses Element a^{-1}, so daß gilt: $a * a^{-1} = e$.*
>
> *Eine Gruppe wird als abelsche Gruppe oder kommutative Gruppe bezeichnet, wenn zusätzlich das Kommutativgesetz gilt:*
>
> 5. *Für alle $a, b \in \mathcal{G}$ gilt: $a * b = b * a$.*

Die Operation $*$ in der obigen Definition kann unter anderem die Addition oder auch die Multiplikation darstellen. Beispiele für Gruppen sind die Menge der ganzen Zahlen mit der Addition, die Menge der reellen Zahlen mit der Addition und die Menge der reellen Zahlen ohne Null mit der Multiplikation.

Definition eines Körpers (*field*)

> *Ein Körper* $(\mathcal{K}, +, \cdot)$ *besteht aus einer Menge* $\mathcal{K}$, *für deren Elemente die Operationen Addition und Multiplikation definiert sind und die folgende Bedingungen erfüllt:*
>
> 1. $(\mathcal{K}, +)$ *ist eine kommutative Gruppe*
> 2. $(\mathcal{K} \setminus \{0\}, \cdot)$ *ist eine kommutative Gruppe (multiplikative Gruppe)*
> 3. *Für alle* $a, b, c \in \mathcal{K}$ *gilt:* $a \cdot (b + c) = a \cdot b + a \cdot c$ *(Distributivgesetz)*

Da in diesem Kapitel ausschließlich digitale Verfahren betrachtet werden, können die einzelnen Stellen u_i des Informationswortes **u** und auch die Stellen c_i des Codewortes **c** nur diskrete Werte annehmen. Im allgemeinen Fall existieren q verschiedene Werte, weshalb hier noch nicht von Binärstellen, sondern allgemein von Symbolen gesprochen wird. Später erfolgt dann eine Beschränkung auf den binären Fall mit $q = 2$.

Hinweis: Alle mathematischen Operationen wie Addition oder Multiplikation werden modulo-q ausgeführt, d.h. sie finden in einem endlichen Feld $GF(q)$ zur Basis q statt.

Definition eines Galoisfelds (*finite field*)

> *Enthält die Menge* $\mathcal{K}$ *nur endlich viele* (q) *Elemente, so sprechen wir von einem endlichen Körper (finite field) oder auch von einem Galoisfeld* $GF(q)$ *zur Basis* q. *Galois-Felder existieren nur für* $q = p^m$, *wobei* p *eine Primzahl und* m *eine natürliche Zahl ist. Für ein Galoisfeld gelten ansonsten die gleichen Regeln wie für Körper. Ist* $q = p$ *eine Primzahl, sprechen wir auch von Primkörpern!*

Als Beispiel enthält Tabelle 8.3.1 die additive und die multiplikative Verknüpfung für ein Galois-Feld zur Basis $q = 3$. Bezüglich der Addition stellt '0' das neutrale Element dar, denn es gilt $a + 0 = a$. Für die inversen Elemente gilt $a + (-a) = 0$, also z.B. $(1 + 2) \bmod 3 = 0$. Für die Multiplikation gilt unterdessen hinsichtlich des neutralen Elementes $a \cdot 1 = a$ und hinsichtlich der inversen Elemente $a \cdot a^{-1} = 1$ (siehe auch Tabelle 8.3.1).

Galoisfelder $GF(p)$ werden als zyklisch bezeichnet, wenn sich alle Elemente außer dem Nullelement durch Potenzen eines Elementes α bilden lassen. Dieses eine Element heißt primitives Element. Für jedes Galoisfeld existiert ein primitives Element α und es gilt

$$GF(p) = \{\alpha^i \mid \alpha \in GF(p) \ \wedge \ i = 1, \dots, p - 1\}. \qquad (8.3.1)$$

Alle Potenzen von α sind automatisch ebenfalls primitive Elemente des $GF(p)$.

+	0	1	2
0	0	1	2
1	1	2	0
2	2	0	1

·	0	1	2
0	0	0	0
1	0	1	2
2	0	2	1

Tabelle 8.3.1: Verknüpfungstabellen für das Galois-Feld $GF(3)$

Ein Codewort **c** setzt sich nun aus n Symbolen zusammen, die jeweils Elemente eines Galoisfeldes der Basis q sind $c_i \in GF(q)$. Die Menge aller n-Tupel bildet somit einen Vektorraum $GF(q)^n$, der wie folgt definiert ist:

Definition eines Vektorraums über $GF(q)$

> *Ein Vektorraum $GF(q)^n$ über einem endlichen Körper $GF(q)$ beschreibt eine Menge von Vektoren, für die eine Addition und eine Skalarmultiplikation definiert sind. $GF(q)^n$ ist bzgl. dieser beiden Operationen abgeschlossen, d.h. für $\mathbf{a}, \mathbf{b} \in GF(q)^n$ und $\gamma \in GF(q)$ gilt $\mathbf{a} + \mathbf{b} \in GF(q)^n$ und $\gamma \cdot \mathbf{a} \in GF(q)^n$. Ferner müssen folgende Gesetze erfüllt sein:*

> *1. $\mathbf{a} + \mathbf{b} = \mathbf{b} + \mathbf{a}$*
> *2. $(\mathbf{a} + \mathbf{b}) + \mathbf{c} = \mathbf{a} + (\mathbf{b} + \mathbf{c})$*
> *3. $\mathbf{a} + \mathbf{0} = \mathbf{a}$*
> *4. $\mathbf{a} + (-\mathbf{a}) = \mathbf{0}$*
> *5. $\gamma \cdot (\mathbf{a} + \mathbf{b}) = \gamma\mathbf{a} + \gamma\mathbf{b}$*
> *6. $(\gamma + \delta) \cdot \mathbf{a} = \gamma\mathbf{a} + \delta\mathbf{a}$*
> *7. $(\gamma \cdot \delta) \cdot \mathbf{a} = \gamma \cdot (\delta \cdot \mathbf{a})$*
> *8. $1 \cdot \mathbf{a} = \mathbf{a}$*

Mathematische Operationen zwischen den Vektoren $\mathbf{a}, \mathbf{b} \in GF(q)^n$ sind komponentenweise definiert $\mathbf{a} + \mathbf{b} = (a_0 + b_0, \ldots, a_{n-1} + b_{n-1})$.

Erweiterungskörper und Polynomdarstellung

Ist $q = p^m$ mit $m > 1$ die Potenz einer Primzahl, läßt sich das Galoisfeld $GF(q)$ nicht durch die Zahlen von 0 bis $q - 1$ darstellen. Um auch für diese sogenannten Erweiterungskörper zu einer anschaulichen Darstellung zu gelangen, betrachten wir zunächst das normierte Polynom $p(D) = p_0 + p_1 D + \cdots + D^m$ vom Grad m mit Koeffizienten $p_i \in GF(p)$ und $p_m = 1$.

Definition eines irreduziblen Polynoms

Ein irreduzibles Polynom $p(D)$ vom Grad m mit Koeffizienten $p_i \in GF(p)$ kann nicht in Polynome vom Grad kleiner m zerlegt werden, die ebenfalls Koeffizienten aus $GF(p)$ besitzen. Folglich besitzt $p(D)$ keine Nullstellen im $GF(p)^2$. Der Begriff irreduzibel bezieht sich immer auf einen bestimmten Körper.

Beispielsweise besitzt das Polynom $p(D) = D^4 + D^2 + 1$ keine Nullstellen im $GF(2)$, da sowohl $p(0) \neq 0$ als auch $p(1) \neq 0$ gilt. Trotzdem läßt sich $p(D)$ im $GF(2)$ durch $p(D) = (D^2 + D + 1)^2$ faktorisieren. Allgemein läßt sich zeigen, daß für jede Primzahl p und jede natürliche Zahl m ein irreduzibles Polynom $p(D)$ vom Grad m mit Koeffizienten aus $GF(p)$ existiert.

Definition eines primitiven Polynoms

Ein irreduzibles Polynom $p(D)$ vom Grad m ($p_i \in GF(p)$, p ist eine Primzahl) heißt primitives Polynom, wenn eine Nullstelle $\alpha \notin GF(p)$ mit $p(\alpha) = 0$ existiert und die Potenzen $\alpha^1 \cdots \alpha^n$ mit $n = p^m - 1$ den Erweiterungskörper $GF(p^m)$ bilden. α heißt primitives Element von $GF(p^m)$ und n wird wegen $\alpha^n = \alpha^0 = 1$ Ordnung von α genannt.

Damit läßt sich nun der Erweiterungskörper $GF(p^m)$ folgendermaßen definieren.

Definition eines Erweiterungskörpers (*extension field*)

Es sei $p(D)$ ein primitives Polynom vom Grad m mit Koeffizienten $p_i \in GF(p)$ und $\alpha \notin GF(p)$ das primitive Element von $p(D)$. Dann entspricht der Erweiterungskörper $GF(p^m)$ der Menge aller Linearkombinationen der Potenzen $\alpha^0 \ldots \alpha^{m-1}$. Alternativ lassen sich alle von null verschiedenen Elemente des $GF(p^m)$ als Potenzen von α darstellen (zyklischer Körper). Es gilt:

$$GF(p^m) = \left\{ \sum_{i=0}^{m-1} p_i \cdot \alpha^i \Big| p_0 \ldots p_{m-1} \in GF(p) \right\}$$
$$= \{ 0, \alpha^1, \alpha^2, \ldots \alpha^{n-1}, \alpha^n = \alpha^0 = 1 \}$$

Somit ist $GF(q) = GF(p^m)$ ein Erweiterungskörper von $GF(p)$ mit $q = p^m$ Elementen. Man nennt $GF(p)$ auch Primkörper von $GF(q)$.

Man kann sich den Erweiterungskörper $GF(p^m)$ also zum einen als Menge aller Potenzen des primitiven Elementes α von $p(D)$ vorstellen (Exponentendarstellung). Zum anderen kann $GF(p^m)$ auch als Menge aller Polynome $p(\alpha)$ vom Grad $\leq m-1$

---

[2]Das Fehlen von Nullstellen allein garantiert nicht die Irreduzibilität eines Polynoms [Bos98]!

interpretiert werden (Komponentendarstellung). Erweiterungskörper sind insbesondere für die Reed-Solomon-Codes von großer Bedeutung, da diese nicht-binäre Codes sind, die in der Regel auf einem Galoisfeld zur Basis 2^m basieren.

8.3.2 Distanzeigenschaften von Codes

Ein wichtiges Maß zur Beurteilung der Leistungsfähigkeit eines Codes ist die Hamming-Distanz $d_H(\mathbf{a}, \mathbf{b})$, die die Anzahl unterschiedlicher Symbole zwischen zwei Codeworten $\mathbf{a}$ und $\mathbf{b}$ angibt. Je größer sie ist, desto mehr Fehler können erkannt bzw. korrigiert werden. Die kleinste vorkommende Hamming-Distanz $d_{\min}$ bestimmt im wesentlichen die Leistungsfähigkeit des Codes. Allgemein gilt, daß ein Code mit Sicherheit

$$t = \left\lfloor \frac{d_{\min} - 1}{2} \right\rfloor \qquad (8.3.2)$$

Fehler korrigieren und

$$t' = d_{\min} - 1 \qquad (8.3.3)$$

Fehler erkennen kann. Unter Umständen kann er auch noch darüber hinaus Fehler erkennen oder korrigieren, dies kann aber nicht garantiert werden. Daher bestimmen die Distanzeigenschaften eines Codes direkt seine Leistungsfähigkeit. Aufgrund der Wichtigkeit der minimalen Hamming-Distanz $d_{\min}$ wird sie in der Literatur auch häufig bei der Benennung eines konkreten Blockcodes angegeben. Ein Code im $GF(q)$, der k Informationssymbole auf n Codesymbole abbildet und die Mindestdistanz $d_{\min}$ besitzt, wird als $(n, k, d_{\min})_q$-Code bezeichnet. Neben der ausschließlichen Fehlererkennung bzw. -korrektur sind auch kombinierte Decodierverfahren möglich, die gleichzeitig t Fehler korrigieren und $t' > t$ Fehler erkennen können. Hier muß dann gelten:

$$t + t' + 1 \leq d_{\min}. \qquad (8.3.4)$$

Für die Leistungsfähigkeit eines Codes spielt natürlich nicht nur die Mindestdistanz eine Rolle. Genaugenommen ist das gesamte Distanzspektrum, also die Distanzen zwischen allen möglichen Codewortkombinationen zu berücksichtigen. Da hier nur lineare Codes betrachtet werden, reicht es aus, alle Codeworte mit dem Nullwort zu vergleichen. Aus diesem Grund ist für lineare Codes nur das Hamming-Gewicht $w_H(\mathbf{a})$, also die Anzahl der von Null verschiedenen Symbole, aller Codeworte $\mathbf{a} \in \mathcal{C}$ zu bestimmen. Das Distanz- bzw. Gewichtsspektrum läßt sich einfach als Polynom darstellen und hat im allgemeinen die Form

$$A(D) = \sum_{d=d_{\min}}^{n} a_d \cdot D^d = \sum_{\mathbf{a} \in \mathcal{C}} D^{w_H(\mathbf{a})} . \qquad (8.3.5)$$

Die Koeffizienten a_d geben die Anzahl der Codeworte **a** mit Gewicht $w_H(\mathbf{a}) = d$ an. Es gilt demnach der Zusammenhang

$$\sum_{d=d_{\min}}^{n} a_d = q^k \,,$$

d.h. die Summe aller Koeffizienten entspricht logischerweise der Gesamtzahl aller Codeworte. Für Faltungscodes, die in Abschnitt 8.6 vorgestellt werden, beschreibt a_d die Anzahl von *Codesequenzen* mit Gewicht d.

Die sogenannte IOWEF (*Input Output Weight Enumerating Function*) [BM96b, BM96a, BMDP96] stellt eine Beziehung zwischen den Informationsbit und den Codebit her. Sie ist sowohl zur Abschätzung der Bitfehlerrate als auch zur Bestimmung der Distanzspektren von verketteten Codes erforderlich. Es gilt

$$A(W, D) = \sum_{w=0}^{k} \sum_{d=0}^{n} a_{w,d} \cdot W^w D^d \,, \qquad (8.3.6)$$

wobei $a_{w,d}$ die Anzahl der Codeworte angibt, deren Gewicht d beträgt und deren zugeordnete Informationsbit das Gewicht w haben. Da die IOWEF auch zur Bestimmung der Distanzeigenschaften von verketteten Codiersystemen herangezogen wird, beginnen die Summationen in (8.3.6) schon bei $w = 0$ bzw. $d = 0$. Für Faltungscodes bezieht sich $a_{w,d}$ wiederum auf Sequenzen.

8.3.3   Decodierprinzipien

Bezüglich der Decodierung sind im wesentlichen drei Decodierprinzipien zu nennen, Maximum-a-posteriori (MAP)- und Maximum-Likelihood-Decodierung (MLD), die begrenzte Distanz-Decodierung (BDD) sowie die begrenzte Minimaldistanz-Decodierung (BMD). Alle Verfahren sind in **Bild 8.3.1** graphisch dargestellt und sollen im folgenden kurz erläutert werden. Prinzipiell ist auch zwischen Verfahren, die einzelne Symbole schätzen und solchen, die ganze Codeworte oder -sequenzen bestimmen, zu unterscheiden. Allerdings beschränken wir uns in diesem Kapitel zunächst auf die Decodierung kompletter Codeworte bzw. -sequenzen. *Symbol-by-Symbol*-Verfahren spielen bei der Decodierung von verketteten Codes eine wichtige Rolle und werden erst in Kapitel 9 behandelt.

Maximum-a-posteriori-Kriterium (MAP)

Die optimale Decodierung garantiert das MAP-Kriterium (*maximum a posteriori probability*). Hierbei wird das Codewort **a** bestimmt, die die a-posteriori-Wahrscheinlichkeit $P(\mathbf{a}|\mathbf{y})$ maximiert. Es gilt

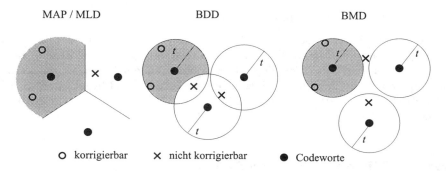

MAP / MLD   BDD   BMD

○ korrigierbar   ✗ nicht korrigierbar   ● Codeworte

Bild 8.3.1: Veranschaulichung der Prinzipien von MLD, BDD und BMD

$$\hat{\mathbf{c}} = \arg\max_{\mathbf{a}\in\mathcal{C}} P(\mathbf{a}|\mathbf{y}) = \arg\max_{\mathbf{a}\in\mathcal{C}} P(\mathbf{y}|\mathbf{a}) \cdot \frac{P(\mathbf{a})}{P(\mathbf{y})}$$

$$= \arg\max_{\mathbf{a}\in\mathcal{C}} P(\mathbf{y}|\mathbf{a}) \cdot P(\mathbf{a}) . \tag{8.3.7}$$

Gleichung (8.3.7) zeigt, daß neben den Übergangswahrscheinlichkeiten $P(\mathbf{y}|\mathbf{a})$ des Kanals auch die a-priori-Wahrscheinlichkeiten $P(\mathbf{a})$ in die Decodierentscheidung eingehen. Steht dem Decodierer also die Statistik des Codealphabets a-priori zur Verfügung, kann er sie gewinnbringend nutzen. Die MAP-Decodierung ist dann die optimale Form der Decodierung. Stellt $\mathbf{c} = f(\mathbf{u})$ die Abbildung des Codierers dar, erhalten wir die geschätzten Informationsbit durch $\hat{\mathbf{u}} = f^{-1}(\hat{\mathbf{c}})$.

Maximum-Likelihood-Decodierung (MLD)

Ist die Verteilung der Codeworte gleichverteilt oder aber nicht von vornherein bekannt, entfällt der Term $P(\mathbf{a})$ in (8.3.7). Wir erhalten dann die sogenannte *Maximum-Likelihood*-Decodierung

$$\hat{\mathbf{c}} = \arg\max_{\mathbf{a}\in\mathcal{C}} P(\mathbf{y}|\mathbf{a}) , \tag{8.3.8}$$

die von allen Codeworten dasjenige auswählt, das die geringste Distanz zum empfangenen Wort hat. Hierdurch wird bei gleicher a-priori-Wahrscheinlichkeit der Codeworte eine minimale Wortfehlerwahrscheinlichkeit erzielt. Allerdings nimmt der Aufwand wie auch beim MAP-Kriterium mit wachsender Anzahl k der Informationssymbole exponentiell zu, so daß ein einfacher Vergleich aller Codeworte mit dem empfangenen Wort schnell unpraktikabel wird. Dies gilt umso mehr, da die Leistungsfähigkeit der Codes mit steigendem k der Informationssymbole und n zunimmt und daher eine hohe Leistungsfähigkeit auch mit einem hohen Decodieraufwand verbunden ist. Da bei diesen beiden Verfahren stets der nächste Nachbar zum empfangenen Wort gesucht wird, können unter Umständen auch mehr als $\lfloor(d_{\min} - 1)/2\rfloor$ Fehler korrigiert werden. Dies gilt für die folgenden Verfahren nicht.

Begrenzte Distanz-Decodierung (BDD)

Bei der BDD wird um jedes Codewort eine Kugel vom Radius t gelegt. Alle Empfangsworte, die ausschließlich innerhalb einer einzigen Kugel liegen, werden decodiert, d.h. dem mit ihrer Kugel korrespondierendem Codewort zugeordnet. Empfangsworte, die in mehreren oder aber gar keiner Kugel liegen, werden nicht decodiert, sondern als fehlerhaft gekennzeichnet. Die BDD ist nur unwesentlich schlechter als die MLD.

Begrenzte Minimaldistanz-Decodierung (BMD)

Um jedes Codewort wird eine Kugel mit dem Radius $t = \lfloor (d_{\min} - 1)/2 \rfloor$ gelegt, wodurch alle Kugeln disjunkt sind, also keine gemeinsamen Bereiche besitzen. Alle Empfangsworte innerhalb einer Kugel werden dann Richtung Kugelmittelpunkt decodiert; es ergibt sich also eine Decodierung bis zur halben Minimaldistanz. Die BMD besitzt von den drei hier vorgestellten Prinzipien die geringste Leistungsfähigkeit, für *perfekte Codes* (S. 359) ist sie allerdings mit der *Maximum Likelihood*-Decodierung identisch.

8.3.4 Leistungsfähigkeit von Codes

Die Abschätzung der Leistungsfähigkeit von Codes wird im folgenden in drei Bereiche unterteilt. Zunächst widmen wir uns der Fehlererkennung und bestimmen die Auftrittswahrscheinlichkeit für unerkannte Fehler beim BSC. Anschließend werden die Wahrscheinlichkeiten für Fehlentscheidungen des Decodierers bzw. für nicht korrigierbare Fehler im Fall einer Hard-Decision und einer Soft-Decision vorgestellt. Für den letzten Fall wird neben der Wortfehlerwahrscheinlichkeit auch die Bitfehlerwahrscheinlichkeit betrachtet. Dabei beschränken wir uns stets auf binäre Codes, also $q = 2$.

Fehlererkennung beim BSC

Allgemein kann das Empfangswort $\mathbf{y}$ bei einer Hard-Decision im Empfänger durch die Überlagerung des gesendeten Codewortes $\mathbf{c}$ und einem Fehlerwort $\mathbf{e}$

$$\mathbf{y} = \mathbf{c} + \mathbf{e} \tag{8.3.9}$$

dargestellt werden. Dabei enthält $\mathbf{e}$ genau an den Stellen ein Symbol ungleich Null, an denen ein Fehler aufgetreten ist. Das Gewicht von $\mathbf{e}$ gibt somit die Anzahl der Fehler im empfangenen Wort $\mathbf{y}$ an. Ein Fehler kann immer dann nicht erkannt werden, wenn durch die Addition von $\mathbf{c}$ und $\mathbf{e}$ wieder ein gültiges Codewort entstanden ist. Aufgrund der Eigenschaften des den Code beschreibenden

Vektorraums ist dies aber nur der Fall, wenn $\mathbf{e}$ selbst ein Codewort ist ($\mathbf{e} \in \mathcal{C}$) und damit mindestens das Gewicht $d_{\min}$, also die Minimaldistanz besitzt. Ist P_e die Fehlerwahrscheinlichkeit des BSC, so lautet die Auftrittswahrscheinlichkeit eines unerkannten Fehlers (*undetected error*)

$$P_{\text{ue}} = \sum_{\mathbf{c} \in \mathcal{C} \setminus \{\mathbf{0}\}} (1 - P_e)^{n - w_H(\mathbf{c})} \cdot P_e^{w_H(\mathbf{c})} \qquad (8.3.10)$$

$$= \sum_{d = d_{\min}}^{n} a_d \cdot (1 - P_e)^{n-d} \cdot P_e^d . \qquad (8.3.11)$$

Fehlerkorrektur beim BSC

Hinsichtlich der Wahrscheinlichkeit P_w für das Auftreten eines nicht korrigierbaren Fehlers spielt nicht nur der Code, sondern auch die Art der Decodierung eine Rolle. Eine sehr einfache Bestimmung von P_w ist für die begrenzte Minimaldistanz-Decodierung möglich. Da sie von den drei in Abschnitt 8.3.3 vorgestellten Verfahren die geringste Leistungsfähigkeit besitzt, stellt das Ergebnis gleichzeitig eine obere Schranke für die beiden übrigen Verfahren (MLD und BDD) dar.

Wir setzen einen $(n, k, d_{\min})$-Code voraus, der bei BMD maximal $t = \lfloor (d_{\min} - 1)/2 \rfloor$ Fehler korrigieren kann. Die Wortfehlerwahrscheinlichkeit berechnet sich dann mit

$$P_w \leq \sum_{d = t+1}^{n} \binom{n}{d} \cdot P_e^d \cdot (1 - P_e)^{n-d} . \qquad (8.3.12)$$

Für *perfekte Codes* (S. 359) ist die Abschätzung auch für MLD und BDD exakt und in (8.3.12) gilt das Gleichheitszeichen. Aufgrund der Betrachtung der begrenzten Minimaldistanz-Decodierung ist der Ausdruck für die Fehlerwahrscheinlichkeit nicht vom Distanzspektrum, also von den Koeffizienten a_d, abhängig.

Fehlerkorrektur bei Soft-Decision am Beispiel des AWGN-Kanals

Im Gegensatz zur Hard-Decision wird jetzt wieder die optimale *Maximum-Likelihood*-Decodierung vorausgesetzt. Wir gehen im folgenden zunächst davon aus, daß ein beliebiges, aber festes Codewort $\mathbf{c}^{(i)}$ gesendet wurde. Weiterhin beschreibt $\mathcal{M}_{i,j}$ die Menge der Empfangsworte $\mathbf{y}$, die dichter an einem falschen Wort $\mathbf{c}^{(j)}$ als an $\mathbf{c}^{(i)}$ liegen

$$\mathcal{M}_{i,j} = \left\{ \mathbf{y} \mid P(\mathbf{y} \mid \mathbf{c}^{(j)}) > P(\mathbf{y} \mid \mathbf{c}^{(i)}) \right\} . \qquad (8.3.13)$$

Damit kann die Wahrscheinlichkeit für eine falsche Detektion von $\mathbf{c}^{(i)}$ durch die *Union Bound* folgendermaßen abgeschätzt werden [Pro95, Bos98]:

$$P_e(\mathbf{c}^{(i)}) \;=\; P\left(\mathbf{y}\in \bigcup_{\substack{j=1\\j\neq i}}^{2^k} \mathcal{M}_{i,j} \;\middle|\; \mathbf{c}^{(i)}\right)$$

$$\leq\; \sum_{\substack{j=1\\j\neq i}}^{2^k} P(\mathbf{y}\in\mathcal{M}_{i,j} \mid \mathbf{c}^{(i)})\;. \qquad (8.3.14)$$

Das Gleichheitszeichen in (8.3.14) gilt nur, wenn alle Mengen $\mathcal{M}_{i,j}$ disjunkt sind. Wir wenden nun die obige Gleichung für den Fall einer antipodalen Übertragung über den AWGN-Kanal an. Entsprechend der Vorgehensweise in [Fri96] geht (8.3.14) in den Ausdruck

$$P_e(\mathbf{c}^{(i)}) \leq \frac{1}{2}\sum_{\substack{j=1\\j\neq i}}^{2^k} \mathrm{erfc}\left(\sqrt{d_H\left(\mathbf{c}^{(i)},\mathbf{c}^{(j)}\right)\frac{E_s}{N_0}}\right) \qquad (8.3.15)$$

über. Da $P_e(\mathbf{c}^{(i)})$ wegen der Linearität des betrachteten Codes unabhängig von einem speziell gewählten Codewort $\mathbf{c}^{(i)}$ ist, stellt $P_e(\mathbf{c}^{(i)})$ auch gleichzeitig die allgemeine Wortfehlerwahrscheinlichkeit P_w des gesamten Codes dar

$$P_w \leq \frac{1}{2}\sum_{d=d_{\min}}^{n} a_d\cdot \mathrm{erfc}\left(\sqrt{d\frac{E_s}{N_0}}\right)\;. \qquad (8.3.16)$$

Soll nun auch die Bitfehlerrate bestimmt werden, ist der Zusammenhang zwischen der Wahl eines falschen Codewortes und der daraus resultierenden Anzahl von fehlerhaften Informationsbit herzustellen. Dazu wird die bereits in (8.3.6) definierte IOWEF benötigt. Wir betrachten zunächst alle Codeworte $\mathbf{c}$ mit dem Gewicht d. Das mittlere Gewicht c_d der zugehörigen Informationsworte $\mathbf{u}$ kann durch die partielle Ableitung von $A(W,D)$

$$\left.\frac{\partial A(W,D)}{\partial W}\right|_{W=1} = \sum_d \underbrace{\sum_w w\cdot a_{w,d}}_{k\cdot c_d}\cdot D^d \qquad (8.3.17)$$

bestimmt werden. Durch Ersetzen des Koeffizienten a_d in (8.3.16) mit $c_d = \sum_w w/k\cdot a_{w,d}$ erhalten wir eine obere Schranke für die Bitfehlerrate

$$P_b \leq \frac{1}{2}\sum_{d=d_{\min}}^{n} c_d\cdot \mathrm{erfc}\left(\sqrt{d\frac{E_s}{N_0}}\right) = \frac{1}{2}\sum_{d=d_{\min}}^{n} c_d\cdot \mathrm{erfc}\left(\sqrt{dR_c\frac{E_b}{N_0}}\right)\;. \qquad (8.3.18)$$

8.3.5 Übungen

| Aufgabe 8.3.1 | **Polynom im $GF(2)$** |
| Lösung Seite 345 |

Zur Lösung der folgenden Aufgaben werden Routinen aus der *Communications Toolbox* von MATLAB verwendet.

a) Gegeben ist das Polynom $p(D) = 1 + D^3 + D^4 + D^5 + D^6$ im $GF(2)$. Prüfen Sie mit der Routine `gfprimck`, ob $p(D)$ irreduzibel bzgl. $GF(2)$ oder primitiv im $GF(2^6)$ ist.

b) Bestimmen Sie die Teilpolynome von $p(D)$. (Hinweis: Mit dem Befehl `gfpretty` lassen sich Polynome in MATLAB übersichtlich darstellen.)

c) Geben Sie mit Hilfe des MATLAB-Befehls `gfprimfd` eine Liste aller primitiven Polynome des $GF(2^6)$ an.

d) Bestimmen Sie mit einer MATLAB-Routine alle irreduziblen Polynome vom Grad $m = 6$, die keine primitiven Polynome sind.

| Aufgabe 8.3.2 | **Erweiterungskörper** |
| Lösung Seite 347 |

a) Zeigen Sie, daß sich der Erweiterungskörper $GF(4)$ nicht mit den Zahlen 0, 1, 2 und 3 darstellen läßt.

b) Das $GF(4)$ soll nun mit Hilfe des primitiven Elementes α beschrieben werden. Bestimmen Sie das primitive Polynom $p(D)$ für das Galoisfeld $GF(4)$. Welche Bedingung muß das primitive Element α erfüllen?

c) Gegeben ist nun das primitive Polynom $p(D) = 1 + D + D^3$ für den Erweiterungskörper $GF(2^3)$. Zeigen Sie, daß sich die Elemente des $GF(2^3)$ aus den Potenzen des primitiven Elementes α berechnen lassen.

d) Stellen Sie die Verknüpfungstabellen für Addition und Multiplikation im $GF(2^3)$ auf.

| Aufgabe 8.3.3 | **2-aus-5-Code** |
| Lösung Seite 348 |

a) Gegeben ist ein einfacher 2-aus-5-Code der Länge $n = 5$, der sich aus allen möglichen Worten mit dem Gewicht $w_H(\mathbf{c}) = 2$ zusammensetzt. Geben Sie den Code $\mathcal{C}$ an. Handelt es sich um einen linearen Code?

b) Bestimmen Sie die Distanzeigenschaften des Codes. Was ist zu beachten?

c) Berechnen Sie die Wahrscheinlichkeit P_{ue} für das Auftreten von unerkannten Fehlern für den betrachteten Code beim binären symmetrischen Kanal. Die Übergangswahrscheinlichkeiten des BSC sollen im Bereich $10^{-3} \leq P_e \leq 0.5$ liegen. Stellen Sie P_{ue} in Abhängigkeit von P_e graphisch dar und tragen Sie auch die Fehlerrate des BSC in das Diagramm ein.

d) Überprüfen Sie das Ergebnis aus c), indem Sie eine Datenübertragungsstrecke nachbilden und die nicht erkannten Fehler für bestimmte Fehlerwahrscheinlichkeiten P_e des BSC messen.
   Hinweis: Würfeln Sie N Codeworte zufällig aus und führen Sie eine BPSK-Modulation durch. Anschließend werden die Worte mit weißem, gaußverteiltem Rauschen additiv überlagert, dessen Leistung der gewünschten Fehlerwahrscheinlichkeit $P_e = 0.5 \cdot \mathrm{erfc}(\sqrt{E_s/N_0})$ des BSC entspricht. Im Empfänger kann nach einer Hard-Decision der einzelnen Bit die MLD durch eine Korrelation von empfangenem Wort und allen möglichen Codeworten mit anschließender Maximum-Bestimmung realisiert werden. Abschließend sind dann die Fehler zu zählen.

e) Berechnen Sie die Fehlerwahrscheinlichkeit P_w bei Soft-Decision-ML-Decodierung für den AWGN-Kanal.

f) Überprüfen Sie die Ergebnisse von e) mit Hilfe von Simulationen im Bereich $-2\,\mathrm{dB} \leq E_s/N_0 \leq 6\,\mathrm{dB}$. Vergleichen Sie die erhaltenen Fehlerraten mit dem uncodierten Fall.
   Hinweis: Sie können die gleiche Übertragungsstrecke wie im Aufgabenteil d) verwenden. Die Hard-Decision wird jetzt allerdings erst nach der ML-Decodierung durchgeführt.

Aufgabe 8.3.4	**Hadamard-Code** Lösung Seite 351

a) Hadamard-Codes gehören zur Klasse der linearen Blockcodes, die im nächsten Abschnitt noch genauer vorgestellt werden. Der Coderaum $\mathcal{C}$ eines Hadamard-Codes läßt sich unter MATLAB einfach mit dem Befehl **hadamard(M)** erzeugen, wobei $M = 2^k$ die Mächtigkeit des Coderaums beschreibt. Die Codeworte haben die Länge $n = M$. Dabei ist zu beachten, daß das Ergebnis nicht aus Nullen und Einsen, sondern aus den Symbolen '+1' und '-1' besteht. Generieren Sie einen Hadamard-Code für $M = 16$ und bestimmen Sie seine Distanzeigenschaften $A(D)$.

b) Zur Codierung wird eine Gruppe von $k=4$ Informationsbit auf eines von $M = 16$ Codeworten abgebildet wird. Dabei werden die 4-Bit-Worte zunächst mit dem MATLAB-Befehls `bi2de` (benötigt die Communications Toolbox) in Dezimalzahlen konvertiert, die dann zur Adressierung des Coderaums verwendet werden.[3] Bestimmen Sie die IOWEF $A(W, D)$ des Codierers.

c) Schätzen Sie die Wortfehlerwahrscheinlichkeit P_w für den BSC bei begrenzter Minimaldistanz-Decodierung ab. Tragen Sie P_w nicht über P_e, sondern über dem E_b/N_0 eines äquivalenten AWGN-Kanals mit anschließender Hard-Decision auf.

d) Schätzen Sie Wort- und Bitfehlerwahrscheinlichkeit für den AWGN-Kanal bei ML-Decodierung ab.

e) Simulieren Sie die codierte Übertragung für den BSC- und den AWGN-Kanal. Der BSC kann als Spezialfall des AWGN-Kanals interpretiert werden (Hard-Decision-Decodierung), so daß die Simulation nur einmal durchgeführt werden muß. Es soll der Bereich $0\,\text{dB} \leq E_b/N_0 \leq 10\,\text{dB}$ erfaßt werden. **Achten Sie auf die korrekte Normierung zwischen E_s/N_0 und E_b/N_0!** Folgende Messungen sind durchzuführen:

 − Für den BSC sind sowohl MLD als auch die BMD zu realisieren.

 − Messen Sie beim BSC für die BMD die relative Häufigkeit für das Auftreten von Decodierversagen.

 − Messen Sie Wort- und Bitfehlerraten für die MLD beim AWGN-Kanal.

Stellen Sie die ermittelten Fehlerraten den analytischen Ergebnissen gegenüber und vergleichen Sie sie untereinander.

f) Berechnen Sie die Wahrscheinlichkeiten für das Auftreten eines Decodierversagens und einer fehlerhaften Korrektur in Abhängigkeit von E_b/N_0. Vergleichen Sie die Ergebnisse mit den Simulationswerten.

g) Bestimmen Sie den Codierungsgewinn, indem Sie die Bitfehlerraten der uncodierten Übertragung und die der codierten Übertragung (jeweils vor und nach der Decodierung) über E_b/N_0 auftragen.

Lösung Aufgabe 8.3.1

Aufgabenteil a)

Die *Communications Toolbox* von MATLAB bietet für diese Aufgabe die Funktion `gfprimck(p)` an, deren Ausgang die Werte

---

[3]Wahlweise können auch Dezimalzahlen im Bereich von 1 bis M ausgewürfelt und mit dem Befehl `de2bi` in 4-Bit-Worte umgewandelt werden.

$$\text{gfprimck(p)} = \begin{cases} +1 & p(D) \text{ ist ein primitives Polynom} \\ 0 & p(D) \text{ ist irreduzibel, aber nicht primitiv} \\ -1 & p(D) \text{ ist weder irreduzible noch primitiv} \end{cases}$$

annehmen kann. In unserem Beispiel liefert sie den Wert -1, $p(D)$ ist also weder primitiv noch irreduzibel.

Aufgabenteil b)
Da $p(D)$ nicht irreduzibel ist, muß es Polynome $p_i(D)$ vom Grad kleiner $m = 6$ geben, die $p(D)$ ohne Rest im $GF(2)$ teilen. Da weder '0' noch '1' Nullstellen sind, testen wir $p(D)$ mit dem Polynom $p_1(D) = 1 + D + D^2$. Wir erhalten folgendes Ergebnis.

$$(D^6 + D^5 + D^4 + D^3 + 1) : (D^2 + D + 1) = D^4 + D + 1$$

Aufgabenteil c)
Die primitiven Polynome eines Galois-Feldes $GF(p)$ können in MATLAB mit dem Befehl **gfprimfd** bestimmt werden. (**gfprimdf** liefert nur das primitive Standard-polynom). Wir erhalten die Polynome

$1 + D + D^6$	$1 + D^5 + D^6$
$1 + D + D^3 + D^4 + D^6$	$1 + D + D^2 + D^5 + D^6$
$1 + D + D^2 + D^3 + D^5 + D^6$	$1 + D + D^4 + D^5 + D^6$

Aufgabenteil d)
Die irreduziblen, aber nicht primitiven Polynome können durch die Abfrage **gfprimck**=0 gefunden werden[4]. Sie lauten

$1 + D^3 + D^6$
$1 + D + D^2 + D^4 + D^6$
$1 + D^2 + D^4 + D^5 + D^6$

---

[4]In den MATLAB-Versionen 5.x ist **gfprimck** fehlerhaft. Wir haben daher im Grundroutinen-Verzeichnis der beiliegenden CD die Routine der 6.1-Version beigefügt. Sie heißt **gfprimck6**.

Lösung Aufgabe 8.3.2

Aufgabenteil a)

Die folgenden Verknüpfungstabellen für das Galoisfeld $GF(4)$ entstehen, wenn als Symbole die Zahlen 0, 1, 2, 3 verwendet werden. Bei der Multiplikation ist zu erkennen, daß für das Symbol 2 kein inverses Element 2^{-1} existiert, für das $2 \cdot 2^{-1} = 1$ gilt. Aus diesem Grund sind Erweiterungskörper $GF(q = p^m)$ nicht durch die Zahlen 0, 1, ... $q - 1$ darstellbar.

+	0	1	2	3
0	0	1	2	3
1	1	2	3	0
2	2	3	0	1
3	3	0	1	2

·	0	1	2	3
0	0	0	0	0
1	0	1	2	3
2	0	2	0	2
3	0	3	2	1

Aufgabenteil b)

Für $q = p^m = 2^2$ hat das primitive Polynom $p(D)$ den Grad $m = 2$. Da seine Nullstellen nicht im Primkörper $GF(2)$ liegen dürfen, entfallen automatisch die Polynome D^2 und $D^2 + 1$, da sie an den Stellen '0' und '1' den Wert Null annehmen. Folglich bleibt nur das Polynom

$$p(D) = D^2 + D + 1$$

übrig. Für das primitive Element muß also $\alpha^2 = \alpha + 1$ gelten.

Aufgabenteil c)

Der Erweiterungskörper $GF(8)$ besteht aus den $2^3 = 8$ möglichen Polynomen in α, die den maximalen Grad 2 besitzen. Es sind die Polynome (das Element '0' ausgenommen) 1, α, $\alpha + 1$, α^2, $\alpha^2 + 1$, $\alpha^2 + \alpha$ und $\alpha^2 + \alpha + 1$. Für das primitive Element α muß $\alpha^3 = \alpha + 1$ gelten, so daß seine $n = 2^3 - 1 = 7$ Potenzen folgendermaßen lauten.

$$
\begin{aligned}
\alpha^3 &= & &= \alpha + 1 \\
\alpha^4 &= & &= \alpha^2 + \alpha \\
\alpha^5 &= \alpha^3 + \alpha^2 & &= \alpha^2 + \alpha + 1 \\
\alpha^6 &= \alpha^3 + \alpha^2 + \alpha &= \alpha^2 + 1 \\
\alpha^7 &= \alpha^3 + \alpha & &= 1 = \alpha^0
\end{aligned}
$$

Somit repräsentieren die Potenzen von α sämtliche Elemente des Erweiterungskörpers $GF(8)$. Die Polynome in α kann man sich auch als Bit-Tripel vorstellen, wobei die Koeffizienten der Polynome die Wertigkeit der Bit darstellen.

Aufgabenteil d)
Die Verknüpfungstabellen für das $GF(8)$ sind so angegeben, daß sie die Koeffizienten der Polynomdarstellung enthalten. Beispielsweise entsprechen die Terme 010 und 011 den Polynomen α bzw. $\alpha + \alpha^2$.

+	000	100	010	110	001	101	011	111
000	000	100	010	110	001	101	011	111
100	100	010	110	001	101	011	111	000
010	010	110	001	101	011	111	000	100
110	110	001	101	011	111	000	100	010
001	001	101	011	111	000	100	010	110
101	101	011	111	000	100	010	110	001
011	011	111	000	100	010	110	001	101
111	111	000	100	010	110	001	101	011

·	000	100	010	110	001	101	011	111
000	000	000	000	000	000	000	000	000
100	000	100	010	110	001	101	011	111
010	000	010	001	011	000	010	001	011
110	000	110	011	100	001	111	010	101
001	000	001	000	001	000	001	000	001
101	000	101	010	111	001	100	011	110
011	000	011	001	010	000	011	001	010
111	000	111	011	101	001	110	010	100

Lösung Aufgabe 8.3.3

Aufgabenteil a)
Der Coderaum besteht aus genau $\binom{5}{2}=10$ Elementen. Sie sind in der folgenden Tabelle aufgelistet.

Index	Codeworte	Index	Codeworte
1	1 1 0 0 0	6	0 1 0 1 0
2	1 0 1 0 0	7	0 1 0 0 1
3	1 0 0 1 0	8	0 0 1 1 0
4	1 0 0 0 1	9	0 0 1 0 1
5	0 1 1 0 0	10	0 0 0 1 1

Der Code ist nicht linear, da beispielsweise die modulo-2-Addition der Codeworte (1 1 0 0 0) und (0 0 0 1 1) das Wort (1 1 0 1 1) ergibt, welches nicht Element des Coderaums ist. Damit ist die Eigenschaft der Abgeschlossenheit verletzt, der Code ist nicht linear.

Aufgabenteil b)
Aufgrund der Nichtlinearität des Codes kann zur Bestimmung der Distanzeigenschaften nicht das Nullwort als Referenz verwendet werden (Es ist in diesem Fall auch gar kein Element des Coderaums.). Vielmehr sind die Distanzen aller Codewortpaare zu bestimmen. Die Lösung dieser Aufgabe kann durch eine kleine MATLAB-Routine schnell erledigt werden. Wir erhalten folgende Tabelle.

Index	1	2	3	4	5	6	7	8	9	10
1	0	2	2	2	2	2	2	4	4	4
2	2	0	2	2	2	4	4	2	2	4
3	2	2	0	2	4	2	4	2	4	2
4	2	2	2	0	4	4	2	4	2	2
5	2	2	4	4	0	2	2	2	2	4
6	2	4	2	4	2	0	2	2	4	2
7	2	4	4	2	2	2	0	4	2	2
8	4	2	2	4	2	2	4	0	2	2
9	4	2	4	2	2	4	2	2	0	2
10	4	4	2	2	4	2	2	2	2	0

Es ist zu erkennen, daß jedes Codewort $\mathbf{a}$ insgesamt 6 Nachbarn $\mathbf{b}$ mit der Distanz $d_H(\mathbf{a}, \mathbf{b}) = 2$ und 3 Nachbarn mit der Distanz $d_H(\mathbf{a}, \mathbf{b}) = 4$ besitzt. Aufgrund dieser regelmäßigen Struktur ist es in den folgenden Aufgabenteilen möglich, die Fehlerwahrscheinlichkeiten ohne großen Aufwand zu bestimmen.

Aufgabenteil c)
Die Wahrscheinlichkeit für das Auftreten eines nicht erkennbaren Fehlers kann nach (8.3.11) berechnet werden. Mit der Annahme, daß alle Codeworte gleichwahrscheinlich sind und aufgrund der identischen Distanzeigenschaften für alle Codeworte reicht es aus, P_{ue} für ein beliebiges Codewort zu berechnen. Die Wahrscheinlichkeit lautet

$$P_{ue} = 6 \cdot P_e^2 \cdot (1 - P_e)^3 + 3 \cdot P_e^4 \cdot (1 - P_e) \qquad (8.3.19)$$

und ist in **Bild 8.3.2a** in Abhängigkeit von P_e dargestellt (doppelt-logarithmische Darstellung).

Aufgabenteil d)
Da eine ML-Decodierung das Codewort mit der größten Ähnlichkeit zum empfangenen Wort bestimmt, besteht eine einfache direkte Implementierung in der Korrelation aller Codeworte mit dem Empfangswort. Das gesuchte Codewort besitzt die größte Korrelation. Natürlich kann eine solche Vorgehensweise nur für

kleine Codewortalphabete wie in diesem Fall für $M = 16$ durchgeführt werden. In Abschnitt 8.4 wird noch gezeigt, daß die Korrelation speziell für Hadamard-Codes sehr effizient realisiert werden kann.

Die erzielten Simulationsergebnisse sind zusammen mit den Fehlerwahrscheinlich-keiten aus (8.3.19) in Bild 8.3.2a dargestellt. Zur Ermittlung der Fehlerraten wurden $N = 10^5$ Codeworte übertragen. Man erkennt sofort, daß die analytisch berechneten Werte sehr gut mit den Simulationsergebnissen übereinstimmen. Erst für sehr kleine Werte von P_{ue} treten aufgrund der endlichen Anzahl von Simulati-onswerten Abweichungen auf. Ferner ist die Auftrittswahrscheinlichkeit unerkann-ter Fehler im gesamten dargestellten Bereich kleiner als die Fehlerrate des BSC.

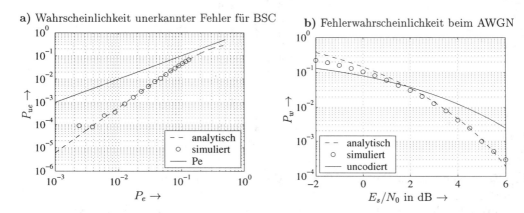

Bild 8.3.2: Fehlerwahrscheinlichkeiten für den 2-aus-5-Code beim BSC- und beim AWGN-Kanal

Aufgabenteil e)
Für die Übertragung über einen AWGN-Kanal kann zur Abschätzung der Fehlerra-te (8.3.16) herangezogen werden. Für das Distanzspektrum des hier betrachteten 2-aus-5-Codes erhalten wir

$$P_w \leq 0.5 \cdot \left[6 \cdot \text{erfc} \left(\sqrt{2E_s/N_0} \right) + 3 \cdot \text{erfc} \left(\sqrt{4E_s/N_0} \right) \right] .$$

Das Ergebnis ist eine obere Schranke der tatsächlichen Fehlerrate und in **Bild 8.3.2b** dargestellt (Interpretation in Aufgabenteil f).

Aufgabenteil f)
Bei den Simulationen wurden wiederum $N = 10^5$ Codeworte übertragen. Die Ergebnisse zeigt **Bild 8.3.2b**. Es wird deutlich, daß erst für Fehlerraten unterhalb von etwa $P_w < 10^{-2}$ eine gute Korrespondenz zwischen der Abschätzung mit Hilfe der *Union Bound* und den Simulationsergebnissen besteht. Für kleine Signal-

Rausch-Verhältnisse liefert die *Union Bound* hingegen ungenaue Ergebnisse, sie konvergiert hier nicht gegen die tatsächliche Fehlerrate.

Weiterhin fällt auf, daß die Fehlerrate <u>nach</u> der Decodierung erst ab einem Signal-Rausch-Abstand von etwa $E_s/N_0 > 2$ dB kleiner als <u>vor</u> der Decodierung ist (uncodierter Fall). Dabei ist zu beachten, daß über E_s/N_0 aufgetragen wurde. Die Codierung verursacht also für sehr schlechte Übertragungsbedingungen mehr Fehler, als man im uncodierten Fall erhalten würde. Wir werden noch sehen, daß dies ein häufig zu beobachtender Effekt ist, der allerdings nicht auf alle Codes zutrifft.

Lösung Aufgabe 8.3.4

Aufgabenteil a)
Die folgende Tabelle enthält alle $M = 16$ Codeworte des Hadamard-Codes. Die antipodalen Codesymbole wurden bereits mit der Beziehung $x_i = (1 - c_i)/2$ in die logischen Werte '0' und '1' überführt.

Index	Codeworte
1	0 0 0 0 0 0 0 0 0 0 0 0 0 0 0 0
2	0 1 0 1 0 1 0 1 0 1 0 1 0 1 0 1
3	0 0 1 1 0 0 1 1 0 0 1 1 0 0 1 1
4	0 1 1 0 0 1 1 0 0 1 1 0 0 1 1 0
5	0 0 0 0 1 1 1 1 0 0 0 0 1 1 1 1
6	0 1 0 1 1 0 1 0 0 1 0 1 1 0 1 0
7	0 0 1 1 1 1 0 0 0 0 1 1 1 1 0 0
8	0 1 1 0 1 0 0 1 0 1 1 0 1 0 0 1
9	0 0 0 0 0 0 0 0 1 1 1 1 1 1 1 1
10	0 1 0 1 0 1 0 1 1 0 1 0 1 0 1 0
11	0 0 1 1 0 0 1 1 1 0 0 1 1 0 0
12	0 1 1 0 0 1 1 0 1 0 0 1 1 0 0 1
13	0 0 0 0 1 1 1 1 1 1 1 1 0 0 0 0
14	0 1 0 1 1 0 1 0 1 0 1 0 0 1 0 1
15	0 0 1 1 1 1 0 0 1 1 0 0 0 0 1 1
16	0 1 1 0 1 0 0 1 1 0 0 1 0 1 1 0

Da es sich bei Hadamard-Codes um lineare Codes handelt, reicht es aus, zur Bestimmung der Distanzeigenschaften die Gewichte der einzelnen Codeworte zu bestimmen. Ein genaue Betrachtung der obigen Tabelle zeigt schnell, daß – abgesehen vom Nullwort – alle Codeworte die gleiche Anzahl von Einsen, nämlich $w_H(\mathbf{c}) = M/2 = 8$ besitzen. Damit lautet das Distanzspektrum

$$A(D) = (M - 1) \cdot D^{M/2} = 15 \cdot D^8 \, .$$

Aufgabenteil b)
Für die in dieser Aufgabe behandelten Hadamard-Codes ist die Bestimmung der
IOWEF sehr einfach. Da alle vom Nullwort verschiedenen Codeworte identische
Gewichte besitzen, hat die IOWEF die Form

$$A(W, D) = 1 + D^{M/2} \cdot \sum_{w=1}^{k} \binom{k}{w} \cdot W^w = 1 + 4WD^8 + 6W^2 D^8 + 4W^3 D^8 + W^4 D^8 \; .$$

Aufgabenteil c)
Aufgrund der Mindestdistanz von $d_{\min} = 8$ kann der Hadamard-Code mit $M = 16$
maximal $t = 3$ Fehler korrigieren. Gemäß (8.3.12) kann dann die Wortfehlerwahrscheinlichkeit bei begrenzter Minimaldistanz-Decodierung mit

$$P_w \leq \sum_{d=4}^{16} \binom{16}{d} \cdot P_e{}^d \cdot (1 - P_e)^{16-d}$$

abgeschätzt werden.   Interpretiert man den BSC als AWGN-Kanal mit anschließender Hard-Decision, berechnet sich die Fehlerwahrscheinlichkeit zu $P_e =$
$0.5 \cdot \mathrm{erfc}\left(\sqrt{E_s/N_0}\right)$. Dabei ist zu beachten, daß der auf dem Kanal herrschende
Signal-Rausch-Abstand E_s/N_0 entsprechend (8.2.17) um $10 \log(R_c)$ kleiner ist als
im uncodierten Fall. Dieser Aspekt wird im Aufgabenteil g) noch einmal aufge-
griffen. Das Ergebnis ist in **Bild 8.3.3a** enthalten.

Aufgabenteil d)
Für den AWGN-Kanal kann mit Hilfe der *Union Bound*-Technik eine obere Schranke für die Fehlerwahrscheinlichkeit bei ML-Decodierung angegeben werden. Die
Gleichungen (8.3.16) und (8.3.18) für Wort- bzw. Bitfehlerraten vereinfachen sich
aufgrund der speziellen Distanzeigenschaften von Hadamard-Codes. Für die Koeffizienten a_d gilt

$$a_d = \begin{cases} M - 1 = 15 & \text{für } d = 8 \\ 0 & \text{sonst}, \end{cases}$$

so daß wir für die Wortfehlerwahrscheinlichkeit den Ausdruck

$$P_w \leq \frac{15}{2} \cdot \mathrm{erfc}\left(\sqrt{8 \cdot \frac{E_s}{N_0}}\right) = \frac{15}{2} \cdot \mathrm{erfc}\left(\sqrt{\frac{8}{4} \cdot \frac{E_b}{N_0}}\right)$$

erhalten. Bild 8.3.3a zeigt die zugehörige Fehlerkurve. Entsprechend nehmen die
Koeffizienten c_d die Form

$$c_d = \sum_{w=1}^{4} \frac{w}{k} \cdot a_{w,d} = \begin{cases} \frac{4}{4} + \frac{12}{4} + \frac{12}{4} + \frac{4}{4} = 8 & \text{für } d = 8 \\ 0 & \text{sonst} \end{cases}$$

an und die obere Schranke der Bitfehlerrate lautet

$$P_b \leq \frac{8}{2} \cdot \text{erfc}\left(\sqrt{8 \cdot \frac{E_s}{N_0}}\right) = \frac{8}{2} \cdot \text{erfc}\left(\sqrt{\frac{8}{4} \cdot \frac{E_b}{N_0}}\right) .$$

Die Auswertung ist in **Bild 8.3.3b** enthalten und wird im Anschluß diskutiert.

Aufgabenteil e)
Für die Monte-Carlo-Simulationen wurden für jeden Signal-Rausch-Abstand insgesamt 10^5 Codeworte ausgewürfelt. Ihnen wurde weißes gaußverteiltes Rauschen additiv überlagert, dessen Leistung N entsprechend dem jeweiligen Signal-Rausch-Verhältnis angepaßt wurde. Der Empfänger führte dann sowohl die ML-Decodierung für Hard- und Soft-Decision als auch die BMD durch.

Die begrenzte Minimaldistanz-Decodierung wurde hier in einer sehr anschaulichen Art und Weise umgesetzt, die allerdings keine rechentechnisch günstige Methode darstellt. Größere Realisierungsvorteile besitzt die BMD hingegen bei der Decodierung von RS- und BCH-Codes (s. Abschnitt 8.5). Im Programm wurden die Korrelationsergebnisse der MLD übernommen, wobei allerdings nur dann ein gültiges Decodierergebnis vorlag, wenn die Korrelation größer oder gleich $n/2 + 2$ war. Dies ist gleichbedeutend mit der Tatsache, daß mehr als dreiviertel der Codebit identisch sein müssen, es können also maximal nur $n/4 = d_{\min}/2$ Codebit unterschiedlich sein. Damit ist exakt die BMD realisiert worden.

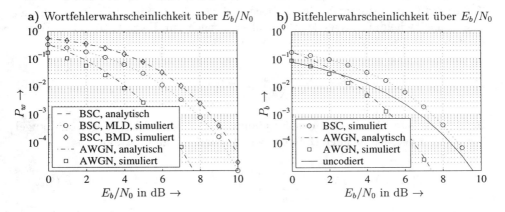

a) Wortfehlerwahrscheinlichkeit über E_b/N_0 b) Bitfehlerwahrscheinlichkeit über E_b/N_0

Bild 8.3.3: Fehlerraten für $M = 16$-WH-Code beim BSC- und AWGN-Kanal

Die Ergebnisse für die Wortfehlerraten zeigt Bild 8.3.3a. Für die BMD beim binären symmetrischen Kanal liegen die Simulationswerte exakt auf der analytischen Kurve. Gegenüber der ML-Decodierung verliert die BMD mehr 1 dB für kleine Signal-Rausch-Abstände, für Fehlerraten unterhalb von $P_w < 10^{-3}$ beträgt der Unterschied noch etwa 0.5 dB. Dies verdeutlicht, daß mit der ML-Decodierung viele Empfangsworte noch korrekt decodiert werden können, die nicht innerhalb eines Kreises vom Radius t um ein Codewort liegen. Dieser Fall tritt allerdings für wachsende Signal-Rausch-Abstände immer seltener auf, wodurch sich die abnehmende Distanz zwischen den Kurven erklären läßt.

Die ML-Soft-Decision-Decodierung liefert zusätzliche Gewinne von mehr als 2 dB gegenüber ihrer Hard-Decision-Realisierung. Hier ist allerdings festzustellen, daß die *Union Bound*-Schranke erst für Fehlerraten unterhalb von $P_w < 10^{-2}$ genaue Resultate liefert. Für größere Fehlerraten ist sie sehr ungenau.

Bild 8.3.3b zeigt die erzielten Bitfehlerraten. Auch hier ist die gute Übereinstimmung von analytischen und simulativen Resultaten bei der Hard-Decision-Decodierung zu erkennen. Bei der *Union Bound*-Abschätzung für den AWGN-Kanal tritt wiederum für kleine Signal-Rausch-Abstände eine Divergenz der analytischen Schranke auf. Der Vorteil der Soft-Decision-Decodierung beträgt bei eine Bitfehlerrate von $P_b = 10^{-5}$ über 2 dB. Außerdem ist zu beobachten, daß ein Gewinn gegenüber dem uncodierten Fall erst für Signal-Rausch-Abstände von mehr als 2.5 dB auftritt.

Aufgabenteil f)
Ein Decodierversagen tritt beim BMD genau dann auf, wenn das empfangene Wort nicht innerhalb eines Kreises mit der Distanz t um ein Codewort liegt. Dementsprechend ist die Wahrscheinlichkeit zu bestimmen, mit der mehr als t, aber maximal $d_{\min}$ Fehler auftreten. Bei mehr als $d_{\min}$ Fehlern gelangt man für den $M = 16$-Hadamard-Code automatisch in die Decodierkugel eines anderen Codewortes, was eine Fehlentscheidung, aber kein Decodierversagen zur Folge hätte. Die Wahrscheinlichkeit für ein Decodierversagen lautet damit

$$P_f \leq \sum_{d=t+1}^{d_{\min}} \binom{n}{d} \cdot P_e^d \cdot (1 - P_e)^{n-d} \ . \tag{8.3.20}$$

Die Wahrscheinlichkeit, daß das Empfangswort in einer falschen Decodierkugel liegt, berechnet sich aus der Differenz von P_w und P_F und beträgt

$$P_{err} = P_w - P_f \leq \sum_{d=d_{\min}+1}^{n} \binom{n}{d} \cdot P_e^d \cdot (1 - P_e)^{n-d} \ . \tag{8.3.21}$$

Die Auswertung von (8.3.20) und (8.3.21) zeigt **Bild 8.3.4a**. Es ist zu erkennen, daß die gemessene Rate des Decodierversagens sehr gut mit der analytischen Ableitung übereinstimmt. Die Auftrittswahrscheinlichkeit P_{err} einer 'falschen Korrektur', die durch Fehler mit einem Gewicht größer als $d_{\min}/2$ verursacht wird, ist sehr viel kleiner als die für das Decodierversagen. Daher kann die Aussage getroffen werden, daß P_f die Fehlerrate für den Hadamard-Code dominiert. An dieser Stelle ist aber darauf hinzuweisen, daß ein erkannter Fehler beim Decodierversagen zur

Wiederholung der fehlerhaften Daten genutzt werden kann (*Automatic Repeat Request*, ARQ). Insofern kann es durchaus von Vorteil sein, nicht alle Empfangsworte zu korrigieren, sondern die Möglichkeit einer Fehlererkennung zuzulassen.

Aufgabenteil g)
Die Veranschaulichung des Codiergewinns erfolgt anhand von **Bild 8.3.4b**. Die Codierung verursacht durch das Hinzufügen von Redundanz zunächst einen E_b/N_0-Verlust von $10\log(R_c) = -6$ dB. Dieser kann beim Auftragen über der Systemgröße E_b/N_0 aus der Differenz zwischen den Kurven von uncodierter Übertragung und Fehlerrate vor der Decodierung abgelesen werden. Die Decodierung muß nun diesen Verlust mehr als kompensieren. Der verbleibende Überschuß wird als Codierungsgewinn bezeichnet und beträgt in unserem Beispiel etwa 2 dB. Beim Auftragen über E_s/N_0 hätte man dagegen einen Gewinn von 8 dB gemessen.

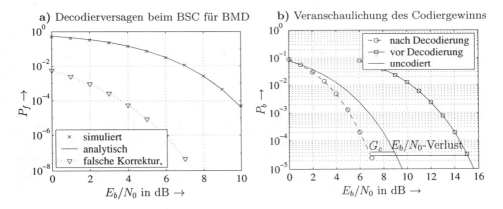

Bild 8.3.4: Decodierversagen und Codierungsgewinn für $M = 16$-WH-Code beim BSC- und AWGN-Kanal

8.4   Lineare Blockcodes

8.4.1   Matrixbeschreibung von Blockcodes

In diesem Abschnitt betrachten wir die Klasse der linearen Blockcodes, die einen sehr großen Bereich von Codierungsverfahren umfaßt. Wir beschränken uns dabei auf binäre Codes bzw. auf Codes im $GF(2^m)$, da sie in der Praxis die größte

Rolle spielen. Lineare Blockcodes lassen sich in der Regel immer als systematische Codes darstellen, so daß sich die n Symbole eines Codewortes nach k Informationssymbolen und $n - k$ zugefügten Prüfsymbolen unterscheiden lassen. Letztere enthalten keine neue Information und dienen ausschließlich der Fehlererkennung bzw. -korrektur und stellen deshalb Redundanz dar.

Generatormatrix

Lineare Blockcodes können durch eine sogenannte Generatormatrix $\mathbf{G}$ vollständig beschrieben werden. Für einen allgemeinen (n, k)-Blockcode besteht diese aus k Zeilen und n Spalten. Aus jedem Informationswort $\mathbf{u}$ der Länge k kann dann mit der Beziehung

$$\mathbf{c} = \mathbf{u} \cdot \mathbf{G} \quad \text{mit} \quad \mathbf{G} = \begin{pmatrix} g_{0,0} & \cdots & g_{0,n-1} \\ & \vdots & \\ g_{k-1,0} & \cdots & g_{k-1,n-1} \end{pmatrix} \tag{8.4.1}$$

ein Codewort gebildet werden. Der Vektorraum $\mathcal{C}$ aller Codeworte besteht aus 2^k Elementen und es gilt:

$$\mathcal{C} = \left\{ \mathbf{u}\mathbf{G} \mid \mathbf{u} \in GF(2)^k \right\} \tag{8.4.2}$$

Das Codewort $\mathbf{c}$ kann als Linearkombination der Zeilen von $\mathbf{G}$ aufgefaßt werden, wobei die Symbole des Informationswortes die Koeffizienten der Linearkombination darstellen. Aufgrund der geforderten Linearität und der Abgeschlossenheit des Vektorraums folgt hieraus, daß die Zeilen der Generatormatrix gültige Codeworte repräsentieren. Sie sind linear unabhängig und bilden die Basis des Coderaums, d.h. sie spannen diesen auf.

Elementare Matrixoperationen

Das Vertauschen zweier oder mehrerer Spalten der Generatormatrix führt zu einem Wechsel der Reihenfolge der Symbole eines Codewortes. Codes, die durch Vertauschen der Spalten der Generatormatrix ineinander zu überführen sind, werden auch *äquivalente Codes* genannt. Allgemein können die Spalten von $\mathbf{G}$ beliebig angeordnet werden. Zwar ordnen äquivalente Codes einem Informationswort $\mathbf{u}$ nicht das gleiche Codewort $\mathbf{c}$ zu, die Codes besitzen aber nach wie vor die gleichen Distanzeigenschaften. Trotzdem können sich diese Operationen auf die Leistungsfähigkeit bei der Erkennung bzw. Korrektur von *Bündelfehlern* auswirken.

Hinsichtlich der Zeilen sind folgende Operationen erlaubt, ohne daß sich der durch $\mathbf{G}$ beschriebene Code ändert:

1. Vertauschen zweier Zeilen

2. Multiplikation einer Zeile mit einem Skalar gemäß den Regeln des $GF(2)$

3. Linearkombinationen zweier Zeilen, d.h. Addition zweier mit Skalaren multiplizierter Zeilen.

Durch die oben beschriebenen elementaren Operationen läßt sich jede Generatormatrix in die *gaußsche Normalform*

$$\mathbf{G} = (\mathbf{E}_{k,k} \mid \mathbf{P}_{k,n-k}) \tag{8.4.3}$$

überführen. $\mathbf{E}_{k,k}$ repräsentiert die Einheitsmatrix mit k Zeilen und Spalten, $\mathbf{P}_{k,n-k}$ eine Prüfmatrix mit entsprechend k Zeilen und $n-k$ Spalten. Die in (8.4.3) aufgeführte Generatormatrix beschreibt einen systematischen Code, da bei Anwendung von (8.4.1) durch die Einheitsmatrix im linken Teil zunächst das Informationswort $\mathbf{u}$ wiederholt wird und erst durch die Multiplikation von $\mathbf{u}$ mit $\mathbf{P}_{k,n-k}$ die Prüfsymbole gebildet werden. Da jede Generatormatrix in die Form von (8.4.3) überführt werden kann, lassen sich lineare Blockcodes immer durch ihre systematische Form darstellen.

Prüfmatrix

Eine zum vorigen Abschnitt äquivalente Beschreibung ist mit der sogenannten Prüfmatrix $\mathbf{H}$ möglich. Sie wird auch zur Überprüfung der Richtigkeit eines Empfangsvektors herangezogen. Unter Verwendung der gaußschen Normalform aus (8.4.3) kann die Prüfmatrix durch

$$\mathbf{H} = \left(-\mathbf{P}_{k,n-k}^{T} \mid \mathbf{E}_{n-k,n-k}\right) \tag{8.4.4}$$

dargestellt werden. Demnach besteht sie aus $n-k$ Zeilen und n Spalten. Es gilt stets

$$\mathbf{c} \cdot \mathbf{H}^{T} = \mathbf{0}, \tag{8.4.5}$$

d.h. die Zeilen in $\mathbf{H}$ (Spalten in $\mathbf{H}^{T}$) sind orthogonal zu allen Codeworten. Dementsprechend stellt der Coderaum $\mathcal{C}$ den Nullraum bezüglich $\mathbf{H}$ dar und kann somit auch durch

$$\mathcal{C} = \left\{\mathbf{c} \in GF(2)^{n} \mid \mathbf{c}\mathbf{H}^{T} = \mathbf{0}\right\} \tag{8.4.6}$$

definiert werden. Automatisch gilt auch der Zusammenhang

$$\mathbf{G}\mathbf{H}^{T} = \mathbf{0}. \tag{8.4.7}$$

Dualer Code

Verwendet man zur Codeerzeugung statt der Generatormatrix die Prüfmatrix, so ergibt sich ein zum Original orthogonaler Code $\mathcal{C}^{\perp}$. Er wird auch als *dualer Code* bezeichnet und ist wie folgt definiert:

$$\mathcal{C}^{\perp} = \{\mathbf{b} \in GF(2)^{n} \mid \mathbf{b} \perp \mathbf{c} \quad \forall \quad \mathbf{c} \in \mathcal{C}\}, \tag{8.4.8}$$

wobei mit $\mathbf{b} = \mathbf{v} \cdot \mathbf{H}$, $\mathbf{v} \in GF(2)^{n-k}$ die Codeworte des dualen Codes gebildet werden können. Aufgrund der Dimension der Prüfmatrix $\mathbf{H}$ bestehen die Codeworte $\mathbf{b}$ ebenfalls aus n Symbolen, allerdings enthält der Coderaum jetzt 2^{n-k} Elemente. Diese Tatsache kann auch bei der Decodierung ausgenutzt werden. Ist $n - k$ deutlich kleiner als k, kann es von Vorteil sein, die Decodierung mit Hilfe des dualen Codes zu realisieren [Off96]. Darauf soll hier allerdings nicht näher eingegangen werden.

8.4.2 Nebenklassenzerlegung und Syndromdecodierung

Die Prüfmatrix wird auch häufig zur Decodierung eingesetzt (daher auch die Namensgebung). Mit Hilfe der Beziehung (8.4.5) kann schnell getestet werden, ob es sich bei dem empfangenen Wort $\mathbf{y}$ um ein Codewort handelt oder nicht. Das Ergebnis wird auch Syndrom $\mathbf{s}$ genannt und es gilt

$$\mathbf{s} = \mathbf{y} \cdot \mathbf{H}^T = (\mathbf{c} + \mathbf{e}) \cdot \mathbf{H}^T = \underbrace{\mathbf{cH}^T}_{=0} + \mathbf{eH}^T = \mathbf{eH}^T. \qquad (8.4.9)$$

Nimmt das Syndrom den Wert Null an, so ist entweder kein Fehler aufgetreten ($\mathbf{e} = 0$) oder durch einen Fehler $\mathbf{e} \in \mathcal{C}$ ist ein neues Codewort $\mathbf{c}' \neq \mathbf{c}$ entstanden. In diesem Fall kann der Fehler weder erkannt noch korrigiert werden.

Somit ist das Syndrom ausschließlich vom Fehlervektor $\mathbf{e}$ abhängig. Da es insgesamt 2^k Codeworte gibt, existieren im $GF(2)^n$ genau $2^n - 2^k$ Fehlermuster. Eine einfache Bilanz zeigt, daß die Fehlermuster $\mathbf{e}$ den 2^{n-k} Syndromen also nicht eindeutig zuzuordnen sind. Dies erklärt auch die beschränkte Fähigkeit zur Fehlererkennung und -korrektur eines Codes. Aus diesem Grund werden im folgenden alle Syndrome $\mathbf{s}_\mu$ mit $0 \leq \mu \leq 2^{n-k} - 1$ numeriert (es gelte $\mathbf{s}_0 = 0$). Dann können alle Fehlermuster $\mathbf{e}$, die ein bestimmtes Syndrom $\mathbf{s}_\mu$ erzeugen, in einer Menge

$$\mathcal{M}_\mu = \left\{ \mathbf{e} \in GF(2)^n \mid \mathbf{e} \cdot \mathbf{H}^T = \mathbf{s}_\mu \right\} \qquad (8.4.10)$$

zusammengefaßt werden. Die Mengen $\mathcal{M}_\mu$ werden als *Nebenklassen* bezeichnet. Es wird nun zu jeder Nebenklasse $\mathcal{M}_{\mu \neq 0}$ ein Anführer $\mathbf{e}_\mu$ bestimmt, welcher im allgemeinen das geringste Gewicht aller Elemente dieser Nebenklasse besitzt. Die Wahl eines Anführers ist nicht zwingend eindeutig.

In einer Tabelle werden jetzt alle 2^{n-k} Syndrome $\mathbf{s}_\mu$ und die jeweiligen Nebenklassenanführer abgelegt. Während der Übertragung werden dann die Syndrome $\mathbf{s} = \mathbf{y} \cdot \mathbf{H}^T$ der Empfangsworte berechnet und in der Tabelle gesucht. Abschließend muß dann nur noch der zum gefundenen Syndrom gehörende Nebenklassenanführer vom Empfangswort subtrahiert werden

$$\hat{\mathbf{c}} = \mathbf{y} - \mathbf{e}_\mu . \qquad (8.4.11)$$

Durch diese Vorschrift wird die Maximum-Likelihood-Decodierung realisiert.

8.4.3 Beispiele linearer Blockcodes

Einfache Parity-Check- und Wiederholungscodes

Zu den einfachsten Blockcodes gehören die einfachen $(n, 1, n)$-Wiederholungscodes (*Repetition Codes*) und die $(n, n-1, 2)$-*Single Parity Check* Codes. Erstere wiederholen einfach das Informationsbit $n-1$ Mal, besitzen also die Coderate $R_c = 1/n$. Der Coderaum besteht bei ihnen aus nur zwei Elementen

$$\mathcal{C} = \{\underbrace{(0\dots0)}_{n},\ \underbrace{(1\dots1)}_{n}\}\,,$$

nämlich dem Nullwort und dem Einswort, welche die Distanz n zueinander haben, d.h. sie unterscheiden sich in allen n Symbolen. Im Vergleich zu anderen Codes ist die Distanz im Verhältnis zur Coderate sehr gering; sie sind aufgrund ihrer einfachen Struktur nicht sehr leistungsfähig.

Die zweite angesprochene Klasse von Codes sind die einfachen Parity-Check-Codes. Sie hängen den Informationssymbolen einfach ein Prüfsymbol an, welches sich aus der Quersumme aller Infosymbole ergibt (natürlich im $GF(2)$). Sie besitzen die Minimaldistanz $d_{\min} = 2$, so daß sich mit ihnen keine Fehler korrigieren lassen, es können lediglich Einzelfehler erkannt werden.

Parity-Check-Codes und Wiederholungscodes können durch einfaches Vertauschen von Prüfmatrix und Generatormatrix ineinander überführt werden. Sie sind daher zueinander duale, also orthogonale Codes.

Hamming- und Simplex-Codes

Hamming-Codes stellen die wahrscheinlich bekannteste Klasse der 1-Fehler korrigierenden und 2-Fehler erkennenden Codes dar. Sie besitzen die Eigenschaft, daß mit zunehmender Blocklänge n die Coderate R_c gegen den Wert 1 strebt.

Definition:

Ein binärer (n, k)-Hamming-Code der Ordnung r ist durch die Parameter $n = 2^r - 1$ und $k = 2^r - r - 1$ charakterisiert. Die Spalten seiner Prüfmatrix $\mathbf{H}$ stellen alle Dualzahlen der Länge r von 1 bis $2^r - 1$ dar.

Hamming-Codes besitzen immer die Minimaldistanz $d_{\min} = 3$. Sie sind perfekte Codes, d.h. die Anzahl der darstellbaren Syndrome entspricht exakt der Zahl korrigierbarer Fehlermuster. Es existieren folgende (n, k)-Hamming-Codes: (3,1), (7,4), (15,11), (31,26), (63,57), (127,120) usw. Für wachsende Ordnung r strebt die Coderate R_c gegen den Wert Eins, wobei die Mindestdistanz allerdings immer gleich Drei ist.

Der mit der Prüfmatrix **H** erzeugte duale Code wird als *Simplex-Code* bezeichnet. Er zeichnet sich durch die Eigenschaft aus, daß alle Zeilen von **H** und somit auch alle Codeworte das konstante Gewicht 2^{r-1} haben (abgesehen vom Nullwort). Dies geht aus der Tatsache hervor, daß die Spalten von **H** alle Zahlenkombinationen von 1 bis $2^r - 1$ darstellen und somit Einsen und Nullen gleichverteilt sind. Außerdem besitzen alle Codeworte die konstante Distanz 2^{r-1} zueinander, was in der Geometrie als Simplex bezeichnet wird.

Hadamard-Codes

Hadamard-Codes lassen sich einfach aus den schon vorgestellten Simplex-Codes ableiten, indem alle Codeworte um eine erste Stelle gleich Null erweitert werden [Bos98]. Demzufolge besitzen sie die Dimension $(2^r, r)$, es gibt also $M = 2^r$ Codeworte der Länge $n = M$. Außerdem bleibt die Eigenschaft erhalten, daß alle Codeworte identische Distanzen untereinander besitzen. Die Distanz zwischen den Codeworten beträgt $d = 2^{r-1}$.

Faßt man alle Codeworte in einer Matrix zusammen, ergibt sich die sogenannte Hadamard-Matrix $\mathbf{C}_H$. Sie kann mit Hilfe der rekursiven Bildungsvorschrift

$$\mathbf{C}_{H,m} = \begin{pmatrix} \mathbf{C}_{H,m-1} & \mathbf{C}_{H,m-1} \\ \mathbf{C}_{H,m-1} & \bar{\mathbf{C}}_{H,m-1} \end{pmatrix} \tag{8.4.12}$$

ermittelt werden, wobei $\bar{\mathbf{C}}_H$ die zu $\mathbf{C}_H$ komplementäre Matrix ist, d.h. Nullen und Einsen sind vertauscht worden. Für die Initialisierung gilt $\mathbf{C}_{H,0} = 1$.

Fügt man allen Codeworten eines (n,k)-Simplex-Codes eine Null voran, erhält man die Worte eines $(n-1, k)$-Hadamard-Codes [Bos98]. Somit lassen sich Hadamard-Codes auch durch eine Generatormatrix $\mathbf{G}_H$ beschreiben. Sie geht aus der Generatormatrix des Simplex-Codes durch Voranstellen einer Nullspalte hervor. Ihre Spalten repräsentieren also die 2^k möglichen binären Darstellungen der Zahlen von Null bis $2^k - 1$. Für $k = 3$ und $M = 8$ gilt beispielsweise

$$\mathbf{G}_H = \begin{pmatrix} 0 & 1 & 0 & 1 & 0 & 1 & 0 & 1 \\ 0 & 0 & 1 & 1 & 0 & 0 & 1 & 1 \\ 0 & 0 & 0 & 0 & 1 & 1 & 1 & 1 \end{pmatrix} . \tag{8.4.13}$$

Da $\mathbf{G}_H$ alle k Spalten enthält, deren Gewicht gleich Eins ist, enthalten die Codeworte explizit die Informationsbit und Hadamard-Codes sind systematisch. Dies gilt auch, wenn die Informationsbit nicht geschlossen am Anfang der Codeworte stehen.

Setzt man die Hadamard-Codeworte mit der symbolweisen Berechnungsvorschrift $x_i = 1 - 2c_i$ in antipodale Signale um, entstehen zueinander orthogonale Walsh-Sequenzen. Häufig werden Hadamard-Codes bzw. Walsh-Sequenzen auch als orthogonale Modulationsverfahren interpretiert.

Hadamard-Codes besitzen den wichtigen Vorteil, daß sie sich sehr effektiv nach der ML-Methode decodieren lassen. Eine einfache Realisierung der ML-Decodierung besteht in der Korrelation des Empfangswortes mit allen möglichen Codeworten und der anschließenden Bestimmung des Maximums. Diese Korrelation kann sehr effektiv mit Hilfe der sogenannten Fast-Hadamard-Transformation erfolgen. Sie funktioniert äquivalent zur bekannten Fouriertransformation und nutzt Symmetrieeigenschaften in einer Butterfly-Struktur aus. Somit werden statt M^2 nur noch $M \cdot \mathrm{ld}M$ Multiplikationen benötigt.

8.4.4 Übungen

Aufgabe 8.4.1	**Generator- und Prüfmatrizen** Lösung Seite 362

a) Geben Sie die Generator- als auch die Prüfmatrix für einen $(n,1,n)$-Wiederholungscode mit $n = 4$ an. Welche Parameter und Eigenschaften hat der duale Code?

b) Die Spalten der Prüfmatrix eines Hamming-Codes der Ordnung r repräsentieren bekanntlich alle Dualzahlen von 1 bis $2^r - 1$. Geben Sie eine Prüfmatrix für $r = 3$ an und berechnen Sie die zugehörige Generatormatrix.

c) Untersuchen Sie anhand dieses Beispiels, welcher Zusammenhang zwischen der Mindestdistanz eines Codes und der Anzahl linear unabhängiger Spalten der Prüfmatrix $\mathbf{H}$ steht?

Aufgabe 8.4.2	**Erweitern, Kürzen und Punktieren von Codes** Lösung Seite 363

a) Gegeben ist der systematische (7,4,3)-Hamming-Code aus Aufgabe 8.4.1. Erweitern Sie den Code um eine zusätzliche Prüfstelle derart, daß er eine Mindestdistanz von $d_{\mathrm{min}} = 4$ bekommt. Geben Sie Generatormatrix und Prüfmatrix des erweiterten (8,4,4)-Codes an.
Hinweis: Führen Sie die Konstruktion mit Hilfe der Prüfmatrix aus und beachten Sie das Ergebnis aus 8.4.1c.

b) Unter der Verkürzung eines Codes versteht man die Verringerung der Kardinalität des Coderaums, d.h. es werden Informationsbit gestrichen. Kürzen

Sie den obigen Hamming-Code auf die Hälfte der Codeworte und geben Sie für den systematischen Fall Generator- und Prüfmatrix an. Welche Mindestdistanz hat der verkürzte Code?

c) Unter dem Punktieren von Codes versteht man das Ausblenden von Codebit, was der Erhöhung der Coderate dient. Punktieren Sie den obigen Hamming-Code auf die Rate $R_c = 2/3$. Welche Mindestdistanz hat der neue Code?

| Aufgabe 8.4.3 | **Nebenklassenzerlegung und Syndromdecodierung**
Lösung Seite 365 |

a) Geben Sie die Anzahl der Syndrome des Hamming-Codes an und vergleichen Sie sie mit der Anzahl korrierbarer Fehlermuster.

d) Stellen Sie für den systematischen (7,4,3)-Hamming-Codierer eine Tabelle auf, die alle Syndrome und die zugehörigen Nebenklassenanführer enthält.

c) Am Empfänger liege das Wort $\mathbf{y} = (1101001)$ an. Welches Informationswort $\mathbf{u}$ wurde mit größter Wahrscheinlichkeit gesendet?

d) Durch Umsortieren der Spalten von $\mathbf{H}$ kann die Suche der Position des Syndroms $\mathbf{s}$ in $\mathbf{H}$ entfallen. Die Dezimaldarstellung von $\mathbf{s}$ kann dann direkt zur Adressierung des Nebenklassenanführers verwendet werden. Geben Sie die entsprechende Prüfmatrix $\tilde{\mathbf{H}}$ an.

| Lösung Aufgabe 8.4.1 |

Aufgabenteil a)

Generator- und Prüfmatrix des (4,1,4)-Wiederholungscodes lauten in systematischer Form

$$\mathbf{G} = (1 \mid 1\ 1\ 1) \qquad \mathbf{H} = \begin{pmatrix} 1 & 1 & 0 & 0 \\ 1 & 0 & 1 & 0 \\ 1 & 0 & 0 & 1 \end{pmatrix}.$$

Beim dualen Code wird bekanntlich die Prüfmatrix als Generatormatrix verwendet. Die Betrachtung von $\mathbf{H}$ zeigt, daß ein einfacher (4,3,2)-Single-Parity-Check-Code entsteht, der den drei Informationsbit eine Prüfsumme voranstellt. Ferner veranschaulicht das Produkt $\mathbf{G} \cdot \mathbf{H}^T = \mathbf{0}$ die Orthogonalität beider Codes.

Aufgabenteil b)

Die Prüfmatrix eines Hamming-Codes der Ordnung $r = 3$ kann einfach erzeugt werden, indem die Dualzahlen von 1 bis 7 in Spalten angeordnet werden

$$\mathbf{H} = \begin{pmatrix} 1 & 0 & 1 & 0 & 1 & 0 & 1 \\ 0 & 1 & 1 & 0 & 0 & 1 & 1 \\ 0 & 0 & 0 & 1 & 1 & 1 & 1 \end{pmatrix}.$$

Leider kann aus dieser nicht systematischen Form nicht direkt die Generatormatrix nach (8.4.4) konstruiert werden. Wir bilden daher zunächst einen äquivalenten systematischen Code $\mathbf{H}_s$ durch Vertauschen der Spalten von $\mathbf{H}$ und berechnen durch ihn die systematische Generatormatrix $\mathbf{G}_s$

$$\mathbf{H}_s = \begin{pmatrix} 1 & 1 & 0 & 1 & 1 & 0 & 0 \\ 1 & 0 & 1 & 1 & 0 & 1 & 0 \\ 0 & 1 & 1 & 1 & 0 & 0 & 1 \end{pmatrix} \implies \mathbf{G}_s = \begin{pmatrix} 1 & 0 & 0 & 0 & 1 & 1 & 0 \\ 0 & 1 & 0 & 0 & 1 & 0 & 1 \\ 0 & 0 & 1 & 0 & 0 & 1 & 1 \\ 0 & 0 & 0 & 1 & 1 & 1 & 1 \end{pmatrix}.$$

Um letztendlich die zu $\mathbf{H}$ passende Generatormatrix $\mathbf{G}$ zu erhalten, muß das Vertauschen der Spalten wieder rückgängig gemacht werden. Die Generatormatrix des Originalcodes hat die Form

$$\mathbf{G} = \begin{pmatrix} 1 & 1 & 1 & 0 & 0 & 0 & 0 \\ 1 & 0 & 0 & 1 & 1 & 0 & 0 \\ 0 & 1 & 0 & 1 & 0 & 1 & 0 \\ 1 & 1 & 0 & 1 & 0 & 0 & 1 \end{pmatrix}.$$

Aufgabenteil c)

Die Betrachtung von $\mathbf{H}$ zeigt, daß keine zwei linear abhängigen (identischen) Spalten existieren. Allerdings gibt es Kombinationen aus drei Spalten, die linear abhängig sind (beispielsweise die ersten drei Spalten). Dies ist auch genau die Mindestdistanz des Codes. Es gilt der allgemeine Zusammenhang, daß die Mindestdistanz des Codes identisch mit der Anzahl linear unabhängiger Spalten der Prüfmatrix ist.

Lösung Aufgabe 8.4.2

Aufgabenteil a)

Ein zusätzliches Prüfbit c_7 bedeutet für die Prüfmatrix $\mathbf{H}_s$ des Originalcodes, daß die Anzahl der Spalten (Codewortlänge) und Zeilen (Anzahl Prüfbit) um je Eins erhöht wird. Soll der erweiterte Code die Mindestdistanz $d_{\min} = 4$ besitzen, so muß dessen Prüfmatrix $\mathbf{H}_E$ gemäß Aufgabe 8.4.1c mindestens 4 linear unabhängige Spalten enthalten. Die einfachste Erweiterung besteht darin, zunächst eine Spalte aus Nullen anzuhängen, wodurch die Decodierung des Originalcodes nicht beeinträchtigt wird. Dann wird eine Zeile aus Einsen angefügt, die eine zusätzliche Parity-Check-Summe über alle $n = 7$ Bit des Originalcodes bildet. Damit besitzt jedes Codewort des erweiterten Codes ein gerades Gewicht, d.h. die ungerade Mindestdistanz $d_{\min} = 3$ wird auf $d_{E,\,\min} = 4$ erhöht. Die neue Prüfmatrix lautet

$$\mathbf{H}_E = \left(\begin{array}{ccccccc|c} 1 & 1 & 0 & 1 & 1 & 0 & 0 & 0 \\ 1 & 0 & 1 & 1 & 0 & 1 & 0 & 0 \\ 0 & 1 & 1 & 1 & 0 & 0 & 1 & 0 \\ \hline 1 & 1 & 1 & 1 & 1 & 1 & 1 & 1 \end{array} \right) .$$

Die zugehörige Generatormatrix $\mathbf{G}_E$ erhalten wir, indem eine zusätzliche Spalte $\mathbf{g}^+$ für das hinzugekommene Prüfbit y_7 angehängt wird. Da y_7 die Prüfsumme über alle y_i mit $0 \le i < 7$ repräsentiert, lautet die Bedingung für $\mathbf{g}^+$

$$y_7 = \mathbf{u} \cdot \mathbf{g}^+ \overset{!}{=} \sum_{i=0}^{6} y_i \bmod 2 = \mathbf{u} \cdot \mathbf{G} \cdot \begin{pmatrix} 1 \\ \vdots \\ 1 \end{pmatrix} \quad \Longrightarrow \quad \mathbf{g}^+ = \mathbf{G} \begin{pmatrix} 1 \\ \vdots \\ 1 \end{pmatrix} .$$

Die Spalte $\mathbf{g}^+$ berechnet sich also aus der modulo-2-Summe aller Spalten von $\mathbf{G}$. Die Generatormatrix des erweiterten Codes hat die Form

$$\mathbf{G}_E = \left(\begin{array}{ccccccc|c} 1 & 1 & 1 & 0 & 1 & 1 & 0 & 1 \\ 1 & 1 & 0 & 1 & 1 & 0 & 1 & 1 \\ 0 & 1 & 1 & 1 & 0 & 1 & 1 & 1 \\ 1 & 1 & 0 & 1 & 1 & 1 & 1 & 0 \end{array} \right) .$$

Aufgabenteil b)
Die Halbierung des Coderaums wird durch das Streichen eines Informationsbits erreicht. Dadurch entsteht ein halbratiger (6,3)-Code. Bei Verwendung des systematischen Codierers aus Aufgabe 8.4.1 kann jedes der vier Informationsbit des Originalcodes gestrichen werden. In allen Fällen beträgt die Mindestdistanz weiterhin $d_{\min} = 3$. Die Generatormatrix entsteht durch Streichen der i-ten Zeile und Spalte von $\mathbf{G}_s$, $1 \le i \le k$, bei der Prüfmatrix entsprechend die i-te Spalte von $\mathbf{H}_s$. Beide Matrizen lauten für das Beispiel $i = k = 4$

$$\mathbf{G}_K = \begin{pmatrix} 1 & 0 & 0 & 1 & 1 & 0 \\ 0 & 1 & 0 & 1 & 0 & 1 \\ 0 & 0 & 1 & 0 & 1 & 1 \end{pmatrix} \quad ; \quad \mathbf{H}_K = \begin{pmatrix} 1 & 1 & 0 & 1 & 0 & 0 \\ 1 & 0 & 1 & 0 & 1 & 0 \\ 0 & 1 & 1 & 0 & 0 & 1 \end{pmatrix} .$$

Aufgabenteil c)
Generator- und Prüfmatrix werden bei der Punktierung jeweils durch Streichen der i-ten Spalte erzeugt ($1 \leq i \leq n$). Die Mindestdistanz beträgt für jedes Bit $d_{\min} = 2$. Der Unterschied zu Aufgabenteil b) besteht darin, daß weiterhin 16 Codeworte existieren.

$$\mathbf{G}_P = \begin{pmatrix} 1 & 0 & 0 & 0 & 1 & 1 \\ 0 & 1 & 0 & 0 & 1 & 0 \\ 0 & 0 & 1 & 0 & 0 & 1 \\ 0 & 0 & 0 & 1 & 1 & 1 \end{pmatrix} \quad ; \quad \mathbf{H}_P = \begin{pmatrix} 1 & 1 & 0 & 1 & 1 & 0 \\ 1 & 0 & 1 & 1 & 0 & 1 \\ 0 & 1 & 1 & 1 & 0 & 0 \end{pmatrix}.$$

Lösung Aufgabe 8.4.3

Aufgabenteil a)
Der (7,4,3)-Hamming-Code besitzt $n - k = 3$ Prüfbit, so daß insgesamt $2^{n-k} = 8$ Syndrome (inklusive $\mathbf{s} = \mathbf{0}$) gebildet werden können. Ferner kann wegen $d_{\min} = 3$ ein Fehler stets korrigiert werden. Aufgrund der Wortlänge von $n = 7$ gibt es genau 7 verschiedene Einzelfehler. Die Anzahl der Syndrome ungleich Null entspricht daher exakt der Anzahl korrigierbarer Fehlermuster, der Hamming-Code ist ein perfekter Code.

Aufgabenteil b)
Beim Hamming-Code repräsentieren die Spalten von $\mathbf{H}$ alle Syndrome $\mathbf{s} \neq \mathbf{0}$. Wegen $t = 1$ bilden die Fehlerworte $\mathbf{e}$ mit dem Hamming-Gewicht $w_H(\mathbf{e}) = 1$ die Nebenklassenanführer. Es muß jetzt nur noch die Zuordnung bestimmt werden. Es ergibt sich folgende Tabelle:

Syndrom $\mathbf{s}_\mu$	Nebenklassenanführer $\mathbf{e}_\mu$
1 1 0	1 0 0 0 0 0 0
1 0 1	0 1 0 0 0 0 0
0 1 1	0 0 1 0 0 0 0
1 1 1	0 0 0 1 0 0 0
1 0 0	0 0 0 0 1 0 0
0 1 0	0 0 0 0 0 1 0
0 0 1	0 0 0 0 0 0 1

Aufgabenteil c)

Das Syndrom für das empfangene Wort lautet

$$\mathbf{s} = \mathbf{y} \cdot \mathbf{H}_s^T = (1\,0\,1)\,.$$

Es liegt also ein Fehler vor. Den zum Syndrom gehörenden Nebenklassenanführer findet man in der zweiten Zeile der Tabelle aus Aufgabenteil b). Durch Addition von $\mathbf{y}$ und $\mathbf{e}_2 = (0\,1\,0\,0\,0\,0\,0)$ kann die Korrektur realisiert werden.

$$\hat{\mathbf{c}} = \mathbf{y} + \mathbf{e}_2 = (1\,0\,0\,1\,0\,0\,1)$$

Das geschätzte Informationswort lautet also $\hat{\mathbf{u}} = (1\,0\,0\,1)$.

Aufgabenteil d)

Damit das Syndrom $\mathbf{s}$ direkt zur Adressierung des Nebenklassenanführers verwendet werden kann, muß die Position der Eins der Nebenklassenanführer der Dezimalzahldarstellung von $\mathbf{s}$ entsprechen. Die Prüfmatrix lautet

$$\tilde{\mathbf{H}} = \begin{pmatrix} 1 & 0 & 1 & 0 & 1 & 0 & 1 \\ 0 & 1 & 1 & 0 & 0 & 1 & 1 \\ 0 & 0 & 0 & 1 & 1 & 1 & 1 \end{pmatrix}\,.$$

8.5   Zyklische Codes

8.5.1   Beschreibung mit Generatorpolynom

Zyklische Codes stellen eine Teilmenge der linearen Blockcodes dar und zeichnen sich dadurch aus, daß die zyklische Verschiebung eines Codewortes $\mathbf{c}$ der Länge n wiederum ein Codewort ergibt. Eine elegante Möglichkeit der Beschreibung zyklischer Codes stellt die Nutzung von Polynomen $c(D)$ vom maximalen Grad $n-1$ dar. Für *normierte Polynome* erfüllt der Koeffizient der höchsten Potenz die Bedingung $c_{n-1} = 1$. Die zyklische Verschiebung des Codewortes $\mathbf{c}$ um m Stellen kann durch eine Multiplikation von $c(D)$ mit D^m und anschließender Division modulo $D^n - 1$ realisiert werden.

$$\begin{array}{ccc} (c_0,\ c_1,\ \dots,c_{n-1}) & \Rightarrow & (c_{n-m},\ \dots,c_{n-1},\ c_0,\ \dots,\ c_{n-m-1}) \\[4pt] \updownarrow & & \\[4pt] c(D) = \displaystyle\sum_{i=0}^{n-1} c_i \cdot D^i & \Rightarrow & R_{D^n-1}[D^m \cdot c(D)] \end{array}$$

Dabei verwenden wir folgende Abkürzung für Reste von Polynomdivisionen

$$r(D) = b(D) \bmod g(D) = R_{g(D)}\left[b(D)\right] \,. \tag{8.5.1}$$

Zu einem zyklischen (n, k)-Code existiert genau ein *Generatorpolynom* $g(D)$ vom Grad $n - k$, mit dem der gesamte Coderaum erzeugt werden kann. Stellt $u(D)$ das Polynom des Informationswortes mit maximalem Grad $k - 1$ dar, so kann über die Beziehung

$$c(D) = u(D) \cdot g(D) \tag{8.5.2}$$

das zugehörige Codewort ermittelt werden. Demnach wird der Coderaum aus allen möglichen Linearkombinationen von zyklisch verschobenen Versionen des Generatorpolynoms gebildet. Jedes Codewort ist daher durch $g(D)$ ohne Rest teilbar. Für beliebige Polynome $b(D)$ vom Grad $< n$ gilt allgemein:

$$b(D) = u(D) \cdot g(D) + r(D) \qquad \text{mit} \qquad \text{Grad } r(D) < \text{Grad } g(D) \,. \tag{8.5.3}$$

Das Polynom $r(D)$ stellt den Rest der Polynomdivision von $b(D)$ mit $g(D)$ dar. Bezüglich der Polynomdivision gelten folgende Regeln:

- $R_{g(D)}\left[a(D) + b(D)\right] = R_{g(D)}\left[a(D)\right] + R_{g(D)}\left[b(D)\right]$

- $R_{g(D)}\left[a(D) \cdot b(D)\right] = R_{g(D)}\left[R_{g(D)}\left[a(D)\right] \cdot R_{g(D)}\left[b(D)\right]\right]$

- $R_{g(D)}\left[a(D) \cdot g(D)\right] = 0$

- $\text{Grad } a(D) < \text{Grad } g(D) \Rightarrow R_{g(D)}\left[a(D)\right] = a(D)$

Ein Generatorpolynom $g(D)$ beschreibt einen Code nicht eindeutig. Bisher wurde nämlich nur die Abhängigkeit zwischen $g(D)$ und der Anzahl der Prüfstellen $n - k$ (Grad $g(D) = n - k$) betrachtet. Zur eindeutigen Beschreibung des Codes ist jedoch noch eine Beziehung zur Codewortlänge n nötig. Hier gilt, daß $g(D)$ das Polynom $D^n - 1$ ohne Rest teilt, falls $\mathcal{C}$ zyklisch ist. Somit kann ein Generatorpolynom durchaus verschiedene Codes beschreiben, da $R_{g(D)}\left[D^n - 1\right] = 0$ für mehrere Codewortlängen n gelten kann. Die Anzahl $n - k$ der Prüfstellen, d.h. der Grad von $g(D)$ ist dabei konstant, die Codewortlänge n und somit die Anzahl k der Informationsstellen je Codewort allerdings nicht.

Systematische Codierung mit Schieberegistern

Ein großer Vorteil zyklischer Codes besteht unter anderem in der einfachen Codierung und Decodierung mit rückgekoppelten Schieberegistern. Hierdurch werden aufwendige Matrixmultiplikationen vermieden. Um einen systematischen Code zu erhalten, muß sich ein Codewort $\mathbf{C}$ in zwei Anteile, nämlich den Informationsteil $u(D)$ und den Prüfteil $p(D)$ zerlegen lassen

$$\mathbf{c} = (p_0, \ldots p_{n-k-1}, u_0, \ldots u_{k-1}) \Rightarrow c(D) = p(D) + D^{n-k} \cdot u(D). \tag{8.5.4}$$

Das Polynom $p(D)$ der Prüfsymbole mit Grad $p(D) < n - k$ ist dann derart zu wählen, daß $c(D)$ sich ohne Rest durch $g(D)$ dividieren läßt. Wir erhalten

$$
\begin{aligned}
R_{g(D)}[c(D)] \quad &= \quad R_{g(D)}[p(D)] + R_{g(D)}\left[D^{n-k} \cdot u(D)\right] \overset{!}{=} 0 \\
&\Rightarrow \quad p(D) = R_{g(D)}\left[-D^{n-k} \cdot u(D)\right] \ .
\end{aligned}
\tag{8.5.5}
$$

Es kann leicht gezeigt werden, daß sich der Ausdruck für $p(D)$ in (8.5.5) durch ein rückgekoppeltes Schieberegister berechnen läßt [LC83, Fri96]. Wir erhalten somit die in **Bild 8.5.1** dargestellte Struktur. Für die ersten k Takte befindet sich der Schalter in der oberen Position, so daß das Schieberegister mit den Informationsbit u_i geladen wird und diese gleichzeitig als systematische Bit an den Ausgang weitergeleitet werden. Nach diesen k Takten repräsentieren die Registerinhalte die gesuchten Prüfsymbole $p_i = r_i$. Jetzt wird der Schalter in die untere Position gesetzt und die Prüfsymbole an die Informationsbit angehängt.

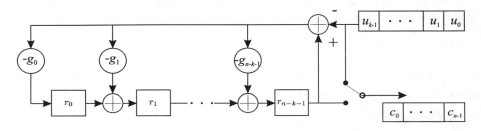

Bild 8.5.1: Allgemeine Schieberegisterrealisierung mit $g(D)$

8.5.2   Beschreibung mit Prüfpolynom

Analog zu Abschnitt 8.4.1 kann auch bei den zyklischen Codes ein Prüfpolynom zur Codeerzeugung verwendet werden. Das *Prüfpolynom* $h(D)$ ist durch die Beziehung

$$
h(D) \cdot g(D) = D^n - 1 ; \qquad \text{Grad } h(D) = k
\tag{8.5.6}
$$

definiert. Aus $h(D)$ kann auch eine Prüfmatrix erzeugt werden. Sie hat die Form

$$
\mathbf{H} = \begin{pmatrix} h_k & \dots & h_0 & & \\ & h_k & \dots & h_0 & \\ & & h_k & \dots & h_0 \end{pmatrix} \longleftrightarrow \begin{pmatrix} \bar{h}(D) \\ D\bar{h}(D) \\ \vdots \\ D^{n-k-1}\bar{h}(D) \end{pmatrix} ,
\tag{8.5.7}
$$

wobei $\bar{h}(D) = D^k h(D^{-1})$ das zu $h(D)$ reziproke Polynom repräsentiert. Durch die Multiplikation mit D^k enthält $\bar{h}(D)$ nur positive Exponenten. Wird ein (n, k)-Code $\mathcal{C}$ durch $g(D)$ beschrieben, so läßt sich der dazu duale Code $\mathcal{C}^\perp$ durch das reziproke Prüfpolynom $\bar{h}(D)$ generieren. Für den $(n, n-k)$-Code gilt [Fri96]

$$
\begin{aligned}
g^\perp(D) &= \bar{h}(D) = D^k h(D^{-1}) & (8.5.8)\\
h^\perp(D) &= D^{n-k} g(D^{-1}) = \bar{g}(D) \, . & (8.5.9)
\end{aligned}
$$

Systematische Codierung über Prüfpolynom

Entsprechend der Beschreibung zyklischer Codes durch ihr Prüfpolynom $h(D)$ läßt sich auch eine Schieberegisterstruktur angeben, die auf $h(D)$ basiert. Sie ist in ihrer allgemeinen Form in **Bild 8.5.2** dargestellt. Haben die Codeworte **c** die systematische Form nach (8.5.4), dann berechnen sich die $n - k$ Prüfsymbole entsprechend der Vorschrift

$$
c_m = -\sum_{i=0}^{k-1} h_i \cdot c_{m-i+k} = f\left(c_{m+1}, \ldots c_{m+k}\right) \, , \, n - k - 1 \leq m \leq 0 \, . \quad (8.5.10)
$$

Das Schieberegister der Länge k wird zunächst mit dem Informationswort **u** initialisiert. In den folgenden $n - k$ Takten werden dann die Prüfsymbole generiert und im Register direkt an die Informationssymbole angehängt.

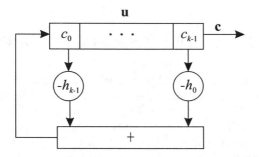

Bild 8.5.2: Allgemeine Schieberegisterrealisierung mit $h(D)$

8.5.3 Bestimmung des Syndroms

Analog zur Vorgehensweise bei der Matrixbeschreibung von Blockcodes in Abschnitt 8.4.1 kann eine Fehlererkennung bzw. -korrektur auch bei zyklischen Codes mit Hilfe des Syndroms **s** erfolgen. Es läßt sich hier als Polynom $s(D)$ darstellen und kann durch eine Schieberegisterstruktur generiert werden. Allgemein setzen wir wieder $y(D) = c(D) + e(D)$ voraus. Die Berechnung von $s(D)$ geschieht nun mit der Division des Polynoms $y(D)$ durch das Generatorpolynom $g(D)$

$$s(D) = R_{g(D)}[y(D)] = \underbrace{R_{g(D)}[c(D)]}_{=0} + R_{g(D)}[e(D)] \qquad (8.5.11)$$

Bild 8.5.3 zeigt die zugehörige Struktur des Schieberegisters. Das empfangene Wort **y** wird symbolweise, beginnend mit y_{n-1}, in das Register geschoben. Nach n Takten enthalten die Speicherelemente des Registers die Koeffizienten des Syndroms.

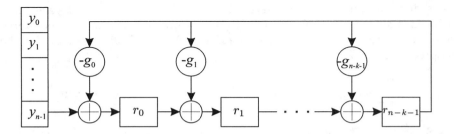

Bild 8.5.3: Schieberegisterrealisierung zur Berechnung des Syndroms

8.5.4   Cyclic Redundancy Check-Codes (CRC-Codes)

Bei reiner Fehlererkennung unterscheiden wir zwei Fälle: Nimmt das Syndrom $s(D)$ den Wert Null an, liegt entweder kein Fehler vor oder der Fehler ist nicht erkennbar. Für $s(D) \neq 0$ wurde hingegen ein Fehler detektiert. Die Leistungsfähigkeit eines Codes, Fehler zu erkennen, hängt zwar unmittelbar von dessen Distanzeigenschaften ab, allerdings hat auch die Struktur der Fehler selbst entscheidenden Einfluß. Prinzipiell unterscheiden wir zwei Arten von Fehlerereignissen: Einzelfehler und Bündelfehler. Letztere werden durch ihre Länge t und die Anzahl der fehlerhaften Symbole charakterisiert.

Fehlererkennung zyklischer Codes

Zyklische $(n, k)_q$-Codes erkennen alle Bündelfehler bis zur Länge $t' \leq n - k$. Bündelfehler größerer Länge bleiben nur mit eine Wahrscheinlichkeit von

$$P_{ue} = \begin{cases} \dfrac{q^{-(n-k-1)}}{q-1} & \text{für} \quad t' = n-k+1 \\[2ex] q^{-(n-k)} & \text{für} \quad t' \geq n-k+2 \end{cases} \qquad (8.5.12)$$

unerkannt.

Damit sind zyklische Codes für die Erkennung von Bündelfehlern prädestiniert. Häufig werden sie an die typischen Fehlerstrukturen des Übertragungskanals angepaßt. Die Länge der mit hoher Wahrscheinlichkeit noch erkennbaren Fehler übersteigt häufig ihre Minimaldistanz. Ein klassischer Vertreter zyklischer Codes, der vorwiegend zur Fehlererkennung eingesetzt wird (z.B. im GSM-Netz), ist der CRC-Code.

Definition: *Cyclic Redundancy Check*-Codes (**CRC-Codes**)

CRC-Codes sind zyklische $(2^r - 1, 2^r - r - 2, 4)_2$-Codes, deren Generatorpolynom die Form

$$g(D) = (1 + D) \cdot p(D) \qquad (8.5.13)$$

besitzt, wobei $p(D)$ ein primitives Polynom vom Grad r ist.

CRC-Codes besitzen folgende Eigenschaften.

- Alle Fehlermuster mit $w_H(\mathbf{e}) \leq 3$ werden erkannt.

- Alle Fehler mit ungeradem Gewicht werden erkannt.

- Alle Bündelfehler bis zur Länge $r + 1$ werden erkannt.

- Von den Bündelfehlern mit einer Länge von $r + 2$ wird nur eine Quote von 2^{-r} nicht erkannt

- Von den Bündelfehlern mit einer Länge von $\geq r + 3$ wird nur eine Quote von $2^{-(r+1)}$ nicht erkannt.

8.5.5   Spektraltransformation auf Galoisfeldern

Zwei sehr wichtige Vertreter der Klasse zyklischer Codes sind die Reed-Solomon- und die BCH-Codes. Sie wurden bereits um 1960 entwickelt und besitzen gegenüber den bisher behandelten Verfahren eine ganze Reihe von Vorteilen, von denen hier die wichtigsten aufgezählt werden sollen. Zum einen existiert eine analytisch geschlossene Konstruktionsvorschrift, bei der die Minimaldistanz und somit auch die Korrekturfähigkeit vorgegeben werden kann. Weiterhin sind beide Codefamilien für nicht zu große Blocklängen n sehr leistungsfähig und lassen sich gut an den Kanal anpassen. So eignen sich RS-Codes hervorragend zur Korrektur von Bündelfehlern, während binäre BCH-Codes eher für die Korrektur von Einzelfehlern zu verwenden sind. Für beide Codefamilien existiert eine effiziente Decodierung nach dem BMD-Prinzip.

Da sich sowohl RS- als auch BCH-Codes sehr anschaulich im 'Spektralbereich' beschreiben lassen, soll im folgenden die Spektraltransformation auf Galoisfeldern vorgestellt werden. Sie ist äquivalent zur Fouriertransformation komplexer Signale und ist weder bei der Codierung noch bei der Decodierung explizit auszuführen, sondern dient lediglich der anschaulichen Beschreibung der Codes. Auch hier beschränken wir uns auf den in der Praxis relevanten Fall $p = 2$.

Definition:
Gegeben seien zwei Polynome mit Koeffizienten aus $GF(2^m)$.

$$a(D) = \sum_{i=0}^{n-1} a_i \cdot D^i \quad \leftrightarrow \quad (a_0, a_1, \ldots a_{n-1})$$

$$A(D) = \sum_{i=0}^{n-1} A_i \cdot D^i \quad \leftrightarrow \quad (A_0, A_1, \ldots A_{n-1})$$

Ist $\alpha \in GF(2^m)$ ein Element der Ordnung n, dann gilt für die spektrale Hin- und Rücktransformation

$$A(D) = DFT\,(a(D)) \quad \rightarrow \quad A_i = a\left(\alpha^{-i}\right) = \sum_{\mu=0}^{n-1} a_\mu \cdot \alpha^{-i\mu} \quad (8.5.14)$$

$$a(D) = IDFT\,(A(D)) \quad \rightarrow \quad a_i = A\left(\alpha^i\right) = \sum_{\mu=0}^{n-1} A_\mu \cdot \alpha^{i\mu} \,. \quad (8.5.15)$$

Sehr wichtig ist die Korrespondenz zwischen Vektoren und Polynomen, die direkt aus den Gln. (8.5.14) und (8.5.15) abgelesen werden kann. Analog zur Korrespondenz zwischen Zeit- und Frequenzbereich können auch hier die zyklische Faltung und die zyklische Verschiebung in beiden Bereichen formuliert werden.

- α^{-i} ist Nullstelle von $a(D)$ $\iff$ i-te Komponente von **A** ist Null $(A_i = 0)$

- α^i ist Nullstelle von $A(D)$ $\iff$ i-te Komponente von **a** ist Null $(a_i = 0)$

Zyklische Faltung: geht über in komponentenweise Multiplikation

$$c(D) = R_{D^n - 1} [a(D) \cdot b(D)] \quad \Longleftrightarrow \quad C_i = -A_i \cdot B_i \qquad (8.5.16)$$

$$C(D) = R_{D^n - 1} [A(D) \cdot B(D)] \quad \longleftrightarrow \quad c_i = a_i \cdot b_i \qquad (8.5.17)$$

Zyklische Verschiebung um b Stellen:

$$c(D) = R_{D^n - 1} [D^b \cdot a(D)] \quad \Longleftrightarrow \quad C_i = \alpha^{-ib} \cdot A_i \qquad (8.5.18)$$

$$C(D) = R_{D^n - 1} [D^b \cdot A(D)] \quad \longleftrightarrow \quad c_i = \alpha^{ib} \cdot a_i \qquad (8.5.19)$$

8.5.6 Reed-Solomon-Codes

Das Ziel bei der Konstruktion von Codes ist es, für eine vorgegebene Blocklänge n und eine bestimmte Coderate $R_c = k/n$ einen Code $\mathcal{C}$ zu finden, der z.B. t Fehler korrigieren kann. Dazu muß $\mathcal{C}$ eine Mindestdistanz von $d = 2t + 1$ besitzen. Reed-Solomon (RS)-Codes sind MDS-Codes (*maximum distance separable*), d.h. die Gleichheit der Singleton-Schranke $d_{\min} \leq n - k + 1$ ist erfüllt und die tatsächliche Mindestdistanz ist somit gleich der Entwurfsdistanz. Um den Weg zur Konstruktion eines solchen Codes zu veranschaulichen, betrachten wir ein Polynom

$$C(D) = C_0 + C_1 D + \ldots + C_{k-1} D^{k-1}$$

vom Grad kleiner k mit Koeffizienten $C_i \in GF(2^m)$. Nach dem Fundamentalsatz der Algebra kann $C(D)$ maximal $k - 1$ Nullstellen haben. Wir nehmen nun n verschiedene Elemente $z_0 \ldots z_{n-1} \in GF(2^m)$ ungleich Null und bilden ein Codewort $\mathbf{c}$ der Länge n durch

$$\mathbf{c} = (c_0\, c_1\, \ldots\, c_{n-1}) \qquad \text{mit} \qquad c_i = \mathcal{C}(z_i) \,. \qquad (8.5.20)$$

Dann hat $\mathbf{c}$ mindestens das Gewicht $w_H(\mathbf{c}) \geq d = n - k + 1$. Diese Behauptung läßt sich einfach beweisen. $C(D)$ hat maximal $k - 1$ Nullstellen, dann besitzt $c(D)$ nach Abschnitt 8.5.5 maximal ebenso viele Koeffizienten c_i gleich Null. Da $c(D)$ aber insgesamt aus n Koeffizienten besteht, müssen zwangsläufig $n - (k - 1)$ Koeffizienten ungleich Null sein, womit die Behauptung bewiesen ist.

Bilden wir nun einen Code $\mathcal{C}$, in dem wir alle 2^{mk} Polynome $C(D)$ und (8.5.20) verwenden, so besitzt $\mathcal{C}$ aufgrund seiner Linearität die Mindestdistanz $d_{\min} = n - k + 1$. Wir haben somit eine Möglichkeit gefunden, Codes mit bestimmten Mindestdistanzen zu entwerfen.

Definition von Reed-Solomon-Code

> *Die Menge aller Polynome $C(D)$ vom Grad kleiner k mit Koeffizienten $C_i \in GF(2^m)$ beschreibt einen $(n, k, d_{\min})$-Reed-Solomon-Code $\mathcal{C}$. Die Codeworte $\mathbf{c} \in \mathcal{C}$ werden durch die Beziehung $c_i = C(\alpha^i)$ gebildet, wobei $\alpha \in GF(2^m)$ die Ordnung n besitzt, d.h. n ist die kleinste Zahl mit $\alpha^n = 1$. Die Mindestdistanz des Codes beträgt $d_{\min} = n - k + 1$.*

In der Regel ist α ein primitives Element des $GF(2^m)$ und hat damit die Ordnung $n = 2^m - 1$. RS-Codes besitzen dann die Länge $n = 2^m - 1$ und die Coderate $R_c = (2^m - d)/(2^m - 1)$.

Generator- und Prüfpolynom für RS-Codes

Nach (8.5.2) lassen sich die Codeworte zyklischer (n, k)-Codes durch Polynome $c(D) = u(D) \cdot g(D)$ vom Grad kleiner n darstellen. Die Spektraltransformation bzgl. $c(D)$ liefert ein Polynom $C(D)$ mit n Koeffizienten, von denen bei RS-Codes allerdings die Koeffizienten der $n - k$ höchsten Potenzen Null sind.

$$C_i = 0 \quad \text{für} \quad k \leq i \leq n - 1$$

Diese werden Paritätsfrequenzen genannt. Hieraus folgt wegen der Beziehung $C_i = c(\alpha^{-i})$, daß genau $n - k$ aufeinanderfolgende Potenzen von α Nullstellen von $c(D)$ sind. Da dies für alle Codewortpolynome $c(D)$ unabhängig von $u(D)$ gilt, muß das Generatorpolynom sich in $n - k$ Terme faktorisieren lassen

$$g(D) = \prod_{i=k}^{n-1} (D - \alpha^{-i}) = \prod_{i=k}^{n-1} (D - \alpha^{-i} \cdot \alpha^n) = \prod_{i=1}^{n-k} (D - \alpha^i) . \tag{8.5.21}$$

Für das Prüfpolynom folgt mit $g(D)h(D) = D^n - 1$

$$h(D) = \prod_{i=0}^{k-1} (D - \alpha^{-i}) = \prod_{i=0}^{k-1} (D - \alpha^{-i} \cdot \alpha^n) = \prod_{i=n-k+1}^{n} (D - \alpha^i) . \tag{8.5.22}$$

Reed-Solomon-Codes gehören zu den wenigen Codes, deren komplette Gewichtsverteilung geschlossen angegeben werden kann. Es gilt [Fri96]

$$a_d = \binom{n}{d} (q - 1) \sum_{j=0}^{d-d_{\min}} (-1)^j \binom{d-1}{j} q^{d-d_{\min}-j} . \tag{8.5.23}$$

8.5.7   BCH-Codes

Der große Unterschied zwischen den im letzten Abschnitt behandelten RS-Codes und den Bose-Chaudhuri-Hocquenghem-Codes (BCH-Codes) besteht darin, daß

RS-Codes in der Regel als nicht-binäre Codes mit $c_i \in GF(2^m)$ eingesetzt werden, während für BCH-Codes normalerweise $c_i \in GF(2)$ gilt. Trotzdem sei darauf hingewiesen, daß BCH-Codes durchaus auch nicht-binär sein können und RS-Codes wiederum auch im $GF(2)$ definiert sind. BCH-Codes lassen sich analog zu Abschnitt 8.5.5 über die Spektraltransformation definieren. Wir wollen hier aber der Vorgehensweise in [Bos98] folgen und sie über die Kreisteilungsklassen herleiten.

Definition Kreisteilungsklassen

Die Zahlenmenge $\{0, 1, \ldots, n-1\}$ kann in disjunkte Teilmengen aufgeteilt werden, sogenannte Kreisteilungsklassen $\mathcal{K}_i$. Für $n = q^l - 1$ und $q = 2^m$ gilt

$$\mathcal{K}_i = \left\{ (i \cdot q^j) \bmod n \, , \, j = 0, 1, \ldots, l-1 \right\} \, , \qquad (8.5.24)$$

wobei i das kleinste Element in $\mathcal{K}_i$ ist. Die einzelnen Kreisteilungsklassen bestehen aus maximal m Elementen, die Vereinigungsmenge aller $\mathcal{K}_i$ ergibt wieder die Zahlenmenge $\{0, 1, \ldots, n-1\}$.

Für die Konstruktion von BCH-Codes ist insbesondere folgende Eigenschaft der Kreisteilungsklassen von Interesse. Verwendet man die Elemente $\kappa_{i,\nu} \in \mathcal{K}_i$ als Exponenten eines primitiven Elements $\alpha \in GF(2^m)$ und setzt die $\alpha^{\kappa_{i,\nu}}$ in die faktorisierte Form eines Polynoms $m_i(D)$ ein, so besitzt das Polynom nur Koeffizienten im Galoisfeld $GF(2)$ und ist zudem irreduzibel bzgl. $GF(2)$.

Beispiel:

Zur Veranschaulichung bilden wir die Kreisteilungsklassen für $q = p = 2$ und $l = 3$, woraus direkt $n = 2^3 - 1 = 7$ folgt. Die Kreisteilungsklassen lauten:

$$
\begin{aligned}
\mathcal{K}_0 &= \{0\} \\
\mathcal{K}_1 &= \{1, 2, 4\} \\
\mathcal{K}_3 &= \{3, 5, 6\} \, .
\end{aligned}
$$

Mit den Klassen $\mathcal{K}_1$ und $\mathcal{K}_3$ können zwei irreduzible Polynome $m_1(D)$ und $m_3(D)$ gebildet werden, deren Koeffizienten Elemente von $GF(2)$ sind. Unter Zuhilfenahme der Ergebnisse aus Aufgabe 8.3.2c erhalten wir

$$
\begin{aligned}
m_1(D) &= (D - \alpha)(D - \alpha^2)(D - \alpha^4) = D^3 + D + 1 \\
m_3(D) &= (D - \alpha^3)(D - \alpha^5)(D - \alpha^6) = D^3 + D^2 + 1 \, .
\end{aligned}
$$

Definition von primitiven BCH-Codes:

> *Ein BCH-Code mit der primitiven Blocklänge n besitzt das Generatorpolynom*
>
> $$g(D) = \prod_{\nu \in \mathcal{M}} (D - \alpha^{\nu}) = \prod_{i} m_i(D) \,, \qquad (8.5.25)$$
>
> *wobei $\mathcal{M} = \bigcup_i \mathcal{K}_i$ die Vereinigungsmenge beliebig vieler Kreisteilungsklassen $\mathcal{K}_i$ für $n = 2^m - 1$ beschreibt. Der Index i läuft über die an $\mathcal{M}$ beteiligten $\mathcal{K}_i$ und α ist das primitive Element des Erweiterungskörpers $GF(2^m)$. Die Entwurfsdistanz d wird erreicht, wenn $d-1$ aufeinanderfolgende Zahlen in $\mathcal{M}$ enthalten sind.*

Durch die Wahl von $\nu \in \mathcal{M}$ wird $g_i \in GF(2)$ gewährleistet. Der Code hat $|\mathcal{C}| = 2^k$ Elemente mit $k = n - |\mathcal{M}|$. Aufgrund der Forderung nach $d-1$ aufeinanderfolgenden Elementen in $\mathcal{M}$ enthält $\mathcal{C}$ alle Codeworte $\mathbf{c}$, für die die Nullstellen des Polynoms $c(D)$ genau $d-1$ aufeinanderfolgende Potenzen des primitiven Elementes α darstellen. Im Gegensatz zu den RS-Codes beeinflußt die Lage der Nullstellen sehr wohl die Minimaldistanz. Allgemein gilt, daß BCH-Codes hinsichtlich der Coderate eine größere Flexibilität besitzen als RS-Codes. Demgegenüber sind BCH-Codes nicht zwingend MDS-Codes, d.h. die tatsächliche Minimaldistanz $d_{\min}$ kann wesentlich größer als die Entwurfsdistanz d sein. Dies kann allerdings mit der begrenzten Minimaldistanz-Decodierung nicht ausgenutzt werden. Bei Vorgabe von d sind die Größen k, R_c und $d_{\min}$ nicht automatisch bekannt, sondern sie müssen noch berechnet werden. Ferner existieren auch nicht-primitive BCH-Codes, für die $n < 2^l - 1$ gilt. Das wohl bekannteste Beispiel ist der $(23, 12)$-Golay-Code.

8.5.8   Decodierung von BCH- und RS-Codes

Für relevante Codewortlängen ist eine optimale Maximum-Likelihood-Decodierung bei BCH- und die RS-Codes viel zu aufwendig, um in der Praxis umgesetzt zu werden. Allerdings sind für die begrenzte Minimaldistanz-Decodierung (BMD) (S. 339) sehr effiziente algebraische Verfahren entwickelt worden, die stets eine Hard-Decision am Kanalausgang voraussetzen. Erweiterungen erlauben auch das Ausnutzen von Ausfallinformationen, der einfachsten Form der Soft-Decision (vgl. BSEC-Kanal, S. 86). An dieser Stelle soll allerdings keine vollständige und ausführliche Herleitung der Decodierung von RS- und BCH-Codes gegeben werden. Vielmehr soll der prinzipielle Weg veranschaulicht und anhand von Übungsaufgaben vertieft werden. Weitergehende Betrachtungen sind in [LC83, Bla83, Ber84, Fri96, Bos98] zu finden.

Der Empfangsvektor $\mathbf{y}$ läßt sich entsprechend (8.3.9) durch

$$\mathbf{y} = \mathbf{c} + \mathbf{e} \quad \circ\!\!-\!\!\bullet \quad \mathbf{Y} = \mathbf{C} + \mathbf{E}$$

sowohl im Zeit- als auch im Frequenzbereich beschreiben. Dabei bestehen alle Vektoren prinzipiell aus 2^m-wertigen Symbolen, d.h. $c_i, y_i, e_i, C_i, Y_i, E_i, \in GF(2^m)$. Eine Ausnahme bilden die binären BCH-Codes, für die im Zeitbereich nur binäre Symbole vorkommen (c_i, y_i, $e_i \in GF(2)$). Ferner lautet die Entwurfsdistanz $d = 2t + 1$, wobei nie mehr als $\tau \leq t$ Fehler auftreten sollen. Andernfalls versagt die Decodierung.

Ohne Beschränkung der Allgemeingültigkeit nehmen wir an, daß die $d - 1$ Paritätsfrequenzen an den Stellen C_0 bis C_{d-2} liegen. Für das Empfangswort $\mathbf{Y}$ bedeutet dies, daß die ersten $d - 1 = 2t$ Stellen direkt die Symbole des Fehlerwortes $\mathbf{E}$ enthalten. Dieser Teilvektor wird als Syndrom $\mathbf{S}$ bezeichnet, d.h. es gilt

$$\mathbf{Y} = (\underbrace{E_0, \; \cdots \; E_{2t-1}}_{\mathbf{S}}, \; C_{2t} + E_{2t}, \; \cdots \; C_{n-1} + E_{n-1}) \,. \tag{8.5.26}$$

Das Syndrom ist somit direkt durch die Paritätsfrequenzen des Empfangswortes bestimmt und lautet in Polynomschreibweise

$$S(D) = \sum_{i=0}^{2t-1} S_i \cdot D^i \quad \text{mit} \quad S_i = E_i = Y_i \quad \text{für} \quad 0 \leq i < 2t \,. \tag{8.5.27}$$

Die Berechnung der S_i folgt direkt aus der Definition der Spektraltransformation in (8.5.14). Selbstverständlich gilt auch hier weiterhin für Codeworte $\mathbf{S} = \mathbf{0}$.

Das Ziel der Decodierung besteht nun darin, mit Hilfe des Syndroms die fehlerhaften Stellen zu detektieren und auch die Fehlersymbole zu ermitteln. Dazu definieren wir zunächst eine Fehlerstellenmenge

$$\mathcal{I} = \{i \mid e_i \neq 0 \quad \wedge \quad 0 \leq i \leq n - 1\} \,, \tag{8.5.28}$$

deren Elemente die Positionen der fehlerhaften Stellen angeben. Mit ihnen kann ein (normiertes) Fehlerstellenpolynom der Form

$$F(D) = \prod_{i \in \mathcal{I}} \left(1 - D\alpha^{-i}\right) = 1 + \sum_{\nu=1}^{\tau} F_\nu \cdot D^\nu \tag{8.5.29}$$

definiert werden, dessen Nullstellen α^i mit $i \in \mathcal{I}$ lauten. Damit repräsentieren die Nullstellen von $F(D)$ die fehlerhaften Positionen i des empfangenen Wortes $\mathbf{y}$. Im fehlerfreien Fall gilt $\mathcal{I} = \emptyset$ und $F(D) = 1$.

Zunächst ist $F(D) \; \bullet\!\!-\!\!\!-\!\!\circ \; f(D)$ allerdings erst noch zu bestimmen. Aufgrund der Eigenschaften der Spektraltransformation gilt jedoch $i \in \mathcal{I} \rightarrow F(\alpha^i) = 0 \rightarrow f_i = 0$, d.h. an den fehlerhaften Stellen besitzt das Fehlerstellenpolynom im Zeitbereich Koeffizienten gleich Null. Hieraus folgt direkt

$$e_i \cdot f_i = 0 \,. \tag{8.5.30}$$

Die Multiplikation im Zeitbereich entspricht einer zyklischen Faltung im Frequenzbereich, so daß wir für $0 \leq i < n$ folgenden Ausdruck erhalten

$$R_{D^n-1}\left[F(D) \cdot E(D)\right] = 0 \quad \Longrightarrow \quad \sum_{\mu=0}^{\tau} F_\mu E_{(i-\mu) \bmod n} = 0 \;. \tag{8.5.31}$$

Die Auswertung von (8.5.31) für $\tau \leq i < 2\tau$ führt wegen $E_i = S_i = Y_i$ und $F_0 = 1$
zur sogenannten Schlüsselgleichung oder auch Newton-Gleichung

$$S_i + \sum_{\mu=1}^{\tau} F_\mu \cdot S_{i-\mu} = 0 \quad \text{für} \quad i = \tau \ldots 2\tau - 1 \;. \tag{8.5.32}$$

Da die Symbole $S_i = Y_i$ in diesem Bereich bekannt sind, erhalten wir ein System
aus τ Gleichungen mit τ Unbekannten F_μ, das prinzipiell eindeutig lösbar ist. Es
lautet in der Matrixdarstellung

$$\begin{pmatrix} -S_\tau \\ -S_{\tau+1} \\ \vdots \\ -S_{2\tau-1} \end{pmatrix} = \begin{pmatrix} S_0 & S_1 & \cdots & S_{\tau-1} \\ S_1 & S_2 & \cdots & S_\tau \\ \vdots & \vdots & & \vdots \\ S_{\tau-1} & S_\tau & \cdots & S_{2\tau-2} \end{pmatrix} \cdot \begin{pmatrix} F_\tau \\ F_{\tau-1} \\ \vdots \\ F_1 \end{pmatrix} \;. \tag{8.5.33}$$

Das Lösen der Schlüsselgleichung stellt ein Hauptproblem bei der Decodierung
von BCH- und RS-Codes dar, da es auf rechentechnisch günstige Realisierungen ankommt. Es existieren verschiedene Verfahren wie der Berlekamp-Massey-
Algorithmus [LC83, Ber84, Fri96] oder der Euklidische Algorithmus [Fri96], auf die
an dieser Stelle aber nicht weiter eingegangen werden soll. Wir setzen vielmehr
voraus, daß mit dem Lösen der Schlüsselgleichung das Fehlerstellenpolynom $F(D)$
bekannt ist. Jetzt können mit der sogenannten Chien-Suche, die Nullstellen von
$F(D)$ bestimmt werden. Das Auffinden der Nullstellen erfolgt im Prinzip durch
simples Einsetzen aller möglichen Potenzen von α und Prüfen auf $F(\alpha^i) = 0$.

Nun sind die fehlerhaften Positionen $i \in \mathcal{I}$ im Empfangswort $\mathbf{y}$ bekannt. Für die
binären BCH-Codes ist damit die Decodierung fast abgeschlossen, da die fehlerhaften Bit nur noch invertiert werden müssen. Für nicht-binäre Codes sind hingegen
noch die genauen Fehlersymbole $e_i \neq 0$ zu bestimmen. Dies kann beispielsweise
nach dem Prinzip der rekursiven Ergänzung geschehen [Fri96]. Da die Koeffizienten F_ν nach Lösen der Schlüsselgleichung bekannt sind, führt die Auswertung von
(8.5.31) im Bereich $2\tau \leq i < n$ direkt zu den noch fehlenden Koeffizienten

$$E_i = -\sum_{\mu=1}^{\tau} C_\mu \cdot E_{(i-\mu) \bmod n} \;. \tag{8.5.34}$$

Da $E_0 = Y_0 \; \cdots \; E_{2t-1} = Y_{2t-1}$ gilt, können die restlichen $n - 2t$ Fehlersymbole E_i sukzessive ermittelt werden. Eine einfache Realisierung kann über ein

rückgekoppeltes Schieberegister entsprechend **Bild 8.5.4** erfolgen. Abschließend muß noch die Rücktransformation von $E(D)$ in den Zeitbereich durchgeführt werden. Das geschätzte Codewort lautet dann $\hat{c}(D) = y(D) - e(D)$. Alternative Methoden zur Bestimmung von $e(D)$ existieren auch im Zeitbereich [Fri96].

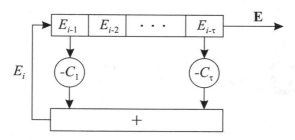

Bild 8.5.4: Schieberegisterrealisierung für rekursive Ergänzung

8.5.9 Übungen

Aufgabe 8.5.1

Zyklischer Code
Lösung Seite 381

a) Erzeugen Sie mit Hilfe des Befehls `cyclpoly` das Generatorpolynom $g(D)$ mit minimalem Grad für einen zyklischen $\overline{(15,6)}$-Code. Geben Sie das Polynom aus und berechnen Sie das zugehörige Prüfpolynom $h(D)$.

b) Bestimmen Sie das minimale Hamminggewicht des Codes.

c) Führen Sie die systematische Codierung des Informationswortes $\mathbf{u} = (1\,1\,1\,0\,1\,1)$ mit $g(D)$ durch.

d) Wiederholen Sie den Aufgabenteil c) für das Prüfpolynom $h(D)$.

e) Bei der Übertragung sollen die Binärstellen 2 bis 5 gestört werden. Geben Sie das Syndrom an.

Aufgabe 8.5.2

CRC-Codes
Lösung Seite 383

a) Erzeugen Sie das Generatorpolynom für einen CRC-Code der Länge $n = 15$.

b) Bestimmen Sie die Generatormatrix $\mathbf{G}$ und die Prüfmatrix $\mathbf{H}$.

c) Es soll nun die Leistungsfähigkeit des CRC-Codes untersucht werden, indem die Erkennbarkeit aller Bündelfehler der Längen $4 \le l_e \le n$ betrachtet wird. Dabei sollen nur Fehlermuster berücksichtigt werden, bei denen die l_e Fehler direkt ohne Lücke aufeinander folgen. Geben Sie die relative Häufigkeit der erkannten Fehler an.

Aufgabe 8.5.3	**Reed-Solomon-Codes** Lösung Seite 383

a) Es soll ein RS-Code im $GF(2^3)$ erzeugt werden, der $t = 1$ Fehler korrigieren kann. Bestimmen Sie die Parameter k, n und R_c und geben sie die maximale Länge eines korrigierbaren Fehlers in Bit an.

b) Geben Sie das Generatorpolynom $g(D)$ des Reed-Solomon-Codes an. Verwenden Sie dazu den Befehle rspoly bzw. (8.5.21).

c) Es soll nun die Nachricht **u** = (110 010 111 000 001) codiert werden. Bei der anschließenden Übertragung sollen 3 Bit verfälscht werden. Wie wirkt sich die Lage des Fehlers auf das Decodierergebnis aus?

d) Jetzt soll ein $t = 2$ Fehler korrigierender Code im $GF(8)$ entworfen werden. Bestimmen Sie wiederum die Parameter k und R_c und geben Sie g(D) an.

e) Es wird das Wort **y** = (000100001011110010111) empfangen. Bestimmen Sie das Syndrom, das Fehlerstellenpolynom, die Position der Fehlerstellen sowie die Amplituden der Fehler. Benutzen Sie dazu die Befehle rssyndrom, rselp, rschien und rserramp. Wie lautet die gesendete Nachricht (Korrektur mit rscorrect)?

Aufgabe 8.5.4	**BCH-Codes** Lösung Seite 385

a) Wir wollen nun einen $t = 3$-Fehler korrigierenden BCH-Code im $GF(2^4)$ entwerfen. Bilden Sie mit dem Befehl gfcosets die Kreisteilungsklassen $\mathcal{K}_i$. Welche Klassen können zu einer Menge $\mathcal{M}$ zusammengefaßt werden, damit die Forderung $t = 3$ erfüllt wird? Welche Parameter hat der resultierende BCH-Code?

b) Mit dem Befehl `bchpoly` lassen sich alle gültigen Parameterkombinationen bis $n = 511$ anzeigen, bei Angabe der Parameter n und k liefert `bchpoly` ein Generatorpolynom $g_1(D)$ und die Polynome $m_i(D)$ der an $g(D)$ beteiligten Kreisteilungsklassen $\mathcal{K}_i$. Wählen Sie einen geeigneten Code aus und bestimmen Sie $g_1(D)$ sowie die Polynome $m_i(D)$.

c) Berechnen Sie per Hand ein alternatives Generatorpolynom $g_2(D)$ für die gleichen Parameter anhand der Ergebnisse aus Aufgabenteil a).

d) Codieren Sie das Infowort $\mathbf{u} = (1\,1\,0\,1\,1)$ mit dem Befehl `bchenco` für die beiden Generatorpolynome $g_1(D)$ und $g_2(D)$. Ermitteln Sie die Nullstellen beider Codeworte $c_1(D)$ und $c_2(D)$ und vergleichen Sie sie.

e) Transformieren Sie die Codeworte mit der Funktion `gf_dft` in den Spektralbereich. Was fällt auf?

Aufgabe 8.5.5	**Bit- und Wortfehlerkurven von BCH-Codes**
	Lösung Seite 387

a) Simulieren Sie für den Standard-BCH-Code aus Aufgabe 8.5.4 die Übertragung über einen AWGN-Kanal für die Signal-Rausch-Abstände von 0 bis 10 dB in 2-dB-Schritten. Führen Sie die BMD-Decodierung mit `bchdeco` als auch eine ML-Decodierung durch Vergleich mit allen möglichen Codeworten durch. Messen Sie Bit- und Wortfehlerraten und stellen Sie die Ergebnisse der verschiedenen Decodierverfahren in einem Diagramm gegenüber.

b) Vergleichen Sie die Ergebnisse mit dem uncodierten Fall!

Lösung Aufgabe 8.5.1

Aufgabenteil a)
Das Generatorpolynom mit minimalem Grad lautet

$$g(D) = 1 + D^3 + D^4 + D^5 + D^8 + D^9 \;.$$

Das zugehörige Prüfpolynom kann über die Beziehung aus (8.5.6) bestimmt werden. Mit Hilfe des Befehls `gfdeconv` erhalten wir

$$h(D) = 1 + D^3 + D^4 + D^5 + D^6 \;.$$

Aus dem Generatorpolynom g(D) können übrigens leicht Generator- und Prüfmatrix mit der Routine <u>cyclgen</u> berechnet werden.

Aufgabenteil b)
Mit dem Befehl <u>gfweight</u> kann das Hamminggewicht eines Codes bestimmt werden. Es lautet hier $d_{\min} = 6$.

Aufgabenteil c)
Um mit Hilfe von $g(D)$ eine systematische Codierung zu realisieren, muß sichergestellt werden, daß der Informationsteil nicht verfälscht wird. Er wird daher um $n-k$ Stellen nach rechts verschoben und die $n-k$ Prüfsymbole links vorangestellt. Mit der Routine

```
[p,r] = gfdeconv([zeros(1,n-k) u],g);
r = [r zeros(1,n-k-length(r))];
c_g = [r u];
```

erhalten wir das Codewort $\mathbf{c} = (1\,1\,1\,1\,0\,0\,0\,1\,0\,1\,1\,1\,0\,1\,1)$. Die zweite Zeile sorgt dafür, daß der Rest der Division immer die Länge $n-k$ hat.

Aufgabenteil d)
Bei der systematischen Codierung über das Prüfpolynom wird ein Schieberegister der Länge k mit dem Informationswort $\mathbf{u}$ initialisiert. Anschließend werden die Registerinhalte mit den Koeffizienten von $h(D)$ verknüpft und aufsummiert. Die Summe wird dann in das Register zurück gekoppelt. Die folgende Routine stellt die gesuchten $n-k$ Prüfsymbole den k Informationsbit voran.

```
reg = u;
reg_coeff = fliplr(h(1:k));
c_h = u;
for i=1:n-k
fb = rem(reg*reg_coeff',2);
reg = [fb reg(1:k-1)];
c_h = [fb c_h];
end
```

Aufgabenteil e)
Zur Berechnung des Syndroms ist das Fehlerwort $e(d)$ durch das Generatorpolynom $g(D)$ zu dividieren. Wir erhalten mit dem Befehl <u>gfdeconv</u> das Syndrom $\mathbf{s} = (0\,1\,1\,1\,1)$ bzw. $s(D) = D + D^2 + D^3 + D^4$.

Lösung Aufgabe 8.5.2

Aufgabenteil a)

Ein CRC-Code besitzt die Parameter $n = 2^r - 1$ und $k = 2^r - r - 2$. Für $n = 15$ gilt demnach $r = 4$ und $k = 10$. Außerdem läßt sich das Generatorpolynom zu $g(D) = p(D) \cdot (1 + D)$ faktorisieren, so daß $p(D)$ ein primitives Polynom vom Grad 4 sein muß ($g(D)$ hat den Grad $n - k = 5$). Es kann mit `gfprimdf` bestimmt werden und lautet $p(D) = 1 + D + D^4$. Damit ergibt sich das Generatorpolynom

$$g(D) = 1 + D^2 + D^4 + D^5 \, .$$

Aufgabenteil b)

Mit Hilfe des Befehls `cyclgen` berechnet MATLAB aus dem Generatorpolynom $g(D)$ die Generatormatrix $\mathbf{G}$ und die Prüfmatrix $\mathbf{H}$. Exemplarisch ist hier $\mathbf{G}$ angegeben.

$$\mathbf{G} = \begin{pmatrix} 1 & 0 & 0 & 0 & 0 & 1 & 1 & 1 & 0 & 1 & 1 & 0 & 0 & 1 & 0 \\ 0 & 1 & 0 & 0 & 0 & 0 & 1 & 1 & 1 & 0 & 1 & 1 & 0 & 0 & 1 \\ 0 & 0 & 1 & 0 & 0 & 1 & 1 & 0 & 1 & 0 & 1 & 1 & 1 & 1 & 0 \\ 0 & 0 & 0 & 1 & 0 & 0 & 1 & 1 & 0 & 1 & 0 & 1 & 1 & 1 & 1 \\ 0 & 0 & 0 & 0 & 1 & 1 & 1 & 0 & 1 & 1 & 0 & 0 & 1 & 0 & 1 \end{pmatrix}$$

Man erkennt, daß die zyklische Verschiebung einer Zeile (eines Codewortes) zu einem neuen Codewort führt. In den Fällen, wo beim Verschieben eine '1' aus dem Prüfteil in den Informationsteil gelangt, wurde einfach die unterste Zeile aufaddiert, damit wir die Generatormatrix für eine systematische Codierung erhalten.

Aufgabenteil c)

Wenn nur Bündelfehler zugelassen werden, die keine korrekten Stellen einschließen, so werden alle Fehler erkannt. Die Syndrome sind stets ungleich Null.

Lösung Aufgabe 8.5.3

Aufgabenteil a)

Es soll für den Erweiterungskörper $GF(2^3)$ ein Reed-Solomon-Code konstruiert werden, der $t = 1$ Fehler korrigieren kann. Daraus ergeben sich die Codeparameter $d_{\min} = 3$, $n = 2^m - 1 = 7$ und $k = 2^m - d = 5$, woraus sich die Coderate $R_c = $

$5/7 \approx 0.714$ berechnet. Wir erhalten also einen $(7,5,3)_8$-Code mit $8^5 = 32.768$ Codeworten.

Aufgabenteil b)

Der Befehl `rspoly(n,k)` liefert das Generatorpolynom $g(D)$ eines (n, k)-RS-Codes. Bekanntlich lassen sich alle Elemente des Erweiterungskörpers als Potenzen des primitiven Elementes α darstellen. Dies nutzt der Befehl `rspoly` aus, seine Ausgangswerte repräsentieren die Koeffizienten von $g(D)$ als Potenzen von α. Wir erhalten mit dem Vektor [3   4   0] das Polynom

$$g(D) = \alpha^3 + \alpha^4 D + D^2 \ .$$

Wir können das Ergebnis leicht durch Berechnung von (8.5.21) kontrollieren. Es gilt mit dem Ergebnis $\alpha^4 = \alpha + \alpha^2$ aus Aufgabe 8.3.2c

$$g(D) = (D - \alpha) \cdot (D - \alpha^2) = D^2 - \underbrace{(\alpha + \alpha^2)}_{=\alpha^4}D + \alpha^3 \ .$$

Aufgabenteil c)

Die Codierung kann mit Hilfe des Befehls `rsenco` erfolgen. Wir erhalten das Codewort $\mathbf{c} = (011\ 000\ 110\ 010\ 111\ 000\ 001)$. Da mit $t = 1$ genau ein fehlerhaftes Symbol korrigiert werden kann, beträgt die maximale korrigierbare Fehlerlänge $m = 3$ Bit. Die Überlagerung eines 3-Bit-Fehlers wirkt sich also nur dann störend auf die Übertragung aus, wenn zwei Codesymbole des $GF(8)$ erfaßt werden. Ist nur ein einziges Symbol betroffen, kann der Fehler korrigiert werden.

Ein binärer Code mit der gleichen Korrekturfähigkeit müßte eine Mindestdistanz von $d_{\min} = 7$ besitzen. Hierdurch wird deutlich, daß RS-Codes zur Korrektur von Bündelfehlern prädestiniert sind. Treten die drei Bitfehler dagegen in unterschiedlichen Symbolen des $GF(8)$ auf, so entsprechen sie drei Einzelfehlern und sind mit diesem Code nicht mehr korrigierbar, sehr wohl aber mit einem binären Code entsprechender Mindestdistanz.

Aufgabenteil d)

Mit dem gleichen Erweiterungskörper sollen nun ein $t = 2$-fehlerkorrigierender Code konstruiert werden, woraus sich direkt die Forderung nach $d_{\min} = 5$ ergibt. Die weiteren Parameter lauten $n = 2^m - 1 = 7$, $k = 2^m - d = 3$ und $R_c = k/n \approx 0.429$. Der Code besteht also aus $(2^3)^3 = 256$ Codeworten.

Entsprechend der erforderlichen Mindestdistanz sind $d-1 = 4$ aufeinanderfolgende Exponenten von α Nullstellen des Generatorpolynoms. Wir erhalten mit dem `rspoly`-Befehl

$$g(D) = (D - \alpha^1)(D - \alpha^2)(D - \alpha^3)(D - \alpha^4) = \alpha^3 + \alpha D + D^2 + \alpha^3 D^3 + D^4 \ .$$

Aufgabenteil e)

Mit Hilfe des Befehls <u>rssyndrom</u> läßt sich das Syndrom berechnen. Alternativ kann auch die Transformation des Empfangswortes $\mathbf{y}$ in den Spektralbereich verwendet werden. Das Syndrom lautet $s(D) = 1 + \alpha D + \alpha D^2 + \alpha^3 D^3$.

Aus dem Syndrom läßt sich durch Lösen der Schlüsselgleichung das Fehlerstellenpolynom bestimmen. Der Befehl <u>rselp</u> liefert $F(D) = 1 + \alpha D + \alpha^4 D^2$.

Die Nullstellen können durch die Chien-Suche ermittelt werden, was mit der Routine <u>rschien</u> realisiert wird. Sie detektiert das 6. und 7. Symbol als fehlerhafte, also y_5 und y_6 (MATLAB beginnt mit der Indizierung bei 1, die hier gewählte Nomenklatur aber bei 0).

Jetzt müssen nur noch die Amplituden der Fehler bestimmt werden. Mit Hilfe der rekursiven Ergänzung erhalten wir das Fehlerwort $\mathbf{e} = (0\ 0\ 0\ 0\ 0\ \alpha^6\ \alpha^6)$ in exponentieller Form ($e(D) = 1 + D + D^2 + D^3 + D^4 + \alpha^6 D^5 + \alpha^6 D^6$). Die Summation von $\mathbf{y}$ und $\mathbf{e}$ über die Routine <u>rscorrect</u> liefert dann das Ergebnis $\hat{\mathbf{c}} = (000\ 100\ 001\ 011\ 110\ 010\ 111)$. Da eine systematische Codierung gewählt wurde, stellen die letzten drei Symbole gleichzeitig die Informationssymbole $\hat{\mathbf{u}} = (110\ 010\ 111)$ dar.

```
Lösung Aufgabe 8.5.4
```

Aufgabenteil a)

Der MATLAB-Befehl <u>cosets</u> liefert für den Erweiterungskörper $GF(2^4)$ folgende Kreisteilungsklassen:

$$\mathcal{K}_1 = \{1,\ 2,\ 4,\ 8\}, \qquad \mathcal{K}_3 = \{3,\ 6,\ 12,\ 9\}$$
$$\mathcal{K}_5 = \{5,\ 10\}, \qquad \mathcal{K}_7 = \{7,\ 14,\ 13,\ 11\}\ .$$

Um die Forderung von $t = 3$ korrigierbaren Fehlern zu erfüllen, muß eine Vereinigungsmenge $\mathcal{M}$ mindestens $d_{\min} - 1 = 2t = 6$ aufeinanderfolgende Elemente enthalten. Dieses Ziel wird für

$$\mathcal{M}_1 = \mathcal{K}_1 \cup \mathcal{K}_3 \cup \mathcal{K}_5 = \{1,\ 2,\ 3,\ 4,\ 5,\ 6,\ 8,\ 9,\ 10,\ 12\}$$

und für

$$\mathcal{M}_2 = \mathcal{K}_3 \cup \mathcal{K}_5 \cup \mathcal{K}_7 = \{3,\ 5,\ 6,\ 7,\ 9,\ 10,\ 11,\ 12,\ 13,\ 14\}$$

erreicht. Wir erhalten also einen BCH-Code der Länge $n = 2^4 - 1 = 15$ mit der Dimension $k = n - |\mathcal{M}| = 15 - 10 = 5$. Damit benötigt der BCH-Code eine mit $R_c = 1/3$ eine deutlich kleinere Coderate zur Korrektur von drei Fehlern als der RS-Code ($R_c = 5/7$) aus Aufgabe 8.5.3. Allerdings kann er dafür Einzelfehler korrigieren, während der RS-Code nur drei direkt aufeinanderfolgende Fehler korrigieren kann. Für wachsendes n steigt die Coderate bei gleicher Leistungsfähigkeit.

Aufgabenteil b)
Mit Hilfe der Routine bchpoly liefert uns MATLAB das Generatorpolynom $g_1(D)$ und die es erzeugenden irreduziblen Polynome $m_1(D)$, $m_3(D)$ und $m_5(D)$ der Kreisteilungsklassen $\mathcal{K}_1$, $\mathcal{K}_3$ und $\mathcal{K}_5$. Sie lauten

$$m_1(D) = 1 + D + D^4\,, \qquad m_3(D) = 1 + D + D^2 + D^3 + D^4$$
$$m_5(D) = 1 + D + D^2\,, \qquad g_1(D) = 1 + D + D^2 + D^4 + D^5 + D^8 + D^{10}\,.$$

Aufgabenteil c)
MATLAB gibt für eine Kombination von n und k nur die Standardlösung aus Aufgabenteil b) an. Aus Teil a) ist aber bekannt, daß noch ein alternatives Polynom existiert. Es geht aus der Vereinigung der Kreisteilungsklassen $\mathcal{K}_3$, $\mathcal{K}_5$ und $\mathcal{K}_7$ hervor. Zur Berechnung fehlt nur noch das Polynom $m_7(D)$, welches sich folgendermaßen berechnet (**gfdeconv**)

$$m_7(D) = \frac{D^{15} - 1}{g_1(D) \cdot (1 + D)} = 1 + D^3 + D^4\,.$$

Das Generatorpolynom lautet nun

$$g_2(D) = m_3(D) \cdot m_5(D) \cdot m_7(D) = 1 + D^2 + D^5 + D^6 + D^8 + D^9 + D^{10}\,.$$

Aufgabenteil d)
Für das Informationswort $u(D) = 1 + D + D^3 + D^4$ erhalten wir die Codeworte

$$c_1(D) = D^2 + D^4 + D^9 + D^{10} + D^{11} + D^{13} + D^{14}$$
$$c_2(D) = D + D^5 + D^7 + D^{10} + D^{11} + D^{13} + D^{14}\,.$$

Mit dem Befehl **gfroots** lassen sich die Wurzeln der Polynome schnell bestimmen. Sie lauten

$$c_1(x) = 0 \quad \text{für} \quad x \in \{\alpha, \alpha^2, \alpha^3, \alpha^4, \alpha^5, \alpha^6, \alpha^8, \alpha^9, \alpha^{10}, \alpha^{12}\}$$
$$c_2(x) = 0 \quad \text{für} \quad x \in \{\alpha^3, \alpha^5, \alpha^6, \alpha^7, \alpha^9, \alpha^{10}, \alpha^{11}, \alpha^{12}, \alpha^{13}, \alpha^{14}\}\,.$$

Während $c_1(D)$ seine aufeinanderfolgenden Nullstellen für die unteren Potenzen von α besitzt, hat $c_2(D)$ sie bei den Potenzen 9 bis 14. Dies liegt an der Wahl der an $\mathcal{M}$ beteiligten Kreisteilungsklassen.

Aufgabenteil e)
Die Funktion **gf_dft** führt eine Transformation in den Spektralbereich durch. Das Ausgangspolynom $C(D)$ wird in der Exponentialdarstellung angegeben, d.h. die

Koeffizienten stellen Potenzen des primitiven Elementes α dar (das Eingangspolynom $c(D)$ muß ebenfalls diese Form besitzen). Wir erhalten

$$\mathbf{C}_1 = (1, 0, 0, 0, 0, 0, 0, \alpha^3, 0, 0, 0, \alpha^9, 0, \alpha^{12}, \alpha^6)$$
$$\mathbf{C}_2 = (1, 1, 1, 0, 1, 0, 0, 0, 1, 0, 0, 0, 0, 0, 0) \,.$$

Die Potenzen von α, die die Nullstellen der Codeworte $c_1(D)$ bzw. $c_2(D)$ bilden, entsprechen genau den Positionen, an denen $\mathbf{C}_1$ bzw. $\mathbf{C}_2$ Koeffizienten gleich Null besitzen.

Lösung Aufgabe 8.5.5

Aufgabenteil a)
Bild 8.5.5a zeigt die erzielten Wortfehlerraten für den (15,5,7)-BCH-Code. Die *Soft-Decision* ML-Decodierung ist um etwa 2 dB besser als die *Hard-Decision*-MLD. Zwischen HD-MLD und begrenzter Minimaldistanz-Decodierung besteht nur ein geringer Unterschied von etwa 0.2 dB.
Hinsichtlich der Bitfehlerraten ist kein Unterschied zwischen BMD und HD-MLD zu erkennen (**Bild 8.5.5b**). Der Nachteil der suboptimalen BMD ist für diesen Code zu vernachlässigen. Der Vorteil einer *Soft-Decision* ML-Decodierung beträgt knapp 2 dB.

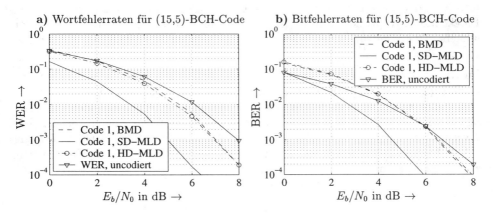

Bild 8.5.5: Fehlerwahrscheinlichkeiten für (15,5,7)-BCH-Code aus Aufgabe 8.5.5

Aufgabenteil b)
Die Bilder 8.5.5a) und b) enthalten ebenfalls die Ergebnisse für den uncodierten Fall. Die Bitfehlerrate lautet $P_b = 0.5 \cdot \text{erfc}(\sqrt{E_b/N_0})$, für die Wortfehlerrate

gilt nach (2.4.12) $P_w = 1 - (1 - P_b)^k$. Man erkennt, daß P_w im uncodierten Fall immer größer als bei der BCH-Codierung ist. Bezüglich der Bitfehlerrate führt die Codierung bei kleinen Signal-Rausch-Verhältnissen allerdings zu einer Verschlechterung, erst ab $E_b/N_0 = 6$ dB ergibt sich bei einer *Hard-Decision* ein Vorteil der codierten Übertragung. Dies ist dadurch zu erklären, daß bei der Wahl eines falschen Codewortes mehr Fehler entstehen können als im uncodierten Fall auf dem Kanal verfälscht würden.

8.6   Faltungscodes

Zum Abschluß des Kapitels *Kanalcodierung* sollen nun noch die Faltungscodes vorgestellt werden. Sie gehören ebenfalls zur Klasse der linearen Codes und kommen in vielen realen Kommunikationssystemen zum Einsatz. Faltungscodes und Blockcodes stellen nicht zwei grundsätzlich verschiedene und unvereinbare Codierungsarten dar, sondern sie lassen sich vielmehr ineinander überführen. So bildet ein Faltungscodierer i.a. einen Vektor $\mathbf{u}(\ell)$ aus k Informationsbit auf ein Codewort $\mathbf{c}(\ell)$ mit n Bit ab, wobei aufeinanderfolgende Codeworte $\mathbf{c}(\ell)$, $\mathbf{c}(\ell+1)$, ... voneinander abhängig sind. Faltungscodes besitzen demnach ein Gedächtnis. Blockcodes erzeugen hingegen voneinander unabhängige Codeworte und können daher als spezielle gedächtnislose Faltungscodes interpretiert werden.

Andererseits werden in der Praxis immer nur Sequenzen endlicher Länge betrachtet. Eine derartige faltungscodierte Sequenz kann dann auch als Codewort eines Blockcodes interpretiert werden, so daß Faltungscodes spezielle Blockcodes darstellen. Diese Betrachtung veranschaulicht den Dualismus von Block- und Faltungscodes.

Im Gegensatz zu Blockcodes existieren in der Praxis allerdings nur wenige relevante Faltungscodes, die zudem auch eine sehr einfache Struktur besitzen. Sie lassen sich daher sehr anschaulich mit simplen mathematischen Hilfsmitteln beschreiben. Außerdem besteht bei Faltungscodes eine sehr einfache Möglichkeit der *Soft-Decision*-Decodierung mit Hilfe des Viterbi-Algorithmus. Dies ist bei Blockcodes u.U. sehr viel aufwendiger, weshalb hier häufig nur die *Hard-Decision*-Decodierung zum Einsatz kommt.

8.6.1   Aufbau des Faltungscodierers

Wir wollen uns hier aus Gründen der Übersichtlichkeit auf Faltungscodes der Rate $R_c = 1/n$ beschränken. Wie später in Abschnitt 8.6.3 noch gezeigt wird, lassen sich Codes höherer Rate aus diesen einfach durch Punktierung herleiten. Der Codierer läßt sich durch ein Schieberegister realisieren, wobei zwischen rekursiven und rückkopplungsfreien Strukturen unterschieden wird. Die Länge des Registers beeinflußt dabei in hohem Maße die Leistungsfähigkeit des Codes. In diesem Zusammenhang stellt die Einflußlänge (*Constraint Length*) L_c eine wichtige Größe dar, welche die Anzahl der Takte angibt, die ein Informationsbit den Ausgang des Codierers beeinflußt. Sie ist damit für die hier betrachteten $1/n$-ratigen Codes um eins größer als die Länge des Schieberegisters.

Bild 8.6.1a zeigt ein einfaches Beispiel für einen nichtrekursiven Codierer der Rate $R_c = 1/2$ und der Einflußlänge $L_c = 3$. Für jedes Informationsbit $u(\ell)$ werden genau $n = 2$ codierte Binärstellen $c_r(\ell)$, $r = 0, \ldots, n - 1$ erzeugt. Offensichtlich ist dieser Codierer nicht systematisch, da die Informationsbit nicht explizit am Ausgang erscheinen $(c_r(\ell) \neq u(\ell))$. Entscheidend für die Leistungsfähigkeit des Codes ist nun die Berechnung der Codebit, die sich aus der Linearkombination der Inhalte des Schieberegisters mit dem aktuellen Eingangsbit ergeben. Die Art der Verknüpfung von Registerelementen und modulo-2-Addierern wird über Generatoren $\mathbf{g}_r$ mit $g_{r\nu} \in GF(2)$ beschrieben, die häufig in oktaler Form angegeben werden und in diesem Beispiel

$$\begin{aligned}
\mathbf{g}_0 &= (g_{00}\, g_{01}\, g_{02}) &= (1\,1\,1) &\;\hat{=}\; 7_8 \\
\mathbf{g}_1 &= (g_{10}\, g_{11}\, g_{12}) &= (1\,0\,1) &\;\hat{=}\; 5_8
\end{aligned}$$

lauten. Alternativ kann die Beschreibung auch mit den Generatorpolynomen

$$\begin{aligned}
g_0(D) &= g_{00} + g_{01}D + g_{02}D^2 &= 1 + D + D^2 \\
g_1(D) &= g_{10} + g_{11}D + g_{12}D^2 &= 1 + D^2
\end{aligned}$$

erfolgen. Allgemein gilt:

$$g_r(D) = \sum_{\nu=0}^{L_c-1} g_{r\nu} \cdot D^\nu . \tag{8.6.1}$$

Die codierten Ausgangssequenzen $c_r(D)$ ergeben sich aus der Faltung der Generatoren mit der Eingangssequenz bzw. aus dem Produkt der zugehörigen Polynome und lassen sich in der Polynomdarstellung durch

$$c_r(D) = u(D) \cdot g_r(D) \tag{8.6.2}$$

berechnen. Welche konkrete Wahl der Linearkombinationen die besten Codes hervorbringt, ist kein triviales Problem und kann nur per aufwendiger Rechnersuche gelöst werden. Es existieren also bislang keine algebraischen Verfahren zur systematischen Konstruktion von Faltungscodes.

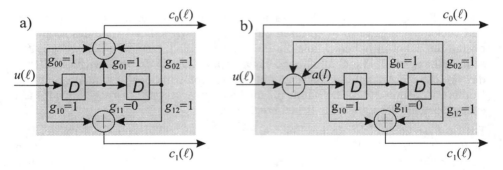

Bild 8.6.1: Schieberegisterstrukturen für Faltungscode mit den Generatorpolynomen
a) $g_0(D) = 1 + D + D^2$ und $g_1(D) = 1 + D^2$,
b) $g_0(D) = 1$ und $g_1(D) = (1 + D + D^2)/(1 + D^2)$

RSC-Codes

Rekursive, systematische Faltungscodierer werden in der Literatur RSC-Codierer (*Recursive Systematic Convolutional*) genannt und besitzen die Struktur eines IIR-Filters. In der Praxis gebräuchliche RSC-Codierer lassen sich aus nicht-systematischen, nicht-rekursiven Codierern ableiten. Soll beispielsweise das Polynom $g_0(D)$ des Codierers aus **Bild 8.6.1a** für die Rückkopplung verwendet werden, erhalten wir die neuen Generatorpolynome

$$\tilde{g}_0(D) = 1 \tag{8.6.3a}$$

$$\tilde{g}_1(D) = \frac{g_1(D)}{g_0(D)} . \tag{8.6.3b}$$

Entsprechend **Bild 8.6.1b** lauten die Ausgangsbit des Codierers in Polynomdarstellung

$$\tilde{c}_0(D) = u(D) \tag{8.6.4a}$$

$$\tilde{c}_1(D) = \tilde{g}_1(D)u(D) = \frac{g_1(D)}{g_0(D)} \cdot u(D) = g_1(D)a(D) . \tag{8.6.4b}$$

Das in (8.6.4b) definierte Polynom $a(D) = u(D)/g_0(D)$ stellt die Registerinhalte dar und führt im Zeitbereich zum Zusammenhang

$$a(\ell) = u(\ell) + a(\ell - 1) + a(\ell - 2) ,$$

wodurch die Rückkopplungsstruktur des Schieberegisters offensichtlich wird. Allgemein gilt unter der Voraussetzung $g_{00} = 1$

$$a(\ell) = u(\ell) + \sum_{\nu=1}^{L_c-1} g_{0\nu} \cdot a(\ell - \nu) . \tag{8.6.5}$$

Die Codes von nicht-rekursiven und aus ihnen abgeleiteten rekursiven Codierern besitzen die gleichen Distanzeigenschaften, allerdings ist die Zuordnung von Eingangs- auf Ausgangssequenzen unterschiedlich. RSC-Codierer besitzen aufgrund ihrer Rückkopplungsstruktur eine unendlich lang abklingende Impulsantwort (IIR-Filter), d.h. für ein endliches Ausgangsgewicht ist mindestens ein Gewicht der Eingangssequenz von $w = 2$ erforderlich. Diese Eigenschaft spielt insbesondere bei der Verkettung von Codes eine wichtige Rolle (s. Kapitel 9).

Terminierung von Faltungscodes

In der Praxis sind nur Sequenzen mit endlicher Länge (N Codeworte) von Bedeutung. Dies wirkt sich auf Leistungsfähigkeit der Decodierung von Faltungscodes aus (s. Abschnitt 8.6.4). Ist dem Decodierer der Endzustand des Codierers nicht bekannt, so kann er die letzten Informationsbit der Sequenz nur sehr unsicher schätzen, was die Fehlerwahrscheinlichkeit merklich erhöht. Bei bekanntem Endzustand ist die Bestimmung der letzten Binärstellen hingegen sehr sicher.

Ein bekannter Endzustand kann beispielsweise durch das Anhängen sogenannter *Tailbit* erreicht werden. Hier fügt der Codierer an die Informationssequenz $u(\ell)$ insgesamt $L_c - 1$ Binärstellen zu, die den Codierer in einen vordefinierten Zustand überführen. Dies ist in der Regel der Nullzustand, so daß bei nicht-rekursiven Codierern einfach $L_c - 1$ Nullen angehängt werden. Für RSC-Codes hängt die Wertigkeit der Tailbit hingegen vom aktuellen Registerzustand ab.

Das Anhängen der Tailbit reduziert allerdings die Coderate, da Tailbit keine Information beinhalten, sondern Redundanz darstellen. Für eine Sequenz mit insgesamt N Codeworten gilt

$$R_c^{Tail} = \frac{N - (L_c - 1)}{n \cdot N} = R_c \cdot \left(1 - \frac{(L_c - 1)}{N} \right) . \qquad (8.6.6)$$

Für $N \gg L_c$ ist die Verringerung der Coderate vernachlässigbar klein.

Eine weitere Möglichkeit, eine unsichere Entscheidung über die letzten Bit zu vermeiden, bieten die *Tailbiting* Codes. Hier wird der Anfangszustand gleich dem Endzustand des Codierers gewählt, was durch eine iterative Vorgehensweise ohne Anfügen von Tailbit erreicht werden kann. Der Decodierer kennt zwar den genauen Endzustand nicht, weiß aber, daß er mit dem Anfangszustand identisch ist. Eine genauere Beschreibung soll an dieser Stelle nicht gegeben werden (siehe [CFV99]).

8.6.2 Graphische Beschreibung von Faltungscodes

Der Faltungscodierer kann grundsätzlich als Automat interpretiert werden, d.h. sein Ausgangssignal ist abhängig vom aktuellen Zustand und vom Eingangssignal. Dementsprechend resultiert der Folgezustand aus dem altem Zustand und dem Eingangssignal. Ein Zustandsdiagramm illustriert also mögliche Zustandsübergänge und dazugehörige Ausgangswerte. Es enthält allerdings keine Information über den zeitlichen Ablauf der Codierung. **Bild 8.6.2** zeigt für das Beispiel des nicht-rekursiven Faltungscodes aus Bild 8.6.1a das zugehörige Zustandsdiagramm. Wegen $L_c = 3$ besitzt es $2^{L_c-1} = 4$ Zustände.

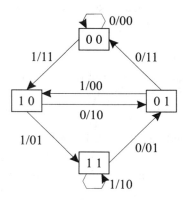

Bild 8.6.2: Zustandsdiagramm für nicht-rekursiven Faltungscode mit Generatoren $g_0(D) = 1 + D + D^2$ und $g_1(D) = 1 + D^2$

Die fehlende zeitliche Komponente kann mit Hilfe des Trellisdiagramms visualisiert werden (vgl. Abschnitt 7.3). Es geht aus dem Zustandsdiagramm durch zusätzliche zeitliche Information hervor und ist für das obige Beispiel in **Bild 8.6.3** dargestellt.

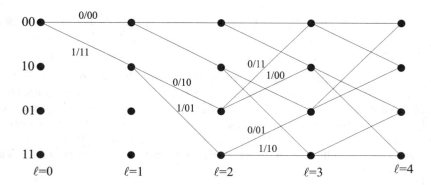

Bild 8.6.3: Trellisdiagramm für nicht-rekursiven Faltungscode mit Generatorpolynomen $g_0(D) = 1 + D + D^2$ und $g_1(D) = 1 + D^2$

Dabei stellt jeder Knoten einen Zustand des Codierers dar. Die Pfade beschreiben hingegen die Übergänge zwischen den Zuständen (Knoten). In der Regel startet der Codierer im Nullzustand. Nach $\ell = L_c$ Schritten ist das Trellisdiagramm dann voll entwickelt, d.h. alle Zustandsübergänge sind nun möglich und das Trellisdiagramm setzt sich periodisch fort. Das Trellisdiagramm ist ein wichtiges Hilfsmittel bei der Decodierung von Faltungscodes.

8.6.3 Punktieren von $1/n$-ratigen Faltungscodes

Unter dem Punktieren versteht man das gezielte Ausblenden von Codesymbolen, es werden also nicht alle bei der Codierung erzeugten Symbole übertragen. Hierdurch sinkt die zugeführte Redundanz, d.h. die Coderate steigt. Die Punktierung ist ein beliebtes Mittel, um die Länge der codierten Sequenz an gegebene Rahmenstrukturen höherer Protokollschichten anzupassen. Außerdem eignet sie sich auch zur Adaption der Coderate an die Qualität des Übertragungskanals [Hag88] und zum Einsatz von ungleich gewichtetem Fehlerschutz (UEP, *Unequal Error Protection*) [Hag89].

Ein wesentlicher Vorteil der Punktierung besteht neben der großen Flexibilität darin, daß kein mehrfacher Hardware-Aufwand erforderlich ist, denn die Generatoren bleiben von ihr unbeeinflußt. Die Punktierung erfolgt i.a. periodisch mit der Periode L_P. Sie läßt sich mit Hilfe der binären Punktierungsmatrix

$$\mathbf{P} = \begin{pmatrix} p_{0,0} & p_{0,1} & \cdots & p_{0,L_P-1} \\ p_{1,0} & p_{1,1} & \cdots & p_{1,L_P-1} \\ \vdots & \vdots & & \vdots \\ p_{n-1,0} & p_{n-1,1} & \cdots & p_{n-1,L_P-1} \end{pmatrix} = (\mathbf{p}_0 \ \mathbf{p}_1 \ \cdots \ \mathbf{p}_{L_P-1}) \qquad (8.6.7)$$

beschreiben, welche aus n Zeilen und L_P Spalten besteht. Die Spalten $\mathbf{p}_i$ werden zyklisch den zeitlich aufeinanderfolgenden Codeworten $\mathbf{c}(\ell) = (c_0(\ell) \ \cdots \ c_{n-1}(\ell))$ zugeordnet, wobei $i = (\ell \bmod L_P)$ gilt. Sie enthalten das jeweilige Punktierungsschema für die mit ihnen korrespondierenden Codeworte, wobei eine Null in Zeile r das Ausblenden von $c_r(\ell)$ bedeutet.

Im allgemeinen besteht $\mathbf{P}$ aus $\mu + L_P$ Einsen, d.h. statt $n \cdot L_P$ Bit im unpunktierten Fall werden nur $\mu + L_P$ Bit übertragen und die Coderate beträgt für $1/n$-ratige Codes

$$R'_c = \frac{L_p}{L_P + \mu} \cdot \qquad (8.6.8)$$

Der Parameter μ liegt dabei im Bereich $1 \leq \mu \leq (n-1) \cdot L_P$, wodurch sich Coderaten im Intervall

$$\frac{L_p}{L_P \cdot n} = \frac{1}{n} \leq R'_c \leq \frac{L_p}{L_P + 1} \qquad (8.6.9)$$

einstellen lassen.

Durch die Punktierung verringert sich selbstverständlich die Leistungsfähigkeit des Codes. Es kann aber gezeigt werden, daß punktierte Faltungscodes genauso gut sind wie unpunktierte Codes gleicher Coderate. Prinzipiell ist eine optimale Punktierung im Sinne möglichst niedriger Fehlerraten stets auf die Generatoren des Muttercodes abzustimmen.

Katastrophale Codes

Bei der Punktierung ist zu beachten, daß durch sie auch ein katastrophaler Code entstehen kann. Katastrophale Codes sind für die Datenübertragung ungeeignet, da sie unendlich lange Sequenzen mit endlichem Gewicht erzeugen können, die nicht auf den Nullpfad zurückkehren. Damit können sie bei endlich vielen Übertragungsfehlern auf dem Kanal unendlich viele Fehler nach der Decodierung erzeugen, was zu einer deutlichen Verschlechterung gegenüber dem uncodierten Fall führt. Anhand folgender hinreichender Merkmale lassen sich katastrophale Codes erkennen.

- Alle Generatorpolynome besitzen einen gemeinsamen Faktor.

- Im Zustandsdiagramm existiert – abgesehen von der Selbstschleife im Nullzustand – eine geschlossene Schleife mit Gewicht Null.

- Alle Addierer haben eine gerade Anzahl von Verbindungen. Dies führt zu einer Selbstschleife im Alleinsenzustand mit dem Gewicht Null.

8.6.4 Optimale Decodierung mit Viterbi-Algorithmus

Ein wesentlicher Vorteil von Faltungs- gegenüber Blockcodes besteht darin, daß Faltungscodes sich sehr effizient nach dem MLD-Prinzip (vgl. Abschnitt 8.3.3) decodieren lassen und zudem keine Hard-Decision am Eingang des Decodierers erfordern. Wir beschränken uns in diesem Kapitel zunächst auf den klassischen Viterbi-Algorithmus (vgl. Abschnitt 7.3), der hart entschiedene Schätzwerte der Informationsbit liefert. Verfahren, die in der Lage sind, Zuverlässigkeitsinformation zu erzeugen, werden erst in Zusammenhang mit der Codeverkettung in Kapitel 9 vorgestellt.

Im folgenden wird entsprechend **Bild 8.6.4** vorausgesetzt, daß $u(\ell)$ die Informationssequenz und $c(\ell)$ die codierte Sequenz mit $0 \leq \ell < N$ repräsentieren. Ferner seien $\mathbf{y}(\ell)$ die empfangene Sequenz, $\hat{c}(\ell)$ die geschätzte Codesequenz und $\mathbf{a}(\ell)$ eine beliebige codierte Sequenz ungleich $c(\ell)$. Wir nehmen außerdem an, daß keine a-priori-Information zur Verfügung steht und alle Informationssequenzen mit der gleichen Wahrscheinlichkeit auftreten. In diesem Fall stellt die MLD die optimale Form der Decodierung dar.

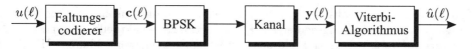

Bild 8.6.4: Veranschaulichung der Signale bei der Viterbi-Decodierung

Entsprechend (8.3.8) berechnet sich die bezüglich der Sequenzfehlerwahrschein-
lichkeit optimale *Maximum Likelihood*-Lösung nach

$$\hat{\mathbf{u}} = f^{-1}(\hat{\mathbf{c}}) \quad \text{mit} \quad \hat{\mathbf{c}} = \arg\max_{\mathbf{a}\in\mathcal{C}}(P(\mathbf{y}\mid\mathbf{a})) \ . \tag{8.6.10}$$

Damit ist für die geschätzte Sequenz $\hat{\mathbf{c}}$ die Bedingung $P(\mathbf{y}\mid\hat{\mathbf{c}}) \geq P(\mathbf{y}\mid\mathbf{a})$ für alle
$\mathbf{a}\in\mathcal{C}$ erfüllt. Für einen gedächtnislosen Kanal lassen sich die Wahrscheinlichkeiten
$P(\mathbf{y}\mid\mathbf{a})$ in die Terme $P(y_i(\ell)\mid a_i(\ell))$ faktorisieren (s. Abschnitt 2.4). Da der
natürliche Logarithmus eine streng monoton steigende Funktion ist, kann er auf
beide Seiten der obigen Ungleichung angewendet werden. Wir erhalten dann den
Ausdruck

$$\sum_{\ell}\sum_{r=0}^{n-1}\ln P\left(y_r(\ell)\mid\hat{c}_r(\ell)\right) \geq \sum_{\ell}\sum_{r=0}^{n-1}\ln P\left(y_r(\ell)\mid a_r(\ell)\right) \ . \tag{8.6.11}$$

Aus (8.6.11) wird ersichtlich, daß zur ML-Decodierung die inkrementellen Metri-
ken $\ln P(\mathbf{y}(\ell)\mid\mathbf{a}(\ell)) = \sum_{r=0}^{n-1}\ln P(y_r(\ell)\mid a_r(\ell))$ aller möglichen Codesequenzen $\mathbf{a}\in\mathcal{C}$
aufaddiert werden müssen. Die wahrscheinlichste Sequenz $\hat{\mathbf{c}}$ besitzt die größte
Summenmetrik. Für einen AWGN-Kanal sind die Übergangswahrscheinlichkeiten
$P(y_r(\ell)\mid a_r(\ell))$ durch Gaußverteilungen charakterisiert, wodurch sich als Metrik
die quadratische euklidische Distanz

$$\ln P(\mathbf{y}(\ell)\mid\mathbf{a}(\ell)) = K - \sum_{r=0}^{n-1}\frac{(y_r(\ell) - a_r(\ell))^2}{2\sigma_N^2} \tag{8.6.12}$$

ergibt (K ist eine zu vernachlässigende Konstante). Die quadratischen Anteile
$y_r(\ell)^2$ und $a_r(\ell)^2$ in der ausquadrierten Form von (8.6.12) tragen nichts zur Unterscheidung verschiedener Codesequenzen bei und können daher vernachlässigt
werden (binäre, antipodale Übertragung). Aus dem gleichen Grund kann $K = 0$
gesetzt werden und wir erhalten die sogenannte Korrelationsmetrik

$$\ln P(\mathbf{y}(\ell)\mid\mathbf{a}(\ell)) \quad\longrightarrow\quad \sum_{r=0}^{n-1}\frac{a_r(\ell)\cdot y_r(\ell)}{\sigma_N^2} \ . \tag{8.6.13}$$

Es ist schnell einzusehen, daß eine direkte Implementierung dieser ML-
Decodierung insbesondere für lange Codesequenzen nicht möglich ist, da der
Rechenaufwand exponentiell mit der Sequenzlänge N zunimmt. Eine deutliche

Reduzierung des Realisierungsaufwandes ermöglicht die Ausnutzung der Markov-Eigenschaft von Faltungscodierern. Sie besagt, daß der aktuelle Zustand des Codierers nur vom Vorzustand und dem aktuellen Eingangswert abhängt. Hierdurch braucht nur noch der bessere von zwei Pfaden, die sich in einem Knoten des Trellisdiagramms vereinen, weiter berücksichtigt werden, während der andere verworfen wird. Somit hängt der Decodieraufwand nur noch linear von der Sequenzlänge ab. Diese Strategie wird vom bekannten Viterbi-Algorithmus (siehe auch Abschnitt 7.3) ausgenutzt.

Viterbi-Algorithmus

1. Beginne Trellis im Nullzustand zum Zeitpunkt $\ell = 0$ und initialisiere alle Summenmetriken $\Lambda_\mu(\ell = 0)$ der Zustände $0 \leq \mu < 2^{L_c-1}$ mit Null.

2. Berechne inkrementelle Metriken $\lambda_{\nu\mu}(\ell)$ für Übergänge von allen Zuständen $S_\nu(\ell - 1)$ zu allen möglichen Zuständen $S_\mu(\ell)$:

$$\lambda_{\nu\mu}(\ell) = \sum_{r=0}^{n-1} \frac{y_r(\ell) \cdot z_{\nu\mu}^{(r)}}{\sigma_N^2} \ , \qquad (8.6.14)$$

   wobei $\nu \in \mathcal{S}_\mu$ und $z_{\nu\mu}^{(r)} = \pm 1$ das r-te Codebit beim Übergang $S_\nu \to S_\mu$ repräsentiert.[5]

3. Addiere die unter 2. berechneten inkrementellen Pfadkosten zu den alten Summenpfadkosten: $\Lambda_\nu(\ell - 1) + \lambda_{\nu\mu}(\ell)$ mit $\nu \in \mathcal{S}_\mu$.

4. An jedem Zustand $S_\mu(\ell)$ wird der Pfad mit der größten Summenmetrik ausgewählt und der jeweils andere verworfen:

$$\Lambda_\mu(\ell) = \max_{\nu \in \mathcal{S}_\mu} \{\Lambda_\nu(\ell - 1) + \lambda_{\nu\mu}(\ell)\}$$

   $\Longrightarrow$ Aufwand wächst nur linear mit Pfadlänge (nicht exponentiell)

5. Wiederholung ab 2., bis alle N empfangenen Worte abgearbeitet wurden.

6. Ende des Trellisdiagramms:

   - Terminierte Codes $\Longrightarrow$ Bestimmung des Pfades mit der besten Metrik $\Lambda_0(N)$ im Nullzustand
   - Nicht-terminierte Codes: $\Longrightarrow$ Bestimmung des Pfades mit der global besten Zustandsmetrik $\Lambda_\mu(N)$, $0 \leq \mu < 2^{L_c-1}$

---

[5]Die Menge $\mathcal{S}_\mu$ enthält alle Zustände S_ν, für die ein Übergang zum Zustand S_μ existiert, siehe auch Abschnitt 7.3.

7. Der in 6. bestimmte Pfad (Überlebenspfad, *Survivor*) wird zurückverfolgt und die zugehörigen Informationsbit ausgegeben.

Folgt man der obigen Beschreibung des Viterbi-Algorithmus, so ist stets erst der gesamte Block zu empfangen, bevor eine Decodierentscheidung getroffen werden kann. Bei einer kontinuierlichen Datenübertragung oder auch bei sehr langen Blöcken kann das Ende der Sequenz bis zur endgültigen Entscheidung allerdings nicht abgewartet werden. Untersuchungen zeigen, daß eine relativ sichere Entscheidung über ein Bit $u(\ell - K)$ schon getroffen werden kann, wenn eine Teilsequenz von $\mathbf{y}(\ell - K)$ bis $\mathbf{y}(\ell)$ abgearbeitet wurde. Nach einer Faustformel ist dabei die Entscheidungstiefe oder auch Rückgrifftiefe zu $K \approx 5 \cdot L_c$ zu wählen.

Diese vorzeitige Entscheidung sorgt nicht nur für eine Verringerung der Verzögerungszeit, sondern reduziert auch den Speicherbedarf des Viterbi-Algorithmus. Ist die Entscheidungstiefe groß genug, verschmelzen die Anfänge der verschiedenen Pfade miteinander und die Entscheidung ist in diesem Bereich eindeutig.

Punktierte Codes

Vor der Decodierung punktierter Codes sind Platzhalter für die punktierten Bit einzufügen. Bei einer antipodalen Übertragung bieten sich Nullen für die Platzhalter an, da sie bei der Metrikberechnung keine Auswirkungen haben. Da sich durch die Punktierung die Distanzeigenschaften des Codes verschlechtern, muß die Entscheidungstiefe allerdings entsprechend verlängert werden. Dies ist anschaulich dadurch zu erklären, daß die einzelnen Codesequenzen sich nun schlechter unterscheiden lassen und sie länger beobachtet werden müssen, um weiterhin eine sichere Entscheidung zu ermöglichen [Hag88].

8.6.5 Distanzeigenschaften und Leistungsfähigkeit

In Abschnitt 8.3.2 wurden bereits in allgemeiner Form die Distanzeigenschaften von Codes und ihre Bedeutung für die Fehlerkorrekturfähigkeit behandelt. Dies soll nun am konkreten Beispiel von Faltungscodes vertieft werden. Anders als bei RS-Codes, für die das Distanzspektrum analytisch angegeben werden kann, ist bei Faltungscodes eine aufwendige Rechnersuche erforderlich. Wir wollen in diesem Abschnitt kurz auf die prinzipielle Vorgehensweise eingehen, ohne Optimierungen für eine möglichst effiziente Suche vorzustellen.

Ausgangspunkt soll der Faltungscode aus Bild 8.6.1a mit dem zugehörigen Zustandsdiagramm in Bild 8.6.2 sein. Das Zustandsdiagramm wird nun zur Bestimmung des Distanzspektrums derart modifiziert, daß der Nullzustand durch Auftrennen der Selbstschleife zu Start- und Endzustand wird. Das modifizierte

Zustandsdiagramm ist in **Bild 8.6.5** dargestellt, wobei den jeweiligen Übergängen die entsprechenden Terme der IOWEF $A(W, D)$ zugeordnet sind.

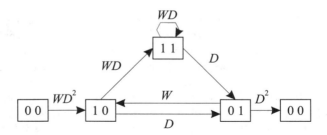

Bild 8.6.5: Modifiziertes Trellisdiagramm zur Berechnung der IOWEF für den Faltungs-code aus Bild 8.6.1a

Wir betrachten zunächst den Fall einer kontinuierlichen Datenübertragung. Die IOWEF nach (8.3.6) muß nun durch Bestimmung aller möglichen Pfadkombinationen vom Start- zum Endzustand ermittelt werden. Dies läßt sich sehr kompakt durch Matrizen darstellen [Fri96]. Dazu werden die Zustände entsprechend ihrer Registerinhalte durchnumeriert. Der Start im Nullzustand X_0 wird beispielsweise durch den Vektor $\mathbf{a} = (0 \ WD^2 \ 0)$ dargestellt, da nur der Übergang in den Zustand $X_2 = (10)$ möglich ist. Daher sind die übrigen beiden Elemente von $\mathbf{a}$ gleich null. Die verschiedenen Übergänge zwischen den Zuständen können durch die Systemmatrix

$$\mathbf{S} = \begin{pmatrix} 0 & W & 0 \\ D & 0 & WD \\ D & 0 & WD \end{pmatrix} \tag{8.6.15}$$

berücksichtigt werden. Ein Element $S_{\nu\mu}$ beschreibt den Übergang von Zustand X_ν nach Zustand X_μ. Dabei bleibt der Nullzustand absichtlich unberücksichtigt. Er wird erst am Ende einer jeweiligen Sequenz – und zwar nur von Zustand $X_1 = (01)$ – wieder erreicht. Dies garantiert der Vektor $\mathbf{b} = (D^2 \ 0 \ 0)^T$. Damit lautet die IOWEF

$$A(W, D) = \sum_{i=0}^{\infty} \mathbf{a} \cdot \mathbf{S}^i \cdot \mathbf{b} \,, \tag{8.6.16}$$

wobei die Potenz von $\mathbf{S}$ die Anzahl der Übergänge im Trellisdiagramm angibt (zzgl. der Übergänge vom und in den Nullzustand). In der Praxis wird die Summe nach einer ausreichend großen Anzahl von Übergängen abgebrochen. Zur Berechnung von $A(W, D)$ kann die MATLAB-Routine `iowef_conv` verwendet werden.

Bei einer blockweisen Übertragung werden Faltungscodes in der Regel terminiert. In diesem Fall können Faltungscodes auch als Blockcodes interpretiert werden. Dann reicht (8.6.16) für eine komplette Berechnung der IOWEF allerdings nicht

mehr aus. Vielmehr müssen jetzt auch mehrfache Abweichungen vom Nullpfad sowie die unterschiedlichen Positionen von Pfaden in einem Block bestimmter Länge
berücksichtigt werden. Diese Betrachtung spielt insbesondere bei der Verkettung
von Codes in Kapitel 9 eine wichtige Rolle. Analog zur obigen Vorgehensweise
kann die IOWEF dann folgendermaßen berechnet werden

$$A(W, D) = \mathbf{a} \cdot \mathbf{S}^k \cdot \mathbf{b} , \qquad (8.6.17)$$

wobei k die Anzahl der zu codierenden Informationsbit repräsentiert. In (8.6.17)
enthält die Systemmatrix

$$\mathbf{S} = \begin{pmatrix} 1 & 0 & WD^2 & 0 \\ D^2 & 0 & W & 0 \\ 0 & D & 0 & WD \\ 0 & D & 0 & WD \end{pmatrix} \qquad (8.6.18)$$

jetzt auch den Nullzustand, da Mehrfachabweichungen zugelassen sind. Um Start
und Ende im Nullzustand sicherzustellen, lauten die Vektoren $\mathbf{a} = (1\ 0\ 0\ 0)$ und
$\mathbf{b} = (1\ 0\ 0\ 0)^T$. Sollen aus der IOWEF nach (8.6.17) die Koeffizienten c_d, die das
mittlere Gewicht der Informationsworte darstellen, die zum Codewort mit dem Gewicht d führen, bestimmt werden, ist zu berücksichtigen, daß die Parameter k und
n nun die des äquivalenten Blockcodes und nicht mehr die des nicht-terminierten
Faltungscodes sind. Für den hier betrachteten Faltungscode mit $L_c = 3$ und
$R_c = 1/2$ gilt bei einer Blocklänge von $n = 50$ nun $k = 23$ und die Koeffizienten
lauten entsprechend (8.3.17)

$$c_d = \frac{1}{k} \cdot \sum_{w=1}^{k} w \cdot a_{w,d} . \qquad (8.6.19)$$

Die kleinste vorkommende Hamming-Distanz wird bei Faltungscodes *freie Distanz*
d_f genannt. Sie bestimmt das asymptotische Verhalten eines Codes für sehr große
Signal-Rausch-Abstände.

8.6.6   Übungen

Aufgabe 8.6.1

Distanzeigenschaften von Faltungscodes
Lösung Seite 402

a) Gegeben ist der nicht-rekursive Faltungscode mit den Generatoren $g_0(D) = 1 + D + D^3$ und $g_1(D) = 1 + D + D^2 + D^3$. Bestimmen Sie mit Hilfe der
MATLAB-Routine **iowef_conv** die IOWEF und stellen Sie $a_{w,d}$ für gerade und

ungerade Eingangsgewichte in getrennten Diagramm dar (maximale Distanz $d_{\max} = 20$). Wie groß ist die freie Distanz des Codes und was fällt bezüglich der Gewichtsverteilung auf?

b) Berechnen Sie die Koeffizienten a_d und c_d.

c) Schätzen Sie Wort- und Bitfehlerraten mit Hilfe der *Union Bound* für den AWGN-Kanal im Bereich 0 dB $\leq E_b/N_0 \leq$ 6 dB ab. Stellen Sie die ermittelten Fehlerraten für verschiedene maximal berücksichtigte Distanzen d dar.

d) Der Faltungscode soll nun terminiert und als Blockcode der Länge $n = 50$ betrachtet werden. Bestimmen Sie die IOWEF mit der Funktion `iowef_block_conv` und berechnen Sie die Bitfehlerrate mit Hilfe der Routine `pb_unionbound_awgn` (Hier ist jetzt die Blocklänge $n = 50$ und die Infolänge $k = 22$ anzugeben.). Wie läßt sich der Unterschied zu den Ergebnissen aus Aufgabenteil c) erklären?

Aufgabe 8.6.2   **Vergleich von NSC- und RSC-Codes**
Lösung Seite 405

a) Das Generatorpolynom $g_0(D)$ des Codes aus Aufgabe 8.6.1 soll nun für die Rückkopplung eines rekursiven systematischen Faltungscodes verwendet werden. Bestimmen Sie die IOWEF des Codes und stellen Sie sie wiederum getrennt für gerade und ungerade Eingangsgewichte graphisch dar.

b) Verwenden Sie nun alternativ das Polynom $g_1(D)$ zur Rückkopplung. Ermitteln Sie wiederum die IOWEF und bestimmen Sie für beide RSC-Codes die Koeffizienten a_d und c_d. Vergleichen Sie sie mit denen des nicht-rekursiven Codes.

c) Schätzen sie die Bitfehlerraten mit Hilfe der *Union Bound* für beide RSC-Codes ab und tragen Sie sie zusammen mit der Fehlerrate des nicht-rekursiven Faltungscodes in ein Diagramm ein. Welche Unterschiede fallen auf?

Aufgabe 8.6.3   **Punktierung von Faltungscodes**
Lösung Seite 407

a) Der nicht-rekursive Faltungscode aus Aufgabe 8.6.1 soll nun auf die Coderate $R_c = 2/3$ punktiert werden. Geben Sie dazu verschiedene Punktierungsmuster an und stellen Sie mit Hilfe der Routine `tkatastroph` fest, ob durch die Punktierung ein katastrophaler Code entsteht.

b) Bestimmen Sie für die geeigneten Punktierungsschemata aus Aufgabenteil a) die Koeffizienten a_d und c_d und stellen Sie sie denen des unpunktierten Codes gegenüber. Beachten Sie dabei, daß die Routine <u>iowef_block_conv</u> keine unterschiedlichen Startzeitpunkte der Punktierung berücksichtigt und diese daher manuell eingegeben werden müssen ($\mathbf{P}_{1a} = [3\ 1]^T$ und $\mathbf{P}_{1b} = [1\ 3]^T$ liefern unterschiedliche Ergebnisse).

c) Berechnen Sie mit der Routine <u>pb_unionbound_awgn</u> eine Abschätzung der Bitfehlerrate für die verschiedenen Punktierungsmuster aus Aufgabenteil b) und stellen Sie sie zusammen mit der des unpunktierten Codes in einem Diagramm dar. Übergeben Sie der Routine eine mittlere IOWEF der unter b) ermittelten Spektren.

d) Punktieren Sie den Code nun auf die Rate $R_c = 3/4$ und beachten Sie dabei die Ergebnisse aus Aufgabenteil a). Überprüfen Sie den Code auf Katastrophalität.

e) Um mit diesem Code höhere Coderaten als 2/3 zu erreichen, soll nun der RSC-Code aus Aufgabe 8.6.2b) punktiert werden, wobei die systematischen Informationsbit immer übertragen werden. Bestimmen Sie für die Coderaten $R_c = 3/4$, $R_c = 4/5$ und $R_c = 5/6$ die Punktierungsschemata und die sich ergebenden Bitfehlerraten für den AWGN-Kanal. Tragen Sie sie zusammen mit denen des unpunktierten Codes und des auf die Rate $R_c = 2/3$ punktierten Codes in ein Diagramm ein.

Aufgabe 8.6.4	**Codierung und Decodierung**
	Lösung Seite 409

a) Wir betrachten nun den rekursiven systematischen Faltungscode mit den Generatorpolynomen $g_0(D) = 1$ und $g_1(D) = (1+D+D^3)/(1+D+D^2+D^3)$. Erstellen Sie mit Hilfe des MATLAB-Aufrufs <u>make_trellis</u>([11;15],2) das Trellisdiagramm des Codes.

b) Führen Sie eine Codierung für die Eingangsfolge $u(\ell) = (1\ 1\ 0\ 1\ 1)$ durch. Der Codierer soll durch das Anhängen von Tailbit wieder in den Nullzustand geführt werden (Aufruf <u>conv_encoder</u>(u,[11;15],2,1)). Wie lauten Ausgangs- und Zustandsfolge?

c) Nun soll die Decodierung von Faltungscodes mit Hilfe des Viterbi-Algorithmus betrachtet werden. Dazu ist zunächst die Sequenz $u(\ell) = (110110011110)$ zu codieren (mit Terminierung), mit BPSK zu modulieren und anschließend mit gaußverteiltem Rauschen zu überlagern. Wählen Sie einen Signal-Rausch-Abstand von $E_b/N_0 = 4$ dB. Mit Hilfe des Programms viterbi kann nun die Decodierung erfolgen. Durch Setzen des Parameters demo=1 wird der Ablauf der Decodierung anhand des Trellisdiagramms graphisch dargestellt. Was fällt hinsichtlich der Fehlerverteilung auf, wenn das Trellis als nicht abgeschlossen betrachtet wird?

d) Nun soll der Einfluß der Fehlerstruktur am Decodereingang untersucht werden. Fügen Sie dazu der codierten und BPSK-modulierten Sequenz gezielt vier Fehler zu, die Sie einmal gebündelt anordnen und ein anderes Mal im Block verteilen. Wie verhält sich die Decodierung in beiden Fällen?

Aufgabe 8.6.5	**Viterbi-Decodierung**
	Lösung Seite 410

a) Simulieren Sie ein Datenübertragungssystem mit dem Faltungscode aus Aufgabe 8.6.4, einer BPSK-Modulation, einem AWGN-Kanal und einem Viterbi-Decoder. Die Blocklänge des terminierten Faltungscodes betrage $L = 100$ Bit. Decodieren Sie den Faltungscode mit den Entscheidungstiefen ($K_1 = 10$, $K_2 = 15$, $K_3 = 20$, $K_4 = 30$ und $K_5 = 50$). Der Signal-Rausch-Abstand betrage $E_b/N_0 = 4$ dB. Welchen Einfluß hat die Entscheidungstiefe auf die Bitfehlerrate?

b) Führen Sie Simulationen für einen unbekannten Endzustand im Trellisdiagramm durch. Werten Sie die Verteilung der Decodierfehler am Ausgang des Viterbi-Algorithmus aus. Was fällt auf?

c) Punktieren Sie den Faltungscode nun auf die Rate $R_c = 3/4$ und wiederholen Sie Aufgabenteil a). Was gilt nun bezüglich der Entscheidungstiefen?

Lösung Aufgabe 8.6.1

Aufgabenteil a)

Aus den beiden Generatorpolynomen können die wesentlichen Parameter des Faltungscodes bestimmt werden. Die Einflußlänge beträgt $L_c = 4$, die Coderate $R_c = k/n = 1/2$. Beim Funktionsaufruf sind die Generatoren in dezimaler Form anzugeben (G=[11;15]). Da der Codierer nicht rekursiv ist, sind die rekursiven Polynome zu Null zu wählen. Wir erhalten die in **Bild 8.6.6** dargestellten Verläufe.

Zunächst ist zu erkennen, daß die freie Distanz $d_f = 6$ beträgt und für $w = 2$ erreicht wird. Ferner fällt auf, daß sich für diesen konkreten Faltungscode bei ungeradem Eingangsgewicht nur gerade Ausgangsgewichte ergeben und umgekehrt.

a) IOWEF für NSC-Code

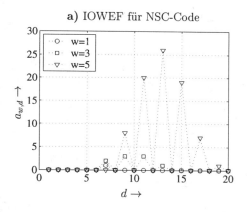

b) IOWEF für NSC-Code

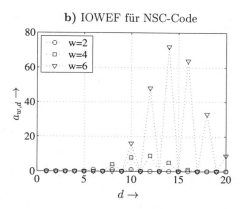

Bild 8.6.6: IOWEF für nicht-rekursiven Faltungscode mit $g_0(D) = 1 + D + D^3$ und $g_1(D) = 1 + D + D^2 + D^3$, Aufgabe 8.6.1

Aufgrund der nicht-rekursiven Struktur des Codierers steigt die Anzahl der Pfade für ein bestimmtes Eingangsgewicht w zunächst an und fällt dann wieder auf Null ab. Die Anzahl der Sequenzen $\sum_d a_{w,d}$ ist also endlich.

Aufgabenteil b)

Die Koeffizienten a_d und c_d berechnen sich wegen $k = 1$ einfach aus den Beziehungen

$$a_d = \sum_w a_{w,d} \quad \text{und} \quad c_d = \sum_w w \cdot a_{w,d} .$$

Sie sind in **Bild 8.6.7** dargestellt. Aufgrund des linearen Verlauf in der logarithmischen Darstellung kann ein exponentieller Zusammenhang zwischen den Koeffizienten und der Distanz d festgestellt werden.

Aufgabenteil c)

Wort- und Bitfehlerwahrscheinlichkeiten lassen sich über die bekannten Beziehungen (8.3.16) und (8.3.18) berechnen. Die **Bilder 8.6.8a** und **8.6.8b** zeigen die erzielten Ergebnisse, wobei die Summationen bei unterschiedlichen Distanzen d abgebrochen wurden. Es ist zu erkennen, daß die freie Distanz für große Signal-Rausch-Verhältnisse eine gute untere Schranke liefert. In diesem Bereich konvergiert die *Union Bound* auch bei hohen Distanzen. Für kleine Signal-Rausch-Abstände führt die Berücksichtigung höherer Distanzen zu deutlichen Unterschieden, hier ist die freie Distanz nicht mehr allein ausschlaggebend. Es kann teilweise auch zu einem divergierenden Verhalten kommen, wie Bild 8.6.8b für $d_{\max} = 20$ zeigt.

Aufgabenteil d)

Die Funktion `iowef_block_conv` berücksichtigt auch Mehrfachabweichungen vom Nullpfad sowie unterschiedliche Positionen von Fehlerereignissen in einem Block

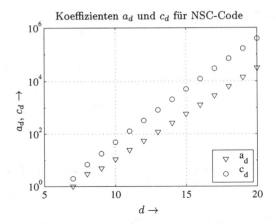

Bild 8.6.7: Koeffizienten a_d und c_d für den Faltungscode aus Bild 8.6.1a

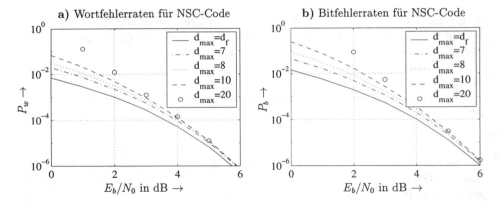

Bild 8.6.8: Wort- und Bitfehlerraten (*Union Bound*) für nicht-rekursiven Faltungscode
mit $g_0(D) = 1 + D + D^3$ und $g_1(D) = 1 + D + D^2 + D^3$, Aufgabe 8.6.1

bestimmter Länge. Für den hier betrachteten Fall mit einer Wortlänge von $n = 50$
ist zu beachten, daß 3 Tailbit zur Terminierung des Faltungscodes erforderlich
sind. Beim Funktionsaufruf ist der Parameter l_{max}, der die maximale Anzahl an
Informationsbit angibt, somit zu $k = 25 - 3 = 22$ zu wählen. Wir erhalten für den
äquivalenten Blockcode eine Coderate von $R_c = 22/50 = 0.44$. Die Ergebnisse für
die Koeffizienten a_d und c_d und die Bitfehlerraten sind in den **Bildern 8.6.9a** und
8.6.9b zu sehen. Es ergibt sich für $P_b = 10^{-6}$ eine Verschlechterung gegenüber
der kontinuierlichen Übertragung von etwa 0.5 dB. Dies liegt an dem Hinzufügen
der Tailbit, die keine Information darstellen und somit die Coderate verringern.
Der sich ergebende E_b/N_0-Verlust beträgt $10 \log_{10}(2 \cdot 22/50) = 0.56$ dB.

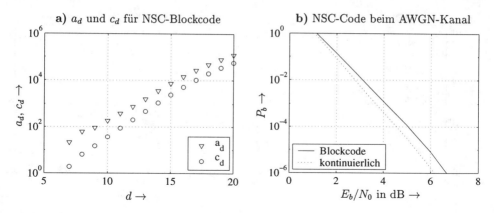

Bild 8.6.9: Koeffizienten a_d und c_d sowie Bitfehlerraten für den terminierten Faltungscode, Blocklänge $n = 50$, Aufgabe 8.6.1

Lösung Aufgabe 8.6.2

Aufgabenteil a)
Die **Bilder 8.6.10a** und **8.6.10b** zeigen die IOWEF für gerade und ungerade Eingangsgewichte w. Der RSC-Code besitzt die gleiche freie Distanz $d_{\min} = 6$ wie der NSC-Code. Außerdem treten auch hier für gerade Eingangsgewichte nur gerade Ausgangsgewichte auf und umgekehrt. Ein wesentlicher Unterschied besteht jedoch darin, daß die Anzahl der Sequenzen für ein konkretes Eingangsgewicht nicht begrenzt, sondern unendlich groß ist ($\sum_d a_{w,d} \to \infty$). Dies liegt an der IIR-Struktur des Codierers, der nur bei bestimmten Eingangssequenzen wieder in den Nullzustand zurückkehrt. Beispielsweise müssen $w = 2$ Einsen am Eingang einen bestimmten Abstand zueinander haben, damit der Codierer den Nullzustand erreicht. Der Abstand kann als ganzzahliges Vielfaches eines Mindestabstandes dargestellt werden und somit beliebig große Werte annehmen, was zu unendlich vielen Ausgangssequenzen führt. Durch die rekursive Struktur ist auch zu erklären, daß für $w = 1$ keine Ausgangssequenzen mit endlichem Gewicht existieren.

Aufgabenteil b)
Bild 8.6.11a zeigt die Koeffizienten a_d und c_d für den NSC- und die beiden RSC-Codes. Es ist zu erkennen, daß die Koeffizienten a_d und somit auch die Distanzspektren $A(D)$ für alle drei Codes identisch sind. Somit besitzen die drei Codes auch gleiche Wortfehlerwahrscheinlichkeiten P_w. Hinsichtlich der c_d treten kleine Unterschiede insbesondere für geringe Distanzen d auf. Für größere Distanzen d nehmen die c_d des NSC-Codes geringfügig größere Werte an. Dies läßt vermuten, daß sich die Bitfehlerraten leicht unterscheiden werden.

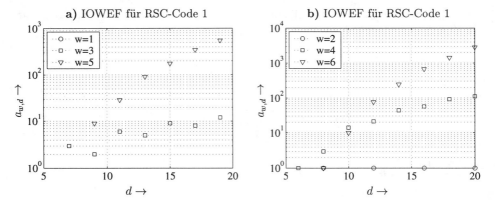

Bild 8.6.10: IOWEF für rekursiven Faltungscode, Aufgabe 8.6.2a

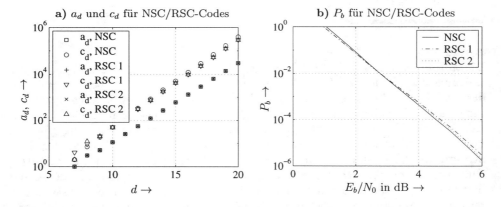

Bild 8.6.11: Koeffizienten a_d und c_d sowie Bitfehlerraten (*Union Bound*), Aufgabe 8.6.2
NSC: $g_0(D) = 1 + D + D^3$, $g_1(D) = 1 + D + D^2 + D^3$,
RSC 1: $\tilde{g}_1(D) = g_1(D)/g_0(D)$, RSC 2: $\tilde{g}_1(D) = g_0(D)/g_1(D)$

Aufgabenteil c)

Die zugehörigen Bitfehlerraten illustriert **Bild 8.6.11b**. Wie erwartet liegen die drei Kurven sehr eng beieinander. Für kleine Signal-Rausch-Abstände besitzen die RSC-Codes leichte Vorteile. Oberhalb von $E_b/N_0 = 3$ dB kehren sich die Verhältnisse um. Hier sind die RSC-Codes etwas schlechter.

Lösung Aufgabe 8.6.3

Aufgabenteil a)
Zur Punktierung auf die Coderate $R_c = 2/3$ können prinzipiell die Matrizen $\mathbf{P}_1$ und $\mathbf{P}_2$ verwendet werden. Sie besitzen die kleinst mögliche Punktierungsperiode $L_p = 2$, um die Coderate $R_c = 2/3$ zu erreichen. Darüber hinaus können auch Matrizen wie beispielsweise $\mathbf{P}_3$ verwendet werden. Durch Umsortieren und Anhängen der Spalten von $\mathbf{P}_1$ und $\mathbf{P}_2$ lassen sich so beliebig viele Punktierungsmatrizen erzeugen.

$$\mathbf{P}_1 = \begin{pmatrix} 1 & 1 \\ 1 & 0 \end{pmatrix}, \quad \mathbf{P}_2 = \begin{pmatrix} 1 & 0 \\ 1 & 1 \end{pmatrix}, \quad \mathbf{P}_3 = \begin{pmatrix} 1 & 1 & 1 & 1 \\ 1 & 0 & 0 & 1 \end{pmatrix}$$

Die Überprüfung auf Katastrophalität ergibt, daß durch die Punktierung mit $\mathbf{P}_2$ ein katastrophaler Code entsteht. Die Routine `tkatastroph` liefert mit der Variablen `cycle` die Zustandsfolge 2-5-2, die das Hamming-Gewicht Null besitzt. Da diese Schleife auch Informationsbit $u = 1$ beinhaltet, können somit unendlich viele Decodierfehler entstehen, obwohl sich die Hamming-Distanz nicht verändert.

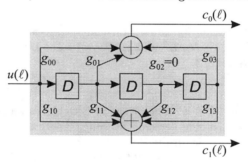

Bild 8.6.12: Faltungscodes mit $R_c = 1/2$, $L_c = 4$ und den Generatoren $g_0(D) = 1 + D + D^3$ und $g_1(D) = 1 + D + D^2 + D^3$

Ein Blick auf die Struktur des Codierers in **Bild 8.6.12** zeigt zudem, daß der Alleinsenzustand das Ausgangswort $\mathbf{c} = (1\ 0)$ für $u = 1$ besitzt. Wird bei der Punktierung das Bit c_0 ausgeblendet, so entsteht hier eine Schleife mit Gewicht Null, die mit $u = 1$ korrespondiert. Für diesen speziellen Faltungscode ist also die Punktierung von c_0 unbedingt zu vermeiden. Die Matrizen $\mathbf{P}_1$ und $\mathbf{P}_3$ sind zur Punktierung geeignet.

Aufgabenteil b)
Mit Hilfe der MATLAB-Funktion `iowef_block_conv` können die IOWEF's des mit $\mathbf{P}_1$ und $\mathbf{P}_3$ punktierten Codes ermittelt werden. Aus ihnen lassen sich dann leicht

die Koeffizienten a_d und c_d bestimmen, die in den **Bildern 8.6.13a** und **8.6.13b** dargestellt sind. Es ist zu erkennen, daß sich die Distanzen durch die Punktierung verringern und Sequenzen mit geringem Gewicht nun häufiger vorkommen. Außerdem ist festzustellen, daß unterschiedliche Startzeitpunkte der Punktierung zu unterschiedlichen Ergebnissen führen. Da der Zeitpunkt des Abweichens vom korrekten Pfad nicht a-priori bekannt ist, wird eine mittlere IOWEF über alle möglichen Startzeitpunkte für die *Union Bound* verwendet.

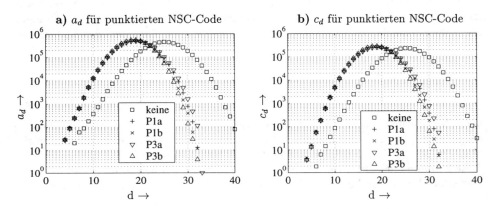

Bild 8.6.13: Koeffizienten a_d und c_d für Faltungscodes mit den Generatoren $g_0(D) = 1+D+D^3$ und $g_1(D) = 1+D+D^2+D^3$ und Punktierung auf $R_c = 2/3$

Aufgabenteil c)
Die zu den ermittelten IOWEF's gehörenden Bitfehlerraten zeigt **Bild 8.6.14a)**. Durch die Punktierung ist eine Verschlechterung von etwa 2 dB festzustellen. Es ergeben sich minimale Vorteile für die Punktierung mit $\mathbf{P}_3$ gegenüber $\mathbf{P}_1$. Allgemein gilt, daß Generatorpolynome und Punktierungsmatrix jeweils optimal aufeinander abgestimmt werden müssen.

Aufgabenteil d)
Zur Punktierung auf die Rate $R_c = 3/4$ bietet sich die Matrix $\mathbf{P}_4 = (3, 1, 1, 1)$ an (dezimale Darstellung). Die Überprüfung ergibt, daß der resultierende Code katastrophal ist. Hieraus folgt direkt, daß der betrachtete Muttercode für Coderaten $R_c \geq 3/4$ katastrophal wird.

Aufgabenteil e)
Bild 8.6.14b) zeigt die mit den Coderaten $R_c = 3/4$, $R_c = 4/5$ und $R_c = 5/6$ erzielten Bitfehlerraten. Es ist zu erkennen, daß P_b mit zunehmender Punktierung ansteigt. Für $R_c = 5/6$ wird bei $P_b = 10^{-5}$ noch ein Codierungsgewinn von etwa 1 dB gegenüber dem uncodierten Fall erreicht.

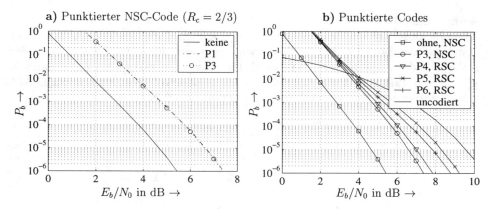

Bild 8.6.14: Bitfehlerraten für Faltungscode mit den Generatoren $g_0(D) = 1 + D + D^3$ und $g_1(D) = 1 + D + D^2 + D^3$ und unterschiedlichen Punktierungen (RSC: $\tilde{g}_1(D) = g_0(D)/g_1(D)$)

Lösung Aufgabe 8.6.4

Aufgabenteil a)

Bild 8.6.15 zeigt ein Trellissegment für den betrachteten Faltungscode. Die gestrichelten Linien kennzeichnen Übergänge für ein Informationsbit $u = 1$, die durchgezogenen Linien für $u = 0$. Die 2-Bit-Worte am rechten Rand stellen die Codeworte der jeweiligen Zustandsübergänge dar, wobei das obere Codewort dem oberen Pfad, der am jeweiligen Zustand ankommt, zugeordnet ist.

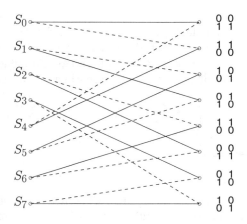

Bild 8.6.15: Trellissegment für Faltungscode mit den Generatoren $g_0(D) = 1$ und $g_1(D) = (1 + D + D^3)/(1 + D + D^2 + D^3)$, Aufgabe 8.6.4

Aufgabenteil b)

Die Eingangsfolge der Informationsbit ist gegeben durch $u(\ell) = (1\ 1\ 0\ 1\ 1)$. Am Ende der Sequenz sind Tailbit anzuhängen, um den Codierer wieder in den Nullzustand zu überführen. Da es sich hier um einen rekursiven Code handelt, können die Tailbit erst am Ende der Eingangsfolge $u(\ell)$ bestimmt werden. Wir erhalten folgendes Schema und die Tailbits lauten $(1\ 0\ 1)$.

$u(\ell)$	Zustand	Folgezustand	Ausgang
1	0 0 0	1 0 0	1 1
1	1 0 0	0 1 0	1 1
0	0 1 0	1 0 1	0 1
1	1 0 1	1 1 0	1 1
1	1 1 0	1 1 1	1 0
1	1 1 1	0 1 1	1 0
0	0 1 1	0 0 1	0 1
1	0 0 1	0 0 0	1 1

Aufgabenteil c)

Bild 8.6.16 zeigt das Trellisdiagramm für die Decodierung bei einer zufälligen Rauschstörung. Es ist zu erkennen, daß im Laufe der Codierung viele Pfade am Anfang des Trellisdiagramms verschmelzen. Zum Ende fächert sich das Trellis dann auf. Ist der Endzustand unbekannt, erschwert dies die sichere Datenentscheidung über die letzten Informationsbit. In diesem Fall treten vermehrt Fehler am Ende des Datenblocks auf. Dies verdeutlicht auch, daß eine sichere Entscheidung über ein bestimmtes Informationsbit erst nach einer genügend großen Entscheidungstiefe erfolgen kann. Im hier vorliegenden Beispiel wird der Block bei bekanntem Endzustand korrekt decodiert (durchgezogene Linie), während im anderen Fall am Blockende Fehler auftreten (gestrichelte Linie).

Aufgabenteil d)

Sind die vier Fehler bündelartig angeordnet, kann der Decodierer sie wegen der freien Distanz des Codes von $d_f = 6$ nicht mehr korrigieren. Treten sie dagegen als unabhängige Einzelfehler auf und sind annähernd gleichmäßig im Block verteilt, so können sie korrigiert werden. Dies ist ein wesentlicher Unterschied zu Blockcodes.

Lösung Aufgabe 8.6.5

Aufgabenteil a)

Bild 8.6.17a zeigt die Ergebnisse für unterschiedliche Entscheidungstiefen. Es ist zu erkennen, daß sich sowohl Symbol- als auch Bitfehlerraten ab einer Tiefe von

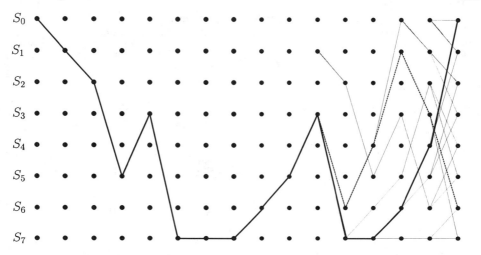

Bild 8.6.16: Decodierung des Faltungscodes mit den Generatoren $g_0(D) = 1$ und
$g_1(D) = (1 + D + D^3)/(1 + D + D^2 + D^3)$, Aufgabe 8.6.4

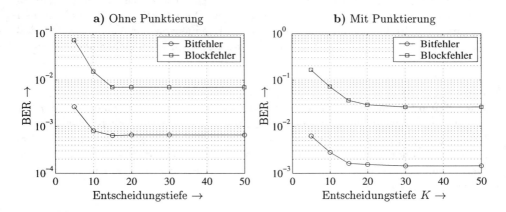

Bild 8.6.17: Einfluß der Entscheidungstiefe auf die Decodierung mit und ohne Punktierung, Aufgabe 8.6.5

$K = 20$ nicht mehr verbessern. Kleinere Entscheidungstiefen führen dagegen zu drastischen Verschlechterungen.

Aufgabenteil b)
Der Einfluß der Entscheidungstiefe bei einer Punktierung ist in **Bild 8.6.17**b dargestellt. Auch hier ist ein ähnliches Verhalten zu beobachten, allerdings sind die Entscheidungstiefen deutlich länger zu wählen. Erst ab $K = 30$ wird keine

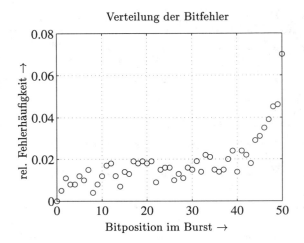

Bild 8.6.18: Verteilung der Fehler bei offenem Trellisdiagramm, Aufgabe 8.6.5

Verbesserung mehr erreicht. Dies liegt an den schlechteren Distanzeigenschaften des Codes, die aus der Punktierung resultieren. Die punktierten Symbole stehen nun nicht mehr zur Unterscheidung von Codesequenzen zur Verfügung, so daß nun längere Pfadabschnitte erforderlich sind, um Sequenzen sicher unterscheiden zu können.

Aufgabenteil c)
Abschließend veranschaulicht **Bild 8.6.18** die Verteilung der Fehler in einer Sequenz, wenn das Trellisdiagramm nicht abgeschlossen wird. Es ist deutlich die Erhöhung der Fehlerrate am Ende der Sequenz zu erkennen. Dies ist darin begründet, daß bei einem offenen Trellisdiagramm am Ende das Gedächtnis des Codierers nicht ausgenutzt werden kann und somit nur sehr unsichere Entscheidungen getroffen werden können.

Teil IV

Konzepte zur Mobilfunkübertragung

Kapitel 9

Verkettete Codes

9.1 Einführung

9.1.1 Motivation

Zu Beginn des achten Kapitels wurde erläutert, daß die Kanalkapazität nach Shannon für einen gegebenen Kanal Grenzen vorgibt, innerhalb derer eine zuverlässige Übertragung theoretisch möglich ist. Diese Grenzen können von vielen praktischen Codes wie den im letzten Kapitel vorgestellten Faltungs- und Blockcodes nicht erreicht werden. Sie besitzen den Nachteil, daß mit zunehmender Leistungsfähigkeit der Decodieraufwand zumeist exponentiell ansteigt. Daher setzt die praktische Realisierbarkeit der Leistungsfähigkeit dieser Codes schnell Grenzen. Zwar ist es oft nur eine Frage der Zeit, bis die Technologie einen höheren Aufwand bei der Decodierung erlaubt. Trotzdem stellt sich die Frage, ob nur durch Vergrößerung der Einflußlänge bei Faltungscodes bzw. der Blocklänge bei Blockcodes die Kapazität nach Shannon prinzipiell erreicht werden kann.

Einen anderen Weg zur Konstruktion leistungsfähiger FEC-Codes stellte Forney bereits im Jahr 1966 mit der Verkettung einfacher Teilcodes vor [For66]. Seit dieser Zeit sind gerade in den letzten Jahren enorme Fortschritte zu verzeichnen gewesen. Hervorzuheben ist hier das Jahr 1993, als zum ersten Mal die sogenannten *Turbo-Codes* präsentiert wurden, eine parallele Anordnung zweier Faltungscodes, mit denen man sich der Kapazitätsgrenze von Shannon so dicht wie noch nie zuvor annähern konnte.

Die grundlegende Idee besteht darin, einfache Codes geschickt miteinander zu verknüpfen, so daß ein Gesamtcode entsteht, der leistungsfähiger als die einzelnen

Komponentencodes ist. Gleichzeitig soll er aber auch einfacher zu decodieren sein als ein einzelner Code gleicher Leistungsfähigkeit.

Bild 9.1.1 zeigt die erzielbaren Fehlerraten für einen Turbo-Code aus [BGT93] und der Übertragung über einen AWGN-Kanal. Zum Vergleich ist die Leistungsfähigkeit einiger klassischer Faltungscodes unterschiedlicher Einflußlängen eingetragen. Es ist zu erkennen, daß mit zunehmender Einflußlänge L_c die Faltungscodes an Leistungsfähigkeit gewinnen, diese Gewinne scheinen aber immer kleiner zu werden. Abgesehen vom exponentiell steigenden Decodieraufwand ist mit dieser Maßnahme die Kapazitätsgrenze nach Shannon voraussichtlich nicht zu erreichen. Demgegenüber erreicht der hier betrachtete Turbo-Code eine Fehlerrate von 10^{-5} bei 0.7 dB, was einem Gewinn gegenüber dem Faltungscode mit $L_c = 9$ von knapp 3 dB entspricht und nur 0.5 dB von Shannons Grenze entfernt ist. Der aktuelle 'Weltrekord' für halbratige Codes hat sogar nur einen Abstand von 0.1 dB [tB00, tB01].

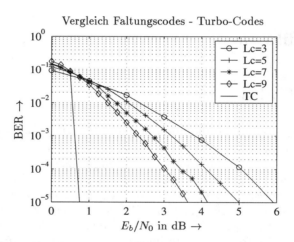

Bild 9.1.1: Vergleich der Bitfehlerraten für diverse klassische Faltungscodes und den Turbo-Code aus [BGT93]

Es folgt zunächst eine theoretische Analyse der Distanzeigenschaften von seriellen und parallelen Codeverkettungen. Anschließend wird in Abschnitt 9.4 die spezielle Decodierung verketteter Codes behandelt.

9.1.2 Vorbetrachtungen

Prinzipiell werden die serielle und die parallele Codeverkettung unterschieden. Bei der seriellen Verknüpfung sind die Komponentencodes entsprechend **Bild 9.1.2** nacheinander angeordnet. Somit codiert jeder Codierer den Ausgangsdatenstrom seines Vorgängers inklusive der bereits erzeugten Redundanz. Wir beschränken uns im folgenden stets auf zwei Teilcodes, weshalb auch von einem inneren Code (C_2) und einem äußeren Code (C_1) gesprochen werden kann. Die Decodierer D_1 und D_2 sind entsprechend in umgekehrter Reihenfolge angeordnet.

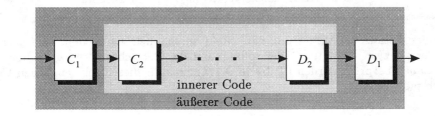

Bild 9.1.2: Serielle Codeverkettung

Demgegenüber sind die Codierer bei der parallelen Verkettung entsprechend **Bild 9.1.3** angeordnet. Jeder Teilcodierer erhält nur die Informationsbit, nicht die Redundanz der übrigen Codierer. Die Ausgangssignale der einzelnen Teilcodierer werden mit einem Multiplexer zu einem seriellen Datenstrom zusammengefügt.

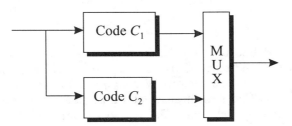

Bild 9.1.3: Parallele Codeverkettung

Die Bilder 9.1.2 und 9.1.3 stellen jedoch stark vereinfachte Verhältnisse dar. Das folgende Beispiel soll kurz demonstrieren, daß eine simple Aneinanderreihung zweier Teilcodes nicht automatisch zu einem besseren verketteten Code führt.

Beispiel: Serielle Verkettung von (3,2,2)- und (4,3,2)-SPC-Code

Gemäß **Bild 9.1.4** verknüpfen wir einen einfachen (3,2,2)-SPC-Code (*Single-Parity-Check*) seriell mit einem (4,3,2)-SPC-Code. Die Coderate des verketteten Codes beträgt $R_c = k_1/n_2 = 2/4 = 1/2$, über die Mindestdistanz muß im folgenden diskutiert werden.

SPC-Codes hängen dem Informationswort **u** ein einfaches Paritätsbit an, sie besitzen also die Minimaldistanz $d_{min} = 2$. Es stellt sich nun die Frage, welche

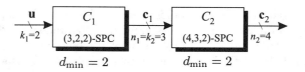

Bild 9.1.4: Serielle Verkettung zweier SPC-Codes

Mindestdistanz die Verkettung hat. Rein anschaulich würde man eine Distanz größer als zwei vermuten. Dies soll anhand der Betrachtung des gesamten Coderaums überprüft werden (**Tabelle 9.1.1**), was für diesen sehr einfachen Code noch möglich ist.

Tabelle 9.1.1: Codeworte der Verkettung von äußerem (3,2,2)-SPC-Code und innerem (4,3,2)-SPC-Code

u	c_1	c_2	$w_H(c_2)$
0 0	0 0 0	0 0 0 0	0
0 1	0 1 1	0 1 1 0	2
1 0	1 0 1	1 0 1 0	2
1 1	1 1 0	1 1 0 0	2

Da es sich um einen linearen Code handelt, reicht es aus, die Gewichte der Codeworte zu betrachten und nicht die Distanzen untereinander. Es ist sofort ersichtlich, daß die Mindestdistanz nach wie vor $d_{min} = 2$ beträgt. Offensichtlich führt eine Verkettung von Codes nicht automatisch zu einer Verbesserung der Distanzeigenschaften. Es zeigt sich später, daß das sogenannte *Interleaving* wesentlichen Einfluß auf die Eigenschaften eines verketteten Codes hat, weshalb der folgende Abschnitt hierzu einige Grundlagen erläutert.

9.1.3 *Interleaving*

Sowohl bei der parallelen als auch bei der seriellen Codeverkettung werden die beteiligten Codierer über einen Interleaver miteinander verbunden. Dessen Länge L_π beträgt im allgemeinen ein Vielfaches der Codewortlängen von C_1 und C_2, wodurch ein Gesamtcode großer Blocklänge entsteht. Im Fall der seriellen Verkettung werden somit die Bit mehrerer Codeworte c_1 permutiert, bevor sie an den Eingang von Codierer C_2 gelangen. Diese auch als Verschachtelung bekannte Technik beeinflußt in hohem Maße die Leistungsfähigkeit verketteter Codes und stellt somit eine wichtige zu optimierende Komponente dar. Interleaver werden nicht nur in Zusammenhang mit verketteten Codes verwendet, sondern kommen auch bei der Spreizung von Bündelfehlern, die z.B. durch Fading bei Mobilfunkkanälen entstanden sind, zum Einsatz (s. Kapitel 2 und Abschnitt 7.4).

Blockinterleaver

Der Begriff *Interleaving* beschreibt die Permutation einer Symbolfolge $\mathbf{x}$, d.h. die Veränderung der Reihenfolge der in $\mathbf{x}$ enthaltenen Symbole. Der einfachste Fall ist der sogenannte **Blockinterleaver**, welcher in **Bild 9.1.5** abgebildet ist. In diesem Beispiel besteht er aus drei Zeilen und fünf Spalten. Er wird Spalte für Spalte mit dem Eingangsvektor

$$\mathbf{x} = (x_0\ x_1\ x_2\ x_3\ x_4\ x_5\ x_6\ x_7\ x_8\ x_9\ x_{10}\ x_{11}\ x_{12}\ x_{13}\ x_{14})$$

beschrieben, allerdings zeilenweise ausgelesen. Somit erhalten wir

$$\tilde{\mathbf{x}} = (x_0\ x_3\ x_6\ x_9\ x_{12}\ x_1\ x_4\ x_7\ x_{10}\ x_{13}\ x_2\ x_5\ x_8\ x_{11}\ x_{14})\ .$$

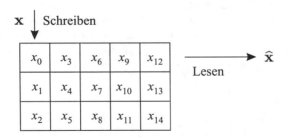

Bild 9.1.5: Funktionsweise eines Blockinterleavers

Es ist zu erkennen, daß zwischen ursprünglich benachbarten Symbolen nun ein Abstand von $L_I = 5$ existiert. Dieser Abstand wird als Interleavingtiefe bezeichnet. Die optimale Dimensionierung des Interleavers hängt von mehreren Faktoren ab und wird insbesondere durch den jeweiligen Verwendungszweck beeinflußt.

Anzahl der Spalten. Die Anzahl der Spalten bestimmt direkt die Interleavingtiefe L_I. Bei der codierten Übertragung über zeitvariante Kanäle sollte beispielsweise sichergestellt werden, daß aufeinanderfolgende Symbole annähernd statistisch unabhängige Kanaleinflüsse erfahren. Dies kann durch $L_I T_s > t_c$ realisiert werden, d.h. die zeitliche Differenz $L_I T_s$ zwischen dem Senden ursprünglich benachbarter Symbole der Dauer T_s ist größer als die Kohärenzzeit t_c des Kanals.

Anzahl der Zeilen. Die Dimensionierung der Anzahl der Zeilen hängt von folgender Betrachtung ab. Bei einem Faltungscode der Einflußlänge $L_c = 5$ sind beispielsweise aufgrund des Gedächtnisses fünf aufeinanderfolgende Codeworte eng

miteinander korreliert. Bei einer Coderate von $R_c = 1/2$ heißt das, daß zehn aufeinanderfolgende Bit korreliert sind. Sollen diese durch den Interleaver möglichst
weit auseinander gespreizt werden, so muß die Zeilenzahl $L_c/R_c = 10$ betragen.
Dann ist sichergestellt, daß jedes dieser zehn Bit zu seinem Nachbarn einen Abstand von L_I besitzt. Sollen hingegen Bündelfehler der Länge b am Eingang eines
Viterbi-Decodierers aufgebrochen werden, muß die Zeilenzahl b übersteigen, damit
sichergestellt ist, daß sich der Bündelfehler komplett in Einzelfehler aufteilt.

Verzögerungszeiten. Bei der Dimensionierung des Interleavers ist zu beachten, daß der Speicherinhalt in der Regel erst ausgelesen werden kann, wenn der
Speicherbereich komplett beschrieben worden ist. Hierdurch entsteht eine system-
bedingte Verzögerungszeit

$$\Delta t = \text{Zeilen} \cdot \text{Spalten} \cdot T_s, \tag{9.1.1}$$

die kritische Werte nicht überschreiten darf.   So sollen für die Duplex-
Sprachübertragung einige 10 ms nicht überschritten werden.

Faltungsinterleaving

Auf das sogenannte Faltungsinterleaving soll an dieser Stelle nicht weiter eingegangen werden. Es sei nur soviel gesagt, daß die Funktionsweise der des Blockinter-
leavings stark ähnelt. Allerdings erreicht man die gleiche Interleavingtiefe schon
für geringere Verzögerungszeiten. Für weiterführende Informationen wird auf die
Literatur [Fri96] verwiesen.

Zufallsinterleaving

Insbesondere das Blockinterleaving sorgt mit seiner sehr regelmäßigen Struktur
dafür, daß Symbole mit einem gewissen Abstand auch nach der Verschachtelung
noch den gleichen Abstand zueinander oder aber ein ganzzahliges Vielfaches davon
besitzen. Dies führt insbesondere bei den später noch zu behandelnden Turbo-
Codes dazu, daß sich schlechte Distanzeigenschaften des Codes ergeben. Daher
ist es in diesen Fällen von Vorteil, die Verschachtelung quasi-zufällig zu gestalten,
d.h. die Art der Permutation ist dem Empfänger natürlich bekannt, sie sollte aber
keine systematische Struktur aufweisen. Derartige Interleaver können nicht systematisch konstruiert werden, sondern müssen per Rechnersuche iterativ optimiert
werden.

Interleaving und Deinterleaving mit Matlab

Unter MATLAB können Sequenzen einfach durch entsprechende Indizierung permutiert werden. Stellt IL den Permutationsvektor dar (IL enthält die Positionen
der Symbole nach dem Interleaving), so wird die permutierte Version eines Vektors a durch b = a(IL) berechnet. Der Deinterleaver sorgt entsprechend für die
Wiederherstellung der ursprünglichen Reihenfolge und wird durch a(IL) = b realisiert. Der hierzu erforderliche Permutationsvektor IL kann für Blockinterleaver

über die Routine `block_interleave` und für Zufallsinterleaver über den Befehl `randperm` gewonnen werden.

9.1.4 Übungen

Aufgabe 9.1.1	**Serielle Verkettung von SPC- und Hamming-Codes** Lösung Seite 422

a) In dieser Aufgabe soll analog zum Beispiel aus Abschnitt 9.1.2 ein äußerer $(4, 3, 2)$-SPC-Code mit einem inneren systematischen $(7, 4, 3)$-Hamming-Code verknüpft werden. Stellen Sie eine Tabelle aller Codeworte des verketteten Codes auf und bestimmen Sie ihre Gewichte.

b) Welche Coderate R_c und welche Mindestdistanz $d_{\min}$ besitzt der verkettete Code? Wie kann $d_{\min}$ erklärt werden?

c) Bestimmen Sie von Hand die optimale Teilmenge des Coderaums von C_2, um die Mindestdistanz zu optimieren. Wie groß ist $d_{\min}$?

d) Es soll nun ein Blockinterleaver zwischen die beiden Codierer eingefügt werden, der aus vier Zeilen und vier Spalten besteht. Geben Sie die Interleavingtiefe L_I an.

e) Wie groß ist die Mindestdistanz des Codes jetzt? Erläutern Sie die Verbesserung gegenüber Aufgabenteil c).

Aufgabe 9.1.2	**Parallele Verkettung von SPC- und Hamming-Codes** Lösung Seite 423

a) Der $(4, 3, 2)$-SPC-Code soll nun mit einem $(7, 4, 3)$-Hamming-Code parallel verknüpft werden. Da die beiden Codierer unterschiedlich viele Eingangsbit je Codewort benötigen, betrachten wir eine Eingangsfolge **u** bestehend aus $3 \cdot 4 = 12$ Bit, dem kleinsten gemeinsamen Vielfachen der Längen beider Eingangsworte. Bestimmen Sie Coderate und Mindestdistanz der Codeverkettung.

b) Um Bandbreite zu sparen, werden die Informationsbit bei der parallelen Codeverkettung in der Regel nur einmal übertragen. Da die hier betrachteten Komponentencodes durch systematische Codierer generiert werden, können die Informationsbit in den Codeworten extrahiert werden. Sie werden dann nur von C_1 oder von C_2 übertragen und beim jeweils anderen punktiert. Bestimmen Sie wiederum Coderate und Mindestdistanz.

c) Die 12-Bit-Eingangsworte von C_2 sollen nun durch einen Blockinterleaver permutiert werden. Er besteht aus drei Zeilen und vier Spalten. Welche Mindestdistanz besitzt der Code jetzt?

Lösung Aufgabe 9.1.1

Aufgabenteil a)

Der $(4, 3, 2)$-SPC-Code hängt dem aus drei Bit bestehenden Informationswort $\mathbf{u}$ ein einfaches Paritätsbit an und besitzt die Minimaldistanz $d_{\min,1} = 2$. Das resultierende 4-Bit-Wort bildet den Eingang des Hamming-Codierers. **Tabelle 9.1.2** listet alle sich ergebenden Codeworte $\mathbf{c}_2$ mit ihren Gewichten $w_H(\mathbf{c}_2)$ auf.

Tabelle 9.1.2: Codeworte der Verkettung von äußerem $(4,3,2)$-SPC- und innerem $(7,4,3)$-Hamming-Code für Aufgabe 9.1.1c (Codeworte $\tilde{\mathbf{c}}_2$ bilden geschickt gewählten Coderaum mit der Mindestdistanz $d_{\min} = 4$)

$\mathbf{u}$	$\mathbf{c}_1$	$\mathbf{c}_2$	$w_H(\mathbf{c}_2)$	$\tilde{\mathbf{c}}_2$	$w_H(\tilde{\mathbf{c}}_2)$
0 0 0	0 0 0 0	0 0 0 0 0 0 0	0	0 0 0 0 0 0 0	0
0 0 1	0 0 1 1	0 0 1 1 0 0 1	3	0 0 0 1 1 1 1	4
0 1 0	0 1 0 1	0 1 0 1 0 1 0	3	0 1 1 0 0 1 1	4
0 1 1	0 1 1 0	0 1 1 0 0 1 1	4	0 1 1 1 1 0 0	4
1 0 0	1 0 0 1	1 0 0 1 1 0 0	3	1 0 1 0 1 0 1	4
1 0 1	1 0 1 0	1 0 1 0 1 0 1	4	1 0 1 1 0 1 0	4
1 1 0	1 1 0 0	1 1 0 0 1 1 0	4	1 1 0 0 1 1 0	4
1 1 1	1 1 1 1	1 1 1 1 1 1 1	7	1 1 0 1 0 0 1	4

Aufgabenteil b)

Die Coderate des verketteten Codes beträgt $R_c = 3/4 \cdot 4/7 = 3/7$. Da es sich um einen linearen Code handelt, reicht es zur Bestimmung der Mindestdistanz aus, die Gewichte $w_H(\mathbf{c}_2)$ zu betrachten und nicht die Distanzen untereinander. Anhand der vierten Spalte von Tabelle 9.1.2 ist sofort ersichtlich, daß die Mindestdistanz $d_{\min} = 3$ beträgt. Eine Verkettung von Codes führt auch hier nicht automatisch zu einer Verbesserung der Distanzeigenschaften. Vielmehr übernimmt der verkettete Code die minimale Distanz $d_{\min,2}$ des inneren Codes.

Verantwortlich für das Scheitern einer Codeverkettung ist die Zuordnung der Codeworte $\mathbf{c}_1$ des äußeren Codes auf die Codeworte $\mathbf{c}_2$ des inneren. Der äußere Codierer sorgt durch das Hinzufügen von Redundanz für eine Teilmengenbildung, d.h. von den $2^4 = 16$ prinzipiell möglichen Eingangsworten am inneren Codierer treten tatsächlich nur $2^3 = 8$ auf. Dies hat zur Folge, daß von 16 möglichen Hamming-Codeworten nur acht verwendet werden. Erfolgt die Auswahl der acht verwendeten Codeworte so ungeschickt, daß sie zufällig die kleinst mögliche Hamming-Distanz untereinander aufweisen, so wird hierdurch auch die Gesamtdistanz des verketteten Codes dominiert; der äußere Code wirkt sich nicht oder nur geringfügig auf die Distanzeigenschaften aus.

Aufgabenteil c)

Aus Aufgabenteil b) kann das Ziel formuliert werden, daß die tatsächlich benutzten acht Codeworte so zu wählen sind, daß sie möglichst große Distanzen untereinander aufweisen. Dann würde sich – wie in Tabelle 9.1.2 mit $\tilde{c}_2$ gezeigt – für den Gesamtcode eine höhere minimale Hamming-Distanz ergeben, die für dieses Beispiel $d_{\min} = 4$ lautet und somit größer als die des inneren Codes ist.

Aufgabenteil d)

Durch den Interleaver wird die Ausgangsfolge von Codierer C_1 permutiert. Aus der Folge $c_0 \cdots c_{15}$ wird dann

$$c_0 \ c_4 \ c_8 \ c_{12} \mid c_1 \ c_5 \ c_9 \ c_{13} \mid c_2 \ c_6 \ c_{10} \ c_{14} \mid c_3 \ c_7 \ c_{11} \ c_{15} \ .$$

Ursprünglich benachbarte Binärstellen sind nun stets vier Bit voneinander entfernt, die Interleaving-Tiefe beträgt demnach $L_I = 4$.

Aufgabenteil e)

Durch die spezielle Wahl von Zeilen und Spalten wird jedes 4-Bit-Codewort des äußeren SPC-Codes in eine eigene Spalte geschrieben. Aufgrund der Interleaving-Tiefe von $L_I = 4$ und der Tatsache, daß die Eingangsworte des Hamming-Codierers auch aus vier Bit bestehen, werden die Binärstellen von $\mathbf{c}_1$ auf verschiedene Codeworte $\mathbf{c}_2$ verteilt. Ein Wort $\mathbf{c}_1$ mit dem Mindestgewicht $w_H(\mathbf{c}_1) = 2$ erzeugt demnach zwei Codeworte $\mathbf{c}_2$ des Hamming-Codes, die ihrerseits ein Mindestgewicht von jeweils drei besitzen. Folglich gilt

$$d_{\min} = d_{\min,1} \cdot d_{\min,2} = 2 \cdot 3 = 6 \ .$$

Lösung Aufgabe 9.1.2

Aufgabenteil a)

Bei der parallelen Verkettung erhalten beide Codierer die gleiche Eingangssequenz. Da die Eingangsvektoren der beiden Codierer unterschiedliche Längen aufweisen, betrachten wir eine Eingangslänge von zwölf Bit, woraus vier Codeworte für den

SPC-Code und drei für den Hamming-Code resultieren. Ein von null verschiedenes Gesamtcodewort besitzt im Informationsteil mindestens ein Bit ungleich eins, so daß wenigstens eines der drei Hamming-Codeworte das Mindestgewicht $d_{\min,2} = 3$ und mindestens ein SPC-Wort das Mindestgewicht $d_{\min,1} = 2$ besitzt. Das Gesamtgewicht ergibt sich aus der Summe beider und wir erhalten

$$d_{\min} = 2 + 3 = 5 \, .$$

Die Coderate lautet

$$R_c = \frac{12}{4 \cdot 4 + 3 \cdot 7} = \frac{12}{37} \approx 0.32 \, .$$

Aufgabenteil b)

Werden die Informationsbit nur von einem Code übertragen, also entweder vom SPC-Code oder vom Hamming-Code, erhalten wir die Coderate

$$R_c = \frac{12}{4 \cdot 4 + 3 \cdot 3} = \frac{12}{4 \cdot 1 + 3 \cdot 7} = \frac{12}{25} \approx 0.48 \, .$$

Für die Mindestdistanz gilt folgende Überlegung: Bei einem Gewicht $w_H(\mathbf{u}) = 1$ des Informationsteils erzeugt der SPC-Code ein Prüfbit gleich eins und der Hamming-Code einen Prüfteil mit Mindestgewicht zwei. Hieraus folgt ein Gesamtgewicht von $1 + 1 + 2 = 4$. Für $w_H(\mathbf{u}) = 2$ nimmt das Parity-Bit des SPC-Codes stets den Wert null an. Das Mindestgewicht des Prüfteils vom Hamming-Code ist $3 - 2 = 1$ und es folgt

$$d_{\min} = 2 + 0 + 1 = 3 \, .$$

Somit wird die Mindestdistanz $d_{\min} = 3$ des verketteten Codes bei einem Eingangsgewicht von $w_H(\mathbf{u}) = 2$ erreicht.

Aufgabenteil c)

Das Mindestgewicht ohne Interleaving wird für ein Eingangsgewicht von $w_H(\mathbf{u}) = 2$ erreicht, wobei die beiden Einsen zu je einem Codewort von SPC- und Hamming-Code gehören müssen und nicht auf verschiedene Codeworte verteilt sein dürfen. Der Interleaver am Eingang von C_2 erzwingt nun genau diesen Fall. Die Interleavingtiefe beträgt $L_I = 4$, so daß zwei Einsen mit dem Abstand kleiner als drei zueinander nach dem Interleaving mindestens den Abstand vier besitzen und somit auf verschiedene Hamming-Codeworte verteilt werden. Aus diesem Grund würden zwei Einsen am Eingang zu einem Mindestgewicht von fünf führen.

Für $w_H(\mathbf{u}) = 1$ gilt hingegen der unter Aufgabenteil b) diskutierte Fall und die Mindestdistanz beträgt

$$d_{\min} = 1 + 1 + 2 = 4 \, .$$

9.2   Serielle Codeverkettung

9.2.1   Einführung

Wie die Aufgaben des letzten Abschnitts gezeigt haben, spielt das Interleaving bei
der Verkettung von Codes eine entscheidende Rolle. Erstreckt sich die Permutation
über viele Codeworte der Komponentencodes, entsteht ein Gesamtcode größerer
Länge.[1] Wir wenden uns in diesem Abschnitt zunächst der seriellen Verkettung
zu.

Allgemein betrachten wir also eine Struktur entsprechend **Bild 9.2.1**, welche zwei
Codierer C_1 und C_2 über einen Interleaver π miteinander verbindet. Eine allgemein gültige Aussage kann sofort bezüglich der Coderaten getroffen werden. Da
die gesamte Ausgangssequenz von C_1 abermals von C_2 codiert wird, gilt

$$R_c = \frac{k_1 \cdot k_2}{n_1 \cdot n_2} = R_{c,1} \cdot R_{c,2} \,. \tag{9.2.1}$$

Die Gesamtcoderate setzt sich somit aus dem Produkt der Coderaten von C_1 und
C_2 zusammen.

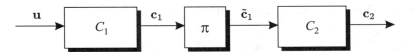

Bild 9.2.1: Serielle Verkettung zweier Codes mit Interleaving

Bei der seriellen Verkettung zweier Codes entsprechend Bild 9.2.1 gibt es viele
Optimierungsparameter. Prinzipiell stellt sich die Frage, welche Arten von Codes
man als innere und als äußere Codes wählt. Hat man sich auf die Codefamilien
festgelegt, muß entschieden werden, wie die Gesamtcoderate auf die beiden Teilcodes aufgeteilt wird und ob der stärkere Code innen oder außen einzusetzen ist.
Die meisten Fragen sind nicht grundsätzlich zu beantworten, die Antwort hängt
oft von vielen verschiedenen Faktoren ab. Wesentlichen Einfluß hat neben dem
Interleaver auch die Decodierung, die, wie sich noch zeigen wird, in der Regel nicht
nach dem ML-Prinzip erfolgen kann.

---

[1]Es ist anzumerken, daß serielle Verkettungen keineswegs nur auf die Kanalcodierung beschränkt
sind. Vielmehr stellen auch die Verbindungen von Kanalcodierung und Modulation bzw. Kanalcodierung und Übertragungskanal seriell verkettete Systeme dar [BF98, HL99, Jor00]. Besitzt
das Modulationsverfahren oder der Übertragungskanal ein Gedächtnis, können hier die gleichen
iterativen Empfangskonzepte wie bei der seriellen Codeverkettung angewendet werden (siehe
Abschnitt 9.4).

9.2.2 Distanzeigenschaften seriell verketteter Codes

Wie in den vorangegangenen Abschnitten deutlich wurde, haben Teilcodes als
auch Interleaver entscheidenden Einfluß auf das Distanzspektrum und somit auch
auf die Leistungsfähigkeit verketteter Codes. Daher soll in diesem Abschnitt das
Distanzspektrum von seriell verketteten Codes in kurzer Form erläutert werden.
Für die uns schon aus (8.3.18) bekannte Abschätzung mit Hilfe der *Union Bound*

$$P_b \leq \frac{1}{2} \cdot \sum_{d=d_{\min}}^{n} c_d \cdot \mathrm{erfc}\left(\sqrt{dR_c \frac{E_b}{N_0}}\right)$$

benötigen wird die Koeffizienten c_d des verketteten Codes. Sie können aus der
IOWEF (8.3.6)

$$A(W,D) = \sum_{w=0}^{k} \sum_{d=0}^{n} a_{w,d} \cdot W^w D^d$$

gewonnen werden, welche für die Komponentencodes wegen der Verkettung leicht
zu modifizieren ist. So lautet beispielsweise die bedingte IOWEF für ein bestimmtes Eingangsgewicht w

$$A(w,D) = \sum_{d=0}^{n} a_{w,d} \cdot D^d \tag{9.2.2}$$

und für ein bestimmtes Ausgangsgewicht d

$$A(W,d) = \sum_{w=0}^{k} a_{w,d} \cdot W^w . \tag{9.2.3}$$

Ein Problem bei der Ermittlung der IOWEF des verketteten Codes stellt die exakte
Berücksichtigung des Interleavers dar. Streng genommen ist ein Hypertrellisdia-
gramm aufzustellen, welches sich aus gemeinsamen Zuständen von innerem und
äußerem Code zusammensetzt, zwischen denen Zustandsübergänge definiert sind.
In [BM96b] wurde allerdings gezeigt, daß für genügend große Interleaverlängen L_π
nur diejenigen Sequenzen im Hypertrellis betrachtet werden müssen, die im Nullzustand des Hypertrellis beginnen und auch enden. Dies trägt zu einer erheblichen
Reduktion des Rechenaufwandes bei.

Mit dieser Vereinfachung ist es möglich, sich eines theoretischen Hilfsmittels, des
sogenannten Uniform Interleavers, zu bedienen (siehe **Bild 9.2.2**). Er umfaßt
alle möglichen Permutationsvorschriften eines Interleavers der Länge L_π, wobei
alle Realisierungen die gleiche Auftrittswahrscheinlichkeit besitzen. Der Uniform
Interleaver repräsentiert somit einen 'mittleren' Interleaver und wir erhalten letztendlich auch ein mittleres Distanzspektrum für die Verkettung zweier Codes, wobei
aber mindestens ein Interleaver existiert, der genauso gute oder bessere Eigenschaften aufweist.

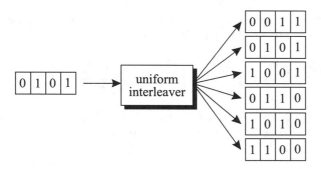

Bild 9.2.2: Graphische Darstellung des Uniform Interleavers

Der Einsatz des Uniform Interleavers entkoppelt die beiden Komponentencodes, so daß alle Ausgangssequenzen des äußeren Codes auf alle Eingangssequenzen des inneren abgebildet werden. Die IOWEF des Gesamtcodes berechnet sich dann aus dem Produkt der Einzelspektren der Komponenten. Dabei ist zu beachten, daß das Ausgangsgewicht des äußeren Codes gleich dem Eingangsgewicht des inneren Codes ist, so daß sich die IOWEF des Gesamtcodes zu

$$A^{\text{ser}}(W, D) = \sum_l \frac{A_1(W, l) \cdot A_2(l, D)}{\binom{L_\pi}{l}} = \sum_w \sum_d a_{w,d}^{\text{ser}} \cdot W^w D^d \qquad (9.2.4)$$

ergibt. Zur Mittelung über alle Permutationen wird durch den Faktor $\binom{L_\pi}{l}$ dividiert. Er gibt die Anzahl der Möglichkeiten an, l Einsen in einem Block der Länge L_π anzuordnen. Für die Koeffizienten c_d gilt

$$c_d = \sum_w \frac{w}{L_\pi \cdot R_{c,1}} \cdot a_{w,d}^{\text{ser}} . \qquad (9.2.5)$$

Eine Besonderheit ist beim Einsatz von Blockcodes in einer Verkettung zu berücksichtigen. Da die Länge L_π des Interleavers sowohl die Wortlänge n_1 des äußeren Codes als auch die Eingangswortlänge k_2 des inneren Codes übersteigt, sind an der Codierung stets mehrere Codeworte der Teilcodes beteiligt. Dies ist bei den IOWEF's in (9.2.4) zu berücksichtigen. Wir betrachten im folgenden den Fall, daß L_π ein ganzzahliges Vielfaches der Codewortlänge n_1 beträgt; es liegen beispielsweise m_1 Worte von C_1 am Eingang des Interleavers an. Da jedes von ihnen eine Gewichtsverteilung entsprechend $A_1(W, D)$ aufweist und jede Kombination von m_1 Worten möglich ist, kann die IOWEF für m_1 parallele, voneinander statistisch unabhängige Worte durch

$$A_1^{m_1}(W, D) = [A_1(W, D)]^{m_1} \qquad (9.2.6)$$

berechnet werden. Umfaßt der Interleaver zudem m_2 Informationsworte des inneren Codes C_2, so gilt für die IOWEF des verketteten Codes

$$A^{\mathrm{ser}}(W, D) = \sum_l \frac{A_1^{m_1}(W, l) \cdot A_2^{m_2}(l, D)}{\binom{L_\pi}{l}} = \sum_w \sum_d a_{w,d}^{\mathrm{ser}} \cdot W^w D^d \ . \qquad (9.2.7)$$

Für Faltungscodes ist diese Betrachtung in der Regel unbedeutend, da die Sequenzlängen der Länge des Interleavers entsprechen.

Code-Design

Hinsichtlich der Optimierung von verketteten Codes mit Hilfe der Union-Bound-Abschätzung tritt allerdings folgendes Paradoxon auf. Aus Kapitel 8 ist bereits bekannt, daß die Union Bound für niedrige Signal-Rausch-Abstände divergiert. Verkettete Codes sollen aber gerade hier ihre hohe Leistungsfähigkeit ausspielen. Es stellt sich also das Problem, daß Codes in einem Bereich optimiert werden sollen, in dem das Verfahren zur Bestimmung des Güteparameters sehr schlecht ist. Außerdem setzt die Abschätzung mit Hilfe der Union Bound stets eine optimale Maximum Likelihood-Decodierung voraus, die in der Praxis nicht realisiert werden kann und durch eine suboptimale iterative Decodierung ersetzt wird (Abschnitt 9.4). Dementsprechend wäre es sinnvoller, Codes in Hinblick auf ein gutes Verhalten bei der iterativen Decodierung zu optimieren. Dies scheint zur Zeit aber nicht umsetzbar zu sein. Glücklicherweise zeigt sich durch vielfältige Simulationen [BDMP98], daß die gewonnenen Codes in der Praxis gute Ergebnisse erzielen.

Im folgenden werden einige Leitlinien für das Design seriell verketteter Codes angegeben, die sich aus der Auswertung von (9.2.4) und der Union-Bound-Abschätzung der Bitfehlerrate ergeben. Auf eine detaillierte Begründung und Herleitung wird allerdings verzichtet und auf [BDMP98, BMDP96] verwiesen. Die Einflüsse der iterativen Decodierung werden später in Abschnitt 9.4 erörtert.

1. Der innere Code muß ein rekursiver Faltungscode sein, um auch für kleine Signal-Rausch-Abstände einen Gewinn aus der Vergrößerung des Interleavers zu ziehen. Hieraus kann jedoch nicht geschlossen werden, daß der Interleaver bei der Verkettung von Blockcodes verzichtbar wäre oder verkettete Blockcodes eine geringe Leistungsfähigkeit besitzen. Das Phänomen wird im Rahmen der Übungsaufgaben noch weiter vertieft.

2. Der innere Code sollte eine möglichst große effektive freie Distanz besitzen. Die effektive freie Distanz d_{eff} gibt das Mindestgewicht aller Codeworte an, deren Eingangsgewicht $w_H(\mathbf{u}) = 2$ beträgt. Dies kann beispielsweise durch die Wahl eines teilerfremden Rückkopplungspolynoms erreicht werden.

3. Die beiden letzten Forderungen treffen auch für die parallele Codeverkettung zu (s. Abschnitt 9.3). Allerdings steht das zweite Kriterium in Widerspruch

zu folgender Überlegung. Aus Analysen des Distanzspektrums kann geschlossen werden, daß bei der seriellen Verkettung von Faltungscodes auch Sequenzen mit dem Eingangsgewicht $w_H(\mathbf{u}) = 3$ großen Einfluß haben. Daher ist es vorteilhaft, Sequenzen mit ungeradem Eingangsgewicht zu vermeiden, was einfach durch die Wahl eines Rückkopplungspolynoms, welches den Faktor $1 + D$ enthält, erzielt werden kann. Nähere Untersuchungen hierzu befinden sich in den Übungsaufgaben.

4. Die freie Distanz des äußeren Codes sollte möglichst groß sein, da sie das Eingangsgewicht des inneren Codierers bestimmt. Hierdurch kann ein größerer Interleaving-Gewinn realisiert werden.

5. Die Anzahl der Sequenzen mit $w_H(\mathbf{c}) = d_f$ <u>und</u> ihr Eingangsgewicht sollten für den äußeren Code minimiert werden. Hieraus ergibt sich die Schlußfolgerung, daß nicht-rekursive Faltungscodes als äußere Codes in der Regel zu bevorzugen sind.

Diese Regeln gelten in erster Linie für Signal-Rausch-Abstände oberhalb der Cut-Off-Rate [BDMP98]. Für die Übertragung bei sehr kleinen Werten von E_b/N_0 gelten unter Umständen andere Aussagen. Insbesondere zeigt sich später, daß die aus Gründen der Realisierbarkeit eingesetzte iterative Decodierung (Abschnitt 9.4) hier deutlich hinter der bei der Union-Bound-Abschätzung angenommenen Maximum-Likelihood-Decodierung zurück bleibt.

Letztendlich spielt auch die Struktur des Interleavers selbst eine entscheidende Rolle. Auf seine Optimierung soll im Rahmen dieses Buches nicht eingegangen werden. Es werden aber einige Aspekte im nächsten Abschnitt bei der Verkettung zweier Faltungscodes erörtert.

9.2.3 Beispiele seriell verketteter Codes

Produktcodes

Im folgenden sollen die sogenannten Produktcodes als klassische Vertreter der seriellen Verkettung analysiert werden. Sie bestehen aus zwei linearen Blockcodes C_1 und C_2, die durch systematische Codierer realisiert werden. Entsprechend **Bild 9.2.3** sind die Codeworte von C_1 horizontal angeordnet, die von C_2 vertikal.

Die Informationsbit $\mathbf{u}$ werden in einer Matrix bestehend aus k_1 Spalten und k_2 Zeilen angeordnet. Jedes k_1-Bit-Wort einer Zeile wird zunächst horizontal durch C_1 codiert, d.h. es werden jeweils $n_1 - k_1$ Prüfbit angehängt. Jedes k_2-Bit-Wort der n_1 Spalten wird nun durch Anhängen von $n_2 - k_2$ Prüfbit vertikal mit C_2 codiert. Damit entsteht eine Matrix aus n_1 Spalten und n_2 Zeilen.

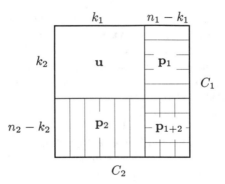

Bild 9.2.3: Allgemeiner Aufbau eines Produktcodes

Die Untermatrizen $\mathbf{p}_1$ und $\mathbf{p}_2$ enthalten die Prüfbit, die bei der Codierung der Informationsmatrix $\mathbf{u}$ entstehen; Hingegen wird $\mathbf{p}_{1+2}$ bei der horizontalen Codierung von $\mathbf{p}_2$ bzw. der vertikalen Codierung von $\mathbf{p}_1$ erzeugt. Somit enthält $\mathbf{p}_{1+2}$ *die Prüfbit der Prüfbit*. Da nur lineare Komponentencodes eingesetzt werden und das Superpositionsprinzip gilt, stellen sowohl die letzten $n_2 - k_2$ Zeilen als auch die letzten $n_1 - k_1$ Spalten gültige Codeworte von C_1 respektive C_2 dar.

Die in Bild 9.2.3 dargestellte Anordnung entspricht einer seriellen Verkettung von C_1 und C_2, da alle von C_1 erzeugten Codeworte anschließend komplett durch C_2 abermals codiert werden. Aufgrund der horizontalen und vertikalen Codierungsrichtung ist leicht einzusehen, daß Produktcodes sich durch Bild 9.2.1 darstellen lassen, wenn ein einfacher Blockinterleaver bestehend aus n_1 Zeilen und k_2 Spalten eingesetzt wird. Die Länge des Interleavers ist bei Produktcodes also direkt durch die Parameter der Komponentencodes bestimmt und kann nicht frei gewählt werden.

Um die Minimaldistanz des Produktcodes zu bestimmen, stellen wir uns vor, daß in $\mathbf{u}$ nur eine Zeile existiert, die Binärstellen ungleich null enthält. Das entsprechende Codewort dieser Zeile habe das minimale Gewicht $d_{\min,1}$ des horizontalen Codes. Für jede der $d_{\min,1}$ Binärstellen ungleich null (und nur für diese) erzeugt der vertikale Code C_2 genau $d_{\min,1}$ Codeworte, welche jeweils mindestens das Gewicht $d_{\min,2}$ besitzen. Die kleinste vorkommende Distanz ergibt sich also aus dem Produkt der minimalen Distanzen der beiden Teilcodes und lautet

$$d_{\min} = d_{\min,1} \cdot d_{\min,2} \ . \tag{9.2.8}$$

Das gesamte Distanzspektrum ist wegen des inhärenten Blockinterleavers nicht so einfach zu bestimmen. Bei Verwendung des Uniform Interleavings nach Abschnitt 9.2.2 ist allerdings bei Kenntnis der IOWEF's der Komponentencodes leicht ein mittleres Distanzspektrum zu berechnen.

Serielle Verkettung zweier Faltungscodes

Bei der Verkettung zweier Faltungscodes gelten im wesentlichen die obigen Aussagen. Allerdings sind einige Besonderheiten zu erwähnen: In der Regel ist es nur möglich, den äußeren Code zu terminieren, d.h. den Codierer in einen definierten Endzustand zu überführen. Dies hat entsprechend Kapitel 8 Auswirkungen auf die Decodierung, da sich die letzten Bit des inneren Codes nur sehr schlecht schätzen lassen.

Ein weiterer Aspekt betrifft den Interleaver. Wie die Aufgaben aus Abschnitt 9.1.4 zeigten, besitzt er unter anderem die Aufgabe, Einsen in einem Block zu verteilen. Dabei sind Interleaver-Strukturen zu vermeiden, die den Abstand zweier Binärstellen unverändert lassen. Dies geschieht beispielsweise beim Blockinterleaver. Aus diesem Grund werden bei Faltungscodes häufig quasi-zufällige Strukturen gewählt, die keine regelmäßigen Muster enthalten. Hierdurch kann die Mindestdistanz einer Codeverkettung gesteigert werden.

Ferner beeinflußt der Interleaver nicht nur das Mindestgewicht selbst, sondern auch die Anzahl der Sequenzen mit einem bestimmten Gewicht. Durch das Interleaving wird nämlich die Anzahl der Sequenzen mit geringem Gewicht drastisch reduziert. Wie wir aus Kapitel 8 wissen, geht diese bei der Abschätzung mit Hilfe der Union Bound in die Koeffizienten c_d des Distanzspektrums und somit auch direkt in die Bitfehlerrate ein. Der Interleaver beeinflußt also auch die Häufigkeit von Sequenzen mit bestimmten Gewicht und somit das gesamte Distanzspektrum. Da bei der analytischen Abschätzung der Fehlerrate keine konkreten Interleaver-Strukturen berücksichtigt werden können (Uniform Interleaving), müssen wir es im Moment bei diesen pauschalen Aussagen belassen. In Abschnitt 9.4 werden allerdings auch Simulationen für verschiedene Interleaver-Strukturen durchgeführt.

Serielle Verkettung von Faltungscode und WH-Code

Abschließend betrachten wir die Verkettung aus einem äußeren (terminierten) Faltungscode und einem inneren Hadamard-Code, welche im folgenden auch als Walsh-Hadamard-Codes (WH-Codes) bezeichnet werden. Wie aus Abschnitt 8.4.3 bekannt ist der WH-Code ein linearer Blockcode der Rate $ld(M)/M$. Eine Besonderheit besteht darin, daß seine Ausgangsworte orthogonal zueinander sind. Aus diesem Grund werden WH-Codes auch als orthogonale Modulationsverfahren interpretiert. Die Kombination von äußerem Faltungscode und innerem WH-Code wird in einem Mobilfunksystem der zweiten Generation, dem Qualcomm-System IS-95 in den USA verwendet [GJP+91]. Der Grund für diese Wahl liegt hier allerdings nicht in einer geschickten Codeverkettung, sondern in der Möglichkeit, die orthogonale Walsh-Modulation inkohärent demodulieren zu können.

9.2.4 Übungen

| Aufgabe 9.2.1 | **Serielle Verkettung zweier SPC-Codes**
Lösung Seite 434 |

a) In dieser Aufgabe sollen zwei einfache $(3, 2, 2)$-SPC-Codes seriell miteinander verkettet werden. Geben Sie die IOWEF eines Komponentencodes an.

b) Wir bilden zunächst einen Produktcode entsprechend Abschnitt 9.2.3. Bestimmen Sie die exakte IOWEF der Codeverkettung von Hand.

c) Berechnen Sie nun eine mittlere IOWEF mit Hilfe des Uniform Interleaving mit der MATLAB-Routine **serialconcat**. Bestimmen Sie dazu zunächst die Distanzspektren der parallelen Anordnung mehrerer Codeworte der Komponentencodes mit der Routine **lparallel**.

d) Berechnen Sie aus den IOWEF's der vorangegangenen Aufgabenteile die Bitfehlerwahrscheinlichkeiten mit Hilfe der Union Bound (**pb_unionbound_awgn**) und stellen Sie sie vergleichend in einem Diagramm gegenüber.

e) Geben Sie eine ungünstige Struktur des Interleaver an, die zu sehr schlechten Distanzeigenschaften führt.

f) Der Interleaver soll nun sukzessive vergrößert werden ($L_\pi = 24$, $L_\pi = 48$, $L_\pi = 96$). Berechnen Sie die jeweiligen IOWEF's und schätzen Sie mit ihnen die Bitfehlerraten über die Union Bound die Bitfehlerraten ab (**pb_unionbound_awgn**).

| Aufgabe 9.2.2 | **Serielle Verkettung zweier Hamming-Codes**
Lösung Seite 437 |

a) Zwei $(7,4)$-Hamming-Codes sollen nun seriell miteinander verknüpft und der Einfluß des Interleavers genauer untersucht werden. Dazu betrachten wir einen klassischen Produktcode gemäß Bild 9.2.3, d.h. der innere und der äußere Code werden über einen Blockinterleaver bestehend aus vier Zeilen und sieben Spalten miteinander verbunden. Bestimmen Sie die IOWEF des Codes, indem Sie unter MATLAB alle 2^{16} möglichen Codeworte bilden und ihr Gewicht bestimmen. Schätzen Sie die Bitfehlerrate mit Hilfe der Union Bound ab und stellen Sie sie in einem Diagramm dar.

b) Bestimmen Sie mit der gleichen Vorgehensweise wie in Aufgabenteil a) die IOWEF für eine Verkettung ohne Interleaver. Tragen Sie die zugehörige Bitfehlerrate in das gleiche Diagramm ein.

c) Berechnen Sie unter Zuhilfenahme des Uniform Interleavers eine mittlere IOWEF und geben Sie ebenfalls die zugehörige Bitfehlerrate an. Beachten Sie, daß vier bzw. sieben Codeworte des Hamming-Codes parallel am Interleaver anliegen. Interpretieren Sie die unterschiedlichen Ergebnisse. Wie verhalten sich die Mindestdistanzen der einzelnen Verkettungen?

d) Führen Sie die Abschätzung mit dem Uniform Interleaving auch für die Interleaverlängen $L_\pi = 112$, $L_\pi = 224$, $L_\pi = 448$ und $L_\pi = 896$ durch. Wie verhalten sich die Kurven?

Aufgabe 9.2.3	**Serielle Verkettung zweier Faltungscodes**
	Lösung Seite 438

In dieser Aufgabe betrachten wir die serielle Verkettung zweier Faltungscodes für zunächst zwei identische nichtrekursive Codes mit den Generatorpolynomen $g_0(D) = 1 + D^2$ und $g_1(D) = 1 + D + D^2$. Der Interleaver besitze die Länge L_π, und der äußere Code sei terminiert, so daß er als $(L_\pi, L_\pi/2 - 2)$-Blockcode interpretiert werden kann. Der innere Code soll als $(2L_\pi, L_\pi)$-Blockcode behandelt werden.

a) Bestimmen Sie zuerst mit Hilfe des Befehls `iowef_block_conv` die IOWEF für die beiden Teilcodes. Ermitteln Sie nun die IOWEF des verketteten Codes für einen Uniform Interleaver (`serialconcat`) und die Interleavergrößen $L_\pi = 20, 50$ und $L_\pi = 100$. Berechnen Sie die Koeffizienten c_d für die Teilcodes und alle verketteten Codes. Was fällt auf?

b) Berechnen Sie mit dem Befehl `pb_unionbound_awgn` die zugehörigen Bitfehlerwahrscheinlichkeiten im Bereich von 0 dB bis 10 dB. Was fällt beim Vergleich der Bitfehlerkurven auf?

c) Wandeln Sie den inneren Code in einen systematischen, rekursiven Faltungscode um, indem Sie das Generatorpolynom $g_1(D)$ zur Rückkopplung einsetzen. Wie verändern sich die Ergebnisse?

d) Wählen Sie beim inneren Code das Polynom $g_0(D)$ zur Rückkopplung. Es läßt sich wegen $1 + D^2 = (1 + D)^2$ faktorisieren und enthält somit den Term $1 + D$. Erläutern Sie die sich ergebenden Veränderungen!

e) Der verkettete Code aus Aufgabenteil d) soll nun auf die Gesamtcoderate $R_c = 1/3$ punktiert werden ($\mathbf{P} = [3\ 1]^T$), wobei die Punktierung sowohl auf den inneren als auch auf den äußeren Code angewendet werden kann. Beachten Sie, daß sich die Länge des Interleavers von $L_\pi = 100$ auf $L_\pi = 75$ ändert, wenn anstelle des inneren der äußere Code punktiert wird! Schätzen Sie für beide Fälle die Bitfehlerrate mit Hilfe der Union Bound ab und stellen Sie sie der des unpunktierten Codes gegenüber.

Aufgabe 9.2.4 | **Serielle Verkettung von Faltungs- und WH-Code** Lösung Seite 441

a) Setzen Sie den nichtrekursiven Faltungscode aus Aufgabe 9.2.3 als äußeren Code und einen $(16, 4)$-Walsh-Code als inneren Code ein. Die Größe des Interleavers ist derart zu wählen, daß sie ein ganzzahliges Vielfaches der Eingangswortlänge des WH-Codes darstellt. Sie beträgt zunächst $L_\pi = 20$. Bestimmen Sie mit Hilfe des Befehls `lparallel` die IOWEF von fünf (parallelen) Walsh-Codeworten.

b) Ermitteln Sie nun die IOWEF der gesamten Codeverkettung für $L_\pi = 40$ und die zugehörige Bitfehlerrate im Bereich 0 dB bis 10 dB.

c) Variieren Sie die Länge des Interleavers. Wie verhalten sich die zugehörigen Bitfehlerraten?

d) Es soll nun ein drittelratiger Faltungscode mit den Generatorpolynomen $g_0(D) = 1 + D^2$ und $g_1(D) = g_2(D) = 1 + D + D^2$ mit einem $M=8$-stufigen Walsh-Code kombiniert werden. Die Gesamtcoderate bleibt bei dieser speziellen Wahl der Teilcodes unverändert. Schätzen Sie die Bitfehlerrate für die Interleaverlängen $L_\pi = 99$ und $L_\pi = 201$ ab und stellen Sie sie denen aus Aufgabenteil c) gegenüber.

Lösung Aufgabe 9.2.1

Aufgabenteil a)
Der $(3, 2, 2)$-SPC-Code besteht aus den vier Codeworten $(0, 0, 0)$, $(1, 0, 1)$, $(0, 1, 1)$ und $(1, 1, 0)$. Dementsprechend lautet die IOWEF

$$A_{\mathrm{SPC}}(W, D) = 1 + 2WD^2 + W^2D^2 .$$

Sie kann unter MATLAB mit dem Befehl `iowef_spc` berechnet werden.

Aufgabenteil b)

Der aus dem $(3, 2, 2)$-SPC-Code gebildete Produktcode besteht aus drei Zeilen und Spalten, wobei die Informationsmatrix **u** eine 2x2 Matrix darstellt. Es existieren somit 16 Codeworte, deren Gewichte sich entsprechend der folgenden Skizze klassifizieren lassen.

a)
0	0	0
0	0	0
0	0	0

b)
1	0	1
0	0	0
1	0	1

c)
1	1	0
0	0	0
1	1	0

d)
1	0	1
0	1	1
1	1	0

e)
1	1	0
1	0	1
0	1	1

f)
1	1	0
1	1	0
0	0	0

Für $w_H(\mathbf{u}) = 1$ in Bild b) ist $d = 4$, egal wo die Eins im Informationsteil steht. Insgesamt sind vier Positionen möglich, woraus der Term $4WD^4$ resultiert. Bei $w_H(\mathbf{u}) = 2$ sind zwei Fälle zu unterscheiden. Liegen die beiden Einsen in einer Zeile oder Spalte wie in Bild c), so ergibt sich wiederum $d = 4$, wobei vier Anordnungen existieren (Term $4W^2D^4$). Sind sie hingegen wie in Bild d) diagonal angeordnet, gibt es zwei Codeworte mit $d = 6$. Führen wir diese Betrachtung auch für $w_H(\mathbf{u}) = 3$ und $w_H(\mathbf{u}) = 4$ fort, erhalten wir schließlich die gesamte IOWEF

$$A_{\mathrm{ser,BI}}(W, D) = 1 + 4WD^4 + 4W^2D^4 + 2W^2D^6 + 4W^3D^6 + W^4D^4 \ .$$

Aufgabenteil c)

Zur Berechnung einer mittleren IOWEF mit dem Uniform Interleaver ist zu beachten, daß für den äußeren Code C_1 zwei Codeworte parallel anliegen, für den inneren Code C_2 entsprechend drei Codeworte. Mit Hilfe des Befehls `lparallel` kann die IOWEF der parallelen Anordnungen berechnet werden. Wir erhalten

$$A^2_{\mathrm{SPC}}(W, D) = 1 + 4WD^2 + 2W^2D^2 + 4W^2D^4 + 4W^3D^4 + W^4D^4$$

und

$$\begin{aligned} A^3_{\mathrm{SPC}}(W, D) &= 1 + 6WD^2 + 3W^2D^2 + 12W^2D^4 + 12W^3D^4 + 8W^3D^6 \\ &\quad + 3W^4D^4 + 12W^4D^6 + 6W^5D^6 + W^6D^6 \ . \end{aligned}$$

Damit liefert die Routine `serialconcat` die mittlere IOWEF

$$\begin{aligned} A_{\mathrm{ser,UI}}(W, D) &= 1 + 0.8WD^2 + 3.2WD^4 + 0.4W^2D^2 + 2.4W^2D^4 + 3.2W^2D^6 \\ &\quad + 0.8W^3D^4 + 3.2W^3D^6 + 0.2W^4D^4 + 0.8W^4D^6 \ . \end{aligned}$$

Addiert man alle Koeffizienten zusammen, erhält man die Gesamtzahl möglicher Codeworte, nämlich 16. Die Tatsache, daß die Koeffizienten nicht mehr ganzzahlig sind, ist dadurch zu erklären, daß jeder Interleaver eine unterschiedliche Anzahl von Codeworten mit bestimmtem Gewicht erzeugt, über die dann gemittelt wird.

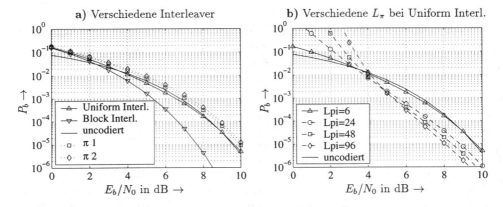

Bild 9.2.4: Union-Bound-Abschätzung für serielle Codeverkettung aus Aufgabe 9.2.1

Aufgabenteil d)

Bild 9.2.4a zeigt die mit der Union Bound geschätzten Bitfehlerraten. Es ist zu erkennen, daß für dieses einfache Beispiel der Blockinterleaver die besten Ergebnisse erzielt. Für einen mittleren Interleaver (Uniform Interleaving) kann hingegen kaum eine Verbesserung gegenüber dem uncodierten Fall beobachtet werden. Dies liegt daran, daß hier auch sehr schlechte Interleaver in das Ergebnis eingehen. Für sehr kleine Interleaver existieren allerdings nur wenige Permutationen und die schlechten Realisierungen wirken sich somit viel stärker aus, als es bei großen Interleavern der Fall wäre.

Aufgabenteil e)

Ein trivialer Fall, der auch durch das Uniform Interleaving erfaßt wird, besteht darin, gar keinen Interleaver einzusetzen. Dies bedeutet, daß C_2 direkt die codierten Bit von C_1 erhält. Man kann leicht von Hand nachrechnen, daß die IOWEF in diesem Fall

$$A_{\mathrm{ser}}^{[1,2,3,4,5,6]}(W,D) = 1 + WD^2 + 3WD^4 + W^2D^2 + W^2D^4 + 4W^2D^4 + W^3D^4$$
$$+3W^3D^6 + W^4D^6$$

lautet. Die minimale Distanz beträgt also $d_{\min} = 2$ gegenüber $d_{\min} = 4$ beim Blockinterleaver. In **Bild 9.2.4a** ist die zugehörige Bitfehlerkurve mit π_1 bezeichnet worden. Die Verbesserung durch den Einsatz eines Interleavers ist deutlich zu erkennen. Ein weiteres Beispiel für einen schlechten Interleaver ist die Reihenfolge $(1, 2, 4, 5, 3, 6)$, bei der die beiden Informationsbit eines Codewortes von C_1 zusammen bleiben und somit von C_2 das gleiche Codewort erzeugt wird (π_2). Hierdurch wird erreicht, daß für Dibits mit geradem Gewicht von beiden Codierern kein Gewicht mehr durch die jeweiligen Prüfbit erzeugt wird und die Mindestdistanz wiederum $d_{\min} = 2$ lautet. Die IOWEF hat die Form

$$A_{\text{ser}}^{[1,2,4,5,3,6]}(W, D) = 1 + 4WD^4 + 2W^2D^2 + 4W^2D^6 + 4W^3D^6 + W^4D^4 \ .$$

Die zugehörige Bitfehlerkurve ist ebenfalls in Bild 9.2.4a enthalten (π_2).

Aufgabenteil f)
Sollen größere Interleaver betrachtet werden, handelt es sich nicht mehr um einen
klassischen Produktcode. Bei der Berechnung der IOWEF ist zu beachten, daß
eine entsprechende Anzahl von Codeworten parallel am Interleaver anliegt. Wir
erhalten die in **Bild 9.2.4b** dargestellten Verläufe der Bitfehlerwahrscheinlichkeiten. Es ist zu erkennen, daß mit zunehmender Interleavergröße die asymptotische
Leistungsfähigkeit des verketteten Codes steigt. Dies gilt aber erst für Fehlerraten
deutlich unterhalb von $P_b < 10^{-3}$. Für größere Fehlerraten kann kein Gewinn
beobachtet werden, die Kurven divergieren sogar für kleine Werte von E_b/N_0.

> **Lösung Aufgabe 9.2.2**

Aufgabenteil a)
Die IOWEF eines klassischen Produktcodes mit Blockinterleaving kann für dieses
einfache Beispiel noch mit vertretbarem Aufwand exakt bestimmt werden. Für
größere Interleaver steigt die Anzahl der Codeworte allerdings so stark an, daß eine
vollständige Bestimmung nicht mehr möglich ist. Die Auswertung der IOWEF
ergibt eine Mindestdistanz von $d_{\min} = 9$, wie es der Theorie entspricht. **Bild
9.2.5a** zeigt die mit der Union Bound abgeschätzte Bitfehlerrate. Es wird ein
Gewinn von etwa 2 dB gegenüber dem einfachen Hamming-Code sichtbar.

Aufgabenteil b)
Ohne Blockinterleaver wird die aus dem äußeren Codierer stammende Codewort-
folge in 4-Bit-Tupel eingeteilt und dann durch den inneren Codierer abermals
verarbeitet. Hier ergibt sich aus der IOWEF eine Mindestdistanz von $d_{\min} = 3$,
d.h. durch die Verkettung kann $d_{\min}$ nicht erhöht werden. Dies bestätigt auch die
hohe Bitfehlerrate in Bild 9.2.5a. Die Verschlechterung gegenüber dem einfachen
(7,4)-Hamming-Code ist durch die geringere Coderate der Verkettung zu erklären,
da über E_b/N_0 aufgetragen wurde.

Aufgabenteil c)
Bei Verwendung des Uniform Interleavers erhalten wir erwartungsgemäß die gleiche Mindestdistanz $d_{\min} = 3$, da hier der Spezialfall 'kein Interleaver' enthalten
ist. Asymptotisch muß sich also die gleiche Fehlerrate einstellen, was durch Bild
9.2.5a auch bestätigt wird. Für kleine bis mittlere Signal-Rausch-Abstände sind al-

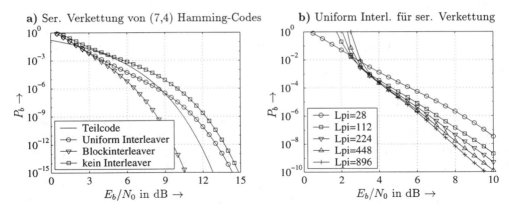

a) Ser. Verkettung von (7,4) Hamming-Codes

b) Uniform Interl. für ser. Verkettung

Bild 9.2.5: Union-Bound-Abschätzung für serielle Codeverkettung aus Aufgabe 9.2.2

lerdings deutliche Vorteile gegenüber dem einfachen Hamming-Code zu erkennen und die Leistungsfähigkeit des Blockinterleavers wird erreicht. Bei der seriellen Verkettung von Blockcodes ist also der einfache Blockinterleaver gut geeignet, da er die Einsen des äußeren Codes gleichmäßig auf die Eingangsworte des inneren Codierers verteilt, was eine große Mindestdistanz und eine kleine Anzahl von Codeworten mit geringem Gewicht garantiert. Der Blockinterleaver ist also in diesem Fall besser als das Mittel.

Aufgabenteil d)
Bild 9.2.5b zeigt die erzielten Ergebnisse für verschiedene Interleavergrößen. Es ist sehr deutlich zu erkennen, daß für kleine und mittlere Signal-Rausch-Abstände kein Gewinn aus der Vergrößerung des Interleavers erzielt werden kann. Erst asymptotisch stellen sich kleine Gewinne ein. Der Grund hierfür ist das Fehlen eines inneren rekursiven Faltungscodes.

Lösung Aufgabe 9.2.3

Aufgabenteil a)
Bild 9.2.6a zeigt die erhaltenen Koeffizienten c_d für den Teilcode als auch für die Codeverkettung bei unterschiedlichen Interleavergrößen. Zum einen ist zu erkennen, daß sich die Mindestdistanz durch die Verkettung von $d_{\min} = 5$ auf $d_{\min} = 9$ erhöht. Dabei ist zu beachten, daß durch die Verwendung des Uniform Interleavers sowohl günstige als auch weniger geeignete Strukturen in das Ergebnis einfließen. Mit speziell gezüchteten Interleavern sind also deutlich größere Mindestdistanzen als $d_{\min} = 9$ zu erzielen.

Zum anderen fällt auf, daß durch eine Vergrößerung des Interleavers die Mindestdistanz unverändert bleibt. Dies läßt sich wiederum durch den Einsatz des Uniform Interleavers erklären. Allerdings führt die Vergrößerung zu einer drastischen Verkleinerung der Koeffizienten c_d. Durch die Mittelung über alle Permutationen können hier auch Werte kleiner als eins auftreten. Dies entspricht dem Fall, daß nur wenige Interleaver Sequenzen mit einer gewissen Distanz erzeugen.

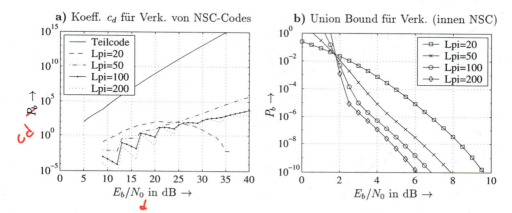

Bild 9.2.6: Distanzkoeffizienten c_d und Union-Bound-Abschätzung für serielle Codeverkettung mit NSC-Codes aus Aufgabe 9.2.3a und b

Aufgabenteil b)

Bild 9.2.6b zeigt die mit der Union-Bound-Abschätzung erzielten Bitfehlerraten. Es ist zu beachten, daß sich die Coderaten mit der Interleaverlänge geringfügig ändern. So beträgt sie für $L_\pi = 20$ beispielsweise $R_c = 8/40 = 0.2$, während sie für $L_\pi = 200$ den Wert $R_c = 98/400 \approx 0.25$ annimmt. Dies schlägt sich im Maß E_b/N_0 nieder. Ein Vergleich der Kurven zeigt, daß mit einer Erhöhung der Interleaverlänge große Gewinne erzielt werden können. Dabei bleibt die asymptotische Steilheit der Kurven nahezu unverändert, da die Mindestdistanzen unabhängig von L_π sind. Die Verbesserung durch die serielle Verkettung scheint also in erster Linie aus der Verkleinerung der Koeffizienten c_d zu resultieren. Dies stellt in gewisser Weise die traditionellen Optimierungsversuche auf den Kopf, die stets eine Maximierung der Mindestdistanz vornahmen. Um bei kleinen Signal-Rausch-Abständen niedrige Fehlerraten zu erzielen, scheint es vielmehr notwendig zu sein, die Anzahl von Sequenzen mit geringem Hamming-Gewicht zu minimieren. Dies wird durch den Einsatz des Interleavers erreicht.

Aufgabenteil c)

Bild 9.2.7a enthält die Ergebnisse für einen rekursiven inneren Code mit dem Rückkopplungspolynom $g_0(D) = 1 + D + D^2$. Ein genauer Vergleich mit Bild 9.2.6b zeigt, daß ein prinzipieller Unterschied zwischen rekursiven und nicht-rekursiven inneren Teilcodes besteht. Bei letzteren scheinen die Gewinne mit wachsendem L_π für kleine Signal-Rausch-Abstände immer kleiner zu werden, während sie beim rekursiven Code stetig anwachsen. Um also aus der Vergrößerung des Interleavers bei kleinem E_b/N_0 Gewinne zu erzielen, sind rekursive Faltungscodes als innere Codes einzusetzen [BDMP98]. Diese Tatsache ist bei größeren Interleaverlängen noch besser zu beobachten, allerdings steigt der benötigte Rechenaufwand hier dramatisch an.

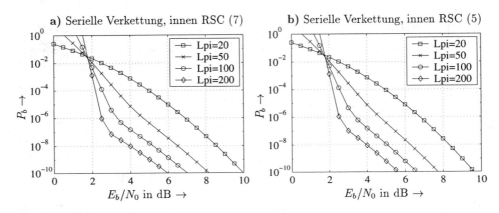

Bild 9.2.7: Union-Bound-Abschätzung für serielle Codeverkettung mit unterschiedlichen Rückkopplungspolynomen für innere RSC-Codes aus Aufgabe 9.2.3c und d

Aufgabenteil d)
Beim Einsatz von $g_1(D)$ zur Rückkopplung ergeben sich die in **Bild 9.2.7b** dargestellten Ergebnisse. Hierdurch ist eine Verbesserung der Ergebnisse im Vergleich zu Bild 9.2.7a zu erkennen. Dies entspricht den Ansätzen des Code-Designs (Seite 429), wo die Bedeutung des Faktors $1 + D$ in $g_1(D)$ angedeutet wurde.

Aufgabenteil e)
Soll der äußere Code punktiert werden, ist zu beachten, daß sich die Länge des Interleavers von $L_\pi = 100$ auf $L_\pi = 75$ verkürzt. Dies garantiert, daß in beiden Fällen die gleiche Anzahl an Informationsbit mit einer Codesequenz korrespondiert und die Verzögerungszeiten durch das Lesen und Schreiben des Interleavers unverändert bleiben. **Bild 9.2.8** zeigt, daß es vorteilhaft ist, den inneren Code zu punktieren. Dann ergibt sich asymptotisch ein Gewinn von etwa 1.5 dB. Diese Beobachtung ist konform mit der Zielsetzung beim Code-Design, die freie Distanz des äußeren Codes zu maximieren. Wird der äußere Code punktiert, reduziert sich seine freie Distanz nämlich von $d_f = 5$ auf $d_f = 3$. Gegenüber dem unpunktierten Fall stellt sich ein Verlust von ca. 1 dB ein.

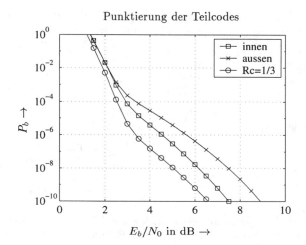

Punktierung der Teilcodes

Bild 9.2.8: Union-Bound-Abschätzung für serielle Codeverkettung und unterschiedliche Punktierungen aus Aufgabe 9.2.3e

Lösung Aufgabe 9.2.4

Aufgabenteil a)
Die IOWEF für fünf parallele Walsh-Codeworte ist in **Bild 9.2.9a** dargestellt. Da ein Walsh-Codewort nur die Gewichte $d = 0$ bzw. $d = M/2$ besitzen kann, treten bei der Kombination nur Vielfache von $M/2 = 8$ auf.

Aufgabenteil b)
Bild 9.2.9b zeigt die Ergebnisse für eine serielle Verkettung von einem äußeren Faltungscode und einem inneren Walsh-Code. Die Verbesserung durch die Verkettung ist deutlich zu erkennen.

Aufgabenteil c)
Eine Vergrößerung des Interleavers bewirkt auch bei dieser Verkettung eine Verbesserung der Leistungsfähigkeit (s. **Bild 9.2.10a**). Die Verringerung der Bitfehlerrate für $L_\pi = 400$ gerade im Bereich kleiner Signal-Rausch-Abstände ist in diesem Fall allerdings darauf zurückzuführen, daß nicht alle Distanzen berücksichtigt wurden und somit der Divergenzbereich der Union Bound nicht so ausgeprägt auftritt.

Aufgabenteil d)
Eine Verringerung der Coderate des inneren Codes zugunsten des äußeren Codes führt in diesem Fall nicht zu einer Verbesserung der Gesamtfehlerrate. Wie aus

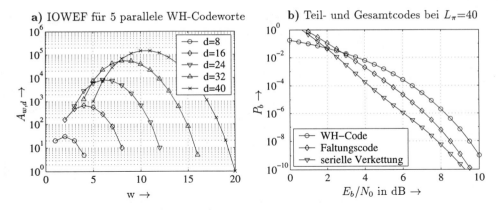

Bild 9.2.9: IOWEF für parallele Walsh-Codeworte (a) und Union-Bound-Abschätzung
für serielle Verkettung von äußerem Faltungscode und innerem Walsh-Code
(b) aus Aufgabe 9.2.4

Bild 9.2.10b zu entnehmen ist, hat die Kombination eines drittelratigen äußeren
Faltungscodes mit einem $M = 8$ Walsh-Code einen Verlust von mehr als 1 dB zur
Folge.

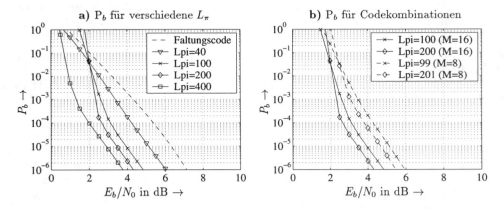

Bild 9.2.10: Union-Bound-Abschätzung für serielle Verkettung von äußerem NSC-Code
und innerem Walsh-Code für verschiedene Interleavergrößen und Komponentencodes (Aufgabe 9.2.4)

9.3 Parallele Codeverkettung (Turbo-Codes)

9.3.1 Einführung

Ein klassischer Vertreter der parallelen Codeverkettung sind die sogenannten *Turbo-Codes*, welche im Jahr 1993 von Berrou, Glavieux und Thitimajshima vorgestellt wurden [BGT93, BG93]. Mit ihnen ist es erstmals gelungen sich der Kapazitätsgrenze von Shannon bis auf 0.5 dB zu nähern. Seit ihrer ersten Vorstellung beschäftigen sich weltweit zahlreiche Forscher mit der Turbo-Codierung. Sie sorgten gewissermaßen für eine Initialzündung, denn die iterative Decodierung wurde nun auf viele Bereiche auch außerhalb der Codierung angewandt. Einige sehr interessante und wichtige Eigenschaften der Turbo-Codes wurden erst nach ihrer Entwicklung analysiert und verstanden.

Im Rahmen dieses Abschnitts sollen die Grundlagen der parallelen Codeverkettung erläutert werden. Aufgrund der Kürze des Kapitels kann an dieser Stelle keine umfassende Analyse und Diskussion erfolgen. So beschränken wir uns stets auf die Betrachtung zweier systematischer Teilcodierer. Im allgemeinen ist die parallele Verkettung aber auch auf nicht systematische Codierer und auf mehrere Teilcodes anwendbar [CMCT00].

Bild 9.3.1 zeigt den Aufbau einer parallelen Codeverkettung. Im Gegensatz zur seriellen Verkettung erhält der zweite Teilcodierer C_2 hier eine permutierte Version $\mathbf{u}_2$ der Eingangssequenz $\mathbf{u}$ mit dem gleichen Eingangsgewicht $w_H(\mathbf{u}_2) = w_H(\mathbf{u})$. Um die Coderate und damit auch die spektrale Effizienz zu maximieren, werden die Informationsbit $\mathbf{u}$ nur einmal übertragen, d.h. die Ausgangssignale $\mathbf{c}_i$ der Codierer enthalten nur die Prüfbit, während die Informationsbit direkt an den Ausgang gelangen und hier über den Multiplexer mit der Redundanz zu einem Datenstrom vereint werden. Wir betrachten also stets eine systematische Codierung.

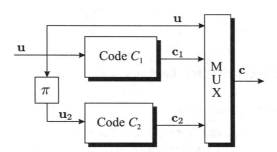

Bild 9.3.1: Parallele Verkettung zweier systematischer Codierer

9.3.2 Distanzeigenschaften parallel verketteter Codes

Auch bei der parallelen Codeverkettung müssen die Koeffizienten c_d bestimmt werden, um die Leistungsfähigkeit mit Hilfe der schon bekannten Union Bound abzuschätzen. Hier ist jedoch die Tatsache zu beachten, daß entsprechend Bild 9.3.1 strikt zwischen den Informationsbit und den Prüfbit unterschieden werden muß. Aus diesem Grund ist die IOWEF leicht zu modifizieren. Statt des Gewichts d der gesamten codierten Sequenz eines Teilcodes ist im folgenden das Gewicht r der Redundanz des Teilcodes in der IOWEF zu berücksichtigen. Wir erhalten die modifizierte bedingte IOWEF

$$A(w, R) = \sum_r a_{w,r} \cdot R^r \ , \qquad (9.3.1)$$

wobei für das Gesamtgewicht einer Sequenz $d = w + r$ gilt und der Koeffizient $a_{w,r}$ die Anzahl der Sequenzen mit dem Eingangsgewicht w und dem Gewicht r der Prüfbit angibt. Unter Verwendung des *Uniform Interleavers* lautet dann die bedingte IOWEF des parallel verketteten Codes

$$A_{\mathrm{par}}(w, R) = \frac{A_1(w, R) \cdot A_2(w, R)}{\binom{L_\pi}{w}} = \sum_r a_{w,r}^{\mathrm{par}} \cdot R^r \ . \qquad (9.3.2)$$

Durch die Multiplikation der bzgl. w bedingten IOWEF's $A_1(w, R)$ und $A_2(w, R)$ der Teilcodes C_1 und C_2 wird erreicht, daß stets zwei Ausgangssequenzen mit gleichem Eingangsgewicht kombiniert werden. Außerdem bewirkt diese Multiplikation die Erfassung aller Kombinationsmöglichkeiten der Ausgangssequenzen beider Teilcodes (Uniform Interleaver). Bei der notwendigen Normierung mit dem Binomialkoeffizienten $\binom{L_\pi}{w}$ ist zu beachten, daß der Interleaver jetzt mit Informationsbit beschrieben wird. Die Koeffizienten c_d aus (8.3.17) ergeben sich zu

$$c_d = \sum_{w+r=d} \frac{w}{L_\pi} \cdot a_{w,r}^{\mathrm{par}} \ . \qquad (9.3.3)$$

9.3.3 Beispiele parallel verketteter Codes

Unvollständige Produktcodes

Der Unterschied zur seriellen Verknüpfung besteht darin, daß bei der parallelen Verkettung ausschließlich die Informationsbit von mehreren Teilcodes codiert werden, die jeweiligen Prüfbit jedoch nicht. Dies läßt sich leicht auf die in Abschnitt 9.2.3 betrachteten Produktcodes übertragen. Wir können den in Bild 9.2.3 dargestellten Produktcode in eine parallele Verkettung zweier Codes überführen, indem wir die Prüfbit der Prüfbit $\mathbf{p}_{1+2}$ entfernen. Aus diesem Grund sprechen wir im folgenden von *unvollständigen Produktcodes*, welche die in **Bild 9.3.2** gezeigte Struktur aufweisen und die folgende Coderate besitzen.

$$R_c = \frac{k_1 \cdot k_2}{k_1 \cdot k_2 + (n_1 - k_1) \cdot k_2 + (n_2 - k_2) \cdot k_1} = \frac{1}{\frac{1}{R_{c,1}} + \frac{1}{R_{c,2}} - 1} \qquad (9.3.4)$$

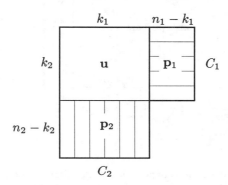

Bild 9.3.2: Allgemeine Struktur eines unvollständigen Produktcodes

Zur Bestimmung der Mindestdistanz nehmen wir wieder an, daß der Informationsteil $\mathbf{u}$ nur eine Zeile enthält, die exakt ein Element ungleich null besitzt, alle übrigen Zeilen sollen nur Nullen enthalten. Ferner habe das zugehörige Codewort dieser Zeile das minimale Gewicht $d_{\min,1}$. Die vertikale Decodierung mit C_2 erzeugt somit nur ein einziges Codewort ungleich null, da der Prüfteil nicht mehr codiert wird. Dieses Codewort hat aber ein minimales Gewicht von $d_{\min,2}$, so daß sich beide Gewichte addieren. Jetzt muß nur noch berücksichtigt werden, daß das Informationsbit, welches ungleich null war, in beiden Codeworten vorkommt, aber nur einmal übertragen wird. Daher gilt

$$d_{\min} = d_{\min,1} + d_{\min,2} - 1 \ . \qquad (9.3.5)$$

Turbo-Codes

Allgemeiner Aufbau. Setzt man in Bild 9.3.1 Faltungscodes als Komponentencodes ein und fügt gegebenenfalls noch eine Punktierung hinzu, so erhält man den klassischen Aufbau eines Turbo-Codierers. **Bild 9.3.3** zeigt ein Beispiel für zwei Faltungscodes der Einflußlänge $L_c = 3$ und einer Punktierung der Prüfbit auf die Gesamtcoderate $R_c = 1/2$. Als Teilcodes werden in der Regel systematische rekursive Faltungscodes eingesetzt (Seite 390), wobei die beiden Codes nicht

zwingend identisch sein müssen. Die Ausgänge der Codierer in Bild 9.3.3 liefern
wie bereits erläutert nur die redundanten Prüfbit. Die Informationsbit **u** werden
über den oberen Zweig direkt an den Punktierer geführt, der sie in diesem Beispiel
unverändert an den Ausgang weiter leitet.

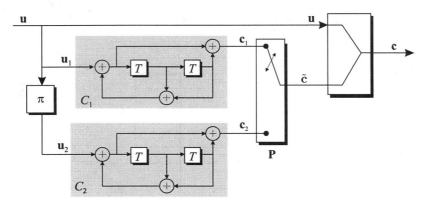

Bild 9.3.3: Turbo-Codierer bestehend aus 2 Teilcodierern mit $g_0(D) = 1$ und $g_1(D) = (1 + D^2)/(1 + D + D^2)$; Punktierung der Prüfbit auf Gesamtrate $R_c = 1/2$

Wahl der Teilcodes. Da die konkrete Wahl der Teilcodes auch bei der parallelen
Verkettung direkte Auswirkungen auf die Leistungsfähigkeit des Gesamtcodes hat,
sollen hier nun einige wichtige Eigenschaften der Teilcodes beschrieben werden. Im
allgemeinen werden rekursive, systematische Faltungscodes eingesetzt (siehe auch
S. 429). Hinsichtlich der Einflußlänge L_c und der Coderate R_c der Teilcodes ist
zu beachten, daß der Sinn der Codeverkettung in der Synthese 'einfacher' Codes zu einem 'großen' Gesamtcode liegt. Aus diesem Grund wird L_c nicht allzu
groß gewählt und liegt in der Praxis im Bereich $3 \leq L_c \leq 5$. Die Coderaten der
Teilcodes betragen meistens $R_c = 1/n$, da größere Raten immer durch Punktierung erreicht werden können. Es gibt aber auch Ansätze, Teilcodes höherer Rate
einsetzen, die dann geringfügig bessere Ergebnisse erzielen.

Ein wesentlicher Grund für die herausragende Leistungsfähigkeit der Turbo-Codes
ist die Rekursivität der Teilcodes. Man kann zeigen, daß Bitfehlerrate P_b und
Interleavergröße L_π asymptotisch durch die Proportionalitätsrelation

$$P_b \sim L_\pi^{1 - w_{\min}} \tag{9.3.6}$$

zusammenhängen [BM96a, BM96b], wobei $w_{\min}$ das minimale Eingangsgewicht
eines Teilcodes beschreibt, für das ein endliches Ausgangsgewicht erzielt wird. Bekannterweise besitzen RSC-Codes eine IIR-Struktur, so daß für ein endliches Hamminggewicht der Ausgangssequenz mindestens ein Eingangsgewicht von $w_{\min} = 2$
erforderlich ist. Daher gilt für RSC-Codes

$$P_b^{\text{RSC}} \sim L_\pi^{-1} \,, \tag{9.3.7}$$

d.h. die Bitfehlerrate ist proportional zum Kehrwert der Interleavergröße. Anders ausgedrückt, mit wachsendem L_π wird der Turbo-Code immer besser! Für NSC-Codes gilt hingegen $w_{\min} = 1$, da sie eine endliche Impulsantwort besitzen. Damit ist die Bitfehlerrate eines aus NSC-Codes zusammengesetzten Turbo-Codes entsprechend (9.3.6) nicht von der Interleavergröße abhängig.

Ferner kann gezeigt werden, daß analog zur seriellen Verkettung nicht die freie Distanz d_f, sondern die *effektive Distanz* d_{eff} zu maximieren ist. Hieraus folgt, daß das Rückkopplungspolynom der RSC-Codes teilerfremd sein sollte. Dies entspricht auch den Kriterien für den inneren Code der seriellen Codeverkettung (vgl. S. 429). Hinsichtlich der Punktierung der Teilcodes ist darauf zu achten, daß keiner der beteiligten Komponentencodes katastrophal wird.

Einfluß des Interleavers. Eine ebenso wichtige Rolle wie die Teilcodes spielt sowohl für die serielle wie auch für die parallele Verkettung der Interleaver. Er soll vermeiden, daß der Gesamtcode Ausgangsfolgen mit geringem Gewicht enthält. Für parallele Verkettungen wie den Turbo-Codes soll der Interleaver verhindern, daß an beiden Teilcodierern gleichzeitig Sequenzen c_i mit geringem Gewicht der Prüfbit auftreten. Dann hätte nämlich die Ausgangssequenz c des gesamten Turbo-Codes ein geringes Gewicht und der Code aufgrund der Linearität eine geringe kleinste Distanz. Dies muß vermieden werden, d.h. wenn die Ausgangsbit von C_1 ein geringes Gewicht haben, sollte der Interleaver π die Eingangsfolge u derart permutieren, daß die zu u_2 gehörende Ausgangsfolge c_2 ein hohes Gewicht besitzt. Dann hat der Turbo-Code insgesamt eine höhere Mindestdistanz. Das Verwürfeln der Eingangssequenz u führt also nicht nur zu einer Permutation der codierten Sequenz von c_1 nach c_2, sondern sorgt dafür, daß C_2 eine völlig andere Ausgangssequenz generiert. Der Interleaver beeinflußt also direkt das Distanzspektrum des Turbo-Codes.

Ein letzter wichtiger Gesichtspunkt betrifft die statistische Unabhängigkeit der c_i an den Ausgängen der einzelnen Teilcodierer und greift somit den schon oben diskutierten Punkt wieder auf. Durch die Permutation der Informationssequenz erzeugen beide Teilcodierer unterschiedliche Ausgangssequenzen. Für den Decodierprozeß ist es sehr wichtig, daß c_1 und c_2 möglichst statistisch unabhängig sind (s. Abschnitt 9.4). Dies muß durch den Interleaver gewährleistet werden. Es ist leicht einzusehen, daß diese Forderung um so besser erfüllt wird, je größer der Interleaver ist, da dann größere Distanzen zwischen einzelnen Binärstellen erreicht werden können.

Während bei den Produktcodes vorwiegend einfache Blockinterleaver eingesetzt werden, finden bei den Turbo-Codes ab einer bestimmten Blocklänge quasizufällige Interleaver Verwendung. Der Grund hierfür besteht darin, daß rechteckförmig angeordnete Fehlermuster durch den Blockinterleaver nicht aufgebrochen werden können und somit Fehlermuster existieren, die bei beiden Komponentencodes zu Fehlern führen [Rob94b, Rob94a]. Diese regelmäßigen Strukturen können durch Zufallsinterleaver aufgelöst werden und der Turbo-Code besitzt dann eine höhere Leistungsfähigkeit.

9.3.4 Übungen

| Aufgabe 9.3.1 | **Parallele Verkettung zweier Hamming-Codes**
Lösung Seite 449 |

a) In dieser Aufgabe soll die parallele Verkettung zweier (7,4)-Hamming-Codes entsprechend Bild 9.3.1 untersucht werden. Geben Sie die Coderate des verketteten Codes an und berechnen Sie seine IOWEF mit Hilfe des Uniform Interleavings. Stellen Sie die zugehörige Bitfehlerrate graphisch dar und vergleichen Sie sie mit der des (7,4)-Hamming-Codes.

b) Bestimmen Sie mit einer kleinen MATLAB-Routine die exakte IOWEF der parallelen Codeverkettung mit Blockinterleaving und vergleichen Sie die Fehlerraten mit denen aus Aufgabenteil a).

c) Worin unterscheiden sich die Bitfehlerraten für Blockinterleaving und Uniform Interleaving von denen der seriellen Verkettung (vgl. Aufgabe 9.2.2)?

d) Es soll nun ein Vergleich mit der seriellen Verkettung in Aufgabe 9.2.2 für verschiedene Interleavergrößen durchgeführt werden. Dabei ist zu beachten, daß die Anzahl der Informationsbit, die mit einer Interleaverfüllung korrespondieren, für beide Verkettungsarten identisch sein soll. (Dies garantiert gleiche Verzögerungszeiten.) Wie unterscheiden sich die Bitfehlerraten (Uniform Interleaver) von paralleler und serieller Verkettung?

| Aufgabe 9.3.2 | **Parallele Verkettung zweier Faltungscodes**
Lösung Seite 451 |

a) In dieser Aufgabe werden zwei identische RSC-Codes der Einflußlänge $L_c = 3$ mit den Generatorpolynomen $g_0(D) = 1$ und $g_1(D) = (1 + D + D^2)/(1 + D^2)$ zu einem Turbo-Code der Rate $R_c = 1/3$ kombiniert. Bestimmen Sie unter Zuhilfenahme der Befehle `iowef_block_conv` und `parallelconcat` (Uniform Interleaver) die IOWEF des Teilcodes und des Turbo-Codes. Variieren Sie dabei die Interleaverlänge im Bereich $L_\pi = 100, 200, 400, 800$ bis $L_\pi = 1600$.

Stellen Sie die Koeffizienten c_d des Teilcodes und der Turbo-Codes in einem Diagramm gegenüber.

b) Wählen Sie nun $g_1(D) = (1 + D^2)/(1 + D + D^2)$. Wiederholen Sie dann Aufgabenteil a) und berechnen Sie für beide Fälle die effektiven Distanzen d_{eff}.

c) Berechnen Sie mit Hilfe der Union Bound (**pb_unionbound_awgn**) die Bitfehlerraten und stellen Sie sie für die Aufgabenteile a) und b) in zwei Diagrammen dar. Welcher Komponentencode liefert die besseren Ergebnisse?

d) Der Turbo-Code soll nun auf die Raten $R_c = 1/2$, $2/3$ und $R_c = 3/4$ punktiert werden, wobei nur die Prüfbit ausgeblendet werden. Stellen Sie die sich ergebenden Bitfehlerraten für einen Uniform Interleaver der Länge $L_\pi = 400$ in einem Diagramm dar. Beachten Sie, daß sich durch die Punktierung die Coderate und damit auch E_b/N_0 ändert!

Aufgabe 9.3.3	**Einfluß der Teilcodes**
	Lösung Seite 453

---

a) Setzen Sie nun RSC-Codes der Einflußlänge $L_c = 4$ mit $g_0(D) = 1$ und $g_1(D) = (1 + D + D^3)/(1 + D^2 + D^3)$ als Komponentencodes in einen Turbo-Code ein. Wie verändern sich die Ergebnisse gegenüber denen aus Aufgabe 9.3.2b?

b) Wiederholen Sie Aufgabenteil a) für einen RSC-Code der Einflußlänge $L_c = 5$ mit den Generatorpolynomen $g_0(D) = 1$ und $g_1(D) = (1 + D + D^2 + D^4)/(1 + D^3 + D^4)$.

c) Kombinieren Sie nun die beiden Komponentencodes aus Aufgabenteil b) und Aufgabe 9.3.2b) zu einem Turbo-Code. Wie verhält sich die Leistungsfähigkeit im Vergleich zu den Codes aus Aufgabenteil a)?

Lösung Aufgabe 9.3.1

Aufgabenteil a)

Bei der parallelen Verkettung zweier (7,4)-Hamming-Codes nach Bild 9.3.1 werden 16 Informationsbit auf 40 Codebit abgebildet. Dementsprechend beträgt die Coderate $R_c = 16/40 = 0.4$. Die sich ergebende Bitfehlerkurve ist in **Bild 9.3.4a** dargestellt. Es deutet sich ein Schnittpunkt der beiden Kurven für $E_b/N_0 > 10$ dB an, weshalb der einfache (7,4)-Hamming-Code asymptotisch überlegen zu sein scheint.

Für kleine und mittlere Signal-Rausch-Abstände weist die parallele Verkettung allerdings leichte Vorteile auf.

Der Grund hierfür läßt sich aus der IOWEF ermitteln. Die Mindestdistanz beträgt nämlich bei der parallelen Verkettung wie auch beim (7,4)-Hamming-Code $d_{\mathrm{min}} = 3$. Durch die parallele Verkettung konnte d_{min} also nicht erhöht werden. Dies liegt daran, daß der Uniform Interleaver auch schlechte Permutationen beinhaltet, wie z.B. den Fall ohne jegliches Interleaving. Die Bitfehlerrate für diesen Fall ist ebenfalls in Bild 9.3.4a enthalten und verdeutlicht die schlechte Leistungsfähigkeit. Da d_{min} den asymptotischen Verlauf der Bitfehlerkurve bestimmt, besitzt die parallele Verkettung mit Uniform Interleaving keine Vorteile und der Hamming-Code erzielt aufgrund der höheren Coderate bessere Ergebnisse.

Aufgabenteil b)
Für einen Blockinterleaver wurde die exakte IOWEF berechnet und die zugehörige Bitfehlerrate abgeschätzt. Sie ist ebenfalls in Bild 9.3.4a dargestellt. Der Vorteil über dem gesamten E_b/N_0-Bereich ist deutlich zu erkennen. Die Mindestdistanz entspricht dem theoretischen Wert von $d_{\mathrm{min}} = 3 + 3 - 1 = 5$.

Aufgabenteil c)
Den Vergleich mit der seriellen Verkettung zeigt **Bild 9.3.4b**. Der Blockinterleaver (BI) erzielt in beiden Fällen die besseren Ergebnisse. Allerdings fällt auf, daß für ihn die serielle Verkettung besser ist, während beim Einsatz des Uniform Interleavers (UI) die parallele Verkettung Vorteile zu haben scheint.

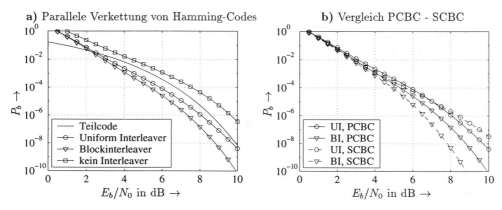

Bild 9.3.4: Einfluß des Interleavers bei paralleler Verkettung (PCBC) und Vergleich mit serieller Verkettung (SCBC), Aufgabe 9.3.1

Aufgabenteil d)
Bei der Dimensionierung des Interleavers ist darauf zu achten, daß die Verzögerungszeiten bei paralleler und serieller Verkettung identisch sind (gleiche

Anzahl von Informationsbit pro Interleaver). Entsprechend der Vorgaben aus Aufgabe 9.2.2 ergeben sich damit für die parallele Verkettung die Interleaverlängen $L_\pi = 64, 128, 256$ und $L_\pi = 512$. Die Ergebnisse zeigt **Bild 9.3.5a** (Bild 9.3.5b ist eine Kopie aus Aufgabe 9.2.2). Man sieht, daß bei der parallelen Verkettung von zwei Hamming-Codes kaum ein Gewinn mit einer Vergrößerung des Interleavers erzielt werden kann. Demgegenüber weist die serielle Verkettung Gewinne bei großen Signal-Rausch-Abständen auf. Insgesamt ist die parallele Verkettung mit diesen Komponentencodes der seriellen unterlegen.

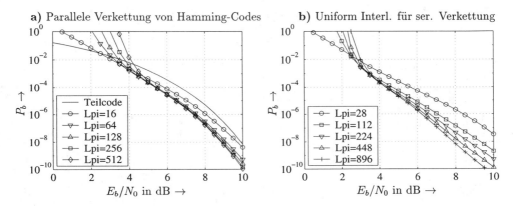

Bild 9.3.5: Einfluß der Interleavergröße bei paralleler und serieller Verkettung, Aufgabe 9.3.1

Lösung Aufgabe 9.3.2

Aufgabenteil a)
Bild 9.3.6a zeigt die berechneten Koeffizienten c_d für verschiedene Interleaverlängen. Wie schon bei der seriellen Verkettung zeigt sich, daß die Koeffizienten der Turbo-Codes wesentlich kleiner als die des Komponentencodes sind. Dies ist ein Zeichen dafür, daß sehr wenige Sequenzen mit geringem Gewicht existieren. Die Mindestdistanz des Turbo-Codes beträgt $d_{min} = 8$.

Aufgabenteil b)
Mit dem Polynom $g_1(D) = (1 + D^2)/(1 + D + D^2)$ ergeben sich die in **Bild 9.3.6b** dargestellten Ergebnisse. Qualitativ ähneln sich die Verläufe mit denen aus Aufgabenteil a). Die Mindestdistanz ist hier allerdings kleiner und nimmt den Wert $d_{min} = 7$ an. Demnach muß dieser Code asymptotisch schlechter sein.

Hinsichtlich der effektiven Distanzen zeigt sich aber, daß der Code aus Aufgabenteil a) für $w = 2$ ein Mindestgewicht $d = 5$ hat. Die Prüfbit erzeugen also das
Gewicht $c_{\min} = 3$, wodurch sich die effektive Distanz von

$$d_{\mathrm{eff},a} = 2 + 2 \cdot c_{\min} = 2 + 2 \cdot 3 = 8$$

ergibt. Für den Code aus Aufgabenteil b) gilt hingegen $c_{\min} = 4$ und

$$d_{\mathrm{eff},b} = 2 + 2 \cdot c_{\min} = 2 + 2 \cdot 4 = 10 \;.$$

Die Auswirkungen werden im nächsten Aufgabenteil behandelt.

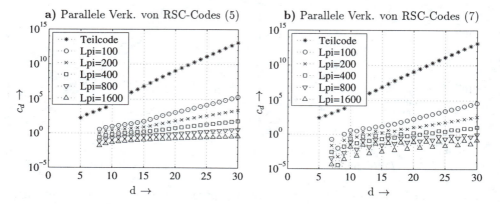

Bild 9.3.6: Koeffizienten c_d für parallele Verkettung zweier RSC-Codes, Aufgabe 9.3.2
  a) $g_1(D) = (1 + D + D^2)/(1 + D^2)$, **b)** $g_1(D) = (1 + D^2)/(1 + D + D^2)$

Aufgabenteil c)

Die **Bilder 9.3.7a und b** zeigen die Bitfehlerraten für die in den beiden vorangegangenen Aufgabenteilen behandelten Turbo-Codes. Es ist zu erkennen, daß der
zweite Code mit $g_1(D) = (1 + D^2)/(1 + D + D^2)$ für alle Interleavergrößen leichte
Vorteile besitzt, obwohl er die kleinere Mindestdistanz besitzt. Der Unterschied
scheint aber mit wachsendem Interleaver anzusteigen. Demnach ist die effektive
Distanz der zu optimierende Parameter und nicht d_f.

Aus den obigen Erläuterungen folgt, daß zum Erreichen der Kapazitätsgrenze nach
Shannon nicht nur die freie Distanz d_f, sondern das gesamte Distanzspektrum
ausschlaggebend ist. Insbesondere die Anzahl der Pfade mit geringem Gewicht
sollte minimiert werden. Hieraus ergeben sich andere Optimierungskonzepte als
von den Faltungs- und Blockcodes bisher bekannt war.

Bei genauer Betrachtung von Bild 9.3.7 fällt für $L_\pi = 100$ ein Abflachen der Kurve
bei einer Fehlerrate von ca. $P_b = 10^{-5}$ auf. Dieses Verhalten ist typisch für Turbo-
Codes. Nach einem anfänglich sehr steilen Abfall (Wasserfall-Region) flachen die

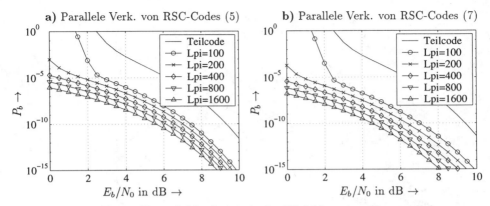

Bild 9.3.7: Union-Bound-Abschätzung der Bitfehlerraten für parallele Verkettung zweier RSC-Codes, Aufgabe 9.3.2c

Bitfehlerkurven ab, da sie asymptotisch durch die relativ kleine Mindestdistanz dominiert werden. Die exakte Position des Abflachens hängt von den Teilcodes sowie von Größe und Struktur des Interleavers ab. Generell gilt, daß sich der Knick mit steigender Interleaverlänge zu größeren Signal-Rausch-Abständen verschiebt. Dieser Effekt kann in Bild 9.3.7 für die größeren Interleaver nicht beobachtet werden, da nur eine maximale Distanz von $d_{\max} = 200$ berücksichtigt wurde.

Aufgabenteil d)
Bild 9.3.8 enthält die Ergebnisse für den punktierten Turbo-Code mit $L_\pi = 400$. Man sieht die Verschlechterung mit zunehmender Punktierung. Die Coderate ist aber über einem großen Bereich zu variieren, ohne daß die Korrekturfähigkeit des Turbo-Codes zusammenbricht.

Lösung Aufgabe 9.3.3

Aufgabenteil a)
Die Ergebnisse für einen Turbo-Code mit Teilcodes der Einflußlänge $L_c = 4$ zeigt **Bild 9.3.9a**. Ein Vergleich mit Bild 9.3.7b zeigt eine leichte Verbesserung durch die Erhöhung von L_c. Qualitativ ergeben sich die gleichen Verhältnisse und auch das Abknicken der Bitfehlerkurve für $L_\pi = 100$ ist gut zu erkennen.

Aufgabenteil b)
Die Teilcodes mit der Einflußlänge $L_c = 5$ führen nochmals zu einer Verbesserung der Ergebnisse. Es ist allerdings zu beachten, daß eine größere Einflußlänge auch einen höheren Decodieraufwand verursacht.

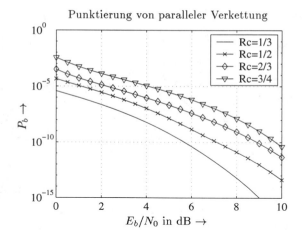

Bild 9.3.8: Union-Bound-Abschätzung der Bitfehlerraten für punktierte parallele Verkettung zweier RSC-Codes

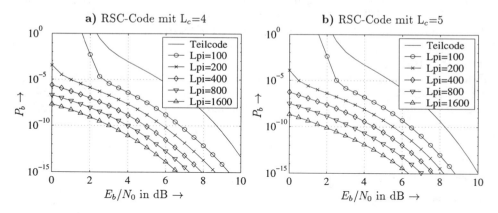

Bild 9.3.9: Union-Bound-Abschätzung der Bitfehlerraten für parallele Verkettung zweier RSC-Codes nach Aufgabe 9.3.3

Aufgabenteil c)
Bild 9.3.10 zeigt die Ergebnisse für die parallele Verkettung unterschiedlicher RSC-Codes. Asymptotisch scheint der Einsatz zweier identischer Codes mit $L_c = 4$ vorteilhaft zu sein. Bei kleinen Signal-Rausch-Abständen können keine nennenswerten Unterschiede festgestellt werden.

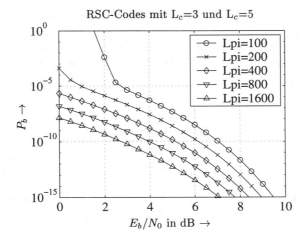

Bild 9.3.10: Union-Bound-Abschätzung der Bitfehlerraten für parallele Verkettung unterschiedlicher RSC-Codes (Aufgabe 9.3.3)

9.4 Decodierung verketteter Codes

Eine sehr große Bedeutung kommt der Decodierung von verketteten Codes zu. Die analytische Abschätzung der Bitfehlerwahrscheinlichkeit mit Hilfe der Union Bound basiert stets auf der Annahme einer optimalen Maximum-Likelihood-Decodierung. Diese ist aber gerade für verkettete Systeme i.a. nicht durchführbar. Zweck der Codeverkettung war es ja auch, relativ einfache Teilcodes zu verwenden, die sich mit geringem Aufwand decodieren lassen.

Wir erhalten somit auch im Empfänger eine Verkettung mehrerer Decodierer. Diese Konstellation führt zu einer suboptimalen Decodierung, die nicht mehr das Maximum-Likelihood-Kriterium erfüllt. Außerdem ist zu beachten, daß bisher sowohl für Faltungscodes als auch für Blockcodes nur Hard-Decision-Algorithmen betrachtet wurden, d.h. Decodierverfahren, die als Ergebnis hart entschiedene Bit ausgeben. Während der für Faltungscodes verwendete Viterbi-Algorithmus zumindest in der Lage ist, Zuverlässigkeitsinformation des Kanals zu verarbeiten, setzen die gängigen Verfahren für Blockcodes normalerweise eine Hard-Decision vor der Decodierung voraus. Jede harte Entscheidung vor der endgültig letzten Empfängerstufe resultiert aber automatisch in einem Informationsverlust, der nicht mehr kompensiert werden kann.

Um mit der verketteten Decodierung so dicht wie möglich an die optimale Maximum-Likelihood-Decodierung zu gelangen, sind also Verfahren erforderlich, die sowohl Zuverlässigkeitsinformation auf Symbol- bzw. Bitbasis verarbeiten als auch ausgeben können. Diese werden *Soft-In/Soft-Out*-Algorithmen genannt und spielen in der aktuellen Forschung eine wichtige Rolle. Wir wollen hier zuerst ein geeignetes Maß für die Zuverlässigkeitsinformation einführen und dann einige wichtige Decodieralgorithmen kennenlernen, die diese Information bereitstellen können.

9.4.1 Zuverlässigkeitsinformation und L-Algebra

In diesem Kapitel setzen wir stets eine BPSK-Modulation (s. Kapitel 6) voraus, welche die Abbildungen $u = 0 \rightarrow x = +1$ und $u = 1 \rightarrow x = -1$ der logischen Werte u auf antipodale Signale x realisiert. Im folgenden werden stets die antipodalen Signale x verwendet, für u ergeben sich äquivalente Ausdrücke. Dann stellt das logarithmische Verhältnis

$$L(u) = L(x) = \ln \frac{P(u = 0)}{P(u = 1)} = \ln \frac{P(x = +1)}{P(x = -1)} \qquad (9.4.1)$$

der Wahrscheinlichkeiten $P(x = +1)$ und $P(x = -1)$ ein geeignetes Maß für die Zuverlässigkeit einer Variablen x dar [Hag96]. Es wird in der englischsprachigen Literatur als *log-likelihood-ratio* (LLR) bezeichnet. Während das Vorzeichen des Ausdrucks in (9.4.1) die harte Entscheidung repräsentiert, stellt der Betrag die Zuverlässigkeit der Entscheidung dar. Je größer der Unterschied zwischen $P(x = +1)$ und $P(x = -1)$ ist, desto größer ist der Betrag des Logarithmus und desto sicherer auch eine Entscheidung. Sind beide Ereignisse gleichwahrscheinlich, nimmt das LLR den Wert null an.

Vor dem Hintergrund einer Datenübertragung wird eine Entscheidung immer auf der Basis eines empfangenen Wertes oder einer Empfangsfolge gefällt. Entsprechend dem in Kapitel 8 vorgestellten MAP-Kriterium erfüllt die optimale Entscheidung die Maximierung der a-posteriori-Wahrscheinlichkeit, d.h.

$$\hat{x} = \arg\max_{i=\pm 1} P(x = i \mid y) \, .$$

Mit (9.4.1) und unter Zuhilfenahme der Bayes-Regel kann die Zuverlässigkeitsinformation dieser Entscheidung aus dem Ausdruck

$$L(\hat{x}) = L(x \mid y) = \ln \frac{P(x = +1 \mid y)}{P(x = -1 \mid y)} = \underbrace{\ln \frac{p(y \mid x = +1)}{p(y \mid x = -1)}}_{L(y \mid x)} + \underbrace{\ln \frac{P(x = +1)}{P(x = -1)}}_{L_a(x)} \qquad (9.4.2)$$

gewonnen werden. Der geschätzte Wert $L(\hat{x})$ in (9.4.2) setzt sich bei einer uncodierten Übertragung aus zwei Anteilen zusammen, dem Term $L(y|x)$, der die Kanalstatistik $p(y|x)$ enthält, und dem Term $L_a(x)$, welcher unabhängig von den

Kanalausgangswerten y ist und a-priori-Wissen über das gesendete Symbol x repräsentiert. Ist dem Empfänger beispielsweise bekannt, mit welcher Wahrscheinlichkeit x den Wert '+1' bzw. '−1' annimmt, kann dies gewinnbringend genutzt werden. Aufgrund der statistischen Unabhängigkeit der a-priori-Information von den empfangenen Symbolen können die LLR's einfach addiert werden (dies gilt für statistisch abhängige Signale nicht). Entsprechend gilt für einen halbratigen Wiederholungscode

$$L(x \mid y_1, y_2) = L(y_1 \mid x) + L(y_2 \mid x) + L_a(x) \ . \tag{9.4.3}$$

Man kann natürlich aus den LLR's auch auf die a-posteriori-Wahrscheinlichkeiten zurückrechnen. Es ergeben sich die folgenden Ausdrücke

$$P(x = +1 \mid y) \; = \; \frac{e^{L(x|y)}}{1 + e^{L(x|y)}} = \frac{1}{1 + e^{-L(x|y)}} \tag{9.4.4a}$$

$$P(x = -1 \mid y) \; = \; \frac{1}{1 + e^{L(x|y)}} \ . \tag{9.4.4b}$$

Die Wahrscheinlichkeit für die Richtigkeit eines Empfangswertes $P(\hat{x}$ korrekt) ist ebenfalls einfach zu bestimmen. Sie lautet

$$P(x \text{ korrekt}) = \frac{e^{|L(x|y)|}}{1 + e^{|L(x|y)|}} \ . \tag{9.4.5}$$

Ferner gilt für den Erwartungswert einer Datenentscheidung

$$E\{\hat{x}\} = \sum_{i=\pm 1} i \cdot P(\hat{x} = i) = \frac{e^{L(\hat{x})}}{1 + e^{L(\hat{x})}} - \frac{1}{1 + e^{L(\hat{x})}} = \tanh(L(\hat{x})/2) \ . \tag{9.4.6}$$

Für den einfachen AWGN-Kanal und den 1-Pfad Rayleigh-Kanal gestaltet sich die Berechnung von $L(y|x)$ aus (9.4.2) sehr einfach, denn es gilt

$$L(y|x) = \underbrace{4\alpha \frac{E_s}{N_0}}_{L_{ch}} y' \quad \text{mit} \quad y' = \frac{y}{\sqrt{E_s/T_s}} \ . \tag{9.4.7}$$

In (9.4.7) repräsentiert y' den auf $\sqrt{E_s/T_s}$ normierten Empfangswert y. Der Faktor α gibt den Fading-Koeffizienten an, der im Fall des AWGN-Kanals den Wert $\alpha = 1$ besitzt. Der Koeffizient L_{ch} beschreibt die Zuverlässigkeit des Kanals, welche natürlich vom Signal-Rausch-Verhältnis E_s/N_0, aber auch von α abhängt. Für große L_{ch} ist der Kanal sehr zuverlässig, für kleine Werte besteht hingegen eine große Unsicherheit bzgl. des empfangenen Symbols.

Aus (9.4.7) folgt, daß am Ausgang eines *matched*-Filters bis auf eine Normierung mit L_{ch} direkt die Log-Likelihood-Verhältnisse anliegen. Wenn wir in der

Lage sind, eine geeignete Arithmetik für die LLR's zu finden, müssen wir diese nicht mehr in Wahrscheinlichkeiten umrechnen, sondern können die empfangenen Werte direkt weiterverarbeiten. Eine solche Arithmetik wird von Hagenauer als L-Algebra bezeichnet [Hag96] und im folgenden kurz vorgestellt.

Bekanntlich werden die Prüfbit eines Codes durch modulo-2-Addition bestimmter Informationsbit u_i berechnet. Damit gewinnt auch die Berechnung der L-Werte von verknüpften Zufallsvariablen an Bedeutung. Wir betrachten zunächst zwei statistisch unabhängige Symbole $x_1 = 1 - 2u_1$ und $x_2 = 1 - 2u_2$. Das LLR der modulo-2-Summe $u_1 \oplus u_2$ berechnet sich mit Hilfe der Beziehungen $\tanh(x/2) = (e^x - 1)/(e^x + 1)$ und $\ln[(1 + x)/(1 - x)] = 2\,\mathrm{artanh}\,(x)$ durch

$$L(u_1 \oplus u_2) = L(x_1 x_2) = 2\,\mathrm{artanh}\,(\lambda_1 \cdot \lambda_2) \quad \text{mit } \lambda_i = \tanh(L(x_i)/2) \ . \qquad (9.4.8)$$

Mit (9.4.8) steht nun ein Funktional zur Verfügung, um das *log-likelihood*-Verhältnis der Verknüpfung zweier statistisch unabhängiger Größen zu berechnen.

Eine Approximation läßt sich einfach durch Ausnutzen des Verlaufs der tanh-Funktion ableiten. Für betragsmäßig große LLR's strebt die tanh-Funktion asymptotisch gegen ± 1. Dazwischen besitzt sie einen annähernd linearen Verlauf mit einem Winkel von $\pi/4$ im Nullpunkt. Da das Produkt der λ_i gebildet wird, spielen Werte in der Nähe von ± 1 für den Betrag des Ergebnisses keine Rolle, dieser wird aufgrund der 'Fast-Linearität' durch das Minimum der Eingangsbeträge bestimmt. Das Vorzeichen ergibt sich hingegen aus dem Produkt der einzelnen Vorzeichen. Wir erhalten also folgende vereinfachende Approximation

$$L(u_1 \oplus u_2) = L(x_1 x_2) \approx \mathrm{sgn}\,(L(x_1)) \cdot \mathrm{sgn}\,(L(x_2)) \cdot \min(|L(x_1)|, |L(x_2)|) \ . \qquad (9.4.9)$$

Allgemein können die Ausdrücke in den beiden letzten Gleichungen auch für mehr als zwei Variablen angegeben werden. Ein Beweis für die Gültigkeit kann per vollständiger Induktion erfolgen. Im folgenden sind für n statistisch unabhängige Symbole kurz die Ergebnisse aufgeführt.

$$L(x_1 \cdots x_n) \ = \ 2\,\mathrm{artanh}\left(\prod_{i=1}^{n} \tanh(L(x_i)/2)\right) \qquad (9.4.10\mathrm{a})$$

$$\approx \ \min_i(|L(x_i)|) \cdot \prod_{i=1}^{n} \mathrm{sgn}\,(L(x_i)) \qquad (9.4.10\mathrm{b})$$

9.4.2   Allgemeiner Ansatz zur *Soft-Output*-Decodierung

Wir betrachten nun den Fall einer Kanaldecodierung, deren Ziel darin besteht, das MAP-Kriterium nach (8.3.7) zu erfüllen. Anhand einer empfangenen Sequenz

y soll eine Aussage über die Informationsfolge **u** getroffen werden. Dies bedeutet, daß anhand von **y** für jedes Bit u_i eine Entscheidung und die dazugehörige Zuverlässigkeit bestimmt werden muß. Wie sich später zeigen wird, ist es bei der seriellen Codeverkettung erforderlich, die Codebit ebenfalls zu schätzen. In diesem Fall ist in der folgenden Herleitung einfach das Informationsbit u_i durch das Codebit c_i zu ersetzen. Gemäß dem *Symbol-by-Symbol* MAP-Kriterium (SS-MAP) muß das Log-Likelihood-Verhältnis

$$L(\hat{u}_i) = \ln \frac{P(u_i = 0 \mid \mathbf{y})}{P(u_i = 1 \mid \mathbf{y})} \qquad (9.4.11)$$

berechnet werden. Wir teilen nun den gesamten Coderaum in zwei Teilmengen $\mathcal{C}_i^{(1)}$ und $\mathcal{C}_i^{(0)}$ auf. $\mathcal{C}_i^{(1)}$ enthält nur die Codeworte **c**, deren zugehöriges Informationswort **u** an der i-ten Stelle eine eins besitzt ($u_i = 1$). Für $\mathcal{C}_i^{(0)}$ gilt entsprechend $u_i = 0$. Mit Hilfe einiger elementarer Umformungen wie beispielsweise der Beziehung $P(a) = \sum_i P(a, b_i)$ erhalten wir schließlich

$$L(\hat{u}_i) = \ln \frac{\displaystyle\sum_{\mathbf{c} \in \mathcal{C}_i^{(0)}} p(\mathbf{c}, \mathbf{y})}{\displaystyle\sum_{\mathbf{c} \in \mathcal{C}_i^{(1)}} p(\mathbf{c}, \mathbf{y})} = \ln \frac{\displaystyle\sum_{\mathbf{c} \in \mathcal{C}_i^{(0)}} p(\mathbf{y}|\mathbf{c}) \cdot P(\mathbf{c})}{\displaystyle\sum_{\mathbf{c} \in \mathcal{C}_i^{(1)}} p(\mathbf{y}|\mathbf{c}) \cdot P(\mathbf{c})} \ . \qquad (9.4.12)$$

Für den AWGN-Kanal sind alle aufeinander folgenden Rauschwerte statistisch unabhängig voneinander, was für die Binärstellen eines Codewortes natürlich nicht gilt (die Codierung fügt statistische Abhängigkeiten ein). Die bedingte Wahrscheinlichkeitsdichte $p(\mathbf{y}|\mathbf{c})$ stellt jedoch die Wahrscheinlichkeitsdichte unter der Hypothese **c** dar, wodurch **c** keine Zufallsgröße, sondern eine feste Annahme ist. Deswegen können die Elemente y_i von **y** als statistisch unabhängig angesehen werden (die statistischen Abhängigkeiten sind in der Hypothese **c** enthalten). Die bedingte Wahrscheinlichkeitsdichte der Vektoren kann dann in das Produkt der Dichten der Vektorelemente überführt werden und wir erhalten

$$L(\hat{u}_i) = \ln \frac{\displaystyle\sum_{\mathbf{c} \in \mathcal{C}_i^{(0)}} \prod_{j=0}^{n-1} p(y_j|c_j) \cdot P(\mathbf{c})}{\displaystyle\sum_{\mathbf{c} \in \mathcal{C}_i^{(1)}} \prod_{j=0}^{n-1} p(y_j|c_j) \cdot P(\mathbf{c})} \ . \qquad (9.4.13)$$

Außerdem ist ein Codewort **c** eindeutig durch sein Informationswort **u** bestimmt, wodurch für die Auftrittswahrscheinlichkeit $P(\mathbf{c}) = P(\mathbf{u})$ gilt. Die Informationsbit u_i sind allerdings statistisch unabhängig voneinander (nicht die Codebit c_i), so daß die Beziehung $P(\mathbf{c}) = \prod_{i=0}^{k-1} P(u_i)$ gilt. Es folgt daher

$$L(\hat{u}_i) = \ln \frac{\displaystyle\sum_{\mathbf{c} \in \mathcal{C}_i^{(0)}} \prod_{j=0}^{n-1} p(y_j|c_j) \cdot \prod_{j=0}^{k-1} P(u_j)}{\displaystyle\sum_{\mathbf{c} \in \mathcal{C}_i^{(1)}} \prod_{j=0}^{n-1} p(y_j|c_j) \cdot \prod_{j=0}^{k-1} P(u_j)} \; . \tag{9.4.14}$$

Für systematische Codes gilt $u_i = c_i$ mit $0 \le i < k$, weshalb der mit der i-ten Stelle korrespondierende Term $p(y_i|c_i)$ in Zähler und Nenner jeweils unabhängig von der Summation ist. Daher kann er zusammen mit $P(u_i)$ aus dem Produkt und der Summe herausgezogen werden. Unter Berücksichtigung von (9.4.2) lautet das Decodierergebnis

$$L(\hat{u}_i) = L(y_i|c_i) + L_a(u_i) + \ln \underbrace{\frac{\displaystyle\sum_{\mathbf{c} \in \mathcal{C}_i^{(0)}} \prod_{\substack{j=0 \\ j \ne i}}^{n-1} p(y_j|c_j) \cdot \prod_{\substack{j=0 \\ j \ne i}}^{k-1} P(u_j)}{\displaystyle\sum_{\mathbf{c} \in \mathcal{C}_i^{(1)}} \prod_{\substack{j=0 \\ j \ne i}}^{n-1} p(y_j|c_j) \cdot \prod_{\substack{j=0 \\ j \ne i}}^{k-1} P(u_j)}}_{L_e(\hat{u}_i)} \; . \tag{9.4.15}$$

Aus (9.4.15) geht hervor, daß sich $L(\hat{u}_i)$ bei einer systematischen Codierung aus drei Anteilen zusammensetzt: dem log-likelihood-Verhältnis des direkt empfangenen Symbols y_i - also der systematischen Komponente -, der a-priori-Information $L_a(u_i)$ (schon vom uncodierten Fall bekannt) und einem Anteil $L_e(\hat{u}_i)$, der nicht von u_i bzw. y_i selbst abhängt. Dieser wird vielmehr 'von außen' aus allen durch die Codierung mit u_i verknüpften Bit berechnet und daher **extrinsische Information** genannt. Erfahren die einzelnen Codesymbole während der Übertragung statistisch unabhängige Störungen (wie z.B. beim AWGN-Kanal), so ist $L_e(\hat{u}_i)$ statistisch unabhängig von $L_a(u_i)$ und $L(y_i|c_i)$ und liefert daher einen Beitrag zum Decodierergebnis, der die Zuverlässigkeit der Entscheidung erhöhen kann. Diese Zerlegung kann nicht für nicht-systematische Codes vorgenommen werden!

Ersetzt man die bedingten Wahrscheinlichkeitsdichten durch LLR's und führt man die Abkürzung

$$L(c_i; y_i) = \begin{cases} L(y_i \mid c_i) + L_a(u_i) & \text{für} \quad 0 \le l < k \\ L(y_i \mid c_i) & \text{für} \quad k \le l < n \end{cases} \tag{9.4.16}$$

ein, kann die extrinsische Information durch

$$L(\hat{u}_i) = L(y_i|c_i) + L_a(u_i) + \ln \frac{\displaystyle\sum_{\mathbf{c} \in \mathcal{C}_i^{(0)}} \prod_{\substack{j=0 \\ j \ne i}}^{n-1} \exp\left[-L(c_j; y_j) \cdot c_j\right]}{\displaystyle\sum_{\mathbf{c} \in \mathcal{C}_i^{(1)}} \prod_{\substack{j=0 \\ j \ne i}}^{n-1} \exp\left[-L(c_j; y_j) \cdot c_j\right]} \tag{9.4.17}$$

dargestellt werden. Mit den Gleichungen (9.4.15) und (9.4.17) kann also eine De-codierung durchgeführt werden, die neben der reinen Hard-Decision auch ein Maß für die Zuverlässigkeit der Decodierentscheidung liefert. Ein Problem besteht aller-dings darin, daß zur Berechnung der extrinsischen Information über alle Codeworte c des Coderaums $\mathcal{C}$ summiert werden muß. Man kann sich leicht vorstellen, daß diese direkte Realisierung der *Soft-Output*-Decodierung sehr aufwendig ist, insbe-sondere dann, wenn Codes mit sehr großen Alphabeten zum Einsatz kommen. Für einen (7,4,3)-Hamming-Code mit seinen $2^4 = 16$ Codeworten dürfte eine Berech-nung von (9.4.15) kein Problem sein, für einen (255,247,3)-Hamming-Code gibt es allerdings $2^{247} = 2.3 \cdot 10^{74}$ Codeworte, so daß (9.4.15) in dieser Form selbst auf Hochleistungsrechnern nicht mehr zu berechnen ist.

Codierung über den *dualen Code*

Ist die Anzahl der Prüfbit relativ klein, lohnt es sich, die Decodierung über den *dualen Code* durchzuführen. Dieser wurde in Kapitel 8 vorgestellt und re-präsentiert den zum Originalcode $\mathcal{C}$ orthogonalen Code $\mathcal{C}^\perp$. Es soll an dieser Stelle nicht auf Einzelheiten dieser Decodierungsart eingegangen, die Decodiervor-schrift jedoch kurz erläutert werden. Der Vorteil besteht darin, daß jetzt über alle Codewörter aus $\mathcal{C}^\perp$ summiert werden muß. Für den oben erwähnten (255,247,3)-Hamming-Code wären das nur $2^8 = 256$ Codeworte, was zu einer deutlichen Ver-einfachung führt. Die Decodiervorschrift lautet [Off96]

$$L(\hat{u}_i) = L(y_i \mid c_i) + L_a(u_i) + \ln \frac{1 + \sum_{\substack{c' \in \mathcal{C}^\perp}} \prod_{\substack{l=0 \\ l \neq i}}^{n-1} [\tanh(L(y_l; c_l)/2)]^{c'_l}}{1 + \sum_{\substack{c' \in \mathcal{C}^\perp}} (-1)^{c'_i} \prod_{\substack{l=0 \\ l \neq i}}^{n-1} [\tanh(L(y_l; c_l)/2)]^{c'_l}} . \quad (9.4.18)$$

In (9.4.18) stellt c'_l das l-te Codebit des Codewortes $c' \in \mathcal{C}^\perp$ dar. Es wird also in Zähler und Nenner über alle 2^{n-k} Codeworte des dualen Codes $\mathcal{C}^\perp$ summiert, wo-bei die einzelnen Summanden sich aus dem Produkt der tanh-Terme der einzelnen Codebit zusammensetzen. Der Ansatz über den dualen Code führt allerdings auch nur dann zum Ziel, wenn die Anzahl der Redundanzbit gering ist. Sonst ergibt sich das gleiche Problem eines nicht zu bewältigenden Rechenaufwandes wie schon bei der direkten Decodierung des Originalcodes.

Eine weitere Möglichkeit zur Reduktion des Rechenaufwandes besteht in der Dar-stellung eines Codes durch sein Trellisdiagramm. Zwar können auch lineare Block-codes mit Hilfe eines Trellisdiagramms dargestellt werden, wir beschränken uns hier allerdings auf die Decodierung von Faltungscodes.

9.4.3   BCJR-Algorithmus am Beispiel von Faltungscodes

Der BCJR-Algorithmus wurde erstmals im Jahr 1972 von $\underline{B}$ahl, $\underline{C}$ocke, $\underline{J}$elinek und $\underline{R}$aviv vorgestellt. Er stellt eine allgemeine Vorschrift zur *Symbol-by-Symbol*-MAP-Decodierung dar, die nicht nur zur Decodierung, sondern auch zur Entzerrung gedächtnisbehafteter Kanäle eingesetzt werden kann [BCJR74, LVS95, DJB95, Jor00]. Der Vorteil des BCJR-Algorithmus gegenüber der direkten Realisierung von (9.4.15) besteht in der effizienten Ausnutzung der Markov-Eigenschaft des Kanals bzw. des Codierers. Er setzt analog zum Viterbi-Algorithmus die Darstellung des Systems (in unserem Fall des Kanalcodes) durch ein Trellisdiagramm voraus. Wie schon in Kapitel 8 beschränken wir uns auf binäre, d.h. $1/n$-ratige Faltungscodes.

Ausgangspunkt zur *Symbol-by-Symbol*-MAP-Decodierung ist wiederum (9.4.11). Dabei ist hinsichtlich der Nomenklatur zu beachten, daß bei Faltungscodes mit einem Informationsbit $u(\ell)$ ein Codewort $\mathbf{c}(\ell) = (c_0(\ell) \cdots c_{n-1}(\ell))$ korrespondiert, so daß wir im Gegensatz zum letzten Abschnitt zu jedem Zeitpunkt ℓ Empfangsvektoren $\mathbf{y}(\ell) = (y_0(\ell) \cdots y_{n-1}(\ell))$ betrachten.

Vom Zeitpunkt $\ell - 1$ zum Zeitpunkt ℓ findet durch das Informationsbit $u(\ell)$ ein Übergang von Zustand S_ν zu Zustand S_μ statt. Alle möglichen Zustandsübergänge $S_\nu \rightarrow S_\mu$ lassen sich in zwei Klassen aufteilen, in solche, die mit $u(\ell) = 0$ korrespondieren und die übrigen, die mit $u(\ell) = 1$ verknüpft sind. Bezeichnen wir ein Zustandspaar mit (S_ν, S_μ) und zerlegen wir ferner den Empfangsvektor $\mathbf{y}(\ell)$ in drei Anteile, einen Anteil $\mathbf{y}(k < \ell)$, der alle empfangenen Symbole vor dem betrachteten Zeitpunkt ℓ enthält, $\mathbf{y}(\ell)$ selbst und einen Anteil $\mathbf{y}(k > \ell)$, der alle nach dem Zeitpunkt ℓ empfangenen Symbole beinhaltet, so können wir (9.4.15) in

$$L(\hat{u}(\ell)) = \ln \frac{\displaystyle\sum_{\substack{(S_\nu, S_\mu) \\ u(\ell)=0}} p(S_\nu, S_\mu, \mathbf{y})}{\displaystyle\sum_{\substack{(S_\nu, S_\mu) \\ u(\ell)=1}} p(S_\nu, S_\mu, \mathbf{y})} \tag{9.4.19}$$

$$= \ln \frac{\displaystyle\sum_{\substack{(S_\nu, S_\mu) \\ u(\ell)=0}} p(S_\nu, S_\mu, \mathbf{y}(k < \ell), \mathbf{y}(\ell), \mathbf{y}(k > \ell))}{\displaystyle\sum_{\substack{(S_\nu, S_\mu) \\ u(\ell)=1}} p(S_\nu, S_\mu, \mathbf{y}(k < \ell), \mathbf{y}(\ell), \mathbf{y}(k > \ell))} \tag{9.4.20}$$

umformen. Sollen LLR's für die Codebit $c_i(\ell)$ berechnet werden, ist in den Summen von Zähler und Nenner $u(\ell)$ durch $c_i(\ell)$ zu substituieren. Die Wahrscheinlichkeitsdichtefunktion in Zähler und Nenner läßt sich mit der Kettenregel für bedingte Wahrscheinlichkeiten folgendermaßen zerlegen:

$$p(S_\nu, S_\mu, \mathbf{y}(k < \ell), \mathbf{y}(\ell), \mathbf{y}(k > \ell)) = p(\mathbf{y}(k > \ell) \,|\, S_\nu, S_\mu, \mathbf{y}(k < \ell), \mathbf{y}(\ell))$$
$$\cdot p(S_\mu, \mathbf{y}(\ell) \,|\, S_\nu, \mathbf{y}(k < \ell)) \cdot p(S_\nu, \mathbf{y}(k < \ell)) \,. \tag{9.4.21}$$

Für den ersten Faktor in (9.4.21) gilt: Ist der Zustand S_μ zum Zeitpunkt ℓ bekannt, so sind alle übrigen Größen S_ν, $\mathbf{y}(\ell)$, $\mathbf{y}(k < \ell)$ für den Vektor $\mathbf{y}(k > \ell)$ ohne Belang, so daß wir die Wahrscheinlichkeit

$$\beta_\ell(S_\mu) := p\big(\mathbf{y}(k > \ell) \,\big|\, S_\nu, S_\mu, \mathbf{y}(k < \ell), \mathbf{y}(\ell)\big) = p\big(\mathbf{y}(k > \ell) \,\big|\, S_\mu\big) \qquad (9.4.22)$$

einführen können. Anschaulich beschreibt $\beta_\ell(S_\mu)$ die Wahrscheinlichkeit, daß mit der Teilfolge $\mathbf{y}(k > \ell)$ zum Zeitpunkt ℓ der Zustand S_μ im Trellisdiagramm angenommen wird. Der mittlere Faktor in (9.4.21) kann in der gleichen Art und Weise modifiziert werden. Er beinhaltet die Übergangswahrscheinlichkeit des Kanals, nämlich die Wahrscheinlichkeit des Auftretens von $\mathbf{y}(\ell)$ bei einem Zustandswechsel von S_ν nach S_μ. Es gilt

$$\gamma_\ell(S_\nu, S_\mu) := p\big(S_\mu, \mathbf{y}(\ell) \,\big|\, S_\nu\big) = p\big(\mathbf{y}(\ell) \,\big|\, S_\nu, S_\mu\big) \cdot P(S_\mu | S_\nu) \, . \qquad (9.4.23)$$

Der Faktor $p(\mathbf{y}(\ell)|S_\nu, S_\mu)$ beschreibt die Übergangswahrscheinlichkeit des Kanals, die für den AWGN-Kanal analog zu (8.6.12) die Form

$$p\big(\mathbf{y}(\ell) \,\big|\, S_\nu, S_\mu\big) = \big(2\pi\sigma_N^2\big)^{-n/2} \cdot \exp\left(-\frac{\|\mathbf{y}(\ell) - \mathbf{z}_{\nu\mu}\|^2}{2\sigma_N^2}\right) \qquad (9.4.24)$$

annimmt, wobei $\mathbf{z}_{\nu\mu}$ gemäß Abschnitt 8.6 das zum Zustandsübergang $S_\nu \to S_\mu$ gehörende Codewort beschreibt. Der zweite Term $P(S_\mu | S_\nu)$ in (9.4.23) verkörpert hingegen a-priori-Wissen über das Informationsbit $u(\ell)$, was bei der Decodierung berücksichtigt werden kann. Liegt das a-priori-Wissen in Form des LLR's $L_a(u(\ell))$ vor, so gilt

$$P(S_\mu | S_\nu) = \begin{cases} \dfrac{1}{1 + \exp[-L_a(u(\ell))]} & \text{für } u(\ell) = 0 \\[2mm] \dfrac{1}{1 + \exp[L_a(u(\ell))]} & \text{für } u(\ell) = 1 \\[2mm] 0 & \text{Übergang existiert nicht .} \end{cases} \qquad (9.4.25)$$

Abschließend bleibt aus (9.4.21) noch die Verbundwahrscheinlichkeitsdichte $p(S_\nu, \mathbf{y}_{k<\ell})$ zu erwähnen, die mit

$$\alpha_{\ell-1}(S_\nu) := p(S_\nu, \mathbf{y}_{k<\ell}) \qquad (9.4.26)$$

abgekürzt wird. Es ergibt sich also der kompakte Ausdruck

$$L\big(\hat{u}(\ell)\big) = \ln \frac{\displaystyle\sum_{\substack{(S_\nu, S_\mu) \\ u(\ell)=0}} \alpha_{\ell-1}(S_\nu) \cdot \gamma_\ell(S_\nu, S_\mu) \cdot \beta_\ell(S_\mu)}{\displaystyle\sum_{\substack{(S_\nu, S_\mu) \\ u(\ell)=1}} \alpha_{\ell-1}(S_\nu) \cdot \gamma_\ell(S_\nu, S_\mu) \cdot \beta_\ell(S_\mu)} \, . \qquad (9.4.27)$$

Die Summanden aus (9.4.20) lassen sich in drei Anteile gliedern, wobei $\alpha_{\ell-1}(S_\nu)$ die Zeitpunkte $k < \ell$, $\gamma_\ell(S_\nu, S_\mu)$ den aktuellen Zeitpunkt und $\beta_\ell(S_\mu)$ alle nachfolgenden Zeitpunkte $k > \ell$ abdeckt. Die Wahrscheinlichkeiten $\alpha_{\ell-1}(S_\nu)$ und $\beta_\ell(S_\mu)$ lassen sich gemäß der folgenden Gleichungen rekursiv berechnen.

$$
\begin{aligned}
\alpha_\ell(S_\mu) &= p\big(S_\mu, \mathbf{y}(k < \ell+1)\big) = \sum_{S_\nu} p\big(S_\nu, S_\mu, \mathbf{y}(k < \ell), \mathbf{y}(\ell)\big) \\
&= \sum_{S_\nu} \gamma_\ell(S_\nu, S_\mu) \cdot \alpha_{\ell-1}(S_\nu) \quad\quad\quad\quad\quad\quad (9.4.28)
\end{aligned}
$$

$$
\begin{aligned}
\beta_{\ell-1}(S_\nu) &= p\big(\mathbf{y}(k > \ell-1) \mid S_\nu\big) = \frac{1}{P(S_\nu)} \sum_{S_\mu} p\big(S_\nu, S_\mu, \mathbf{y}(\ell), \mathbf{y}(k > \ell)\big) \\
&= \sum_{S_\mu} \gamma_\ell(S_\nu, S_\mu) \cdot \beta_\ell(S_\mu) \quad\quad\quad\quad\quad\quad (9.4.29)
\end{aligned}
$$

Gl. (9.4.28) illustriert, daß die $\alpha_\ell(S_\mu)$ sukzessive aus einer Vorwärtsrekursion gewonnen werden, da $\alpha_\ell(S_\mu)$ zum aktuellen Zeitpunkt ℓ von den vorangegangenen $\alpha_{\ell-1}(S_\nu)$ des Zeitpunktes $\ell-1$ abhängt. Die $\beta_{\ell-1}(S_\nu)$ berechnen sich entsprechend durch eine Rückwärtsrekursion. Diese Vorgehensweise ist noch einmal in **Bild 9.4.1** dargestellt. Es zeigt den Ausschnitt eines Trellisdiagramms für einen rekursiven, systematischen Faltungscodes der Einflußlänge $L_c = 3$.

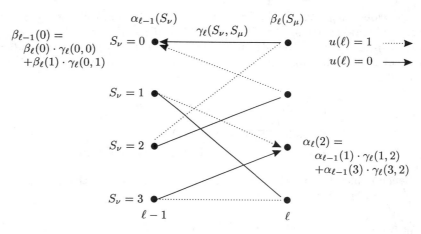

Bild 9.4.1: Ausschnitt eines Trellisdiagramms zur Erläuterung des BCJR-Algorithmus

Initialisierung

Zur Realisierung des *Symbol-by-Symbol*-MAP-Algorithmus ist das Trellisdiagramm demnach zweimal abzuarbeiten. Zunächst findet eine Vorwärtsrekursion statt, die zeitgleich mit dem Empfang der Kanalsymbole ablaufen kann. Da wir als Startzustand zum Zeitpunkt $\ell = 0$ stets den Nullzustand annehmen, sind die Werte α wie folgt zu initialisieren:

$$\alpha_0(S_\nu) = \begin{cases} 1 & \text{für } S_\nu = 0 \\ 0 & \text{für } S_\nu \neq 0 \,. \end{cases} \qquad (9.4.30)$$

Anschließend ist die Rückwärtsrekursion zur Bestimmung der β durchzuführen. Hier müssen zwei Fälle unterschieden werden. Ist der Endzustand zum Zeitpunkt N dem Decodierer bekannt (z.B. der Nullzustand durch Anfügen von Tailbit), lautet die Initialisierung

$$\beta_N(S_\mu) = \begin{cases} 1 & \text{für } S_\mu = 0 \\ 0 & \text{für } S_\mu \neq 0 \,. \end{cases} \qquad (9.4.31)$$

Ist der Endzustand unbekannt, kann nach

$$\beta_N(S_\mu) = \alpha_N(S_\mu) \qquad (9.4.32)$$

oder

$$\beta_N(S_\mu) = 2^{-m} \qquad (9.4.33)$$

initialisiert werden, wobei m das Gedächtnis des Faltungscodes repräsentiert.

Berechnung im logarithmischen Bereich

Für die Implementierung des BCJR-Algorithmus auf Digitalrechnern ist es von Vorteil, die Berechnungen im logarithmischen Bereich durchzuführen [RVH95]. In Anlehnung an die Tatsache, daß häufig gaußverteiltes Rauschen angenommen wird, bietet sich für die Umsetzung der natürliche Logarithmus an. Im folgenden ist zu beachten, daß hier nur $1/n$-ratige Codes betrachtet werden und somit nur zwei Übergänge an jedem Zustand ankommen. Dann lassen sich mit der Umformung

$$\ln\left(e^{x_1} + e^{x_2}\right) = \max\left[x_1, x_2\right] + \ln\left(1 + e^{-|x_1-x_2|}\right) \qquad (9.4.34)$$

deutliche Vereinfachungen erzielen, da mit Hilfe von (9.4.34) Multiplikationen in Additionen und Additionen in Maximierungen überführt werden können. Zudem erübrigt sich das Berechnen von Exponential- und Logarithmusfunktionen, weil der zu addierende Korrekturterm $\ln(1 + \exp(-|x_1 - x_2|))$ nur vom Betrag der Differenz der betrachteten Terme abhängt und sich gut quantisieren läßt. Damit liegt es nahe, eine genügend große Anzahl von Werten im Speicher abzulegen und als *lookup-table* zu verwenden. Im übrigen kann (9.4.34) bei mehr als zwei Summanden iterativ angewendet werden, d.h. sie wird zunächst auf zwei Terme angewendet, zum Zwischenergebnis kommt dann der dritte hinzu usw. [RVH95].

Für $\bar{\alpha}_\ell(S_\mu) = \ln(\alpha_\ell(S_\mu))$ und $\bar{\beta}_{\ell-1}(S_\nu) = \ln(\beta_{\ell-1}(S_\nu))$ ergeben sich jetzt die Ausdrücke

$$\begin{aligned} \bar{\alpha}_\ell(S_\mu) &= \ln \sum_{S_\nu} \exp\left[\ln\left(\gamma_\ell(S_\nu, S_\mu) \cdot \alpha_{\ell-1}(S_\nu)\right)\right] \\ &= \max_{S_\nu}\left[\bar{\gamma}_\ell(S_\nu, S_\mu) + \bar{\alpha}_{\ell-1}(S_\nu)\right] + \ln\left(1 + e^{-|\Delta_\ell|}\right) \qquad (9.4.35) \end{aligned}$$

I

und

$$\bar\beta_{\ell-1}(S_\nu) = \ln \sum_{S_\mu} \exp\left[\ln\left(\gamma_\ell(S_\nu,S_\mu)\cdot\beta_\ell(S_\mu)\right)\right]$$

$$= \max_{S_\mu}\left[\bar\gamma_\ell(S_\nu,S_\mu)+\bar\beta_\ell(S_\nu)\right]+\ln\left(1+e^{-|\Delta_\ell|}\right). \quad (9.4.36)$$

Dabei stellt Δ_ℓ die Differenz der beiden Terme dar, über die die Maximierung vorgenommen wird. Für die Übergangswahrscheinlichkeiten des Kanals ergibt sich mit (9.4.23) und (9.4.24) der Ausdruck

$$\bar\gamma_\ell(S_\nu,S_\mu) = \ln\left(\gamma_\ell(S_\nu,S_\mu)\right)$$

$$= C - \frac{\|\mathbf{y}(\ell)-\mathbf{z}_{\nu\mu}\|^2}{2\sigma_N^2}+\ln\left(P(S_\mu|S_\nu)\right), \quad (9.4.37)$$

wobei C eine zu vernachlässigende Konstante ist. Entsprechend erhält man mit den Gleichungen (9.4.4b) und (9.4.4b) für die a-priori-Wahrscheinlichkeit

$$\ln\left(P(S_\mu|S_\nu)\right) = -\ln\left(1+e^{\pm L(u)}\right)$$

$$= -\max\left[0,\pm L(u)\right]+\ln\left(1+e^{-|L(u)|}\right). \quad (9.4.38)$$

In (9.4.38) gilt das Pluszeichen, wenn der Übergang $S_\nu \to S_\mu$ zum Informationsbit $u(\ell)=0$ gehört und das Minuszeichen entsprechend für $u(\ell)=1$

Werden die Korrekturterme in den obigen Gleichungen weggelassen, ergibt sich der sogenannte Max-Log-MAP-Algorithmus. Man kann zeigen, daß die Vorzeichen seiner Ausgangswerte identisch mit denen des Viterbi-Algorithmus sind [RVH95]. Insgesamt ergibt sich für mit dem Max-Log-MAP-Algorithmus für das decodierte Informationsbit der Ausdruck

$$L(\hat u(\ell)) = \max_{\substack{(S_\nu,S_\mu)\\u(\ell)=0}}\left[\bar\alpha_{\ell-1}(S_\nu)+\bar\gamma_\ell(S_\nu,S_\mu)+\bar\beta_\ell(S_\mu)\right]$$

$$-\max_{\substack{(S_\nu,S_\mu)\\u(\ell)=1}}\left[\bar\alpha_{\ell-1}(S_\nu)+\bar\gamma_\ell(S_\nu,S_\mu)+\bar\beta_\ell(S_\mu)\right]. \quad (9.4.39)$$

Für die Initialisierung gilt nun

$$\tilde\alpha_0(S_\nu)=\begin{cases}0 & \text{für } S_\nu=0\\ -\infty & \text{für } S_\nu\neq 0\end{cases} \quad (9.4.40)$$

und

$$\tilde\beta_N(S_\mu)=\begin{cases}0 & \text{für } S_\mu=0\\ -\infty & \text{für } S_\mu\neq 0\end{cases} \quad (9.4.41)$$

bei bekanntem Endzustand. Es gibt auch eine Erweiterung des Viterbi-Algorithmus, den sogenannten SOVA (*Soft Output Viterbi Algorithmus*), welcher ebenfalls Zuverlässigkeitsinformation zu jedem Bit erzeugt [HH89]. Er kann hier jedoch nicht mehr behandelt werden.

9.4.4 Iterative Decodierung verketteter Codes

Wie zu Beginn dieses Kapitels bereits angedeutet wurde, ist eine ML-Decodierung des gesamten Codes viel zu aufwendig. Das Ziel der Codeverkettung bestand auch darin, den in der Regel exponentiellen Zusammenhang zwischen Leistungsfähigkeit eines Codes und zugehörigem Decodieraufwand zu durchbrechen. Aus diesem Grund werden suboptimale iterative Decodierverfahren für verkettete Codes eingesetzt, welche die im letzten Abschnitt vorgestellten Soft-In/Soft-Out-Algorithmen verwenden. Deren Ausgangssignal setzt sich für eine systematische Codierung aus drei Anteilen zusammen, der systematischen Komponente $L(y_s|u)$, der a-priori-Information $L_a(u)$ und der extrinsischen Information $L_e(\hat{u})$. Alle drei Anteile sind zunächst statistisch unabhängig voneinander, wobei die extrinsische Information aus der Redundanz des Codes gewonnen wird. Damit ist sie spezifisch für jeden betrachteten Komponentencode und kann bei der iterativen Decodierung zwischen den Teildecodierern ausgetauscht werden. Durch diese Vorgehensweise ist auch der Name 'Turbo-Codes' entstanden, da das Prinzip dem eines Abgasturboladers bei Verbrennungsmotoren stark ähnelt. Der Name beschreibt also eigentlich den Decodiervorgang, nicht die Art der Codeerzeugung.

Parallel verkettete Codes

Wir betrachten zunächst die parallele Verkettung zweier Codes. Da beide Komponentencodes die gleichen Informationsbit codieren, schätzen auch die zugehörigen Decodierer die gleichen Bit, allerdings in jeweils unterschiedlicher Reihenfolge und auf der Basis verschiedener Prüfbit. Die extrinsische Information kann an den Ausgängen der Teildecodierer extrahiert werden und als a-priori-Information dem jeweils anderen Teildecodierer zur Verfügung gestellt werden. Diese Prozedur ist in **Bild 9.4.2** dargestellt. Der Multiplexer teilt zunächst den Empfangsdatenstrom auf die beiden Teildecodierer auf. Das Ausgangssignal vom ersten Decodierer D_1 kann dann im ersten Decodierdurchlauf (Iteration 0) durch

$$L_1^{(0)}(\hat{u}) = L(y_s \mid u) + L_{e,1}^{(0)}(\hat{u}) \qquad (9.4.42)$$

dargestellt werden, da zu diesem Zeitpunkt noch keine a-priori-Information vorliegt. Die extrinsische Information $L_{e,1}^{(0)}(\hat{u}) = L_{a,2}^{(0)}(u)$ stellt a-priori-Wissen für den zweiten Decodierer dar, da sie aus der Redundanz des ersten Codes gewonnen wurde. Sie wird nun zusammen mit dem systematischen Anteil $L(y_s \mid u)$ über den Interleaver an D_2 weitergeleitet. Dieser liefert das LLR

$$L_2^{(0)}(\hat{u}) = L(y_s \mid u) + L_{a,2}^{(0)}(u) + L_{e,2}^{(0)}(\hat{u}) \,, \qquad (9.4.43)$$

dessen extrinsischer Anteil nun durch die Subtraktion extrahiert und als a-priori-Wissen $L_{e,2}^{(0)}(\hat{u}) = L_{a,1}^{(1)}(u)$ zurück an D_1 geleitet werden kann. Hierdurch entsteht eine rekursive Struktur, die iterativ abzuarbeiten ist. Für die ν-te Decodieriteration lautet das Ausgangssignal des μ-ten Decodierers

$$L_\mu^{(\nu)}(\hat{u}) = L(y_s \mid u) + L_{a,\mu}^{(\nu)}(u) + L_{e,\mu}^{(\nu)}(\hat{u}) \,, \qquad (9.4.44)$$

wobei $L_{a,1}^{(\nu)}(u) = L_{e,2}^{(\nu-1)}(\hat{u})$ bzw. $L_{a,2}^{(\nu)}(u) = L_{e,1}^{(\nu)}(\hat{u})$ gilt. Für die Decodierentscheidung wird nach dem letzten Decodierdurchlauf das Ausgangssignal von D_2 de-interleaved und hart entschieden. Eine Vertiefung dieses iterativen Konzeptes findet anhand der Übungsaufgaben statt.

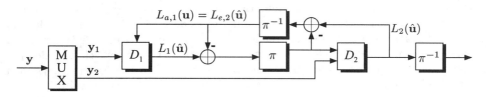

Bild 9.4.2: Iterativer Decodierprozeß parallel verketteter Codes

Seriell verkettete Codes

Der prinzipielle Unterschied zwischen serieller und paralleler Verkettung besteht darin, daß im parallelen Fall beide Codierer die gleichen Binärstellen codieren, während bei der seriellen Verkettung die Codebit des äußeren Codes die Eingangsbit des inneren bilden. Hierdurch unterscheidet sich auch die iterative Decodierung, wie **Bild 9.4.3** zeigt. Während der innere Decodierer D_2 nach wie vor Schätzwerte $L_2(\hat{c}_1)$ der Eingangsbit von C_2 berechnet, liefert der äußere Decodierer D_1 nun neben $L_1(\hat{u})$ auch noch Schätzwerte $L_1(\hat{c}_1)$ über seine codierten Bit. Diese stellen nämlich die 'Informationsbit' des inneren Codes dar, so daß der extrinsische Anteil $L_{e,1}(\hat{c}_1)$ als a-priori-Information für D_2 dient. Es gilt

$$L_{a,2}^{(\nu)}(c_1) = L_{e,1}^{(\nu-1)}(\hat{c}_1) \,. \qquad (9.4.45)$$

Bezüglich der Decodieralgorithmen sind die in Abschnitt 9.4.3 erwähnten Anpassungen zur Berechnung der LLR's für die codierten Bit durchzuführen.

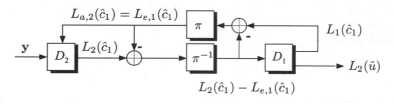

Bild 9.4.3: Iterativer Decodierprozeß für seriell verkettete Codes

Wichtig ist sowohl für die parallele als auch für die serielle Codeverkettung, daß stets nur der extrinsische Teil der LLR's zwischen den Decodierern ausgetauscht wird. Andernfalls ist die a-priori-Information mit den übrigen Eingangssignalen eines Decodierers stark korreliert und die Addition der LLR's aus (9.4.15) gilt nicht mehr. Dies führt dann zu einer starken Degradation der Leistungsfähigkeit.

Einfluß des Interleavers

Wie sich in den Übungsaufgaben zeigen wird, nimmt die Verbesserung der Fehlerrate von Iteration zu Iteration ab. Dieser Effekt beruht auf der Tatsache, daß die extrahierte a-priori-Information in jeder Iteration auf den gleichen Empfangsdaten basiert und sie somit allmählich immer stärker mit diesen korreliert. Zu Beginn der Iteration sorgt der Interleaver durch die Permutation der Daten noch für eine ausreichende Dekorrelation. Im Zuge weiterer Iterationen nimmt die Korrelation der a-priori-Information mit den übrigen Eingangsdaten allerdings ständig zu und der zusätzliche Gewinn geht gegen null. Bei großen Interleavern verläuft dieser Prozeß langsamer, so daß der Gewinn durch zusätzliche Iterationen hier größer ist. Der bei der Codeverkettung eingesetzte Interleaver beeinflußt demnach nicht nur die Distanzeigenschaften, sondern ermöglicht auch den effektiven Einsatz der iterativen Decodierung. Ob diese stets konvergiert und wohin sie gegebenenfalls konvergiert, ist bis heute eine offene Frage. Zahlreiche Untersuchungen per Simulation haben bisher allerdings ein überwiegend gutmütiges Verhalten ergeben. Ein Beweis für die Konvergenz dieses Verfahrens wurde bis heute aber noch nicht geführt.

9.4.5 Übungen

Aufgabe 9.4.1	**Soft-Output-Decodierung von SPC-Codes** Lösung Seite 473

a) Das Informationswort $\mathbf{u} = (1, 0, 1)$ wird mit einem (4,3,2)-SPC-Code codiert, BPSK-moduliert und anschließend über einen AWGN-Kanal mit einem Signal-Rausch-Abstand von $E_s/N_0 = 2$ dB übertragen. Am Empfänger liege die Sequenz $\mathbf{y} = (-0.8, 1.1, 0.3, 0.4)$ vor. Bestimmen Sie die Log-Likelihood-Werte und decodieren Sie den Empfangsvektor mit der Routine `map_spc.m`. Wie lautet das Ergebnis?

b) Führen Sie die Decodierung nun mit der Näherungslösung nach (9.4.10b) durch. Vergleichen Sie das Ergebnis mit dem aus Aufgabenteil a).

c) Geben Sie die Wahrscheinlichkeiten für eine korrekte Decodierentscheidung an.

Aufgabe 9.4.2   **Iterative Decodierung / MLD**
Lösung Seite 475

In dieser Aufgabe sollen die *Soft-Output*-Algorithmen für eine iterative Decodierung eingesetzt werden. Dazu betrachten wir einen Produktcode, dessen
Informationsmatrix

$$\mathbf{u} = \begin{pmatrix} 1 & 0 & 0 \\ 0 & 1 & 1 \\ 1 & 0 & 1 \end{pmatrix}$$

lautet. Sie wird sowohl horizontal als auch vertikal mit dem (4,3,2)-SPC-Code aus
Aufgabe 9.4.1 codiert und nach einer BPSK-Modulation über einen AWGN-Kanal
übertragen. Wir erhalten die folgende Empfangsmatrix

$$L(\mathbf{y} \mid \mathbf{x}) = \left(\begin{array}{ccc|c} 0.4 & 4.8 & 3.2 & -2.0 \\ 3.2 & -2.8 & 2.4 & 0.4 \\ -4.8 & 2.0 & -3.6 & 4.8 \\ \hline -0.8 & -0.8 & 5.2 & -6.0 \end{array} \right),$$

welche die schon umgerechneten LLR's enthält. Diese Matrix bildet nun den Ausgangspunkt für einen iterativen Decodierprozeß, der mit der vertikalen Decodierung beginnen soll.

a) Bestimmen Sie zunächst die gesendete Matrix **x** nach der BPSK-Modulation.

b) Führen Sie nun eine vertikale und anschließend eine horizontale SS-MAP-
   Decodierung durch (`map_spc.m`), wobei die Näherung nach (9.4.10b) verwendet werden soll (Parameter `approx=1` setzen). Bestimmen Sie die extrinsische Information als auch das Gesamtergebnis der Decodierung. Ist
   das Ergebnis fehlerfrei?

c) Wiederholen Sie Aufgabenteil b), wobei die extrinsische Information der
   horizontalen Decodierung als a-priori-Wissen der vertikalen eingesetzt wird
   (Turbo-Decodierung). Wieviel Iterationen braucht man bis zur fehlerfreien
   Decodierung?

d) Die Leistungsfähigkeit der iterativen Decodierung soll nun genauer untersucht werden. Simulieren Sie dazu die Übertragung über einen AWGN-
   Kanal für Signal-Rausch-Abstände von 0 dB bis 8 dB. Für die Codierung
   steht die Routine `enc_scspc` zur Verfügung, für die iterative Decodierung die
   Routine `turbo_scspc` und der erforderliche Vektor für das Interleaving kann
   durch `block_interleave` gewonnen werden. Es sollen insgesamt drei Decodier-
   durchläufe durchgeführt werden. Stellen Sie die erhaltenen Bitfehlerraten
   graphisch dar.

e) Jetzt soll die iterative Decodierung mit der optimalen Soft-Decision ML-
   Decodierung verglichen werden. Die ML-Decodierung kann für diesen einfachen Code durch die Korrelation der empfangenen Codeworte mit allen

möglichen Codeworten und eine anschließende Maximumsbestimmung realisiert werden. Simulieren Sie wie in Teil d) die Übertragung über einen
AWGN-Kanal und tragen Sie die Bitfehlerkurven in das Diagramm von Aufgabenteil d) ein.

Aufgabe 9.4.3

Serielle / Parallele Verkettung
Lösung Seite 478

a) In dieser Aufgabe sollen zwei (20,19,2)-SPC-Codes zunächst über einen
Blockinterleaver seriell miteinander verknüpft werden. Führen Sie die Si-
mulationen mit iterativer Decodierung (3 Durchläufe) wiederum für einen
AWGN-Kanal mit einem E_b/N_0 zwischen 0 dB und 8 dB aus.

b) Ersetzen Sie nun den Blockinterleaver durch einen Zufallsinterleaver, der
nach jedem Block neu ausgewürfelt wird. Hierzu steht Ihnen die Routine
rand_interleave zur Verfügung. Wie verändern sich die Ergebnisse?

c) Führen Sie eine analytische Abschätzung der Bitfehlerrate mit Hilfe des
Uniform-Interleavers durch. Vergleichen Sie die gewonnenen Ergebnisse mit
denen des letzten Aufgabenteils.

d) Zum Vergleich soll nun die parallele Verkettung der SPC-Codes untersucht
werden. Wiederholen Sie dazu die Simulationen aus den Aufgabenteilen
a) und b) (jetzt aber mit fünf Decodierdurchläufen) sowie die analytische
Abschätzung aus c) und vergleichen Sie die Ergebnisse mit denen der seriellen
Verkettung. Verwenden Sie die Routinen enc_pcspc und turbo_pcspc zur
Codierung und Decodierung.

Aufgabe 9.4.4

Iterative Decodierung von Turbo-Codes
Lösung Seite 479

Gegeben sei ein Turbo-Code bestehend aus zwei RSC-Codes mit den Generatorpolynomen $g_0(D) = 1$ und $g_1(D) = (1 + D^2)/(1 + D + D^2)$. Als Interleaver
wird eine zufällig ausgewürfelte Permutation der Länge $L_\pi = 20000$ gewählt. Die
Coderate wird durch Punktierung der Prüfbit auf $R_c = 1/2$ eingestellt (Codierung
über enc_pccc, Punktierungsvektor mit Routine gen_punc).

a) Simulieren Sie die Übertragung über einen AWGN-Kanal mit $E_b/N_0 = 2$ dB
und decodieren Sie die empfangenen Werte mit der Routine turbo_pccc.
Stellen Sie die Verteilung der LLR's der Informationsbit für vier Iterationen
nach jeder Teildecodierung graphisch dar.

b) Bestimmen Sie Mittelwert und Varianz vom Betrag der LLR's.

c) Stellen Sie auch die Verteilung der extrinsischen Information nach jeder Teil-decodierung graphisch dar.

d) Berechnen Sie die Korrelation zwischen extrinsischer Information und emp-fangenen Werten in Abhängigkeit der Iterationszahl.

Aufgabe 9.4.5	**Einfluß der Decodieralgorithmen** Lösung Seite 481

a) Wir verwenden weiterhin den Turbo-Code aus Aufgabe 9.4.4, jetzt aller-dings mit einem Zufallsinterleaver der Länge $L_\pi = 100$. Bestimmen Sie die Bitfehlerraten für die Übertragung über einen AWGN-Kanal und die De-codieralgorithmen `log_map` und `max_log_map`. Vergleichen Sie die erzielten Ergebnisse.

b) Es soll nun angenommen werden, daß der Endzustand des zweiten Kompo-nentencodes, der die permutierten Informationsbit erhält, dem Empfänger ebenfalls bekannt ist. Simulieren Sie nochmals die Übertragung über den AWGN-Kanal bei Decodierung mit dem `log_map` und vergleichen Sie die Ergebnisse mit denen aus Aufgabenteil a).

Aufgabe 9.4.6	**Einfluß des Interleavers** Lösung Seite 483

a) Bestimmen Sie die Bitfehlerraten des Turbo-Codes aus den beiden vor-angegangenen Aufgaben für Interleavergrößen von $L_\pi = 100$, $L_\pi = 225$, $L_\pi = 400$, $L_\pi = 625$, $L_\pi = 900$ und $L_\pi = 10000$ bei einem Signal-Rausch-Abstand von $E_b/N_0 = 1$ dB und Decodierung mit dem `log_map` (zufällig ausgewürfelte Permutationen).

b) Wiederholen Sie Aufgabenteil a) unter den gleichen Randbedingungen für einen einfachen Blockinterleaver. Vergleichen Sie die Ergebnisse.

Aufgabe 9.4.7	**Teilcodes bei serieller Verkettung** Lösung Seite 483

a) Es soll nun ein seriell verketteter Code bestehend aus einem äußeren NSC-Code ($g_0(D) = 1 + D + D^2$, $g_1(D) = 1 + D^2$) und einem inneren RSC-Code

$(\tilde{g}_1(D) = (1 + D^2)/(1 + D + D^2)$ simuliert werden. Bestimmen Sie die Leistungsfähigkeit bei Übertragung über einen AWGN-Kanal für einen Zufallsinterleaver der Größe $L_\pi = 100$ im Bereich $0 \leq E_b/N_0 \leq 4$ dB (Decodierung mit `log_map`).

b) Wiederholen Sie Aufgabenteil a) unter den gleichen Randbedingungen, wobei jetzt beim inneren Code das Polynom $g_1(D) = (1 + D + D^2)/(1 + D^2)$ eingesetzt werden soll. Welche Unterschiede ergeben sich?

c) Der innere Code aus Teil b) soll nun auf die Rate 2/3 punktiert werden, so daß sich für die Codeverkettung die Gesamtrate $R_c = 1/3$ ergibt. Bestimmen Sie die Bitfehlerrate.

d) Punktieren Sie nun den äußeren anstelle des inneren Codes. Der Gesamtcode besitzt zwar dann wiederum die Rate $R_c = 1/3$, bei gleicher Verzögerungszeit durch den Interleaver ist dieser jetzt allerdings nur noch 75 Bit groß. Vergleichen Sie die Bitfehlerrate mit der aus Aufgabenteil c).

Lösung Aufgabe 9.4.1

Aufgabenteil a)
Der SPC-Codierer generiert aus **u** den Vektor **c** $= (1, 0, 1, 0)$, der durch die BPSK-Modulation in den Sendevektor **c** $= (-1, +1, -1, +1)$ umgesetzt wird. Ein Vergleich mit der Empfangsfolge **y** zeigt, daß das Vorzeichen der dritten Stelle verfälscht wurde. Bei einer einfachen Hard-Decision-Decodierung könnte der obige Einzelfehler lediglich erkannt, allerdings nicht korrigiert werden.

Für einen Signal-Rausch-Abstand von $E_s/N_0 = 2$ dB nimmt die Zuverlässigkeit des Kanals den Wert $L_c = 4E_s/N_0 = 6.34$ an. Damit lauten die LLR's nach (9.4.7) $L(y_i|x_i) = (-5.07, 6.97, 1.90, 2.54)$. Die Decodierung nutzt nun die statistischen Bindungen der einzelnen Symbole, die durch die Codierung eingebracht wurden, aus und bestimmt die extrinsische Information. Da hier ein SPC-Code verwendet wird, bietet sich die Decodierung über den dualen Code aus (9.4.18) an. Bei einer Decodierung über den Originalcode nach (9.4.17) wären für den einfachen Parity-Check-Code $2^3 = 8$ Codeworte zu betrachten. Demgegenüber besteht der orthogonale Coderaum $\mathcal{C}^\perp$ nur aus $2^{n-k} = 2$ Elementen, die Berechnung von $L_e(\hat{u}_i)$ über den dualen Code erfordert also nur die Berücksichtigung des Alleinsenwortes (das Nullwort wird nicht benötigt). Mit Hilfe der Beziehung $\ln(1 + x)/(1 - x) = 2\,\mathrm{artanh}\,(x)$ reduziert sich (9.4.18) damit auf

$$L_e(\hat{u}_i) = \ln \frac{1 + \prod\limits_{\substack{l=0 \\ l \neq i}}^{n-1} [\tanh(L(y_l; c_l)/2)]}{1 - \prod\limits_{\substack{l=0 \\ l \neq i}}^{n-1} [\tanh(L(y_l; c_l)/2)]}$$

$$= 2 \operatorname{artanh}\left(\prod\limits_{\substack{l=0 \\ l \neq i}}^{n-1} \tanh\left[L(y_l; c_l)/2\right]\right) . \qquad (9.4.46)$$

Gl. (9.4.46) ist folgendermaßen zu interpretieren. Für alle $\mathbf{c} \in \mathcal{C}$ und $\mathbf{c}^\perp \in \mathcal{C}^\perp$ gilt bekanntlich $< \mathbf{c} \cdot \mathbf{c}^\perp >= 0$, d.h. wegen $\mathbf{c}^\perp = (1, \cdots, 1)$ ist die Quersumme der Binärstellen von $\mathbf{c}$ modulo 2 immer null[2]. Damit läßt sich aber jedes Bit c_i aus der modulo-2-Summe $c_i = (\sum_{j \neq i} c_j) \bmod$ aller übrigen Binärstellen berechnen. Soll diese Berechnung nun mit Soft-Werten durchgeführt werden, ist (9.4.10a) bzw. (9.4.46) anzuwenden. Wir erhalten also mit dem SS-MAP-Algorithmus die extrinsische Information über das Bit u_i

$$L_e(\hat{u}_i) = L(y_i \mid c_i) + L_e(\hat{u}_i) = (1.48, -1.46, -2.45, -1.86) .$$

Da $L_e(\hat{u}_i)$ statistisch unabhängig von den direkten Komponenten $L(y_i|c_i)$ ist, können beide LLR's addiert werden. Ob die extrinsische Information dann das Vorzeichen des in unserem Beispiel verfälschten Bits c_2 korrigieren kann und die übrigen (korrekten) nicht mehr verändert, hängt von den Beträgen der Summanden ab. Das Ergebnis lautet

$$L(\hat{u}_i) = (-3.59, 5.51, -0.55, 0.68) .$$

Zunächst ist zu erkennen, daß der während der Übertragung aufgetretene Fehler korrigiert werden konnte, obwohl die Mindestdistanz des Codes $d_{\min} = 2$ beträgt und somit streng genommen nur ein Fehler erkannt werden kann. Dies liegt an der Tatsache, daß keine Hard-Decision-Decodierung, sondern eine Soft-Decision-Decodierung durchgeführt wurde. Das korrigierte Bit weist mit $L(y_2|x_2) = 1.90$ die geringste Zuverlässigkeit auf.

Aufgabenteil b)
Gl. (9.4.46) kann durch

$$L_e(\hat{u}_i) \approx \min_{l \neq i}\{|L(y_l; c_l)|\} \cdot \prod\limits_{\substack{l=0 \\ l \neq i}}^{n-1} \operatorname{sgn}(L(y_l; c_l)) \qquad (9.4.47)$$

---

[2] $< \cdot >$ stellt das Skalarprodukt modulo 2 dar.

angenähert werden, d.h. die extrinsische Information $L_e(\hat{u}_i)$ ergibt sich hier aus dem Produkt der Vorzeichen und dem Minimum der Beträge aller übrigen LLR's. Wir erhalten nun die extrinsische Information

$$L_e(\hat{u}_i) \approx (1.90, -1.90, -2.54, -1.90)$$

und als Gesamtergebnis

$$L(\hat{u}_i) \approx (-3.17, 5.07, -0.63, 0.63) \,.$$

Ein Vergleich mit Aufgabenteil a) zeigt die gute Übereinstimmung mit der exakten Lösung.

Aufgabenteil c)
Die Wahrscheinlichkeiten für eine korrekte Decodierung lassen sich aus (9.4.5) ermitteln. Wir erhalten mit dem SS-MAP-Algorithmus die Wahrscheinlichkeiten $P(\hat{u}_i$ korrekt$) = (0.97, 0.996, 0.63, 0.66)$ und für die Approximation entsprechend $P(\hat{u}_i$ korrekt$) = (0.96, 0.99, 0.65, 0.65)$. Für die beiden korrekt übertragenen Bit ist sie annähernd eins, während sie für das korrigierte Bit etwa 65% beträgt.

Lösung Aufgabe 9.4.2

Aufgabenteil a)
Beim betrachteten Produktcode bestehend aus zwei SPC-Codes lautet die erzeugte Matrix der Codeworte (inklusive BPSK-Modulation)

$$\mathbf{x} = \left(\begin{array}{ccc|c} -1 & +1 & +1 & -1 \\ +1 & -1 & -1 & +1 \\ -1 & +1 & -1 & +1 \\ \hline +1 & -1 & +1 & -1 \end{array} \right) \,.$$

Aufgabenteil b)
Beim ersten Decodierdurchlauf steht noch keine a-priori-Information zur Verfügung. Da sich die extrinsische Information bei der Näherungslösung stets aus dem Minimum der Beträge und dem Produkt der Vorzeichen berechnet, kann die extrinsische Information bei Betrachtung der Empfangsmatrix $L(\mathbf{y}|\mathbf{x})$ direkt abgelesen werden. Wir erhalten durch die erste vertikale Decodierung für die 'Informationsbit' $\mathbf{c}_1$ des inneren Codes die extrinsische Information

$$L_{e,2}^{(0)}(\hat{\mathbf{c}}_1) = \left(\begin{array}{ccc|c} +0.8 & +0.8 & -2.4 & -0.4 \\ +0.4 & -0.8 & -3.2 & +2.0 \\ -0.4 & +0.8 & +2.4 & +0.4 \end{array} \right) \,.$$

Das Gesamtergebnis

$$L_2^{(0)}(\hat{\mathbf{c}}_1) = L(\mathbf{y} \mid \mathbf{x}) + L_{e,2}^{(0)}(\hat{\mathbf{c}}_1) = \begin{pmatrix} +1.2 & +5.6 & +0.8 & -2.4 \\ +3.6 & -3.6 & -0.8 & +2.4 \\ -5.2 & +2.8 & -1.2 & +5.2 \end{pmatrix}$$

stellt das Eingangssignal des äußeren Decodierers dar. Dabei ist zu beachten, daß in MATLAB die Matrix $L_2^{(0)}(\hat{\mathbf{c}}_1)$ transponiert wird, da die Routine map_spc die Decodierung stets in der vertikalen Richtung durchführt. Die horizontale Decodierung liefert für die Codebit $\mathbf{c}_1$ die extrinsische Information

$$L_{e,1}^{(0)}(\hat{\mathbf{c}}_1) = \begin{pmatrix} +0.4 & +4.8 & -0.4 & -1.6 \\ +4.4 & -4.4 & -3.2 & +3.2 \\ -6.4 & +4.0 & -4.0 & +6.4 \end{pmatrix}$$

und als Schätzwert für die Informationsbit $\mathbf{u}$ das Ergebnis

$$L_1^{(0)}(\hat{\mathbf{u}}) = L_2^{(0)}(\hat{\mathbf{c}}_1) + L_{e,1}^{(0)}(\hat{\mathbf{u}}) = \begin{pmatrix} \boxed{+0.4} & +4.8 & \boxed{-0.4} \\ +4.4 & -4.4 & -3.2 \\ -6.4 & +4.0 & -4.0 \end{pmatrix} .$$

Damit ist der erste komplette Decodierdurchlauf abgeschlossen. Ein Vergleich mit den Vorzeichen der gesendeten Daten ergibt, daß noch zwei Fehler im Informationsteil enthalten sind.

Aufgabenteil c)

Die in b) berechnete extrinsische Information $L_{e,1}^{(0)}(\hat{c}_{1,i})$ stellt das Wissen über ein bestimmtes Bit $c_{1,i}$ eines Codewortes aus der Sicht aller übrigen Bit $c_{1,j\neq i}$ dieses Codewortes dar, nicht aber aus der Sicht von $c_{1,i}$ selbst. Da bei der vertikalen Codierung mit C_2 andere Binärstellen zu einem Codewort zusammengefaßt werden als bei der horizontalen, ist die extrinsische Information statistisch unabhängig von den Symbolen $c_{2,i}$ eines vertikalen Codewortes, und sie repräsentiert somit a-priori-Wissen für D_2.

$$L_{a,2}^{(1)}(\mathbf{c}_1) = L_{e,1}^{(0)}(\hat{\mathbf{c}}_1) \tag{9.4.48}$$

In einem zweiten Decodierdurchgang sollten demnach bessere Ergebnisse zu erwarten sein. Wir erhalten nach der vertikalen Decodierung das Ergebnis

$$L_2^{(1)}(\hat{\mathbf{c}}_1) = L(\mathbf{y} \mid \mathbf{x}) + L_{a,2}^{(1)}(\mathbf{c}_1) + L_{e,2}^{(1)}(\hat{\mathbf{c}}_1) = \begin{pmatrix} +0.4 & +4.8 & +2.0 & -2.4 \\ +3.6 & -4.4 & -2.0 & +2.4 \\ -5.6 & +4.0 & -6.4 & +7.2 \end{pmatrix} .$$

Vor der zweiten horizontalen Decodierung ist zu beachten, daß die a-priori-Information $L_{a,2}^{(1)}(\mathbf{c}_1)$ entsprechend (9.4.48) aus der extrinsischen Information $L_{e,1}^{(0)}(\hat{\mathbf{c}}_1)$ von D_1 hervorgegangen ist. Sie darf nicht wieder an den Eingang von D_1 zurückgeführt werden, da sie eine starke Korrelation mit den übrigen Eingangswerten aufweist. Als a-priori-Wissen wird also stets nur der für einen bestimmten

Decodierer neue Informationsanteil (die extrinsische Information des anderen Decodierers) weitergeleitet. Aus diesem Grund wird $L_{e,1}^{(0)}(\hat{\mathbf{c}}_1)$ vom Ausgangssignal
von D_2 subtrahiert und die Differenz an D_1 weitergeleitet. Die horizontale Decodierung liefert dann im zweiten Durchlauf das Ergebnis

$$L_1^{(1)}(\hat{\mathbf{c}}_1) = L(\mathbf{y} \mid \mathbf{x}) + L_{e,2}^{(1)}(\hat{\mathbf{u}}) + L_{e,1}^{(1)}(\hat{\mathbf{u}}) = \begin{pmatrix} -1.6 & +4.4 & +1.6 \\ +5.6 & -6.4 & -4.4 \\ -9.6 & +9.6 & -10.4 \end{pmatrix}.$$

Ein Vergleich mit den Informationsbit in $\mathbf{u}$ zeigt, daß diese Decodierung jetzt
fehlerfrei war. Es reicht also in diesem Beispiel ein zweiter Decodierdurchlauf aus,
um alle Fehler korrigieren zu können. Für eine weitere Iteration würde $L_{e,1}^{(1)}(\hat{\mathbf{c}}_1)$
als a-priori-Wissen wiederum an den inneren Decodierer D_2 weitergeleitet.

Aufgabenteil d)
Die iterative Decodierung mit drei Iterationen liefert die in **Bild 9.4.4** gezeigten
Ergebnisse. Aufgrund des äußerst kleinen Interleavers von nur 3x3 Elementen
können keine wesentlichen Verbesserungen durch zusätzliche Iterationen erwartet
werden. Allerdings ist eine leichte Reduktion der Bitfehlerrate zu erkennen.

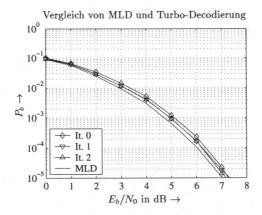

Bild 9.4.4: Vergleich von iterativer Decodierung und ML-Decodierung für Aufgabe
9.4.2d und e

Aufgabenteil e)
Bild 9.4.4 enthält ebenfalls die Ergebnisse für eine optimale Soft-Decision
Maximum-Likelihood-Decodierung. Es ergibt sich ein Gewinn von etwa 0.2 dB
gegenüber der iterativen Decodierung. Dabei ist aber zu betonen, daß dieses Ergebnis nicht verallgemeinert werden kann, da das Konvergenzverhalten der iterativen Decodierung stark von Größe und Beschaffenheit des Interleavers sowie den
Eigenschaften der gewählten Teilcodes abhängt.

Lösung Aufgabe 9.4.3

Aufgabenteil a)
Die Ergebnisse für die parallele Verkettung zweier (20,19,2)-SPC-Codes sind in
Bild 9.4.5a dargestellt. Man erkennt, daß durch den zweiten Decodierdurchlauf
(Iteration 1) ein Gewinn von mehr als 0.5 dB bei einer Fehlerrate von 10^{-5} erzielt
werden kann. Weitere Iterationen führen zu keiner merklichen Verbesserung.

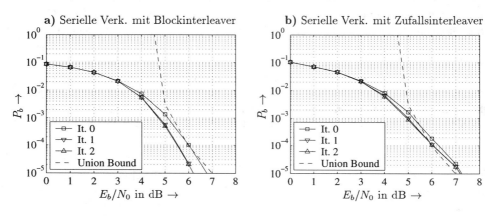

Bild 9.4.5: Bitfehlerraten für die parallele Codeverkettung aus den Aufgaben 9.4.3a und
9.4.3b

Aufgabenteil b)
Beim Einsatz eines Zufallsinterleavers ist in **Bild 9.4.5b** zu beobachten, daß die
Leistungsfähigkeit schon beim ersten Decodierdurchlauf geringer als beim Blockinterleaver ist. Darüberhinaus fallen auch die Gewinne durch zusätzliche Iterationen
kleiner aus. Der einfache Blockinterleaver stellt vielleicht nicht die absolut beste
Wahl dar, er scheint aber zumindest für diese Interleavergröße und diese Teilcodes
besser zu sein als das Mittel aller Interleaver.

Aufgabenteil c)
Diese Beobachtung wird durch den Vergleich mit der analytischen Abschätzung
der Bitfehlerrate, welche ebenfalls in den **Bildern 9.4.5a** und b enthalten ist,
gestützt. Es ist erkennbar, daß beim Einsatz zufällig ausgewählter Interleaver die
obere Schranke der Union Bound annähernd erreicht wird. Der Blockinterleaver erreicht die Union-Bound-Abschätzung allerdings schon beim ersten Decodierdurchlauf und unterbietet sie deutlich bei zusätzlichen Iterationen.

Aufgabenteil d)
Die Simulationen mit der parallelen Verkettung bestätigen die in den vorigen Aufgabenteilen gemachten Beobachtungen (siehe **Bild 9.4.6a** und **b**). Die Leistungsfähigkeit des Blockinterleavers ist größer als das Mittel der Interleaver und auch die Gewinne durch zusätzliche Iterationen fallen beim Blockinterleaver größer aus. Sie sind im Vergleich zur seriellen Verkettung etwas größer. Während nach dem ersten Decodierdurchlauf beide Verfahren die gleichen Bitfehlerraten erzielen, erscheint die parallele Verkettung nach vier Iterationen etwas besser (bei der seriellen Verkettung liefern die dritte und vierte Iteration keine zusätzlichen Gewinne mehr). Angesichts der Tatsache, daß die parallele Codeverkettung sogar eine etwas größere Coderate besitzt, übertrifft sie in diesem Beispiel die serielle Verkettung.

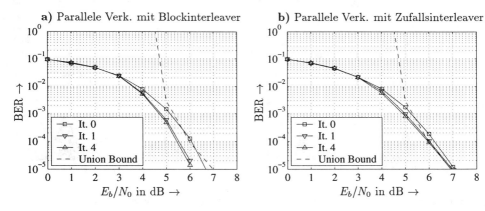

Bild 9.4.6: Bitfehlerraten für die parallele Codeverkettung aus den Aufgaben 9.4.3c und Vergleich mit serieller Verkettung

Lösung Aufgabe 9.4.4

Aufgabenteil a)
Die Histogramme der LLR's zeigt **Bild 9.4.7**. Es ist zu erkennen, daß sich die Verteilung nach einigen Iterationen einer gaußähnlichen Verteilung annähert. Zudem steigen die Mittelwerte an und der Überlappungsbereich von positiven und negativen Werten wird kleiner. Dies garantiert eine Zunahme der Entscheidungssicherheit.

Aufgabenteil b)
Quantitativ läßt sich die verbesserte Entscheidungssicherheit anhand der Mittelwerte und der Varianzen darstellen. Sie sind in **Bild 9.4.9a** dargestellt. Es ist

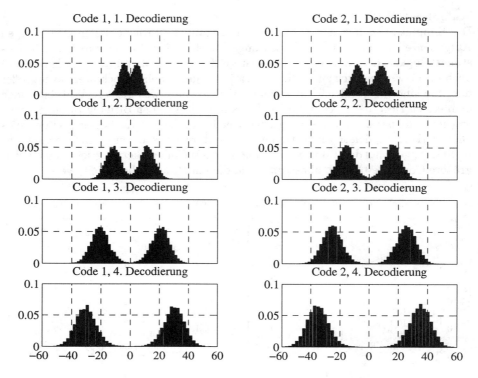

Bild 9.4.7: Relative Häufigkeitsverteilungen der LLR's der Informationsbit (Aufgabe 9.4.4a)

zu erkennen, daß die Mittelwerte stetig ansteigen, während die auf die quadratischen Mittelwerte normierten Varianzen kleiner werden. Dies korrespondiert mit zuverlässiger werdenden Entscheidungen.

Aufgabenteil c)
Bild 9.4.8 zeigt die extrinsische Information nach jedem Teildecodiervorgang. Man erkennt, wie sich die $L_e(\hat{x})$ von Iteration zu Iteration weiter trennen und gegen Gaußverteilungen streben.

Aufgabenteil d)
Wie schon angedeutet wurde, nimmt der zusätzliche Gewinn von Iteration zu Iteration ab. Dies liegt an der steigenden Korrelation zwischen extrinsischer Information und den Ausgangswerten des Kanals. Sie ist in **Bild 9.4.9** dargestellt. Dabei wurde sowohl auf die Energie des Empfangssignals **y** als auch auf die Energie der extrinsischen Information $L_{e,\nu}(\hat{u})$ normiert. Offensichtlich nimmt die Korrelation nach jeder Teildecodierung zu, von statistischer Unabhängigkeit kann spätestens

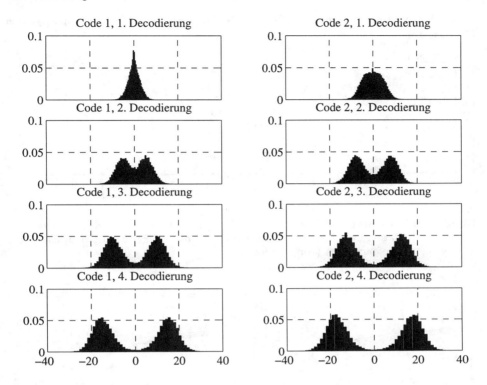

Bild 9.4.8: Relative Häufigkeitsverteilungen der extrinsischen LLR's (Aufgabe 9.4.4c)

nach dem ersten Decodierdurchgang nicht mehr die Rede sein. Aus diesem Grund ist die Art, wie die extrinsische Information als a-priori-Wissen eingebracht wird, nicht mehr optimal und der hierdurch erwartete Decodiergewinn nimmt ab.

> Lösung Aufgabe 9.4.5

Aufgabenteil a)
Bild 9.4.10a zeigt den Vergleich zwischen 'Log-MAP'- und 'Max-Log-MAP'-Algorithmen. Es ist zu erkennen, daß sich ein kleiner Verlust bei Verwendung der Näherungslösung einstellt, der in vielen Fällen aber wegen des geringeren Rechenaufwandes toleriert wird. Quantitativ hängt der Verlust von den Komponentencodes und auch der Interleavergröße ab, so daß er unter Umständen auch etwas größer ausfallen kann. Die prinzipielle Aussage behält aber weiterhin ihre Gültigkeit.

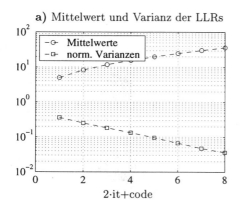

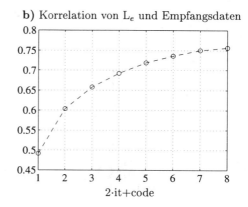

Bild 9.4.9: Mittelwert und Varianz der LLR's (Aufgabe 9.4.4b) und normierte Korrelation zwischen extrinsischer Information und systematischem Anteil der Empfangsdaten (Aufgabe 9.4.4d)

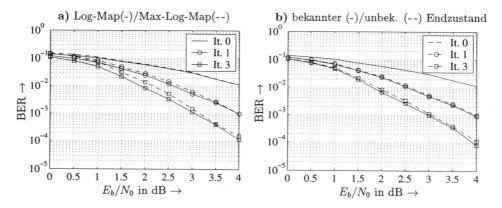

Bild 9.4.10: Einfluß der Decodieralgorithmen und der Trellisterminierung auf die Leistungsfähigkeit von Turbo-Codes (Aufgabe 9.4.5)

Aufgabenteil b)

Bild 9.4.10b illustriert den Vergleich zwischen terminiertem und nicht terminiertem zweiten Komponentencode. Durch den Einsatz des Interleavers ist es ohne weitere Einschränkungen hinsichtlich der Interleaverstruktur i.a. schwierig, beide Codierer am Blockende wieder in den Nullzustand zu überführen. Daher kennt der Decodierer den Endzustand des zweiten Teilcodierers in der Regel nicht. Der hierdurch entstehende Verlust fällt allerdings sehr klein aus und beträgt in diesem Fall etwa 0.2 dB.

Lösung Aufgabe 9.4.6

Aufgabenteil a)
Aus **Bild 9.4.11a** ist zu entnehmen, daß der Iterationsgewinn mit zunehmender Interleavergröße ansteigt. Zum einen verändert sich das Distanzspektrum mit wachsendem Interleaver (kleinere Koeffizienten c_d), des weiteren profitiert aber auch die iterative Decodierung von einer verbesserten Entkoppelung der extrinsischen Information von den empfangenen Daten.

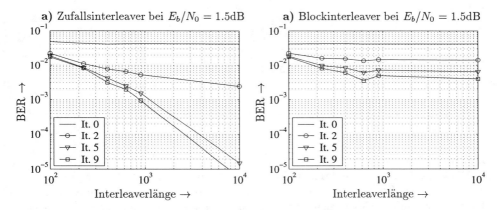

Bild 9.4.11: Einfluß des Interleavers auf die Leistungsfähigkeit von Turbo-Codes (Aufgabe 9.4.6)

Aufgabenteil b)
Ein Vergleich der **Bilder 9.4.11a** und **b** verdeutlicht, daß eine Vergrößerung des Interleavers beim einfachen Blockinterleaver nicht die gewünschte Verbesserung der Fehlerrate bewirkt. Dies liegt daran, daß durch den Blockinterleaver regelmäßige Strukturen der Fehlermuster nicht aufgebrochen werden können und ein größerer Interleaver somit keinen Vorteil besitzt.

Lösung Aufgabe 9.4.7

Aufgabenteil a)
Bild 9.4.12a zeigt die Bitfehlerraten für die serielle Verkettung zweier halbratiger Faltungscodes der Einflußlänge $L_c = 3$. Während als äußerer Code ein NSC-Code

eingesetzt wurde, handelt es sich beim inneren Code um einen RSC-Code, dessen Rückkopplungspolynom $g_0(D) = 1 + D + D^2$ teilerfremd ist. Die Verbesserung im Laufe der iterativen Decodierung ist deutlich zu erkennen.

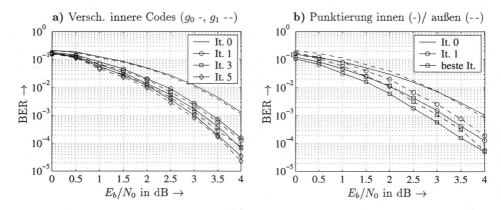

Bild 9.4.12: Einfluß der Teilcodes bei serieller Verkettung (Aufgabe 9.4.7)

Aufgabenteil b)

In **Bild 9.4.12a** sind ebenfalls die Ergebnisse für die serielle Verkettung enthalten, die als inneren Code einen RSC-Code mit dem Rückkopplungspolynom $g_1(D) = 1 + D^2$ verwendet. Aus diesem kann der Faktor $1 + D$ extrahiert werden, was laut Abschnitt 9.2 vorteilhaft ist. Die erzielten Bitfehlerraten bestätigen diese Aussage und weisen einen Gewinn von 0.1 dB auf.

Aufgabenteil c) und d)

Die analytische Betrachtung aus Aufgabe 9.2.3 hatte ergeben, daß es günstiger ist, den inneren Code zu punktieren. Hierbei wurde allerdings eine optimale Decodierung nach dem ML-Kriterium vorausgesetzt. Die Simulation mit iterativer Decodierung liefert die in **Bild 9.4.12b** dargestellten Resultate. Man sieht, daß die analytischen Abschätzungen prinzipiell bestätigt werden. Die Punktierung des inneren Codes liefert leicht bessere Ergebnisse. Allerdings spielen hier zwei Effekte eine konkurrierende Rolle. Im Kern geht es um die Frage, ob man den stärkeren Code eher innen oder außen einsetzen sollte. Da hier aber nicht etwa die Einflußlänge, sondern die Coderate variiert wird, ändert sich auch die Größe des Interleavers. Dies gibt letztendlich den Ausschlag zugunsten der Punktierung des inneren Codes. Untersuchungen von zwei Teilcodes mit unterschiedlichen Einflußlängen von $L_c = 3$ und $L_c = 5$ bei unverändertem Interleaver ergeben hingegen, daß es vorteilhaft ist, den stärkeren Code innen einzusetzen, da mit ihm die iterative Decodierung beginnt und somit einen besseren Start hat.

Kapitel 10

Das Mehrträgerverfahren OFDM

10.1   Einführung

Bei frequenzselektiven Kanälen, z.B. bei Funkverbindungen mit Mehrwegeausbreitung, kann das Entzerrungsproblem bei der Verwendung klassischer Einträgerverfahren sehr aufwendig werden. Nutzt man hierzu den in Abschnitt 7.3 eingeführten Viterbi-Entzerrer, so wächst der Aufwand mit der Potenz der Kanalordnung; bei längeren Impulsantworten werden hier sehr schnell technisch machbare Grenzen überschritten. Eine sehr einfache Lösung dieses Problems stellt die Mehrträgertechnik OFDM (Orthogonal Frequency Division Multiplexing) dar: Hier wird der Datenstrom in eine Anzahl paralleler Ströme umgesetzt, die jeweils einen Subträger modulieren. Da durch Wahl einer hinreichenden Anzahl von Subkanälen deren Bandbreite beliebig gering gemacht werden kann, ist schließlich jeder Subkanal als nicht frequenzselektiv zu betrachten – in dem Falle besteht die Entzerrung lediglich noch aus einer einfachen multiplikativen Korrektur eines jeden Subträgers. Hierin liegt die hauptsächliche Attraktivität des OFDM-Verfahrens: OFDM kann als *Modulationsverfahren mit integriertem Entzerrer* betrachtet werden. Der Nachteil von OFDM für die Mobilfunkanwendung besteht darin, daß keine Kanaldiversität genutzt wird, da die Subkanäle unabhängige Rayleighkanäle darstellen. OFDM kann aus diesem Grunde nur im Zusammenhang mit einer wirksamen Kanalcodierung eingesetzt werden.

Die ersten Grundideen zur Multiträgerübertragung gehen auf Mitte der sechziger Jahre zurück [Sal67, Wei94] – inzwischen wurde diese Technik mehrfach „wiederentdeckt" [Kol81, Sch83, Bin90, KSTB92], ohne daß zunächst ein praktischer Einsatz in Betracht gezogen wurde. Der Durchbruch kam erst im Zusammenhang mit dem europäischen digitalen Hörrundfunk DAB (Digital Audio Broadcasting); hier

wurde das OFDM-Verfahren erstmals für die Mobilfunkanwendung standardisiert
[HL01]. Kurz darauf wurde für das digitale terrestrische Fernsehen DVB (Digital Video Broadcasting) ebenfalls ein OFDM-Konzept festgelegt [Sch98, Rei95].
Heute besitzt OFDM für die künftigen modernen W-LAN-Standards HIPERLAN/2
und IEEE 802.11a hohe Aktualität. Auch für die drahtgebundene Übertragung
wird das OFDM-Verfahren genutzt – in diesem Zusammenhang wird es vielfach
als *DMT- (Discrete Multi Tone-)* Verfahren bezeichnet [Dic97].

10.2 Grundprinzip des OFDM-Verfahrens

10.2.1 Herleitung der DFT-Struktur

Das Grundprinzip eines Multiträger-Senders ist in **Bild 10.2.1** wiedergegeben:
Die von der Quelle mit der Rate $1/T_{\text{bit}}$ abgegebenen Bits werden in N parallele
Datenströme zu je $\text{ld}(M)$ bit umgesetzt. Jedes $\text{ld}(M)$-Bit-Tupel wird dann einem komplexen Symbol $d_n(i)$, $n\in\{0,\cdots,N-1\}$, aus einem M-stufigen Alphabet
zugeordnet; die Symbolrate beträgt

$$\frac{1}{T_S} = \frac{1}{N \cdot \text{ld}(M) \cdot T_{\text{bit}}}. \tag{10.2.1}$$

Anschließend erfolgt eine Impulsformung durch N Tiefpässe mit den Impulsantworten $g_S(t)$ sowie eine Modulation auf N Subträger, deren Frequenzen im
äquidistanten Abstand von $1/T_S$ liegen. Das komplexe Multiträgersignal lautet
damit[1]

$$s_{\text{MC}}(t) = T_S \cdot \sum_{n=0}^{N-1} \sum_{i=-\infty}^{\infty} d_n(i)\, g_S(t - iT_S)\, \text{e}^{j2\pi n\, t/T_S}. \tag{10.2.2}$$

Abschließend erfolgt eine Modulation auf den hochfrequenten Träger f_{HF}, woraus
man nach Realteilbildung das Multiträger-Bandpaßsignal $x_{\text{MC}}(t)$ erhält.

Werden für die Impulsantworten $g_S(t)$ überlappende Impulse wie Gauß- oder
Wurzel-Nyquist-Impulse eingesetzt, so spricht man von „weicher Impulsformung"
[Kam96, KSTB92, Tui93, Mat98]. Wird hingegen eine hart zeitbegrenzende
Rechteck-Impulsformung verwendet

$$g_S(t) = \begin{cases} 1/T_S & \text{für } 0 \leq t < T_S \\ 0 & \text{sonst,} \end{cases} \tag{10.2.3}$$

---

[1]Der Faktor T_S wird wieder aus Dimensionsgründen angefügt (vgl. Kommentar zu Gleichung
5.1.1 auf Seite 159).

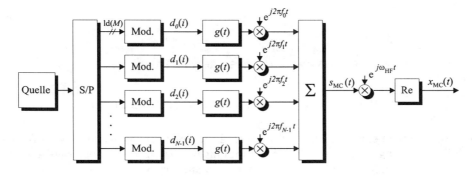

Bild 10.2.1: Multiträger-Sender

so kommt man zum *OFDM*-Konzept (Orthogonal Frequency Division Multiple-xing), das im folgenden ausschließlich betrachtet werden soll. Tastet man das Signal (10.2.2) mit der Frequenz $f_A = N/T_S$ ab[2] und setzt (10.2.3) ein, so erhält man daraus für das i-te OFDM-Symbol mit $0 \leq k \leq N - 1$

$$s_{MC}(iT_S + kT_S/N) =: s(i,k) = \sum_{n=0}^{N-1} d_n(i) \cdot e^{j2\pi n k/N}$$
$$= N \cdot \text{IDFT}_{(n)}\{d_n(i)\}. \qquad (10.2.4)$$

Der OFDM-Sender ist also effizient mit Hilfe der inversen FFT (Fast Fourier Transform) zu realisieren. In Bild 10.2.3 ist diese Struktur dargestellt, wobei der Block „Guardintervall" in Abschnitt 10.2.2 erläutert wird.

Dem OFDM-Multiträgersignal liegt eine rechteckförmige Impulsformung zugrunde. Berücksichtigt man die Korrespondenz

$$g_S(kT_A) = \begin{cases} 1 & \text{für } 0 \leq k \leq N - 1 \\ 0 & \text{sonst} \end{cases}$$

$$g_S(kT_A) \quad \circ\!\!-\!\!\bullet \quad G_S(e^{j\Omega}) = e^{-j(N-1)\Omega/2} \cdot \frac{\sin(N\Omega/2)}{\sin(\Omega/2)}, \qquad (10.2.5)$$

so erhält man nach der Modulation mit den Subträgern $\Omega_n = 2\pi n/N$ die in **Bild 10.2.2** gezeigte Überlagerung von Dirichlet-Spektren[3].

Man sieht, daß sich die Spektren der Subträger derart überlappen, daß auf das Maximum eines jeden Subträgers ausschließlich Nullstellen der benachbarten Spektren fallen – hier ist die erste Nyquistbedingung im Spektralbereich erfüllt. Im

---

[2]Dabei handelt es sich um eine „kritische Abtastung". In der Praxis muß für das gesendete Signal eine Bandbegrenzung durchgeführt werden, was eine vorherige Überabtastung erfordert (siehe Abschnitt 10.2.3).

[3]Man bezeichnet die Funktion $\text{di}_N(x) = \frac{\sin(N \cdot x/2)}{N \cdot \sin(x/2)}$ als *Dirichlet-Kern*. Bekanntermaßen ist die DFT als Filterbank aus derartigen Dirichlet-Spektren zu interpretieren [KK98].

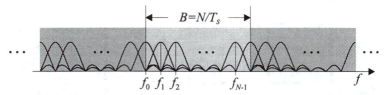

Bild 10.2.2: Unterträgerspektren eines OFDM-Sendesignals

diskreten Frequenzraster $\Omega_n = 2\pi n/N$ sind die Spektren *orthogonal*, woraus sich die Bezeichnung OFDM erklärt. Am Empfänger können die N übertragenen Daten eines OFDM-Symbols perfekt wiedergewonnen werden, wenn das Spektrum des Empfangssignals exakt an den diskreten Frequenzen $\Omega_n = 2\pi n/N$ abgetastet wird – dies geschieht durch Anwendung der DFT. **Bild 10.2.3** zeigt das gesamte OFDM-Übertragungssystem, wobei als Kanal zunächst ein ideales zeitdiskretes Modell angesetzt wird. Der Einfluß einer realen Kanalimpulsantwort wird anschließend in Abschnitt 10.2.2 behandelt, der Übergang auf den analogen Kanal erfolgt in Abschnitt 10.2.3. Der Block „Guardintervall" sowie die Multiplikationen mit $e_0, \cdots e_{N-1}$ am FFT-Ausgang im Empfänger werden zunächst nicht beachtet.

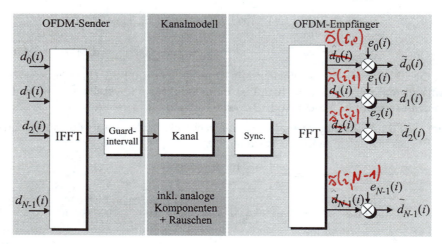

Bild 10.2.3: OFDM-Übertragungssystem

10.2.2   Das Guardintervall

Im vorangegangenen Abschnitt wurde gezeigt, daß die Spektren eines OFDM-Signals unter idealen Kanalbedingungen orthogonal sind. Auch im Zeitbereich entstehen keine Interferenzen, da die endlich langen Rechteckimpulse sich nicht überlappen. Überdeckt die Kanalimpulsantwort $h_a(t)$ hingegen einen Teil des OFDM-Symbols, so wird die Orthogonalität gestört. **Bild 10.2.4** demonstriert diesen Einfluß. Ohne Beschränkung der Allgemeinheit wird das Symbol 0 betrachtet: Zu Beginn wird der Ausschwingvorgang des vorangegangenen Symbols überlagert – es kommt zu *Intersymbol-Interference (ISI)*. Das Symbol 0 selbst enthält einen Einschwingvorgang, was die Orthogonalität der Subträgerspektren zerstört und somit zu *Intercarrier-Interference (ICI)* führt.

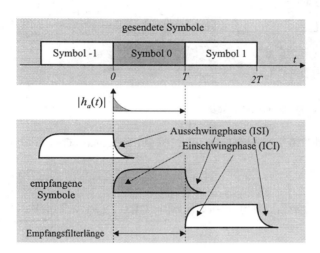

Bild 10.2.4: Einfluß eines frequenzselektiven Kanals bei OFDM-Übertragung

Dieses Problem kann durch Einfügen eines Guardintervalls beseitigt werden: Dem OFDM-Symbol 0 wird im Intervall $-T_g \leq t \leq 0$ die zyklische Wiederholung des Symbolendes ($T_S - T_g \leq t \leq T_S$) vorangestellt; der obere Teil von **Bild 10.2.5** demonstriert dies. Durch diese Maßnahme fallen der Ausschwingvorgang von Symbol -1 sowie der Einschwingvorgang des Symbols 0 in das Guardintervall, wenn die Dauer der Kanalimpulsantwort $\tau_{\max} < T_g$ ist. Wird am Empfänger nur der Zeitbereich $0 \leq t \leq T_S$ ausgewertet, so bleibt die Orthogonalitätseigenschaft erhalten, da die Subträger nach wie vor im Abstand $1/T_S$ angeordnet bleiben – wegen der Verlängerung des Sendesymbols auf $T_S + T_g$ ist hiermit ein Verlust an Bandbreite-Effizienz verbunden.

Der Einfluß des Kanals kann jetzt auf folgende Weise beschrieben werden: Wegen der zyklischen Wiederholung innerhalb des Guardintervalls ist die Faltung des OFDM-Symbols mit der Kanalimpulsantwort $h(k) = h_a(kT_A)$ als *zirkular* zu interpretieren. Der Faltungssatz der Diskreten Fouriertransformation besagt, daß bei einer zirkularen Faltung zweier Folgen die DFTs dieser Folgen sich multiplizieren. Es gilt also für $\tau_{\max} < T_g = N_g \cdot T_S/N$

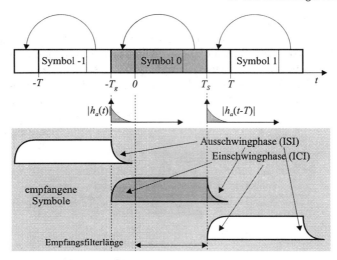

Bild 10.2.5: Demonstration der Wirkung eines Guardintervalls

$$\tilde{s}(i,k) = s(i,k) *_{k,\text{circ}} h(k) \ \circ\!\!-\!\!\bullet\ \tilde{S}(i,n) = \text{DFT}_{(k)}\{s(i,k)\} \cdot \underbrace{\text{DFT}\{h(k)\}}_{H(n)}. \quad (10.2.6)$$

Die DFT-Ausgangsfolge im Empfänger ist damit durch Division durch die Abtastwerte des Kanalfrequenzgangs zu korrigieren[4]; handelt es sich bei den übertragenen Daten um eine PSK-Modulation, so genügt eine Phasenkorrektur, d.h. eine Multiplikation mit den konjugiert komplexen Werten:

$$\hat{d}_n(i) = e_n \cdot \tilde{S}(i,n); \qquad e_n = \frac{1}{H(n)}, \quad \boxed{\text{PSK}} \Rightarrow \quad \hat{d}_n(i) = H^*(n) \cdot \tilde{S}(i,n).$$

$$(10.2.7)$$

In diesem extrem einfachen Kanalentzerrungsverfahren liegt die hauptsächliche Attraktivität von OFDM; der Nachteil besteht darin, daß durch Verlängerung des Sendeimpulses auf $T_S + T_g$ und bei Beibehaltung der Auswertezeit T_S am Empfänger die Matched-Filter-Bedingung verletzt wird. Durch dieses *Mismatching* ergibt sich nach (5.2.2) ein SNR-Verlust von

$$\gamma^2 = \frac{[\int_0^{T_S} g_E(\tau)\, g_S(T_S - \tau)\, d\tau]^2}{\int_0^{T_S} g_E^2(\tau)\, d\tau \cdot \int_0^{T_S+T_g} g_S^2(\tau)\, d\tau} = \frac{1/T_S^2}{1/T_S \cdot (T_S + T_g)/T_S^2} = 1 - \frac{T_g}{T_S + T_g};$$

$$(10.2.8)$$

---

[4]Es wird hier ein zeitinvarianter Kanal angenommen; trifft dies nicht zu, so ist e_n durch $e_n(i)$ zu ersetzen, wobei die Konstanz der Kanalimpulsantwort während der Dauer eines OFDM-Symbols vorausgesetzt ist.

bei einem Verhältnis von $T_g/(T_S + T_g) = 0.2$ liegt dieser Verlust bei rund 1 dB. Das hier geschilderte Verfahren der Guardzeit-Einfügung entspricht der bekannten *Overlap-Save-Methode* zur Realisierung der FIR-Filterung mittels der schnellen Faltung [KK98]. Gelegentlich wird statt des Guard-Intervalls auch eine „Guard-Lücke" eingefügt, was äquivalent zum *Overlap-Add-Verfahren* ist [Sch01].

10.2.3 Übergang auf den analogen Kanal

Die OFDM-Sendestruktur nach Bild 10.2.3 basiert auf der Diskreten Fouriertrans-formation; wird eine kritische Abtastung wie in (10.2.4) vorgenommen, so ist für die analoge Übertragung das in Bild 10.2.2 hellgrau hinterlegte Spektrum zu gene-rieren – dies erfordert ein extrem steilflankiges Analogfilter. In der Praxis wird für die DFT eine *Überabtastung* vorgesehen[5], wodurch die Spiegelspektren gemäß der Darstellung in **Bild 10.2.6** von den Bandgrenzen abgerückt werden [Sch01]. Wird die Länge der IFFT mit N_{FFT} bezeichnet, so beträgt der Überabtastungsfaktor N_{FFT}/N.

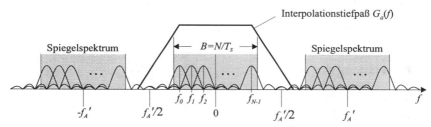

Bild 10.2.6: Spektrum des OFDM-Signals bei Überabtastung

Wegen der rechteckförmigen Impulsformung besteht weiterhin das Problem der sehr langsam abfallenden Flanken der Dirichlet-Spektren, wodurch die erforder-liche Bandbreite unzulässig erhöht wird („Außerbandstrahlung"). Aus diesem Grunde werden die Flanken der Sendeimpulse gemäß der Darstellung in **Bild 10.2.7** zu weichen Kosinus-roll-off-Flanken geformt. Die sich dabei ergebende zeitliche Überlappung aufeinanderfolgender Symbole hat einen verschwindend ge-ringen Einfluß auf das Fehlerverhalten des OFDM-Systems [Sch01].

In Anlehnung an die klassischen Kosinus-roll-off-Filter mit entsprechenden Flanken im Spektralbereich wird hier für den Zeitbereich der Roll-off-Faktor definiert.

$$r_c = \frac{T_c}{T_S + T_g} = \frac{T_c}{T} \qquad (10.2.9)$$

---

[5]Dies geschieht durch Einfügen einer Nullsequenz zwischen den Daten $d_{N/2-1}$ und $d_{N/2}$ – die anschließende IFFT ist dann um die Anzahl der eingefügten Nullen zu verlängern.

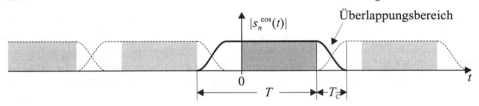

Bild 10.2.7: Sendeimpulse mit überlappenden Kosinus-roll-off-Flanken

Abschließend soll noch ein OFDM-spezifisches Problem angesprochen werden, das
für die praktische Realisierung bedeutsam ist. Durch die Überlagerung einer Vielzahl unabhängiger Datensignale ist das gesendete OFDM-Signal wegen des zentralen Grenzwertsatzes näherungsweise gaußverteilt. Dementsprechend ergeben sich
starke Variationen der Einhüllenden, was wegen der nicht ideal erfüllten Linearität
der Sendeverstärker zu nichtlinearen Verzerrungen führt (vgl. auch Abschnitt 6.1.1,
Seite 195 sowie Seite 201 und 202). Durch diesen Effekt kommt es zu Außerbandstrahlung. In der Literatur werden verschiedene Lösungen zur Verbesserung der
Einhüllenden-Konstanz vorgeschlagen, die hier jedoch nicht weiter verfolgt werden
sollen [Fri97, Pau99, MR97, MW00].

10.2.4 Übungen

Aufgabe 10.2.1

Spektren von OFDM-Signalen
(Lösung Seite 495)

Benutzen Sie in den folgenden Teilaufgaben die Routine ofdm_mod zur Erzeugung
von OFDM-Signalen. Um für die Spektraldarstellungen eine genügend hohe
Auflösung zu erhalten, ist das OFDM-Zeitsymbol mit Nullen fortzusetzen[6], z.B.
auf eine Gesamtlänge von acht Symboldauern.

a) Demonstrieren Sie, daß ein diskretes OFDM-Spektrum aus der Überlagerung
   von Dirichlet-Spektren besteht. Übergeben Sie hierzu dem Programm
   ofdm_mod ($N = 16$) verschiedene Datenvektoren **d**, die jeweils nur eine Eins
   und sonst Nullen enthalten (z.B. ein Datenvektor für $n = 0$ und ein Beispiel
   für $n = 5$). Setzen Sie in diesem Aufgabenteil die Länge des Guardintervalls auf null. Berechnen Sie das Spektrum eines Einzelsymbols mit Hilfe
   der FFT und tragen Sie die Spektren bei unterschiedlichen Positionen der

---

[6]Um phasenrichtige Spektren zu erhalten, müssten die Nullen eigentlich in der Mitte des Zeit-
symbols eingefügt werden. Da hier nur die Betragsspektren dargestellt werden sollen, reicht
das Anfügen von Nullen am Symbolende.

Daten-Einsen in ein Diagramm ein. Stellen Sie ein analytisch mit `diric` berechnetes Dirichlet-Spektrum gegenüber.

b) Belegen Sie nun den OFDM-Sender ($N = 64$) mit zufälligen QPSK-Symbolen (ca. 1024 Symbole), wobei die Länge der IFFT 256 (vierfaches Überabtasten) betragen soll (`ofdm.n_fft=256`). In Anlehnung an den HIPERLAN/2-Standard hat das Guardintervall die Länge $T_g = T_S/4$, was hier zu der Parametereinstellung `ofdm.n_guard=64` führt. Bestimmen Sie das Leistungsdichtespektrum des OFDM-Signals mit Hilfe der MATLAB-Funktion **psd**, wobei hier zur hinreichend dichten Spektralauflösung eine FFT-Länge von 512 angesetzt und eine Hanning-Fensterung [KK98] (Matlab: `hanning`) angewendet wird. Legen Sie die Abtastfrequenz so fest, daß eine Bitrate von 40 Mbit/s simuliert wird. Stellen Sie den Einfluß der Kosinus-roll-off-Flanken auf die Spektraleigenschaften fest. Berechnen Sie hierzu für die Roll-off-Faktoren $r_c = 0$, 0.02 und 0.1 die Flankenlänge in Abtastwerten und tragen Sie die zugehörigen OFDM-Spektren in ein Diagramm ein.

Aufgabe 10.2.2	**Einfluß des Guardintervalls** (Lösung Seite 496)

a) Erzeugen Sie mit Hilfe der Funktion `ofdm_mod` eine zufällige Folge von 10 QPSK-modulierten OFDM-Symbolen. Alle 64 Unterträger sollen belegt sein; die FFT-Länge betrage 64 (kritische Abtastung). Stellen Sie mit Hilfe der Routine `ofdm_auge`[7] das Augendiagramm des OFDM-Demodulators zunächst ohne, dann mit Guardintervall ($T_g = 0.25 \cdot T_S$) dar.

b) Untersuchen Sie den Einfluß der Überlappung der OFDM-Impulse mit Kosinus-roll-off-Flanken auf das demodulierte Signal. Legen Sie hierzu das Guardintervall wieder mit ($T_g = 0.25 \cdot T_S$) fest und betrachten Sie das Augendiagramm eines Subträgers für die Roll-off-Faktoren $r_c = 0.02$ und $r_c = 0.1$.

c) Fügen Sie nun zwei zufällig entworfene L-Tap-Rayleigh-Kanäle ($L = 8$ und $L = 20$) ein und betrachten Sie unter Beibehaltung aller sonstigen OFDM-Parameter ($r_c = 0$) die Augendiagramme. Hinweis: Zur Entzerrung muß dem Demodulator die Kanalimpulsantwort bekannt sein. Dies geschieht durch Übergabe des Parameters `ofdm.ch_time`, der den Kanalimpulsantwortvektor enthalten muß.

---

[7]Die Routine `ofdm_auge` schließt den gesamten OFDM-Demodulator ein.

| Aufgabe 10.2.3 | **Bitfehlerrate für AWGN und Rayleigh-Kanäle**
(Lösung Seite 497) |

a) Simulieren Sie die Bitfehlerrate eines OFDM-Systems mit QPSK-Signalraumzuordnung für $E_b/N_0 = \{0, 1, ..., 10\}$ dB unter Annahme eines idealen Kanals (nur AWGN). Benutzen Sie zur Nachbildung der Übertragungskette die Funktionen qpskquel, ofdm_mod, ofdm_dem und qpskdec. Das OFDM-System soll $N = 64$ Unterträger (keine Überabtastung) und ein Guardintervall der Länge $N_g = 16$ haben. Stellen Sie die Bitfehlerkurve graphisch dar und zeichnen Sie als Referenz die theoretische Bitfehlerkurve für QPSK in das gleiche Bild ein. Wie groß sind der simulierte und der theoretische E_b/N_0-Verlust? (Hinweis: Beachten Sie, daß der OFDM-Modulator hier ein Signal mit der mittleren Leistung 1 generiert. Skalieren Sie daher das komplexe Rauschen durch seine mittlere Leistung $\sigma_N^2 = \frac{N_0}{E_b} \cdot \frac{N_{\text{FFT}} + N_g}{N \cdot \log_2(M)}$, wobei E_b/N_0 linear eingesetzt werden muß.)

b) Falten Sie in dem unter a) erstellten Simulationssystem das Sendesignal mit der Kanalimpulsantwort h=[0.5 -0.5j 0.1 0.3 0.6j 0.2] bevor das Kanalrauschen überlagert wird. Für eine richtige Entzerrung gemäß (10.2.7) muß der OFDM-Demodulator ofdm_dem die Kanalimpulsantwort kennen, die Sie durch ofdm.ch_time=c übergeben. Ermitteln Sie nun die Bitfehlerrate für $E_b/N_0 = \{0, 2, ..., 30\}$ dB und tragen Sie die bereits aus Abschnitt 6.5, S. 248, bekannte theoretische Bitfehlerkurve für einen 1-Pfad-Rayleigh-Kanal (6.5.26), die sich mit Hilfe des Programms pb_psk_ray ermitteln läßt, in das gleiche Bild ein.

c) Wie lang darf der Kanal maximal sein, damit er durch das Guardintervall der Länge $N_g = 16$ vollständig korrigiert werden kann? Führen Sie nun die gleiche Simulation wie unter b) durch, wobei zufällige L-Pfad-Kanäle mit maximal möglicher Länge verwendet werden sollen. Achten Sie bei der Normierung darauf, daß die Kanalenergie den Erwartungswert 1 hat[8]. Übertragen Sie über jeden Kanal nur kurze Datenblöcke (ca. 10 OFDM-Symbole) und mitteln Sie die Bitfehlerrate über mehrere ausgewürfelte Kanäle (ca. 100). Stellen Sie die theoretische Bitfehlerwahrscheinlichkeit für Rayleigh-Fading gemäß (6.5.26) gegenüber.

---

[8]Jede einzeln ausgewürfelte Kanalimpulsantwort hat selbstverständlich eine andere Energie.

Lösung Aufgabe 10.2.1

Aufgabenteil a)

Die aus der Simulation gewonnenen Betragsspektren des 0-ten und 5-ten Subträgers sind in **Bild 10.2.8a** wiedergegeben; die analytisch gemäß (10.2.5), Seite 487, bestimmten Spektren sind in **Bild 10.2.8b** gegenübergestellt.

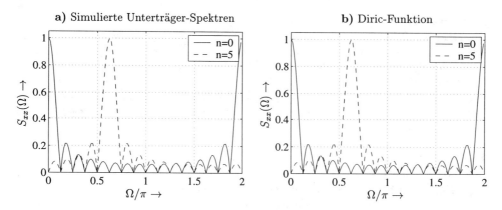

Bild 10.2.8: Überlagerung von Dirichlet-Spektren

Aufgabenteil b)

Das mittels <u>ofdm_mod</u> erzeugte OFDM-Signal ($N = 64$) ist mit $N_{\mathrm{FFT}} = 256$ vierfach überabgetastet, so daß $f_A = 4/T_S$ gilt. Soll die übertragene Bitrate 40 Mbit/s betragen, so ist wegen der QPSK-Modulation $f_A = 4/(2 \cdot T_{\mathrm{bit}}) = 80\,\mathrm{MHz}$.

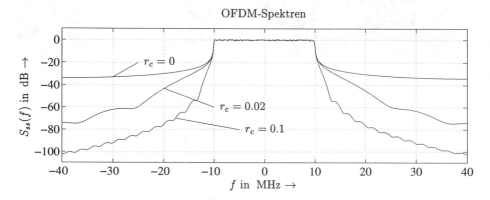

Bild 10.2.9: Leistungsdichtespektren bei verschiedenen Roll-off-Faktoren

Setzt man diesen Wert in das Programm psd ein, so erhält man für die drei Roll-off-Faktoren $r_c = 0$, 0.02 und 0.1 die in $\overline{\text{Bild}}$ **10.2.9** dargestellten Leistungsdichtespektren.

Lösung Aufgabe 10.2.2

Aufgabenteil a)
Die **Bilder 10.2.10a,b** zeigen die mit Hilfe von ofdm_auge aufgenommenen Augendiagramme ohne und mit Guardintervall – hierbei werden jeweils sämtliche Subträgersignale übereinandergezeichnet. Bild a zeigt eine sehr geringe horizontale Augenöffnung, so daß das Guardintervall auch bei *idealem* Kanal erforderlich ist, um eine gewisse Robustheit gegenüber Synchronisationsfehlern zu erreichen. Dies zeigt Bild b: In diesem Falle entspricht die ideale Augenöffnung genau der Länge des Guardintervalls ($T_g = 0.25 T_S$).

Aufgabenteil b)
Der Einfluß der Roll-off-Kosinus-Flanken mit Intersymbol-Überlappung wird in den **Bildern 10.2.11a,b** verdeutlicht: Selbst bei einem extrem großen Roll-off-Faktor von $r_c = 0.1$ wird die horizontale Augenöffnung nur unwesentlich eingeschränkt.

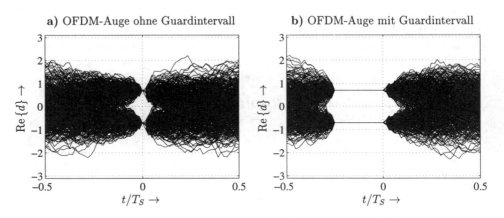

Bild 10.2.10: Augendiagramme von OFDM-Signalen

Aufgabenteil c)
In den **Bildern 10.2.12a,b** werden Augendiagramme unter dem Einfluß von Mehrwegekanälen gezeigt. Dem Beispiel a liegt ein zufällig ausgewürfelter 8-Tap-

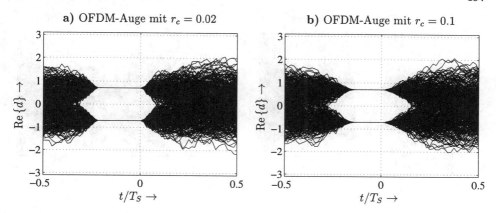

Bild 10.2.11: Einfluß der Kosinus-roll-off-Flanken

Kanal zugrunde; das hier vorliegende Guardintervall hat die Länge $T_g = T_S/4$ entsprechend 16 Abtastwerten. Die Breite der Augenöffnung wird somit auf die Hälfte reduziert. Im Beispiel b wurde ein 20-Tap-Kanal eingesetzt, wodurch das Guardintervall überschritten wird; das Auge ist demzufolge geschlossen. Abhilfe schafft hier nur die Verlängerung des Guardintervalls oder der Einsatz eines Vorentzerrers zur Verkürzung der Länge der Kanalimpulsantwort. In Aufgabe 10.3.2 werden hierzu Beispiele präsentiert.

Lösung Aufgabe 10.2.3

Aufgabenteil a)
Bild 10.2.13a zeigt die Bitfehlerrate einer OFDM-Übertragung über einen AWGN-Kanal; gestrichelt gegenübergestellt ist eine klassische Einträger-QPSK-Übertragung. Man liest einen E_b/N_0-Verlust von etwa 1 dB ab, der auf das mit dem Guardintervall verbundene Mismatching zurückzuführen ist – theoretisch ergibt sich gemäß (10.2.8)

$$\gamma^2 = 1 - \frac{T_g}{T_S + T_g} = 1 - \frac{16}{64 + 16} = 0.8 \quad \Rightarrow \quad 0.97 \text{ dB.}$$

Aufgabenteil b)
Die Übertragungsfunktion des unter der Aufgabenstellung angegebenen festen Rayleigh-Kanals ist in **Bild 10.2.13b** dargestellt. Man stellt fest, daß die Energie der Kanalimpulsantwort eins beträgt, so daß sich die für die Simulation einzuset-

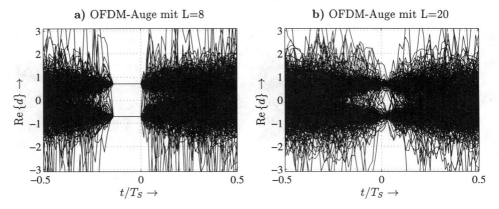

Bild 10.2.12: Einfluß eines Mehrwegekanals

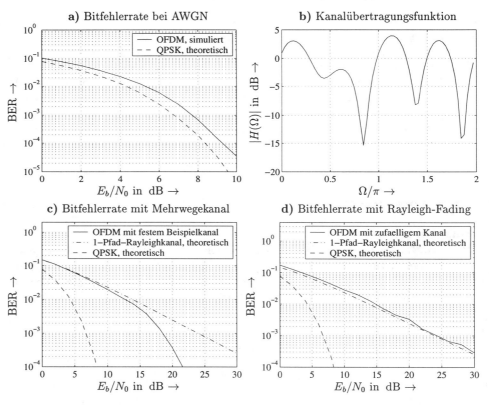

Bild 10.2.13: Bitfehlerraten bei AWGN und Rayleighkanälen

zende Rauschleistung nach der im Aufgabenteil a vorgegebenen Formel berechnet.
Die zugehörige über alle Subträger gemittelte Bitfehlerrate zeigt **Bild 10.2.13c**.
Man sieht, daß diese deutlich geringer ist als die gegenübergestellte theoretische
QPSK-Fehlerrate für Rayleigh-Kanäle nach 6.5.26, Seite 248. Dies liegt daran,
daß der hier gewählte Kanal günstiger ist als der mittlere Rayleigh-Kanal.

Aufgabenteil c)
Die Rayleigh-Statistik bestätigt man erst durch eine *Monte-Carlo-Simulation*, in
der über eine größere Anzahl von zufällig ausgewürfelten Rayleigh-Kanälen gemittelt wird. Gemäß dem hier vorliegenden, aus 16 Abtastwerten bestehenden
Guardintervall wird mit $L = 17$ die maximal zulässige Länge der Kanalimpulsantwort angesetzt. Da die mittlere Kanalenergie eins sein soll, ergeben sich die
Zufallskanäle aus `h = 1/sqrt(2*17)*(randn(17,1)+j*randn(17,1))`.

Über jeden ausgewürfelten Kanal werden 10 OFDM-Symbole übertragen, zur Berechnung der mittleren Bitfehlerrate wird über 100 Kanäle gemittelt. Das in **Bild
10.2.13d** gezeigte Ergebnis deckt sich – bis auf den bereits diskutierten E_b/N_0-
Verlust von 1 dB – mit der theoretischen QPSK-Bitfehlerrate für Rayleigh-Kanäle
gemäß 6.5.26.

10.3   OFDM-Kanalschätzung

10.3.1   Rauschreduktionsalgorithmus

Aufgrund der zirkularen Faltung der OFDM-Symbole mit der Kanalimpulsantwort
kann die Entzerrung gemäß (10.2.7) durch einfache Division der DFT-Spektren
erfolgen. Ebenso kann bei bekannten Datensymbolen $d_n^{tr}(i)$ (Trainingssymbolen)
eine Kanalschätzung im Spektralbereich durchgeführt werden[9].

$$H(n) = \frac{\tilde{S}(i,n)}{d_n^{tr}(i)} \qquad (10.3.1)$$

Im allgemeinen ist das durch den Kanal verzerrte Empfangssignal zusätzlich durch
Rauschen gestört

$$x(i.k) = \tilde{s}(i,k) + n(i,k) \quad \circ\!\!-\!\!\bullet \quad X(i,n) = S(i,n) \cdot H(n) + N(i,n), \qquad (10.3.2)$$

---

[9]Es sollen hier vereinfachend zeitinvariante Kanäle angenommen werden, so daß in der Kanalübertragungsfunktion kein Index "i"berücksichtigt werden muß.

so daß zur Schätzung der Kanalübertragungsfunktion eine Mittelung im Zeitbereich durchgeführt werden muß.

$$\hat{H}(n) = \sum_{(i)} \frac{X(i,n)}{d_n^{tr}(i)} \tag{10.3.3}$$

In den meisten Fällen ist die maximale Anzahl der Abtastwerte der Kanalimpulsantwort deutlich geringer als die Subträgeranzahl, d.h. die DFT-Länge.

$$\ell_{\max} = \tau_{\max} \cdot N/T_S + 1 \ll N$$

Diese Tatsache ist für die Kanalschätzung auf folgende Weise auszunutzen. Die zeitdiskrete Fouriertransformation einer endlichen Folge der Länge $\ell_{\max}$ ist eine frequenzkontinuierliche Funktion; somit sind auch beliebig dichte Zwischenwerte der DFT eindeutig definiert. Bezogen auf das hier bestehende Kanalschätzungsproblem bedeutet dies, daß die Abtastwerte der Kanalübertragungsfunktion $H(n)$ untereinander korreliert sind. Man berücksichtigt diese Korrelationen, indem die nach (10.3.3) ermittelten Schätzwerte zurück in den Zeitbereich transformiert, dort auf $\ell_{\max}$ zeitbegrenzt und wieder in den Frequenzbereich transformiert werden.

$$\hat{h}(k) = \text{IDFT}_N\{\hat{H}(n)\} \quad \Rightarrow \quad \tilde{h} = \begin{cases} \hat{h}(k) & \text{für } 0 \le k \le \ell_{\max} - 1 \\ 0 & \text{für } \ell_{\max} \le k \le N - 1 \end{cases}$$
$$\tilde{H}(n) = \text{DFT}_N\{\tilde{h}(k)\} \tag{10.3.4}$$

Beispiele für diese Kanalschätzung mit Rauschreduktion werden unter Aufgabe 11.2.1 behandelt.

In (10.3.4) wurde angenommen, daß alle N Werte $\tilde{H}(0), \cdots, \tilde{H}(N-1)$ aufgrund der Trainingssymbole ermittelt werden können. Besondere Probleme ergeben sich hingegen, wenn ein Teil der Subträger nicht belegt ist, z.B. wie bei HIPERLAN/2 der mittlere Träger und die an beiden Seiten vorgesehenen Guard-Bänder. Dabei ist es nicht zulässig, die unbekannten Träger etwa mit Nullen zu belegen, da hiermit die Zeitbegrenzung der Impulsantwort verlorengeht. Eine Lösung wird in [Sch01] entwickelt, die bei beliebiger Trägerbelegung zu einer rauschreduzierten Kanalschätzung führt. Dazu wird wie bisher im Zeitbereich die Gesamtimpulsantwort $\mathbf{h} = [h(0), h(1), \cdots, h(N-1)]^T$ in einen nichtverschwindenden Anteil $\mathbf{h}_1 = [h(0), \cdots, h(\ell_{\max})]^T$ und einen Anteil $\mathbf{h}_0 = [h(\ell_{\max}), \cdots, h(N-1)]^T$, der in (10.3.4) null gesetzt wurde, zerlegt. Im Spektralbereich erfolgt eine Zerlegung in besetzte und unbesetzte Subträger $\mathbf{H} = \mathbf{H}_b + \mathbf{H}_u$; in **Bild 10.3.1** wird diese Zerlegung veranschaulicht.

Formuliert man die DFT in Matrixschreibweise

$$\hat{\mathbf{h}} = \mathbf{W}_{IDFT} \cdot \hat{\mathbf{H}},$$

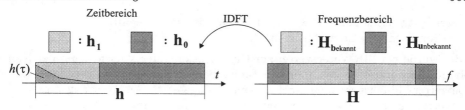

Bild 10.3.1: Zerlegung der IDFT

wobei $\mathbf{W}_{IDFT}$ die Elemente $W(k, \ell) = \mathrm{e}^{j2\pi k\ell/N}$ enthält, so läßt sich die IDFT-Zerlegung gemäß Bild 10.3.1 als

$$\left(\begin{array}{c} \hat{\mathbf{h}}_1 \\ \hat{\mathbf{h}}_0 \end{array} \right) = \left(\begin{array}{cc} \mathbf{W}_{11} & \mathbf{W}_{12} \\ \mathbf{W}_{21} & \mathbf{W}_{22} \end{array} \right) \cdot \left(\begin{array}{c} \hat{\mathbf{H}}_b \\ \hat{\mathbf{H}}_u \end{array} \right) \qquad (10.3.5)$$

schreiben; hierbei sind die Drehfaktoren in den Teilmatrizen $\mathbf{W}_{11}, \cdots, \mathbf{W}_{22}$ entsprechend den IDFT-Zerlegungen umzuordnen. Aus diesem Gleichungssystem erhält man unter Nullsetzen von $\hat{\mathbf{h}}_0$ schließlich die Lösung der rauschreduzierten Schätzung der belegten Subträger[10].

$$\tilde{\mathbf{H}}_b = \mathbf{W}_{11}^H \cdot (\mathbf{W}_{11} - \mathbf{W}_{12}\mathbf{W}_{22}^+\mathbf{W}_{21}) \cdot \hat{\mathbf{H}}_b \qquad (10.3.6)$$

Zur verbesserten Kanalschätzung werden in der Literatur anstelle der hier betrachteten einfachen IDFT-DFT-Methode auch Verfahren vorgeschlagen, die auf einer zweidimensionalen Wiener-Filterung basieren [HKR97]; sie werden hier ebenso übergangen wie die im Falle zeitvarianter Kanäle verwendeten prädiktiven Schätzalgorithmen [Don99].

10.3.2 Vorentzerrer zur Kompression der Impulsantwort

Wie in Abschnitt 10.2.2 erläutert wurde, muß das Guardintervall länger sein als die maximale Länge der Kanalimpulsantwort, damit Intersymbolinterferenz und Intercarrier-Interference vermieden werden. Prinzipiell kann man überlangen Kanalimpulsantworten durch entsprechende Anpassung der Guardlänge begegnen, jedoch wird diese Maßnahme durch die Zeitvarianz des Kanals begrenzt: Lange Symboldauern bedeuten geringe Subträgerabstände, so daß infolge von Doppler-Spreizungen Intercarrier-Interference entsteht. Zur Vermeidung dieser Probleme kann ein Vorentzerrer eingesetzt werden, der nicht eigentlich entzerren soll, sondern nur die Aufgabe der *Kompression der Kanalimpulsantwort* hat. Zur Lösung

---

[10] $\mathbf{W}_{22}^+$ bezeichnet die Pseudoinverse von $\mathbf{W}_{22}$ (siehe (7.1.28) S. 266). Zur Verbesserung der numerischen Stabilität kann sie durch $(\mathbf{W}_{22}^H\mathbf{W}_{22} + \gamma^2\mathbf{I})^{-1} \cdot \mathbf{W}_{22}^H$ ersetzt werden, wobei γ^2 eine kleine Gewichtskonstante ist [Sch01].

dieser Entwurfsaufgabe erinnern wir uns an den in Abschnitt 7.1.3 betrachteten Decision Feedback Entzerrer [Kam94].

Hier wurde ein FIR-Vorentzerrer zur Unterdrückung der Vorschwinger der Kanalimpulsantwort sowie der über den Einflußbereich des Decision-Feedback- (DF-) Entzerrers hinausgehenden Nachschwinger eingesetzt. Am Ausgang dieses Vorentzerrers entsteht dann zusammen mit dem Kanal eine auf die Länge $n_b + 1$ begrenzte Impulsantwort, wobei n_b die Ordnung des DF-Entzerrers bezeichnet. Somit kann die in (7.1.36) auf Seite 269 gegebene MMSE-Lösung für die hier vorliegende Aufgabe übernommen werden. Der Verkürzung der Kanalimpulsantwort sind bei vorgegebener Entzerrerordnung Grenzen gesetzt; sie richten sich wie auch beim Vorentzerrer für den DF-Entzerrer nach der Anzahl der kritischen, d.h. nahe am Einheitskreis liegenden Kanalnullstellen (siehe Erläuterungen auf Seite 275). In Aufgabe 10.3.2 wird ein Beispiel für einen OFDM-Vorentzerrer behandelt.

10.3.3 Übungen

Aufgabe 10.3.1

Kanalschätzung und Rauschreduktion
(Lösung Seite 504)

Zum Verständnis der folgenden Aufgabe ist die Bearbeitung von Aufgabe 10.2.3 erforderlich, da dort eine OFDM-Übertragungskette zur Bitfehlerratensimulation erstellt wurde. Beachten Sie nun, daß der Modulator neben dem Sendesignal noch weitere Daten, wie z.B. Referenzsymbole, zurückgeben kann. Der Aufruf lautet dann `[signal,ofdm]=ofdm_mod(s_sym,ofdm)`, wobei die zurückgegebene Struktur `ofdm` diese Elemente enthält.

a) Erzeugen Sie mit Hilfe der Routine `ofdm_mod` ein OFDM-Signal mit $N = N_{FFT} = 64$ und einer Guardlänge $N_g = 16$. Das Sendesignal sollte mehrere OFDM-Symbole beinhalten. Nach korrektem Aufruf des Modulators stehen die gesendeten Unterträgersymbole $d_n(i)$ in der Matrix `ofdm.ref_sym`, wobei Sie für die folgende Kanalschätzung nur die erste Spalte (erstes OFDM-Symbol) verwenden sollen. Falten Sie das Sendesignal mit dem aus Aufgabe 10.2.3b bekannten Beispielkanal `h=[0.5 -0.5j 0.1 0.3 0.6j 0.2]` und addieren Sie komplexes Kanalrauschen der Leistung $\sigma_N^2 = 0.5$. Den im OFDM-Demodulator `ofdm_dem` enthaltenen Entzerrer schalten Sie durch `ofdm.equal=0` ab, so daß Sie am Demodulatorausgang die verzerrten Symbole in einer Matrix angeordnet erhalten. Betrachten Sie auch hier nur das erste Symbol (erste Spalte) und führen Sie eine Kanalschätzung gemäß (10.3.1) durch. Stellen Sie den Amplitudengang des Kanals und den der geschätzten Koeffizienten in einem Bild dar.

Führen Sie nun eine Rauschreduktion gemäß (10.3.4) durch und zeichnen Sie die geglättete Übertragungsfunktion in das gleiche Diagramm ein. Zur Veranschaulichung sollten Sie auch die zugehörigen Impulsantworten graphisch darstellen.

b) Gemäß (10.3.2) kann das Ergebnis der verrauschten Kanalschätzung als Überlagerung der wahren Kanalkoeffizienten mit unkorreliertem Rauschen modelliert werden. Erzeugen Sie sich einen zufälligen L-Pfad-Rayleighkanal (hier: $L = 8$) und transformieren Sie ihn in den Frequenzbereich (FFT-Länge 64). Addieren Sie auf jeden Subträger eine komplexe Rauschgröße (Real- und Imaginärteil jeweils gaußverteilt) mit der Leistung $\sigma_N^2 = 1$ und berechnen Sie den mittleren quadratischen Fehler (MSE). Führen Sie anschließend für $\ell_{max} = \{8, 9, ..., 64\}$ Rauschreduktionen durch, indem Sie gemäß (10.3.4) die verrauschte Übertragungsfunktion in den Zeitbereich transformieren, alle Koeffizienten ab ℓ_{max} null setzen und die modifizierte Impulsantwort wieder in der Frequenzbereich zurücktransformieren. Berechnen Sie nun wieder den mittleren quadratischen Fehler (MSE) und geben Sie den Gewinn in dB an. Zur Erhöhung der Genauigkeit ist über ca. 10 Experimente zu mitteln. Der MSE-Gewinn in dB ist über ℓ_{max} aufzutragen. Überlegen Sie, wie groß der theoretische Gewinn sein muß und vergleichen Sie das Ergebnis mit den Simulationsergebnissen. Welchen Einfluß hat die Rauschleistung σ_N^2 auf diese Untersuchung?

c) Kanalschätzung und Rauschreduktion sind bereits in die Funktion `ofdm_dem` integriert, so daß Sie durch geringfügige Modifikation des in Aufgabe 10.2.3b erstellten Programms die Bitfehlerkurven mit Kanalschätzung und Rauschreduktion simulieren können (gleicher Kanal). Weisen Sie den Modulator durch den Parameter `ofdm.n_ref=1` an, nur das erste gesendete Symbol als Referenzsymbol zurückzugeben. Schalten Sie den Entzerrer durch `ofdm.equal=1` ein und stellen Sie sicher, daß der Vektor `ofdm.ref_sym` an den Demodulator übergeben wird[11]. Die Rauschreduktion aktivieren Sie, indem Sie die Variable `ofdm.l_max` auf den Wert von ℓ_{max} setzen[12]. Tragen Sie nun die simulierten Bitfehlerkurven ($E_b/N_0 = \{10, 12, ..., 26\}$ dB) bei ideal bekanntem Kanal (wie 10.1.3b), bei Kanalschätzung ohne Rauschreduktion sowie schließlich mit Rauschreduktion ($\ell_{max} = 16$ und $\ell_{max} = 8$) in ein Diagramm ein. Wie groß ist jeweils der Verlust gegenüber dem Idealfall?

---

[11] Falls keine Referenzsymbole an den Demodulator übergeben werden, versucht dieser aus `ofdm.ch_time` die Übertragungskoeffizienten exakt zu berechnen (siehe `help ofdm_mod`).

[12] Die Angabe `ofdm.l_max=0` deaktiviert die Rauschreduktion.

Aufgabe 10.3.2

Vorentzerrer zur Impulsverkürzung
(Lösung Seite 506)

a) Würfeln Sie verschiedene Rayleigh-Kanalimpulsantworten der Länge $\ell = 16$ aus und führen Sie Impulsverkürzungen auf die halbe Länge $\ell_{kurz} = 8$ durch. Benutzen Sie hierzu gemäß der Erläuterung in Abschnitt 10.3.2 das Programm `fir_dfe_entwurf`. Setzen Sie für die Ordnung des Vorentzerrers $n_e = 32$ an. Geben Sie die Zero-Forcing-Lösung sowie die MMSE-Lösung für $E_S/N_0 = 10$ dB an und stellen Sie die Beträge der verkürzten Impulsantworten dar. Interpretieren Sie die Entzerrungsresultate anhand des Kanal-Nullstellen-Diagramms.

b) Stellen Sie für die Übertragungsparameter in Aufgabe 10.2.2 die Augendiagramme für einen der 16-Tap-Kanäle mit und ohne Impulsverkürzung (Zero-Forcing-Lösung) dar. Verwenden Sie hierzu Teile der Lösungsroutine `a10_2_2` (Teil c).

b) Führen Sie für eine Rayleigh-Kanalimpulsantwort Impulsverkürzungen auf $\ell_{kurz} = 2, 3, \cdots, 15$ durch und stellen Sie die Energie der verbleibenden Vor- und Nachschwinger über ℓ_{kurz} dar – normieren Sie diese Energie jeweils auf die Energie der Nutzimpulse (Darstellung in dB).

Aufgabe 10.3.3

Experimente zum W-LAN-Standard HIPERLAN/2
(Lösung wird nicht angegeben)

Zur Simulation von OFDM-Übertragungen unter dem HIPERLAN/2-Standard steht das Demonstrationsprogramm `hiperlan_demo` zur Verfügung. Der Leser wird aufgefordert, Experimente unter verschiedenen Übertragungsbedingungen durchzuführen.

Lösung Aufgabe 10.3.1

Aufgabenteil a)
Die Ergebnisse der Kanalschätzung sind in **Bild 10.3.2a** der wahren Übertragungsfunktion gegenübergestellt. Die starke Glättungswirkung der Rauschreduktions-Methode wird deutlich; **Bild 10.3.2b** zeigt diese Wirkung im Zeitbereich: Die berechneten Werte der Impulsantwort stellen für $k > 6$ Schätzfehler dar und können unterdrückt werden - dies ist in der Praxis natürlich nur dann möglich, wenn die maximale Länge der Impulsantwort bekannt ist.

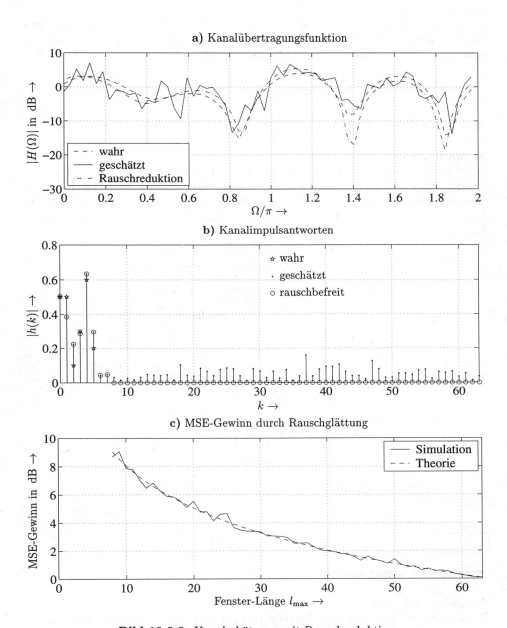

Bild 10.3.2: Kanalschätzung mit Rauschreduktion

Aufgabenteil b)

Der durch Simulation ermittelte MSE-Gewinn infolge der Rauschreduktion ist in **Bild 10.3.2c** als Funktion der Fensterlänge im Zeitbereich ℓ_{max} dargestellt. Gegenübergestellt ist die theoretische Kurve, die sich aus

$$\text{MSE}_{\text{Gewinn}} = 10 \cdot \log_{10}\left(\frac{\ell_{max}}{N}\right), \quad L = 8 \le \ell_{max} \le N = 64$$

ergibt. Von der Leistung des Kanalrauschens ist der MSE-Gewinn unabhängig.

Aufgabenteil c)

Bild 10.3.3 zeigt Bitfehlerraten-Kurven unter verschiedenen Kanalschätzungs-Bedingungen. Gegenüber der Kanalschätzung ohne Rauschreduktion bringt die Rauschreduktion mit $\ell_{max} = 16$ einen E_b/N_0-Gewinn[13] von etwa 1.8 dB; bei $\ell_{max} = 8$ erhöht er sich auf 2.1 dB und nähert sich der Kurve mit ideal bekanntem Kanal.

Bitfehlerrate bei realer Kanalschätzung

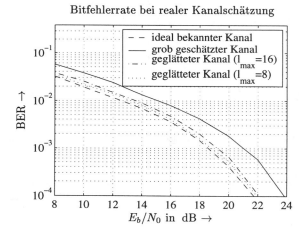

Bild 10.3.3: Einfluß der Rauschreduktion auf die Bitfehlerrate

Lösung Aufgabe 10.3.2

Aufgabenteil a,b)

Die **Bilder 10.3.4a,b** zeigen Betragsimpulsantwort und Nullstellendiagramm eines 16-Tap-Rayleigh-Kanals. Die Zero-Forcing-Lösung in **Bild 10.3.4c** zeigt,

---

[13]Der E_b/N_0-Gewinn darf nicht mit dem aus Bild 10.3.2 abgelesenen MSE-Gewinn von ca. 9 dB verwechselt werden!

daß eine Impulsverkürzung auf $\ell_{\text{kurz}} = 8$ in diesem Beispiel sehr gut möglich ist – dies ist anhand der Nullstellen-Konstellation in **Bild 10.3.4b** zu begründen: Der Kanal weist 6-7 kritische Nullstellen in unmittelbarer Nähe des Einheitskreises auf; der Vorentzerrer kompensiert die übrigen weniger kritischen Nullstellen so, daß insgesamt ein System 7. Ordnung verbleibt. **Bild 10.3.4d** zeigt die MMSE-Lösung für $E_S/N_0 = 10$ dB. Man sieht, daß in Hinblick auf eine geringere Rauschverstärkung größere Vor- und Nachschwingerwerte zugelassen werden; die Entzerrer-Koeffizientenenergie beträgt für die Zero-Forcing-Lösung $\mathbf{e}^H \mathbf{e} = 9.0$ und für die MMSE-Lösung 1.7.

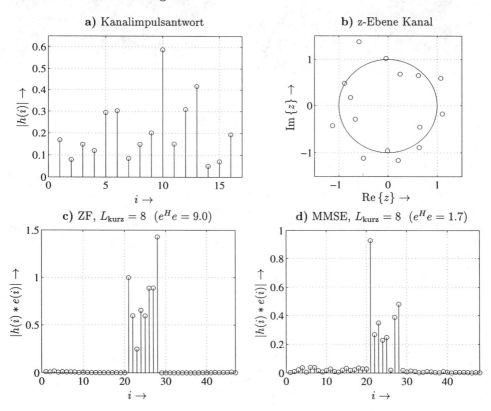

Bild 10.3.4: Verkürzung der Kanalimpulsantwort von $L = 16$ auf $L_{\text{kurz}} = 8$

Aufgabenteil c)

Gemäß den Parametern aus Aufgabe 10.2.2 besteht das Guardintervall aus 16 Abtastwerten, so daß bei einer Kanalimpulsantwort der Länge 16 die horizontale Augenöffnung gerade null werden muß – **Bild 10.3.5a** bestätigt dies. Durch die Impulsverkürzung auf $\ell_{\text{kurz}} = 8$ wird die horizontale Augenöffnung wieder auf die

Hälfte des ursprünglichen Guardintervalls erhöht (siehe **Bild 10.3.5a**). Da durch den Vorentzerrer eine Verzögerung eingebracht wird, ist die Augenöffnung zeitlich verschoben.

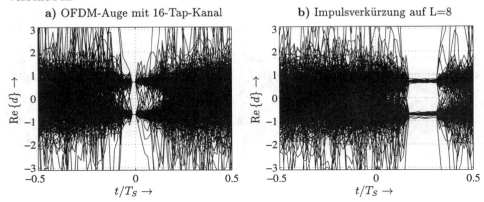

a) OFDM-Auge mit 16-Tap-Kanal   **b)** Impulsverkürzung auf L=8

Bild 10.3.5: Einfluß der Impulsverkürzung auf das OFDM-Augendiagramm

Aufgabenteil d)
Bild 10.3.6 stellt die Vor- und Nachschwingerenergie bei Impulsverkürzung des Kanals gemäß Bild 10.3.4a,b dar. Es zeigt sich, daß der Fehler mit $\ell_{\mathrm{kurz}} \geq 8$ abnimmt – für den hier nicht dargestellten Wert $\ell_{\mathrm{kurz}} = 16$ wird der Fehler null –, während sich mit $\ell_{\mathrm{kurz}} \leq 8$ ein schnelles Anwachsen der Fehlerenergie ergibt. Im letzteren Fall sind entsprechend der Nullstellenverteilung in Bild 10.3.4 zunehmend kritische Kanalnullstellen durch den auf $n_e = 32$ festgelegten Entzerrer zu kompensieren.

normierte Vor- und Nachschwinger-Energie

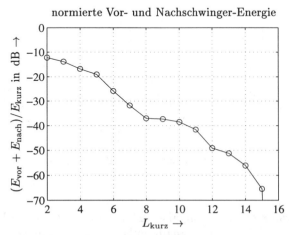

Bild 10.3.6: Vor- und Nachschwingerenergie bei verschiedenen Impulsverkürzungen

Kapitel 11

Codemultiplex

11.1 Einführung

Um einen Kanal vorgegebener Bandbreite mehreren Teilnehmern zugänglich zu machen, sind verschiedene Vielfachzugriffsverfahren möglich. Die seit einigen Jahren etablierten digitalen Mobilfunksysteme nach dem GSM-Standard (Global System for Mobile Communications) bzw. nach dem DCS-1800-Standard (Digital Cellular System) verwenden eine Kombination aus Frequenz- und Zeitmultiplex. Hier wird jedem Nutzer exklusiv ein sich periodisch wiederholender Zeitschlitz in einem Unterband des zur Verfügung stehenden Frequenzbereichs zugewiesen [MP92]. Durch Lücken zwischen benachbarten Frequenzbändern und aufeinanderfolgenden Zeitschlitzen wird selbst unter realen Übertragungsbedingungen die Orthogonalität zwischen den Teilnehmersignalen aufrecht erhalten und Mehrnutzerinterferenzen sind nahezu ausgeschlossen. Durch diese Maßnahmen verringert sich allerdings die spektrale Effizienz des Systems.

Eine weitere Möglichkeit des Vielfachzugriffs basiert auf dem Prinzip der spektralen Spreizung (*spread spectrum*) und wird für Mobilfunksysteme der dritten Generation wie beispielsweise UMTS (Universal Mobile Telecommunications System) eingesetzt [DGNS98, OP98, TCD$^+$98]. Es handelt sich hierbei um das sogenannte Codemultiplexverfahren CDMA (Code Division Multiple Access), bei dem jedem Teilnehmer gleichzeitig der gesamten Frequenzbereich zur Verfügung steht. Die Unterscheidung verschiedener Nutzer erfolgt anhand exklusiv zugewiesener Spreizungssequenzen. Da die Orthogonalisierung der Teilnehmersignale mit Hilfe dieser Sequenzen in der Regel durch reale Übertragungsbedingungen zerstört wird, treten Mehrnutzerinterferenzen auf, die die Systemkapazität reduzieren. Allerdings erfolgt diese Reduktion im Gegensatz zu TDMA- und FDMA-Systemen stufenlos, weshalb man auch von *graceful degradation* spricht. Als Gegenmaßnahme bieten sich beispielsweise eine starke Kanalcodierung [Dek00, KDK00a] oder die Mehrnutzerdetektion [Ver98, HT00, VS99, TH99, SM99, ARAS99, Kle96, Mos96] an. Letztere ist allerdings nicht Gegenstand dieses Kapitels.

Die breitbandige Datenübertragung besitzt in Bezug auf Mobilfunkanwendungen zahlreiche Vorteile. Zunächst bietet sie sich für einen stufenweisen Übergang von derzeit existierenden auf zukünftige Systeme an (Koexistenz verschiedener Systeme), da andere schmalbandige Systeme aufgrund der geringen spektralen Leistungsdichte nur wenig gestört werden und CDMA-Systeme robust gegenüber schmalbandigen Störsignalen sind. In zellularen Netzen ist ferner die Möglichkeit des *Soft Handover* hervorzuheben. Hierunter versteht man den *sanften* Wechsel von einer Basisstation zur nächsten, indem beim Wechsel zeitweise beide Stationen empfangen werden können und somit sogar ein Diversitätsgewinn erzielt wird. Die Verbindung muß dabei nie unterbrochen werden.

Neben diesen Aspekten spielen jedoch auch die physikalischen Übertragungsbedingungen der Mobilfunkkanäle für breitbandige Signale eine wichtige Rolle, die insbesondere in Abschnitt 11.3 erläutert werden. So ermöglichen die große Signalbandbreite und die Verwendung spezieller Spreizungssequenzen (siehe 11.2.2) die Ausnutzung von Diversität. Damit verkörpert die Bandspreiztechnik genau die entgegengesetzte Philosophie von OFDM, wo durch schmalbandige Unterträger Frequenzselektivität vermieden werden soll [Kam96] (Kapitel 10). Allerdings lassen sich auch beide Verfahren vorteilhaft miteinander kombinieren (siehe Abschnitt 11.3.2, OFDM-CDMA).

Abschließend sei angemerkt, daß prinzipiell zwischen Auf- und Abwärtsstrecke zu unterscheiden ist. Während letztere im allgemeinen synchron betrieben wird und die Signale alle den gleichen Kanal erfahren, verzichtet man in der Aufwärtsstrecke, wo jedes Signal über einen individuellen Kanal übertragen wird, wegen des großen Realisierungsaufwandes im allgemeinen auf eine Synchronisation aller Teilnehmer. Diese Tatsache verhindert in der Regel den Einsatz von Spreizungscodes mit speziellen Korrelationseigenschaften. Wir beschränken uns in den Übungsaufgaben lediglich auf die synchrone Abwärtsstrecke.

11.2 Grundlagen

11.2.1 Prinzip der spektralen Spreizung

Bezüglich der Art und Weise der spektralen Spreizung existieren verschiedene Techniken, von denen die Direct-Sequence Technik am weitesten verbreitet ist. Nähere Informationen und detaillierte Beschreibungen können in zahlreichen Literaturstellen wie beispielsweise [PSM82, ZP85, CM88, Lee91, PMS91, Pro95,

Vit95, GV97, SH99, Nik98] gefunden werden. Im folgenden beschränken wir uns wegen der einfacheren Darstellung auf die binäre BPSK und reellwertige Spreizungscodes sowie auf nicht-frequenzselektive Kanäle. Eine Erweiterung auf dispersive Kanäle erfolgt dann in Abschnitt 11.3.

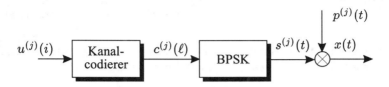

Bild 11.2.1: Blockschaltbild zur Direct-Sequence-Spreizung

Analog zu den Abschnitten 5.1 und 6.1 werden die codierten Symbole $c^{(j)}(\ell)$ zunächst BPSK-moduliert. Dabei hat das codierte Zeitsignal die Form $s^{(j)}(t) = \sum_\ell s^{(j)}(\ell)g_s(t - \ell T_s)$, wobei $g_s(t) = \text{rect}(t/T_s)$ einen Rechteck-Impuls der Symboldauer T_s repräsentiert. Entsprechend **Bild 11.2.1** wird $s^{(j)}(t)$ bei der Direct-Sequence-Spreizung mit der Spreizungssequenz

$$p^{(j)}(t) = \sum_k p^{(j)}(k)g_p(t - kT_c) \tag{11.2.1}$$

für Teilnehmer j multipliziert. Dabei stellen $g_p(t)$ die Sendefilter-Impulsantwort und T_c die Dauer eines Chips $p^{(j)}(k) = \pm 1/\sqrt{N_p}$ des Spreizcodes dar. Die Chipdauer $T_c = T_s/N_p$ ist dabei um den Faktor N_p kleiner als die Symboldauer T_s des modulierten Signals $s^{(j)}(i)$, wodurch sich die spektrale Spreizung um N_p ergibt. Das gespreizte Signal $x^{(j)}(t)$ hat die Form

$$x^{(j)}(t) = s^{(j)}(t) \cdot p^{(j)}(t) = \sum_\ell \sum_{k=\ell N_p}^{(\ell+1)N_p-1} s^{(j)}(\ell) \cdot p^{(j)}(k) \cdot g_p(t - kT_c) \,. \tag{11.2.2}$$

Das Verhältnis

$$G_p = \frac{T_b}{T_c} = R_c \cdot \frac{T_s}{T_c} = R_c \cdot N_p \tag{11.2.3}$$

der Dauer T_b eines Informationsbit zur Chipdauer T_c gibt die spektrale Spreizung an und wird als Prozeßgewinn bezeichnet. Er umfaßt somit auch die Kanalcodierung, die über die Coderate R_c zur Spreizung beiträgt. Die reine CDMA-Spreizung durch die Multiplikation mit $p^{(j)}(t)$ spreizt um den Faktor $N_p = T_s/T_c$. Diese Spreizung kann auch als Wiederholungscode mit anschließender skalarer Multiplikation mit der Scramblingfolge $p^{(j)}(k)$ interpretiert werden[1] [KDK00a, Dek00].

---

[1]Es folgt dann noch das Sendefilter $g_p(t)$.

Im allgemeinen werden die Spreizungssequenzen mit Hilfe von rückgekoppelten Schieberegistern erzeugt, so daß die Folgen $p^{(j)}(k)$ periodisch sind. Bei den sogenannten *short codes* beträgt die Periode N_p, d.h. die Sequenz ist für alle Symbole eines Teilnehmers identisch. Bei *long codes* umfaßt die Periode hingegen unter Umständen sehr viele Symbole, so daß pro Symbol immer nur ein Teil der Sequenz zur Spreizung beiträgt. Wir setzen im folgenden stets *short codes* voraus.

Am Empfänger liegt die Summe der Teilnehmersignale aus Gl. (11.2.2) an. Für die asynchrone Aufwärtsstrecke lautet das Empfangssignal

$$y(t) = \sum_{j=1}^{J} h^{(j)}(t) \cdot x^{(j)}(t - \tau_j) + n(t) \,, \tag{11.2.4}$$

wobei $h^{(j)}(t)$ den komplexen Kanalkoeffizienten für Teilnehmer j, τ_j die zugehörige Verzögerung und $n(t)$ das Rauschen repräsentieren. Der Fall der synchronen Abwärtsstrecke, also von der Basisstation zu den mobilen Teilnehmern, ist als Spezialfall in (11.2.4) enthalten und kann leicht abgeleitet werden.

Bild 11.2.2 illustriert die Struktur eines Empfängers für nicht frequenzselektive Kanäle. Wie schon aus Kapitel 5 bekannt ist, besteht der optimale Empfänger im Sinne eines maximalen Signal-Rausch-Verhältnisses aus einem matched-Filter. In unserem Fall ist das Filter an die Spreizungssequenz $p^{(j)}(t)$ angepaßt. Eine äquivalente Beschreibung stellt der Korrelationsempfänger dar. Er multipliziert das mit $g_p(T_c - t)$ gefilterte und im Chiptakt $1/T_c$ abgetastete Empfangssignal $y(k)$ mit $p^{(j)}(k)$ und summiert dann über die N_p Chips eines Symbols $s^{(j)}(\ell)$. Im folgenden wird stets von einem Chiptaktmodell ausgegangen, bei dem alle Verzögerungen $\tau_j = \kappa_j T_c$ ganzzahlige Vielfache des Chiptaktes sind. Bei perfekter Synchronisation und unter der Annahme eines während N_p Chips konstanten Kanals, erhält der Signalraumdecodierer bei kohärentem Empfang das Signal

$$
\begin{aligned}
\hat{s}^{(j)}(\ell) &= \sum_{k=\ell N_p+\kappa_j}^{(\ell+1)N_p-1+\kappa_j} h^{(j)}(k)^* \cdot y(k) \cdot p^{(j)}(k - \kappa_j) \\[2mm]
&= |h^{(j)}(\ell)|^2 \cdot \sum_{k=\ell N_p+\kappa_j}^{(\ell+1)N_P+\kappa_j} x^{(j)}(k - \kappa_j) \cdot p^{(j)}(k - \kappa_j) \\[2mm]
&\quad + h^{(j)}(\ell)^* \sum_{\substack{j'=1 \\ j' \neq j}}^{J} h^{(j')}(\ell) \sum_{k=\ell N_P+\kappa_j}^{(\ell+1)N_P+\kappa_j} x^{(j')}(k - \kappa_{j'}) p^{(j)}(k - \kappa_j) \\[2mm]
&\quad + h^{(j)}(\ell)^* \cdot \sum_{k=\ell N_P+\kappa_j}^{(\ell+1)N_P+\kappa_j} \cdot n(k) \cdot p^{(j)}(k - \kappa_j) \\[2mm]
&= \alpha(\ell) + \gamma(\ell) + \eta(\ell) \,.
\end{aligned}
\tag{11.2.5}
$$

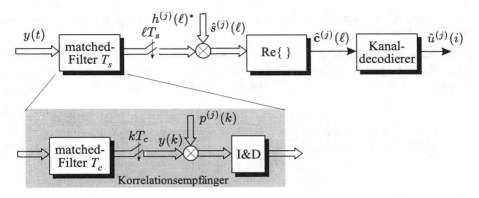

Bild 11.2.2: Blockschaltbild zur Direct-Sequence-Entspreizung

Gleichung (11.2.5) verdeutlicht, daß neben dem Nutzanteil $\alpha(\ell)$, der aus der Integration für $j' = j$ hervorgeht, auch Interferenzen $\gamma(\ell)$ durch die übrigen Teilnehmer $j' \neq j$ das Empfangssignal beeinflussen. Diese hängen in hohem Maße von den Korrelationseigenschaften der Spreizfolgen ab, die im nun folgenden Abschnitt erörtert werden.

11.2.2 Spreizungssequenzen

Anforderungen an Spreizungssequenzen

Die Wahl der zur Bandspreizung verwendeten Codes hat entscheidenden Einfluß auf die Leistungsfähigkeit CDMA-Systemen [Kam96]. Dabei lassen sich die Anforderungen an die Spreizungssequenzen gut mit Hilfe der Korrelationsfunktionen

$$r_{p^{(j)}p^{(j')}}(\tau) = \frac{1}{T_s} \int_0^{T_s} p^{(j)}(t)p^{(j')}(t+\tau)dt \qquad (11.2.6)$$

beschreiben. Für $j = j'$ repräsentiert (11.2.6) die gerade (periodische) Autokorrelationsfunktion (AKF), für $j \neq j'$ entsprechend die gerade Kreuzkorrelationsfunktion (KKF). Sie sind für *short codes* periodisch entsprechend der Periodizität der Folgen $p^{(j)}(k)$. Während die AKF einen möglichst impulsförmigen Verlauf aufweisen sollte, um durch den Kanal verzögerte Signalanteile gut ausblenden zu können, sollte die KKF für eine gute Unterdrückung der übrigen Teilnehmersignale durchweg nur sehr kleine Werte annehmen (idealerweise ist sie bei orthogonalen Codes gleich Null). Da beide Bedingungen nicht miteinander vereinbar sind, gilt es in der Praxis, einen akzeptablen Kompromiß zu finden. Darüberhinaus sollte auch eine große Zahl verschiedener Sequenzen existieren, um möglichst vielen Nutzern den Zugriff zu ermöglichen.

Es ist aber zu beachten, daß während der Korrelation das Vorzeichen der binären Symbole $s^{(j')}(\ell)$ von verzögerten Signalen bzw. Signalen anderer Teilnehmer wechseln kann. Aus diesem Grund wird die aperiodische Kreuzkorrelationsfunktion

$$
r^{\mathrm{aper}}_{p^{(j)}p^{(j')}}(\tau) = \frac{1}{T_s}
\begin{cases}
\int_0^{T_s-\tau} p^{(j)}(t)p^{(j')}(t+\tau)dt & 0 \le \tau \le T_s \\
\int_0^{T_s+\tau} p^{(j)}(t-\tau)p^{(j')}(t)dt & -T_s \le \tau \le 0
\end{cases}
\tag{11.2.7}
$$

benötigt. Mit ihr kann dann die sogenannte ungerade Kreuzkorrelierte

$$
r^{\mathrm{ungerade}}_{p^{(j)}p^{(j')}}(\tau) = r^{\mathrm{aper}}_{p^{(j)}p^{(j')}}(\tau) - r^{\mathrm{aper}}_{p^{(j)}p^{(j')}}(T_s-\tau)
\tag{11.2.8}
$$

berechnet werden, die einen Vorzeichenwechsel der BPSK-Symbole zum Zeitpunkt $t = \tau$ beinhaltet. Für die periodische KKF gilt

$$
r^{\mathrm{gerade}}_{p^{(j)}p^{(j')}}(\tau) = r^{\mathrm{aper}}_{p^{(j)}p^{(j')}}(\tau) + r^{\mathrm{aper}}_{p^{(j)}p^{(j')}}(T_s-\tau)
\tag{11.2.9}
$$

Ein geeignetes Maß zur Beurteilung der Mehrnutzerinterferenz das Verhältnis von Signalleistung zu Interferenzleistung S/I bzw. Interferenz-plus-Rauschleistung $S/(I + N)$. Näheres dazu wird in den Übungsaufgaben behandelt. Im folgenden werden einige Beispiele von Spreizungscodes vorgestellt und ihre Eigenschaften beschrieben.

Orthogonale Codes

Ein Beispiel orthogonaler Codes sind die schon aus den Kapitel 6 und 8 bekannten Hadamard-Codes bzw. Walsh-Sequenzen [Wal23]. Mit ihnen lassen sich im synchronen Fall die Teilnehmer ideal trennen, es entsteht keine Mehrnutzerinterferenz [Har64, Har71]. Der Mobilfunkkanal sorgt aber im allgemeinen für Mehrwegeausbreitung, durch die diese Orthogonalität zerstört wird. Die Korrelationseigenschaften sind im asynchronen Fall derart schlecht, daß Walsh-Sequenzen in der Praxis stets in Kombination mit weiteren Sequenzen eingesetzt werden [GJP+91, DGNS98]. Durch diese wird allerdings keine weitere Spreizung herbeigeführt, sondern lediglich ein zusätzliches Scrambling realisiert. Ist die zusätzliche Sequenz für alle Teilnehmer identisch, hat dies den Vorteil, daß für synchrone Signalkomponenten weiterhin die Orthogonalität der Walsh-Codes gilt und asynchrone Anteile durch den überlagerten Code zumindest einigermaßen unterdrückt werden.

Maximallängencodes

Um eine leichte lokale Generierung der Spreizungscodes zu gewährleisten, werden in der Regel rückgekoppelte Schieberegister zur Erzeugung pseudo-zufälliger Zahlenfolgen eingesetzt. **Bild 11.2.3** zeigt eine typische Struktur. Die einzelnen Register enthalten Elemente aus dem $GF(2)$, welche über das Rückkopplungspolynom $g(D) = g_0 + g_1 D + \ldots + g_m D^m$ an den modulo-2-Addierer geführt werden (vgl. Darstellung von RSC-Codes, Abschnitt 8.6). Ein Vertreter dieser Klasse sind die Maximallängencodes oder auch m-Sequenzen. Sie zeichnen sich dadurch aus, daß $g(D)$ im $GF(2)$ teilerfremd ist. Hierdurch wird garantiert, daß während einer Periode bis auf den Nullzustand alle Zustände angenommen werden und sich somit die maximale Periodendauer $N_p = 2^m - 1$ für ein Register der Länge m ergibt. Zur weiteren Nutzung in einem Direct-Sequence-System sind die $p^{(j)}(k)$ noch in bipolare Werte umzusetzen. Eine wichtige Eigenschaft von Maximallängencodes ist der spezielle

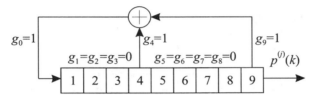

Bild 11.2.3: Rückgekoppeltes Schieberegister der Länge $m = 9$ zur Erzeugung einer m-Sequenz der Periodenlänge $L_\pi = 2^9 - 1 = 511$

Verlauf der geraden Autokorrelationsfunktion. Sie nimmt für $\tau = 0$ den Wert Eins und für $\tau = kT_c$ den Wert $-1/N_p$ an und erfüllt damit annähernd die Forderung nach einem impulsförmigen Verlauf. Hierdurch eignen sich m-Sequenzen hervorragend, um die durch Mehrwegeausbreitung hervorgerufenen Interferenzen verzögerter Signalanteile auszublenden. Hinsichtlich der Kreuzkorrelationsfunktion sind die Eigenschaften von m-Sequenzen allerdings nicht mehr so gut.

Gold-Codes

Im Jahr 1967 entdeckte Gold, daß die Kreuzkorrelationsfunktionen bestimmter Paare von m-Sequenzen nur drei verschiedene Werte annehmen. Aus zwei m-Sequenzen der gleichen Länge mit dieser Eigenschaft kann dann durch einfache Modulo-2-Addition eine Familie neuer Codefolgen generiert werden. Alle in dieser Menge enthaltenen Codes besitzen die gleiche Periodenlänge und eine dreiwertige Kreuzkorrelationsfunktion. Das bedeutet, daß ein bevorzugtes Paar zweier Maximallängencodes einen Satz von $2^m + 1$ Codefolgen bilden kann, welche nach ihrem Entdecker Gold-Codes genannt werden [Gol67].

Bild 11.2.4 zeigt ein Beispiel für den Aufbau eines Schieberegisters zur Erzeugung von Gold-Codes. Zur Generierung der gesamten Codefamilie reicht es aus, die Verzögerung hinter dem unteren Schieberegister auf einen Wert zwischen $n = 0$

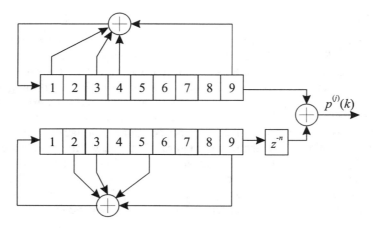

Bild 11.2.4: Schieberegister zur Erzeugung von Gold-Codes der Periodenlänge
$L_\pi = 511$

und $n = 2^m - 1$ einzustellen. Sowohl die Rückkopplungsstrukturen als auch der Anfangszustand des oberen Registers bleiben konstant. Der gleiche Code kann auch durch ein einziges herkömmliches Schieberegister generiert werden, welches allerdings die doppelte Länge hat [PSM82]. Hierdurch wird deutlich, daß Gold-Codes keine Maximallängencodes mehr sind. Ferner existieren sie nur für Schieberegister, deren Länge nicht durch vier teilbar ist. Die gerade Kreuzkorrelationsfunktion von Gold-Codes lautet

$$r_{p^{(j)}p^{(j')}}^{\text{Gold}}(kT_c) = \frac{1}{N_p} \cdot \begin{cases} -1 \\ -2^{\lfloor (m+2)/2 \rfloor} - 1 \\ 2^{\lfloor (m+2)/2 \rfloor} - 1 \end{cases} \tag{11.2.10}$$

wobei $\lfloor x \rfloor$ den ganzzahligen Anteil von x beschreibt [SP80].

11.2.3 Übungen

Aufgabe 11.2.1   **m-Sequenzen**
Lösung Seite 518

a) Bestimmen Sie alle m-Sequenzen der Länge 31, wobei für $g_p(t)$ Rechteckimpulse und eine achtfache Überabtastung anzusetzen sind. Nutzen Sie zur Bestimmung der primitiven Polynome die Routine `gfprimfd` und `m_seq` zur Generierung der Sequenzen.

b) Berechnen Sie die geraden Autokorrelationsfunktionen der Sequenzen mit der Routine `kkf_per`. Markieren Sie die Werte für die Verzögerungen $\tau = kT_c$ mit Symbolen.

c) Berechnen Sie nun die geraden Kreuzkorrelationsfunktionen (`kkf_per`).

d) Für reine Zufallsfolgen kann das SINR (*signal-to-interference-plus-noise-ratio*) bezogen auf die Energie je Informationsbit (E_b) für Rechteckimpulse durch die Beziehung

$$ SINR = \frac{G_p \cdot E_s/N_0}{1 + (J-1) \cdot 2/3 \cdot E_s/N_0} = \frac{G_p}{(J-1) \cdot 2/3 + N_0/E_s} \qquad (11.2.11) $$

bestimmt werden, wobei J die Nutzeranzahl angibt. Die maximale Störleistung ist nur dann wirksam, wenn die verschiedenen Teilnehmersignale chip-synchron sind, d.h. $\tau = kT_c$ gilt. Bei völlig asynchronen Systemen geht sie entsprechend (11.2.11) im Mittel nur mit dem Faktor 2/3 ein (dieser Faktor entfällt bei chip-synchronen Systemen). Berechnen Sie aus den gewonnenen Kreuzkorrelationsfunktionen aus Teil c) das SINR für $J = 6$ Teilnehmer und 5 dB $\leq E_b/N_0 \leq$ 30 dB und vergleichen Sie die Ergebnisse mit (11.2.11).

e) Bestimmen Sie nun die ungeraden Kreuzkorrelationsfunktionen unter Zuhilfenahme der Routine `kkf_aper` und geben Sie die zugehörigen SINR-Werte an.

Aufgabe 11.2.2	**Gold-Codes**
	Lösung Seite 520

a) Bestimmen Sie mit Hilfe der Routine `find_pairs` aus den in Aufgabe 11.2.1 ermittelten m-Sequenzen alle bevorzugten Paare, deren Kreuzkorrelierte nur drei verschiedene Werte annimmt.

b) Wählen Sie ein Paar aus und erzeugen Sie mit der Routine `gold_seq` eine komplette Familie von Gold-Codes. Berechnen Sie die AKF für eine beliebige Sequenz und die KKF für ein beliebiges Paar. Welche Unterschiede treten im Vergleich zu den m-Sequenzen auf?

c) Bestimmen Sie für die gewählte Code-Familie die geraden Kreuzkorrelationsfunktionen sowie SINR-Werte für den asynchronen, den chip-synchronen und den synchronen Fall für $J = 6$ Nutzer und 5 dB $\leq E_b/N_0 \leq$ 30 dB.

Aufgabe 11.2.3

Orthogonale Codes
Lösung Seite 522

a) Berechnen Sie die Kreuzkorrelationsfunktionen von Walsh-Sequenzen der Länge 32 und geben Sie die SINR-Werte für $J = 6$ an. (Die Auswahl der 6 Sequenzen beeinflußt die SINR-Werte!)

b) Multiplizieren Sie die Walsh-Codes jetzt chipweise mit einer Zufallsfolge, die einen 32 Chip langen Ausschnitt aus einer m-Sequenz der Länge 255 darstellt und für alle Walsh-Codes identisch ist. Welche SINR-Werte ergeben sich jetzt?

c) Vergleichen Sie die Eigenschaften aus b) mit denen von Gold-Codes und m-Sequenzen.

Aufgabe 11.2.4

Direct-Sequence-Bandspreizung
Lösung Seite 523

a) Erzeugen Sie ein bipolares Informationssignal und spreizen Sie es mit einer zufällig ausgewürfelten PN-Folge. Der Prozeßgewinn beträgt $G_p = N_p = 7$. Stellen Sie die Leistungsdichtespektren des ungespreizten sowie des gespreizten Signals bei einer Überabtastung von $w = 8$ dar.

b) Verwenden Sie nun zwei Gold-Codes der Registerlänge $m = 3$. Addieren Sie die gespreizten Signale und entspreizen Sie eines der beiden Signale wieder. Stellen Sie die Zeitverläufe graphisch gegenüber.

c) Simulieren Sie nun die Übertragung über einen AWGN-Kanal für $J = 1, 2, \ldots 9$ Nutzer unter Verwendung der kompletten Gold-Familie der Länge $N_p = 7$. Messen Sie die Bitfehlerraten im Bereich 0 dB $\leq E_b/N_0 \leq$ 20 dB. **Hinweis:** Wählen Sie die Reihenfolge der verwendeten Gold-Codes zur Spreizung sorgfältig.

Lösung Aufgabe 11.2.1

Aufgabenteil a)
Für m-Sequenzen der Länge 31 wird ein Schieberegister der Länge $m = 5$ benötigt. Die für die Rückkopplung erforderlichen primitiven Polynome vom Grad m liefert die Funktion `gfprimfd`. Sie lauten

$$g_1(D) = 1 + D^2 + D^5 \qquad g_2(D) = 1 + D^3 + D^5$$
$$g_3(D) = 1 + D + D^2 + D^3 + D^5 \quad g_4(D) = 1 + D + D^2 + D^4 + D^5$$
$$g_5(D) = 1 + D + D^3 + D^4 + D^5 \quad g_6(D) = 1 + D^2 + D^3 + D^4 + D^5 \;.$$

Aufgabenteil b)

Bild 11.2.5a zeigt die Autokorrelationsfunktion einer m-Sequenz. Charakteristisch ist der dreiecksförmige Verlauf für $0 \leq \tau \leq T_c$, für $\tau > T_c$ nimmt sie die konstanten Wert $1/G_p \approx 0.0323$ an. Somit lassen sich für $\tau > T_c$ durch Mehrwegeausbreitung verzögerte Signalanteile mit m-Sequenzen um $G_p^2 = 31^2 \approx 30$ dB unterdrücken.

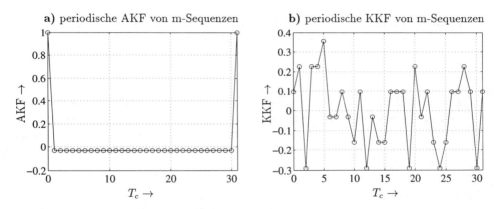

Bild 11.2.5: Periodische Auto- und Kreuzkorrelationsfunktion von m-Sequenzen (Aufgabe 11.2.1)

Aufgabenteil c)

Bild 11.2.5b illustriert die gerade Kreuzkorrelationsfunktion zwischen den m-Sequenzen von $g_1(D)$ und $g_2(D)$. Zunächst ist zu erkennen, daß sehr hohe lokale Maxima auftreten können und somit hohe Interferenzstörungen zu erwarten sind. m-Sequenzen besitzen also gute Auto-, aber schlechte Kreuzkorrelationseigenschaften. Des weiteren treten die lokalen Maxima stets für $\tau = kT_c$ auf, d.h. chip-synchrone Systeme stellen einen worst-case Fall dar.

Aufgabenteil d)

Um SINR-Werte aus den Korrelationsfunktionen zu ermitteln, ist zunächst deren Mittelwert über die verschiedenen Verzögerungen zu berechnen und dann über alle interferierenden Sequenzen zu summieren. **Bild 11.2.6a** stellt die SINR-Werte für m-Sequenzen und Zufallsfolgen dar. Dabei wurde zwischen chip-synchronen und

a) SINR für m-Sequenzen, gerade KKF

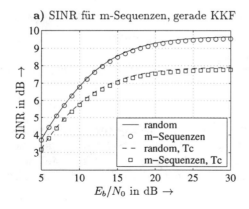

b) SINR für m-Sequenzen, ungerade KKF

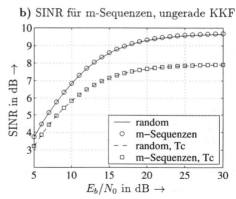

Bild 11.2.6: Signal-zu-Interferenz-plus-Rausch-Verhältnis für m-Sequenzen, 6 Nutzer, Tc bedeutet chip-synchron (Aufgabe 11.2.1)

-asynchronen Systemen unterschieden. Es ist zu erkennen, daß m-Sequenzen nur unwesentlich bessere Resultate erzielen als rein zufällig ausgewählte Sequenzen. Sie besitzen also hinsichtlich der Kreuzkorrelation keine besonderen Eigenschaften. Ferner wird der Nachteil chip-synchroner Systeme deutlich, der asymptotisch ca. 1.7 dB beträgt.

Aufgabenteil e)
Die ungeraden Kreuzkorrelierten berücksichtigen einen Vorzeichenwechsel des störenden BPSK-Symbols während der Korrelation. Zu ihrer Berechnung ist zunächst die aperiodische Korrelationsfunktion nach (11.2.7) zu bestimmen, um dann die ungerade KKF zu ermitteln. **Bild 11.2.6b** zeigt die erzielten SINR-Verläufe. Im Vergleich zu Bild 11.2.6a ist eine leichte Verschlechterung zu erkennen, so daß die erzielten Werte nun genau auf den theoretischen Kurven für Zufallscodes liegen.

Lösung Aufgabe 11.2.2

Aufgabenteil a)
Die nachfolgende Tabelle zeigt die bevorzugten Paare von m-Sequenzen mit dreiwertigen Korrelationsfunktionen. Von insgesamt 15 Kombinationsmöglichkeiten stellen 12 bevorzugte Paare dar. Im folgenden wurden die Sequenzen mit g_5 und g_6 ausgewählt.

	$g_1(D)$	$g_2(D)$	$g_3(D)$	$g_4(D)$	$g_5(D)$	$g_6(D)$
$g_1(D)$			x	x	x	x
$g_2(D)$			x	x	x	x
$g_3(D)$	x	x		x	x	
$g_4(D)$	x	x	x			x
$g_5(D)$	x	x	x			x
$g_6(D)$	x	x		x	x	

Aufgabenteil b)
Bild 11.2.7a zeigt typische Verläufe für AKF und KKF von Gold-Codes. Es fällt sofort die Dreiwertigkeit zu den Verzögerungszeiten $\tau = kT_c$ auf. Während die Autokorrelationsfunktion schlechter als bei den m-Sequenzen ist, sind die Spitzen der Kreuzkorrelierten leicht abgesenkt worden. Dies deutet auf eine bessere Unterdrückung der Mehrnutzerinterferenz hin.

a) period. AKF/KKF von Gold-Codes

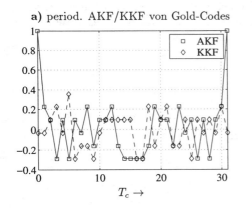

b) SINR für Gold-Codes, 6 Nutzer

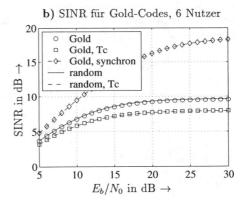

Bild 11.2.7: Korrelationsverläufe und Signal-zu-Interferenz-plus-Rausch-Verhältnis für Gold-Codes (Aufgabe 11.2.2)

Aufgabenteil c)
Die Verläufe des SINR sind in **Bild 11.2.7b** dargestellt. Im Vergleich zu den m-Sequenzen kann für den asynchronen und den chip-synchronen Fall keine gravierende Verbesserung festgestellt werden. Die Spitzen der Kreuzkorrelierten werden zwar leicht reduziert, im Mittel führt dies aber nicht zu deutlichen Verbesserungen. Auffallend ist jedoch, daß im synchronen Fall Verbesserungen von mehr als 10 dB möglich sind. Dies liegt an der Tatsache, daß die Kreuzkorrelierte für $\tau = 0$ bei Gold-Codes stets den Wert $-1/N_p = -1/31$ annimmt. (Eine Ausnahme können die beiden Muttercodes bilden.) Somit wird die Interferenzleistung um den Faktor $1/N_p^2$ gedämpft, wohingegen die Dämpfung bei reinen Zufallscodes im Mittel nur $1/N_p$ beträgt. Gold-Codes eignen sich also hervorragend für synchrone CDMA-

Systeme. Im asynchronen Fall sind sie im Mittel jedoch nicht besser als reine Zufallscodes.

> Lösung Aufgabe 11.2.3

Aufgabenteil a)
Die in dieser Aufgabe betrachteten Walsh-Codes sind unter synchronen Verhältnissen bekannterweise orthogonal zueinander. Bei Asynchronität geht diese Orthogonalität allerdings verloren, sowohl die AKF als auch die ungerade KKF können sehr große Werte annehmen. Dies wird auch anhand von **Bild 11.2.8a** bestätigt. Die AKF nimmt für den hier gewählten Code in periodischen Abständen von $2T_c$ die Werte ± 1 an, Echos mit diesen Verzögerungen werden also überhaupt nicht gedämpft und ihre Störleistung wirkt sich voll aus. Ähnlich schlechte Ergebnisse liefert auch die ungerade KKF. Je nachdem, welche Walsh-Codes miteinander korreliert werden, ergeben sich unterschiedliche Verläufe.

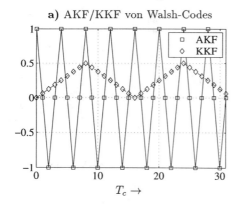

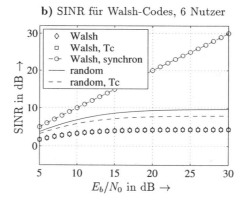

Bild 11.2.8: Signal-zu-Interferenz-plus-Rausch-Verhältnis für Walsh-Codes (Aufgabe 11.2.3)

Die Auswirkungen dieser extrem schlechten Korrelationseigenschaften unter asynchronen Bedingungen zeigt **Bild 11.2.8b**. Während im synchronen Fall keine Mehrnutzerinterferenzen auftreten und $SINR = E_b/N_0$ gilt, weist die hier ausgewählte Teilmenge der Walsh-Codes bei Asynchronität sogar deutlich schlechtere SINR-Verläufe auf als reine Zufallscodes.

Aufgabenteil b)
Um insbesondere die AKF-Eigenschaften zu verbessern, werden Walsh-Codes im synchronen Downlink praktischer Systeme [DGNS98] häufig mit sogenannten

Scrambling-Sequenzen kombiniert. Diese dienen häufig der Zellkennung, sind also für alle Nutzer innerhalb einer Zelle identisch, und sollen insbesondere durch Mehrwegeausbreitung verzögerte Signalanteile dämpfen. In dieser Aufgabe wurde ein 32 Chip langer Ausschnitt einer 255 Chip langen m-Sequenz zum Scrambling gewählt. AKF und ungerade KKF sind in **Bild 11.2.9a** dargestellt. Die aus Teil a) bekannten Spitzen konnten hier deutlich unterdrückt werden.

a) AKF/KKF von kombinierten Codes b) SINR für kombinierte Codes

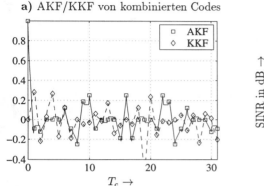 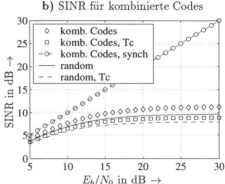

Bild 11.2.9: Signal-zu-Interferenz-plus-Rausch-Verhältnis für Walsh-Codes (Aufgabe 11.2.3)

Dies bestätigen auch die SINR-Verläufe in **Bild 11.2.9b**. Die exakten Werte hängen nun stark von den Korrelationseigenschaften des Scrambling-Codes ab. Für die hier gewählten Beispiele kann gegenüber den reinen Walsh-Codes ein Gewinn von 4-7 dB erzielt werden.

Aufgabenteil c)
Ein Vergleich mit Bild 11.2.7b zeigt, daß sich für die hier gewählten Codes leichte Vorteile der gescrambelten Walsh-Codes gegenüber den Gold-Codes ergeben. Für den asynchronen Fall stellt sich ein Gewinn von etwa 2 dB ein. Eine Verallgemeinerung dieser Ergebnisse kann jedoch nicht gemacht werden.

Lösung Aufgabe 11.2.4

Aufgabenteil a)
Bild 11.2.10a zeigt die Leistungsdichtespektren von ungespreiztem und gespreiztem Signal. Da die Bandspreizung dem Signal keine Energie zuführen soll, weist das resultierende breitbandige Signal für kleine Frequenzen eine verringerte spek-

trale Leistungsdichte auf. Durch die Spreizung fällt das Spektrum dann zu höheren Frequenzen wesentlich langsamer ab. Bei beiden Dichtespektren ist der si-förmige Verlauf zu erkennen (logarithmische Darstellung!), wobei das ungespreizte Signal die Einbrüche im Abstand von $1/(wN_pT_a) = 1/T_b$ hat, während sie beim gespreizten Signal bei Vielfachen von $1/(wT_a)$ liegen.

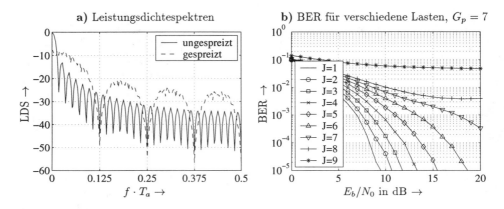

Bild 11.2.10: a) Leistungsdichtespektrum von gespreiztem und ungespreiztem Signal, b) Bitfehlerraten für verschiedene Systemlasten (Aufgabe 11.2.4)

Aufgabenteil b)
Die Zeitverläufe für die verschiedenen Signale sind in **Bild 11.2.11** aufgeführt. Das Informationssignal des obersten Bildes wird zunächst mit dem ersten Gold-Code gespreizt. Dann erfolgt die Überlagerung mit dem zweiten gespreizten Signal, was im mittleren Bild dargestellt ist. Im Empfänger wird dann abermals mit dem ersten Gold-Code multipliziert. Anhand der auftretenden Nullen im Signalverlauf ist erkennbar, daß durch das zweite Signal deutliche Störungen verursacht wurden. Diese werden durch die abschließende Integration aber unterdrückt, so daß letztendlich das ursprüngliche Informationssignal wieder gewonnen werden konnte. Ein Vergleich der Amplituden im oberen und unteren Bild zeigt, daß die Detektion beim zweiten und dritten Bit etwas unsicherer geworden ist.

Aufgabenteil c)
Aus den vorigen Abschnitten ist bekannt, daß Gold-Codes dreiwertige Kreuzkorrelationsfunktionen besitzen für synchrone CDMA-Systeme geeignet sind. Die gegenseitigen Kreuzkorrelierten sind in **Tabelle 11.2.1** zusammengefaßt. Man erkennt, daß die zweite Sequenz mit Abstand die schlechtesten Korrelationseigenschaften hat, gefolgt von Sequenz 8. Daher werden diese beiden erst für die Nutzer 8 und 9 verwendet.

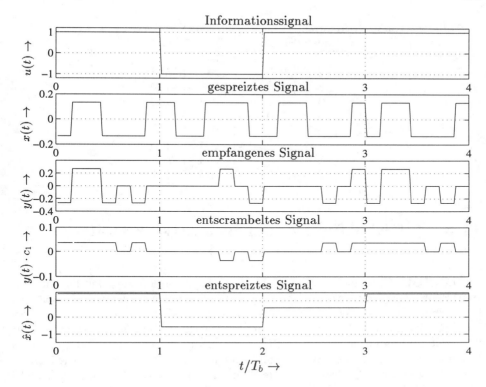

Bild 11.2.11: Spreizung und Entspreizung mit Gold-Code und $G_p = 7$ (Aufgabe 11.2.4)

Die Ergebnisse zeigt **Bild 11.2.10b**. Die Verschlechterung aufgrund der zunehmenden Mehrnutzerinterferenzen sind gravierend; ab dem achten Nutzer ist ein deutlicher Fehlergrund (*error floor*) zu beobachten, der sich natürlich auch für geringeren Nutzerzahlen einstellt, allerdings erst bei geringeren und hier nicht mehr dargestellten Fehlerraten.

Um dem Effekt der Mehrnutzerinterferenz entgegenzutreten, existieren prinzipiell zwei Möglichkeiten. Zum einen kann die Interferenz als Hintergrundrauschen interpretiert werden. Dann ist eine starke Kanalcodierung einzusetzen, die in der Lage ist, schon bei sehr niedrigen Signal-Rausch-Abständen eine zuverlässige Übertragung sicherzustellen [KDK00b, KDK00a]. Zum anderen läßt sich die Kenntnis der Spreizungssequenzen und damit die Struktur der Interferenz ausnutzen. Mit Hilfe der sogenannten Mehrnutzerdetektion werden alle Teilnehmer detektiert und die gegenseitige Interferenz unterdrückt bzw. eliminiert [Ver98, Küh01a, Küh01b]. Im Rahmen dieses Buches kann auf diese Verfahren aber nicht vertieft eingegangen werden.

Tabelle 11.2.1: Kreuzkorrelierte für Familie von Gold-Codes der Länge $N_p = 7$

Sequenz	1	2	3	4	5	6	7	8	9
1	7	3	-1	-1	-1	-1	-1	-1	-1
2	3	7	-1	3	-1	-1	-1	-5	3
3	-1	-1	7	-1	-1	-1	-1	-1	-1
4	-1	3	-1	7	-1	-1	-1	-1	-1
5	-1	-1	-1	-1	7	-1	-1	-1	-1
6	-1	-1	-1	-1	-1	7	-1	-1	-1
7	-1	-1	-1	-1	-1	-1	7	-1	-1
8	-1	-5	-1	-1	-1	-1	-1	7	-1
9	-1	3	-1	-1	-1	-1	-1	-1	7

11.3 CDMA für frequenzselektive Kanäle

Die in CDMA-Systemen inhärente Bandspreizung sorgt dafür, das in den meisten Fällen frequenzselektive Übertragungsbedingungen vorliegen. Neben den klassischen Entzerrungsverfahren aus Kapitel 7 existieren noch zwei weitere Möglichkeiten, der Mehrwegeausbreitung zu begegnen. Zum einen bietet sich die OFDM-Übertragung aus Kapitel 10 an, die in diesem Zusammenhang mit dem Codemultiplex kombiniert werden soll (Abschnitt 11.3.2). Zuvor wird jedoch im nächsten Abschnitt die hervorragende Eignung von SC-CDMA-Verfahren (*Single-Carrier*-CDMA) zur Übertragung über dispersive Kanäle erläutert.

11.3.1 SC-CDMA

Aufgrund der bereits diskutierten Korrelationseigenschaften der Spreizungssequenzen können mit dem einfachen Korrelationsempfänger nur exakt synchronisierte Signale detektiert werden. Verzögerte Signalkomponenten werden bei der Entspreizung stark gedämpft, so daß bei frequenzselektiven Kanälen die störenden Effekte der Mehrwegeausbreitung unterdrückt werden. Soll die gesamte empfangene Energie bei der Detektion genutzt werden, können mehrere Korrelationsempfänger eingesetzt werden, von denen jeder auf einen bestimmten Ausbreitungspfad synchronisiert wird. Man erhält dann den sogenannten Rake-Empfänger.

Dieser von Price und Green entwickelte Empfänger [PG58] ist ein Optimalempfänger für frequenzselektive Kanäle, da er das an Spreizungscode und Kanal angepaßte matched-Filer beschreibt. Er setzt sich aus mehreren hintereinander geschalteten Korrelationsempfängern zusammen, welche entweder starr über ein Schieberegister miteinander verbunden sind oder aber unabhängig voneinander auf die einfallenden Signalanteile synchronisiert werden. Damit weist er eine im allgemeinen aus L Zweigen bestehende Struktur auf, die in der Lage ist, L unterschiedlich verzögerte Signalanteile zu detektieren.

Bild 11.3.1 stellt den prinzipiellen Aufbau eines Rake-Empfängers mit starrer Kopplung der einzelnen Zweige dar. Jeder Zweig entspricht prinzipiell einem Korrelationsempfänger, der auf eine bestimmte Signalkomponente synchronisiert ist. Dabei hängt die zeitliche Auflösung des Schieberegisters von der Bandbreite des Sendesignals ab. Bei der Direct-Sequence-Bandspreizung ist es möglich, Signalanteile, die um ein Vielfaches von T_c gegeneinander verschoben sind, zu separieren.

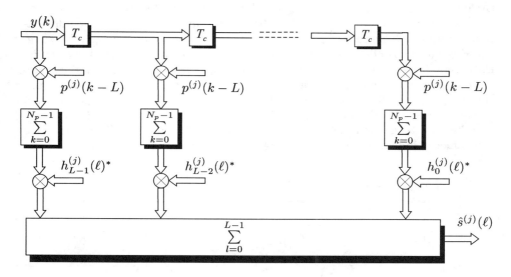

Bild 11.3.1: Aufbau eines Rake-Empfängers

Es ist zu beachten, daß die direkte Signalkomponente des Kanalmodells zum letzten Zweig des Schieberegisters gehört und somit die längste Verzögerung im Rake-Empfänger erfährt, während der vom Kanal am meisten verzögerte Anteil nicht mehr zusätzlich verzögert wird. Hierdurch ist eine kohärente Addition der verschiedenen Signalanteile gewährleistet. Aufgrund der nicht perfekten Korrelationseigenschaften der Spreizungssequenzen setzt sich das Ausgangssignal des Rake aus vier Anteilen zusammen

$$
\begin{aligned}
\hat{s}^{(j)}(\ell) &= \sum_{\nu=0}^{L-1} h_\nu^{(j)}(\ell)^* \cdot \sum_{k=\ell N_p + \kappa_{j,\nu}}^{(\ell+1)N_p - 1 + \kappa_{j,\nu}} y(k) \cdot p^{(j)}(k - \kappa_{j,\nu}) \\
&= \alpha(\ell) + \beta(\ell) + \gamma(\ell) + \eta(\ell) \,.
\end{aligned}
\tag{11.3.1}
$$

Der Term $\kappa_{j,\nu}$ gibt die Verzögerungszeit des ν-ten Ausbreitungspfades von Nutzer j an. Der erste Summand $\alpha(\ell)$ stellt wie schon im nicht frequenzselektiven Fall den Nutzanteil dar, der durch *Maximum Ratio Combining* aus der Überlagerung der einzelnen Finger hervorgeht. Die Terme $\beta(\ell)$ und $\gamma(\ell)$ repräsentieren das Pfadübersprechen zwischen den einzelnen Fingern sowie die Mehrnutzerinterferenz. Letztlich beschreibt $\eta(i)$ den Einfluß des Hintergrundrauschens.

Kanalzustandsschätzung mit Pilotsignal

Zum Ermöglichen eines kohärenten Empfangs ist die Kenntnis des Kanalzustandes erforderlich. Seine Schätzung kann beispielsweise durch den Einsatz von Pilotkanälen realisiert werden, für die allen Teilnehmern bekannte Spreizungssequenzen $p^{\text{pilot}}(k)$ reserviert werden [SG91, GJP$^+$91]. Pilotkanäle übertragen keine Informationen, sondern dienen ausschließlich der Synchronisation und der Kanalschätzung. Um dies sicherzustellen, werden sie teilweise mit einer höheren Leistung als die Datensignale gesendet. **Bild 11.3.2** zeigt die Struktur eines korrelativen Kanalschätzers. In jedem Finger wird das verzögerte Empfangssignal mit der Spreizungssequenz des Pilotkanals korreliert. Als Ergebnis erhält man den geschätzten Kanalkoeffizienten. Um die Interferenzen auf die übrigen Signale möglichst gering zu erhalten, kann der Pilotkanal nach erfolgter Schätzung vom Empfangssignal subtrahiert werden, bevor dann die eigentliche Datendetektion startet.

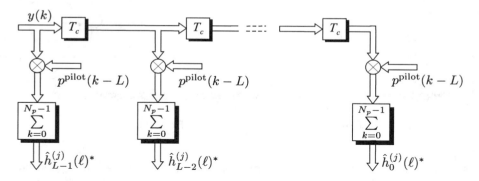

Bild 11.3.2: Aufbau eines korrelativen Kanalschätzers

Diese Methode kann allerdings nur in der Abwärtsstrecke zum Einsatz kommen, wo eine Basisstation durch einen Pilotkanal gleichzeitig alle Teilnehmer versorgen kann. In der Regel dient die verwendete Spreizungssequenz auch der Zellkennung, so daß über eine Korrelation zunächst die Zellzugehörigkeit und dann die Kanalimpulsantwort geschätzt werden kann. Für den Uplink eignet sich die Verwendung eines Pilotkanals hingegen nicht, da hier jeder Teilnehmer einen individuellen Kanal sieht und somit auch seinen eigenen Pilotkanal senden müßte. Dies würde aber zu sehr hohen gegenseitigen Interferenzen innerhalb einer Zelle führen, worunter die Auslastung des Systems und damit die spektrale Effizienz leiden würde. Für die Aufwärtsstrecke werden zum Teil inkohärente Verfahren eingesetzt [Ben96] oder aber – wie beim UMTS-Standard vorgesehen – die Quadraturkomponente der QPSK-Modulation als Referenzsignal verwendet [DGNS98, OP98, TCD⁺98].

11.3.2 OFDM-CDMA

Eine interessante Alternative zum klassischen Einträger-CDMA des vorigen Abschnittes stellt das Konzept des Mehrträger-CDMA dar. Eine besondere Rolle spielt dabei die Kombination von OFDM (s. Kapitel 10) als Mehrträgerverfahren mit dem Codemultiplex. In der Literatur existieren diverse Realisierungsmöglichkeiten [YLF93, FP93, DS93, Van95, Kai98, Dek00], von denen hier nur die Variante mit der Spreizung in Frequenzrichtung behandelt werden soll [Dek00, KDK00a].

Bild 11.3.3 zeigt die prinzipielle Struktur des OFDM-CDMA-Senders im äquivalenten Basisband. Entsprechend der Vorgehensweise in Abschnitt 11.2.1 wird zunächst nach dem Direct-Sequence-Verfahren das gespreizte Signal $x(k)$ erzeugt[2]. Anschließend werden die Chip durch eine Seriell-Parallel-Umsetzung und ein optionales Interleaving (Π_f) auf die einzelnen Unterträger des OFDM-Modulators verteilt. Der dann folgende OFDM-Sender ist schon aus Kapitel 10 bekannt.

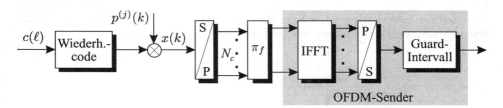

Bild 11.3.3: Struktur eines OFDM-CDMA-Senders im äquivalenten Basisband

Bei dieser Realisierung moduliert jedes Chip exakt einen Unterträger. Die spektrale Spreizung erfolgt dabei quasi in Frequenzrichtung, wie **Bild 11.3.4** noch einmal verdeutlicht. Durch die Seriell-Parallel-Umsetzung wird jeweils ein Block von N_d Bit auf ein OFDM-Symbol abgebildet. Jedes dieser Bit wird dann auf N_p Träger verteilt (N_p-fache Wiederholung). Abschließend werden N_c Chip des Spreizungscodes $c^{(j)}(k)$ mit den Symbolen auf den Unterträgern multipliziert. Da erst durch die OFDM-Modulation die Umsetzung in den Zeitbereich erfolgt, kann von einer Spreizung in Frequenzrichtung gesprochen werden.

---

[2]Dies ist hier durch einen Wiederholungscode und anschließende Multiplikation mit der Scrambling-Sequenz dargestellt.

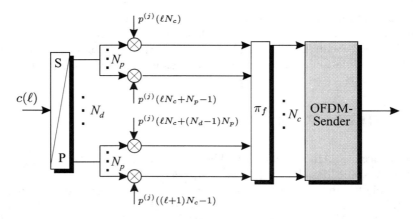

Bild 11.3.4: Direct-Sequence-Spreizung in Frequenzrichtung

Der Empfänger ist in **Bild 11.3.5** dargestellt. Im OFDM-Empfänger wird zuerst das Guard-Intervall entfernt und dann per FFT die Transformation in den Frequenzbereich umgesetzt. Jetzt erfolgt die Entzerrung des Übertragungskanals. Sie kann sehr effizient realisiert werden, da sie nur aus einer multiplikativen Korrektur mit $E_\mu(\ell)$, $0 \leq \mu < N_c$, auf jedem Unterträger besteht (vergleiche Kapitel 10). Allerdings zerstört die Frequenzselektivität des Kanals die Orthogonalität der Spreizungssequenzen, weshalb ein Kompromiß zwischen der Optimierung des Signal-Rausch-Verhältnisses und der Restauration der Orthogonalität anzustreben ist. Im folgenden werden kurz verschiedene Verfahren vorgestellt.

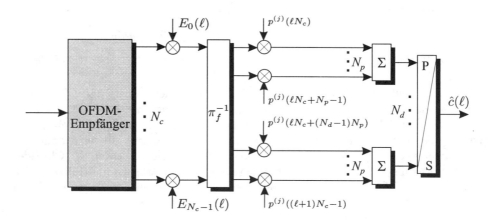

Bild 11.3.5: Aufbau eines OFDM-CDMA-Empfängers

Maximum Ratio Combining (MRC)

Die optimale Entspreizung im Sinne eines möglichst großen Signal-Rausch-Verhältnisses wird mit dem bekannten *Maximum Ratio Combining* erzielt, bei dem jedes Chip mit dem ihm zugeordneten konjugiert komplexen Kanalkoeffizienten multipliziert wird

$$E_\mu(\ell) = H_\mu^*(\ell) \ . \tag{11.3.2}$$

Bei der Entspreizung werden also die durch Kanal hervorgerufenen Phasendrehung für jedes Chip exakt korrigiert. Insgesamt erfährt jedes Chip aber auch eine Gewichtung mit dem Betragsquadrat des zugehörigen Kanalkoeffizienten. Durch die stark ungleiche Gewichtung der einzelnen Chip wird die Orthogonalität der Spreizungssequenzen erheblich gestört, was zu starken Mehrnutzerinterferenzen führt [Dek00, Kai98].

Orthogonal Restoring Combining (ORC)

Eine Möglichkeit, die Orthogonalität der Spreizungssequenzen wieder herzustellen, besteht darin, die Chip durch die jeweiligen Kanalkoeffizienten zu dividieren

$$E_\mu(\ell) = H_\mu^{-1}(\ell) \ . \tag{11.3.3}$$

Dies führt nicht nur zu einer exakten Phasenkorrektur, auch die unterschiedliche Gewichtung der Chip wird hierdurch kompensiert. Ein gravierender Nachteil besteht allerdings darin, daß die Kehrwerte sehr kleiner Kanalkoeffizienten sehr groß werden und damit zu einer starken Anhebung des additiven Hintergrundrauschens führen (*zero forcing*, vgl. Kapitel 7).

Equal Gain Combining (EGC)

Ein Kompromiß zwischen den beiden zuvor beschriebenen Ansätzen stellt das *equal gain combining* dar. Hier werden durch

$$E_\mu(\ell) = \frac{H_\mu^*(\ell)}{|H_\mu(\ell)|} \tag{11.3.4}$$

nur die Phasendrehungen exakt kompensiert, die Beträge der Kanalkoeffizienten aber nicht weiter berücksichtigt. Dies führt zu einer kohärenten Überlagerung der einzelnen Chip bei der Entspreizung, die allerdings nicht das bestmögliche Signal-Rausch-Verhältnis liefert. Dafür erfahren die Chip nur eine Gewichtung mit den Beträgen der Kanalkoeffizienten (Betragsquadrate bei MRC) und die Orthogonalität wird nur in einem geringerem Maße zerstört.

In der synchron betriebenen Abwärtsstrecke weist OFDM-CDMA einige Vorteile gegenüber dem klassischen Einträger-CDMA auf. So kann die Orthogonalität der Spreizungssequenzen wie Walsh-Codes durch extrem aufwandsgünstige Entzerrungsverfahren annähernd wiederhergestellt werden. Ein Pfadübersprechen wie beim Rake-Empfänger tritt auch nicht auf. Diese Vorteile werden auf Kosten der etwas geringeren spektralen Effizienz durch das Einfügen des Guard-Intervalls erzielt. Ein weiterer Aspekt betrifft die Konstanz der komplexen Einhüllenden des äquivalenten Basisbandsignals. Sie kann bei Einträger-Verfahren in guter Näherung erreicht werden, wohingegen die Einhüllende bei Mehrträger-Verfahren starke Schwankungen aufweist. Dies führt bei realen Verstärkern zu starken nichtlinearen Verzerrungen. Die Konstanz der Einhüllenden kann bei OFDM-CDMA durch den Einsatz von Schröder-Codes verbessert werden [Sch70, Dek00].

11.3.3 Übungen

> **Aufgabe 11.3.1**
>
> **Einträger-CDMA im Downlink**
> Lösung Seite 534

In dieser Aufgabe wird ein SC-CDMA-System (Routine sc_cdma) betrachtet, in dem die Informationssignale mit einem gescrambelten Walsh-Code (vgl. Aufgabe 11.2.3) der Länge $G_p = 16$ gespreizt werden. Die Übertragung erfolgt über einen 4-Wege-Kanal mit exponentiell abklingendem Verzögerungsleistungsdichtespektrum bei einem *delay spread* von $\Delta\tau = 0.3$, welcher blockweise konstant ist, von Block zu Block aber statistisch unabhängige Impulsantworten hat (maximale Dopplerfrequenz $f_{d,\max} = 0$ Hz). Ein Block habe die Länge von $N_{\text{info}} = 10$ Informationsbit. Zur Parameterwahl beim Kanal siehe (ant_channel, Kap. 2).

a) Empfangen Sie das Signal mit einem Korrelationsempfänger und bestimmen Sie die Bitfehlerrate für 0 dB $\leq E_b/N_0 \leq$ 20 dB). Vergleichen Sie das Ergebnis mit der theoretischen Bitfehlerwahrscheinlichkeit für den 1-Pfad-Rayleigh-Kanal aus (6.5.22). Dabei ist zu beachten, daß der Korrelationsempfänger nur einen Teil der gesamten Sendeleistung empfängt.

b) Realisieren Sie nun einen Rake-Empfänger mit zwei, drei bzw. vier Fingern, wobei Sie ideal bekannte Kanalkoeffizienten voraussetzen. Was fällt hinsichtlich der Bitfehlerraten auf?

c) Fügen Sie nun ein unmoduliertes Pilotsignal hinzu, mit welchem der Kanal bei bekannter Anzahl von Ausbreitungspfaden geschätzt wird. Ziehen Sie nach der Schätzung das Pilotsignal vom Empfangssignal ab, bevor es im Rake-Empfänger bearbeitet wird (Interferenzreduktion). Welche Bitfehlerraten ergeben sich für den Korrelationsempfänger und den Rake mit zwei, drei und vier Fingern?

d) Verbessern Sie nun die Schätzung durch eine Mittelung der geschätzten Kanalkoeffizienten über einen Block der Länge $N_{\text{info}} = 10$. Wie verändern sich die Bitfehlerraten?

e) Simulieren Sie abschließend die Übertragung über einen 4-Pfad-Rayleigh-Kanal mit gleicher Leistung in allen Pfaden für die Prozeßgewinne G_p=8, 32 und G_p=64 für einen Rake-Empfänger mit vier Fingern und bekannten Kanalkoeffizienten. Wie unterscheiden sich die Bitfehlerraten von denen aus Aufgabenteil b)?

Aufgabe 11.3.2

OFDM-CDMA im Downlink
Lösung Seite 537

a) Simulieren Sie im Chiptakt ein OFDM-CDMA-System (Routine ofdm_cdma) mit einem Prozeßgewinn von $G_p = 16$, welches $N_c = 16$ Unterträger verwendet ($N_d = 1$). Der Übertragungskanal sei ein 4-Pfad-Rayleigh-Kanal mit gleicher Leistung auf allen vier Pfaden. Er ist während der Dauer eines OFDM-Symbols konstant und wird für jedes Symbol neu ausgewürfelt, wobei eine perfekte Kanalkenntnis des Empfängers vorausgesetzt wird. Als Spreizungscodes werden orthogonale Walsh-Sequenzen der Länge 16 eingesetzt. Bestimmen Sie die Bitfehlerraten für $J = 1$ Teilnehmer im Bereich $0 \text{ dB} \leq E_b/N_0 \leq 20 \text{ dB}$.

b) Übertragen Sie nun $J = 12$ Teilnehmer und verwenden Sie das Maximum Ratio Combining im Empfänger. Simulieren Sie die Bitfehlerrate im Bereich von $0 \text{ dB} \leq E_b/N_0 \leq 20 \text{ dB}$.

c) Wiederholen Sie die Simulation aus Teil a) für das ORC- und das EGC-Verfahren. Welche Unterschiede ergeben sich?

Aufgabe 11.3.3

Variation des Prozeßgewinns
Lösung Seite 538

Um in CDMA-Systemen Teilnehmern größere Datenraten zur Verfügung zu stellen, existieren verschiedene Möglichkeiten. Zum einen können einem Teilnehmer mehrere Spreizungscodes zugewiesen werden, zum anderen kann auch der Prozeßgewinn reduziert werden. Letzterer Ansatz soll in dieser Aufgabe näher untersucht werden, wobei die Systembandbreite und die Anzahl der Unterträger konstant bleiben soll. Verwenden Sie hierzu wieder die Routine ofdm_cdma.

a) Ausgangspunkt ist das OFDM-CDMA-System aus Aufgabe 11.3.2 ohne Frequenzinterleaver. Reduzieren Sie den Prozeßgewinn von $G_p = 16$ auf $G_p = 8$ bzw. $G_p = 4$. Hierdurch erhöht sich die Anzahl der Informationsbit pro OFDM-Symbol auf $N_d = 2$ bzw. $N_d = 4$. Bestimmen Sie die Fehlerraten für $J = 1$ Nutzer und MRC-Entzerrung. Was fällt auf?

b) Wiederholen Sie die Simulationen aus Teil a) nun mit einem Blockinterleaver in Frequenzrichtung, der aus G_p Zeilen und N_d Spalten besteht. Wie verändern sich die Ergebnisse?

c) Es werden nun mehrere Teilnehmer übertragen (mit Frequenzinterleaving). Dabei ist zu beachten, daß die spektrale Effizienz des Gesamtsystems für die verschiedenen Spreizungsfaktoren stets konstant bleibt, um einen fairen Vergleich zu ermöglichen. Aus diesem Grund gilt $G_p = 16 \to J = 8$, $G_p = 8 \to J = 4$ und $G_p = 4 \to J = 2$. Bestimmen Sie für das optimale Entzerrungsverfahren die Bitfehlerraten der verschiedenen Parameterkombinationen.

Aufgabe 11.3.4	**Vergleich Ein- und Mehrträger-CDMA** Lösung Seite 540

a) Simulieren Sie die Abwärtsstrecke eines Einträger-CDMA-Systems mit einem Prozeßgewinn von $G_p = 16$ für $J = 1$ Teilnehmer. Als Übertragungskanäle sollen ein 2-Pfad- und ein 4-Pfad-Rayleigh-Kanal verwendet werden (Kanal perfekt bekannt und perfekt interleaved). Zur Spreizung kommen orthogonale Walsh-Codes, die mit einer gemeinsamen PN-Sequenz verwürfelt werden, zum Einsatz (siehe Aufgabe 11.1.3). Bestimmen Sie die Bitfehlerraten für Signal-Rausch-Abstände von $0 \text{ dB} \le E_b/N_0 \le 20 \text{ dB}$.

b) Wiederholen Sie Teil a) nun für $J = 12$ Nutzer. Vergleichen Sie die Bitfehlerraten.

c) Führen Sie die in Teil a) beschriebenen Simulationen nun für ein OFDM-CDMA-System durch, wobei hier zur Spreizung reine Walsh-Sequenzen verwendet werden (`ofdm_cdma`). Das Guard-Intervall entspreche exakt der Länge des Kanals. Welche Unterschiede ergeben sich hinsichtlich der Bitfehlerrate?

d) Wiederholen Sie Teil c) für $J = 12$ Nutzer. Vergleichen Sie die Bitfehlerraten mit denen aus Teil c) als auch die Ergebnisse für Einträger- und OFDM-CDMA.

Lösung Aufgabe 11.3.1

Aufgabenteil a)

Die Bitfehlerkurve für den einfachen Korrelationsempfänger zeigt **Bild 11.3.6a**. Zum Vergleich ist die theoretische Bitfehlerwahrscheinlichkeit nach (6.5.22) ebenfalls aufgeführt. Bei ihrer Berechnung wurde beachtet, daß nur 58.6% der Signalenergie auf den ersten Ausbreitungspfad entfallen. Es gilt also

$$P_s^{\text{BPSK}} = \frac{1}{2}\left[1 - \sqrt{\frac{0.586E_b/N_0}{1 + 0.586E_b/N_0}}\right],$$

Für kleine Signal-Rausch-Abstände ist zunächst eine gute Übereinstimmung mit den Simulationsergebnissen zu beobachten. Ab etwa $E_b/N_0 = 10$ dB macht sich jedoch die Interferenz der übrigen Ausbreitungspfade bemerkbar (keine Orthogonalität der Spreizungssequenzen bei asynchronen Verhältnissen), so daß die theoretische Kurve nicht mehr ganz erreicht wird.

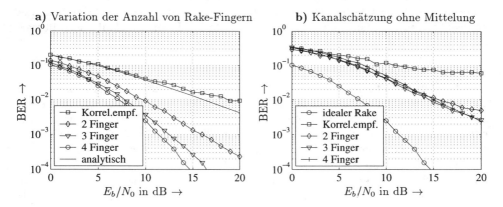

Bild 11.3.6: Bitfehlerraten für SC-CDMA-System aus Aufgabe 11.3.1
  a) unterschiedliche Anzahl Rake-Finger bei idealer Kanalschätzung
  b) korrelative Kanalschätzung über Pilotkanal ohne Mittelung

Aufgabenteil b)
Bild 11.3.6a enthält ebenfalls die Bitfehlerkurve für einen Rake-Empfänger. Mit zunehmender Fingerzahl wird immer mehr Signalenergie *eingesammelt* und das Signal-Rausch-Verhältnis vergrößert sich. Außerdem steigt der Diversitätsgrad des Systems. Beide Effekte führen zu einer stetigen Verbesserung der Bitfehlerrate, was deutlich zu erkennen ist.

Die Gewinne fallen allerdings mit wachsender Fingerzahl zunehmend kleiner aus. Dies liegt zum einen an der Tatsache, daß der AWGN-Kanal den *best case* repräsentiert, der nur asymptotisch mit unendlich vielen Ausbreitungspfaden (unendliche Diversität) erreicht werden kann. Man nähert sich also in immer kleineren Schritten diesem Fall an. Zum anderen trägt das exponentiell abklingende Verzögerungsleistungsdichtespektrum dazu bei, daß mit 58.6% der größte Teil der

Leistung schon durch die direkte Komponente empfangen wird. Auf den zweiten, dritten und vierten Ausbreitungspfad entfallen nur noch 25.5%, 11.1% bzw. 4.8%.

Aufgabenteil c)
Die Ergebnisse mit einer korrelativen Kanalschätzung über einen Pilotkanal zeigt **Bild 11.3.6b**. Unabhängig von der Anzahl der Rake-Finger verschlechtern sich die Ergebnisse erheblich im Vergleich zu Aufgabenteil b). Eine genaue Schätzung der Kanalimpulsantwort ist also für die Leistungsfähigkeit des kohärenten Rake-Empfängers sehr wichtig.

Ferner fällt auf, daß durch den dritten und vierten Rake-Finger kaum ein zusätzlicher Gewinn erzielt werden kann. Für kleine Signal-Rausch-Verhältnisse kommt es sogar zu geringfügigen Verschlechterungen. Demnach lohnt sich bei einer schlechten Kanalschätzung der Aufwand nicht, auch die schwachen Koeffizienten zu schätzen und Rake-Finger auf sie auszurichten. In diesem Fall ist es besser, sich nur auf die stärksten Ausbreitungspfade zu beschränken.

Aufgabenteil d)
Um die Kanalschätzung zu verbessern, nutzen wir nun die Tatsache aus, daß der Kanal während der Dauer von $N_{info}=10$ Informationsbit konstant ist. In diesem Fall ist es möglich, über 10 Schätzwerte zu mitteln (`cdma.ch_est=10`) und somit den Rauscheinfluß drastisch zu reduzieren. In **Bild 11.3.7a** sind nun die Unterschiede für unterschiedlich viele Rake-Finger wieder deutlich zu erkennen. Ab etwa 10 dB ist es sogar von Vorteil, selbst den schwächsten Pfad mit nur 4.8% Leistungsanteil im Rake zu berücksichtigen. Für kleinere Signal-Rausch-Abstände ist die Schätzung für ihn aber noch zu ungenau. Im Vergleich zu idealer Kanalkenntnis ergibt sich allerdings noch ein Verlust von etwa 4 dB.

Aufgabenteil e)
Bild 11.3.7b illustriert die Ergebnisse für ein SC-CDMA-System mit unterschiedlichen Prozeßgewinnen und einem 4-Pfad-Rayleigh-Kanal mit gleichverteilter Leistung auf allen Ausbreitungspfaden. Man erkennt die leichten Vorteile von hohen Prozeßgewinnen, da sich hier bessere Korrelationseigenschaften der Spreizungscodes realisieren lassen und sich somit das Pfadübersprechen im Rake stärker unterdrücken läßt.

Ein Vergleich mit dem Ergebnis aus Aufgabenteil b) zeigt, daß eine Gleichverteilung der Leistung über alle Ausbreitungspfade bessere Ergebnisse als ein exponentielles Profil liefert. Dies ist leicht dadurch zu erklären, daß ein extrem steiler Abfall des exponentiellen Profils asymptotisch gegen einen Dirac-Impuls strebt, man erhält in diesem Fall also einen 1-Pfad-Rayleigh-Kanal. Dieser besitzt keine Diversität mehr und stellt somit den *worst case* dar. Die maximale Diversität wird bei gleichverteilter Leistung erzielt.

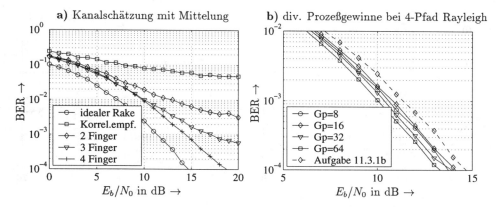

Bild 11.3.7: Bitfehlerraten für SC-CDMA-System aus Aufgabe 11.3.1
a) korrelative Kanalschätzung über Pilotkanal mit Mittelung
b) unterschiedliche Prozeßgewinne bei 4-Pfad-Rayleigh-Kanal

Lösung Aufgabe 11.3.2

Aufgabenteil a)
Bild 11.3.8a zeigt die Ergebnisse für das OFDM-System und $J = 1$ Nutzer. Zusätzlich wurde auch die theoretische Kurve für $L = 4$-fache Diversität eingetragen [Pro95]

$$P_b^L = \left(\frac{1-\mu}{2}\right)^L \cdot \sum_{l=0}^{L-1} \binom{L-1+l}{l} \cdot \left(\frac{1+\mu}{2}\right)^l \quad \text{mit} \quad \mu = \sqrt{\frac{E_s/N_0}{L + E_s/N_0}}.$$

Man erkennt deutlich den parallelen Verlauf, d.h. das OFDM-CDMA-System nutzt wie auch das SC-CDMA-System die Diversität des Kanals voll aus. Die Differenz ist durch das Einfügen des Guard-Intervalls zu erklären, was zu einem E_b/N_0-Verlust von $10 \log_{10}(16/19) \approx 0.7$ dB führt.

Aufgabenteil b)
Die Ergebnisse für $J = 12$ Teilnehmer und Maximum Ratio Combining sind in **Bild 11.3.8b** zu sehen. Der Verlust gegenüber dem Einnutzerfall ist deutlich zu erkennen. Im hier betrachteten uncodierten Fall wird eine Bitfehlerrate von ca. $5 \cdot 10^{-2}$ nicht mehr unterschritten. Obwohl die MRC-Entzerrung das Signal-Rausch-Verhältnis optimiert, ist die Orthogonalität der Sequenzen stark gestört und die Mehrnutzerinterferenzen dominieren die Fehlerwahrscheinlichkeit.

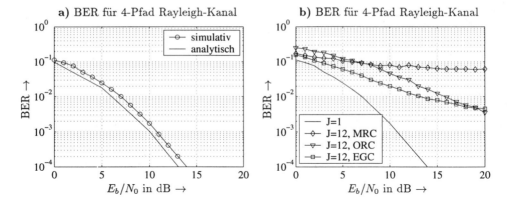

Bild 11.3.8: Bitfehlerraten für OFDM-CDMA-System aus Aufgabe 11.3.2:
a) Vergleich analytisch/Simulation
b) Verschiedene Entzerrungsverfahren

Aufgabenteil c)

Die beiden übrigen Entzerrungsverfahren zeigen ebenfalls das erwartete Verhalten. Das ORC entspricht der *zero-forcing*-Lösung und ist daher bei kleinen Signal-Rausch-Abständen schlechter als MRC. Ab etwa $E_b/N_0 \geq 7$ dB dominiert jedoch aufgrund der hohen Systemlast von $J/G_p = 12/16 = 0.75$ die Restauration der Orthogonalität gegenüber der Rauschverstärkung. Asymptotisch wird sogar die Leistungsfähigkeit des EGC-Verfahrens erreicht, das über dem gesamten Bereich die besten Fehlerraten erzielt. Es stellt damit einen guten Kompromiß zwischen Rausch- und Interferenzunterdrückung dar.

Lösung Aufgabe 11.3.3

Aufgabenteil a)

Bild 11.3.9a zeigt die Bitfehlerraten für ein Einnutzersystem und unterschiedliche Prozeßgewinne. Die Verschlechterung mit abnehmendem Spreizungsfaktor ist deutlich zu erkennen. So beträgt der Verlust beim Übergang von $G_p = 16$ auf $G_p = 8$ ungefähr 3 dB, von $G_p = 8$ auf $G_p = 4$ noch einmal 2.8 dB. Obwohl die Diversität im Gesamtsystem vom Kanal abhängt und unverändert bleibt, reduziert sich der Diversitätsgrad bezogen auf ein Informationsbit merklich. Durch den geringeren Prozeßgewinn umfaßt die Entspreizung von $u(\ell)$ nun weniger Kanalkoeffizienten, so daß sich der Diversitätsgewinn verkleinert.

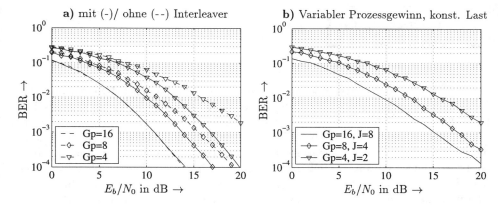

Bild 11.3.9: Bitfehlerraten für OFDM-CDMA-System mit unterschiedlichen Prozeßgewinnen, Anzahl Unterträger $N_c = 16$ (Aufgabe 11.3.3)

Aufgabenteil b)
Außerdem ist zu beachten, daß vier Kanalkoeffizienten im Zeitbereich zu starken Korrelationen zwischen benachbarten Koeffizienten $H_\mu(i)$ im Frequenzbereich führen. Hierdurch steigt bei geringerer Spreizung die Bedeutung des Frequenzinterleavers. Dies wird anhand der in Bild 11.3.9a enthaltenen gestrichelten Bitfehlerkurven erkennbar. Während bei der Entspreizung für $G_p = N_c$ sowieso über alle Träger aufsummiert wird und der Frequenzinterleaver folglich keinen Einfluß hat, erfolgt die Summation für $G_p < N_c$ nur noch über einen Teil der Träger. Hier ist es dann umso wichtiger, daß die an der Entspreizung eines Informationsbits beteiligten Kanalkoeffizienten möglichst unabhängig voneinander sind. Dementsprechend liefert das Interleaving in Frequenzrichtung für $G_p = 8$ bzw. $G_p = 4$ Gewinne von 2 dB ($P_b = 10^{-4}$) bzw. 4.5 dB ($P_b = 2 \cdot 10^{-3}$).

Aufgabenteil c)
Bild 11.3.9b enthält die Ergebnisse für mehrere aktive Teilnehmer. Trotz EGC-Entzerrung (siehe Aufgabe 11.3.2) ist der Verlust bei geringerem Prozeßgewinn deutlich zu erkennen. Es ist also nicht empfehlenswert, in einem OFDM-CDMA-System höhere Datenraten durch Verkleinerung des Spreizungsfaktors zu erzielen (bei konstanter Bandbreite und Anzahl der Träger!). Vielmehr wäre es sinnvoll, einem Teilnehmer mit hohem Bandbreitebedarf mehrere Spreizungscodes zuzuweisen (Multicode-Technik).[3]

---

[3]Bei Einträger-CDMA würde zwar nicht der Diversitätsgrad pro Informationsbit geringer, das Pfadübersprechen im Rake würde sich aber wegen der schlechteren Korrelationseigenschaften der kurzen Spreizungssequenzen drastisch erhöhen.

Lösung Aufgabe 11.3.4

Aufgabenteil a)

Die Bitfehlerraten für ein SC-CDMA-System bei 2-Pfad- und 4-Pfad-Rayleigh-Kanälen zeigt **Bild 11.3.10a**. Der Vorteil eines höheren Diversitätsgrades beträgt bei einer Fehlerrate von 10^{-4} ca. 6 dB. Dies stimmt mit den theoretischen Kurven überein, die als durchgezogene Linien (ohne Symbole) ebenfalls dargestellt sind. Während sie mit den Simulationsergebnissen für $L = 2$ nahezu exakt übereinstimmen, stellt sich für $L = 4$ ein kleiner Unterschied von etwa 0.5 dB ein. Dieser Verlust gegenüber dem theoretischen Verlauf ist durch das Pfadübersprechen im Rake-Empfänger zu erklären, das bei der analytischen Berechnung der Bitfehlerrate nicht berücksichtigt wird.

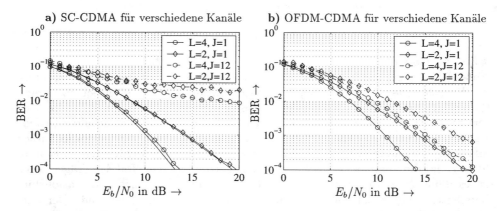

Bild 11.3.10: Vergleich von Einträger- und OFDM-CDMA (Aufgabe 11.3.4)

Aufgabenteil b)

Für $J = 12$ Teilnehmer liegt eine hohe Mehrnutzerinterferenz vor, die zu einer starken Degradation führt. Man kann einen Fehlergrund beobachten, der für $L = 4$ bei etwa 10^{-2} und für $L = 2$ bei $2 \cdot 10^{-2}$ liegt. Prinzipiell bleibt der Vorteil einer größeren Diversität erhalten.

Aufgabenteil c)

Bild 11.3.10b zeigt die Ergebnisse für einen 2-Pfad und einen 4-Pfad-Rayleigh-Kanal bei zunächst einem Teilnehmer. Wie zu erwarten war, liefert der 4-Pfad-Kanal aufgrund der größeren Diversität die kleineren Fehlerraten. Es ist zu beachten, daß das Mismatching in beiden Fällen unterschiedlich ist. Für $L = 4$ beträgt es 0.75 dB, für $L = 2$ lediglich 0.26 dB. Aus diesem Grund sind die Ergebnisse für

$L = 4$ auch etwas schlechter als beim SC-CDMA-System; der Verlust durch das Mismatching ist also größer als der durch das Pfadübersprechen.

Aufgabenteil d)

Die Resultate für $J = 12$ Teilnehmer und EGC-Entzerrung sind ebenfalls in Bild 11.3.10b enthalten. Auch hier ist der höhere Diversitätsgrad von Vorteil, der Gewinn fällt bei 12 Teilnehmern aber geringer aus als für $J = 1$. Dies liegt daran, daß die Frequenzselektivität die Orthogonalität der Spreizungssequenzen zerstört und zwar umso stärker, je größer die Diversität ist. Der Effekt kann durch die EGC-Entzerrung allerdings gut kompensiert werden. Im Fall des MRC würden sich die Verhältnisse aber umkehren und die geringere Diversität zu besseren Ergebnissen führen.

Ein Vergleich mit dem SC-CDMA-System in Bild 11.3.10a verdeutlicht den Vorteil von OFDM-CDMA im synchronen Downlink. Durch die Möglichkeit, die Orthogonalität der Spreizungscodes einigermaßen wieder herstellen zu können, kann die Mehrnutzerinterferenz deutlich reduziert werden, so daß die Fehlerrate um den Faktor 10 bis 100 sinkt.

Literaturverzeichnis

[AAS86]   J.B. Andersson, T. Aulin, und C.E. Sundberg. *Digital Phase Modulation.* Plenum Press, New York, 1986.

[ARAS99]   P.D. Alexander, M.C. Reed, J.A. Asenstorfer, und C.B. Schlegel. Iterative Multiuser Interference Reduction: Turbo CDMA. *IEEE Transactions on Communications,* 47(7): S.1008–1014, Juli 1999.

[AS83]   T. Aulin und C.E. Sundberg. An Easy Way to Calculate the Power Spectrum for Digital FM. *Proceedings IEEE, Part F: Communications, Radar, and Signal Processing,* 130: S.519–526, 1983.

[BBC87]   S. Benedetto, E. Biglieri, und V. Castellani. *Digital Transmission Theory.* Prentice-Hall, Englewood Cliffs New Jersey, 1987.

[BCJR74]   L.R. Bahl, J. Cocke, F. Jelinek, und J. Raviv. Optimal Decoding of Linear Codes for Minimizing Symbol Error Rate. *IEEE Transactions on Information Theory,* 20: S.248–287, März 1974.

[BDMP98]   S. Benedetto, D. Divsalar, G. Montorsi, und F. Pollara. Serial Concatenation of Interleaved Codes: Performance Analysis, Design, and Iterative Decoding. *IEEE Transactions on Information Theory,* 44(3): S.909–926, May 1998.

[BDMS91]   E. Biglieri, D. Divsalar, P. McLane, und M. Simon. *Introduction to Trellis-Coded Modulation with Applications.* Macmillan Publishing Company, New York, 1991.

[Bel63]   P.A. Bello. Characterization of randomly time-variant linear channels. *IEEE Trans. on Communications,* COM-11: S.360–393, 1963.

[Ben96]   M. Benthin. *Vergleich kohärenter und inkohärenter Codemultiplex-Übertragungskonzepte für zellulare Mobilfunksysteme.* Reihe 10, Nr. 424. VDI, 1996.

[Ber84]   E.R. Berlekamp. *Algebraic Coding Theory.* Aegan Park Press, Laguna Hills (CA), 1984.

[BF98]   G. Bauch und V. Franz. Iterative Equalization and Decoding for the GSM-System. In *IEEE Vehicular Technology Conference (VTC98),* Ottawa, 1998.

[BG93]   C. Berrou und A. Glavieux. Turbo-Codes: General Principles Applications. In *Proceedings of the 6th Tirrenia International Workshop on Digital Communications,* Seiten 215–226, Tirrenia, 1993.

[BGT93]   C. Berrou, A. Glavieux, und P. Thitimajshima. Near Shannon Limit Error-Correcting Coding and Decoding: Turbo-Codes (1). In *IEEE International Conference on Communications (ICC'93)*, Seiten 1064–1070, Geneva, 1993.

[Bin90]   J.A.C. Bingham. Multicarrier Modulation for Data Transmission: An idea whose time has come. *IEEE Communications Magazine*, Seiten 5–14, 1990.

[BL90]   Ph. W. Besslich und T. Lu. *Orthogonaltransformationen.* Springer-Verlag, Berlin, 1990.

[Bla83]   R.E. Blahut. *Theory and Practice of Error Control Codes.* Addison-Wesley, Reading (MA), 1983.

[Bla87]   R.E. Blahut. *Principles and Practice of Information Theory.* Addison-Wesley, Reading (MA), 1987.

[Bla90]   R.E. Blahut. *Digital Transmission of Information.* Addison-Wesley, Reading (MA), 1990.

[BM96a]   S. Benedetto und G. Montorsi. Design of Parallel Concatenated Convolutional Codes. *IEEE Transactions on Communications*, 44(5): S.591–600, May 1996.

[BM96b]   S. Benedetto und G. Montorsi. Unveiling Turbo-Codes: Some Results on Parallel Concatenated Coding Schemes. *IEEE Transactions on Information Theory*, 42(2): S.409–428, März 1996.

[BMDP96]   S. Benedetto, G. Montorsi, D. Divsalar, und F. Pollara. Serial Concatenation of Interleaved Codes: Performance Analysis, Design, and Iterative Decoding. *TDA Report*, 42(126), August 1996.

[BMO⁺94]   S.C. Burrus, J.H. McClellan, A.V. Oppenheim, T.W. Parks, R.W. Schafer, und H.W. Schüßler. *Signal Processing Using MATLAB.* Prentice Hall, Englewood Cliffs, New Jersey, 1994.

[Bod98]   H. Bode. *MATLAB in der Regelungstechnik.* B.G. Teubner, Stuttgart, 1998.

[Bos98]   M. Bossert. *Kanalcodierung.* Teubner, Stuttgart, 1998.

[Bos99]   D. Boss. *Referenzdatenfreie Systemidentifikation mit Anwendung auf Mobilfunkkanäle.* Forschungsberichte aus dem Arbeitsbereich Nachrichtentechnik der Universität Bremen, Nr. 4. Shaker Verlag, Mai 1999. Hrsg. K.D. Kammeyer.

[BPK98]   D. Boss, T. Petermann, und K.D. Kammeyer. Is blind channel estimation feasible in mobile communication systems? a study based on gsm. *IEEE Journal on Selected Areas in Communications*, 16: S.1479–1492, Oktober 1998.

[BS00]   I.N. Bronstein und K.A. Semendjajew. *Taschenbuch der Mathematik.* Harri Deutsch Verlag, fünfte Auflage, 2000.

[CC81]   G.C. Clark und J.B. Cain. *Error-Correcting Coding for Digital Communications.* Plenum Press, New York, 1981.

[CFV99]   A.R. Calderbank, G.D. Forney, und A. Vard. Minimal Tail-Biting Trellises: The Golay Code and More. *IEEE Transactions on Information Theory*, 45(5): S.1435–1455, Juli 1999.

[CM88]   G.R. Cooper und C.D. McGillem. *Modern Communications and Spread Spectrum*. McGraw-Hill, zweite Auflage, 1988.

[CMCT00]   D.J. Costello, P.C. Massey, O.M. Collins, und O.Y. Takeshita. Some reflections on the mythology of turbo codes. In *3rd ITG Conference Source and Channel Coding*, Seiten 157–160, Januar 2000.

[COS89]   COST . *Abschlußbericht COST 207*, 1989.

[Dek00]   A. Dekorsy. *Kanalcodierungskonzepte für Mehrträger-Codemultiplex in Mobilfunksystemen*. Forschungsberichte aus dem Arbeitsbereich Nachrichtentechnik der Universität Bremen, Nr. 6. Shaker-Verlag, Juli 2000. Hrsg. K.D. Kammeyer.

[DGNS98]   E. Dahlman, B. Gudmundson, M. Nilsson, und J. Sköld. UMTS/IMT-2000 Based on Wideband CDMA. *IEEE Communications Magazine*, Seiten 70–80, September 1998.

[Dic97]   G. Dickmann. *Analyse und Anwendung des DMT-Mehrträgerverfahrens zur digitalen Datenübertragung*. Reihe 10, Nr. 530. VDI Verlag, November 1997.

[DJB95]   C. Douillard, M. Jézéquel, und C. Berrou. Iterative Correction of Intersymbol Interference: Turbo-Equalization. *European Transactions on Telecommunications ETT*, 6, 1995.

[Dob01]   G. Doblinger. *MATLAB-Programmierung in der digitalen Signalverarbeitung*. J. Schlembach Fachverlag, Weil der Stadt, April 2001.

[Don99]   A. Donder. *Beiträge zur OFDM-Übertragung im Mobilfunk*. Reihe 10, Nr. 595. VDI-Verlag, 1999.

[DS93]   V.M. DaSilva und E.S. Sousa. Performance of Orthogonal CDMA for Quasi-synchronous Communication Systems. In *in Proc. IEEE International Conference on Universal Personal Communications (ICUPC)*, Seiten 995–999, Oktober 1993.

[Fet90]   A. Fettweis. *Elemente nachrichtentechnischer Systeme*. Teubner-Verlag, Stuttgart, 1990.

[FL83]   W. Fischer und I. Lieb. *Funktionentheorie*. Vieweg-Verlag, Braunschweig, 1983.

[Fli91]   N. Fliege. *Systemtheorie*. Teubner-Verlag, Stuttgart, 1991.

[Fli93]   N. Fliege. *Multiraten-Signalverarbeitung*. Teubner-Verlag, Stuttgart, 1993.

[For66]   G. D. Forney. *Concatenated Codes*. The M.I.T. Press, Cambridge, Massachusetts, 1966.

[For70]   G.D. Forney. Coding and its application in space communications. *IEEE Spectrum*, 7: S.47–58, 1970.

[For72]   G.D. Forney. Maximum-likelihood sequence estimation for digital sequences in the presence of intersymbol interference. *IEEE Trans. on Information Theory*, IT-18: S.363–378, 1972.

[For73]   G.D. Forney. The Viterbi Algorithm. *Proceedings of the IEEE*, 61: S.268–278, 1973.

[FP93]   K. Fazel und L. Papke. On the performance of convolutionally-coded CD-MA/OFDM for mobile radio communications systems. In *in Proc. IEEE Int. Symp. on Personal, Indoor and Mobile Radio Communications (PIMRC)*, Seiten D.3.2.1–D.3.2.5, September 1993.

[Fri96]   B. Friedrichs. *Kanalcodierung*. Springer Verlag, Berlin, 1996.

[Fri97]   M. Friese. OFDM signals with low crest factor. In *Proc. IEEE Global Telecommunications Conference*, 1997.

[GJP+91]   K. Gilhousen, I. Jacobs, R. Padovani, A.J. Viterbi, L. Weaver, und C. Wheatley. On the Capacity of a Cellular CDMA System. *IEEE Transactions on Vehicular Technology*, 40: S.57–62, 1991.

[Gol67]   R. Gold. Optimal binary sequences for spread spectrum multiplexing. *IEEE Trans. on Information Theory*, IT-13: S.619–621, 1967.

[GV97]   S. Glisic und B. Vucetic. *Spread Spectrum CDMA Systems for Wireless Communications*. Artec House Publishers, Boston, 1997.

[Hag88]   J. Hagenauer. Rate-Compatible Punctured Convolutional Codes (RCPC-Codes and their Applications. *IEEE Transactions on Communications*, 36(4): S.389–400, April 1988.

[Hag89]   J. Hagenauer. Unequal Error Protection (UEP) for Statistically Time-Varying Channels. In *Proceedings ITG-Conference 'Stochastic Models and Methods in Information Technology'*, Seiten 253–262, April 1989. ITG-Bericht 107.

[Hag96]   J. Hagenauer. Source-controlled channel decoding. *IEEE Tran. on Communications*, 43(9): S.2449–2457, September 1996.

[Har64]   H.-F. Harmuth. Die Orthogonalteilung als Verallgemeinerung der Zeit- und Frequenzteilung. *Archiv elektronische Übertragung*, 18: S.43–50, 1964.

[Har71]   H.-F. Harmuth. *Transmission of Information by Orthogonal Functions*. Springer-Verlag, New York, 1971.

[Hay83]   S. Haykin. *Communication Systems*. Wiley & Sons, 1983.

[Hay86]   S. Haykin. *Adaptive Filter Theory*. Prentice-Hall, Englewood Cliffs, 1986.

[HH89]   J. Hagenauer und P. Höher. A Viterbi Algorithm with Soft-Decision Output and its Applications. In *Proceedings IEEE Conference on Global Communications (Globecom 1989)*, Seiten 47.1.1–47.1.7, November 1989.

[Hir81]   B. Hirosaki. An orthogonally multiplexed QAM system using the discrete fourier transform. *IEEE Trans. on Communications*, COM-29: S.982–989, 1981.

[HKR97]   P. Höher, S. Kaiser, und P. Robertson. Two dimensional pilot-symbol-aided channel estimation by wiener filtering. In *Proceedings Globecom '97*, Seiten 1845–1848, November 1997.

[HL99]   P. Höher und J. Lodge. Turbo DPSK: Iterative differential PSK demodulation and channel decoding. *IEEE Trans. on Communications*, 47(6): S.837–843, Juni 1999.

[HL01]   W. Hoeg und T. Lauterbach. *Digital Audio Broadcasting*. Wiley, 2001.

[HM84]   M.L. Honig und D.G. Messerschmitt. *Adaptive Filters.* Kluwer, Boston, 1984.

[HT00]   M. Honig und M.K. Tsatsanis. Multiuser CDMA Receivers. *IEEE Signal Processing Magazine*, Seiten 49–61, May 2000.

[Hub92]   J. Huber. *Trelliscodierung.* Springer, Berlin, 1992.

[IS91]   M.I. Irshid und I.S. Salous. Bit Error Probability for Coherent M-ary PSK Systems. *IEEE Transactions on Communications*, 39(3): S.349–352, März 1991.

[Joh92]   R. Johannesson. *Informationstheorie – Grundlage der (Tele-)Kommunikation.* Addison-Wesley, Lund, Schweden, 1992.

[Jor00]   Frank Jordan. *Ein Beitrag zur Optimierung von Empfängern unter GSM-Randbedingungen.* Nummer 5 in Forschungsberichte aus dem Arbeitsbereich Nachrichtentechnik der Universität Bremen,. Shaker Verlag, Mai 2000. Hrsg. K.D. Kammeyer.

[Kai98]   S. Kaiser. *Multi-Carrier CDMA Mobile Radio Systems – Analysis and Optimization of Detection, Decoding and Channel Estimation.* VDI, Januar 1998.

[Kam86]   K.D. Kammeyer. Digitale Signalverarbeitung im Bereich konventioneller FM-Empfänger. *Wissenschaftliche Beiträge zur Nachrichtentechnik und Signalverarbeitung*, 2, 1986. hrsg. von N. Fliege und K.D. Kammeyer.

[Kam87]   K.D. Kammeyer. Lineare und nichtlineare Verzerrungen bei FM-Übertragung. *AEÜ*, Band 41(Heft 9): S.103–110, 1987.

[Kam94]   K.D. Kammeyer. Time truncation of channel impulse responses by linear filtering. *AEÜ*, 48(5), 1994.

[Kam96]   K.D. Kammeyer. *Nachrichtenübertragung.* Teubner, Stuttgart, zweite Auflage, 1996.

[KDK00a]   V. Kuehn, A. Dekorsy, und K.D. Kammeyer. Low Rate Channel Coding for CDMA Systems. *International Journal of Electronics and Communications (AEÜ)*, 54 (2000)(6): S.353–363, Oktober 2000.

[KDK00b]   V. Kühn, A. Dekorsy, und K.D. Kammeyer. Channel Coding Aspects in an OFDM-CDMA System. In *3rd ITG Conference Source and Channel Coding*, Seiten 31–36, Munich, Januar 2000.

[KH94]   I. Korn und L.M. Hii. Relation between Bit and Symbol Error Probabilities for DPSK and FSK with differential Phase Detection. *IEEE Transactions on Communications*, 42(10): S.2778–2780, Oktober 1994.

[KK98]   K.D. Kammeyer und K. Kroschel. *Digitale Signalverarbeitung.* Teubner, Stuttgart, vierte Auflage, 1998.

[Kle96]   A. Klein. *Multi-user detection of CDMA signals algorithms and their application to cellular mobile radio.* Fortschrittberichte VDI, Reihe 10, No. 423. Düsseldorf: VDI-Verlag, 1996.

[Kol81]   H. Kolb. *Untersuchungen über ein Digitales Mehrfrequenzverfahren zur Datenübertragung*, Vol. 50. Universität Erlangen, 1981. hrsg. von H.W. Schüßler.

[Kro86]   K. Kroschel. *Statistische Nachrichtentheorie, Teil 1.* Springer-Verlag, Berlin, zweite Auflage, 1986.

[Kro88]   K. Kroschel. *Statistische Nachrichtentheorie, Teil 2*. Springer-Verlag, Berlin, zweite Auflage, 1988.

[Kro91]   K. Kroschel. *Datenübertragung*. Springer-Verlag, Berlin, 1991.

[KS80]   K.D. Kammeyer und H. Schenk. Digitale Modems zur schnellen Datenübertragung über Fernsprechkanäle. *Ausgewählte Arbeiten über Nachrichtensysteme*, 39, 1980. hrsg. von H.W. Schüßler, Erlangen.

[KSTB92]   K.D. Kammeyer, H. Schulze, U. Tuisel, und H. Bochmann. Digital multicarrier-transmission of audio signals over mobile radio channels. *European Transactions on Telecommunications*, 3(3): S.23–33, 1992.

[Küh01a]   V. Kühn. Combined Linear and Nonlinear Multi-User Detection for Coded OFDM-CDMA. In *International Symposium on Theoretical Electrical Engineering*, Linz, Österreich, August 2001.

[Küh01b]   V. Kühn. Linear and Nonlinear Multi-User Detection in Coded OFDM-CDMA Systems. In *International Conference on Telecommunications*, Vol. 3, Seiten 239–244, Bukarest, Juli 2001.

[Küp74]   K. Küpfmüller. *Die Systemtheorie der elektrischen Nachrichtenübertragung*. S. Hirzel Verlag, Stuttgart, 1974.

[Lau86]   P.A. Laurent. Exact and approximate construction of digital phase modulations by superposition of amplitude modulated pulses (amp). *IEEE Trans. on Communications*, 34: S.150–160, 1986.

[LC83]   S. Lin und D. Costello. *Error Control Coding: Fundamentals and Applications*. Prentice-Hall, Inc. Englewood Cliffs, New Jersey, 1983.

[Lee86]   P.J. Lee. Computation of the Bit Error Rate of Coherent MPSK with Gray Code Bit Mapping. *IEEE Transactions on Communications*, 34(5): S.488–491, May 1986.

[Lee91]   W.C.Y. Lee. Overview of cellular cdma. *IEEE Transactions on Vehicular Technology*, 40(2): S.291–302, May 1991.

[Leu74]   P.E. Leuthold. Die Bedeutung der Hilberttransformation in der Nachrichtentechnik. *Sciencia Electica*, 20: S.127–157, 1974.

[Lor85]   R.W. Lorenz. Zeit- und Frequenzabhängigkeit der Übertragungsfunktion eines Funkkanals bei Mehrwegeausbreitung mit besonderer Berücksichtigung des Mobilfunkkanals. *Der Fernmelde-Ingenieur*, 39, 1985.

[Luc66]   R.W. Lucky. Techniques for adaptive equalization for digital communication. *Bell Syst. Techn. Journal*, 45: S.225–286, 1966.

[Lük95]   H.D. Lüke. *Signalübertragung*. Springer-Verlag, Berlin, sechste Auflage, 1995.

[LVS95]   X. Li, B. Vucetic, und Y. Sato. Optimum Soft-Output Detection for Channels with Intersymbol Interference. *IEEE Transactions on Information Theory*, 41(3): S.704–713, May 1995.

[Mat98]   K. Matheus. *Generalized Coherent Multicarrier Systems for Mobile Communications*. Forschungsberichte aus dem Arbeitsbereich Nachrichtentechnik der Universität Bremen, Nr. 1. Shaker Verlag, Juni 1998. Hrsg. K.D. Kammeyer.

[Mee83]   K. Meerkötter . *Antimetric Wave Digital Filters Derived from Complex Reference Circuits*, Stuttgart, 1983. Proceedings ECCTD 83.

[Mer96]   A. Mertins. *Signaltheorie*. Teubner-Verlag, Stuttgart, 1996.

[Mos96]   S. Moshavi. Multi-User Detection for DS-CDMA Communications. *IEEE Communications Magazine*, Seiten 124–136, Oktober 1996.

[MP92]   M. Mouly und M.B. Pautet. *The GSM-System for Mobile Communications*. Eigenverlag, 1992.

[MR97]   T. May und H. Rohling. Reduktion von Nachbarkanalstörungen in OFDM-Funkübertragungssystemen. In *OFDM Fachgespräch*, Braunschweig, 1997.

[MW00]   S. Müller-Winfurtner. *OFDM for Wireless Communications*. Shaker Verlag, Erlangen, April 2000.

[Nat77]   Nat. Telecom. Conf. Record. *Performance and Properties of a T/2 Equalizer*, Los Angeles, 1977.

[Nik98]   D. Nikolai. *Optimierung höherstufiger Codemultiplex-Systeme*. Forschungsberichte aus dem Arbeitsbereich Nachrichtentechnik der Universität Bremen, Nr. 2. Shaker-Verlag, Dezember 1998. Hrsg. K.D. Kammeyer.

[Nyq28]   H. Nyquist. Certain topics in telegraph transmission theory. *Trans. AIEE*, 47: S.617–644, 1928.

[Off96]   E. Offer. *Decodierung mit Qualitätsinformation bei verketteten Codiersystemen*. Deutsche Forschungsanstalt für Luft- und Raumfahrt (DLR). VDI Fortschrittsberichte, Juni 1996.

[OP98]   T. Ojanperä und R. Prasad. An Overview of Air Interface Multiple Access for IMT-2000/UMTS. *IEEE Communications Magazine*, Seiten 82–95, September 1998.

[Pap62]   A. Papoulis. *The Fourier Integral and its Applications*. McGraw-Hill, New York, 1962.

[Pap65]   A. Papoulis. *Probability, Random Variables and Statistic Processes*. McGraw-Hill, New York, 1965.

[Pau99]   M. Pauli. *Zur Anwendung des Mehrträgerverfahrens OFDM mit reduzierter Außerbandstrahlung im Mobilfunk*. Universität Hannover. VDI Verlag, Juni 1999.

[PG58]   R. Price und P.E. Greene. A Communication Technique for Multipath Channels. In *Proceedings IRE*, Vol. 46, Seiten 555–570, März 1958.

[PK01]   T. Petermann und V. Kühn K.D. Kammeyer. Blind and nonblind turbo estimation for fast fading GSM channels. *IEEE Journal on Selected Areas in Communications*, 19(9), September 2001.

[PM72]   T.W. Parks und J. H. McClellan. A program for the design of finite impulse response digital filters. *IEEE Trans. on Audio Acc.*, Au-20: S.195–199, 1972.

[PMS91]   R.L. Pickholtz, L.B. Milstein, und D.L. Schilling. Spread spectrum for mobile communications. *IEEE Transactions on Vehicular Technology*, 40(2): S.313–321, May 1991.

[Pro68]   J.G. Proakis. Probabilities of Error for Adaptive Reception of M-Phase Si-
           gnals. *IEEE Transactions on Communications*, 16(1): S.71–81, Februar 1968.

[Pro95]   J.G. Proakis. *Digital Communications.* McGraw-Hill, dritte Auflage, 1995.

[Pro00]   J.G. Proakis. *Contemporary Communication Systems using MATLAB.*
           Brooks/Cole, Thomson Learning, Pacific Grove, 2000.

[PRR82]   R.F. Pawula, S.O. Rice, und J.H. Roberts. Distribution of the Phase Angle
           between two Vectors Perturbed by Gaussian Noise. *IEEE Transactions on
           Communications*, 30(8): S.1828–1841, August 1982.

[PSM82]   R.L. Pickholtz, D.L. Schilling, und L.B. Milstein. Theory of spread spectrum
           communications - a tutorial. *IEEE Transactions on Communications*, 30(5):
           S.855–884, May 1982.

[PW72]   W.W. Peterson und E.J. Weldon. *Error-Correcting Codes.* MIT-Press, Cam-
           bride (MA), 1972.

[Rei95]   U. Reimers. *Digitale Fernsehtechnik.* Springer-Verlag, 1995.

[Rin98]   J. Rinas. *Übersicht über die Bitfehlerwahrscheinlichkeiten digitaler Modula-
           tionsverfahren.* Projektarbeit, Universität Bremen, 1998.

[Rob94a]   P. Robertson. Illuminating the Structure of Code and Decoder of Parallel
           Concatenated Recursive Systematic (Turbo) Codes. In *Proc. IEEE Global
           Conference on Telecommunication (GLOBECOM'94)*, Seiten 1298–1303, San
           Francisco, 1994.

[Rob94b]   P. Robertson. Improving Decoder and Code Structure of Parallel Conca-
           tenated Recursive Systematic (Turbo) Codes. In *Proc. IEEE International
           Conference on Universal Personal Communication*, Seiten 183–187, 1994.

[Rüc85]   R. Rückriem. *Realisierung und meßtechnische Untersuchungen an einem
           digtitalen Parallelverfahren zur Datenübertragung im Fernsprechkanal.* Num-
           mer 59 in Ausgewählte Verfahren über Nachrichtensysteme,. hrsg. von H.W.
           Schüßler, 1985.

[Rup93]   W. Rupprecht. *Signale und Übertragungssysteme – Modelle und Verfahren
           für die Informationstechnik.* Springer-Verlag, Berlin, 1993.

[RVH95]   P. Robertson, E. Villebrun, und P. Höher. A Comparison of Optimal and
           Sub-Optimal MAP Decoding Algorithms Operating in the Log Domain. In
           International Conference on Communications (ICC'95), Juni 1995.

[SA00]   M.K. Simon und M.-S. Alouini. *Digital Communication over Fading Chan-
           nels.* John Wiley, New York, 2000.

[Sal67]   B.R. Saltzberg. Performance of an efficient parallel data transmission system.
           IEEE Trans. on Communication Technology, COM-15: S.805–811, 1967.

[Sch70]   M.R. Schröder. Synthesis of low-peak-factor signals and binary sequences
           with low autocorrelation. *IEEE Transactions on Information Theory*, 16:
           S.85–89, Januar 1970.

[Sch76]   H. Schenk. Eine allgemeine Theorie der Entzerrung von Datenkanälen mit
           nichtrekursiven Systemen. *AEÜ*, 30: S.377–380, 1976.

[Sch78]   H. Schenk. *Ein Beitrag zur digitalen Entzerrung und Impulsformung bei der Datenübertragung über lineare Kanäle*, Vol. 30. Universität Erlangen, 1978. hrsg. von H.W. Schüßler.

[Sch79]   H. Schenk. Entwurf von Sende- und Empfangsfiltern für den Einsatz in digitalen Modems. *AEÜ*, 33: S.425–431, 1979.

[Sch83]   H.W. Schüßler. Ein Digitales Mehrfrequenzverfahren zur Datenübertragung. *Professorenkonferenz im FTZ (Stand und Entwicklungsaussichten der Daten- und Textkommunikation)*, Seiten 179–196, 1983.

[Sch89]   H. Schulze. Stochastische Modelle und digitale Simulation von Mobilfunkkanälen. *Kleinheubacher Berichte*, Nr. 32: S.473–483, 1989.

[Sch91]   H.W. Schüßler. *Netzwerke, Signale und Systeme, Teil 2*. Springer-Verlag, Berlin, dritte Auflage, 1991.

[Sch98]   H. Schulze. Möglichkeiten und Grenzen des Mobilempfang von DVB-T. In *3. OFDM Fachgespräch*, Braunschweig, September 1998.

[Sch99]   H.W. Schüßler. *Digitale Signalverarbeitung, Band 1*. Springer-Verlag, Berlin, vierte Auflage, 1999.

[Sch01]   Heiko Schmidt. *OFDM für die drahtlose Datenübertragung innerhalb von Gebäuden*. Forschungsberichte aus dem Arbeitsbereich Nachrichtentechnik der Universität Bremen, Nr. 8. Shaker Verlag, April 2001. Hrsg. K.D. Kammeyer.

[SG91]   A. Salmasi und K. Gilhousen. On the system design aspects of code division multiple access (CDMA) applied to digital cellular and personal communcation networks. *Proc. IEEE Veh. Technol.*, Seiten 57–62, Mai 1991.

[SH99]   R. Steele und L. Hanzo. *Mobile Radio Communications*. Wiley, zweite Auflage, 1999.

[Sha48]   C.E. Shannon. *A Mathematical Theory of Communication*, Vol. 27, Seiten 379–423 (Teil 1), Seite 623–656 (Teil 2). Bell Syst. Techn. J., 1948.

[SM99]   P. Schramm und R.R. Müller. Spectral Efficiency of CDMA Systems with Linear MMSE Interference Suppression. *IEEE Transactions on Communications*, 47(5): S.722–731, May 1999.

[SP80]   D.V. Sarvate und M.B. Pursley. Crosscorrelation Properties of Pseudorandom and Related Sequences. *IEEE Proceedings*, 68(5): S.593–619, May 1980.

[STP+89]   H.W. Schüßler, J. Tielecke, K. Preuss, W. Edler, und M. Gerken. A digital frequency-selective fading simulator. *Frequenz*, Nr. 43: S.47–55, 1989.

[SW93]   N. J. Sloane und A. D. Wyner. *Claude Elwood SHANNON: Collected Papers*. IEEE Press, erste Auflage, 1993.

[tB00]   S. ten Brink. Rate one-half code for approaching the Shannon limit by 0.1 dB. *Electronics letters*, 36(15): S.1293–1294, Juli 2000.

[tB01]   S. ten Brink. Code doping for triggering iterative decoding convergence. In *IEEE International Symposium on Information Theory*, Seiten 235–235, 2001.

[TCD+98]   A. Toskala, J. Castro, E. Dahlman, M. Latva-Aho, und T. Ojanperä. Frames
            FMA2 Wideband-CDMA for UMTS. *European Transactions on Communi-
            cations*, 9(4): S.325–335, August 1998.

[TH99]   D. Tse und S.V. Hanly. Linear Multiuser Receivers: Effective Interference,
            Effective Bandwidth and User Capacity. *IEEE Transactions on Information
            Theory*, 45(2): S.641–657, März 1999.

[Tui93]   U. Tuisel.   *Multiträgerkonzepte für die digitale, terrestrische
            Hörrundfunkübertragung.* TU Hamburg-Harburg, 1993.

[Unb90]   R. Unbehauen. *Systemtheorie.* Oldenbourg-Verlag, München, fünfte Auflage,
            1990.

[Ung74]   G. Ungerböck. Adaptive maximum-likelihood receiver for carrier-modulated
            transmission systems. *IEEE Trans. on Communications*, Com-22: S.624–636,
            1974.

[Ung76]   G. Ungerböck. Fractional tap-spacing equalizer and consequences for clock re-
            covery in data modems. *IEEE Trans. on Communications*, COM-24: S.856–
            864, 1976.

[Van95]   L. Vandendorpe. Multitone spread spectrum multiple-access communications
            system in a multipath ricean fading channel. *IEEE Transactions on Vehicular
            Technology*, 44(2): S.327–337, May 1995.

[Ver98]   S. Verdu. *Multiuser Detection.* Cambridge University Press, New York, 1998.

[Vit67]   A.J. Viterbi. Error-bounds for convolutional codes and an asymptotically
            optimum decoding algorithm. *IEEE Trans. on Information Theory*, IT-13:
            S.260–269, 1967.

[Vit95]   A.J. Viterbi.   *CDMA Principles of Spread Spectrum Communication.*
            Addison-Wesley Wireless Communication Series, Reading, Massachusetts,
            1995.

[VS99]   S. Verdu und S. Shamai. Spectral Efficiency of CDMA with Random Sprea-
            ding. *IEEE Transactions on Information Theory*, 45(2): S.622–640, März
            1999.

[Wal23]   J. Walsh. A closed set of orthogonal functions. *American Journal of Mathe-
            matics*, 45: S.5–24, 1923.

[Wei94]   S.B. Weinstein. Data transmission by frequency division multiplexing using
            the discrete fourier transform. *IEEE Personal Communications*, 1(1): S.18–
            24, 1994.

[WS85]   B. Widrow und S.D. Stearns. *Adaptive Signal Processing.* Prentice-Hall,
            Englewood Cliffs, 1985.

[YLF93]   N. Yee, J.-P. Linnartz, und G. Fettweis. Multicarrier CDMA in Indoor Wire-
            less Radio Networks. In *in Proc. IEEE Int. Symp. on Personal, Indoor and
            Mobile Radio Communications (PIMRC)*, Seiten D.1.3.1–D.1.3.5, September
            1993.

[ZP85]   R.E. Ziemer und R.L. Peterson. *Digital Communications and Spread Spec-
            trum Systems.* Macmillan Publishing Company, 1985.

Sachverzeichnis